गांधारी की आत्मकथा

गांधारी की आत्मकथा

मनु शर्मा

प्रभात प्रकाशन

प्रकाशक • **प्रभात प्रकाशन प्रा. लि.**
४/१९ आसफ अली रोड,
नई दिल्ली–११०००२

संस्करण • २०२१
मूल्य • छह सौ रुपए
मुद्रक • नरुला प्रिंटर्स, दिल्ली

GANDHARI KI ATMAKATHA

novel by Manu Sharma ₹ 600.00

Published by Prabhat Prakashan, 4/19 Asaf Ali Road, New Delhi-2

e-mail: prabhatbooks@gmail.com ISBN 978-93-86231-47-5

आत्मकथ्य

मैं चंदन के बिरवे-सी अंकुरित हुई—सुरभि बिखेरने के लिए। पल्लवित होते ही सर्पों द्वारा घेर ली गई। फुफकारों को झेलते और सहते हुए विकसित होती रही। परिस्थितियों द्वारा काट दी जाती रही, बाँट दी जाती रही। फिर भी मुझे यह सोचकर संतोष था कि मेरा जीवन सुरभित पवित्रता को समर्पित है। पर गांधार से निकालकर हस्तिनापुर के जिस कीचड़ में आरोपित की गई, वहाँ दुर्गंध के सिवा कुछ भी नहीं था। मुझे शिव का दिया वरदान भी वहाँ अभिशाप सिद्ध हुआ। मेरे सौ पुत्र ही मेरे आँचल में अंगारे बने।

सत्ता की उस तनी हुई डोर पर आँखों पर अँधेरा बाँधकर चलते हुए संतुलन स्थापित करना पड़ा, जिसका एक छोर पांडवों के हाथ में था और दूसरा कौरवों के। न्याय की ओर जन्मजात झुकाव था; पर दूसरी ओर अन्याय भी मुझे हाथ पकड़कर खींचता रहा। परिणाम था—चिंतन में निष्पक्षता और व्यवहार में पक्षधरता। यह स्थिति मुझे भीतर-ही-भीतर तोड़ती रही।... नियति की भृकुटी आदि से तनी रही। अंत में न देखते हुए भी उसने वह महायुद्ध दिखा दिया, जिसमें सबकुछ 'स्वाहा' हो गया।

गांधारी की आत्मकथा

: एक :

मैं एक नदी थी, जो हिमखंडों की शीतलता से पैदा होने के बाद भी तपते रेत में बहने के लिए बाध्य हुई। मैं ज्योत्स्ना-स्नात रात्रि हूँ, जो मेघों की चपेट में आ गई। मैं मालती की लचकती लता हूँ, जिसपर अनजाने में ही अजगर लिपट गया। मैं ऐसी नारी हूँ, जो ज्योति-जगत् में जनमी, पली, बड़ी हुई; पर जिसे जीवन भर तमस में जीना पड़ा।

यों तो मेरी नौ बहनें थीं, पर मैं सबसे सुंदर थी। मेरी अन्य बहनें मुझ जैसी सुंदर न थीं। सुंदरता की बात तो दूर, उनका व्यक्तित्व सामान्य स्तर का भी नहीं था। कुछ तो बहुत विकृत थीं। मेरी एक बहन का नाम ही विकृति था।

मुझे देखकर पिताजी के एक पार्षद ने कहा था कि इसे ब्रह्मा ने कमल की आभा को नवनीत में मिलाकर बनाया है। मेरी बड़ी-बड़ी, काली-काली आँखों में नील कमलों से भरी हुई दो पुष्करिणियाँ थीं, जिनमें अनेक रतिपुत्र डूब जाते थे। मेरे बड़े और घने बाल मेघों की ईर्ष्या के कारण थे।

मैं जब बच्ची थी और उद्यान में खेलने जाती थी, तब फूलों में ऐसा खो जाती थी कि ढूँढ़नेवाले ढूँढ़ते ही रह जाते थे। और जब तितलियों की तरह फुदकती उनके पास आती थी तो वे मुझे उठा लेते थे। उन्हें ऐसा अनुभव होता था कि उन्होंने किसी मनुष्य कन्या को नहीं, वरन् गंधर्व कन्या को अपनी गोद में उठाया हो।

मेरे पिताजी मुझपर इतने प्रसन्न रहते थे कि बहुधा वे लोगों से कहा करते थे कि मेरी शुभा विधाता की सबसे बड़ी भूल है। उसने वट में कमल उगा दिया है। क्योंकि वे भी सुंदर न थे। उन्हें लोग नग्नजित् दैत्य का अंशावतार कहते थे; यद्यपि उनमें दैत्यों का कोई गुण नहीं था। न तो मैंने और न ही मेरे परिवार ने कभी नग्नजित् को देखा था। लोगों से सुनकर मेरी कल्पना में उसका जो चित्र बनता था उससे मेरे

भाइयों में से एक ही उसकी अनुकृति बनता था। वह था शकुनि। भाई-बहनों में सबसे दुष्ट और शारीरिक रूप से कुछ विकृत भी।

मेरे अनिंद्य सौंदर्य तथा शुभ लक्षणों के कारण ही मेरे पिताजी ने मुझे 'शुभा' नाम दिया था; पर जिसके मन में जो कुछ आता था, वह मुझे पुकार लेता था—आभा, प्रभा, राका आदि शब्द भी मेरी संज्ञा बन गए थे।

बचपन में हम बहनों में बड़ा प्रेम था। किसी प्रकार की ईर्ष्या और द्वेष ने जन्म नहीं लिया था।

शंभुवा और दशार्ण को छोड़कर, जो अभी बहुत छोटी थीं और सवेरे बहुत देर तक सोती थीं, हम प्रातः जगते ही अपने भाई-बहनों के साथ उद्यान में चले जाते थे। झुंड-के-झुंड जब हम पहुँचते थे, पौधों और वृक्षों की निचली डालों पर बैठे पक्षी चहचहाकर उड़ जाते थे। पर प्रियंक और भृंगराज (महाभारतकालीन पक्षी) काफी निडर थे। वे अपने स्थान पर बैठे ही रहते थे। जब हम उन्हें पकड़ने की कोशिश करते थे तब वे फुदककर दूसरी डाल पर चले जाते थे; मानो वे हमसे कह रहे हों, 'पकड़ो तो जानें।'

लुका-छिपी हमारा प्रिय खेल था। कभी-कभी हम कंदुक से भी खेलते थे। खेल के समय हमें परिचरों की उपस्थिति अच्छी नहीं लगती थी; क्योंकि 'इधर मत जाओ, उधर मत जाओ' जैसी उनकी वर्जनाएँ हमारे अनुकूल नहीं पड़ती थीं। इसीसे हम उन्हें हटा देते थे।

शकुनि हमारे पीछे-पीछे लगा रहता था। हम बहुधा उससे पीछा छुड़ाने की कोशिश करते थे; पर वह कब माननेवाला था। जैसे ऋषियों के यज्ञ में राक्षस विघ्न डालते थे वैसे ही वह हमारे खेल में विघ्न डालता था। लुका-छिपी के खेल में, जब हम छिपते थे, वह बहुधा विपक्ष को बता देता था।

एक दिन तो उसकी दुष्टता की हद हो गई। अनजाने में मेरा कंदुक पुष्करिणी में चला गया। वस्तुतः उसने ही फेंका था और स्वयं अदृश्य हो गया था। बहुत देर तक हम उसे खोजते रहे। परेशान हो गए। जब वह जान गया कि हम निराश हो चुके होंगे तब वह ताली बजाते हुए हँसते-कूदते आया और बोला, "ओ हो, हमने कंदुक देख लिया, हमने कंदुक देख लिया! आओ दिखाएँ।" हम लोग उसके पीछे हो लिये। थोड़ी दूर चलने के बाद बड़े नटखट ढंग से उसने कहा, "नहीं दिखाऊँगा जाओ।"

इस प्रकार वह घंटों छकाता रहा। बाद में जब मैंने कहा कि इसको कुछ नहीं मालूम, यह झूठमूठ को हम लोगों को छका रहा है, तब वह हमें उस पुष्करिणी के निकट ले गया, जिसमें उसने कंदुक फेंका था।

मैंने उससे कंदुक निकालने का आग्रह किया। पर वह तैयार नहीं हुआ। मैं थोड़ा टेढ़े ढंग से बोली, ''निकालते हो या नहीं, अभी मैं चलकर पिताजी से तुम्हारी शिकायत करती हूँ।''

फिर भी वह तैयार नहीं हुआ। तब हम लोगों ने एक वृक्ष की निचली डाल तोड़ी। मैं झुककर उसीसे कंदुक को निकालने लगी। तब तक उसने पीछे से मुझे ऐसा धक्का दिया कि मैं पुष्करिणी में गिर गई और वह भाग चला।

यह तो कहिए, मैंने एक मजबूत कमलनाल को पकड़ लिया था, अन्यथा डूब ही जाती। पानी मेरे सिर तक था और मुझे तैरना नहीं आता था। मैं 'बचाओ, बचाओ' कहकर चिल्लाई। पर वह दुष्ट यह कहता हुआ भागा जा रहा था कि 'देखो, शुभा पुष्करिणी में डूब गई! शुभा पुष्करिणी में डूब गई!'

उसने और बहनों से भी कहा, ''तुम लोग बचाने जाओगी तो डूबती हुई शुभा तुम्हें भी पानी में खींच लेगी।''

बहनें यों ही हदसी थीं, उसके कहने पर भयभीत हो भाग खड़ी हुईं।

अचरज यह था कि किसीने शकुनि को धक्का देते देखा नहीं था; पर मैं विश्वासपूर्वक कह सकती हूँ कि उसीने धक्का दिया था।

परिचरों ने जब सुना तो वे दौड़े हुए आए और उन्होंने मुझे निकाला। हाँफते हुए कुछ देर तक मैं खड़ी रही।

बाल-बुद्धि देखिए, मैंने उनसे कहा, ''तुमने मुझे तो निकाल दिया, अब मेरा कंदुक निकालो, नहीं तो मैं यहाँ से जाऊँगी नहीं।''

वे सब हँसने लगे।

जब तक मैं कपड़े बदल और शरीर पोंछकर पिताजी के पास पहुँचूँ, शकुनि वहाँ पहुँच चुका था। उसने पिताजी से खुलकर मेरी शिकायत की और कहा कि 'शुभा पुष्करिणी में कूद गई है और कहती है कि मैं शकुनि के पीछे अपनी जान दे दूँगी। पिताजी, उसे बचाइए।' जब मैं वहाँ पहुँची, पिताजी से उसकी बातें चल रही थीं।

पिताजी एकदम घबरा गए थे। सुनते ही उन्होंने अतिरिक्त परिचर वहाँ भेज दिए थे। मेरे पहुँचते ही बड़ी प्रसन्नता से मुझे गोद में उठा लिया। मैंने रोते हुए सारी घटना कह सुनाई।

''मैं तो समझ ही रहा था कि सब इसीकी शरारत है, नहीं तो यह भागता क्यों? और तुम्हें पानी से निकालने के लिए चिल्लाता क्यों? इसकी बदमाशी की हद हो गई कि इसने अपनी बहन के साथ ऐसा किया!''

पिताजी के तर्क के सामने वह चुप हो गया। एक अपराधी की तरह सिर

नीचा किए खड़ा रहा। पिताजी ने मुझे सांत्वना देते हुए कहा, ''जाने दे बेटी, यह तुम्हारा भाई है न।''

''भाई है तो क्या मेरे प्राण ले लेगा?''

''इसका वश चले तो यह तेरे प्राण ही ले ले। यह नीच है न।''

इतना सुनते ही मैं पिताजी की गोद से उछल पड़ी। भागती हुई शकुनि को मुँह चिढ़ाते हुए बोली, ''हे राम, पिताजी ने तुझको नीच कहा। तू नीच है।''

''तू महानीच है।'' शकुनि ने उत्तर दिया।

''तू महा-महानीच है।'' मैंने कहा।

''तू हजार बार महानीच है।'' अब दौड़ते हुए उसने मुझे पकड़ लिया था।

''तू दस हजार बार महानीच है।'' मैंने कहा।

यह क्रम चलता रहा। धीरे-धीरे हमारी यह गणना उस ऊँचाई तक पहुँच गई जहाँ हमारी कल्पना और ज्ञान का पहुँचना कठिन था। हारकर मैं थक गई, और वह भी चला गया।

हमारी-उसकी कभी नहीं पटी। पटती तो उसकी हम भाई-बहनों में किसीसे भी नहीं थी। वह झूठ बहुत बोलता था, चुगली बहुत करता था। रोज ही ऐसा कुछ कर देता था कि हममें से किसी-न-किसीको डाँट अवश्य पड़ती थी। यह बात हम तक ही सीमित नहीं थी। राजभवन के कर्मचारी भी उसकी आदत के शिकार थे। वह पार्षदों और मंत्रियों को भी नहीं छोड़ता था। पिताजी से उनकी भी चुगली करता था। ऐसा नहीं कि पिताजी उसकी प्रकृति को जानते नहीं थे; पर वे क्या करते, उनका पुत्र ही था। और कोई होता तो इतने पर राजभवन के बाहर हो गया होता।

ऐसा क्या था कि उसकी प्रकृति में यह विकृति आ गई थी? एक तो यह कि वह चर्चा में रहना चाहता था, जबकि हर व्यक्ति मुझसे प्यार करता था। यह ईर्ष्या भी उसे जलाए जा रही थी। उसकी यह जलन दूसरों को भी परेशान करती थी। कुछ लोग तो उससे बोलना भी पसंद नहीं करते थे।

एक दिन तो उसने गजब कर दिया। एक सुहावनी संध्या थी। सूर्य अभी डूबा नहीं था, डूबने को था। मैं उद्यान में क्रीड़ामग्न थी। पता नहीं कहाँ से वह एक काली मोटी रस्सी का टुकड़ा ले आया। मेरे उद्यान में एक ऐसा वृक्ष था जिसके पत्ते साँप के फन जैसे होते थे। उसने उसके एक पत्र को रस्सी के सिरे की ऐंठन ढीली कर उसमें फँसाया। उन सबपर कालिख चढ़ाई। जब वह बिलकुल सर्प जैसा मालूम होने लगा तब वह मेरे पलंग के नीचे छोड़ आया। उस समय कक्ष में परिचर भी नहीं थे। वह द्वार की आड़ में खड़ा होकर मेरी प्रतीक्षा करने लगा।

जब मैं उद्यान से लौटी तब अँधेरा घिर चुका था। प्रासाद के दीपदानों में दीये जला दिए गए थे। उद्यान और प्रासाद के बाहरी ओर मशालें जलाई जा चुकी थीं।

मैं जब कक्ष में आई तो काफी थक चुकी थी। आते ही पर्यंक पर निढाल हो गई। परिचारिका मेरे लिए मधु मिश्रित दूध बनाने लगी थी।

तभी अचानक शकुनि की चिल्लाहट सुनाई दी, ''अरे, शुभा के पर्यंक के नीचे सर्प!''

इस अप्रत्याशित चिल्लाहट से जैसे भूकंप आ गया। हम सब वहाँ से भाग चले। किसीने उसे देखा तक नहीं। अब तो हमारी आँखों के सामने एक फुफकारता हुआ सर्प था।

उधर शकुनि चिल्लाता हुआ भागा। सबसे पहले जाकर उसने पिताजी को सूचना दी। पिताजी भी घबरा गए। वे दौड़े हुए आए। उन्होंने पलंग के नीचे देखा तो उन्हें भी साँप ही दिखाई दिया। उन्होंने तुरंत उसे पकड़ने की व्यवस्था कराई। तब पता चला कि यह साँप नहीं, रस्सी है।

पिताजी एकदम आगबबूला हो गए। उन्होंने छूटते ही कहा, ''यह सब उसी दुष्ट का काम है। आज मैं उसे ऐसी सजा दूँगा कि न रहेगा बाँस और न बजेगी बाँसुरी!''

मुझे साथ लेकर पिताजी अपने कक्ष में आए और शकुनि को बुलवाया। वे क्रोध में काँप रहे थे। मैंने कभी उन्हें इस स्थिति में नहीं देखा था।

शकुनि जब आया तो पिताजी का रौद्र रूप देखकर उसके भी होश उड़ गए। उसे कभी कल्पना तक नहीं थी कि बात इतनी बढ़ जाएगी। भय से काँपते हुए वह बोला, ''मैंने यह सब नहीं किया है।''

''तब किसने किया है?''

दूसरी कोई स्थिति होती तो वह किसीका नाम ले लेता, पर इस समय इतना कहकर रह गया कि ''मुझे कुछ नहीं मालूम।''

''तब किसे मालूम है?'' पिताजी ऐसे गरजे कि उसके मुँह से बोल तक नहीं फूटे।

''बोलता क्यों नहीं? अपराधियों की तरह चुप क्यों है?'' उनकी आवाज में वही कड़क थी।

इस बार भी वह चुप ही रहा।

''यदि तुमने कुछ नहीं किया तो सबसे पहले वह सर्प तुम्हें ही क्यों दिखाई दिया? यह मात्र संयोग ही नहीं हो सकता कि कक्ष में उस पलंग के नीचे तुम्हारी ही दृष्टि पड़े। और किसको क्या गरज थी कि इतना श्रम करके रस्सी को सर्प बनाए!

अवश्य ही यह सारी खुराफात तुम्हारी है। घबराओ नहीं, तुम्हें ऐसी सजा दूँगा कि तुम याद रखोगे।''

इसके बाद उन्होंने शकुनि को एक ऐसे कक्ष में बंद करवा दिया जिसमें वातायन तो दूर, एक गवाक्ष तक नहीं था। हमेशा अंधकार को सँजोए रखनेवाला यह कक्ष एक तरह की कालकोठरी ही था। उस बड़े कक्ष में केवल एक दीया जलाने का आदेश था, जो वहाँ के अंधकार के लिए पर्याप्त नहीं था।

इसके बाद पिताजी ने यह भी आदेश दिया कि अर्द्धरात्रि के बाद उस कक्ष में एक जीवित सर्प छोड़ दिया जाय।

इस निर्णय से लोग थर्रा उठे। माँ बहुत घबराईं। पहले तो उनकी घबराहट उन्हीं तक सीमित थी; पर जब वह सचमुच बंद कर दिया गया तब माँ पिताजी के पास आईं और चुपचाप मंचक के नीचे भूमि पर बैठकर उनके शांत होने की प्रतीक्षा करने लगीं। जब उन्हें लगा कि पिताजी के क्रोध का ज्वार कुछ उतर गया है तब उन्होंने धीरे-धीरे कहना आरंभ किया, जिसका सारांश था, ''इतना कठोर दंड वह सह नहीं पाएगा। वह मर जाएगा। जरा सोचिए।...''

''मैंने खूब सोच लिया है।'' बुझती आग पुनः भभक उठी, ''मर जाएगा तो मर जाने दो। और उसकी इस दुष्टता से यदि शुभा मर जाती तो?''

माँ फिर शांत हो गईं। शायद सोचा कि इस समय इन्हें समझाना धधकती अग्नि में घृत डालना है।

यह सब मैं भी देख रही थी। मेरी घबराहट बढ़ती ही जा रही थी। 'वह मुझे सताता अवश्य है, पर है तो मेरा भाई ही।' मैं सोचने लगी, 'हे भगवान्, अब क्या होगा? शकुनि मर जाएगा। उसे साँप काट खाएगा।'

रात्रि का वह अंधकार मेरे लिए और भी गाढ़ा हो गया। यदि खड़ी होती तो अवश्य ही काँपकर गिर जाती। यह तो कहिए, माँ की बगल में बैठी थी। कुछ ही क्षणों बाद मैं फफककर रो पड़ी।

''अब तुझे क्या हुआ?'' पिताजी का क्रोध अब भी धुआँ उगल रहा था।

मैंने सिसकते हुए कहा, ''भैया को छोड़ दीजिए।''

इतना सुनना था कि वे पुनः तड़प उठे, ''आज तक वह भैया नहीं था, जो तुझे परेशान करता था, सताता था! आज चली है बड़ी भैयावाली बनने!''

''भैया मर जाएगा।''

''मर जाने दे।''

''तब मैं कैसे रहूँगी?''

इतना सुनते ही वे मुसकरा उठे। मुद्रा एकदम बदल गई। बोले, ''विचित्र हो तुम भाई-बहन भी। हमेशा लड़ते रहोगे और भाई-बहन भी बने रहोगे।''

मैं अब भी सिसकती रही।

''अच्छा जाओ, वह मरेगा नहीं।'' अब वे कुछ पसीजे।

फिर भी मैं माँ के साथ बैठी रही।

''तुम लोग अब क्या मेरा सिर खाने के लिए बैठे हो?'' पिताजी का क्रोध फिर भभका, ''जाओ, अपना काम देखो।''

हम लोग चुपचाप वहाँ से हट गए।

रात भर मैं चिंता में डूबी रही। सोचती रही कि पिताजी का क्रोध शांत नहीं हुआ है। यद्यपि उन्होंने उसके न मरने का आश्वासन तो दे दिया है, किंतु इस आश्वासन की आड़ में भले ही उसे मरने न दिया जाए, अपंग तो किया ही जा सकता है। ऐसी यातना दी जा सकती है, जिसकी पीड़ा मरण से भी भयानक हो।

मेरी मन:स्थिति का भान परिचारिकाओं को भी हो गया था। उन्होंने अनेक बार पूछा, ''क्या बात है, राजकुमारीजी? नींद क्यों नहीं आ रही है?'' पर मैं हर बार मौन रही। कुछ बोल नहीं पाई। अंत में थककर परिचारिकाएँ भी सो गईं।

धीरे-धीरे किसी तरह रात ढलने को आई। अभी सूर्य उगा नहीं था, पर पूर्व के आकाश में सिंदूर बिखर गया था। वातायन से प्रात: समीरण का झोंका आ-जा रहा था। मैं धीरे से उठी और पैर दबाए हुए उस कक्ष के पास गई, जिसमें शकुनि बंद था। द्वार पर कान लगाकर आहट लेने लगी। यदि उसे कोई यातना दी गई होगी तो वह अवश्य कराह रहा होगा। पर स्थिति मेरी कल्पना के विपरीत दिखी। भीतर वह खर्राटे भर रहा था। आशंकाओं की आग क्षण भर में बुझ गई। मैं चुपचाप, प्रसन्नचित्त अपने कक्ष में आई और पुन: सो गई।

कब तक सोती रही, पता नहीं। आँख खुली तो अनुभव किया कि कोई सिर सहला रहा है। यह माँ थीं। इसके पहले ही परिचारिकाओं ने उन्हें मेरे मन की स्थिति और रात भर मेरे न सो पाने की बात बता दी थी।

''भाई-बहन का प्रेम ऐसा ही होता है।'' उन्होंने परिचारिकाओं से कहा और उन्हें शांत रहने का संकेत कर स्वयं सिरहाने बैठकर सिर सहलाने लगीं।

आँखें खुलते ही मैंने माँ से पूछा, ''माँ, भैया का क्या हाल है?''

''उसका क्या हाल होगा! वह बेहया है। अभी भी उछल-कूद कर रहा है। जरा भी ऐसा मालूम नहीं होता कि उसने कोई दंड झेला है।''

बातें हो ही रही थीं कि तभी वहाँ शकुनि आया। आते ही बोला, ''तभी वहाँ

"माँ, आप इसका सिर सहला रही हैं! अरे, यह दुष्टा है! यह पिताजी के पास मुझे प्राणदंड दिलाने गई थी।"

"तू कैसी बात करता है!" माँ ने कहा, "वास्तविकता तो यह है कि इसने ही तुझे प्राणदंड से मुक्ति दिलाई है। नहीं तो तेरे पिताजी उस समय ऐसे क्रोध में थे कि किसीकी बात माननेवाले नहीं थे। इसके ही प्रेम का फल है कि तू यहाँ खड़ा बातें कर रहा है।"

"अरे माँ, तू इसे जानती नहीं। इसका वश चले तो यह अपने हाथ से मेरा गला दबा दे।"

इसपर माँ काफी नाराज हुईं। उसे डाँटते हुए कहा, "अच्छा, हट जा तू मेरी आँखों के सामने से। कृतघ्न कहीं का!"

वह भाग चला।

उसके जाने के बाद माँ ने मुझे समझाया, "जाने दे, बेटी। वह बड़ा दुष्ट है। जाने कभी सुधरेगा भी या नहीं।"

अपराह्न में जब मैं उद्यान की ओर खेलने गई तो शकुनि मार्ग में ही मिल गया। लगा मुँह चिढ़ाने और छेड़ने। जब मैं कुछ नहीं बोली तो वह कहने लगा, "तुझ जैसी नीच बहन संसार में नहीं होगी, जो अपने भाई के साथ ऐसा व्यवहार करे।"

मैं एक चुप, हजार चुप।

"बोलती क्यों नहीं?"

"माँ ने मना किया है कि उस दुष्ट से बात मत करना।"

"अच्छा, तो मैं दुष्ट हूँ! यदि मैं दुष्ट हूँ तो तू रुष्ट है।" वह मुझे चिढ़ाने के लिए शब्दों का जोड़ा बैठा रहा था। उसे क्या मालूम कि अनजाने में उसके मुख से सत्य निकल रहा है।

"मैं तुझसे रुष्ट तो हूँ ही। अब मैं तुझसे कभी नहीं बोलूँगी।" मैंने कहा।

"तू बोल, चाहे न बोल, शुभा, पर मेरे बिना तेरा भी काम नहीं चलेगा। और मैं तुझे छोड़ूँगा भी नहीं। छाया की तरह तेरे पीछे लगा रहूँगा।"

मुझे क्या पता था कि यह वह नहीं वरन् मेरे प्रति नियति की क्रूरता बोल रही है।

☐

कालचक्र चलता रहा।

समय का रथ मेरे बाल जीवन से आगे बढ़कर कैशोर्य जीवन के स्वप्निल

संसार में आ गया। चिड़ियों की तरह फुदकता जीवन अब पिंजरे में बंदी बना दिया गया। अब न समय-असमय उद्यान में जा सकती थी और न राजभवन के बाहर के बच्चों के साथ खेल सकती थी। यदि भूलकर भी ऐसा हो जाता तो सूचना तुरंत माँ के पास पहुँच जाती थी। मुझे इसके लिए डाँट पड़ती थी। पर शकुनि पर ऐसा कोई बंधन न था। वह परम स्वतंत्र और नियंत्रणमुक्त था। उसकी स्वच्छंदता अपनी प्रकृति के अनुसार अब भी कुछ-न-कुछ करती रहती थी।

मुझे अब उसकी इस स्वतंत्रता से ईर्ष्या होने लगी। कभी-कभी तो मेरी यह ईर्ष्या अपने बंधन के साथ विद्रोह कर बैठती। तब माँ समझातीं, "देखो बेटी, अब तुम बड़ी हो गई हो।"

"शकुनि भी तो बड़ा हो गया है!"

"वह तो लड़का है।"

इतना सुनते ही मेरा विद्रोही मन कनमना उठा।

मैं चाहकर भी माँ से कुछ कह नहीं पाई। पर लड़के और लड़की का अंतर अब समझ पाई कि लड़की जन्म से ही कई प्रकार की बेड़ियाँ लेकर पैदा होती है।

एक लड़की होने के अभिशाप के दिन शुरू हो गए थे। अब मैं स्वतंत्र होकर उनसे भी नहीं बोल पाती थी जिनकी गोद में कभी झूले की भाँति झूला करती थी और बँधी डोर की तरह जिनके गले में बाँहें डालकर लटक जाया करती थी। मार्ग में, इधर-उधर जाते ऐसे लोग यदि मिल भी जाते तो मेरी सारी सक्रियता एक सलज्ज नमस्कार तक ही सीमित रहती।

मेरे साथ-साथ मेरी शरीरयष्टि में भी उभार आता गया। किशोरों को कौन कहे, यौवन की मर्यादा के भीतर रहनेवाले भी मेरी एक झलक पाने के लिए आतुर रहते थे। अपने को सौभाग्यशाली समझनेवाले लोग यदि मुझे देखते तो देखते रह जाते। उनकी आँखें मेरे बदन से चिपकी रह जातीं।

एक दिन मध्याह्न के भोजन के बाद मैं अपने कक्ष में आई और लेट गई। परिचारिकाओं को भी मैंने द्वार लगाकर चले जाने को कहा। पता नहीं क्यों, अब मेरा मन एकांत में पड़े-पड़े सपनों में खोए रहने को करता था।

वे सपने भी कैसे थे, सो कैसे बताऊँ।

उन सपनों में मेरे मन का कोई राजकुमार आता, एकदम गंधर्वों जैसा। धरती पर जिसकी अनुकृति नहीं। वह मेरी बगल में बैठकर मेरे गले में बाँहें डाल देता और हम दोनों आनंद के अलौकिक संसार में चले जाते।

इस मध्याह्न में भी मैंने पलंग पर पड़े-पड़े आँखें बंद कर लीं, जैसे सो गई

होऊँ। कुछ ही समय बाद मेरा द्वार चरमराया, जैसे उसकी आड़ में कोई खड़ा होकर मुझे देख रहा हो। उसकी जानी-पहचानी आवाज ने कहा, "अब वह सो गई हैं।"

"यह क्या कर रहा है ?" एक वर्जना दूसरी आवाज में सुनाई पड़ी। ये दोनों मेरे परिचर थे।

"लगता है, तू उनके पीछे पागल हो जाएगा।" एक ने कहा।

"पागल तो अभी भी हूँ।"

"हमेशा उन्हें देखता रहता है। किसी दिन तुझे इस अवस्था में देख लिया गया तो तेरी आँखें फोड़ दी जाएँगी।"

"तब भी मेरी आँखों में वही रहेंगी।"

मैं सोते-सोते जैसे जग उठी। वह बहुधा मुझे देखा करता था; पर मैं कभी समझ न पाई थी कि वह इस सीमा तक मुझपर आकृष्ट है। थोड़ी देर बाद लगा जैसे वह मेरी आँखों से उतरकर हृदय के करीब आ गया हो; यद्यपि मैं यह जानती थी कि मेरा मन एक परिचर के प्रति अपनी मर्यादा का उल्लंघन कर रहा है। फिर भी यह सब मुझे बहुत अच्छा लग रहा था।

आज संध्या उद्यान में टहलने जाते समय मैं उसीको अपने साथ ले चली। और परिचर भी साथ आने लगे। मैंने उन्हें मना कर दिया। उन्होंने एक-दूसरे को देखा और आँखों-ही-आँखों में किसी बात का अनुमोदन किया।

उद्यान के एकांत में आकर मैंने कुछ लड़खड़ाते स्वर में उससे सीधे-सीधे पूछा, "तुम मुझे इतना घूरकर क्यों देखते हो ?"

वह एकदम काँप उठा, जैसे उसने कभी कल्पना भी न की हो कि राजकुमारीजी इतने स्पष्ट शब्दों में उससे पूछ सकती हैं।

"क्षमा करें राजकुमारीजी, मैं आपको कभी नहीं देखता।"

"झूठ बोलते हो।" मेरी आवाज और तेज हुई, "दंड के भय से सत्य को छिपाना एक बड़ा अपराध है।"

"आप विश्वास करें, मैंने जो कुछ कहा है, वह सत्य के सिवा और कुछ नहीं है।"

"तब तुम मेरी ओर अनवरत दृष्टि से किसे देखते हो ?"

"आपके सौंदर्य को।"

मेरा मन और सौंदर्य गर्वित हो गया। फिर भी मेरी आवाज तेज थी। यह तेजी अब कृत्रिम हो गई थी, "क्या मेरा सौंदर्य मुझसे अलग है ?"

"आप एक राजकुमारी हैं, मेरी पहुँच से बहुत दूर। पर आपका सौंदर्य तो

एकदम मेरे निकट है। आपके न रहने पर भी वह मेरे पास रहता है। मैं कुछ नहीं समझता कि यह स्थिति कैसे आ गई!''

मुझे उससे ऐसे निष्पाप और निष्कलुष उत्तर की संभावना नहीं थी। मैं चकित भी हुई और उसके सोच की प्रशंसक भी। इसके बाद वह मेरे और निकट आ गया। अब मैं उसे अन्य परिचरों की अपेक्षा अधिक महत्त्व देने लगी। इसे लेकर तरह-तरह की अफवाहों का भी जन्म हुआ। रहस्य को तलाशती लोगों की आँखें अब मेरा पीछा करने लगीं। यहाँ तक कि एक दिन मेरी माँ ने इस संदर्भ में मुझसे पूछ लिया।

मैंने उनकी शंका का निवारण करते हुए बताया, ''इस परिचर में मेरे कार्यों के प्रति समर्पण की जो भावना है, वह और परिचरों में नहीं। अन्य परिचर मेरे कार्य को अपना कर्तव्य समझकर करते हैं। मेरा आदेश उनमें से अधिकांश को भारी पड़ता है। पर वैसे ही आदेशों का पालन वह कितनी कुशलता से करता है।

''माँ, आप देखती नहीं, मेरे साथ वह कितना प्रसन्न रहता है! कितने निष्पाप और निष्कलुष भाव से मेरी सेवा करता है! बिना पूछे वह मेरे कक्ष में कभी नहीं आता। मेरे साथ चलता भी है तो मेरे बहुत पीछे, जिससे उसे मेरी हवा भी न लगे।'' तब जाकर माँ ने माना।

अफवाहें तो बिना पंख के धुएँ की तरह उड़ती हैं। वह कहाँ-कहाँ पहुँचेंगी, इसकी कल्पना भी नहीं की जा सकती। जहाँ धुआँ नहीं पहुँचता वहाँ उसकी गंध पहुँचती है। परमात्मा की कृपा थी कि अभी उनकी पहुँच मेरे पिताजी के पास तक नहीं थी; यद्यपि इस धुएँ की गंध अमात्यों को लपेट चुकी थी, पर पिताजी के समक्ष मुँह खोलने का साहस उनमें नहीं था।

उस परिचर का समर्पण भाव देखकर मैंने निश्चय कर लिया था कि कुछ भी हो, मैं इसको नहीं हटाऊँगी। वह भी छाया की तरह निष्काम भाव से मेरे साथ लगा रहा।

□

मेरे सौंदर्य की सुरभि दूर-दूर तक फैलने लगी। अनेक राज्यों से मेरे लिए विवाह के प्रस्ताव आने लगे। नित नए प्रस्तावों को पा पिताजी फूले नहीं समाते थे। माताजी मेरे सौभाग्य की प्रशंसा करती फिरतीं। सबसे कहतीं, ''देखो, हमारी बेटी कितनी भाग्यशाली है! लोगों को विवाह के लिए वर खोजना पड़ता है, उन्हें तरह-तरह की बाधाओं और अपमान का सामना करना पड़ता है; पर मेरी बेटी ऐसी है कि लोग उसे ही खोजते चले आते हैं।''

माँ मेरे इस सौभाग्य पर इतनी प्रसन्न होती थीं कि कोई न मिलता तो वे अपनी मुँह लगी दासियों से ही इसकी चर्चा किया करतीं। उन्हींमें से एक मयूरी भी थी।

मयूरी माँ की निजी परिचारिका थी। हर समय उनके साथ रहती थी, उनके सुख-दुःख की सहभागी थी। एक दिन माँ की प्रसन्नता का घड़ा उसके सामने भी छलका। वह निश्छल भाव से बोल उठी, ''लोग राजकुमारी शुभा के लिए क्यों न खिंचे आएँ! फूल जहाँ होता है वहीं न भौंरे आते हैं।''

अपनी बेटी के सौंदर्य की प्रशंसा सुनकर माँ एकदम खिल उठीं।

इसी संदर्भ की एक घटना उल्लेखनीय है।

हमारे राज्य की मूर्तिकला बड़ी प्रसिद्ध थी। हजारों वर्ष पुराना इसका इतिहास रहा है। मूर्ति बनाने के लिए एक विशेष प्रकार की मिट्टी पुरुषपुर (आज के पेशावर) से आती थी। हमारे यहाँ के कला शिल्पी उस मिट्टी में जान डाल देते थे। रूप को मूर्त रूप देने के अतिरिक्त उनकी कल्पना किसी अरूप को भी जीवंत कर देती थी। इसी कला के कारण गांधार आकर्षण का केंद्र बना। पूरे आर्यावर्त के मूर्तिकला-प्रेमी यहाँ खिंचे चले आते थे। ऐसा कोई प्रभावशाली राज्य नहीं था, जिसके प्रासाद परिसर में यहाँ की मूर्ति न लगी हो।

हर महीने पुरुषपुर की मिट्टी से भरी कई बैलगाड़ियाँ आती थीं। यहाँ मूर्तियाँ बनती थीं। आधी से अधिक मूर्तियाँ पुरुषपुर ही खरीद लेता था। इस आदान-प्रदान के कारण लोगों का वहाँ से आना-जाना बना रहता था। रोज ही बहुत से लोग पुरुषपुर से आते और हमारे यहाँ से वहाँ जाते थे।

उन्हीं से लिपटी मेरी सौंदर्य सुरभि भी पुरुषपुर पहुँची। महाराज ने तो मुझे देखा ही था और टिप्पणी करते हुए कहा था, ''जहाँ इतनी सुंदर मूर्तियाँ बनती हैं वहाँ विधाता ने भी अपने हाथों से तराशकर एक सुंदर मूर्ति बनाई है, जो राजभवन की शोभा बढ़ा रही है। काश, वह मेरे यहाँ होती!''

इसी प्रसंग में उन्होंने कई बार अपने राजकुमार के विवाह का प्रस्ताव भी किया था; पर हमारी तुलना में उनका वैभव नगण्य था। ऐसे आग्रह को हर बार मेरे पिताजी हँसकर टालते हुए कहते, ''विवाह और युद्ध समान स्तर के परिवार में ही होना चाहिए।''

एक दिन मैं अपनी परिचारिकाओं के साथ उद्यान में टहल रही थी। मैंने अनुभव किया कि एक अत्यंत मैला-कुचैला व्यक्ति देवदारु की आड़ से मुझे देख रहा है। उस समय तो मैं आगे बढ़ गई, किंतु फिर तुरंत ही सावधान हुई कि यह व्यक्ति राजभवन में आ कैसे गया? मुझे एकटक इस तरह देखने का उसे साहस कैसे हुआ? अवश्य ही इसमें कोई रहस्य है।

अपने टहलने के पथ का चक्र पूरा करती हुई मैं फिर उधर से गुजरी। वह वैसे ही मेरी प्रतीक्षा में बैठा रहा। इस बार मैंने भी उसे स्थिर दृष्टि से देखा। उसकी आँखें एकटक मुझपर लगी थीं, जरा सी भी नहीं झुकीं। मैं बहुत देर तक उसे देखती रही। वह भी निरंतर निहारता रहा। मैंने सोचा, इसमें कोई रहस्य अवश्य है। अवश्य ही यह जो दिखाई पड़ता है, वह है नहीं।

मेरी परिचारिकाओं को भी उसके व्यवहार पर संदेह हुआ। उनका निष्कर्ष भी वही था जो मेरा था। अब हम लोगों ने वहाँ रुकना उचित नहीं समझा और सीधे राजभवन की ओर चलीं। मार्ग में बड़ी कुटिल मुसकराहट बिखेरता शकुनि मिला। मैं उससे बोलना नहीं चाहती थी, पर उसने छेड़कर बोलना शुरू किया, "कहिए, गांधार देश की राजकुमारीजी, किधर से पधार रही हैं?"

मैं कुछ नहीं बोली और उससे किनारा काटकर आगे बढ़ने लगी। उसने दोनों हाथ और पैर फैलाकर मेरा मार्ग रोक लिया। बोला, "लगता है, आप मुझसे नाराज हैं। यह तो सोचिए, मैं आपका भाई हूँ।"

मैं झुँझलाई, "तू मेरा भाई नहीं, शत्रु है।"

"मैं चाहे शत्रु होऊँ या मित्र, पर हूँ तो तेरा भाई ही।" खलनायकों की तरह निर्भीकतापूर्वक इठलाते हुए बोला, "मैंने तुम्हें एक सूचना देने के लिए रोका है।"

"क्यों?"

"यही कि अब तुम्हारे सौंदर्य की चर्चाएँ राजभवनों से निकलकर राजपथों पर आ गई हैं।"

"तुम्हारा तात्पर्य?"

"तात्पर्य यही कि अब मामूली लोग भी तुम्हें देखना चाहते हैं।" उसकी मुसकराहट बड़ी कुटिल थी। वह बोलता जा रहा था, "अभी आज एक निपट गँवार तुम्हारी एक झलक के लिए व्याकुल था।" फिर उसने उस ग्रामीण का जो हुलिया बताया, उससे स्पष्ट हो गया कि वह व्यक्ति वही है जो अभी मुझे गौर से देख रहा था।

मैं समझ गई कि इसमें भी इस दुष्ट की कोई चाल है। मैंने पूछा, "आखिर वह राज उद्यान में आ कैसे गया?"

"अच्छा, तो आप उसको देख चुकी हैं! शायद उससे मिली भी हों।"

मैं कुछ नहीं बोली। वही बोलता गया, "तपती दोपहरी में वह उद्यान के प्रवेश द्वार पर पंचाग्नि में तपस्यारत देखा गया। द्वारपालों ने उसे भीतर आने नहीं दिया। मैंने उसे डाँटते हुए कहा, 'यहाँ क्या कर रहा है?'

"वह लगभग विक्षिप्त अवस्था में बोला, 'क्षमा कीजिएगा, मैं केवल राजकुमारीजी को देखना चाहता हूँ। चुपचाप किसी पेड़ की आड़ से एक झलक भर देखूँगा और फिर चला जाऊँगा।'

"इतना सुनते ही तो मेरे पूरे तन में आग लग गई। मैं तड़पा, 'मुझसे यह कहने का तुम्हें साहस कैसे हुआ?'

"निश्चित है कि उसने मुझे पहचाना नहीं था। जब द्वारपालों ने मेरा परिचय कराया तब उसके हाथ-पैर फूल गए। वह काँपते हुए मेरे पैरों पर गिर पड़ा। मैंने एक ठोकर दी। वह धराशायी हो गया और विचित्र ढंग से हाँफने लगा। मुझे लगा कि कहीं वह संज्ञाशून्य न हो जाए, तब मैंने संकेत से द्वारपालों को उसके प्रवेश की अनुमति दिला दी।"

बात बनाने में शकुनि को महारत हासिल थी। इतने अपराध करता था, पर बातें बनाकर माताजी से कौन कहे, पिताजी से भी छूट जाता था। इस समय भी मैं असलियत तो समझती ही थी, पर उसके झूठ के इस गहन आवरण के नीचे दबे पड़े सत्य तक पहुँच नहीं पाई।

मैंने उससे पूछा, "ऐसा क्या था कि वह मर जाता?"

"उसने मुझसे स्पष्ट कहा था, 'आप चाहे मार ही डालें, पर मैं राजकुमारी का दर्शन किए बिना नहीं जाऊँगा।' " शकुनि फिर इठलाया, "अरे महारानी, आप उसके लिए साक्षात् देवी हैं, देवी! क्या देवी अपने भक्तों को दर्शन नहीं देती?"

वह अपने ढंग से कहता जा रहा था, "अरे महारानीजी, मरनेवाले की इच्छा का सम्मान करना मनुष्य का धर्म है। मैंने उसी धर्म का पालन किया है। आशा है, आपने भी किया होगा।"

यह बात लगभग निश्चित हो गई थी कि सारी खुराफात की जड़ में यही है। तब जरूर यह सत्य जानता होगा। अब मेरे स्वर में थोड़ी विनम्रता आई, "अच्छा, सही-सही बता दो, बात क्या है?"

"मुझे कुछ नहीं मालूम।" फिर वह मुसकराया, "विश्वास करो, मुझे कुछ नहीं मालूम।"

"तुम्हारी मुसकराहट बता रही है कि तुम सब जानते हो, पर बताना नहीं चाहते।"

"बस इतना ही जानता हूँ कि पुरुषपुर की जो बैलगाड़ियाँ मिट्टी लेकर आती हैं, वह उन्हींमें से एक का वाहक है।"

उसकी पहेली मेरे लिए अब भी अबूझ थी। शायद इसलिए भी कि वह

अपूर्ण थी। फिर भी मैंने उसे खोलने का प्रयत्न नहीं किया। देर हो रही थी, संध्या हो गई थी। राजभवन के दीप जल गए थे।

परिचारिकाओं के साथ मैं सीधे अपने कक्ष में आई। जब मैं कक्ष में नहीं रहती तब तक किसीको भी मेरे कक्ष में घुसने की अनुमति नहीं रहती; इसलिए मेरे कक्ष के दीपदान अभी तक अँधेरा ही पी रहे थे। यथाशीघ्र दीप जलाए गए, वातायन खोले गए। सामने से उगते हुए पूर्णिमा का चंद्र झाँकने लगा।

संध्या का भोजन कर जब मैं शय्या पर ढुलकी, आँखें बंद कर सारे प्रकरण पर विचार करने लगी। किसी परिचारिका से बात भी नहीं की। उनके प्रश्नों का उत्तर 'हाँ, हूँ' में ही देती रही। नित्य की तरह पैर दबानेवाली सेविका जब आई तब मैंने उससे स्पष्ट कहा, "आज पैरों में पीड़ा नहीं है।"

"तो कहाँ है ?"

"तुझे कहाँ बताऊँ!" मैंने झुँझलाते हुए कहा और वह चली गई।

आँखें बंद करते ही उस गाड़ीवान का व्यक्तित्व सामने आ गया। उसकी भभकती आकृति, उसकी बड़ी-बड़ी आँखें इस समय अधिक स्पष्ट और प्रभावोत्पादक थीं। मैं उन्हें देखती रही। वह मेरे पास आता रहा, मेरे अज्ञान पर मुसकराता रहा। जैसे वह मुझसे कह रहा हो, 'तुम कितनी नादान हो। क्या मैं सचमुच गाड़ीवान मालूम पड़ता हूँ ? मेरी आकृति की ओर देखो; क्या मेरी आकृति तुमसे कुछ कहती जान नहीं पड़ती ? मेरी आँखों की गहराई में झाँको; क्या उसमें तुम्हें कुछ दिखाई नहीं देता ? मुझे पहचानने की चेष्टा करो।'

मैं एकटक उसे देखती रही। वह मुसकराता रहा।

ऐसा तो उसने उस वृक्ष की आड़ से भी नहीं देखा था। उसकी आँखें फटी पड़ रही थीं। जिज्ञासा के साथ मुझे भय भी लगा। मैंने अपनी बंद आँखों को और जोर से बंद कर लिया, उन नादान बालकों की तरह जो भय से मुक्ति पाने के लिए आस्तरण ओढ़ लेते हैं।

धीरे-धीरे वह आकृति धूमिल होती गई, लुप्त होने की ओर अग्रसर।... कि अचानक किसीने मेरा आस्तरण खींच लिया। मैं एकदम डर से काँपने लगी। ये मेरे पिताजी थे। कुछ समय तक तो जैसे सपना सा लगा। जब वे हँसते हुए बोले तब मैं यथार्थ के धरातल पर आई।

"क्या तू डर गई थी ?" उन्होंने पूछा। पता चला कि वे शिवमंदिर से संध्या की पूजा करके आ रहे हैं। वे अपने प्रासाद में न जाकर सीधे मेरे कक्ष की ओर मुड़ आए थे। यद्यपि मेरा कक्ष शिवमंदिर के निकट पड़ता था, फिर भी पूजन के बाद

शायद ही कभी वे यहाँ पधारे हों। जब कभी आवश्यकता होती, वे मुझे ही बुलवा लेते; पर आज उनका आना और इस तरह से आस्तरण खींचना अप्रत्याशित लगा और आश्चर्यजनक भी।

"सपना देख रही थी क्या?"

मैंने धीरे से कहा, "जी।"

वे मुसकराए, "कोई बात नहीं, सपना देखने की यह अवस्था ही है।" फिर उसी मुसकराहट के बीच उन्होंने कहा, "क्या देख रही थी? यही न कि राजभवन में कोई राजकुमार आया है और वह तुम्हें पकड़कर बलात् घोड़े पर बैठाकर ले जा रहा है!" फिर वे खुलकर हँसे और मैं लजा गई। क्या बात है कि आज पिताजी ने इस तरह की बात की। पहले तो कभी वे···क्या कहूँ? ऐसे निम्न या आत्मीय स्तर पर नहीं आते थे। हास्य-व्यंग्य करते थे; पर उसमें वे पिता-पुत्री की दूरी बनाए रखते थे।

मेरी दृष्टि लज्जा से धरती में गड़ी जा रही थी। उन्होंने एकदम बातों का क्रम बदला, "सुना है, आज उद्यान में कोई गाड़ीवान घुस आया था?"

मैं कुछ बोल नहीं पाई, वरन् चकित हुई कि सारा प्रसंग इन्हें भी ज्ञात है। अवश्य ही शकुनि की कोई मिलीभगत है। और मैं शकुनि को ही सारी योजना का खलनायक समझती थी।

उन्होंने फिर पूछा, "तुमने तो उसे देखा ही होगा?"

फिर मैं कुछ नहीं बोल पाई। जो कुछ कहना था, मेरे मौन ने कह दिया।

"यह बात बहुत ही खराब है कि कोई व्यक्ति राज उद्यान में घुस आए।"

मैंने उनकी बात पूरी की, "वह भी बिना किसी अनुमति के।"

वे चुप ही रह गए। उनकी चुप्पी ने बहुत कुछ कह दिया।

"अब जैसा हुआ वह तो हो ही चुका, इसपर अधिक ध्यान मत दो। बस यही समझो कि वह भी कोई राम था, जो सीता को उपवन में देखने आ गया था।"

इस वाक्य की अभिव्यंजना ने मुझे फिर सोचने के लिए विवश किया। उस गाड़ीवान की बड़ी-बड़ी आँखें फिर मेरे सामने खड़ी हो गईं।

मुझे गंभीर होते देखकर पिताजी ने पूछा, "क्या सोचने लगी, बेटी?"

"यही कि वह 'राम' कौन है?"

वे हँसकर बात को हवा में उड़ाते हुए बोले, "समय आने दो, सब पता चल जाएगा!" और एकदम बात बदल दी, "मैं इस समय जो बात कहने आया था वह

तो कह ही नहीं सका। देख बेटी, अगला महीना श्रावण का है। इसमें हर सोमवार को व्रत रखकर शिव-पार्वती की आराधना करो।''

''इससे क्या होगा, पिताजी ?''

''तेरा भला होगा। तुझे मनवांछित फल मिलेगा।'' इतना कहकर वे एकदम चले गए।

पिताजी शिव के अनन्य भक्त थे। उद्यान में ही मेरे कक्ष के सामने शिव का एक विशाल मंदिर था। मेरे अलिंद से उसका पृष्ठ भाग स्पष्ट दिखाई देता था। प्रात: समय वे वहाँ पूजा करने जाते थे। हर सोमवार व प्रदोष का व्रत भी करते थे। अधिकांशत: उनकी संध्याकाल की पूजा अर्धरात्रि को समाप्त होती थी। कभी-कभी वे अपने साथ माताजी को भी ले जाते थे। उनके दाहिने हाथ में रुद्राक्ष की एक माला अवश्य रहती थी, जिसपर वे कोई मंत्र जपा करते थे। इस प्रकार पिताजी का समय प्रशासन से अधिक दर्शन-पूजन में ही जाता था।

त्रिकाल-पूजन के अतिरिक्त एक ज्योति दिन-रात मंदिर में ही जलती रहती थी। पिताजी की शिव-भक्ति का आदेश मुझे सोचने के लिए एक विषय दे गया।

मैं सोचने लगी कि आखिर बात क्या है ? उनके कहने के ढंग से तो यह स्पष्ट था कि यह निष्काम भक्ति नहीं थी। अपने भले की कामना से की गई भक्ति कभी निष्काम नहीं हो सकती। फिर हमारी भक्ति के पीछे कामना क्या है ?

एक ओर गाड़ीवान की बड़ी-बड़ी आँखों का राम की स्मृति से महिमामंडित करने का प्रयास और दूसरी ओर शिव आराधना का पिताजी का उपदेश मुझे बहुत कुछ सोचने के लिए विवश करता रहा।

इन दोनों में तालमेल न बैठा पाने की असमर्थता ने मुझे नींद की चादर ओढ़ा दी। मैं सो गई। पर समस्याएँ तो मन में डेरा डाले ही थीं। दूसरे दिन सुबह उठते ही इन समस्याओं ने पुन: आ घेरा। ज्यों-ज्यों मैं इन समस्याओं को सुलझाने का प्रयत्न करती त्यों-त्यों और उलझती जाती थीं। अंत में मेरी जिज्ञासा ने ऐसा जोर मारा कि प्रात: पीने के लिए आया मधु-मिश्रित दूध का रजत पात्र पड़ा-का-पड़ा रह गया और मैं दो सेविकाओं को साथ लेकर चल पड़ी। सेविकाओं ने मेरा ध्यान दूध की ओर खींचा भी, पर मैंने कहा, ''आज का जलपान मैं माताजी के साथ ही करूँगी।''

जब मैं अपने प्रासाद खंड से निकलकर माँ के प्रासाद खंड में आई और उनके कक्ष में गई तब वह उड़ गए पक्षी के पिंजरे की तरह खाली था। पता चला कि वे मंदिर में पूजन के लिए गई हैं।

माता-पिता द्वारा शिव की ऐसी आराधना और मुझे भी आराधना का उपदेश

देना मेरे सोच के लिए ऐसी सामग्री थी कि इनके आगे पिछली समस्याएँ तो नेपथ्य में चली गईं।

मैं माँ के कक्ष में प्रतीक्षा करती बैठी रही। मन उन्हीं सोचों में डूबा रहा। तनाव बढ़ता गया। जब मैं ऊब गई तब माँ की ही शय्या पर ढुलक गई और आँखें बंद कर लीं। माँ की कई सेविकाओं ने मेरे स्वास्थ्य के बारे में पूछा। सबको एक ही उत्तर दिया था, 'कोई बात नहीं है। रात को कुछ देर से नींद आई थी, इसलिए थकावट का अनुभव कर रही हूँ।'

मध्याह्न के कुछ पूर्व माँ आईं। वह इस हालत में मुझे देखकर चकित रह गईं। बोलीं, "तू कब से प्रतीक्षा कर रही है, बेटी?"

"तुम्हारे जाने के बाद ही मैं आ गई थी।"

"तब तो लंबी प्रतीक्षा करनी पड़ी। तुमने आने के पहले मुझे कहला क्यों नहीं दिया?"

"कहला देती तो क्या आप पूजन के लिए नहीं जातीं?"

"जाती तो अवश्य, बेटी, पर तुझे भी ले चलती।"

"मेरे कहने पर भी नहीं रुकतीं?"

उन्होंने मुसकराते हुए नकारात्मक ढंग से सिर हिलाया। उनका मौन कह रहा था कि 'चंद्र टल सकता है, सूर्य टल सकता है, तेरी बात टल सकती है, पर मेरे पूजन का संकल्प नहीं टल सकता।'

"इस समय तो पिताजी भी वहाँ रहते होंगे; तो क्या तुम उनके साथ ही बैठकर पूजा करती हो?"

"हाँ।" माँ मुसकराते हुए बोलती रहीं, "शिव-पार्वती की आराधना बिना शिव और पार्वती के नहीं होती।" इसके बाद वह खिलखिलाकर हँसीं।

मैं सोचने लगी, अवश्य ही इनके सामने कोई विवशता है, जिसके निराकरण के लिए ये ऐसी आराधना कर रही हैं। ऐसी नियमबद्ध पूजा, ऐसा समर्पण किसी भक्त का तो मैंने सुना था, पर किसी राजा का नहीं। अब मैंने माँ से सत्य के उद्घाटन के लिए आग्रह किया। किंतु माँ मुझे इधर-उधर की बातों में उलझाकर चली गईं।

शंका का धुआँ मन में और घना होता गया। भीतर-ही-भीतर मन घुटता गया। मैंने कई बार उस विवशता के संबंध में जानना चाहा, जिससे दबकर मेरे परिवार ने ऐसी तपस्या का संकल्प लिया था।

श्रावण आया। पिताजी के आदेशानुसार मैंने व्रत और आराधना आरंभ की। मुझे शांति तो मिलती थी, पर मुझमें वह तल्लीनता नहीं आती थी जिसमें मेरे माता-

पिता खो जाते थे। उनके सामने कोई कारण था, लक्ष्य था; पर मेरे सामने लक्ष्यहीनता की स्थिति थी। मुझे यह आराधना अकारण लगती थी, इसलिए समर्पण का वह भाव नहीं आया था जो मेरे माता-पिता में था।

मेरे पूजन में संसार भी था और देवता भी थे; पर उन लोगों की आराधना में केवल देवता रह जाते थे और संसार अदृश्य हो जाता। इसीसे मन की नाव डगमगाती रहती थी, कभी स्थिर न हुई। पर एक दिन मैंने निश्चय कर लिया कि इस पूजा के पीछे छिपे सत्य का माँ से उद्घाटन करवाकर ही रहूँगी।

दूसरे दिन मैं बहुत सवेरे उठी। आकाश की ओर देखा। तारों से ज्ञात हुआ कि अभी-अभी ब्राह्म मुहूर्त आरंभ हुआ है। मैं अपनी दो निकटतम और विश्वसनीय सेविकाओं को साथ लेकर माँ के प्रासाद खंड की ओर चल पड़ी। मार्ग में कई प्रहरियों ने मुझे बड़े ध्यान से देखा; पर किसीका कुछ पूछने का साहस नहीं हुआ। मैं प्रात: समीरण की तरह फड़फड़ाती बढ़ती गई।

माँ भी इस समय मुझे देखकर विस्मय में पड़ीं। घबराते हुए उन्होंने पूछा, "क्या बात है, बेटी, जो तू इस समय आई? सब कुशल तो है?"

"रात भर मैं सोई नहीं हूँ, माँ! बस यही सोचती रही कि आखिर मेरे परिवार ने क्या पाप किया है, जिसके निवारण के लिए आप लोग शिव की आराधना में ऐसे तल्लीन रहते हैं?...क्या बताऊँ माँ, जब भी मैं शिवलिंग के सामने आराधना के लिए बैठती हूँ तब इस समस्या की उधेड़बुन में फँस जाती हूँ। शिव और मन के बीच यह अनजानी व अनचीन्ही समस्या खड़ी हो जाती है और आराध्य उसके पीछे चला जाता है।"

माँ एकदम मौन रह गईं। एकटक मुझे देखती रहीं। उन्होंने न तो बैठने के लिए कहा और न मैं बैठी। दोनों खड़े-खड़े एक-दूसरे को देख रहीं, फिर संकेत से उन्होंने मेरी सेविकाओं से हट जाने के लिए कहा। वे इधर-उधर हटने-बढ़ने लगीं।

तब माँ ने उन्हें स्पष्ट आदेश दिया, "तुम लोग जाओ। आज शुभा यहीं रहेगी।"

वे चली गईं।

तब माँ ने मुझे अपनी शय्या पर बैठाया और मेरी बगल में बैठ गईं। चारों ओर उन्होंने एक सजग दृष्टि डाली, कोई मुझे सुन तो नहीं रहा है। फिर धीरे से इस रहस्य की पुस्तक की भूमिका आरंभ की, "देखो बेटी, यह एक गंभीर समस्या है, जिसे मैं और तुम्हारे पिताजी के अतिरिक्त कोई नहीं जानता। मेरा विश्वास है, तू भी इसे अपने तक ही सीमित रखेगी।"

जब मैंने इसकी गोपनीयता का पूरा विश्वास दिलाया तब रहस्य की इस पुस्तक का वास्तविक पृष्ठ खुला। उन्होंने बड़े भय तथा संकोच के साथ बताया कि हमारे परिवार के मूल में नग्नजित् का अंश है।

"यह नग्नजित् कौन है?"

"यह इषुपाद महादैत्य का पुत्र था। इसीसे हमारी पूर्व पीढ़ियों पर दैत्यता की छाया सदा पड़ी रहती थी। यह कुल निर्वंश तो नहीं हुआ, पर हमारे पूर्वजों को केवल एक ही संतान पैदा हुई, वह भी धर्म-विरोधी और अत्याचारी। उनमें से किसीने भी पूरा जीवन नहीं जिया। मध्य आयु तक पहुँचते-पहुँचते किसी-न-किसीने उनका वध कर दिया।...तुम्हारे पिताजी भी अपने पिता की अकेली संतान हैं।"

"पर मेरे पिताजी पर तो दैत्यत्व की हलकी छाया भी नहीं जान पड़ती।"

"यही तो बता रही थी।" माँ अब और गंभीर हो गईं। उनकी आवाज भी कुछ भारी पड़ गई थी, "...यह कथा बस एक पीढ़ी पुरानी है। सुना है, जब तेरे पिताजी पैदा हुए थे तब उनको गर्भावस्था में ही दाँत निकल आए थे। यह महा अशुभ लक्षण देखकर मेरी सास एकदम घबरा गईं। उन्होंने सोचा, परंपरा से मिला दैत्यत्व परिवार पर यों ही भारी पड़ रहा है, यह तो पेट से ही दैत्य जनमा है। तेरे पितामह पुत्र को जनमते ही मार डालने के पक्ष में थे। तेरी पितामही बहुत रोई-चिल्लाईं। सोचा, मेरी वंश परंपरा में सबको एक ही शिशु होता है; यदि यह भी मार डाला गया तब तो कुल ही निर्वंश हो जाएगा। उन्होंने अपने शिशु के जीवनदान के लिए पति से प्रार्थना की। तब कहीं तेरे पिताजी बच पाए थे।"

यह कथा इतनी स्तब्धकारी और रहस्यमयी थी कि मैं चुपचाप सुनती रही। पर मेरे मूल प्रश्न का अभी तक उत्तर नहीं मिला था। मैंने कहा, "शिव की आराधनावाली बात तो रह ही गई।"

"वही तो बताने जा रही थी।" माँ बोली, "शिशु के बच जाने पर भी तेरी पितामही का मन शांत न हुआ। वह सोचती रहीं, आज तो यह बच गया है, पर है तो दैत्य ही। कभी-न-कभी अवश्य मारा जाएगा। दिन-रात वे इसी चिंता में जलती रहीं कि भगवान् ने डूबते को सहारा दे दिया।"

मेरी मुद्रा प्रश्नवाची हुई। वह बोलती गईं, "तेरी पितामही को मालूम हुआ कि देवर्षि नारदजी कंबोज में पधारे हैं। तब वह तेरे पिताजी को लेकर किसीसे बिना कुछ कहे-सुने एक रात नारदजी से मिलने चली गईं।"

"क्यों? क्या नारदजी को यहाँ आमंत्रित नहीं किया जा सकता था?"

"नहीं; क्योंकि तेरे पितामह उनके नाम से चिढ़ते थे। कई बार तो वे उनकी हत्या की योजना तक बना चुके थे।"

"ऐसा क्यों?"

"बात यह थी कि देवर्षि तेरे पिताजी को दैत्यवंशावतंश कहा करते थे। उन्हें परम अधार्मिक मानते थे। वे गांधार की सीमारेखा में पैर रखना भी पाप समझते थे।"

"तब तो पितामही ने अपने को खतरे में डालकर यह कार्य किया होगा?"

"अरे, वह बिलकुल अपनी जान पर खेल गई थीं।" माँ ने कहा और वार्त्ता आगे बढ़ाई, "कंबोज (वर्तमान हिंदूकुश और कश्मीर का कुछ अंश) जाकर तुम्हारे पिताजी को नारदजी के चरणों में डाल दिया और कहा, 'महाराज, अब आप ही इसका उद्धार कीजिए।' मेरी सास बताती थीं कि पहले नारदजी बड़े असमंजस में पड़े। एक ओर तो गांधार का संदर्भ था और दूसरी ओर मेरी सास की श्रद्धा थी।" माँ कहती गईं, "पर तेरी पितामही भी सहज ही माननेवाली नहीं थीं। एक तो डूबते को तिनके का सहारा मिला और वह उसीको छोड़ दे, ऐसा कैसे हो सकता है। वह उनके चरण पकड़कर बैठ गईं और कहा कि जब तक आप इस संकट से उद्धार का कोई उपाय नहीं बताएँगे, मैं आपके चरण नहीं छोड़ूँगी।"

"तब क्या हुआ?" मेरी जिज्ञासा उफन रही थी।

"तब होता क्या!" माँ बोलीं, "देवर्षि नारद ने बताया कि 'दैत्य वंश के अंश से तुम्हारा परिवार तो मुक्त नहीं हो सकता, पर एक काम हो सकता है कि उसका प्रभाव कम हो जाए। इसके लिए तुम्हें शिव की आराधना करनी पड़ेगी। और जब तक तुम्हारे परिवार में शिव की आराधना चलती रहेगी, तुम्हारा कोई गंभीर अहित नहीं होगा। और यह भी याद रखो, तुम्हारे करने से कुछ नहीं होगा, जब तक तुम्हारा पति न करे।'

"तुम्हारी पितामही उस समय एकदम चुप हो गईं। उन्होंने बताया कि 'उस समय ऐसा लगा जैसे मैं पहाड़ी से ढुलककर किसी जलकांतार में डूबने लगी। मैं स्वयं तो आराधना कर लूँगी, पर अपने पतिदेव को कैसे समझाऊँगी। एक तो वे परम अधार्मिक तथा नास्तिक थे, पूजा-पाठ से उन्हें कुछ लेना-देना नहीं, दूसरे जब वह यह सुनते कि यह नारद की बताई युक्ति है तब तो एकदम लाल हो जाते।'

" 'तब तुमने क्या किया, माँ?' मैंने अपनी सास से पूछा।

" 'करती क्या! अब तुम्हारे श्वसुर को समझाने के सिवा कोई दूसरा रास्ता तो

था नहीं। हमने अपना मन पक्का किया और पतिदेव को आस्तिकता की ओर लाने का व्रत लिया।'

"उन्होंने मुझे यह भी बताया कि इसके लिए उन्हें कैसे-कैसे संकट झेलने पड़े। 'पहले तो वे पूजा का नाम सुनते ही भड़क उठते थे। वे कहते थे—शिव की पूजा से क्या होता है ! तू भी एक-न-एक अनर्गल प्रलाप लेकर आ जाती है।''' फिर भी मैं उन्हें समझाती रही। किंतु वे समझनेवाले नहीं थे। उनका दैत्यत्व आड़े आ जाता था। वे कहा करते थे कि कौन कहता है कि मुझमें दैत्यों का अंश है ? केवल उस नारद के सिवा, जो हमेशा नई-नई बातें गढ़ा करता है और इधर से उधर लगाया करता है !'

"मैं तीन दिन, तीन रात उन्हें समझाती रही, पर वे रास्ते पर आनेवाले नहीं थे। अंत में हारकर मैंने उनसे कहा—यदि आप मेरी प्रार्थना स्वीकार नहीं करेंगे तो मैं प्रायोपवेशन (अनशन) करूँगी और पंचाग्नि तापूँगी।'

"तेरी पितामही का कहना था कि 'अब मैं उद्यान के उन्मुक्त प्रांगण में खुले आकाश के नीचे बैठ गई। सेविकाओं से कहा कि अब तुम मेरे चारों ओर अग्नि जलाओ। उन्होंने दाँतों तले उँगली दबाई—यह क्या महारानीजी ? यह बात उनके लिए अनहोनी थी, अप्रत्याशित थी। पर वे क्या करतीं ! पट्टमहिषी का आदेश था, उन्हें तो मात्र पालन करना था।'

"उन्होंने बताया कि 'तब मेरे चारों ओर के घेरे में ऐसी अग्नि जलाई गई कि उसकी लपटें मुझ तक न आएँ।'''अब क्या था ! राजभवन में हलचल मच गई। लोग मुझे देखने आने लगे। मुझे देखकर उन्हें पार्वती की तपस्या याद आने लगी। अमात्यमंडल भी मुझे देखने आया। मेरे प्रति व्यापक सहानुभूति पैदा हुई। एक अमात्य ने अपने साथी से कहा—इतनी तपस्या पर तो शिव भी पिघल गए थे, पर महाराज नहीं पिघले।

" 'अरे, आप पिघलने की बात कहते हैं, मेरे कहने पर वे झुँझला पड़े। बोले—मरती है तो मर जाने दो उस दुष्टा को।'

" 'यह उनपर दैत्य वंश का प्रभाव ही था कि भक्ति का नाम सुनते ही वे एकदम हिरण्यकशिपु की तरह आक्रामक हो जाते थे।

" 'आखिर नग्नजित् भी हिरण्यकशिपु के परिवार का था।' "

मैंने बीच में ही माँ को टोका, "ये सारी बातें मेरी पितामही को कैसे मालूम हुईं ? क्या नारदजी ने ही उन्हें सबकुछ बताया था ?"

"यह तो मुझे नहीं मालूम। हो सकता है, नारदजी ने ही बताया हो।"

माँ ने आगे कहा, "मेरी सास ने बताया कि 'संध्या होते-होते प्रासाद की प्राचीरों से छनकर यह समाचार नगर में पहुँचा। जो सुनता वही स्तब्ध रह जाता। रात तक राजभवन के मुख्य द्वार पर जनता की भीड़ लग गई। द्वार पर पहरा बढ़ा दिया गया। हजार मुँह, हजार तरह की बातें होने लगीं। जिसके मन में जो आता, बोलता जा रहा था। किसीने कहा—राजा को ऐसा हठी नहीं होना चाहिए। आखिर पट्टमहिषी की यही प्रार्थना है न कि परिवार के कल्याण के लिए वे शिव की आराधना करें।

'—कैसे करेंगे आराधना, दैत्य वंश का रक्त जो उनमें प्रवाहित है।' "

मैंने कहा, "तात्पर्य यह कि इस तथ्य को जनता भी जान गई थी?"

"जनता कैसे नहीं जानती!" माँ बोलती गईं, "उससे कुछ छिपा थोड़े ही रहता है। उसके लाखों आँखें और लाखों कान होते हैं। कुछ भी उससे छिपा नहीं रह सकता है।

"तुम्हारी पितामही का कहना था कि 'दूसरे दिन सवेरा होते-होते जन विद्रोह की स्थिति आ गई। गुप्तचरों ने सारी सूचना महाराज को दी; फिर भी वे टस से मस न हुए। तब उन्हें महामात्य ने समझाया—महाराज, ऐसी भी स्थिति आ सकती है, जिसका सामना शायद हम नहीं कर पाएँ।...तब कहीं जाकर पत्थर पर दूब जमी। महाराज ने तुरंत शिवमंदिर बनवाने का आदेश दिया।' और तब से यह पूजा बराबर चल रही है।"

"इसका मतलब है कि मेरे पिताजी अपने पिता की एकमात्र संतान हैं।" मेरे मुख से निकला।

माँ हँसीं, "इस संदर्भ की एक बात तो रह ही गई। बेटी, इस संबंध में भी मेरी सास ने नारद मुनि से बड़ी प्रार्थना की थी। उन्होंने कहा, 'देवर्षि, अब तक मेरे वंश में एक ही संतान होती रही है। वह भी अपने कृत्यों के कारण मध्य आयु में ही मारी जाती रही है। क्या मेरे बेटे के साथ भी ऐसा ही होगा?'

" 'यदि तुम शिव की आराधना करोगी, तब ऐसा कुछ होना तो नहीं चाहिए।' नारदजी ने कहा।

"तेरी पितामही इतने से संतुष्ट होनेवाली नहीं थीं। उन्होंने पूछा, 'इसका तात्पर्य है कि मेरा सुबल अकेला ही रहेगा! इसके कोई भाई-बहन नहीं होंगे।'

"सुना है, इसपर देवर्षि नारद बड़ी जोर से हँसे थे। बोले, 'तुम तो उँगली पकड़कर भुजा पकड़नेवाली निकलीं।' फिर उन्होंने अपनी आँखें बंद कीं और ध्यानावस्थित हुए। कुछ क्षणों बाद उन्होंने कहा, 'तुम्हें तो बस एक ही संतान रहेगी,

पर यदि अपने पति के साथ तुम्हारा अनवरत पूजन चलता रहा तो इस पीढ़ी के बाद तुम्हें संतानों की कमी नहीं होगी।'

"तेरी पितामही बड़ी प्रसन्न हुईं। इस प्रसन्नता में उन्होंने नारदजी के अनेक बार चरण छुए। नारदजी ने आशीर्वाद देते हुए कहा, 'इतना समझ लो कि इतने से भी तुम्हारे वंश को दैत्यत्व से छुटकारा नहीं मिलेगा। किसी-न-किसी संतान में उसका अंश आता रहेगा।'

" 'तब महाराज! इसके लिए क्या करना होगा?' तुम्हारी पितामही ने पूछा।

" 'कुछ रोग ऐसे होते हैं, जिनकी ओषधि नहीं होती।' उन्होंने फिर अपनी बात दोहराई, 'परिवार के किसी-न-किसी संतान में दैत्यत्व का बीज आता रहेगा। पर इससे घबराने की क्या बात! जहाँ मनचाहे भाई और बहनें होंगी, उनमें से एक दैत्यांशधारी ही सही।' "

इतना सुनते ही मेरे मन पर शकुनि का चित्र अनेक मुद्राओं में उभरने लगा।

□

आज शिवरात्रि है।

प्रकृति अपनी पूरी मादकता लेकर आ गई। इस समय तक जाड़ा ठंडा पड़ जाता है। वृक्ष भी पुराने वस्त्र उतारकर नई हरीतिमा धारण कर लेते हैं। फूल फूले नहीं समाते। रसाल बौरा जाते हैं। ऐसे ही मौसम में शिव के त्रिनेत्र से भस्म हुआ काम अनंग होकर प्रकृति के अंग-अंग में बिखर जाता है।

हम हलके पीले वस्त्र पहनकर इस मादकता का स्वागत करते हैं। प्रकृति की नवीन जीवंतता के साथ इस त्योहार की अगवानी करते हैं।

हमारे यहाँ लगभग छह मास पूर्व से ही शिवरात्रि की तैयारी होने लगती है। आज के रुद्राभिषेक के लिए आर्यावर्त्त की सप्त सरिताओं तथा हर ऋतु की वर्षा के जल को एकत्र करने की प्रक्रिया साल भर चलती रहती है।

सात दिन पहले से ही माताजी के साथ पिताजी भी व्रत पर हैं। दुग्धाहार के अतिरिक्त उन्होंने कुछ और ग्रहण नहीं किया है। फिर भी वे शिथिल दिखाई नहीं देते। एक अपूर्व तेज उनकी आकृति पर है। वे इस स्थिति को भी भगवान् भूतभावन की कृपा का ही फल मानते हैं। दो दिनों से मैं भी व्रत पर हूँ। मेरा यह कर्तव्य-पालन मात्र ही समझिए। मुझमें वह आस्था नहीं उत्पन्न हो पाई है, जो पिता की तरह स्वयं को भी भगवान् के चरणों में अर्पित कर देती। इसमें मुख्य बाधक मेरी बुद्धि ही थी, जो मेरे मन की धरती पर विश्वास को उगने नहीं देती थी। पर अचानक माँ ने एक विचित्र बात बताई और मेरी मानसिकता बदल गई।

"यह शिवलिंग बड़ा ही तेजस्वी और प्रतापी है।" माँ ने बताया। फिर मुसकराते हुए बोलीं, "उस दिन मैं तुझे अपने परिवार के दैत्यत्व, तेरी पितामही और नारदजी के संबंध में बता रही थी न! ले, आज उसके आगे भी सुन।" उन्होंने बताया, "तेरी पितामही दुःखी तो थीं ही, पर चतुर भी बहुत थीं। यदि कोई दूसरी नारी होती तो इतना जान लेने के बाद नारदजी का पिंड छोड़ देती। पर वे अब भी गिड़गिड़ाती रहीं। उन्होंने नारदजी से कहा, 'आप ही मेरे गुरु भी हैं और मार्गदर्शक भी। अब आप ही बताइए, हम आराधना किस मंत्र से करें ? और शिवलिंग कहाँ से लाएँ ? या मिट्टी का बनाकर पार्थिव पूजन करें ?'

"नारदजी ने जब देखा कि यह स्त्री पीछा छोड़नेवाली नहीं है तब उन्होंने अपनी झोली में हाथ डाला और एक शिवलिंग निकालकर देते हुए कहा, 'तब तुम वही शिवलिंग ले जाओ जिसकी पूजा मैं करता हूँ।' "

"नारद तो विष्णु के उपासक हैं, उनकी शिव की उपासना कैसी ?" मैंने पूछा।

"अरे बेटी, तू नारद को जानती नहीं है। बड़े-बड़े लोग उन्हें जानने में असमर्थ हैं। उनकी सूझ अद्भुत है। यदि दैत्य वंश के उद्धार की बात न होती तो वे विष्णु की आराधना के लिए ही कहते। इस संदर्भ में तुम्हारी पितामही से उन्होंने कहा, 'लक्ष्य के अनुसार ही उसके भेदन की उक्ति सोचनी चाहिए।' इसके आगे वे कुछ नहीं बोले; पर न बोलकर भी उन्होंने सबकुछ समझा दिया।

"इस प्रकार लिंग भी उन्होंने ही दिया और शिव के सुस्थापित पंचाक्षरी मंत्र का उपदेश भी उन्होंने ही किया—'ॐ नमः शिवाय।' उन्होंने सावधान करते हुए यह भी कहा था, 'देखो, इस लिंग का नित्य पूजन करना। कभी भी इसकी उपेक्षा नहीं होनी चाहिए।'

"तब तेरे पिताजी ने प्रासाद परिसर के उद्यान के मध्य में यह शिवमंदिर बनवाया और इस शिवलिंग की स्थापना की। वे प्रतिदिन उसकी आराधना करते हैं। कभी-कभी तो उनकी संध्या की पूजा मध्य रात्रि तक चलती रहती है। जब वे किसी चिंता या उलझन में रहते हैं तो रात्रि के सघन अंधकार में अचानक कोई आवाज गूँजती हुई सुनाई देती है और उसीमें उनकी चिंता का समाधान भी उन्हें मिल जाता है।"

अंत में माँ ने मुझे विशेष रूप से संबोधित करते हुए कहा, "...और देखो, उसी भूतभावन की कृपा से तेरे कितने भाई-बहन हैं!'

"तो मैं भी उन्हींकी कृपा का परिणाम हूँ ?"

"निश्चित।"

"तब तो मुझपर उनकी विशेष कृपा होनी चाहिए।" मैंने कहा।

"अवश्य।" माँ ने कहा था और उसी दिन से मैंने उनकी आस्थापूर्वक आराधना स्वीकार की।

रुद्राभिषेक आरंभ हो गया था। माँ के कक्ष में ही मंत्रों की पवित्र ध्वनि ने मेरा स्पर्श कर लिया था। बाहर आने पर वे और अधिक स्पष्ट हो गई थीं। संपूर्ण वातावरण वेद मंत्रों की ध्वनि से गूँज रहा था।

अभी मैं अपने कक्ष में पहुँची थी कि एक बछड़े की बार-बार चीखती आवाज सुनाई दी। मैं तुरंत अलिंद में आई। मैंने देखा, मंदिर के पिछले भाग में जगमोहन (चबूतरे) से बँधे एक बछड़े को शकुनि पेड़ की मजबूत टहनी से मार रहा है। जब वह बछड़े को मारता तो बछड़ा तेज आवाज के साथ उछलता। बछड़े की इस छटपटाहट पर शकुनि बड़ा प्रसन्न होता। मेरे मन ने अतीव घृणा से कहा, 'कैसा विचित्र है यह व्यक्ति कि सदा इसे दूसरों को कष्ट देने में ही आनंद आता है।'

मैं दौड़ती हुई सीधे उसके पास गई, "तू मनुष्य है या राक्षस?"

वह हँसते हुए बोला, "तुझे क्या लगता हूँ?"

"मुझे तो तू दैत्य लगता है।" मैं अत्यधिक क्रोध में थी।

"तू दैत्य समझ या दैत्यावतार।" अनजाने ही उसके मुख से निकला, जिसपर मेरा ध्यान उस समय नहीं गया।...वह अब भी हँस रहा था।

मैंने उसके हाथ से वह टहनी छीन ली। इसका अर्थ यह नहीं कि मैं उससे अधिक शक्तिशाली थी। मैं तो टहनी पकड़कर झूल गई थी और उसने यह कहते हुए छोड़ दिया था, "ले, तू कहती है तो छोड़ देता हूँ; लेकिन जान ले, तुझे इसका पाप लगेगा।"

"विचित्र है! अपराध तू कर रहा है और पाप मुझे लगेगा!" मेरे क्रोध ने उसकी प्रसन्न मुद्रा को साश्चर्य देखा। मैं लगभग अवाक् रह गई।

राक्षसों सा वह हँसते हुए बोला, "मैं तो इसे नृत्य सिखा रहा था। पशुओं को ऐसे ही मार-मारकर नृत्य सिखाया जाता है। आज शिवरात्रि है न। आज इसको विशेष नृत्य करना चाहिए, क्योंकि यह शिव का वाहन है।"

मेरे क्रोध में जैसे उबाल आ गया। मैंने उसी आवेश में कहा, "आज के ही दिन काम के अहंकार को शिव ने भस्म कर दिया था। तू उनके वाहन को ऐसी पीड़ा पहुँचा रहा है, तू भी भस्म हो जाएगा।"

"चल-चल, पहले तू अपनी रक्षा कर।" इतना कहते हुए वह बछड़े को छोड़कर चल दिया।

उसके जाते ही मैंने बछड़े को छोड़ दिया। उसके शरीर पर मार के साट उभर आए थे। कई में से तो रक्त छलछला आया था।

यद्यपि मैं अपनी सेविकाओं से कुछ कहे बिना ही दौड़ आई थी, तथापि उनका घबराना स्वाभाविक था। उनकी व्यग्रता ने उन्हें मेरे पीछे लग जाने के लिए विवश किया। सभी सेविकाएँ उस बछड़े को देख-देखकर 'त्राहि-त्राहि' कर उठीं। जल्दी से जल मँगवाया गया। उसके घाव धोए गए।

मैंने एक सेविका से कहा, "पशुधन अमात्य से कहो कि यथाशीघ्र इसकी चिकित्सा की व्यवस्था करें।"

क्रोध में बड़बड़ाती हुई बछड़े को छोड़कर मैं चली आई।

अरण्याग्नि की तरह यह समाचार पूरे राजभवन में पहुँच गया। जो सुनता वही शकुनि के इस कृत्य पर दाँतों तले उँगली दबा लेता। पर राजकुमार की बात थी, किसीका मुँह नहीं खुला। ऐसा नहीं है कि मेरे माता-पिता इस घटना से अवगत न रहे हों; पर मेरी जानकारी में, उसे कोई दंड नहीं दिया गया। उनकी ऐसी विवशता पुत्र में दैत्यांश होने की आशंका से दृढ़ होती गई। वह राजभवन में सर्प की तरह पाला जा रहा था।

रुद्राभिषेक समाप्त होते-होते संध्या हो गई। परंपरा थी कि रुद्राभिषेक के बाद प्रसाद बँटता था। यद्यपि रुद्र का प्रसाद खाना वर्जित था; लेकिन शिवरात्रि के दिन यह छूट थी। प्रसाद में दूध, जल, चंदन, मधु आदि होता था, जो अभिषेक के समय चढ़ाया जाता था। चंदन से उसमें सुगंध और मधु से उसके स्वाद में वृद्धि हो जाती थी।

प्रसाद बाँटते समय राजभवन के द्वार सबके लिए खोल दिए जाते थे। काफी भीड़ हो जाती थी। इस समय ज्वार के सिंधु में पुरुष, महिलाओं और बच्चों की लहरें किलकारी मारती हुई चली आ रही थीं। सुविधानुसार नर-नारी और बच्चों की अलग-अलग पंक्तियाँ लगाई गई थीं।

परंपरानुसार प्रासाद का कोई कर्मचारी प्रसाद नहीं बाँटता था। यह कार्य राजपरिवार के लोग ही संपन्न करते थे। पुरुषों की ओर मेरा एक भाई भानुदत्त, स्त्रियों की ओर मेरी एक बहन सुदेष्णा और बच्चों की ओर स्वयं मैं लगी थी। मुझे बड़ा अच्छा लग रहा था। वस्तुतः मैंने कभी इतने बच्चों को एक साथ देखा नहीं था। बच्चों की प्रकृति की ऐसी स्वाभाविकता मेरे लिए अनदेखी और अनजानी थी।

उनका हर समय नियंत्रण से बाहर होना, आपस में गुत्थमगुत्था करना ऐसा लग रहा था मानो मैं फुदकती चिड़ियों को दाना दे रही होऊँ और सब उसके लालच में मेरे ऊपर ही आ-जा रही हों। कभी-कभी पीछे से ऐसा धक्का लगता कि आगे का बालक पीछे चला जाता और पीछे का आगे चला आता था। बाढ़ की नदी में हिलोरों की तरह किनारे का जल मध्य में और मध्य का किनारे होता रहता था।

ऐसे में पीछे का एक लड़का चिल्लाया, ''मेरी बारी थी और वह ले गया!''

कोई कहता, ''देखिए, वह दुबारा ले रहा है।''

इतना अनुभव मैं करती थी कि बच्चे दो-दो, तीन-तीन बार ही नहीं वरन् चार-चार बार ले रहे हैं। इतना होने पर भी माधवी पत्र से निर्मित प्रसाद लेने के पात्र को वे फेंकते नहीं थे। प्रतीक्षा करके वे चुपके से पंक्ति में घुस आते थे और अपनी बारी आने की फिर प्रतीक्षा करने लगते थे।

दूर से पिताजी देख रहे थे। उन्होंने सोचा, यदि यही दशा रही तो पूरी रात बीत जाएगी और बच्चों की यह पंक्ति समाप्त नहीं होगी। उन्हें लगा कि मैं काफी परेशान हो गई हूँ, क्योंकि बच्चे कभी-कभी मुझपर चढ़ आते थे और मेरे वस्त्र तक खिंच जाते थे।

पिताजी ने तुरंत कुछ सिपाहियों को बुलाया और उनसे बच्चों की पंक्ति ठीक करने को कहा। उन दंडधारी राजपुरुषों को देखते ही बच्चे कोटर में चहचहा रहे चिड़ियों के उन बच्चों की तरह सहम गए जिन्हें तने पर चढ़ता और अपनी ओर बढ़ता कोई अजगर दिखाई देता है।

उनकी स्वाभाविक किलकारी का गला घोंट दिया गया। उनकी उछल-कूद के पैरों में बेड़ियाँ पहना दी गईं। उनकी सारी सहजता पर एक प्रकार की कृत्रिमता की चादर ओढ़ा दी गई। मुझे लगा कि यह बच्चे नहीं, चलते-फिरते बच्चों की निर्जीव प्रतिमाओं की पंक्ति है। मेरी ओर एकटक निहारती आँखों में एक विचित्र विवशता थी।

मैंने सिपाहियों की उपस्थिति का विरोध किया। पिताजी से कहा, ''यह सब क्या किया आपने! बच्चों की स्वाभाविकता का गला घोंट दिया! मुझे ऐसा अनुशासन नहीं चाहिए, जो बच्चों का बचपना न रहने दे, उन्हें बच्चों की मूर्तियाँ बना दे।''

''तब तो रात खत्म हो जाएगी, पर यह पंक्ति समाप्त नहीं होगी।'' पिताजी बोले।

''तो हो जाने दीजिए।''

''तब तू पूजन पर कब बैठेगी?''

"क्या यह पूजा नहीं है?" मैंने कहा, "मूर्तियों में निर्जीव पड़े परमात्मा की जीवंतता तो बच्चों में दिखाई देती है।"

पिताजी मुसकराते हुए चले गए। पर इतना कहते हुए गए, "रात्रि के प्रथम प्रहर के समाप्त होते-होते तू शिवमंदिर में अवश्य आ जाना। आज तेरी पूजा की विशेष व्यवस्था की गई है। यदि तुमने श्रद्धा और विश्वासपूर्वक स्वयं को समर्पित कर दिया तो शायद उस शिवलिंग का प्रताप तुम्हें दिखाई दे।"

उस शिवलिंग के विषय में कही गईं माताजी की सारी बातें मुझे याद हो आईं। मैं अब भी उन बच्चों के बीच प्रसाद बाँट रही थी। ज्यों-ज्यों अँधेरा बढ़ता गया, बच्चों की पंक्तियों की पूँछ पुराने होते तोते की पूँछ की तरह झरती चली गई।...और एक समय ऐसा आया, जब धीरे-धीरे सब बच्चे चले गए। पर मेरे मन से उनकी कोलाहल भरी भीड़ न जा सकी, वरन् वह और गहराई में समा गई।

कुछ ही समय बाद मैं पूजन पर बैठी—'ॐ नमः शिवाय' का जप करती हुई। पहले तो और लोग भी मेरे साथ थे। मध्य रात्रि तक वे भी उठकर चले गए। अब मैं थी, पूजा के दीप की काँपती लौ थी और था एक सपाट सन्नाटा; शब्दहीन, ध्वनि विहीन रात। पर मेरे भीतर था बच्चों का वही कोलाहल, वही लहराती और टूटती पंक्ति, जो पक्षियों की तरह बराबर फुदकती हुई मेरे सिर पर चढ़ने का प्रयास करती रही।

मुझे इसका अनुमान नहीं था कि बच्चे मुझे इतने अच्छे लगते हैं। शायद इसलिए भी कि मैंने इतने बच्चे कभी एक साथ नहीं देखे थे। मेरा बाल जीवन अपने भाई-बहनों और परिचरों के बीच तक ही सीमित रहा था।

यों तो मैं ध्यानमग्न थी। मेरा मन शिव-चरणों में अर्पित था; वही मन, जो बच्चों के कोलाहल से भरा था। मैं जितना ही उससे मुक्त होने की चेष्टा करती उतनी ही भीड़ मुझे घेरती।

मुझे लगा कि मैं शिव-चरणों में समर्पित होने का बलात् प्रयत्न कर रही हूँ। फिर भी मैंने एक कोशिश और की। मन से उस सारी भीड़ को पीछे ढकेलती हुई बड़े जोर-जोर से 'ॐ नमः शिवाय, ॐ नमः शिवाय' कहने लगी। मेरी इस विवशता पर वह सन्नाटा भी हँसता हुआ सा मालूम हुआ।

अधिक देर तक यह स्थिति भी नहीं चली। एक ओर बच्चों के कोलाहल की बनती-बिगड़ती लहरें और दूसरी ओर भगवान् के चरणों में समर्पण की ऊर्जा। एक ओर सांसारिकता का ज्वार और दूसरी ओर भक्ति की ऊष्मा। ऐसा लगने लगा कि इसके प्रबल वाष्प से मैं कहीं फट न जाऊँ।

कुछ ही समय और बीता होगा कि शिवमंदिर की दीपशिखा अचानक विशेष रूप से काँपने लगी। ऊपर से लटके घंटे आपसे आप बजने लगे। वायु के तेज झोंके आने लगे। लगा, जैसे मैं शीघ्र ही वात्यचक्र से घिर जाऊँगी। मंदिर के बाहर की सारी मशालें अचानक बुझ गईं। अब चीखते अँधेरे के बीच मंदिर का एक दीप रह गया था। भय, भावुकता और भक्ति से संत्रस्त मेरी घबराती मानसिकता अब संज्ञाशून्य होने की स्थिति में आने लगी थी। मुझे अनुभव हुआ कि अब मैं शीघ्र ही संज्ञाशून्य होकर ढुलक जाऊँगी; पर यह चेतना शेष थी कि यदि ढुलकूँगी भी तो शिव-चरणों में ही।

अचानक एक गंभीर आवाज सुनाई दी, "बस बेटी, बस। तेरे मन की स्थिति जान रहा हूँ; फिर भी तू हारी नहीं है। मैं तुझपर प्रसन्न हूँ। मैं तुझे वर देता हूँ। जा, तेरी मनोकामना पूरी हो।"

"पर मैंने तो कोई मनोकामना नहीं की।" मेरे मुख से निकला।

रुद्र अट्टहास सुनाई पड़ा, "बेटी, यदि तेरी मनोकामना न होती तो तेरे मन में यह संघर्ष पैदा ही न होता।"

फिर मैं कुछ बोलूँ, कुछ पूछूँ, इसके पहले ही उस गंभीर ध्वनि में मुझे रुद्र का वरदान मिला, "जा, तुझे सौ बेटे होंगे।"

"सौ बेटे!" मैं आश्चर्यचकित थी। मन में आशंकाओं का ज्वार उठ आया। पर शीघ्र ही इसका पानी उतरने लगा। फिर भी मैं चिंतित थी।

"क्यों चिंता में पड़ती है? तू उन बच्चों की भीड़ से तो नहीं घबराई। ज्यों-ज्यों तू उनसे भागने का प्रयत्न करती रही त्यों-त्यों वे तेरे मन में बैठते गए, तो तुझे अब चिंता क्यों? मैं जीवन भर के लिए तुझे इस भीड़ में डाल देता हूँ।"

इसके बाद उस आवाज का प्रकंपन एकदम शांत हो गया। दीपशिखा भी स्थिर हो गई। ऊपर से लटकते घंटे भी मौन हुए।

सबकुछ मौन, स्थिर, सन्नाटे में स्तब्ध।

ब्राह्म मुहूर्त के पहले से ही अभिषेक के लिए जल और दूध के भरे घड़े-के-घड़े आने लगे। पूजन की मेरी एकाग्रता झकझोर दी गई। मुझे ऐसा लगा कि मैं एक स्वप्न देख रही थी, जो न भयानक था और न मनोहारी। द्विविधा भरी मानसिकता में मैंने आँखें खोलीं। अब नई सोच ने जन्म लिया—'जो कुछ मैं देख या सुन रही थी वह स्वप्न था, या जो इस समय जल और दूध से भरे घड़े देख रही हूँ वह स्वप्न है?' एक में आकस्मिकता थी और दूसरे में निरंतरता।

तब तक मुझे पिताजी की आवाज सुनाई पड़ी, ''क्या है, बेटी ?''

''कुछ नहीं।'' मैंने अपनी द्विविधापूर्ण मानसिकता समेटी और चुपचाप वहाँ से चल पड़ी।

आकाश के तारे धूमिल पड़ चुके थे। हवा में ठंडक बढ़ गई थी। पूरे राजभवन में लगभग जाग हो गई थी। यों भी शिवरात्रि की रात को लोग सोते कहाँ हैं।

ज्यों ही राजभवन के मुख्य द्वार से मैं दालान की ओर बढ़ी, अँधेरा बढ़ गया था। मेरे सिर के ऊपर से एक क्रौंच पक्षी पंख फड़फड़ाता बड़े वेग से निकल गया। उसकी गति में प्रिया के मिलन की आतुरता थी।

आगे बढ़ने के बाद दूसरे मोड़ से और भी गहरा निस्पंद अंधकार पड़ता था। मैं अपने में खोई चली जा रही थी कि अचानक एक आवाज सुनाई दी, 'रुद्र के वरदान पर तू प्रसन्न है न! पर यही वरदान तेरे लिए अभिशाप भी हो सकता है।...सोच ले शुभा, तेरी यह जीत हार से अधिक खतरनाक है।'

यह किसकी आवाज है ? मैंने मुड़कर देखा, कहीं कोई नहीं। तो क्या यह निष्कंप अंधकार बोल रहा था, या मेरा प्रत्यक्ष ही मुखर हो उठा था ? मैं कुछ सोच नहीं पाई। मेरा मन और भी अशांत हो गया था। फिर भी मैं आगे बढ़ने की चेष्टा कर रही थी। मेरे पग ऐसे डगमगा रहे थे जैसे मैं मैरेय के नशे में होऊँ।

इसी तरह थोड़ा और आगे बढ़ी थी कि बगल के गलियारे से एक दूसरी आवाज पत्थर की तरह मुझे मारी गई, ''इतना क्यों घबरा रही है, शुभा ? हर स्थिति में मैं तेरे साथ ही रहूँगा।''

मैंने मुड़कर देखा, यह शकुनि था।

□

: दो :

ज्यों-ज्यों मेरी वय बढ़ती गई त्यों-त्यों मेरी चर्चाओं का धुआँ सघन होता गया। इस धुएँ में कोई कड़वाहट नहीं थी। एक स्वप्न था, मेरे सुखद भविष्य के प्रति मंगलकामना थी और था उनका एक गहरा होता निजीपन। वह फैलता गया, हर मनुष्य के मन और हृदय में उतरता गया। मेरे माता-पिता भी चिंतित थे। उनके सामने मुख्य समस्या थी कि किनका प्रस्ताव माना जाए और किनका नहीं। पुरुषपुर के महाराज तो कई बार आ चुके थे। उनके अतिरिक्त कंबोज, केकय, मद्र, बाह्लीक ऐसे निकटवर्ती राज्यों से लेकर सौवीर और हस्तिनापुर तक के प्रस्ताव आए थे।

जब अधिक में से एक को चुनना पड़ता है तो बड़ी कठिनाई होती है। मन यदि अधिक दिनों तक द्विविधा में पड़ा रहता है, तो यह संख्या भी बढ़ती जाती है और कठिनाई भी। इसी संदर्भ में एक दिन महाराज ने अमात्य परिषद् आहूत की। उसका विषय सूचित नहीं किया। केवल इतना लिखा कि व्यक्तिगत परामर्श के लिए यह बैठक बुलाई गई है।

विषय सूचित न होने से अफवाहों ने जन्म लिया। लोग तरह-तरह की बातें करने लगे।

"यदि महाराज को व्यक्तिगत ही परामर्श करना था, तब तो वह व्यक्तिगत रूप से हो सकता था। उसके लिए महामात्य ही पर्याप्त थे। अवश्य ही इसमें कोई गंभीर और गोपनीय बात होगी।"

"ऐसा तो नहीं कि महाराज किसी देश पर चढ़ाई की योजना बना रहे हों?" एक सदस्य ने शंका की।

...और दूसरे लोग हँस पड़े, "आज तक गांधार ने किसी देश पर आक्रमण किया है कि अब करेगा! थोड़े से सैनिकों को लेकर एक किनारे दुबके इस राज्य से आक्रमण करने की संभावना करना बौने का चंद्रमा पकड़ना है।"

"तब शायद किसी राज्य द्वारा आक्रमण होने की आशंका गुप्तचरों ने बताई हो।" दूसरे अमात्य ने कहा।

"इसकी भी संभावना नहीं है।" एक अन्य अमात्य ने मुसकराते हुए कहा,

"यहाँ फल और मूर्तियों के अतिरिक्त और है क्या, जिसके लिए कोई चढ़ाई करेगा?"

"यहाँ की मोहक प्रकृति।"

"वह राजाओं को नहीं, पर्यटकों को आकृष्ट करेगी।" इस अमात्य ने अपने कथन का थोड़ा विस्तार किया, "राजाओं को वैभव आकर्षित करता है—और वैभव के नाम पर यहाँ किसीको क्या मिलेगा? मिट्टी की कुछ मूर्तियाँ और वृक्षों के कुछ फल।...राजकोष की यह स्थिति है कि ठीक समय से वेतन नहीं मिलता।"

इस तरह अनुमान की यह हवा राजपुरोहित तक आते-आते कुछ तेज हो गई। उनकी सोच में लोगों को अधिक सार्थकता दिखाई दी। उनका कहना था, "महाराज का अब अधिक समय शिवाराधना में जाता है। धीरे-धीरे पूजा-पाठ में उनकी रुचि बढ़ती जा रही है।...ऐसा तो नहीं कि वे राजपाट छोड़कर संन्यास लेने का मन बना चुके हों?"

अनुमान और आशंकाओं का अंधकार उस दिन छँट गया जिस दिन अमात्य परिषद् की बैठक हुई। महाराज ने स्पष्ट कहा, "यह कोई औपचारिक बैठक नहीं है, नितांत अनौपचारिक है, और मैंने व्यक्तिगत परामर्श के लिए आप लोगों को बुलाया है। आप देख रहे हैं कि मेरी बेटी शुभा अब बड़ी हो गई है। हमें उसके विवाह की चिंता होना स्वाभाविक है। हमारी यह चिंता उसके उपयुक्त वर खोजने की नहीं है, वरन् वर चुनने की है। दूर-पास के अनेक राजाओं से मेरे पास प्रस्ताव आए हैं। मैं इस उलझन में हूँ कि उनमें से किसे स्वीकार करूँ। बस, इसीलिए मैंने आपकी मंत्रणा आवश्यक समझी।"

"यदि वर चुनने की बात है तो यह अधिकार शुभा को देना चाहिए।" स्वयं महामात्य की यह धारणा थी, "हमें एक स्वयंवर सभा आहूत करनी चाहिए। सभी के यहाँ निमंत्रण भेजना चाहिए। राजकुमार आएँ और शुभा उनमें से एक को चुन ले।"

महाराज कुछ बोलें, इसके पहले ही शकुनि बोल पड़ा, "हमारे यहाँ की परंपरा स्वयंवर सभा बुलाने की नहीं है। जब तक माता-पिता और बड़ा भाई जीवित हो तब तक नारियों को अपना पति चुनने का अधिकार नहीं होना चाहिए; क्योंकि राजा जैसा करेगा, प्रजा भी उसीका अनुसरण करेगी और पूरे राज्य में स्वैरिता बढ़ेगी। सारा समाज स्वेच्छाचारी हो जाएगा।"

जब शकुनि के ये विचार मुझे मालूम हुए तब अत्यंत क्रोध आया। मेरा विद्रोही मन चीख उठा, 'क्या नारी को अपने भविष्य के बारे में सोचने का अधिकार

नहीं? उसकी सारी चिंता का ठेका पुरुषों ने ही ले रखा है? नारी क्या पशु है कि जिस खूँटे से चाहें आप उसीसे बाँध दें?'

निश्चित है, यदि मैं उस सभा में होती तो मेरा यह विद्रोह पुरुषों की इस वैचारिकता को अस्वीकार कर देता। विचित्र बात तो यह है कि शकुनि अमात्य परिषद् की बैठक में आमंत्रित भी नहीं था, फिर भी वह वहाँ पहुँच गया था। अवश्य ही उसे कहीं से गंध लग गई होगी कि मेरे ही संबंध में विचार होने वाला है। लगता है, हमारे–उसके चंद्रमा आठवें है। उसका–मेरा जन्मजात वैर था। यह दिन–पर–दिन बढ़ता गया।

अब राजकुमार ने ही जब अपनी धारणा व्यक्त कर दी तब मंत्रिगण क्या करते? भीतर–ही–भीतर कुड़बुड़ाए, पर कुछ कर नहीं पाए। केवल महामात्य ने अपनी जबान खोली, ''अब तो एक ही रास्ता है कि आप हर राज्य से राजकुमारों की जन्मकुंडली मँगवा लें। राजकुमारी के साथ जिसके ग्रह अनुकूल पड़ें, उसीसे उनका विवाह कर दें।''

इस प्रकार ग्रह–नक्षत्रों के 'मीन–मेष' को मेरा भविष्य सौंप दिया गया।

बात कुछ दिनों के लिए टल गई। इसके साथ ही माता–पिता द्वारा आधे मन से किए गए निर्णय को भी अनिर्णय के हाथों सौंप दिया गया।

इसके बहुत पहले से मेरा मन पुरुषपुर के राजकुमार की ओर आकर्षित हो चुका था। इस स्थिति के मूल में भी मेरी माँ की भूमिका थी। बातचीत के सिलसिले में उन्होंने अचानक मुझसे पूछा, ''क्यों बेटी! तुमने पुरुषपुर के राजकुमार को देखा है?''

मैंने बड़े संकोच के साथ सकारात्मक ढंग से सिर हिलाया था। फिर वे धीरे–धीरे पूछती गईं। मैं सलज्ज और लड़खड़ाती भाषा में वह सब बता गई, जो हुआ था।

''तब तो हम तीनों की राय मिल गई।'' उन्होंने कहा।

मैं यह भी नहीं पूछ पाई कि वह तीसरा कौन है? शायद उनका संकेत पिताजी की ओर था।

इसके बाद तो ज्यों–ज्यों दिन बीतते गए, वे मेरे निकट आते गए। धीरे–धीरे वे मेरे मन पर ऐसे छा गए कि रात–दिन मैं उन्हींके संबंध में सोचा करती। जहाँ एकांत में होती, वह मेरे साथ होते। मैं अब सपनों में खोने लगी थी। रात्रि में सपनों से तो लिपटी ही रहती, पर दिवास्वप्न भी बहुधा पकड़े जाने की स्थिति में होते। दिन में तो मैं सबको दिखाई देती, भले ही मैं उनको न देख पाऊँ। आशंकाओं की अदृश्य वर्जना मुझे घेरे रहती।

दिवास्वप्न में जहाँ वे मेरे पास होते या मैं उनके पास जाती, मेरी ध्यानावस्था की जड़ता को अधिकांश सेविकाएँ झकझोरते हुए पूछतीं, ''कहाँ खो गई हैं, राजकुमारीजी?''

मैं स्वर्ग से ढकेलकर धरती पर फेंक दी जाती। मन में कुड़बुड़ाते हुए मैं उन्हें उत्तर देती, ''कुछ नहीं, ऐसे ही, आराध्य के चरणों में ध्यान चला गया था।''

''तब तो बड़ी भूल हुई, राजकुमारीजी, क्षमा करें।''

''यदि ऐसी गलती कहीं उस समय करती, जब शिव के मंदिर में महाराजजी ध्यानावस्थित होते, तब वे तुझे कभी क्षमा नहीं करते।'' दूसरी सेविका बोल पड़ी, ''सुना है, एक सेवक ने ऐसी ढिठाई की थी। महाराज ने तुरंत उसे अपनी निजी सेवा से अलग कर दिया।''

''ढिठाई नहीं, उसका तो अपराध था।'' अन्य सेविका बोली, ''हर व्यक्ति यह जानता है कि जब महाराज शिवमंदिर में होते हैं तो आराध्य के चरणों में उनका ध्यान समाधिस्थ हो जाता है; फिर उसे भग्न करना तो घोर अपराध था ही।''

फिर एक अन्य सेविका ने परिहास करते हुए कहा, ''हम आपसे यह नहीं पूछेंगे कि यदि महाराज के मंदिर में शिव की प्रतीक प्रतिमा है तो आपके मन-मंदिर में किसकी प्रतिमा है!''

''चल हट!'' मैंने लज्जा भरी घुड़की दी।

इसके बाद मुझसे किसीने कुछ नहीं पूछा। दिवास्वप्न लगभग निर्विघ्न चलने लगा। इसका मुख्य कारण यह था कि अफवाहों के मेघों में चमकती बिजली को जब लोग समझ लेते हैं कि सत्य का वास्तविक प्रकाश नहीं है, तो फिर घटाओं के अंधकार की ओर से उनकी दृष्टि हट जाती है।...अब उसकी बड़ी-बड़ी आँखें मेरे मन से सदा चिपकी रहतीं और मैं उनमें डूबती-उतराती।

मेरी रातें दिन से कहीं अधिक सुखकर होतीं। कभी उनकी बाँहों में मैं और कभी मेरी बाँहों में वे उड़ते हुए उस क्षितिज की ओर चले जाते थे, जो कभी पाया नहीं जाता, पर जिसके अस्तित्व को न मन अस्वीकार करता है और न संसार।

अब नींद के कंधे पर स्वप्न नहीं, वरन् स्वप्नों के कंधों पर चढ़कर नींद ही आती थी। मैं स्वप्न में खोती और नींद आ घेरती। एक ऐसी ही स्थिति में मैंने देखा कि हम दोनों एक घोड़े पर सवार एक सुनसान जंगल में जा रहे हैं कि अचानक वर्षा होने लगती है। ऐसी घटा कड़क-कड़ककर बरसने लगती है कि दिन भी रात में बदल जाता है। अब रास्ता चलना कठिन हो जाता है। ऊपर से जल की अनवरत मार और नीचे पैरों को बाँधता घुटने-घुटने भर पानी। आगे चलना असंभव। हम लोग एक घने वट के नीचे आ जाते हैं।

स्वप्नों का संसार वास्तविक संसार से भिन्न होता है। उसमें हम ऐसी-ऐसी चीजें देखते हैं और ऐसी स्थितियों का अनुभव करते हैं, जो वास्तविक जगत् में नहीं होतीं। थोड़ी देर बाद ही हमें लगा कि बरगद के ऊपर से अंगारे टपकने लगे; मेघों की बिजली उस वट के शिखर पर उलझ गई हो और वही धीरे-धीरे टपकने लगी हो।

हमें आश्चर्य हुआ। पर हमने गंभीरता से लिया नहीं। हम तो प्रेम की ऐसी प्रगाढ़ छाया में थे कि चाहे मेघ बरसे या अंगारे, उसकी अनुभूति संभव नहीं।

थोड़ी देर बाद ही वह चिल्लाया, 'अरे, यह क्या, शुभा? तू तो जल रही है।'

'कहाँ जल रही हूँ? मुझे तो जलता हुआ कुछ दिखाई नहीं देता।'

मुझे सचमुच ताप का कोई आभास नहीं था। मैं स्वयं को एकदम प्रकृतिस्थ पा रही थी। पर उसकी दृष्टि में मैं भभकती चली जा रही थी।

अब उसे आभास हो गया कि यह अवश्य ही कोई प्रेतलीला है। वह जोर से चिल्लाया, 'यह क्या तमाशा है? कोई हो तो सामने आओ।' इस ललकार के बाद उस वृक्ष से बड़े-बड़े सींगोंवाला एक दैत्य निकलकर सामने आया और बहुत देर तक अट्टहास करता रहा। अब राजकुमार को मैं सामान्य लग रही थी। न किसी तरह की आग है, न जलन है और न जलने का चिह्न है।

'तुम क्या चाहते हो?' राजकुमार ने पूछा।

'तुम इस सुंदरी को छोड़ दो।'

'ऐसा मेरे जीते जी नहीं हो सकता।' राजकुमार ने अपनी तलवार खींच ली। दैत्य और जोर से अट्टहास करने लगा। बोला, 'तुम बड़े नादान हो, राजकुमार। मुझसे लड़कर कोई आज तक जीत नहीं पाया है।' इसके बाद उसने जोर की फूँक मारी। राजकुमार हवा में ऊपर उठता चला गया। मैं अकेली रह गई और वह मुझे बलात् ले चला। मैं एकदम घबरा उठी, 'हे भगवान्, अब क्या होगा?'

इसी बीच मेरे कक्ष में वायु का एक प्रबल झोंका आया। वातायन के कपाट इतनी जोर से फड़फड़ाने लगे कि मेरी नींद टूट गई। यह तूफानी हवा दीपदान के प्रकाश को पहले ही निगल चुकी थी। घना काला अंधकार, जोर की बारिश और चीखती हवा आनंददायक होकर भी मेरे साथ क्रूरता का व्यवहार कर रही थी। ऐसा लगा, बाह्य की यह प्रकृति ही मेरे सपने में समा गई थी, या मेरे सपने की प्रकृति ही बाहर निकलकर भयावह हो गई थी।...इन बादलों में जब बिजली चमकती तब अनेक दैत्य मुझपर एक साथ अट्टहास करते ज्ञात होते। उनके दाँतों से अचानक छूटकर बिखरता प्रकाश मुझे कँपा देनेवाला होता।

मैं जगने के बाद भी काँपती रही। मुझे लगता रहा कि अंधकार का यह दैत्य मुझे बलात् खींचे लिये जा रहा है और मेरा राजकुमार मुझे निरुपाय देखता रह गया। मैं आशंकाओं से घिरती गई और एक ऐसा समय आया जब मैं शय्या पर जागते हुए भी चीख पड़ी। कक्ष के एक किनारे खर्राटे भर रहीं मेरी सेविकाएँ जाग पड़ीं और कई एक साथ ही मेरी ओर बढ़ीं।

''क्या हुआ, राजकुमारीजी ?'' उनका समवेत प्रश्न केवल एक ने मुखरित किया।

मैं कुछ बोल नहीं पाई। मैं अब भी काँप रही थी। उनमें से एक मेरा सिर सहलाने लगी, ''अरे, राजकुमारीजी को ज्वर है। इनका शरीर तो तप रहा है।''

मुझे ऐसा लगा कि आवाज किसी सेविका की न होकर मेरे राजकुमार की हो। अब भी बादलों में कोई अट्टहास करता मुझे लग रहा था।

उन सबने सभी दीपदानों के दीप एक साथ जला दिए, जिससे एक बुझे तो और जलते रहें। फिर उन्होंने सोचा कि यह सूचना राजमाता को देनी चाहिए, जिससे राजकुमारी का उपचार हो सके। मैंने उन्हें रोकते हुए कहा, ''किसीको कोई सूचना देने की जरूरत नहीं है, मैं बीमार नहीं हूँ।'' इतना भी मैं कैसे कह पाई, सो कैसे बताऊँ।

कोई मेरा सिर, कोई मेरा हाथ और कोई मेरे पैर सहलाती रही। धीरे-धीरे मैं सामान्य हुई। मेरे शरीर का ताप भी सामान्य हुआ। सेविकाओं की भी चिंता कम हुई।

''अब राजकुमारीजी का ज्वर उतर रहा है।'' सेविकाओं में से एक बोली।

मैंने मन-ही-मन कहा, 'ज्वर तो था ही नहीं, फिर उतरने का प्रश्न कहाँ!' इतना ही सोचकर मैं मौन रह गई।

''लगता है, राजकुमारीजी ने कोई भयानक स्वप्न देखा था।'' दूसरी ने पूछा, ''अब भी तबीयत घबरा रही है ?''

मैंने सिर हिलाते हुए स्वीकार किया।

''तब राजकुमारीजी, आप आँखें बंद कर शिव का ध्यान कीजिए।'' उसने कहा, ''यदि कोई प्रेतबाधा भी होगी तो भगवान् भूतभावन सब दूर करेंगे।''

मनुष्य की इसे लाचारी कहा जाय या विश्वास, कि जब कोई सहारा नहीं रहता तब उसे भगवान् याद आते हैं। उस सेविका की बात मेरे मन में उतरी। मैंने भगवान् शंकर का ध्यान करने की चेष्टा की, पर असफल रही। मेरा मन उधर ही लगा रहा, जहाँ दैत्य मेरा अपहरण कर रहा था और निरुपाय आँखें उसे देख रही थीं।

मन की इस उलझन से मुक्ति पाते ही मेरी बुद्धि की सक्रियता ने मुझे अपनी

ओर खींच लिया। मैं सोचने लगी, 'यह स्वप्न क्या था? ऐसा तो नहीं कि वह मेरी नियति का प्रतीक हो, जो मेरी आकांक्षाओं के विरुद्ध मुझे खींच रहा हो? उस समय क्या होगा, जब राजकुमार मुझसे छूट जाएगा?'

धीरे-धीरे मेरा अंतर्द्वंद्व बढ़ता गया। मैं भयानक आशंकाओं से ग्रसित होती गई। उस समय मेरी सुननेवाला कोई नहीं था, जिससे मैं अपना दुःख बाँट सकती। सेविकाओं से कहना एक मुँह से हजार मुँह करना था। ले-देकर मेरी बहनें थीं। उनसे भी कहना मैंने उचित नहीं समझा। लाचार होकर मैंने इसकी आधी-अधूरी चर्चा माँ से की।

माँ ने कहा, "तुम्हारी अवस्था में सभी लोग ऐसा सपना देखते हैं। इसीलिए तो महाराज ने देश-देश के राजाओं से उनके अविवाहित राजकुमारों की जन्मकुंडलियाँ मँगवाई हैं।"

बात फिर ग्रह-नक्षत्रों पर टिक गई।

□

कुछ ही दिनों बाद मंत्रिपरिषद् की पुनः बैठक हुई। इसमें राजज्योतिषी पधारे। अब तक विभिन्न राज्यों के राजकुमारों की जितनी कुंडलियाँ आनी थीं, वे मँगा ली गई थीं। उनपर विचार आरंभ हुआ। राजज्योतिषी ने पहले मेरी जन्मकुंडली देखी; यद्यपि वे इसके पहले कई बार उसे देख चुके थे। देखते हुए वे थोड़े गंभीर हो गए। लोगों को शंका हुई।

"क्या बात है, श्रीमान?" पिताजी ने पूछा।

वे कुछ बोल नहीं पाए।

तब पिताजी ने कहा, "निस्संकोच होकर बताइए। आपके न बोलने से परिणाम तो बदल नहीं जाएगा। जो प्रारब्ध में लिखा है, वह तो होकर रहेगा।"

तब ज्योतिषाचार्य ने कहा, "महाराज, शुभा की कुंडली तो विचित्र है। मैंने इसे कई बार देखा है, पर इस ओर मेरा ध्यान ही नहीं गया था।" फिर उन्होंने धीरे-धीरे भविष्य बताना आरंभ किया। पहले उन्होंने विशेषताएँ बताईं, "जातक परम रूपवान् ऐश्वर्यवान् और प्रतापी है। यह किसी सम्राट् या राजाधिराज की पट्टमहिषी होगी।" इतना सुनते ही पिताजी के चेहरे पर प्रसन्नता रेंग गई। यद्यपि ज्योतिषीजी अभी बोलते ही रहे, "पर महाराज, यह विवाह के बाद सुखी नहीं रहेगी। हमेशा पारिवारिक संताप में जलती रहेगी।"

"इतनी तेजस्विनी और पट्टमहिषी होकर भी?"

"हाँ, महाराज, ग्रह ऐसे ही पड़े हैं। इसके चतुर्थ भाव में सूर्य नीच का है।

चतुर्थ भाव का स्वामी शुक्र द्वादश भाव में है। दोनों पर एक-दूसरे की प्रथम पाद दृष्टि भी पड़ रही है। इससे इसका संतप्त भोग बनता है। उस काल में इसकी दृष्टि पर भी कुछ बाधा आएगी; पर स्वक्षेयी चंद्रमा लग्न में गुरु के साथ है। लग्न में गुरु-चंद्र योग है। फिर मंगल पंचमेश और दशमेश होकर दशम भाव में बैठा है। प्रबल संतान योग है, इसलिए सारी विघ्न-बाधाएँ झेल लेगी। अपने युग की बहुचर्चित महिला तो रहेगी ही, इतिहास में भी अपना स्थान बनाएगी।''

महाराज सोच में पड़ गए। उनका मौन पूरी परिषद् पर छा गया।

फिर महाराज धीरे से बोले, ''अच्छा, यह तो बताइए, पंडितजी, कि इसको पति कैसा मिलेगा?'' इस प्रश्न के उत्तर में ज्योतिषाचार्य कुछ घबराए से लगे। उन्होंने इस प्रश्न को टालते हुए कहा, ''इसके लिए इतनी कुंडलियाँ आई हैं। उनमें से जिसके ग्रह-नक्षत्र राजकुमारीजी के अनुकूल पड़ते होंगे, उसे देखकर भावी पति के संबंध में कुछ कहा जा सकेगा।'' फिर ज्योतिषाचार्य की मुद्रा बदली। वे बोले, ''यदि क्षमा करें तो एक बात कहूँ।''

''निर्भीक होकर कहिए।''

''आपके मन में शुभा के लिए कोई राजकुमार अपना स्थान बना चुका हो तो कुंडली मिलाने के चक्कर में मत पड़िए।''

महाराज मुसकराए। अवश्य ही उनकी आँखों के सामने पुरुषपुर का राजकुमार आया होगा। फिर भी उन्होंने कहा, ''बार-बार पश्चात्ताप करने से तो एक बार दुःखी होना अच्छा है।''

अब आई हुई कुंडलियाँ देखी जाने लगीं। सरसरी दृष्टि से ज्योतिषाचार्य सभी कुंडलियाँ देख गए और एक कुंडली को निकालकर फेंकते हुए कहा, ''कितने धोखेबाज हैं लोग! सोचते हैं कि गांधार का राजज्योतिषी मूर्ख होगा।''

''क्या हुआ, महाराज?'' पिताजी ने पूछा।

''यह कुंडली एकदम गलत और झूठी है। यह बात मामूली ज्योतिषी भी कह सकता है।'' राजज्योतिषी ने कहा।

अब तक शांत बैठा शकुनि उठा और उसने फेंकी हुई उस कुंडली पर दृष्टि डाली, ''यह झूठी कुंडली है! यह कैसे हो सकता है?''

अब महाराज ने शकुनि से लेकर स्वयं देखा, ''यह तो तुम्हारी लिखावट मालूम होती है।''

''जी, मैं स्वयं पुरुषपुर गया था और वहाँ के राजकुमार की कुंडली की

प्रतिलिपि मैंने ही की है। मैं कैसे मानूँ कि यह जन्मकुंडली गलत है! इसका अपमान साक्षात् मेरा अपमान है।''

''मेरा उद्देश्य आपका अपमान करना नहीं था।'' ज्योतिषी बोले, ''मैं तो ग्रहों की भाषा पढ़ रहा था। ग्रहों ने जो कहा वही मैंने कह दिया।''

''क्या कह दिया? लगता है, आपको ग्रहों की भाषा पढ़नी नहीं आती।'' शकुनि बोला।

''इसका तात्पर्य है कि राजकुमारजी मुझे अयोग्य समझते हैं! यदि ऐसा है तो मुझे यहाँ एक क्षण भी नहीं रहना चाहिए।'' राजज्योतिषी ने कहा और तुरंत उठकर चलने लगे। परिषद् की परंपरा के अनुसार उन्होंने महाराज का अभिवादन भी नहीं किया। वे बड़े आवेश में थे।

महाराज ने उन्हें शांत करते हुए कहा, ''आप बैठें। वास्तविकता का पता मैं अभी लगाता हूँ।'' तब उन्होंने शकुनि से पूछा, ''तुम पुरुषपुर गए क्यों थे? मैंने यह काम तुम्हें तो नहीं सौंपा था।''

अब शकुनि सकपकाया। एक झूठ को छिपाने के लिए उसने दूसरा झूठ बोला, ''उधर गया था तो महाराज से मिला। उन्होंने कहा, 'आपके यहाँ से राजकुमार की कुंडली माँगी गई है। यदि आप अन्यथा न समझें तो मैं कुंडली मँगवा देता हूँ, आप उसकी नकल कर लें।' ''

''तुम उनके चाकर नहीं थे, जो उन्होंने तुमको नकल करने को कहा।'' महाराज के स्वर में आक्रोश था, ''यदि उन्हें देना ही था तो किसीसे प्रतिलिपि करा देते।''

शकुनि चुप। यदि महाराज की मुद्रा न बदलती तो वह निश्चय ही कोई बहाना कर देता। फिर भी वह अपनी आदत से बाज नहीं आया। उसने ज्योतिषी से दबे स्वर में पूछा, ''क्या प्रमाण है कि यह नकली है?''

राजज्योतिषीजी अब जोर से हँसे। उन्होंने कहा, ''मैं आपको क्या बताऊँ कि यह कैसे नकली है! आप ज्योतिष तो जानते नहीं। ग्रह-नक्षत्रों की भाषा पढ़ने के लिए भी गुरु-चरणों में बैठकर बड़ा अभ्यास करना पड़ता है। फिर भी मैं मोटी-मोटी बातें आपको बताता हूँ। परिषद् के अन्य सदस्य भी कृपया ध्यान दें।'' फिर उन्होंने बताया, ''जातक का जन्म पूर्णिमा को होना लिखा है। ऐसी स्थिति में जातक का चंद्रमा सूर्य से सातवाँ होना चाहिए; जबकि इसमें पाँचवाँ दिखाया गया है। इस चंद्रमा को आधार मानकर यदि गणना की जाए तो जातक का जन्म अधिक-से-अधिक एकादशी या द्वादशी को होना चाहिए।''

शकुनि बीच में कुछ हस्तक्षेप करे, इसके पहले ही राजज्योतिषी बोल उठे, "मैं यह बड़े विश्वास के साथ कह रहा हूँ। दूसरी बात यह है कि बुध और सूर्य की स्थितियों में चार राशियों का अंतर है। ऐसा होना कुछ आश्चर्यजनक है। जबकि सूर्य और बुध की गति लगभग बराबर होती है। इसलिए बुध को सूर्य के आगे-पीछे या साथ ही होना चाहिए। तीसरी बात यह है कि जातक की जन्मकुंडली में तीन ग्रह नीच के हैं। वे कहीं नीच-भंग योग भी नहीं बनाते। ऐसे व्यक्ति का जीवन याचना पर निर्भर होना चाहिए। अधिक-से-अधिक वह दास या चाकर हो सकता है, राजकुमार तो कभी नहीं हो सकता।"

सारी सभा मौन हो गई। मामला राजकुमार का था, इसलिए हर आकृति पर बलात् चिपकी हुई चुप्पी दिखाई दी। महाराज भी शांत थे। चिंता की रेखाएँ मस्तक पर उभर आई थीं। उनका मौन कुछ सोचने लगा था। तब तक राजज्योतिषी ने कहा, "इसका अब एक ही उपाय हो सकता है कि आप पुरुषपुर के राजकुमार की जन्मपत्री की मूल या प्रतिलिपि मँगवाएँ।"

"क्या दूसरी आने से ग्रह बदल जाएँगे?" शकुनि बोला।

"तुम चुप नहीं रह सकते!" महाराज का आक्रोश उबाल खा गया।

शकुनि लगभग बुझ गया।

फिर महाराज ने कुछ सोचते हुए कहा, "हो सकता है, उसकी एक जन्मपत्री मेरे पास भी हो; क्योंकि जब पुरुषपुर के महाराज विवाह का प्रस्ताव लेकर आए थे तब वे राजकुमार की जन्मपत्री भी लाए थे। वह कहीं-न-कहीं मेरे पास होनी चाहिए।"

इसके बाद महाराज ने अपने निजी सचिव को बुलाया और आदेश दिया कि पिछले एक-दो महीने के अभिलेखों को देखो। उसमें शायद मिल जाए।

ज्योतिषीजी अत्यंत प्रसन्न हुए, "तब तो महाराज, दूध का दूध और पानी का पानी हो जाएगा।"

लोगों की दृष्टि अब शकुनि की ओर गई। उसके चेहरे से हवाइयाँ उड़ रही थीं। वह अपने आसन पर ही कसमसाया और धीरे-धीरे खिसकने को हुआ।

महाराज ने डपटते हुए पूछा, "कहाँ जा रहे हो?"

"कुछ प्राकृतिक विवशतावश जा रहा था।" अब उसे कौन रोक सकता था। शीघ्र ही आने को कहकर वह वहाँ से खिसक गया।

भगवान् की कृपा से वह जन्मपत्री मिल गई। सचिव ने यथाशीघ्र उसे लाकर महाराज को दिया। अब इसपर विचार होने लगा। देखते ही ज्योतिषीजी बोले, "हाँ,

यह राजकुमार की जन्मपत्री है।'' इसके बाद उन्होंने बड़ी सावधानी से मेरी जन्मकुंडली उससे मिलाई। फिर उन्होंने बड़े विश्वास से कहा, ''यही एक जातक ऐसा है, जिसका विवाह राजकुमारीजी से हो सकता है। दोनों सुखी रहेंगे—और प्रसन्नता की बात तो यह है कि राजकुमारीजी की कुंडली में जो थोड़े-बहुत दोष हैं, उनका भी परिहार इसके ग्रह-नक्षत्र करेंगे।''

इतना सुनते ही पिताजी का चेहरा खिल उठा। तब तक एक अमात्य ने कहा, ''राजज्योतिषजी कृपया देखें कि राजकुमार (शकुनि) द्वारा लाई गई कुंडली में और इसमें कोई अंतर है ?''

''यदि अंतर न होता तो बात बनती कैसे ?'' ज्योतिषीजी बोले, ''यह शत-प्रतिशत सही है और वह शत-प्रतिशत गलत।''

''फिर पुरुषपुर के लोगों ने मुझे धोखा क्यों दिया ?'' शकुनि बोला, जो इसी बीच वहाँ वापस आ गया था।

महाराज ने उसे फिर डाँटा, ''लोगों ने तुम्हें धोखा दिया है या तुम इस मंत्रिपरिषद् को धोखा दे रहे थे!''

□

अब मैं इस परिवार की सबसे प्रसन्न सदस्या थी। मुझे लगा, जिन सपनों में खोती थी, अब वे स्वप्न सारी सीमाएँ और दीवारें तोड़कर स्वयं मेरे पास आ गए हैं। पहले इन दिवास्वप्नों को मर्यादाओं का ध्यान रखना पड़ता था, किंतु अब ऐसा नहीं था। अब गाड़ीवान सीधे-सीधे मुझसे मिल सकता था, क्योंकि प्यास दोनों ओर बराबर थी।

पहले दो-चार दिनों तक मैं प्रतीक्षा करती रही, पर वह नहीं आया। केवल सपनों का सहारा था। वह दिन-रात मेरी आँखों में तैरता रहा।

दोपहर का भोजन करके मैं ऐसी ही मनःस्थिति में अपने कक्ष में लेटी थी। सेविकाओं से मैंने कहा, ''मेरे सिर में बड़ी पीड़ा है। मुझे एकांत की आवश्यकता है।'' सभी मुझे छोड़कर, द्वार बंदकर चली गईं।

वातायन खुले थे और गवाक्ष से उन्हीं झोंकों पर तैरते हुए पुरुषपुर से सपने उड़ते चले आ रहे थे। मुझे लगा कि वह हँसता हुआ मेरे पास आया और प्रसन्नता से झकझोरने लगा। मैं भूल गई कि यह सपना है। मैं लज्जा में सिमटते हुए बोली, 'क्या कर रहे हो ? कोई देख लेगा तो ?'

'अब सबको ज्ञात हो गया है कि मेरे और तुम्हारे बीच मात्र एक औपचारिकता रह गई है। वह भी शायद जल्दी पूरी हो जाए; क्योंकि पिताजी कल किसीसे कह रहे थे कि अब शीघ्र ही इसका शुभा से विवाह कर देना चाहिए।'

मैं सपनों में तिरती-उतराती रही। बाह्य जगत् का कुछ भी ज्ञान नहीं था।...कि अचानक बाहर से आवाज आई, "शुभा, तू दिन में भी इतना सोती है?"

मैं हड़बड़ाकर उठ बैठी। आवाज पिताजी की लगी। मैंने सोचा, पिताजी स्वयं दरवाजा खोलकर यदि भीतर आ जाएँगे, तब क्या होगा? पर ऐसा कुछ नहीं हुआ। एक गंभीर निस्तब्धता ने मुझे घेर लिया। मैं स्वयं उठी, द्वार खोले। कहीं कुछ नहीं। दूर शकुनि जाता अवश्य दिखाई दिया। कहीं यह आवाज उसीकी तो नहीं थी? क्योंकि वह तरह-तरह की बोली बोल सकता था, किसीके भी स्वर का अनुकरण कर सकता थ।...तब वह कौन था? पिताजी ऐसे अकेले तो आ नहीं सकते और न यह उनके आने का समय है। अभी तो वह विश्राम कर रहे होंगे। मेरा यह समझ लेना स्वाभाविक था कि हो, न हो, यह शकुनि ही बोला था। पर ऐसा करने से उसे मिला क्या? एक खुराफात, एक दुष्टता के अतिरिक्त और कुछ नहीं था।

निष्कर्ष पर आते ही मेरा चिंतन अमर्ष में बदल गया और मैं भागते हुए शकुनि की ओर बढ़ी। मैंने मार्ग में ही उसे रोक लिया, "तू क्या करने मेरे यहाँ आया था?"

"मैं तेरे यहाँ क्यों जाऊँ? मुझे क्या आवश्यकता है?"

"तब मेरे द्वार के बाहर से किसने मुझे आवाज दी है?"

"मुझे क्या मालूम!"

"तुमने मुझे नहीं जगाया, पिताजी की आवाज में?"

"पागल हुई है क्या? पिताजी की आवाज में मैं भला बोल सकता हूँ!" वह सरासर झूठ बोल रहा था, क्योंकि हर बात में वह मुसकराता जा रहा था।

मैं लौट आई। असफल आक्रोश और भी आवेगमय हो जाता है। मैं अब चोट खाई नागिन थी। पर वह वहीं खड़ा रहा। इठलाता हुआ कहता जा रहा था, "यदि मैं इधर आता तो यही कहता—अब सोने का समय नहीं है। जागो, गाओ, नाचो और खुशियाँ मनाओ; तुम्हारी आकांक्षा पूरी होने जा रही है।"

मैंने उसकी बात पर ध्यान ही नहीं दिया। मैं तो भीतर-ही-भीतर उबलने लगी थी।

संध्या होते ही मैं माँ के यहाँ पहुँची। मेरी वेशभूषा, खुले बाल, मेरी आकृति पर गहरी होती अरुणिमा आदि से माँ को मेरी मनःस्थिति का आभास हो गया। उसने मुझसे कुछ पूछा नहीं। मुझे अपने से चिपका पलंग पर ढुलक गई, "अरे, तेरे माथे पर पसीना आ रहा है।" उसने तुरंत ही दासियों को व्यजन करने के लिए बुलाया।

यद्यपि हमारे प्रदेश में कभी ऐसी गरमी नहीं पड़ती थी कि व्यजन की हवा का सहारा लेना पड़े। वस्तुतः मैं नहीं, मेरा क्रोध पसीने-पसीने हो गया था।

थोड़ी देर बाद जब मैं प्रकृतिस्थ हुई तब माँ ने पूछा और मैंने सारी बातें बताईं। अब मैं लगभग सिसकने लगी थी। यद्यपि मुझे इतना दुःखी नहीं होना चाहिए था; पर जब आवेश असफल होता है तब आँखों से बरसने लगता है।

माँ ने मुझे बड़ी सांत्वना दी और वह बात कही, जिसे हम सब जानते थे, पर कभी मुँह से निकालते नहीं थे। उन्होंने कहा, ''बेटी, मेरे परिवार में यदि किसीमें दैत्यांश आया है तो वह शकुनि में। इसलिए वह जो कुछ करता है, वह उसके भीतर का दैत्य करता है। इसीलिए न मैं उसे कुछ कहती हूँ और न तेरे पिताजी ही उसे कोई दंड देने में गंभीर होते हैं।'' इसके बाद उन्होंने आँखें बंद कर लीं और अतीत में खोती हुई बोलीं, ''जन्म लेते ही वह कितना बीमार पड़ा था! उसे भयंकर ज्वर आया था और उसका एक पैर लुंज हो गया था। राजवैद्य ने तरह-तरह की ओषधियाँ दीं, बड़ा प्रयत्न किया; पर उसकी लुंजता किसी-न-किसी अंश में बनी रही। आज भी वह बायाँ पैर घसीटते हुए चलता है। सोचती हूँ, यदि वह उसी समय मर जाता तो एक कंटक तो निकल जाता।''

फिर वे कुछ समय तक रुकीं। उन्होंने अपनी ही बात काटते हुए बड़े अफसोस से कहा, ''यदि वह मर भी जाता तो क्या होता? उसके किसी भाई या बहन में वह दैत्यांश तो आना ही था। सुदूर अतीत के कर्मों का फल हम आज भोग रहे हैं।''

''...और उनमें भी सबसे अधिक मैं।'' मैं बीच में ही बोल पड़ी।

''जिसमें सबसे अधिक देवत्व रहता है, उसीका पीछा दानवत्व करता है।'' माँ ने मुझे सांत्वना देते हुए कहा, ''तू मेरे परिवार की देवी है, देवी—वर्ण से, प्रकृति से और भाग्य से।''

''भाग्य को किसने देखा है? वह तो अज्ञात है, अनागत है।''

''मैं अनागत को ही देख रही हूँ।'' माँ ने इतनी गंभीरता से कहा कि मुझे हँसी आ गई। ''तू भगवान् शंकर की आराधना करती रह। तेरे सारे संकट दूर हो जाएँगे।''

''क्या भगवान् शंकर की आराधना से यह परिवार दैत्यांश से मुक्त नहीं हो सकता?'' मैंने पूछा।

''तुम्हारे पिता तो उसीके लिए इतनी तपस्या कर रहे हैं।'' माँ ने बड़ी
से कहा, ''यह दैत्यांश किसी शाप से नहीं, वरन् रक्त से आया है। यह छोड़नेवाला नहीं; यह बात दूसरी है कि वह इस परिवार को छोड़कर कहीं और चला जाए।''

मुझे क्या पता था कि यह बात सत्य होगी और यह दैत्यांश इस परिवार को मेरे साथ ही छोड़ेगा। हमारा अवचेतन भविष्य के ऐसे सत्यों को सुरक्षित रखता है जिन्हें हम उस समय स्वीकार नहीं करते। वे भविष्य में ही सत्यापित होते हैं।

फिर बातों का सिलसिला दूसरी ओर मोड़ते हुए माँ ने कहा, ''मेरी रति को इसी वसंत में कामदेव मिल जाएगा।''

''...और यदि भगवान् शंकर के तीसरे नेत्र ने उसे भस्म न कर दिया तो।'' वह भयानक सपना मुझे याद आया। सबकुछ अनुकूल होते हुए एक संशय तो मेरे मन में था ही। मैंने माँ से कहा, ''माँ, कभी-कभी अमृत का पात्र अधर तक आते-आते भी छूट जाता है।''

''किंतु तेरे विषय में ऐसा नहीं होगा।'' माँ ने बड़ी दृढ़ता से कहा, ''कोई तोड़ना भी चाहे तो तब तक वह तेरे कंठ में उतर जाएगा, राहु की तरह।''

''तू भी कैसी बात करती है, माँ ! कभी देवी बनाती है और कभी राक्षस।'' मैं भी हँसी और मेरे साथ माँ भी।

दो-एक दिन और बीते। इधर जब भी शकुनि मिलता, बड़ा झुककर प्रणाम करता। यह भी उसका व्यंग्य था।

धीरे-धीरे मेरा विवाह ठीक होने की बात राजभवन में सब जान गए थे। सभी प्रसन्न थे, पर शकुनि के विषय में मैं कुछ समझ नहीं पाई। मेरी सखियाँ भी बहुत कम थीं। मेरा सारा बाह्य संसार अमात्य परिवार तक ही सीमित था। उन परिवारों की भी बहुत कम लड़कियाँ मेरी समवयस्क थीं। वे सब संध्या तक जुट जातीं और मेरे सौभाग्य पर बधाई देतीं।

कोई कहती, ''मनचाहा वर मिलना भी किसी कन्या के जीवन की बहुत बड़ी उपलब्धि है।''

कोई कहती, ''राजकुमारीजी, अब तो केवल आपका तन ही यहाँ रहता होगा।''

''चल हट! व्यर्थ बधाई की बात करती है।'' मैं उन्हें झिड़कती, ''तू जिससे बात कर रही है, वह केवल तन ही है।''

''यह मैं कैसे कहूँ ? इसे तो आपका मन ही जानता होगा।''

एक स्वर इन दोनों में से कुछ भिन्न था, ''मेरे मन में तो रह-रहकर आशंकाएँ जाग उठती हैं।''

जब मैंने पूछा कि कैसी आशंकाएँ, तब उसने बताया, ''मेरे पिताजी कह रहे थे कि एक दिन राजकुमार शकुनि उनसे मिले थे। उन्होंने जब उनसे पूछा कि राजकुमारीजी के विवाह की कोई तिथि निश्चित हुई, तब उन्होंने मुसकराते हुए विचित्र मुद्रा में

कहा, 'अभी तो फल आकाश से टपका भी नहीं है। देखिए, धरती पर आने के पहले वह किसी पेड़ में अटक न जाए।' पिताजी कह रहे थे कि इसके बाद वे कुछ बोले-सुने बिना ही वैसे ही मुसकराते हुए चले गए।"

मेरी सारी मित्र-मंडली गंभीर हो गई। विहँसते वातावरण का जैसे किसीने गला घोंट दिया। अब किसीके पास कुछ कहने को रहा ही नहीं। ऐसी स्थिति में संध्या भी बोझिल हो गई। धीरे-धीरे सभी उठकर चली गईं। उनका अभिवादन भी बड़ा दबा-दबा सा था।

मेरी घबराहट भी बढ़ने लगी। एक स्थिति ऐसी आई, जब मैं चुपचाप अपनी शय्या पर आकर लेट गई। उस संध्या को मंदिर में जाने की मेरी इच्छा नहीं हुई।

अँधेरा घिरने लगा। परंपरानुसार बाहर की मशालें पहले जलाई गईं। फिर कक्ष के दीप जलाने दो परिचारिकाएँ आईं।

मैंने उनसे कहा, "केवल एक दीप जलाना।"

"तब तो कक्ष में अँधेरा ही रहेगा।" उनमें से एक बोली।

"रहने दो। अब अंधकार से लड़ने के लिए स्वयं को तैयार करूँगी।"

वे हतप्रभ रह गईं। उनकी समझ में नहीं आया कि मैं क्या कह रही हूँ। फिर मैंने उनसे जाने के लिए कहा, "तुम बस चली जाओ, मेरा चित्त अशांत है।" उन्होंने एक-दूसरे को मुसकराते हुए देखा, फिर धीरे से द्वार बंद कर चली गईं। मुझे लगा कि उनकी मुसकराहट कह रही है कि जब लग्न निश्चित हो जाती है तब चित्त ऐसा ही अशांत रहता है।

संध्या होते ही हमारे प्रदेश में तेज हवाएँ चलने लगती हैं। ये पहाड़ी हवाएँ कुछ ठंडी भी होती हैं। ऐसी ही तेज हवा का झोंका मेरे कक्ष में आया। मैंने आस्तरण ओढ़ लिया। उधर दीपक भी बुझ गया।

अब अँधेरा था, मैं थी और थी मुझे सहलाती हुई स्तब्धता।

मेरा स्वप्निल मन अपने सामने ही एक प्रतिमा को देखने लगा। पहले वह धुँधली थी, फिर धीरे-धीरे स्पष्ट होती गई, 'तुम मात्र शंकित इसलिए हो कि तुमने कुछ निश्चित कर लिया है। तुमने अपने भविष्य को स्वयं आकार दे दिया है। अनिश्चितता की सरिता के किनारे की रेत पर तुम्हारे मन ने लुभावने चित्र बनाए हैं और तुम उसी में खो रही हो।...पर जरा सोचे, उस भविष्य को आकार देने का तुम्हें क्या अधिकार है, जो अभी अनागत है, अज्ञात है, अनजान है? जिसे तुम छू नहीं सकतीं, उसे मुट्ठी में बाँधने की चेष्टा करती हो।

'सपने कभी स्थायी होते हैं? वे टूटने के लिए ही पैदा होते हैं। स्थायी तो यथार्थ है, सत्य है। उस सत्य का सामना करने के लिए अपने को तैयार करो।'

वह आवाज मद्धिम पड़ती हुई उसी हवा के झोंकों में उड़ गई। अब मैं किससे पूछूँ कि आप कौन हैं? ऐसा तो नहीं, मेरा अनागत भविष्य ही आकर बोल गया हो, या सपनों की उस वर्षा में मिला प्रेत हो अथवा मेरा ही प्रलय मुझे सावधान करने आया हो।

मैं बहुत देर तक उसमें उलझी रही कि अचानक बाहर से आवाज आई, ''राजकुमारीजी, भोजन की घंटी बज चुकी है।''

मैं धीरे से उठी। बाहर आकर देखा, मशालें जल रही हैं। सारा प्रासाद प्रकाश में प्रसन्न है और सारा अंधकार मुझमें है।

मैं भोजनालय की ओर बढ़ चली। मार्ग में उधर से आती एक परिचारिका मिली, ''राजकुमारीजी, बड़ी देर हो गई है। लोग आपकी प्रतीक्षा कर रहे हैं।''

जब मैंने भोजनालय में प्रवेश किया, परिवार के सभी लोग बैठ चुके थे। कोई भी आसन मेरे लिए खाली नहीं था। केवल शकुनि की बगल में ही स्थान शेष था।

वह मुझे देखते ही चिल्ला पड़ा, ''इधर आइए, राजकुमारीजी, मैंने आपके लिए स्थान छोड़ रखा है।''

इसे संयोग कहूँ या कुछ और कि मुझे उसकी बगल में ही बैठना पड़ा।

उसके बुलाने का ढंग इतना विचित्र था कि सभी हँस पड़े। उसने फिर व्यंग्य बाण मारा, ''मेरे सिवा तुझे कहीं और शरण नहीं मिलेगी। मैं ही अंत तक तेरे साथ रहूँगा।''

यह बात उसने कई बार कही थी और आज उसने सबके सामने भी कही। किसीने भी कोई प्रतिक्रिया व्यक्त नहीं की। अवश्य ही इसमें कोई रहस्य है। इस रहस्य के गर्भ में मैं जितना डूबती गई, एक अदृश्य आशंका के सिवा और कुछ हाथ नहीं आया।

एक छुट्टे साँड़ की तरह घूमते रहनेवाले इस व्यक्ति को जैसे किसीको भी खींच मारने और धक्का देने का अधिकार हो। कहीं भी यह कुछ करे, कोई बोलता नहीं था। लोग इससे एक निश्चित दूरी बनाए रहते थे। माता-पिता तो कुछ बोलते ही नहीं थे। कभी-कभी वे मेरे संदर्भ में नाराज अवश्य होते थे; फिर शीघ्र ही शांत हो जाते थे।

इसके दूसरे या तीसरे दिन जब मैं मंदिर में आराधना में तल्लीन थी तब एक विचित्र घटना हुई।

एक गंभीर आवाज मेरी उस तल्लीनता से टकराई, 'बेटी, तेरी यह मनोकामना किसी भी तरह पूरी नहीं होगी।' आवाज इतनी गंभीर थी, जैसे स्वयं रुद्र बोल रहे हों। घबराहट में मेरी आँखें खुल गईं। मैंने चारों ओर देखा, कहीं कोई नहीं। गवाक्ष से झाँका, एक डरावने अंधकार के सिवा कुछ भी नहीं।

तो क्या यह आवाज भी भगवान् शंकर की थी? पर इस बार प्रकृति इतनी आंदोलित नहीं हुई। न घंटे हिले, न हवा का झोंका आया और न दीपशिखा ही प्रकंपित हुई। तब क्या···मेरे साथ कोई धोखा तो नहीं किया गया?

मैं सोचने लगी। जप की माला भी मेरे हाथ से छूट गई। जब मेरी आकांक्षा ही पूरी न होगी तब इस आराधना से लाभ क्या? मेरी व्यग्रता और बढ़ी। मेरे सामने अँधेरा छा गया। बाहर की आँखें भी असमर्थ, भीतर की आँखें भी असमर्थ।

मैं एकदम घबरा गई। उठी, बाहर चली और मंदिर की ऊँची देहरी से पैर टकराए। मैं कटी शाख की तरह धड़ाम से गिर पड़ी। चेतना ने भी मेरा साथ छोड़ दिया। मेरे साथ आईं बाहर प्रतीक्षा कर रही सेविकाओं ने मुझे उठाया, तब मैं बिलकुल अचेत थी। कैसे मैं अपने कक्ष में लाकर शय्या पर लिटाई गई, मुझे कुछ नहीं मालूम।

अब अंधकार में एक प्रकार का कंपन आया। मेरी अचेतना को लेकर पूरे राजभवन में जाग हो गई। लोग मेरे कक्ष की ओर दौड़े। माँ का आना मुझे मालूम नहीं, पर जब पिताजी आए तब मैं कुछ-कुछ चैतन्य हो चुकी थी—और राजवैद्य के आते-आते तो बिलकुल होश में आ चुकी थी।

राजवैद्य ने नाड़ी देखकर बताया कि राजकुमारीजी को गहरा सदमा पहुँचा है। नाड़ी की गति ठीक नहीं है।

"क्या बात है, बेटी?" पिताजी ने पूछा।

वैद्यजी ने मना करते हुए कहा, "इस समय राजकुमारी को जरा भी छेड़ा न जाए, वरन् इन्हें एकांत में छोड़ दिया जाए। मैं ओषधि देता हूँ, मधु के साथ इन्हें चटा दें।"

इस प्रकार सन्नाटे की एक और चादर ओढ़ाकर मैं सुला दी गई।

जब संध्या को मेरी आँखें खुलीं तब मैं यह बताने में असमर्थ थी कि कितने दिनों के बाद की यह संध्या है। दासियों से ज्ञात हुआ कि कल ही तो आप मंदिर में गिरी थीं।

अब भी कानों में वही आवाज गूँज रही थी, 'बेटी, तुझे मनोवांछित फल नहीं मिलेगा।' मैं फिर सोचने लगी। हृदय की आग अब भी धुआँ उगल रही थी। मैंने फिर करवट बदलकर आँखें मूँद लीं।

एक सेविका ने दूध पिलाया और उनमें से एक बोली, "राजकुमारीजी, जरा उठकर बैठ जाइए।"

मैं 'अच्छा' कहकर फिर तंद्रिल अवस्था में आ गई। पूरी सोई नहीं थी, मुझे सबकुछ सुनाई पड़ रहा था। अचानक बाहर से आती एक आवाज मेरे कानों में पड़ी। मैं सचेत हो गई—अरे, यह तो माँ है।

"तू कहाँ चला जा रहा है?"

"शुभा को देखने जा रहा हूँ। सुना है, वह अब जाग उठी है।" यह स्वर शकुनि का था।

"इस समय तेरा उसके यहाँ जाना उचित नहीं है।" माँ ने कहा, "तुझे देखते ही वह चिढ़ जाएगी। हो सकता है, उसकी बीमारी भी बढ़ जाए।"

माँ की सलाह मानकर वह वहीं रुक गया; पर गया नहीं।

"कैसी तबीयत है, बेटी?" शय्या पर बैठकर माँ ने सिर सहलाते हुए पूछा।

मेरे धैर्य का बाँध टूट गया। माँ की गोद में सिर रखकर मैं सिसकने लगी। उन्होंने सभी सेविकाओं को चुपचाप चले जाने का संकेत किया, और मेरी हताशा का कारण पूछा। मैं जो बता सकती थी, बताया। शेष मेरी सिसकन ने कह दिया।

"ऐसी कोई बात तो दिखाई नहीं देती। अब तो तेरे पिताजी मुहूर्त देखकर पुरुषपुर प्रस्ताव भी भेजने वाले हैं। हो सकता है, तेरे मन की आशंका ही तुझे सुनाई पड़ी हो।

"फिर भी तू घबराती क्यों है? भगवान् भूतभावन सब ठीक ही करेंगे।" माँ कह ही रही थी कि शकुनि भीतर आ गया। लगता है, वह दरवाजे की आड़ से सब सुन रहा था।

"तू इतना घबराती क्यों है, शुभा? लोग तेरे मनोनुकूल प्रयत्न तो कर ही रहे हैं, फिर हम नियति को अपनी मुट्ठी में तो रख नहीं सकते।...फिर भी तू यह जान ले कि केवल दो ही तेरे साथ रहेंगे—नियति और मैं।"

माँ ने उसे जोर से डाँटा, "तू कौन होता है इस तरह की बात करनेवाला? क्या तूने नियति का ठेका ले रखा है?'

"नियति का तो नहीं, पर अपनी प्यारी बहन का जरूर ले रखा है।" उसके कहने का ढंग बड़ा विचित्र था।

"चल हट! यहाँ से जाता है या नहीं।" इस बार माँ आवेश में खड़ी हो गईं, जैसे वह उसे मार ही देंगी।

शकुनि चला गया। थोड़ी देर बाद समझा-बुझाकर माँ भी चली गईं। अब मुझे लगा कि मैं लवण की मात्र पुत्तलिका हूँ, जो नियति के सागर की थाह लगाने में

स्वयं गलती जा रही हूँ। मेरी सोच में इसका प्रभाव पड़ा। मैं सोचने लगी, यदि सबकुछ भवितव्यता के ही हाथ में है तब हम व्यर्थ सोचते हैं, व्यर्थ प्रयत्न करते हैं। जो होना है वही होगा, तब तो मेरी आकांक्षाओं का प्रवाह नियति के नियंत्रण में है। तब क्या मेरे सोचने और सपना देखने का कोई अर्थ है ? पूजा-पाठ भी व्यर्थ है। साथ ही मन यह भी सोचने लगा, क्या भूतभावन भी नियति के समक्ष असमर्थ हैं ? क्या उनकी अपनी कोई अस्मिता नहीं है ?

मेरा मन अपने ही सपनों से लड़ने की तैयारी करने लगा। मेरे व्यवहार और मेरी मनःस्थिति में परिवर्तन आया। उदासी की आँधी थमने लगी, सपने धुलने लगे, दृष्टि और साफ होने लगी।

कल्पना में खोने की अपेक्षा अब मैं सत्य के साक्षात्कार के लिए तैयार थी। दूसरी ओर लोग मेरे विवाह की तैयारी में लगे रहे। राजपुरोहित ने गणना करके दो-तीन मुहूर्त दिए थे। ये सब होलिकाष्टक के बाद के थे।

मैंने सुना कि पिताजी के मन में अकारण संशय का उदय हो गया था। उन्होंने माँ से कहा, "एक बात बड़ी विचित्र लगती है।"

"क्या ?"

"राजपुरोहित ने मुहूर्त तो निकाल दिया, पर वे बहुत प्रसन्न नहीं लगे। ऐसा तो नहीं कि हम एक विराट् दुविधा की ओर बढ़ रहे हैं ?"

माँ भी चिंता में डूब गईं, पर वह कर क्या सकती थीं। उन्होंने साहस बटोरा और पिताजी से बोलीं, "इस सब झमेले में आप क्यों पड़ते हैं ? जो होना है वह तो होगा ही। हम अपना कर्तव्य करते रहें।"

हमारे यहाँ वसंत पंचमी के दिन एक मदनोत्सव होता है। किसी विहँसते और प्रसन्न उद्यान में उस दिन परिणायक और परिणीता का मिलन कराया जाता है, जिसमें दोनों एक-दूसरे को निकट से देखते हैं, आपसी समझ बनाते हैं। यह एक तरह से स्वयंवर का संक्षिप्त रूप है। बस अंतर इतना ही है कि इसमें कन्या को वर चुनने की स्वतंत्रता नहीं होती। स्वयंवर में कई में से एक को चुनना होता है, पर इसमें माता-पिता और अभिभावकों द्वारा पहले से चुने गए जीवन साथी पर अपनी सहमति देनी होती है। वर-वधू दोनों सहमत या असहमत होने के लिए स्वतंत्र होते हैं।

वसंत पंचमी की पूर्व की रात से ही मेरा हृदय धक-धक करने लगा। मन पर श्वेत-श्याम बादल छाने लगे। आशंका की बर्फीली हवा से मन ठंडा पड़ने लगा। कहीं उसने असहमति व्यक्त की तो ? लेकिन इस स्थिति को आने क्यों दूँ ? उसकी असहमति से पहले ही मैं अपनी असहमति क्यों न व्यक्त कर दूँ ? मेरा अहं फन

काढ़कर खड़ा हो गया। बुद्धि की बीन ने उसे शांत किया।...पर यह स्थिति आनी नहीं चाहिए। यदि होता तो इसका संकेत मिल गया होता। फिर मनुष्य के मन और बहते पानी का क्या ठिकाना! जिधर ढाल मिले उधर ढुलक जाए। इस मानसिक संघर्ष से मेरे मन ने एक ऐसी दृढ़ता को जन्म दिया कि सुबह होते-होते मैं एक दूसरी नारी थी, एक दूसरी शुभा।

प्रातः से ही राजभवन सजाया जाने लगा। मध्याह्न के भोजन के बाद मैं सजाई जाने लगी। अपराह्न के कुछ बाद ही राजकीय उद्यान में यह आयोजन निश्चित किया गया था, क्योंकि गांधार में संध्या देर से होती है।

मेरे परिवारवालों की यह राय हुई कि मुझे फूलों से सजाया जाए। मैं इस मदनोत्सव में बिलकुल रति-सी लगूँ। तरह-तरह के फूल लाए गए। उनमें कुछ तो मेरे तन पर आने के पहले ही अस्वीकृत हो गए। चंपक के फूलों को तो यह कहकर हटा दिया गया कि ये तो राजकुमारीजी के रंग में खो जाएँगे।

सजा-धजाकर जब मैं उद्यान में लाई गई तब सूर्य पश्चिम की ओर ढुलक चुका था। शशक चर्म की तरह मुलायम धूप हमारे स्वागत में बिछी थी। लज्जा, संकोच और द्विविधा के भार से झुकी होने पर भी मेरी सौंदर्यगर्विता अपनी गति से आगे बढ़ी।

पीछे से मेरी सखियों ने विनोद करते हुए कहा, "जरा धीरे-धीरे चलिए, राजकुमारीजी, प्रिय तो मिलेगा ही, वह भागा थोड़े ही जा रहा है।"

सबकी सब हँस पड़ीं। मेरी गति थोड़ी मंद पड़ी।

हमारे मिलने की व्यवस्था उद्यान के प्रशस्त प्रांगण के किनारे पारिजात के वृक्षों से लिपटी मालती लता के प्रकोष्ठ में की गई थी। प्रांगण तक तो मेरी सखियाँ साथ आईं। फिर मुझे अकेले ही आगे बढ़ना पड़ा।

चोट पर चोट खाई आकांक्षाओं से घायल मेरे मन की गति क्या थी, सो कैसे बताऊँ!

वे वहाँ पहले से पहुँच गए थे। मैंने उन्हें देखा, उनकी दृष्टि मुझपर पड़ी। यह नयनों का नयनों से उन्मुक्त प्रथम उन्मीलन कुछ ऐसा था कि मैं उनकी ओर चल नहीं रही थी वरन् फिसलती चली जा रही थी।

अरे, ये आँखें तो उसी गाड़ीवान की आँखें हैं। उस समय वे मुझसे चिपकी थीं, इस समय मैं उनसे चिपकी हूँ। आकर्षण ऐसा कि मेरे पग रुक ही नहीं रहे थे। मैं मानसिक संतुलन खो बैठी थी। यदि पारिजात की डाल पर बैठे क्रौंच पक्षी का जोड़ा अचानक बोल न पड़ता तो मैं सीधे उनके आलिंगन में समा जाती।

□

: तीन :

आस-निराश के पंखों पर उड़ते दिन विवाह की तैयारियों के शाखों पर बैठ चुके थे। इस कार्य में मेरी माँ की भूमिका प्रमुख थी। रोज ही कोई-न-कोई स्वर्णकार राजभवन में मेरे लिए आभूषण लाता। मैं उन्हें देखती, अंगों पर धारण भी करती और फिर उन्हें बहुधा अस्वीकार कर देती। इसमें हर बात में मीन-मेख निकालने की मेरी प्रवृत्ति का मुख्य हाथ होता। कोई भी चीज मुझे जल्दी अच्छी नहीं लगती थी। बात यह थी कि हर अलंकार में मैं अपनी कल्पना की अनुकृति देखना चाहती थी। इसीलिए मेरे मन का होने के लिए किसी आभूषण को कई बार तपना, गलना और रूप लेना पड़ता था। कभी किसी रतू का रंग मेरे मन के अनुकूल नहीं हुआ। रंग अच्छा लगा तो उसका आकार पसंद नहीं आया। प्रत्येक में कोई-न-कोई कमी मैं निकाल देती थी। राज्य के अनेक आभूषण निर्माताओं को अस्वीकार कर देने के बाद कहीं एक कंठहार मुझे भाया; पर वह भी पूरा नहीं। ऐसा ही मेरे हर आभूषण के साथ हुआ; पर न माँ घबराईं और न वे जौहरी ही।

सारी तैयारियों के मध्य भी मेरी मनःस्थिति में कोई बदलाव नहीं आया। जब भी कोई आभूषण धारण करती, मेरा मन 'धक' से करके रह जाता। ज्योतिषी की भविष्यवाणी का क्या होगा? आराधना के समय मंदिर में गूँजी उस आवाज का क्या होगा? हर समय बिंधनेवाले शकुनि के बाणों का क्या होगा?

और इधर कई दिनों से शकुनि दिखाई भी नहीं पड़ा। जब भी वह अदृश्य होता, किसी-न-किसी नीले चंद्रमा के साथ ही उदित होता। इस बार भी मुझे कुछ ऐसा ही डर था। मैंने माँ से पूछा।

उन्होंने भी अपनी अनभिज्ञता जाहिर करते हुए कहा, "इधर तो मैंने ध्यान ही नहीं दिया। मैंने उसे भोजन के समय भी नहीं देखा। जरूर वह गांधार से बाहर है। ऐसा तो नहीं कि वह किसी षड्यंत्र में लिप्त हो, या किसी आसपास के राज्य में चौपड़ खेलने गया हो?" यह संभावना कुछ ठीक लगी। वह लड़कपन से ही जुआरी था। विशेष बात यह है कि वह कभी हारता नहीं था। यह प्रसिद्ध हो चुका था कि वह कोई ऐसा 'गुर' जानता है कि पासे कभी उसके प्रतिकूल नहीं पड़ते।

"हो सकता है, तुम्हारे पिताजी ने उसे कहीं भेजा हो।" माँ बोली।

संभावना इसकी थी भी, पर बहुत थोड़ी। जब एकांत में होती, यही सब सोचती रहती। क्या होगा मेरे भविष्य का? किस अंधकार में जा रहा है वह? फिर आवाज उठती—यदि गड़बड़ होगा तो मैं संघर्ष करूँगी। गांधर्व विवाह करूँगी। देखती हूँ, कोई क्या कर लेता है! क्या नारी की अपनी कोई अस्मिता नहीं? आप पशुओं की तरह जिस खूँटे से चाहें, उसे बाँध दें? यदि ऐसा हुआ तो मैं चंडिका बनूँगी; मंगला, विमला, नंदिनी और पीतांबरा बनकर बहुत कुछ देख लिया।

अब मुझमें ऐसी आग भभकी, जिसने संशय के सारे जंगल भस्म कर दिए। मैंने हर स्थिति के लिए स्वयं को तैयार किया। अब मेरी दृष्टि केवल एक व्यक्ति पर थी—और वह था शकुनि। पाँच दिनों बाद वह आज ही आया था। किसीने उससे यह पूछना उचित नहीं समझा कि कहाँ गए थे; क्योंकि वह बहुधा ऐसे ही अदृश्य हो जाता था। अपने में दैत्यांश होने के विश्वास का पूरा लाभ उठाता था।

लोगों से पता चला, इस बार वह काफी प्रसन्न है। मेरे छोटे भाई सुभग ने भी कुछ ऐसी ही बात मुझसे कही। हम भाई-बहनों में एकमात्र सुभग ही ऐसा था, जो शकुनि और मेरे बीच का विश्वस्त सेतु था। वह जितना उसके निकट था उतना ही मेरे भी।

मैंने पूछा, "उसने और कुछ नहीं कहा?"

"अभी तक तो कुछ विशेष नहीं। बहुत पूछने पर उसने इतना अवश्य कहा था कि जानते हो, शकुनि की गोटी कभी पट नहीं पड़ती।"

मैं समझ गई कि षड्यंत्र की सफलता की आशा से वह लबालब भरा है।

"तुमने पूछा नहीं कि इस बार जीतकर क्या लाए हो?"

"पूछा तो था।" सुभग बोला, "उसने मुसकराते हुए कहा था कि जीत का माल पीछे आ रहा है। उसकी मुसकराहट में गहरा आत्मविश्वास था।"

मैं समझ गई कि कुछ होने वाला है। खैर, जो होगा, देख लूँगी। दृढ़ता की अग्नि में मैंने अपने संकल्प को और तपाया।

अभी मेरे सपने टूटे नहीं थे, मात्र इसकी संभावना थी। फिर भी मैं उस स्थिति के लिए पूरी तरह तैयार थी। यदि सपने टूटे तो मैं सारे बंधन तोड़ दूँगी। इस राजभवन की परंपराओं से ही नहीं, पूरे समाज से विद्रोह करूँगी।

यहाँ आने के तीसरे दिन शकुनि मेरे पास आया। संध्या डूबने को थी। आते ही उसने कहा, "आज शिवमंदिर में नहीं गईं?"

"तुम्हें इससे मतलब?"

"क्यों नहीं मतलब है! मैं तुम्हारा भाई हूँ। तुम्हारे हित का ध्यान रखना मेरा कर्तव्य है।"

"तुम्हारे कर्तव्य को मैं खूब जानती हूँ और तुम्हारे करतब को भी।" मैंने कहा, "अब मैं तुमसे दूर ही रहना चाहती हूँ। मुझपर कृपा करो।"

"कृपा करके ही तो मैं तेरे निकट आ रहा हूँ।"

"मुझे ऐसी कृपा नहीं चाहिए। दूर हो जा मेरी आँखों से!" मेरा आक्रोश लपटें छोड़ने लगा।

"मैं तो तेरे पीछे तेरी छाया की तरह लगा रहूँगा।" उसके अधरों की मुसकराहट और कुटिल हुई, "भगवान्, मंगलं कुरु।" कहता हुआ आशीर्वाद देने की मुद्रा में वह चला गया।

भगवान् भूतभावन के अतिरिक्त मेरे पास एक ही बल था, वह थीं माँ।

मैं तुरंत माँ के पास गई। मैंने उन्हें सारी बातें बताईं। वह गंभीर रूप से मौन हो गईं। मैंने समझ लिया कि इनसे भी उसकी कोई बात हुई है।

उन्होंने भारी मन से कहा, "अब तू किसी भी परिस्थिति का सामना करने के लिए तैयार हो जा। अपना मन पक्का कर।" फिर वह कुछ क्षणों तक मौन रहीं। बोलीं, "मेरी तो राय यह है कि तू अब अपने आराध्य के चरणों में पूर्णरूप से समर्पित हो जा और उनसे कह, 'प्रभु, अब जीवन की नौका तुम्हारे ही हाथ में है। तुम जिधर चाहे उधर लगा दो।' " इतना कहते-कहते उनकी मनोदशा कुछ ऐसी हो गई कि मैंने उन्हें न सँभाला होता तो वे अवश्य गिर जातीं।

मैंने उन्हें धीरे से ले जाकर शय्या पर लिटाया। जब मन शांत हुआ तब मैंने माँ से पूछा, "तू इतना घबराती क्यों है? मैंने अपना मन बना लिया है कि जो भी परिस्थिति आएगी, उसका दृढ़ता से सामना करूँगी।"

अब माँ खुलीं। उन्होंने शकुनि से हुई सारी बातें मुझसे कह सुनाईं। उन्होंने कहा कि "जब शकुनि से मैंने पूछा कि क्या तू पुरुषपुर गया था? तब उसने कहा, 'मैं क्यों जाऊँ वहाँ, जबकि मैं वास्तविकता जानता हूँ! वह राजकुमार भौंरा है, भौंरा, जिस फूल पर वह आसक्त हो जाता है उसे ही अपना जीवन साथी बनाने पहुँच जाता है। और जहाँ वह मुरझाने लगता है, उसे छोड़कर दूसरे पर भनभनाता है।' "

"मुझे तो ऐसा विश्वास नहीं है, माँ।" मैंने कहा, "उस गाड़ीवान को मंदिर में प्रवेश की सारी विधि तो शकुनि ने ही बताई थी। फिर मदनोत्सव के समय भी उसने अपनी यह धारणा व्यक्त नहीं की। अब अचानक उसे क्या दिखा है, जो वह ऐसी बात कह रहा है?"

"यही तो मैंने उससे पूछा था, तब उसने बताया था, 'उस समय नहीं जानता था, अब असलियत से परिचित हुआ हूँ। जानबूझकर मैं अपनी बहन को एक दुराचारी के हाथों नहीं सौंप सकता।' "

फिर भी माँ हमेशा की तरह बोलीं, "घबरा मत, भगवान् शंकर सब ठीक कर देंगे।"

मनुष्य का मन बड़ा विचित्र होता है। जब वह किसी स्थिति का सामना नहीं कर पाता तो वह भगवान् की शरण में चला जाता है। वहीं उसे डूबते को तिनके का सहारा दिखाई देता है।

मैं भी इसी तिनके का छोर पकड़े रही; यद्यपि आज मंदिर जाने की इच्छा नहीं थी। आज वस्तुतः दुःखी भी नहीं थी। दुःख और हताशा की चरम सीमा पर मनुष्य विद्रोही हो जाता है। आज मैं आराधिका शुभा नहीं थी, विद्रोहिणी शुभा थी। मैं पूजा पर बैठते ही बोली, "आज मैं आराधना करने नहीं वरन् एक प्रश्न पूछने आई हूँ।...यदि जीवन नियति के ही हाथों में है तो मुझे तुम्हारी आवश्यकता क्या? मैं नियति की ही आराधना क्यों न करूँ? मेरी आराधना निष्काम नहीं थी। न मैं साधु-संन्यासी हूँ और न मोक्ष की इच्छुक ही हूँ। मैं तो अपने सुखमय जीवन की कामना से तुम्हारे चरणों में आई थी। तुम्हारी कृपा के भरोसे ही मेरी कामना के डग प्रकाश की ओर बढ़े थे और अब देखती हूँ कि सामने अंधकार है। मैंने मार्ग गलत चुना है या यह डगर ही आगे मुड़ गई है? मुझे इसका दो टूक उत्तर चाहिए।"

पर कहीं कोई प्रतिक्रिया नहीं। मुझे लगा कि मेरा भूतभावन आज मेरी कामना के श्मशान में समाधिस्थ हो गया है। मैं कुछ क्षणों तक मौन रही। फिर मेरे आवेश ने उबाल खाया, "बोलते क्यों नहीं? क्या मैंने अब तक पत्थर की आराधना की है या मेरे प्रश्न सुनकर तुम पथरा गए हो?"

सोचते-सोचते मैं बड़बड़ाने लगी थी। मेरी आवाज अस्पष्ट होते हुए भी इतनी तेज थी कि मेरी सेविकाओं ने भी सुना; पर आधा-अधूरा ही। अपने मन के अनुसार उन्होंने अर्थ लगा लिया।

उसी समय अचानक मेघ छा गए थे। गंभीर कड़कड़ाहट और गड़गड़ाहट के साथ बादलों ने अग्निबाण बरसाने आरंभ कर दिए थे। यह बेमौसम की वर्षा कैसी? गांधार में वसंत में वर्षा तो होती नहीं। फिर आज क्यों? वह भी अप्रत्याशित। जब मैं आई थी, आकाश निर्मल था। प्रकृति ने अचानक अपना रूप क्यों बदल लिया?

कहते हैं, जैसा मन होता है प्रकृति वैसा ही रूप बदल लेती है। मुझे भी लगा

कि प्रकृति बिजलियों के माध्यम से कुछ कह रही है। ऐसा तो नहीं कि मेरी नियति की बदली हुई मुद्रा का परिचय दे रही हो!

चाहे जो हो, मैं पराजित नहीं होऊँगी, अंत तक संघर्ष करूँगी। मेरी तेजस्विता और बढ़ी। इस मन:स्थिति में मेरी गति में तेजी आना स्वाभाविक ही था। मैं तुरंत पूजन पर से उठी और बिना आरती किए चल पड़ी।

मेरी सेविकाएँ मेरे पीछे दौड़ीं। उनमें से एक छतरी लेने गई थी। वह भी सामने से आती दिखाई दी। मेरे साथ चलते हुए मेरी एक सेविका ने धीरे से कहा, "आज आपने शयन आरती नहीं की?"

"जो मुझे सोने नहीं दे रहा है, मैं उसे भी सोने नहीं दूँगी।" इसके बाद किसीने मुझसे कुछ नहीं पूछा।

□

उस दिन सुबह उठकर भी मैं खौलती रही। दिन चढ़ते ही राजभवन में तहलका मच गया। जिसे देखो वही भागता और घबराया हुआ दिखाई दिया। पता चला कि हस्तिनापुर की विशाल वाहिनी महाराज भीष्म के नेतृत्व में चली आ रही है। क्यों? किसीको पता नहीं। गांधार तो हमेशा से शांतिप्रिय राज्य रहा है। हमने किसी पर कभी आक्रमण नहीं किया और न किसीका आक्रमण झेला। आर्यावर्त की राजनीति से भी हम सदा दूर रहे।

अपनी इसी प्रकृति के कारण हमारे यहाँ सैनिक भी कम थे। सैनिक अभ्यास भी न के बराबर होता था। केवल उत्सवों में अपनी वेशभूषा में शोभार्थ प्रदर्शन के लिए वे काम आते थे, या फिर हमारे यहाँ की आकर्षक प्रकृति की रक्षार्थ उनसे काम लिया जाता था। केवल नागरिक प्रशासन और सेवा के लिए कुछ सिपाही अवश्य थे। उनकी भी संख्या बहुत कम थी; क्योंकि हमारे यहाँ अपराध भी कम होते थे, नहीं के बराबर। हमारे अमात्यमंडल में अंतर और बाह्य सुरक्षा के लिए अलग से कोई अमात्य भी नहीं था। रक्षा विभाग भी समाज-सेवा के अधीन आता था।

पहले तो सोचा गया कि यह सेना कंबोज की ओर बढ़ेगी; लेकिन जब वे हमारी सीमा के भीतर ही, वह भी राजभवन के निकट, पड़ाव डालने लगे तब लोगों का घबराना स्वाभाविक था। पिताजी ने तुरंत अमात्यमंडल की बैठक बुलाई।

इसमें भी शकुनि उपस्थित था। लोगों को आश्चर्य था कि यह अनाहूत कैसे आहूत हो जाता है; पर कोई कुछ बोल न सका। राजकुमार के विरुद्ध कौन मुँह खोले!

परिस्थिति पर विचार किया गया। हस्तिनापुर के आक्रमण का कारण ढूँढ़ा गया; पर किसीके हाथ कुछ नहीं लगा। गंभीर अनभिज्ञता का सन्नाटा छा गया।

तब अचानक शकुनि खड़ा हुआ। उसने कहा, ''हर कार्य का कोई-न-कोई कारण तो होता ही है। ऐसा नहीं कि इस चढ़ाई का कोई कारण न हो।''

''तो आप ही बताइए, क्या कारण है?''

''यदि मैं बता पाता तो मैं भी अमात्यमंडल का सदस्य होता?''

इतना सुनते ही पिताजी ने उसे जोर से डाँटा, ''व्यर्थ की बकवास मत करो, बैठ जाओ! यह व्यर्थ की बातों का समय नहीं है। गांधार के जीवन-मरण का प्रश्न है।''

वह बैठ गया। निश्चय हुआ कि पहले हमें कारण जानना चाहिए।

शकुनि ने पुनः हस्तक्षेप किया, ''आप लोग तो हमें मूर्ख समझते हैं। हमारी बात सुनने को तैयार नहीं हैं। मैं पूछता हूँ कि यदि हम कारण ढूँढ़ते रह गए और सेना चढ़ आई, तब क्या होगा?''

अमात्यमंडल के पास इसका कोई उत्तर नहीं था। उनमें एक ने बड़े विनम्र भाव से कहा, ''राजकुमारजी को हमें सुनना चाहिए।''

''मैं सोचता हूँ कि राजभवन पर श्वेत पताका लगा दी जाए।'' शकुनि बोला।

''युद्ध के पहले ही संधि का झंडा!'' एक अमात्य ने कहा।

''इसके अतिरिक्त आप क्या कर सकते हैं?'' शकुनि की आवाज अब पहले से तेज हुई, ''भीष्म के एक अग्निबाण से तो हम भस्म हो जाएँगे, फिर उनका सामना क्या करेंगे!''

''पर संधि प्रस्ताव का अर्थ क्या होगा?'' महामात्य ने कहा, ''पराजय! अपनी अस्मिता की स्वयं हत्या करना! इससे तो अच्छा है, युद्ध करके हारना। भले ही हमारी क्षमता एक दिन भी सामना करने की न हो। हारकर पराजित होने में हमारे पराक्रम का प्रदर्शन है और युद्ध न कर संधि का प्रस्ताव करने में हमारी कायरता, कापुरुषता और किसी भी आशंका से कछुए की तरह अपने ही खोल में तुरंत घुस जाने का भाव!''

महामात्य के इस कथन में तेजस्विता थी। उनको समर्थन भी मिला। महामात्य के सचिव ने कहा कि ''अभी से श्वेत ध्वजा फहराने से अच्छा है हस्तिनापुर का ही ध्वज राजभवन पर टाँग देना और घोषित कर देना कि हम शरणागत हुए। आइए, जो चाहिए ले जाइए—हमारी सत्ता, हमारा अस्तित्व, हमारा सिंहासन। हम संन्यस्त होने के लिए तैयार हैं।''

अब पिताजी बोले, ''जरा इसे भी सोचिए कि अन्य राज्यों की तरह हमारी स्थिति नहीं है। हम किसी भी तरह हस्तिनापुर की इस विराट् वाहिनी का सामना

नहीं कर सकते, तो व्यर्थ अपनी सेना कटवाने और प्रजा का रक्तपात करवाने से लाभ?…यह बात भी सही है कि श्वेत पताका लगाने से हम बच जाएँगे; पर वह बचना हमारे नष्ट होने से भी हेय होगा।''

अब शकुनि की जबान फिर खुली, ''फिर किया क्या जाय?''

''यही तो अमात्यमंडल को निश्चित करना है।'' महाराज ने कहा।

अब युक्ति निकाली गई कि महाराज का एक पत्र लेकर चार अश्वारोहियों को भेजा जाए। वे श्वेत ध्वजा के साथ जाएँ, जिससे ज्ञात हो कि हम युद्ध नहीं चाहते।

अब प्रश्न था कि पत्र में लिखा क्या जाय? महाराज का आदेश था कि पत्र को महामात्य तैयार करें और दो-एक घड़ी के भीतर परिषद् में उपस्थित करें। महामात्य ने जो संक्षिप्त पत्र लिखा, वह इस प्रकार था—

'आदरणीय सेनापतिजी,

'हम आपका स्वागत-अभिनंदन करते हैं। हम नहीं जान पाए कि आपने इतनी विशाल सेना लेकर हस्तिनापुर से इतनी दूर आने का कष्ट क्यों किया! आप आक्रमण करने तो आए नहीं होंगे, क्योंकि हमने आप पर क्या, किसी देश पर कभी आक्रमण नहीं किया है और न हमारी सेना कभी आपके शत्रुओं के सहयोग में गई है, न कभी हमने आपकी कार्य-सिद्धि में बाधा डाली है। फिर आपकी नाराजगी का हम कोई कारण नहीं देखते और न यह मानते हैं कि आप आक्रमण करने की मंशा से आए हैं। फिर कारण क्या है?

'यदि आप मित्र की तरह पधारे हैं तो हम पलक पाँवड़े बिछाकर आपका स्वागत करते हैं। यदि ऐसा नहीं है तो फिर क्या है?'

पत्र के अंत में विनयावनत करके महाराज के हस्ताक्षर थे।

सुना है, पत्र पढ़ते ही भीष्म हँसने लगे और पत्रवाहक से बोले, ''इतनी विशाल वाहिनी को देखकर तुम्हारे महाराज को नहीं ज्ञात हुआ कि हम क्यों आए हैं!''

''पर इस दिखाई पड़नेवाले कारण पर महाराज का विश्वास नहीं है।'' हमारे दूत ने कहा।

''इसका मतलब है कि तुम्हारे महाराज अत्यधिक संवेदनशील और होशियार हैं।'' भीष्म ने कहा, ''उन्हें दिखाई न पड़नेवाले कारण की तलाश में तुम्हें भेजा है। यह ठीक है कि हमारे आने का मुख्य प्रयोजन वह नहीं है जो दिखाई पड़ता है।''

''श्रीमान, तब वह क्या है?''

''इसे मैं तुम्हें नहीं बता सकता, वह नितांत निजी है, जिसे जानने के लिए

महाराज को स्वयं पधारना पड़ेगा, या उन्हें अपने परिवार के किसी विशेष दूत को भेजना होगा।''

''यह सब करने में तो समय लगेगा, महाराज!''

''कितना समय लगेगा?''

''कम-से-कम दो दिन तो लग ही जाएँगे।''

''तो हमारी सेना यहीं शिविर डालकर दो दिनों तक प्रतीक्षा करेगी।'' भीष्म ने कहा, ''पर इसका अर्थ यह कदापि न समझा जाए कि मैं आक्रमण न करने के लिए राजी हो गया हूँ। इसे दो दिनों का युद्धविराम ही माना जाए।'' दूत के चलते-चलते उन्होंने धमकी भी दे दी।

पिताजी को जब यह समाचार मिला तब वे बड़े सोच में पड़े। निजी कारण क्या हो सकता है? फिर उन्होंने महामात्य को बुलाया। क्या मेरा जाना उचित होगा? तब मैं किसको भेजूँ? वे इसी सोच में परेशान थे।

शकुनि को वे भेजना नहीं चाहते थे। मेरे अन्य भाइयों में राजनीति की न उतनी समझ थी और न रुचि। उनके सामने उस राही जैसी विवशता थी—जिसे अंधकार में केवल एक रास्ते के सिवा दूसरा दिखाई नहीं देता। अंत में महाराज ने शकुनि को ही बुलाया। उसे वस्तुस्थिति बताई और कहा, ''न हो तो तुम्हीं भीष्म से मिलो और उनके आने का कारण पूछो।''

शकुनि जाने के लिए पहले से तैयार बैठा था; पर दिखावा ऐसा किया जैसे वह जाना नहीं चाहता।

''क्यों नहीं जाना चाहते? हर काम में आगे बढ़कर रहते हो। राजनीति की भीड़ में धक्के मारकर घुस जाते हो, फिर इस समय क्या हो गया?''

''यह आपका निजी मामला है और मैं लोगों की दृष्टि में षड्यंत्रकारी हूँ। इसमें भी यदि मैं हाथ डाल दूँ और कुछ उलटा-सीधा हो गया तो आपको भी शंका होगी और उसके पीछे मेरा षड्यंत्र भी देखा जाएगा।''

''यदि मैं तेरे लिए ऐसा सोचता तो क्यों भेजता? फिर चोर की दाढ़ी में तिनका क्यों?''

एक क्षण के लिए तो शकुनि स्तब्ध रह गया। उसे ऐसा लगा कि मैं सेंध में ही पहचान लिया गया। जाने के अतिरिक्त अब उसके पास कोई चारा नहीं था; पर उसने एक शर्त रखी। यह भी उसके कुचक्री मन की उपज थी कि मैं अकेला नहीं जाऊँगा।

''तो जिसे चाहो, अपने साथ ले लो।'' महाराज ने कहा और अपनी ओर से एक लिखित प्रस्ताव भी उसे दे दिया।

उधर राजनीतिक गतिविधि चल रही थी, इधर राजभवन में हाहाकार मचा था। हरेक की जबान पर था कि अब सत्ता भीष्म की हो जाएगी। ऐसी लाचारी, ऐसी विवशता और ऐसी असहाय स्थिति मैंने क्या, गांधार ने भी कभी देखी नहीं थी।

हस्तिनापुर की सेना बहुत निकट आ गई थी। राजधानी चारों ओर से घिर गई थी। उनके शिविर राजभवन की ऊपरी छत से दिखाई पड़ रहे थे। किंतु मैं ऊपर कैसे जाऊँ? राजभवन की परंपरा और मर्यादा को कहीं से चोट लग गई तो? तब तक ज्ञात हुआ कि माताजी भी ऊपर गई हैं। अब मुझे छूट मिली। मैं अपनी सेविकाओं के साथ छत पर पहुँची। राजकर्मचारियों की उस अनुशासनहीन भीड़ ने सबकी मर्यादाएँ उतार फेंकी थीं। नंगों के बीच सभी नंगे थे। मैंने भी अपने वस्त्र अच्छी तरह लपेटे और प्रासाद के कँगूरे पर वहाँ तक चढ़ गई जहाँ तक चढ़ सकती थी।

राजभवन के चारों ओर हस्तिनापुर की सेना के शिविर पड़े थे। वहाँ से कितने छोटे-छोटे दिखाई दे रहे थे! मानो धरती की छाती पर फोड़ों के गुच्छ हों। लोगों से सुनकर सेना की विशालता की जो मेरी कल्पना थी, यह उससे भी विशाल थी। मस्तिष्क चकराने लगा। आँखों के सामने अँधेरा छा गया। मुझे लगा कि मेरे सपनों का दैत्य यहाँ भी आ गया है। मेरा हाथ पकड़कर अपनी ओर खींच रहा है।

मैं घबराहट में इतनी ऊँचाई से एकदम नीचे कूद पड़ी। मुझे चोट भी नहीं लगी। यह सब कैसे हुआ, मैं कुछ कह नहीं सकती। मुझे लगा कि वह दैत्य बलात् मुझे लिये चला जा रहा है। सीता रावण द्वारा हरी जा रही है।

मैं उसी मन:स्थिति में नीचे आई और अपने कक्ष में चली गई। इस अर्द्ध विक्षिप्तता ने मेरी जिह्वा सिल दी थी।

जब कुछ-कुछ मन स्थिर हुआ तो मुझे पता चला कि मैं अपने कक्ष में हूँ। सेविकाओं में से कोई मुँह पर पानी छिड़क रही थी, कोई पैर सहला रही थी और कोई हाथ। उन्होंने मुझे सांत्वना देते हुए कहा, "आप इतना घबरा क्यों रही हैं, राजकुमारीजी? यह विपत्ति तो हम सबपर पड़ी है। महाराज इससे मुक्ति पाने का प्रयत्न तो कर ही रहे हैं। विश्वास कीजिए, भगवान् कोई-न-कोई रास्ता अवश्य निकाल देंगे।"

माँ ने भी बहुत समझाया, "तू इतना व्यग्र क्यों है, शुभा? जो हाल सबका होगा वह तेरा भी होगा। जब पूरी नाव ही डूबनी होगी तो एक के घबराने से क्या होगा? फिर तेरे पिताजी प्रयत्न कर ही रहे हैं।"

मेरा मन इतनी आशंकाओं से भरा था कि मैं कुछ निश्चित रूप से कह नहीं पा रही थी। इसका परिणाम यह था कि लोगों के समझाने का मुझपर उलटा ही प्रभाव

पड़ता था। उनकी सांत्वना की बूँदें मेरे मन के तपते तवे पर पड़ते ही वाष्प बन जाती थीं। यही वाष्प-समूह मन के चारों ओर छाए अँधेरे को और भी घना कर देता था।

भय की अंतिम सीमा पर व्यक्ति परम निर्भय हो जाता है। सोचते-सोचते मेरा चिंतन भी इस सीमा को पार कर गया। आज मैं आराधना के लिए शिवमंदिर भी नहीं गई।

फिर सोचने लगी, इस स्थिति की सूचना पुरुषपुर तो पहुँच ही गई होगी। आखिर कितना दूर है पुरुषपुर! यदि मेरे अनिष्ट की कोई आशंका होती तो राजकुमार दौड़ा हुआ आता। यह संकल्प था मेरे स्वप्न का भी और झाड़ी के उस यथार्थ का भी।

□

सुना है, शकुनि के साथ गए महामात्य ने महाराज का प्रस्ताव भीष्म के सामने रखा तो उन्होंने उसे उठाकर फेंक दिया। महामात्य को ऐसी उपेक्षा का आभास नहीं था; फिर भी उसने बड़े धैर्य का परिचय दिया और बड़ी विनम्रता से बोला, ''महामहिम, इसे पढ़ तो लें।''

''क्या पढ़ूँ? इसमें जो लिखा है वह मुझे मालूम है।'' भीष्म ने कहा।

फिर भी महामात्य ने पत्र उठाया और उसे पढ़कर सुनाया। पत्र में उचित संबोधन के साथ जो लिखा था, उसका सारांश इस प्रकार था—

'गांधार आपका स्वागत करता है। हम आपके और आपकी सेना के आने-जाने का पूरा भार वहन करने को तैयार हैं। आप जब तक रहना चाहें, हमारे अतिथि हैं। इसके अतिरिक्त जो भी हमारे कोष में है, उसमें से आधे से अधिक भाग आप चाहें तो ले लें। हमारी प्रजा के लिए केवल जीने-खांने का अंश छोड़ दें।'

इसके बाद पत्र बहुत भावुक हो गया था—'...क्योंकि हम युद्ध नहीं चाहते, मृत्यु के आराधक नहीं। हम और हमारे यहाँ की प्रजा सदा जीवन की जय बोलती है, उसीकी आराधना करती है। आशा है, आप भी मेरी इस अभिलाषा का सम्मान करेंगे।'

''मैं जो जानता था वही तो इस पत्र में लिखा है। मेरे लिए यह पत्र पढ़ने के पहले भी निरर्थक था और अब भी है।''

''तो श्रीमान, आप आक्रमण करके ही रहेंगे?'' महामात्य ने चिंता भरे स्वर में कहा।

''यदि मेरी शर्त नहीं मानी गई तो।''

''आपकी शर्त क्या है?''

"मैं न तो तुम्हें बताऊँगा और न लिखकर भेजूँगा।"

"तब महाराज तक आपकी शर्त पहुँचेगी कैसे?"

"इसे तो तुम्हारे महाराज जानें।"

वास्तव में भीष्म चाहते थे कि महाराज सुबल स्वयं यहाँ आएँ। महामात्य बड़े फेर में पड़े। वे कुछ समय तक चुप खड़े रहे। एक बड़ी विनाश-लीला की कल्पना उनके मन में आकार लेने लगी थी।

शकुनि चुप था। वह इसी प्रतीक्षा में था कि कब इस वार्त्ता-वृक्ष से असफलता का फल गिरे और कब मैं लपक लूँ।

कुछ देर बाद महामात्य स्वयं बोले, "शायद आपकी शर्तें एकदम निजी हैं। इसके लिए महाराज स्वयं आपके यहाँ पधारें, यह संभव नहीं है।"

"तब क्या आप यह चाहते हैं कि गांधार में रक्त की सरिता बहे और सैनिकों के साथ निर्दोष प्रजा भी मारी जाए?" भीष्म ने कहा।

बड़ी विनम्रता से महामात्य ने अपनी बात पर जोर डाला, "बात यह है कि महाराज को आपकी सेवा में उपस्थित होने में कोई आपत्ति नहीं होती; पर हमारे यहाँ की परंपरा इसके लिए उन्हें अनुमति नहीं देती।" वह कहता गया, "यदि आप हमारी राज्य-सीमा में प्रवेश न करते, मित्रवत् पधारते तो महाराज अवश्य आपकी सेवा में स्वागतार्थ उपस्थित होते, आपकी अगवानी करते; पर इस समय तो आप आक्रामक हैं।"

महामात्य के इतना कहते ही भीष्म की त्योरियाँ चढ़ गईं। वे फुफकार उठे, "तो आप मुझे आक्रामक घोषित करना चाहते हैं? संसार की दृष्टि में युद्धापराधी बनाना चाहते हैं? तुम्हारा यह साहस!" भीष्म ने यहाँ तक कह डाला, "इस समय तुम गांधार के महामात्य ही नहीं, सुबल के दूत भी हो। मैं दौत्य धर्म से बँधा हूँ, अन्यथा ऐसा आक्षेप लगानेवाले को मैं जीवित न छोड़ता।"

"आप जो भी करें, महाराज, इस समय मैं आपकी शरण में हूँ।" महामात्य का कहना था कि भीष्म के इस व्यवहार से उसे भी क्रोध आ रहा था।

शकुनि ने अब स्थिति अपने अनुकूल देखी और तुरंत हस्तक्षेप करते हुए बोला, "हमारे महामात्य का कहना वह नहीं था जो आपने समझ लिया। उनका कहना केवल यह था कि आप कोई ऐसा रास्ता निकालें, जिससे हमारे पिताश्री को आना भी न पड़े और काम भी बन जाए।...क्या अपने पिताजी का प्रतिनिधित्व मैं नहीं कर सकता?"

"क्यों नहीं कर सकते?" एक रहस्यमयी मुसकराहट उनके अधरों पर

उभरी, जैसे वे इसी अवसर की तलाश में रहे हों। उन्होंने शकुनि से कहा, ''किंतु मैं एकांत वार्त्ता में तुमसे जो कहना होगा, कहूँगा।''

महामात्य का कहना था कि मैंने इस स्थिति को सोचा तक नहीं था। अन्यथा मैं इतना बड़ा अपमान कराने कभी न जाता, चाहे इसका फल मुझे जो भी भोगना पड़ता।

भीष्म शकुनि को लेकर भीतर चले गए। कुछ समय तक वातावरण एकदम गुमसुम था। बाद में लगता है, वे पार्श्व के कक्ष में आ गए। अब आवाजें कुछ स्पष्ट हुईं। भीतर शकुनि षड्यंत्र की गोटियाँ फेंक रहा था और महाराज अपने स्वार्थ और कूटनीति की चालें चल रहे थे।

बाद में जब आवाजें तेज हुईं तब कुछ-कुछ सुनाई पड़ने लगा, ''मैं आपकी ओर से यह बात कह दूँगा, पर पिताजी को यह शर्त स्वीकार नहीं होगी।'' शकुनि ने कहा।

''यदि यह नहीं स्वीकार होगा तो क्या उन्हें अपने राज्य का महाविनाश स्वीकार होगा?'' यह स्वर भीष्म का था, ''मैं देवव्रत हूँ। मेरे संकल्प पत्थर की लकीर होते हैं, जिन्हें बड़े-से-बड़े तूफान भी मिटा नहीं सकते। मैंने जो निश्चय किया है उसे पूरा करके ही रहूँगा, चाहे उसके लिए मुझे जो भी करना पड़े।''

उन्होंने आगे कहा, ''यह तो तुम जानते ही हो कि हमारी शक्ति तुम्हारी पूरी सत्ता को चुटकी में दबाकर मसल सकती है। तुम्हारे पिताजी क्या चाहते हैं, हस्तिनापुर से सदा के लिए शत्रुता या आत्मीयता का बंधन? नया रिश्ता या भीष्म की क्रोधाग्नि में संपूर्ण गांधार का भस्म होना? समझ लो, आर्यावर्त के मानचित्र से गांधार समाप्त होकर इतिहास की कुछ पंक्तियों में ही रह जाएगा।''

महामात्य का कहना था कि वस्तुतः यह नाटक था। सीधे-सीधे मुझे न धमकाकर धमकी के शब्द शकुनि के बहाने मुझे सुनाए जा रहे थे। मुझे तो सारी घटना में दुरभिसंधि की गंध आ रही थी।

थोड़ी देर बाद शकुनि बाहर आया—बनावटी उदासी से मुँह ढाँपे हुए, बिना पसीने के मस्तक पर पसीना पोंछते हुए। उसकी चाल भी तेज थी, मानो मन की प्रसन्नता को कृत्रिम उदासी से ढकने की असफल चेष्टा कर रहा हो।

महामात्य का कहना था कि मेरे रथ तक उसके सैनिक पहुँचाने आए। उनके चले जाने के बाद शकुनि ने मुझसे कहा, ''बड़ी विषम स्थिति है। लगता है, अब गांधार के अंतिम दिन आ गए हैं। पिताजी हस्तिनापुर की शर्त मानेंगे नहीं और मानना भी नहीं चाहिए। प्रभु, गांधार की रक्षा करें, शुभा की रक्षा करें।''

महामात्य का कहना था कि शुभा का नाम सुनते ही वह चौंक गए। उन्हें लगा कि इस षड्‌यंत्र के केंद्र में शुभा ही है। उन्होंने पूछा, ''क्या थी उनकी शर्त?''

''यह जानकर भी आप क्या कीजिएगा? सुनिएगा तो बेहोश होकर गिर जाइएगा। अरे, यह शकुनि का ही कलेजा है कि किसी तरह वह सुन गया। अब समस्या है कि पिताजी से यह बात कही भी जाए तो कैसे?''

☐

आतंक का ज्वालामुखी फूट पड़ा था। उसके धूल और धुएँ से गांधार की शांति घुटने लगी थी। आशंकाओं का लावा सभी के हृदय में धधकने लगा था। भयाक्रांत आकृतियों पर काली उदासी चिपक गई थी। 'कुछ भी हो सकता है' की स्थिति से संत्रस्त गांधार सहम गया था। ऐसा दिन इस प्रदेश की जनता ने कभी नहीं देखा था और न इसकी कल्पना की थी। अधिकांश घरों में चूल्हे नहीं सुलगे। विपत्ति में याद आनेवाले भगवान् ही उन्हें याद आ रहे थे। कुछ आवेश में यह भी कहने लगे थे कि ऐसा निकम्मा और दुर्बल शासन हमने नहीं देखा। शकुनि की बदनीयती इस स्थिति को हवा दे रही थी।

महामात्य के लौटने के पूर्व ही पिताजी ने अमात्यमंडल की बैठक बुला ली थी। इस बार बैठक अंतरंग कक्ष में थी। अंतरंग कक्ष राजमहल के तीसरे तल पर था। यहाँ से भीष्म के शिविर में जानेवाला मार्ग स्पष्ट दिखाई देता था। सबकी दृष्टि इस ओर लगी थी कि महामात्य क्या संदेश लाते हैं? हमारे शांति प्रस्ताव का क्या होता है?

लोगों की इस आतुरता को देखते हुए ही यह बैठक अंतरंग कक्ष में बुलाई गई थी, नहीं तो वह सदा सभाकक्ष में ही होती थी।

लोगों की टकटकी उसी पथ की ओर लगी थी। रथ आता दिखाई दिया। दूर से ही महामात्य की उदासी से वे जान गए कि हमारा संधि प्रस्ताव अस्वीकृत हो गया। अब क्या किया जाय? महामात्य को सीधे इस कक्ष में बुलाया गया। जो कुछ हुआ था उन्होंने उसका सारांश बताया।

''मेरा शांति प्रस्ताव उन्होंने पढ़ा तक नहीं?'' पिताजी गंभीर हो गए।

''जी नहीं। मैंने उन्हें पढ़कर सुनाया।'' महामात्य बोले।

''तब क्या कहा उन्होंने?''

''कहा, हम कोई दरिद्र या लुटेरे थोड़े ही हैं, जो धन देकर मुझे फुसलाया जा रहा है।''

''फिर उनके आने का प्रयोजन क्या है?''

"इसे मैं नहीं जानता।" महामात्य ने कहा और शकुनि की ओर बड़े गौर से देखा। अब शकुनि ने उन स्थितियों का वर्णन किया, जिसमें महाराज भीष्म ने उससे एकांत में बातें की थीं।

पिताजी की आतुरता फिर तड़पी, "मुझे इस पचड़े से क्या लेना-देना है ? मैं तो यह जानना चाहता हूँ कि उनकी इच्छा क्या है ?"

"उनकी इच्छा बड़ी भयंकर है, महाराज!" शकुनि बोला, "सबके सामने मैं कुछ कह नहीं सकता। आपको एकांत में बताऊँगा।"

"पर उसपर विचार तो अमात्यमंडल को ही करना है ! तब इनसे छिपा क्या है !"

"अमात्यमंडल इसमें क्या करेगा ? मुख्य रूप से निर्णय आपको ही लेना है।"

महाराज गंभीर हो गए। अमात्यमंडल के सदस्य चुपचाप उठकर चले गए और उनके साथ महामात्य भी।

अब शकुनि ने बताया कि भीष्म की केवल एक ही शर्त है कि महाराज अपनी बेटी शुभा का विवाह धृतराष्ट्र से कर दें।

"उस अंधे से!" इतना कहते ही वे गंभीर हो गए। ऐसा लगा कि धृतराष्ट्र की आँखों का अँधेरा उनके सामने छा गया। वे मंचक पर ही ढुलक गए, जैसे कोई दशरथ से वनवास के लिए उनका राम छीन रहा हो। वे कुछ समय तक कुछ बोल नहीं पाए। अंत में बड़ी व्यथा से उन्होंने पूछा, "इससे कम पर वे राजी नहीं होंगे ?"

"बिलकुल नहीं।" शकुनि बोला, "मैंने उन्हें बहुत समझाया कि शुभा का माँगने का तात्पर्य है, पिताजी से उनके प्राण ले लेना। तब उन्होंने लाल-लाल आँखें करके कहा, 'शुभा के देने पर उनके प्राण नहीं जाएँगे बल्कि न देने पर अवश्य जाएँगे।' " शकुनि कहता जा रहा था, "हमने आपकी स्थिति बार-बार स्पष्ट की। उन्हें समझाया कि मेरी शुभा वाग्दत्ता है। उसका विवाह तय हो चुका है। उन्होंने कुछ सुना नहीं। वे जरा भी टस से मस न हुए, वरन् और आवेश में बोले, 'जाकर सुबल से स्पष्ट कह दो, भीष्म अपनी प्रतिज्ञा पर दृढ़ है। वह शुभा को लेकर ही जाएगा, भले ही उन्हें रक्त की सरिता बहा देनी पड़े। अब उनके सामने एक ही रास्ता है— या तो शुभा को ससम्मान दे दें या गांधार के विनाश के लिए तैयार हो जाएँ।' "

"उस अंधे और कुरूप के लिए फूल जैसी मेरी शुभा को उन्होंने माँगा।" इतना कहते-कहते उनकी आँखें भर आईं। भरे गले से आवाज नहीं निकली। किसी तरह रोते हुए उन्होंने कहा, "इस वज्रपात को न मैं सह सकूँगा और न मेरी बेटी। वह

अपना प्राण दे देगी, पर धृतराष्ट्र को कभी वरण नहीं करेगी। क्या तुम्हें ऐसा नहीं लगता ?''

''लगता तो है, तभी मैंने बहुत अनुनय-विनय किया। यहाँ तक कहा कि शुभा को छोड़कर मेरी कोई और बहन माँग लें। पर वे राजी नहीं हुए।''

''ऐसी क्या बात दिखाई दी शुभा में ? ऐसी ही सुंदर उसकी अन्य बहनें भी तो हैं। बहुत होगा तो उन्नीस-बीस का अंतर होगा।''

''इस विषय में उनका कहना था कि शुभा के सौंदर्य पर आकृष्ट होकर मैं नहीं आया। फिर उन्होंने अपनी बात विस्तार से समझाई, 'देखो, हस्तिनापुर के परिवार में वंश का सदा संकट रहा है। कई पीढ़ियाँ वहाँ निर्वंश ही रहीं। राजगद्दी का उत्तराधिकारी नियोग से ही प्राप्त हुआ। पूरे आर्यावर्त को यह ज्ञात है कि शुभा को भगवान् रुद्र ने सौ पुत्र होने का आशीर्वाद दिया है। हस्तिनापुर की मुख्य समस्या का समाधान शुभा में है।' ''

अब पिताजी को कोई समाधान नहीं सूझ रहा था। उनका चिंतन बंद रास्ते के चौराहे पर खड़ा हो गया। यह गांधार के विनाश का प्रश्न था। एक ओर राज्य का मोह था, दूसरी ओर बेटी का प्यार। एक ओर गांधार के भविष्य को सूली पर चढ़ाना था और दूसरी ओर बेटी के भविष्य को। चुनाव कठिन था। पूछें भी तो किससे पूछें ? ऐसे में उनके हृदय की गति का अनुमान लगाना किसीके वश की बात नहीं थी।

इसी असमंजस में वे मंचक पर ढुलके पड़े थे। सामने शकुनि खड़ा था और दोनों के बीच में था अनिर्णय और अनिश्चितता का सन्नाटा। अंत में मौन का भंग किया शकुनि की वाक्पटुता ने। उसने कहा, ''महाराज, समस्या विषम है, हम शुभा और गांधार में से किसको छोड़ें ? मैं भी कुछ समझ नहीं पा रहा हूँ। पर हमें इन दोनों में से किसीको तो छोड़ना ही पड़ेगा।''

''....और यदि मैं न छोड़ूँ तो ?''

''तो दोनों हाथ से जाएँगे।'' शकुनि ने दूसरा दाँव मारा।

पिताजी फिर चुप हो गए।

शकुनि उनकी चुप्पी का लाभ उठाकर बोलता रहा, ''मैं आपको समझाने की सामर्थ्य तो नहीं रखता, पर बुद्धिमानों ने कहा है कि सबकुछ गँवाने से अच्छा है, आधे पर ही संतुष्ट हो जाना।''

''यदि मैं शुभा के भविष्य को बलि न चढ़ाऊँ तो ?''

''तो गांधार बलि चढ़ेगा, हमारी सत्ता बलि चढ़ेगी और निरुपाय प्रजा का रक्तपात होगा। इतिहास लिखेगा कि एक राजा था, जिसने अपनी बेटी के मोह में

अपनी निरपराध प्रजा को कटवा दिया।'' शकुनि को लगा कि वह अपनी सीमा से बाहर चला गया। फिर उसने स्वयं को सँभाला, ''महाराज, आप तो स्वयं ज्ञानी हैं। हम सबका अच्छा-बुरा सोच सकते हैं।''

''जाओ, अपनी माँ को बुला लाओ।'' महाराज ने कहा।

यदि कोई दूसरा अवसर होता तो इस कार्य के लिए शकुनि चट किसी परिचर को दौड़ाता, पर इस समय वह स्वयं माँ को बुला लाया। वह भी घबराई हुई थीं कि मैं अचानक क्यों बुलाई गई।

माँ के पहुँचते ही महाराज ने शकुनि को हट जाने का संकेत किया। वह चुपचाप चला गया।

माँ ने बताया था कि उस समय तुम्हारे पिताजी मुझे देखते रह गए थे। उनकी दोनों आँखें भरी थीं। मैं भी खड़ी-की-खड़ी रह गई थी। न उन्होंने बैठने को कहा और न मैं बैठ पाई। पैर जड़ हो गए थे।

थोड़ी देर बाद वे पिताजी के पास गईं। उन्हींके मंचक पर बैठकर पिताजी का सिर सहलाते हुए उन्हें समझाना शुरू किया, ''आप घबराते क्यों हैं? अभी क्या बिगड़ा है? संधि का प्रस्ताव तो भेजा ही गया है, जो माँगे उसे देकर विदा कीजिए।''

''वही तो नहीं दे पा रहा हूँ।'' पिताजी ने कहा और माँ के कंधे पर अपना सिर रखकर सिसकने लगे। फिर धीरे-धीरे उन्होंने सारी बातें बताईं।

माँ भी चिंता में डूब गईं। इस स्थिति की उन्होंने कल्पना तक नहीं की थी; पर वह पिताजी के सामने एकदम सहज बनी रहीं। फिर उन्होंने बुद्धि से काम लिया और बोलीं, ''अच्छा होता, हम शुभा के भविष्य का निर्णय शुभा पर ही छोड़ देते।''

पिताजी ने माँ की बात मान ली। मैं बुलाई गई। मैंने देखा, दोनों की मुद्रा गंभीर है। आँखें भरी हुई हैं। दोनों बोलना चाहकर भी नहीं बोल पा रहे हैं। मैं थोड़ा और आगे बढ़ी। माँ ने मुझे अपनी गोद में खींच लिया। पिताजी तो एकदम पथराए हुए मुझे देखते ही रह गए।

माँ फूट-फूटकर रोने लगीं। अब तक का सारा धैर्य एकाएक फूट निकला। मैं कुछ समझ नहीं पाई कि आखिर बात क्या है। अभी तो संधि-वार्त्ता चल रही है। जय-पराजय से हम दूर हैं।

जब मोह के बादलों का जोर थमा, मन की दृष्टि थोड़ी साफ हुई तब पिताजी ने कहा, ''बेटी, हमने वह सुनाने के लिए तुम्हें बुलाया है, जिसकी तुम्हें कल्पना तक नहीं होगी। मेरा भी सोच यहाँ तक कभी नहीं गया था। मुझे साहस नहीं होता

वह कहने का। तुम्हें यह सुन पाने की कल्पना नहीं होगी और न साहस होगा सह पाने का।''

इतना कहने के बाद उनकी आवाज फिर लड़खड़ा गई। बड़े यत्न के बाद आधे-अधूरे ढंग से उन्होंने सारी बातें कह दीं।

मैं बड़े धैर्य के साथ सुनती रही। पर अंतिम वाक्य सुनते-सुनते मेरा साहस बिखर गया। मैं कुछ बोल नहीं पाई, पर मेरे आँसुओं ने सबकुछ कह दिया।

माँ की गोद में सिर छिपाकर मैं बहुत देर तक रोती रही। विकट स्थिति थी। कोई किसीको ढाढ़स बँधानेवाला नहीं था।

सिसकन केवल कक्ष तक सीमित नहीं रही, उसकी छींटें बाहर भी पड़ीं। द्वारपाल झाँक-झूँक लगाने लगे। धीरे-धीरे आँसुओं की बाढ़ भी उतरने लगी। अब पिताजी ने पूछा, ''बेटी, हम कुछ समझ नहीं पा रहे हैं। हमारे एक ओर कुआँ है और दूसरी ओर खाई। आखिर जाएँ तो किधर जाएँ! ऐसे में तुम्हारा ही निर्णय अंतिम होगा।''

''मेरा जो निर्णय था, वह चकनाचूर हो गया। अब सारा निर्णय आपके हाथ में है।'' मैं कह सकती थी कि मेरे विषय में आप लोगों को सोचने का कोई अधिकार नहीं है। मेरा वह विद्रोही मन क्यों चुप रह गया? मेरी आक्रामकता उस समय क्यों कुंठित हो गई? परंपरा को इतनी सहजता से स्वयं को समर्पित कैसे कर दिया? मेरी समझ में कुछ नहीं आया। मैंने फिर अपनी बात दुहराई, ''पुत्री के विषय में निर्णय लेने का अधिकार तो आप लोगों को ही है।''

मेरे इतना कहते ही पिताजी की जान में जान आई। उन्होंने मुझे अपनी छाती से लगा लिया। बहुत देर तक चुप रहने के बाद वे इतना ही बोल पाए, ''तुमने अपना बलिदान देकर पूरे गांधार को बचा लिया।''

पिताजी ने संकेत किया। माँ उठ खड़ी हुईं। मैं उनकी छाती से ही लगी रही। उनकी आँखों में अब भी आँसू थे। वह एकटक मुझे देखती और कपोल सहलाती रहीं।

मैं माँ का ही सहारा लेते हुए चली। मेरे पैर अब भी लड़खड़ा रहे थे, क्योंकि मेरे कंधों पर मेरे सपनों के शव का बोझ था। मैं अब समझ पाई थी कि शव का बोझ यथार्थ से कितना भारी होता है।

☐

एक दिन ऐसे ही बीत गया। गांधारवासियों को अनुमान हो गया कि संधि की

कोई शर्त ऐसी अवश्य है जिसे स्वीकार करने में महाराज आनाकानी कर रहे हैं।...और यदि हस्तिनापुर की शर्त न मानी गई तो गांधार का विनाश निश्चित है।

गांधारवासियों के लिए अस्तित्व का प्रश्न था। अब वे राजभवन के सिंहद्वार पर इकट्ठा होने लगे। भीड़ लगने लगी। बाहर का दबाव बढ़ा। शकुनि यद्यपि भीड़ में नहीं था, पर उसकी आत्मा अवश्य थी।

आतंक और भय से गांधार काँपने लगा। लोग राजभवन की ओर आते ही रहे। मध्याह्न तक राजभवन नगरवासियों से घिर गया।

बाह्य और अंतर के दबाव में जाने की जब स्थिति आई तो महाराज ने हृदय पर पत्थर रखकर वह ऐतिहासिक निर्णय लिया, जो वे लेना नहीं चाहते थे। इसकी सूचना भी महाराज ने शकुनि के माध्यम से ही नगरवासियों को दी।

संध्या होते-होते नगर में यह समाचार फैल गया कि महाराज ने हस्तिनापुर की शर्त मान ली। अब सेना लौट जाएगी। गांधार बच जाएगा। पर वह शर्त क्या थी, जिसे महाराज ने लाचार होकर माना, इसे राजभवन के कुछ ही लोग जानते थे।

लोगों में इतनी व्यग्रता और उतावली थी कि समूह-के-समूह महाराज का धन्यवाद देने आने लगे; पर महाराज किसीसे मिलने की स्थिति में नहीं थे। वे अपने कक्ष में ही पड़े रहे। उन्होंने महामात्य से कहला दिया कि महाराज आपके धन्यवाद के पात्र नहीं हैं।

"तब कौन है ?" भीड़ चिल्लाई।

"प्रतीक्षा कीजिए, इसका पता भी आपको लग जाएगा।" एक रहस्य जन-समूह पर उछाल दिया गया।

जब रहस्य का उद्घाटन नहीं होता तब अनुमान को पंख लग जाते हैं।

एक अनुमान हवा में उड़ चला कि यह सब शकुनि के ही प्रयत्न से हुआ है। वही धन्यवाद का पात्र मान लिया गया। पूरा गांधार उसका अनुगृहीत हुआ। ढेर-के-ढेर लोग उसका अभिनंदन करने और आभार प्रकट करने आने लगे। कैसी विषम स्थिति थी कि देवता अदृश्य था और दैत्यांश पुजवा रहा था।

दूसरी स्थिति यह थी कि मैं और मेरे माता-पिता में से कोई भी आज अपने-अपने कक्ष से बाहर नहीं निकला। सभी अपनी शय्या पर लुटे-लुटे से पड़े थे। आज पिताजी शिवाराधन के लिए भी नहीं गए। निष्फल आराधना उस बुझी हुई अग्नि सी होती है, जिसका धुआँ आँखों से टपकता है। ऐसी ही टपकती आँखों और धुएँ से मन से घिरे सभी निरुपाय पड़े थे।

इस बीच शकुनि को अपने पासे फेंकने की पूरी छूट मिल गई। गांधार ने तो

सोचा ही कि यही व्यक्ति मेरा त्राता है, उधर भीष्म ने भी यह सोच लिया कि मुझे यह सफलता उसीके प्रयत्न से मिली है। उनके इस सोच के भीतर बहुत कुछ यथार्थ भी था।

रात भर कोई सोया नहीं। मेरे परिवार की आँखों में नींद नहीं थी। गांधार की नींद हस्तिनापुर की विशाल वाहिनी ने चुरा ली थी। सारी नींद सिमटकर शकुनि की पलकों पर पड़ गई थी।

दूसरे दिन एक भव्य रथ राजभवन के सिंहद्वार पर सजाया जाने लगा। ज्यों-ज्यों यह समाचार फैलता गया, नगर की मानसिकता बदलती गई। अपनी सुरक्षा के लिए लगभग विद्रोह पर उतारू प्रजा आँसुओं से भीगने लगी। उसे मालूम हो गया कि हमारी शांति का सौदा शुभा के जीवन के मूल्य पर हुआ है। अभी दो दिन पूर्व तक वे जानते थे कि राजकुमारीजी का विवाह पुरुषपुर के राजकुमार से होने वाला है। दोनों एक-दूसरे को चाहते भी हैं। पर वाह रे परिस्थितियाँ, सीता को राम से छीनकर लंका ऐसे समृद्ध राज्य के हवाले कर दिया गया।

अब मेरे प्रति सहानुभूति की एक लहर सी चली, जिसके झोंके पर झोंके राजभवन पर पड़ने लगे। पर अब लोग कर ही क्या सकते थे मेरे त्याग की प्रशंसा करने के सिवा? कल तक जो जनाक्रोश पिताजी के विरुद्ध अपनी रक्षा के लिए उतावला था, आज वह नयनों से बहने लगा था। उनकी दृष्टि और साफ हुई। वास्तविकता दिखाई पड़ने लगी। पर हाथ मींजना ही अब उनके हाथ रह गया था।

वे झुंड-के-झुंड राजभवन के द्वार पर उपस्थित होने लगे। मुझे विदाई देने के लिए सामानों से भरे थाल महिलाओं के हाथ में थे। उनपर पश्चात्ताप, मोह और सहानुभूति की त्रिवेणी से भीगे आँचल पड़े थे। विचित्र बात थी, शकुनि का कहीं पता नहीं था। न तो वह इस भीड़ में था और न राजभवन में। पिताजी ने जब उसका पता लगाया तो ज्ञात हुआ कि वह भीष्म के शिविर में है।

जैसे-जैसे दिन ढलता गया, मेरी विदाई का समय आता गया। शोक में डूबी हलचल के बीच तैयारी होने लगी। वे सारे वस्त्र और आभूषण मेरे कक्ष में एकत्र किए जाने लगे, जिन्हें मेरे लिए माँ ने बड़े प्रेम से बनवाया था। पर मैं अपनी शय्या से टस से मस न हुई। अब मुझे लगने लगा कि जिसने नियति के सागर की थाह लगाने की कुचेष्टा की थी उसे स्वयं सागर निगलने लगा था।

माँ के साथ मेरी बहनें भी कक्ष में आईं और मेरी सभी सेविकाएँ भी।

सबसे पहले माँ ने मुझे शय्या पर से उठाया, मुझे नहा-धोकर सामान्य होने के

लिए प्रेरित किया। और मेरा साज-शृंगार करने की प्रक्रिया आरंभ हुई। मैंने विरोध करते हुए कहा कि मैं कुछ नहीं पहनूँगी।

"क्यों बेटी? ये सारे अलंकार और वस्त्र तेरे विवाह के लिए बनवाए गए थे। इन्हें तुम्हें धारण करना चाहिए।"

"पर मेरा विवाह हो कहाँ रहा है!" मैंने मुसकराने की चेष्टा की, "कहीं मंडप बना? कहीं अग्नि की प्रदक्षिणा की गई? कहीं मेरा होनेवाला पति वरयात्रा के साथ मेरे द्वार पर आया? फिर यह विवाह कैसा?"

मेरी माँ चुप हो गईं। बहुत देर तक मुझे देखती रहीं।

मैंने बड़े सामान्य भाव से कहा, "जैसे मेरा विवाह नष्ट हुआ है वैसे तुम इन सारे सामानों को भी नष्ट कर दो।"

माँ कुछ बोल नहीं पाईं।

सेविकाओं और सखियों के साथ जब मैं रथ पर बैठाने के लिए राजभवन से बाहर लाई गई तब मैंने देखा, पूरा अमात्यमंडल पिताजी के साथ खड़ा था। सबकी आँखें गीली, सबका मन भारी। कोई किसीसे बोल नहीं पा रहा था।

जब पिताजी को अपने बीच जनता पाती थी तब जय-जयकार की तुमुल ध्वनि होती थी। आज भी जयकारा लगाया गया; पर वह ध्वनि नहीं थी, उसमें मात्र एक परंपरा का निर्जीव निर्वाह था। उन्हें लग रहा था कि यह शुभा नहीं वरन् गांधार की प्रतिष्ठा जा रही है, उसका अस्तित्व जा रहा है, उसकी अस्मिता जा रही है।

रथ के चलते ही व्यक्तिगत सिसकन समवेत हो गई। कुछ लोग तो बेहोश होकर गिर गए। मुझे लगा, पिताजी भी गिर जाएँगे। पर उन्होंने अपने को बहुत सँभाला। ऐसा ज्ञात हुआ कि वे लोग शुभा को नहीं वरन् उनकी सुरक्षा की बलिवेदी पर चढ़ी शुभा के शव को अंतिम विदाई दे रहे हों।

एक छोटी-मोटी भीड़ हमारे रथ के पीछे दौड़ती चली, जिसमें कोई कोलाहल नहीं, कोई उत्साह नहीं। जैसे सभी के गले हताशा की पीड़ा ने दबा दिए हों।

हस्तिनापुर के शिविर के पास पहुँचते ही भीष्म ने भीतर से निकलते ही मेरा स्वागत करते हुए कहा, "आओ, गांधारी!"

भीष्म के पीछे शकुनि खड़ा था। उसे देखते ही मैं क्रोध से जलने लगी। मेरे मुँह से निकला, "अरे, आप यहाँ भी!"

"क्या तुम्हें आश्चर्य हो रहा है?" उसकी आकृति पर वही पुरानी कुटिल हँसी थी, "मैंने कहा था न कि मैं अंतिम समय तक तुम्हारे साथ रहूँगा।"

"अंतिम समय तक तो केवल धर्म और कर्म ही मनुष्य का साथ देते हैं।" मैंने कहा।

भीष्म मेरा मुँह देखते रह गए। मैं कुछ और बोलूँ, इसके पहले ही भीष्म बोल पड़े, "बात यह है कि इसे मैंने तुम्हारे पिताजी से कुछ महीने के लिए माँग लिया है। तुम नई-नई हस्तिनापुर चल रही हो। संभव है, अपनी समस्या तुम खुलकर अपने भाई के अतिरिक्त और किसी से न कह पाओ। ये कुछ दिन वहाँ रहेंगे, फिर चले आएँगे।"

मैंने भीतर से उठी आवाज का गला दबा दिया, अन्यथा मैं कहने जा रही थी, 'यह जोंक है। जब तक हस्तिनापुर का रक्त नहीं चूस लेगा तब तक उसे छोड़ेगा नहीं।'

मुझे महाराज भीष्म के ही शिविर में बैठाया गया। शिविर भी भीतर से खूब सजा-धजा था। लगता था कि यह मेरे लिए ही विशेष बनवाया गया था। एक ओर मणिजड़ित आभूषणों के कई थाल रखे थे। बगल में रेशमी वस्त्रों को भी सजाकर रखा गया था। मैंने समझ लिया कि ये सब मेरे ही लिए हस्तिनापुर से लाए गए हैं। विवाह की सारी योजना वहीं बन गई थी। इतनी विशाल सेना से चढ़ाई करना तो मात्र बहाना था, या ऐसा आतंक पैदा करना था, जिसके आधार पर मेरा सौदा किया जा सके।

मेरे आक्रोश ने मेरी लज्जा निगल ली थी; फिर भी मैं धरती की ओर देखती हुई चुपचाप बैठी रही।

मौन का यह लंबा अंतराल महाराज भीष्म ने बड़े सामान्य भाव से तोड़ा, "तुम्हारा नाम क्या है, बेटी?"

"गांधारी।"

"अरे, यह संबोधन तो तुम्हें मैंने दिया है। आखिर तुम्हारे माता-पिता ने भी तो तुम्हें कोई नाम दिया होगा!"

"वह राजभवन से निकलते ही मर गया। उसका शव भी मैंने उन्हें लौटा दिया है।" मेरी वाणी की तेजस्विता अपनी चरम सीमा पर थी।

मेरे संबंध में भीष्मजी की धारणा एकदम बदल गई। निश्चित रूप से जिसे उन्होंने चंद्रकांता मणि समझा था वह तो वास्तव में सूर्यकांता है, जो प्रकाश ही नहीं, आग भी उगल सकती है।

भीष्म ने मुसकराते हुए शकुनि की ओर देखा। उनकी दृष्टि मानो कह रही थी, 'तुममें और तुम्हारी बहन में कोई समानता नहीं; न रूप में, न रंग में, न बुद्धि में, न

तेजस्विता में। हाँ, तुम कुटिलता में उससे बहुत आगे हो और वह स्पष्टवादिता में तुमसे।'

फिर उन्होंने करतलध्वनि की। हस्तिनापुर से आई कई सेविकाएँ तुरंत मेरी सेवा में उपस्थित हो गईं। लगता है, उन्हें पहले से आदेश था। उन्होंने मुझे अलंकार पहनाने आरंभ किए।

मैंने कहा, "इसकी क्या आवश्यकता?"

"जिसका विवाह होता है, उसका बदन अलंकारहीन अच्छा नहीं लगता।" महाराज भीष्म ने कहा।

शकुनि भी उनका समर्थन करते हुए बोल पड़ा, "हाँ-हाँ, शुभा! तू इन्हें पहन ले। अब तू पट्टमहिषी बनने जा रही है, वह भी पुरुषपुर ऐसे छोटे-मोटे राज्य की नहीं बल्कि हस्तिनापुर ऐसे साम्राज्य की।"

पुरुषपुर का नाम, वह भी शकुनि के मुँह से, सुनते ही मेरे मन में चिनगारियाँ फूटने लगीं। मुझमें यह भी सोचने की शक्ति न रही कि यह सामान्य भाव से कहा गया है या मुझपर व्यंग्य किया गया है। फिर भी मैंने अपना संतुलन नहीं खोया, "मेरा सिंहासन किसी पट्टमहिषी का सिंहासन नहीं, अपने पति के हृदय का सिंहासन होगा।"

"वाह-वाह, क्या बात कही है!" शकुनि ने फिर एक व्यंग्य बाण मारा।

अब मैं अपनी बुद्धि का संतुलन रख नहीं पाई। मैंने कहा, "मैंने सुना है कि मेरे होनेवाले पति में संसार को देखने की सामर्थ्य नहीं है। एक दृष्टिहीन के लिए शृंगार का महत्त्व क्या!"

"उसके लिए भले ही न हो, पर संसार के लिए तो है ही।" महाराज भीष्म की ध्वनि में अब एक प्रकार की विनम्रता थी।

मैंने कहा, "मैं संसार के समक्ष नहीं, अपने पति के समक्ष समर्पित होने चल रही हूँ।"

अब शकुनि को मौका मिला। उसने कहा, "बड़ों से कभी जबान नहीं लड़ाते।"

मुझे भी लगा कि मैं कुछ आवश्यकता से अधिक बोल गई। मैं तुरंत उठी और क्षमा माँगते हुए महाराज के चरणों में गिर पड़ी।

उन्होंने मुझे उठाया। मेरी पीठ थपथपाते हुए बोले, "तुमने कुछ गलत नहीं कहा, बेटी। तुम्हारी स्थिति और मनःस्थिति में यदि मैं होता तो मेरे मुँह से भी ऐसे ही शब्द निकल जाते।"

शीघ्र ही हम वहाँ से चल पड़े। मैंने उस राजभवन को प्रणाम किया, जहाँ से निकलने के बाद मैं फिर वहाँ कभी आ न सकी।

पहले भीष्मजी का रथ था, उसके पीछे मेरा और फिर मेरे पीछे छाया की तरह लगा शकुनि का। उसके पीछे हस्तिनापुर की पूरी सेना थी। सभी शांत, चुपचाप। उसमें उत्साह नहीं था वरन् एक प्रकार की ग्लानि थी; जैसे जीतकर भी वे हार गए हों।

मेरा रथ जब तक गांधार की सीमा में था, मार्ग के दोनों ओर पुष्प-वर्षा करती प्रजा खड़ी थी। उनके अवरुद्ध कंठों से जय-जयकार भी नहीं निकल पा रही थी। केवल अश्रुपूरित नेत्रों से वे मुझे अनवरत देख रहे थे। वे तब तक मुझे देखते रहे जब तक मेरा रथ उनकी आँखों से ओझल नहीं हो गया।

उन्हीं आँखों में दो ऐसी भी अदद आँखें थीं, जो एकटक मुझपर लगी थीं। अचानक मेरी दृष्टि उनसे जा टकराई। मेरा हृदय धक से करके रह गया। फिर मेरी आँखें उन आँखों से ऐसी उलझीं कि उन्हें छोड़ न पाईं। वे आँखें भी ऐसी चिपकीं कि चिपकी ही रहीं। अब मेरे लिए सारी भीड़ उन्हीं आँखों में परिवर्तित हो गई। बड़ी-बड़ी, कजरारी और सागर उगलती दो आँखें।

मुझे लगा कि अब मैं इन्हें देख नहीं पाऊँगी। पहले मैंने उधर से अपनी आँखें मूँद लीं, फिर भी वे दिखाई पड़ रही थीं। अब घबराकर मैंने अपना आँचल फाड़कर आँखों पर पट्टी बाँध ली। अब वे मेरी आँखों में समा गई थीं।

□

: चार :

चीड़ और देवदारु के देश की बेटी वट, अश्वत्थ और रसाल के देश में आ गई।

हस्तिनापुर की सीमारेखा में प्रवेश करते ही हमारी अगवानी करनेवालों का पंक्तिबद्ध सिलसिला आरंभ हो गया। पुष्प-वर्षा और जय-जयकार के बीच जब हस्तिनापुर की जनता ने देखा कि हमारी होनेवाली पट्टमहिषी साधारण वेश में और आँखों पर पट्टी बाँधे है, तब लोगों का आश्चर्यचकित होना स्वाभाविक था। मैं देख नहीं पा रही थी। मेरी सारी अनुभूतगृहीता केवल कानों तक सीमित थी। लोगों की भुनभुनाहट और आपसी बातचीत से थोड़ा बहुत-अनुमान लगता। वही मेरे अनुभव का आधार बनता जा रहा था।

हस्तिनापुर के नगर द्वार पर मेरा रथ रोका गया। लगता है, वहाँ हस्तिनापुर का पूरा अमात्यमंडल खड़ा था। सबने भीष्मजी के साथ ही मेरा भी स्वागत किया। एक सेविका ने मुझे दधि और मधु चखाया। उन्होंने मेरे पैर छुए और मैंने झुककर आशीर्वाद दिया। शायद यहाँ नगर प्रवेश के समय वधू को ऐसा करने की प्रथा थी। पर मेरे यहाँ ऐसा कुछ नहीं था। केवल आँचल में कुछ शुष्क द्राक्षा डाल दिए जाते थे।

जिज्ञासा तो सबकी थी, पर मुखरित एक व्यक्ति से हुई, ''वाग्दत्ता की आँखों पर पट्टी कैसी?'' इस ध्वनि में प्रौढ़ता थी। बाद में पता चला कि ये मेरे होनेवाले पति के छोटे भाई हैं।

पर मैं कुछ कहूँ, इसके पहले ही भीष्मजी बोल पड़े। उन्होंने बड़ी होशियारी से उत्तर दिया, ''जब से गांधारी ने सुना है कि मेरे होनेवाले पति प्रज्ञाचक्षु हैं तब से इसने भी आँखों पर पट्टी बाँध ली है। मैंने बहुत समझाया, पर हर बार इसका यही कहना था कि जिसके पति को परमात्मा ने जन्म से ही इस सृष्टि के सौंदर्य को देखने का अधिकार नहीं दिया, उसकी पत्नी को उसे देखने का क्या अधिकार है। पत्नी तो पति का अनुसरण करती है, उसकी अनुगामिनी होती है। वह उससे अधिक सुख की भोक्ता नहीं हो सकती। यह उसके पातिव्रत्य जीवन के प्रतिकूल है।''

भीष्म महाराज के इस कथन ने मुझे प्रतिष्ठा के शिखर पर बैठा दिया। जनता

अपने महाराज के इस उत्तर से उछल पड़ी। उसने कभी ऐसे पातिव्रत्य की कल्पना तक नहीं की थी। उसने मेरा जय-जयकार किया, ''महा पतिव्रता गांधारी की जय हो।''

कैसी विडंबना थी। हृदय में कोई था और समय ने किसीको साथ लगा दिया। पति कोई और होने जा रहा था तथा विवाह किसी और से होने जा रहा है। सारा नगर मेरे पातिव्रत्य की सराहना कर रहा था। मैं असत्य की ऐसी डोर से बाँध दी गई थी कि जीवन भर उसे तोड़ नहीं पाई। उसी लाचारी के संकल्प पर जीती रही। कालांतर में यही संकल्प मेरे चरित्र का अंग हो गया।

प्रासाद द्वार पर कई सेविकाओं ने मुझे रथ से उतारा। उनके कंधों का सहारा लेती हुई मैं धीरे-धीरे आगे बढ़ी। ज्यों ही मैं प्रासाद प्रांगण में पहुँची, मुझे लगा कि धरती पर फूल बिछे हैं। उनपर पैर रखकर मैं आगे चली। मुझे लगा कि जिस प्रकार इन फूलों को कुचलती मैं आगे बढ़ रही हूँ उसी प्रकार मेरे फूल जैसे जीवन को कुचलती नियति भी मेरे साथ-ही-साथ आगे बढ़ रही है। शायद इस संसार का नियम ही है कि हर निर्बल और मृदु कुचला ही जाता है।

बड़ा विचित्र लगता था, जब सेविकाओं से सुनती थी, ''देखिए, आगे सीढ़ी है। अच्छा होता, यदि आप अपने बगल में चल रही सुखदा के कंधों का सहारा ले लेतीं।...हाँ, ऐसे ही चढ़ती जाइए। केवल दस सीढ़ियाँ चढ़नी हैं। फिर बहुत दूर तक समतल मिलेगा।''

निरंतर प्रकाश को भोगनेवाले मुझ जैसे व्यक्ति को अचानक सघन अंधकार को भोगना पड़ा। संध्या होते-होते हमारी मानसिकता रात के अंधकार को झेलने की पूरी तैयारी कर लिया करती थी; पर मुझे ऐसा मौका भी नहीं मिला। इसीलिए यह अंधकार और भी अधिक गाढ़ा लग रहा था। अब मैं इससे दूर भी नहीं भाग सकती थी। मेरी आँखों पर बँधी पट्टी पातिव्रत्य का एक ऐसा अस्तरण था, जिसे मैंने स्वयं ओढ़ा था और बाद में परिस्थितियों ने उसे और भी सघन बना दिया। अब उसे हटाना असंभव था; क्योंकि कोई संकल्प जितना सुखकर और आत्मविश्वास से भरा होता है, उसके ध्वंस में उतनी ही आत्मग्लानि और घृणा होती है।

विवाह की तैयारी शुरू हुई। इतने विशाल राजभवन को बंदनवार और फूलों की झालरों से सजाया गया। दीवाली से भी कहीं विराट् दीवाली मनाई गई। छज्जे-छज्जे पर दीप जलाए गए। मैं यह सब सुनती रही, गुनती रही। यह सारा प्रकाश समवेत होकर भी मेरी पट्टी को छेद न सका; पर अपनी अनुभूति अवश्य करा गया, मात्र उतना ही जितना बंद आँखों को सूर्योदय का भास होता है।

मेरी सेवा में अनेक सेविकाएँ लगाई गई थीं; पर उनमें से दो—सुखदा और सुभगा—मेरे अधिक निकट थीं। यह तो मैं जानती थी कि दोनों सगी बहनें हैं, पर इनमें बड़ी कौन है और छोटी कौन, यह मुझे ज्ञात नहीं था।

मैंने पूछा भी, "तुममें से बड़ी कौन है और छोटी कौन?"

"हममें से कोई बड़ी या छोटी नहीं है।"

"तब क्या जुड़वाँ पैदा हुई हो?"

मेरे प्रश्न के उत्तर में दोनों ने सिर अवश्य हिला दिया होगा।

मैंने बड़ी गंभीरता से कहा, "अब मुझे संकेत की भाषा की अनुभूति नहीं होती; जो कुछ कहना हो, बोलकर कहा करो।" निश्चित ही वे मेरी इस असमर्थता पर दुःखी हुई होंगी। इसका प्रभाव यह पड़ा कि हर अनुभव वे बोलकर कराती थीं। उन्होंने राजभवन की सजावट आदि का सारा वर्णन सुनाया था और मेरी प्रबल संवेदनशीलता ने उससे अधिक ग्रहण किया था।

मेरा विवाह क्या था, एक कर्मकांड मात्र का निर्वाह। अब आप दाएँ बैठिए, अब आप बाएँ बैठिए। आप पति के आगे बैठिए, मेरी सखियों ने वहाँ भी बैठा दिया। अब मुझे पता चला कि मैं दो लौह भुजाओं के बीच बंदी हो गई हूँ।...फिर पुरोधा ने जल और अक्षत छिड़ककर मंत्र पढ़ा। यह सब मैंने सुखदा के सहारे किया। अग्नि की प्रदक्षिणा में भी वह मुझे सँभाले रही। मुझे हँसी तब आई जब पुरोधा ने कहा, "आँखें मूँदकर आप अपने कुल देवता का ध्यान करें।"

भीष्म महाराज ने तुरंत कहा, "यह आप किससे कह रहे हैं? एक जन्मांध हैं और दूसरे ने स्वतः आँखों पर पट्टी बाँध रखी है।"

शकुनि की हलकी हँसी सुनाई दी। वह अनेक अधरों को छूती निकल गई। एक का प्राकृत व्यंग्य अनेक के मनोरंजन का कारण बना।

"यह आपकी ददिया सास सत्यवती हैं। ये आपकी सासें अंबिका और अंबालिका हैं। इनके चरण छुओ।" यह आवाज विदुर की थी।

श्रद्धापूर्वक मैंने सबके चरण छुए।

सबने एक ही आशीर्वाद दिया, "सौभाग्यवती भव।" पर जब मैं भीष्मजी के चरण छूने लगी तो उनका आशीर्वाद इन सबसे भिन्न था, "पुत्रवती भव।"

□

यह हमारी सुहागरात थी। सेविकाओं ने मुझे खूब सँवारा-सजाया। उनके इस कृत्य पर मैं हँसती रही। यह हँसी थी मेरी असमर्थता की, लाचारी की, मेरी भवितव्यता की, निष्ठुरता की।

मैंने अपनी सजावट करनेवाली सेविकाओं को समझाया कि यह व्यर्थ का प्रयास क्यों? यह सारा शृंगार तो आँखों के लिए है। और हम दोनों उसके सामर्थ्य से बाहर हैं। न मेरे पति मुझे देख सकते हैं और न मैं उन्हें।

"यह तो ठीक है, बेटी! पर संसार तो आप दोनों को देख रहा है न! संसार की आँखें आप दोनों की ओर से निराश क्यों हों?"

मैं कई घंटों में बड़े श्रम के साथ सजाई गई। मैंने सुखदा के कान में धीरे से कहा, "इससे तो अच्छा था, तुम मुझे फूलों से सजातीं, कम-से-कम मैं उनकी सुगंध का आनंद तो लेती!"

"घबराइए नहीं, वह आनंद भी आप लोगों को मिलेगा।" सुखदा ने कहा तो कान में ही था, पर हँसी जोर से थी।

"क्या बात है, सुखदा? तू हँसी क्यों?" मेरी सास बोल पड़ीं।

"कुछ ऐसी ही बात है कि हँसी आ गई।" सुखदा बड़े संकोच के साथ बोली और इस तरह से मौन हो गई कि बात आगे बढ़ गई।

तब तक मेरी दूसरी सास अंबालिका आ गईं। शायद मुझे देखते ही उनके मुख से निकला, "एकदम उर्वशी लगती है मेरी बहू। मेरे पुत्र का सौभाग्य देखो, उसे मिली भी तो उर्वशी! यदि वह आज देख पाता तो तू उसके उर में ऐसी बस जाती कि फिर कभी निकल न पाती।"

मैं कुछ बोल नहीं पाई; पर मेरा मन बोल रहा था, 'मेरी सामर्थ्य को चुनौती मत दो, माँ। जिनके उर में बसी थी वहीं से निकलकर तो इस अंधकार में आई हूँ, माँ!'

मुझे अनुभव हुआ कि मेरा सिर सूँघकर मेरी सास ने मुझे आशीर्वाद दिया, फिर वह चुपचाप चली गईं। अवश्य ही उन्होंने मेरी दासियों को कुछ संकेत किया होगा, क्योंकि उनके जाते ही वे सब मुझे ले चलीं।

जब मैं अपने पति के कक्ष में लाई गई, एक घड़ी रात बीत चुकी थी। दासियों ने मुझे भीतर कर तुरंत द्वार बंद कर लिया। तब तक मुझे सुनाई पड़ा, "अरे, आओ प्रिये, आओ!"

इसी आवाज की डोर पकड़कर मैं धीरे-धीरे आगे बढ़ी। मैंने अनुभव किया कि मेरे पैर के नीचे फूल बिछे हैं। उनकी मुसकराहटों को कुचलते मेरे काँपते पैर आगे बढ़ रहे हैं। पूरा कक्ष अनेक प्रकार की सुगंधियों से महक रहा था।

मैं धीरे-धीरे बढ़ती चली जा रही थी—काँपते मन से, काँपते तन से। बार-बार प्रिय का आह्वान जहाँ मुझे अपनी ओर खींच रहा था वहीं वह दिशा का ज्ञान भी करा रहा था। आँखों पर पट्टी बाँधने के बाद मैं पहली बार इतने बड़े कक्ष में बिना

किसीके सहारे बढ़ी चली जा रही थी। प्रथम मिलन की इस मानसिकता में आतुरता उतनी नहीं थी जितना कुतूहल। कलेजा धर्क-धक कर रहा था।

इस घबराहट में जब मैं प्रिय के पर्यंक के पास पहुँची तो अचानक उसके पाये से टकरा गई और गिरी भी तो पलंग के पायताने ही। तुरंत उन्होंने मुझे उठाया और वक्ष की ओर खींचकर अपनी दोनों भुजाओं से मुझे बाँध लिया, जैसे कोई कपोती प्रेम डोर से किसी लौह स्तंभ से बाँध दी गई हो।

मुझे स्वप्न के उस दैत्य की याद आई और याद आया मेरे सपनों का राजकुमार। स्थिति ऐसी थी कि बाँह में किसीकी थी और आह में किसी और के। मेरे मन ने मुझे धिक्कारते हुए कहा, 'यही है तुम्हारा पातिव्रत्य धर्म ? तुम्हें लज्जा नहीं लगती ?' फिर मैंने एक झटके में उस सपने को चूर-चूर कर दिया।

इसकी अनुभूति मेरे पति को भी हुई। उन्होंने प्रगाढ़ प्रेम और संकोच में कहा, ''प्रिये ! क्षमा करना। हमारे सौभाग्य और तुम्हारे दुर्भाग्य ने तुम्हें इस स्थिति में डाल दिया।''

''दुर्भाग्य कैसा, प्रियतम ? यह तो मेरा सौभाग्य है कि मैं मालती की लता की तरह अश्वत्थ से लिपटी हूँ। आप ही के सहारे मुझे वह ऊँचाई मिलेगी जिससे आकाश छू सकूँ।''

वे हँस पड़े। उनकी हँसी में बड़ा हीन भाव था। उसी हीन मानसिकता में उन्होंने अपने अतीत के पृष्ठ खोले, ''मैं तो उस परिस्थिति का शिशु हूँ, जिसमें नियोग के समय मेरी माता ने आँखें बंद कर ली थीं। मेरी माँ मेरे पूज्य पिता व्यासजी की कुरूपता और भद्देपन को देख पाने का साहस न जुटा पाईं। घबराहट में वह मन की यह आवाज भी न सुन पाईं कि इन कुरूप चट्टानों के नीचे ही ज्ञान की गंगोत्री है।''

प्रेम के एक चुंबन के साथ उनके भुजबंध ढीले पड़े। फिर बड़ी गंभीरता से उन्होंने कहा, ''मुझे इसका पश्चात्ताप नहीं है कि मैं अंधा पैदा हुआ हूँ, वरन् पश्चात्ताप तो यह है कि जीवन में कभी भी तुम्हारे सौंदर्य का रसपान न कर पाऊँगा।'' फिर वे कुछ समय के लिए रुके। पर उनका हीन भाव रुका नहीं, ''अच्छा हुआ कि तुमने यहाँ आने के पहले अपनी आँखों पर पट्टी बाँध ली, अन्यथा मेरी माँ की तरह तुम मुझे भी देखते समय आँखें बंद कर लेतीं। महात्मा व्यास से तो मेरी माँ का संबंध थोड़े समय के लिए था। उनका आँखें बंद करने से काम चल गया। पर मेरा-तुम्हारा साथ तो जीवन भर का है। अच्छा हुआ कि तुमने जीवन भर पट्टी बाँधे रहने का संकल्प ले लिया।''

"आपको मुझे समझने में कुछ भूल हो रही है।" मैंने कहा, "आपने कैसे जाना कि मैं आपसे सुंदर हूँ?"

"जब आँखें नहीं होतीं तो देखने का काम कान करते हैं।" इतना कहते-कहते वे हँस पड़े।

आधी रात तो बातों में ही खिसक गई। जब सवेरा हुआ तो अनुभव किया कि पलंग पर पड़े सारे फूल मसल गए हैं। शरीर का अंगराग बहुत कुछ छूटकर शय्या की कोमलता में किरकिरी कर रहा है। मेरी बाईं ओर के वातायन से आता मलयानिल अपने झोंकों के साथ मंदिर के प्रातःकालीन यज्ञ की सुरभि और मंत्रों की ध्वनि बहाए लिये चला आ रहा था।...ऐसी सोई कि मंगला की आरती का बिलकुल आभास ही नहीं रहा।

मेरे उठने का आभास पाकर तुरंत मेरी सेविकाएँ आईं और मुझे मेरे कक्ष की ओर ले चलीं। मार्ग में ही उन्होंने व्यंग्य करना आरंभ कर दिया।

"आज बहुत देर तक सोती रहीं!" एक सेविका ने कहा।

"इसे मत बताइएगा कि युवराजजी के साथ रात कैसे बीती!" दूसरी बोली।

"अरे, महारानीजी बताएँ या न बताएँ, तन से छूटे हुए अंगराग और बेतरह कुचले गए पुष्पों एवं वस्त्रों की सिकुड़न तो सबकुछ बता ही रही है।"

सबकी सब हँस पड़ीं।

□

'यदि मैं अंधा न होता तो हस्तिनापुर के सिंहासन पर आज मैं ही विराजमान होता।' यह एक बात मेरे पति को सदा सालती रही। उन्होंने इसका जिक्र मुझसे भी कई बार किया था। मैं इधर-उधर की बातें कर सदा उनके मन को बहलाती रही। फिर भी उन्हें शांति नहीं मिलती। महत्त्वाकांक्षी का पश्चात्ताप महत्त्वाकांक्षा से अधिक घातक होता है। महत्त्वाकांक्षा केवल मन को विकृत करती है और उसका पश्चात्ताप पूरे व्यक्तित्व को।

दिन पर दिन वे चिड़चिड़े होते गए। कभी-कभी तो वे चुपचाप घंटों बैठे रह जाते। जब उनसे कुछ कहिए या उन्हें झकझोरिए, तो वे ऐसे सचेत होते थे जैसे गहरी निद्रा से जगे हों। धीरे-धीरे उनकी प्रकृति में यह परिवर्तन भी आया कि अब वे किसीसे अधिक बोलते नहीं थे। मनोरंजन से भी दूर होते जा रहे थे। अंधे के लिए मनोरंजन ही क्या—एक रतिक्रीड़ा और दूसरा संगीत। उनका संगीत भी छूटता चला गया। स्वयं वे अच्छे संगीतज्ञ थे। मृदंगवादन में उनका कोई जोड़ नहीं। पर अब वे दरबार की संगीत सभाओं में भी बहुत कम जाते थे। कभी-कभी तो ऐसा भी होता था

कि महामात्य के बुलाने पर भी वे अस्वस्थता का बहाना कर शय्या पर ढुलके पड़े रहते थे।

महामात्य विदुरजी, जो मेरे प्रिय देवर भी थे, उन्हें नीति की बातें सुनाते थे; पर उसका भी उनपर कोई विशेष प्रभाव नहीं पड़ता था। लोगों में यह चर्चा का विषय था कि महाराज में यह परिवर्तन उनके विवाह के बाद आया है। अपयश की पगड़ी मेरे ही सिर बाँधी जाने लगी।

एक दिन विदुरजी इस संदर्भ में बातें करने मेरे यहाँ आए। पर वे संकोच में कुछ बोल नहीं पाए। चरण छूकर चुपचाप बैठ गए।

मैंने ही मौन भंग किया, "आज सवेरे-सवेरे कैसे पधारे, देवरजी ?"

"यों ही, आपका कुशल-क्षेम पूछने चला आया।" इधर-उधर की बातें करने के बाद उनकी मानसिकता धीरे-धीरे मुख्य विषय पर आई, "आजकल युवराज बड़े उदास से दिखाई देते हैं।"

"यही तो मुझे भी बड़ा आश्चर्य है।" मैंने कहा।

"पर इसकी भी बड़ी चर्चा है कि विवाह के बाद ही उनमें यह परिवर्तन आया है।"

"सुना तो मैंने भी यही है।" मैंने कहा, "ऐसा भी नहीं है कि मेरे विवाह से वे असंतुष्ट हों। मैं हर दृष्टि से उन्हें संतुष्ट करने की चेष्टा भी करती हूँ और वे संतुष्ट दिखते भी हैं।" मैं बोलती गई, "उनके मन में दृष्टिहीन होने की बड़ी मजबूत हीनग्रंथि है।"

इसे विदुरजी ने स्वीकार भी किया; पर उनकी शंका अपनी जगह पर ज्यों-की-त्यों थी, "यह स्थिति तो विवाह के पहले भी थी। उन्होंने मुझसे ही कहा था, 'यदि मैं अंधा न होता तो कुंती के स्वयंवर में मैं ही हस्तिनापुर से जाता। और यदि मेरी अंधता को जानती तो गांधारी भी कभी मेरे साथ विवाह के लिए तैयार न होती।' "

"वस्तुतः यह गलत है।" मैंने कहा, "आप मेरे विवाह की सारी स्थिति तो जानते ही हैं।" मैंने बात को कोई विस्तार नहीं दिया।

बड़े विचार-विमर्श के पश्चात् हम इस स्थिति पर पहुँचे कि आजकल कोई नया व्यक्ति उनके पीछे अवश्य लगा है, जो उनकी ईर्ष्या के अंकुर को खाद-पानी दे रहा है।

अब उस व्यक्ति की तलाश शुरू हुई।

विदुरजी का कहना था, "कोई नया व्यक्ति तो उनके संपर्क में नहीं है। सभी पुराने लोग हैं और सभी भैया की इस बदली हुई मन:स्थिति से चिंतित भी हैं। केवल

एक नए महानुभाव उनके संपर्क में हैं।'' उन्होंने नाम तो नहीं लिया, पर उनका संकेत शकुनि की ओर था।

''पर उसे तो ताऊजी ले आए हैं।'' मैंने कहा।

''लाए अवश्य थे; पर अब उन्होंने स्पष्ट कह दिया है कि हस्तिनापुर में आपकी कोई आवश्यकता नहीं है।''

''पर यह बात तो मुझसे किसीने नहीं कही।''

''मुझसे भी किसीने नहीं कही। भैया ने भी नहीं कही। मुझे तो दूसरे सूत्रों से मालूम हुई।'' विदुरजी बोले, ''अधिकांशतः वह भैया से ही चिपके रहते हैं।''

''तब महाराज की बदली हुई मनःस्थिति में वही है।'' मैंने कहा।

''पर यह विश्वासपूर्वक नहीं कहा जा सकता; क्योंकि जब भी मेरी बातें हुई हैं तब वह हस्तिनापुर की चिंता करते दिखाई देते हैं।''

''उसके हस्तिनापुर की चिंता करने का मतलब होता है, मेरे पति को चिंतित करना।'' अवश्य ही मेरी स्पष्टवादिता पर विदुर चकित हुए होंगे।

दोपहर हो चली थी। भोजन का समय हो चला था। तब तक भोजनालय की घंटी भी बजी। मेरी सेविकाएँ दौड़कर आईं और मुझे ले चलीं।

''चलिए, मैं भी आपके साथ चलता हूँ।'' विदुरजी बोले।

''पर मैं आपके साथ नहीं चलूँगी। मैं भोजन सदा पति के साथ ही करना चाहूँगी।''

उन्होंने कहा, ''पतिव्रता का यही धर्म है।''

मैं नहीं कह सकती कि विदुरजी ने व्यंग्य किया या सहजभाव से कहा।

''पतिव्रता का धर्म हो या न हो, पर वर्तमान परिस्थिति ऐसा करने को कहती है।'' मैंने कहा, ''मैं आपके साथ चलकर अपने पति के मन में एक और संदेह पैदा करना नहीं चाहती कि गांधारी ने मुझे छोड़कर एक दो आँखोंवाले को पकड़ लिया।''

''और यदि दो आँखोंवाला आपको पकड़ ले तो?''

''तो उसकी करनी उसके साथ।'' हम दोनों हँस पड़े। साथ में सेविकाओं की खिलखिलाहट भी सुनाई पड़ी।

विदुरजी अपने रास्ते और मैं अपने रास्ते आगे बढ़ी।

निकट पहुँचने पर ज्ञात हुआ कि महाराज कक्ष के बाहर शकुनि का सहारा लिये मेरी प्रतीक्षा कर रहे हैं। तुरंत आशंका का प्रकाश संशय के धुएँ से बाहर निकल आया, ''मैं तो आ ही रही थी और अभी देर भी नहीं हुई है।''

''हमेशा कुछ पहले से ही आ जाती थीं। आज जब नहीं आईं तब तुम्हारे भाई का ही सहारा लेना पड़ा। पर अंतर क्या! तुम नहीं हुईं, तुम्हारा भाई ही हुआ।''

मैं कुछ बोल नहीं पाई; पर मन ने कहा कि बहुत कुछ अंतर है।

भोजनालय में मैं अपने पति की बगल में ही बैठी। और शकुनि सामान्य अतिथियों की अंतिम पंक्ति में बैठा। दुरभिसंधि की खोल इतनी मोटी होती है कि शकुनि की मुसकराहट को वह किसी भी स्थिति में छिपा नहीं पाती।

वहाँ से लौटते समय मैंने अनुभव किया कि शकुनि पीछे से लपका चला आ रहा है। मैं पति की बगल में ही थी। सदा की भाँति उन्होंने मेरे कंधे का सहारा लिया था। शकुनि भी साथ ही लग गया। थोड़ा आगे आने पर उसने धीरे से कहा, ''यहाँ की यह अच्छी व्यवस्था है कि परिवार के सभी लोग भोजनालय में बैठकर साथ ही भोजन करते हैं। पर मुझे लगता है कि यह व्यवस्था भी अधिक दिनों तक चल नहीं पाएगी।''

''क्यों?''

''तुमने तो आँखों पर पट्टी बाँध ली है, देख तो सकतीं नहीं। और युवराज के लिए देख पाना संभव नहीं कि कैसी-कैसी कूटनीतिक चालें यहाँ चली जा रही हैं। सामान्य सैनिक से लेकर अमात्य तक को मोहरा बनाया जा रहा है।''

हम दोनों चुप थे। पर शकुनि आग उगलता जा रहा था, ''आज कई सैनिक आपस में बातें करते जा रहे थे कि महाराज पांडु की कृपा रही, जो उस अंधे का विवाह हो गया, अन्यथा उसे कौन पूछता!''

''विवाह में पांडु की कौन कृपा रही! यह तो ताऊजी के पराक्रम और प्रयत्न से हुआ, वह भी इतनी सुंदर तथा सुशील कन्या से। उस बेचारी का भी जीवन नष्ट हुआ।'' पतिदेव बोले।

मुझे क्रोध आ गया। मैं भभकती हुई बोली, ''इतने पर भी तुम मूक स्रोता बने रहे? तुमने कह नहीं दिया कि मेरी बहन इसे अपना सौभाग्य समझती है।''

''मैं तो चुपचाप एक गुप्तचर की भाँति उन्हें सुन रहा था। वे कहते जा रहे थे कि यदि महाराज पांडु ने ताऊजी से बार-बार न कहा होता तो उन्हें क्या गरज थी, क्रि इतनी विशालवाहिनी लेकर गांधार पर चढ़ाई करते।''

''तो तुम क्या हम लोगों के गुप्तचर हो कि हमें सूचना दे रहे हो?'' मेरे स्वर की लपट और तेज हुई।

''मैं गुप्तचर नहीं हूँ, पर आपका हितैषी तो हूँ ही। आपको सावधान करना हमारा धर्म है कि हमारे परिवार में ही ईर्ष्या-द्वेष की ज्वाला जल रही है।''

‘‘यदि ऐसा होता तो हम उस ज्वालामुखी के ताप का अनुभव अवश्य करते।’’ मैंने कहा, ‘‘ऐसा तो नहीं कि तुम कोई चिनगारी बो रहे हो ?’’

‘‘मुझे क्या गरज है ! मैं तो आपके हित की बात कर रहा था। यदि यह भी बुरी लगती है तो आप लोगों का भगवान् ही मालिक है। आप लोगों से आपकी भलाई की बात करना भी लांछन का पात्र बनना है। अच्छा, तो मैं चलता हूँ।’’ शकुनि जाने लगा।

मेरे पति ने उसे रोकते हुए कहा, ‘‘नाराज हो गए क्या ? मैंने तो तुम्हें कुछ नहीं कहा। जो कुछ कहा, तुम्हारी बहन ने कहा।’’

‘‘वह तो बचपन से मुझे अविश्वस्त समझती है।’’

अब मुझे और क्रोध आया, ‘‘जब तुम देखते हो कि राजभवन ईर्ष्या में जल रहा है तब उस आग को बुझाना तुम्हारा कर्तव्य नहीं है ?’’

‘‘तुम क्या समझती हो कि मैंने चेष्टा नहीं की होगी!’’ शकुनि ने भी मेरी आवाज में आवाज मिलाते हुए कहा, ‘‘जब भी मैं महाराज पांडु के पास गया, मेरा बड़ा ठंडा स्वागत किया गया और मुझे देखकर लोग ऐसे मौन हो जाते जैसे उनके मुँह में जबान ही न हो। कुछ कहने-सुनने का अवसर ही नहीं देते। जब भी ताऊजी के यहाँ गया, वहाँ पांडु को ही चिपका हुआ पाया। फिर ताऊजी ने मुझसे कह दिया है कि तुम यहाँ से जा सकते हो। ऐसी स्थिति में उनसे कुछ कहना बेकार था।’’

अब शकुनि की नाटकीयता और उभरी। उसने अपने स्वर को रुआँसा बनाया, ‘‘जन्म से ही मेरा दुर्भाग्य रहा है कि किसीने मेरा विश्वास नहीं किया। इसी शापित जीवन को लेकर मैं यहाँ भी आया तथा यहाँ पर और तो और, अपनी बहन की ही उपेक्षा का पात्र बना। ऐसी अविश्वसनीयता का लांछित जीवन अब एक दिन भी मेरे लिए संभव नहीं है।’’

‘‘नहीं-नहीं, ऐसा मत सोचो।’’ मेरे पति ने कहा, ‘‘तुम्हारी बहन ने चाहे जो कहा हो, पर मैंने तो कभी कुछ नहीं कहा। तुम जाओगे क्यों ?’’

‘‘फिर रहूँगा क्यों ? और रहूँगा भी तो किस हैसियत से ?’’

‘‘तुम्हारी हैसियत निश्चित करना तो मेरे हाथ में है।’’

□

समय बीतता गया। शकुनि अपनी गोटियाँ बिछाता रहा। एक दिन स्थिति ऐसी आई कि ताऊजी और विदुर आदि की इच्छा के विरुद्ध मेरे पति ने उसे अपना निजी सचिव बना लिया। अब उसकी एक हैसियत हो गई। राजभवन पर उसका प्रभाव बढ़ गया। केवल अमात्यमंडल को छोड़कर अधिकतर कर्मचारी उसे ही

अपना स्वामी समझने लगे। लोगों में विश्वास बढ़ा कि धृतराष्ट्र शकुनि की ही आँखों से देखते और उसीके मस्तिष्क से सोचते हैं।

विदुर जैसा व्यक्ति भी इस स्थिति से चिंतित हुआ। वह एक दिन अवसर पाकर मुझसे मिले। उद्यान में मैं इसी विषय पर सोचती हुई बैठी थी। मेरे साथ सुखदा थी। विदुरजी की गंभीर मुद्रा देखते ही वह हट गई, क्योंकि राजभवन में पैदा होनेवाली स्थिति से वह भी थोड़ा-बहुत परिचित थी।

"अब तो लगता है, राजभवन विभाजित होकर ही रहेगा। उसके बीच में ईर्ष्या की ऐसी दीवार खड़ी की जा रही है, जिसकी मैंने कभी कल्पना नहीं की थी। भाभी, उसमें आपकी भूमिका बड़े महत्त्व की होगी।"

"मैं क्या कर सकती हूँ? मेरी तो स्थिति विचित्र है।" मैंने कहा, "उसने महाराज के ऐसे उलटे-सीधे कान भरे हैं कि मुझपर से उनका विश्वास उठने लगा है—कम-से-कम मेरे संबंध में तो निश्चित रूप से ही।"

"आप बहुत कुछ कर सकती हैं।" विदुरजी बोले, "कम-से-कम आप इन सारी परिस्थितियों से अपने पिताजी को तो अवगत करा ही सकती हैं।"

"वह इसकी प्रकृति अच्छी तरह जानते हैं।" मैंने बताया, "उसके यहाँ चले आने से पिताजी के सिर से एक जवाल ही टला है। आप देख रहे हैं, मैं इतने दिनों से यहाँ आई हूँ, उन्होंने कभी एक दूत भी मेरी खोज-खबर के लिए नहीं भेजा। ऐसा नहीं है कि मेरे प्रति उनका प्रेम नहीं है। वे शकुनि से इतने भयातुर होंगे कि सोच रहे होंगे कि एक श्वान भी यदि यहाँ से भेजा गया तो वह कहीं फिर लौट न आए।"

"तब तो यह न टलनेवाला संकट है।" विदुरजी ने कहा। फिर उन्होंने बात बदलते हुए कहा, "एक दिन महाराज पांडु आपको पूछ रहे थे।"

"हाँ, भोजनालय के अतिरिक्त मेरा-उनका कहीं सामना नहीं होता—और वहाँ भी कोई बात नहीं हो पाती। वे भी स्वयं में बड़े दुःखी दिखाई देते हैं। मैंने शायद ही कभी उन्हें हँसते सुना हो।...बेचारे सदा ही उबला हुआ खाना खाते हैं।"

"खाते नहीं, उन्हें खाना पड़ता है।" विदुर बोले, "भगवान् ने भी उनके साथ क्या परिहास किया है कि बिठाया तो राजसिंहासन पर, लेकिन पांडु रोग का रोगी बनाकर। ऊपर से शापित हो गए। एक ओर पेट की पीड़ा, दूसरी ओर अंतर्मन की पीड़ा।"

"शायद इसीलिए वे अपने बड़े भाई से मिलने नहीं आते!" मैंने कहा।

"पर पहले ऐसा नहीं था। अस्वस्थ रहने पर भी दोनों भाई बहुधा साथ ही रहते थे। साथ ही यज्ञशाला में जाते थे और साथ ही रंगशाला में भी।"

"तब अब क्या हो गया?"

"यही तो मैं नहीं जानता। वे बड़े गंभीर हैं, जल्दी खुलते भी नहीं।" विदुर ने बताया, "एक दिन वे उदर पीड़ा से बहुत व्याकुल थे। उन्होंने मुझे बुलवाया और राजवैद्य बुलाने के लिए दूत भेजा गया।" वे कहते जा रहे थे, "राजवैद्य के आने के पहले मैं पहुँच गया था। कुंती भाभी बड़ी घबराई हुई लगीं। वे स्वयं ही उनका पेट सेंक रही थीं; जबकि सेविकाएँ घेरे खड़ी थीं।

"मुझे देखते ही उनकी आँखों से आँसू टपक पड़े। वे कुछ बोलीं नहीं, महाराज के पास से हट गईं। तब तक राजवैद्य भी आ गए। उन्होंने नाड़ी देखी। उनकी आकृति पर चिंता की रेखाएँ खिंच गईं। फिर उन्होंने उदर की परीक्षा करने के बाद कहा, 'वही पुराना रोग है। ओषधि देता हूँ। पीड़ा कम हो जाएगी।'

" 'इन्हें कौन सा ऐसा रोग है, जो बार-बार उमड़ता है?' मैंने जिज्ञासा की।

" 'इनका यकृत दोषपूर्ण है। पित्त विकृत है। इसीसे उनका सारा रक्त पीला पड़ गया है।'

" 'इसकी कोई ओषधि नहीं है?'

" 'ओषधि तो अनेक हैं; पर इनका रोग पुराना है, असाध्य है।'

" 'फिर क्या अच्छा नहीं होगा?' आड़ से सुन रही कुंती भाभी अब सामने आ चुकी थीं।

" 'भगवान् की कृपा से क्या नहीं हो सकता!' वैद्यराज ने कहा, 'पर इसे समझिए कि यह जीवन के पूर्व का रोग है और जीवन के बाद ही जाएगा।' इसके बाद वे ओषधि देकर चले गए।

"उस दिन भाभी बहुत रोई थीं।" विदुरजी कहते गए, "मैंने उन्हें बहुत समझाया, पर वे चुप न हुईं। अंत में मैंने कहा, 'वैद्यराज ने केवल रोग की स्थिति बताई है, कोई खतरा नहीं बताया है।'

" 'खतरे को तो मैं जानती हूँ।' भाभी ने सिसकते हुए कहा। बाद में उन्होंने मुझे बताया था कि जब ये लगातार बीमार रहने लगे तब ताऊजी ने इनकी कुंडली ज्योतिषी को दिखाई थी। उन्होंने देखते ही कहा, 'ये जीवन भर पांडु रोग से ग्रस्त रहेंगे। इनके जन्म के पूर्व कुछ ऐसी त्रुटि अवश्य हो गई है, जिसका यह परिणाम है।'

"ताऊजी ने उस समय कुछ याद करते हुए कहा कि 'हाँ, ऐसा कुछ हुआ अवश्य था।' वे बड़ी चिंतित मुद्रा में थे, 'पर उस भूल में इनका क्या दोष है? मैंने समझा था कि खानपान में ही कोई गड़बड़ी है, जो ठीक हो जाएगी।' "

विदुरजी का कहना था, "तब से भाभी बड़ी दुःखी रहती हैं। महाराज को भी अधिकांश विश्राम करते ही देखा है।"

"हाँ, मैंने भी उन्हें कभी रंगशाला में नहीं देखा।" मैं मन-ही-मन सोचने लगी, नियति तेरी भी क्या विडंबना है! जिसको आँखें दीं, उसे देखने लायक नहीं बनाया और जो देखना चाहता था, उसे आँखें ही नहीं दीं।

धीरे-धीरे संध्या ने भी अपनी आँखें बंद कर लीं। उसने अपने सामने का अँधेरा सबके सामने उड़ेल लिया। दिन भर की उड़ान से लौटकर वृक्षों पर रैन बसेरा के लिए लौटे पक्षी चहचहाने लगे।

"अब हम लोगों को चलना चाहिए, अन्यथा शकुनि हमें साथ-साथ देखकर कोई-न-कोई कहानी गढ़ लेगा।"

"वह इस सीमा तक जा सकता है!" विदुरजी को आश्चर्य था।

"वह किस सीमा तक जा सकता है, इसका अनुमान आपको नहीं है।" निश्चित ही विदुरजी ने दाँतों तले उँगली दबाई होगी। फिर वे चरण छूकर चले गए।

दूर से यह सब देखती सुखदा विदुरजी के जाते ही चली आई और मुझे सहारा देकर महाराज के कक्ष में ले आई। महाराज चुपचाप बैठे रहे। उन्होंने मेरी उपस्थिति पर कोई प्रतिक्रिया व्यक्त नहीं की।

मैं धीरे से महाराज के बगल में खिसकी। वे ऐसे सरक गए जैसे मैं उनकी पत्नी ही न होऊँ, कोई पराई होऊँ। मैं समझ गई कि भीतर-ही-भीतर कुछ उबल रहा है।

"कहाँ गई थीं आप? (संबोधन भी 'तुम' से 'आप' पर चला आया था) मैंने कई बार आपके यहाँ सेवक भेजा था, पर आप नहीं थीं।"

"जरा उद्यान में चली गई थी।"

"अकेले ही?"

"नहीं, सुखदा को भी लेती गई थी।"

"सुखदा तो सदा तुम्हारे साथ ही रहती है। उसको साथ ले जाना या न ले जाना बराबर है। और कोई तुम्हारे साथ नहीं था?"

अब मैं क्या उत्तर देती? शंका हुई कि कहीं विदुर की उपस्थिति की सूचना तो इन्हें नहीं मिली! तब तो सकारात्मक उत्तर देना ही उचित है। यदि सूचना न मिली हो और उन्होंने वैसे ही पूछ लिया हो, तब तो मैं सहज ही पकड़ ली जाऊँगी। मन ने कहा, 'तुमने कोई पाप थोड़े ही किया है, जो सत्य कहने से डर रही हो।

साहसपूर्वक यथार्थ का सामना करो।' पर हिम्मत न कर सकी। बात को ही बदल दिया, ''आपको मेरे ऊपर इतना अविश्वास क्यों है?''

''नहीं-नहीं, अविश्वास नहीं है।'' अब उन्हें लगा कि मेरे पैर सीमा के बाहर चले गए थे। उन्होंने तुरंत अपने को सुधारा और थोड़ा मेरी ओर खिसककर मेरे कंधे पर हाथ रखते हुए बोले, ''भला तुमपर अविश्वास कर सकता हूँ! एक ऐसी पतिव्रता पर अविश्वास कर सकता हूँ, जिसने पति के अंधे होने पर अपनी आँखों पर पट्टी बाँध ली है।''

अब मैं समझ गई कि विदुरजी की उपस्थिति का ज्ञान इन्हें नहीं है। अब मुझमें कुछ दृढ़ता आई। मैंने कहा, ''पर आपकी बातों से अविश्वास की गंध आ रही थी। तभी तो मुझे आश्चर्य हुआ। विश्वास की डोर तो दोनों ओर से पकड़ी जानी चाहिए। जहाँ वह एक ओर से छूटी वहीं अविश्वास की धरती पर गिरी।''

अब वे अपने कथन पर पश्चात्ताप की मुद्रा में आ गए। इधर-उधर की बातें होती रहीं। राजभवन मशालों और दीपों से झिलमिला उठा। मेरे कक्ष में दीप जलानेवाले आए। मैंने उन्हें डाँटते हुए कहा, ''सारे भवन में दीप जला लेने के बाद आप लोगों को महाराज के कक्ष की सुधि आई!''

वे सबके सब सहम गए। कुछ बोल नहीं पाए।

अब महाराज ने उनका पक्ष लिया, ''जाने दो इन्हें। मैंने ही ऐसा करने के लिए इनसे कहा था। दीया जलाने से एक जन्मांध को क्या लाभ! हाँ, कक्ष में जलाना है, तो वह किसी भी समय हो सकता है।''

''तभी ये मेरे कक्ष में भी सबके बाद में दीया जलाने आते हैं। मुझे क्या मालूम था कि यह आपका ही निर्देश है। यदि यह जानती तो उन्हें इतना न डाँटती।''

फिर मैंने उन दीप जलानेवालों से कहा, ''हम लोग भले ही देख न पाएँ, पर दीप तो हमें देखते हैं। क्या समझते हो, हमारे तन को उनकी ज्योति में भीगने की इच्छा नहीं होती?...फिर दीप नहीं होगा तो लोग हमें कैसे देखेंगे? बड़ी विचित्र बात है, आप लोगों की यह धारणा कैसे हो गई कि दीप के प्रकाश की अनुभूति नहीं होती! वस्तुतः हमारी आँखों में भी दीप जलता है, सूर्य निकलता है, अस्त होता है; दिन निकलता है, रात होती है।''

फिर वे दीप जलाकर चले गए।

इसके बाद ही एक सुंदरी के साथ शकुनि ने कक्ष में प्रवेश किया। वह मुझे देखते ही सहम गया; जैसे मेरी उपस्थिति की उसे कल्पना तक न रही हो।

मैं महाराज की भुजाएँ हटाते हुए एकदम किनारे खिसक आई। मुझे यह

अच्छा नहीं लगा कि हम दोनों की उपस्थिति में बिना पूर्व सूचना के कोई कक्ष में प्रवेश करे। मैं नहीं कह सकती कि यह महाराज को कैसा लगा होगा!

मेरे भाई पर मेरे हड़बड़ाने या मेरी बदली हुई मुद्रा का कोई प्रभाव नहीं पड़ा। उसने बड़े नाटकीय ढंग से कहा, "महाराज, राजनर्तकी आई है।"

"राजनर्तकी है तो रंगशाला में जाए; यहाँ इसका क्या काम?" महाराज के बोलने के पहले मैं बोल पड़ी।

मेरी यह रुखाई शकुनि के सिर पर से निकल गई। वह खिसियाते हुए बोला, "कभी-कभी रात में राजनर्तकी का यहाँ भी काम पड़ता है।"

इतना सुनना था कि मैं उठ खड़ी हुई। "अच्छा, तो मैं चलती हूँ।" मैंने कहा।

"नहीं-नहीं, बैठो, तुम्हें इतनी जल्दी क्या है?" मेरे पति ने कहा।

कोई दूसरा व्यक्ति होता तो महाराज का यह व्यवहार उसे अच्छा न लगता; पर शकुनि इतनी मोटी खाल का था कि उसपर कोई असर नहीं हुआ। वह हँसता हुआ नर्तकी को लेकर चला गया।

कभी-कभी स्थितियाँ कुछ घटनाओं को याद दिला देती हैं। इस घटना ने उस दिन की याद दिला दी जिस दिन महाराज की एक दासी सुधा बड़े संकोच के साथ मेरे पास आई थी। सुधा अपेक्षाकृत कम अवस्था और सुगठित तन की है। सुखदा के अनुसार उसका रंग साँवला और मुँह पर चेचक के दाग हैं, पर शरीरयष्टि आकर्षक है। मैंने मुसकराहट के साथ सोचा कि एक नेत्रहीन के लिए रंग और चेचक के दाग का क्या महत्त्व!

उसने बड़े आग्रह के साथ निवेदन किया था कि "महारानीजी, आप मुझे महाराज की रात्रि-सेवा से मुक्त करा दें। मैं उनकी दिन की सेवा में रहूँगी। यद्यपि उनकी दिन की सेवा में भी कम खतरा नहीं है।"

"किस बात का?" मेरे इतना पूछने पर वह गंभीर रूप से मौन हो गई। उसका मौन मुझसे बहुत कुछ कह गया। मैं भी चुप, सुखदा भी चुप और वह भी चुप बैठी रही।

उस दिन उसे आश्वासन देकर मैंने विदा किया। उसका आग्रह मैंने महाराज तक पहुँचाया था। आगे क्या हुआ, पता नहीं।

इस समय नर्तकी की उपस्थिति से उस दिन की सुधा फिर मेरी पट्टी बँधी आँखों के सामने आ गई, मुझे धन्यवाद देती हुई। 'उस दिन आपने सर्वदा के लिए मुक्ति दिलाई और आज आपकी कृपा से वह नर्तकी भी मुक्त हुई; पर मेरी यह सुरक्षा कितनी बड़भागिनों का कल्याण करेगी?' मेरी मानसिकता इसीमें उलझ रही थी कि पति की बाँहों में पड़ी मैं बेतरह झकझोर दी गई, "क्या सोचने लगीं, गांधारी?"

"यही कि यदि मैं न होती तो वह नर्तकी ही आपके अंकपाश में होती। मैं समझ नहीं पा रही हूँ कि मैं आपकी उस अंकशायिनी के लिए दुर्भाग्य बनी या अपने सौभाग्य की रक्षा की!"

वह जोर से हँसे। बड़ी ईमानदारी से खुले, "क्या कहूँ, गांधारी! भगवान् ने मेरे ऐसे नेत्रहीनों के लिए दो ही मनोरंजन बनाए हैं—एक संगीत और दूसरा प्रमदा-प्रमोद।"

वे अभी बोल ही रहे थे कि मैंने कहा, "एक और है।"

"वह क्या?"

"सतसंग।" मैंने कहा, "सुना है, वह भगवान् को ज्यादा पसंद है।"

इस बार भी वे हँसे। उनकी इस हँसी में बेहयाई अधिक थी या विवशता, इसका अनुमान लगाना मेरे लिए कठिन था; क्योंकि धीरे-धीरे अब मैं महाराज की प्रकृति से भी परिचित हो गई थी। यों तो मैंने सुन रखा था कि जब मैं रजस्वला रहती हूँ तब उन्हें अन्य व्यवस्था करनी पड़ती है।

इन सारी स्थितियों को जानते हुए भी मैंने अपनी बातों को मर्यादा के बाहर जाने नहीं दिया, "आप तो पहले संगीत में बड़ी रुचि लेते थे।"

"हाँ, जब से रति-स्पर्श का ज्ञान हुआ तब से संगीत में रुचि घटती गई। मन रतिदात्री की खोज में ही लगा रहता है।" महाराज अपनी दुर्बलता को इतनी स्पष्टता से व्यक्त करेंगे, इसकी कल्पना तक मुझे नहीं थी। मन का फनफनाता आक्रोश पिटारे में ही बंद हो गया।

अब मैंने समझाना आरंभ किया, "संगीत और प्रमदा-प्रमोद दोनों में बड़ा अंतर है। एक मन का परिष्कार करता है, दूसरा मन को विकृत करता है। एक शांतिदायक है, दूसरे में उत्तेजना है। रति मदपान का नशा है। हम जितना ही पान करते जाते हैं उतनी ही उसकी प्यास बढ़ती जाती है। फिर प्यासा व्यक्ति यह भी नहीं देखता कि पानी नदी का है या नाले का। यह हमारी पत्नी है कि सेविका। एक पागलपन उसपर सवार हो जाता है।"

"तो तुम्हारे कहने का तात्पर्य है कि मैं पागल हो रहा हूँ।" महाराज ने मुसकराते हुए मुझे बीच में टोका।

मैंने भी हँसते हुए ही जवाब दिया, "यह मैं कैसे कह सकती हूँ!"

"फिर तुमने सेविका की याद दिलाई।...मैं सब समझता हूँ, गांधारी।" उन्होंने कहा, "यह तुम नहीं, तुम्हारे भीतर बैठी नारी बोल रही है। पर यह समझो कि नारी सदा से नर की दासी रही है।"

"इसलिए कि यह पुरुषप्रधान समाज है।" मैंने कहा।

"पर बहु विवाह और दासी संभोग हमारे समाज की बहुत पुरानी प्रथा है। वह आज भी समाज द्वारा स्वीकृत है। आखिर विदुर दासीपुत्र ही तो है।"

पहले तो मेरी जबान बंद हो गई, फिर मैंने तर्क का एक दूसरा सूत्र पकड़ा, "फिर आप नारी को पुरुष की अर्द्धांगिनी क्यों कहते हैं? क्या आपका आधा अंग बार-बार बदला जा सकता है?"

महाराज फिर हँसे, "अर्द्धांगिनी, पत्नी और दासी—ये नारियों के अलग-अलग रूप हैं। पत्नी मेरी अन्य रानियाँ हैं (गांधारी के अतिरिक्त धृतराष्ट्र के नौ विवाह हुए थे); पर पट्टमहिषी तो केवल तुम हो। तुम्हें अपने स्थान से च्युत नहीं किया जा सकता।"

फिर महाराज ने पुरुष की इस स्थिति को अपने ढंग से समझाना शुरू किया, "समाज ने इस व्यवस्था को बड़ा सोच-समझकर स्वीकार किया है। अब तुम्हीं देखो, रथ के कई पहिये सुरक्षित क्यों रखे जाते हैं? जहाँ एक पहिया खराब हुआ, तुरंत उसे बदलकर मरम्मत के लिए भेज दिया जाता है। नारी भी पुरुष के जीवन रथ की पहिया ही है। फिर पुरुष का एक से अधिक नारी से संपर्क होना स्वाभाविक है।"

"नारी भी इसी तरह सोचने लगे तो?"

मेरे पति एक चुप, हजार चुप।

□

मेरे माध्यम से यदि नारी की अस्मिता बोल रही थी तो मेरे पति के माध्यम से सदा से चला आ रहा नारी पर पुरुषों का सड़ा-गला आधिपत्य बोल रहा था। मुझे यह अच्छा नहीं लगा; पर मेरा विरोध भी मुखरित नहीं हुआ; क्योंकि यह अपाला और गार्गी का युग नहीं था, यह कुंती और गांधारी का युग था। पता नहीं, अंबा ने, जो मेरी सास की बड़ी बहन थीं, इसी संदर्भ में भीष्म का विरोध किया और जीवन के अंत तक विरोध का बीड़ा उठाए रखा।...पर न तो मुझमें वह साहस था और न मेरी वह परिस्थिति थी। और मुझमें जीवन के पहले दाँव को हारने का पराजय-बोध भी था।

यह मानसिकता व्यक्तित्व के लिए बड़ी हानिकारक भी थी। यदि उसकी लपट को ठीक समय से न निकाला जाय तो वह जीवन की ऊष्मा को पीने लगती है। इसीलिए मैंने इस विषय में अपनी निजी सेविका सुखदा से सविस्तार चर्चा की।

वह भी सोच में पड़ गई। उसने कहा, "महाराज में यह कमजोरी तो पहले से

थी; पर अब काफी बढ़ गई है। अब तो कोई दासी रात को उनकी सेवा में रहना नहीं चाहती। युवतियों की बात छोड़िए, अब तो वृद्ध और प्रौढ़ा भी उस अंधपाश में जाने से डरती हैं।

"आपके विवाह के बाद तो तरह-तरह की कथाएँ सुनने को मिल रही हैं। लगता है, उनकी कमजोरी अब पकड़ी गई है।"

इतना कहने के बाद वह ऐसे रुकी जैसे किसीने उसकी जबान पकड़ ली हो।

मैंने भी कोई प्रश्न नहीं किया।

मन एक निष्कर्ष पर तो पहुँच ही गया था। अब मैं उसकी प्रामाणिकता की खोज में लग गई। समय-असमय मैं महाराज के कक्ष में बिना किसी पूर्व सूचना के जाने लगी। यद्यपि मेरे इस कृत्य से महाराज प्रसन्न ही दिखाई देते थे, पर भीतर से उन्हें अच्छा नहीं लगता था। एक दिन उन्होंने परिहास करते हुए पूछ ही लिया, "आजकल तुम्हें और कोई काम नहीं है क्या?"

"क्या पति-सेवा से बढ़कर एक नारी के लिए और कोई काम हो सकता है?" मैंने कहा और वे चुप हो गए।

जब-जब मैं अपने पति के कक्ष में आती तब-तब शकुनि को उनसे चिपका हुआ पाती। पता नहीं वह उनके कान में क्या-क्या भुनभुनाया करता। मेरी जिज्ञासा तो थी, पर कभी मैंने कुछ पूछा नहीं। एक दिन मैंने व्यंग्य करते हुए कहा, "अब आप हमारी सेवा से भी मुक्त नहीं रहते।"

"कैसे?"

"जब मैं नहीं रहती तब मेरा भाई रहता है।" मेरे इस कथन पर उनकी कोई प्रतिक्रिया नहीं थी।

एक दिन स्थिति सीमा से पार हो गई। पूर्वाह्न की बात है। मैं महाराज के पास बैठी थी। कक्ष में मेरी देवरानी कुंती घुस आई। मुझे देखते ही उसके पैर थम गए। वह बड़े संकोच से बोली, "क्षमा कीजिएगा। द्वार पर कोई था नहीं, इसलिए अनुमति लिये बिना चली आई। यद्यपि प्रातः से कई बार आई थी और अनुमति न मिलने से चली गई थी।"

"तुम्हें अनुमति नहीं मिली?" मैंने साश्चर्य पूछा।

"महाराज किसी मंत्रणा में व्यस्त थे।" उसने कहा। उसकी ध्वनि में विवशता भी थी और वेदना भी।

"तुम्हें कई बार आना पड़ा, तो कोई कार्य रहा होगा?"

"हाँ, आवश्यक ही था।" उसने बताया कि "इधर महाराज का अचानक

आदेश मिला है कि जब तक भैया का चरण न छू लो तब तक जल मत ग्रहण किया करो।''

''ऐसा आदेश पहले भी था?''

''हाँ, था तो; पर इस आदेश के पीछे उतनी शक्ति नहीं थी।''

''अच्छा तो अब चरण छू लिया न, जाओ, जल ग्रहण करो।'' महाराज ने झुँझलाते हुए कहा। वे बात बढ़ाना नहीं चाहते थे। फिर भी कुंती की श्रद्धा में कोई कमी नहीं दिखाई दी। वह नितांत विनम्र भाव से चरण छूकर चली गई।

उसके जाते ही मैंने पूछा, ''यदि मेरी देवरानी आपके चरण छूना चाहे तो भी आपके पास समय नहीं है। आखिर ऐसी कौन सी मंत्रणा में आप व्यस्त रहते हैं?''

''मैं इस तरह की औपचारिकता से दूर रहना चाहता हूँ।''

''श्रद्धा को भी आप औपचारिकता कहते हैं!'' मैंने कहा, ''श्रद्धा एक जीवित आस्था है और औपचारिकता मृत परंपरा का निर्वाह। श्रद्धा मन से होती है, भीतर से आती है—और औपचारिकता बाह्य होती है, सहज शिष्टाचार से जुड़ी रहती है। उस स्थिति की कल्पना कीजिए जब श्रद्धा नहीं रहेगी, केवल औपचारिकता रह जाएगी। तब न कोई किसीका पति होगा और न कोई किसीकी पत्नी; न कोई किसीका पिता रह जाएगा और न कोई किसीका पुत्र। जीवन के सारे संबंध टूट जाएँगे। मनुष्य पशु हो जाएगा।''

''अच्छा भाई, मैं पशु ही सही, बंद करो इस बकवास को।'' महाराज झुँझलाए। वे कुछ सुनना नहीं चाहते थे, क्योंकि उनके पास मेरे कथन का कोई उत्तर नहीं था। उनकी मनःस्थिति समझकर चुप हो गई। हमारी यह मौन यात्रा भोजन के समय तक चलती रही।

फिर जब भी मैं एकांत में होती तब मुझे राजभवन को विभाजित करती दीवार और भी ऊँची होती दिखाई देती। उसपर मेरा भाई ईंट पर ईंट धरता मालूम होता। फिर भी मैं निरुपाय थी; मर्यादा की सीमा में उस नारी की तरह बँधी थी, जिसने सबकुछ देखने की क्षमता रखते हुए भी आँखों पर पट्टी बाँध रखी हो।

एक ओर तो राजनीति उस दीवार से टकरा रही थी और दूसरी ओर मन उस अंधकार से टकरा रहा था, जिसे मैंने आँखों पर बाँध लिया था।

अभी दो दिन पहले की बात है। सुखदा ने ब्राह्म मुहूर्त में उठते ही बताया कि आज कार्तिक पूर्णिमा है। सूर्योदय के पूर्व का स्नान-पूजन समाप्त करना पड़ेगा—और मैंने किया भी। परंपरानुसार आज उगते हुए सूर्य को अर्घ्य देना था। सुखदा सूर्योदय के कुछ पहले ही मुझे मंदिर के चबूतरे पर ले गई और पूर्व दिशा की ओर मुँह करके

खड़ा कर दिया। मैंने परिहास करते हुए कहा, "सुखदा, तुम मुझे पश्चिम दिशा की ओर मुँह करके भी कहतीं तो भी मुझे मानना ही पड़ता कि यह पूर्व है। जिसने आँखों से काम लेना बंद कर दिया हो उसके लिए क्या पूर्व और क्या पश्चिम!" वह मेरे इस कथन पर हँसी बिलकुल नहीं, शायद भीतर-ही-भीतर रोई हो।

"महारानीजी, अब तैयार हो जाइए। सूर्यादय होने ही वाला है। आकाश में लाली आ गई है। देखिए, प्रकृति ने उषा की माँग में सिंदूर पोत दिया है।"

"पोत दिया होगा!" बड़ी पीड़ा के साथ मेरी असमर्थता ने अपनी लाचारी व्यक्त की। सुखदा का मन दूसरी बार आह करके रह गया। उसने निश्चय किया कि अब कुछ न कहूँगी।...पर जब सूर्य निकला तब मेरी आँखों पर बँधे अंधकार को भी कुछ ऐसी अनुभूति हुई कि सूर्योदय हो रहा है। मैंने तत्काल हाथ ऊपर कर अर्घ्य देना आरंभ किया।

सुखदा ने सुखद आश्चर्य की मुद्रा में कहा, "आपने सूर्योदय देख लिया!"

"देख नहीं लिया, दिखाई पड़ गया। सुखदा, अँधेरे में सूर्य दिखता है। यदि सूर्य में इतनी सामर्थ्य न होती तो अंधकार पर प्रकाश की विजय न होती।"

आज रात को देव दीपावली हुई। पूरा राजभवन दीपों से सजाया गया। सूर्य के छोटे-छोटे बेटे दीपों में बैठाए गए। अंधकार में उनकी पंक्ति बड़ी अच्छी लग रही थी। ऐसा सुखदा कहती थी और वे मेरी कल्पना में सजीव हो जाते रहे। फिर कल्पना तो कल्पना है, उसमें यथार्थ के प्रति छटपटाहट की सामर्थ्य नहीं।

कक्ष में आकर मैं फिर वातायन के समक्ष खड़ी हो गई। शीतल मंद गंधवाह मुझे सहलाने लगा। मुझे गांधार की दूध में नहाई आज की रात दिखाई पड़ने लगी। सामने हीरे-सी चमकती बर्फीली पहाड़ियों की छाया में चंद्र-बिंब दिखाई पड़ने लगा। एक क्षण को मन में आया कि मैं अपनी आँखों की पट्टी हटाकर प्रकृति की इस मोहकता के दर्शन करूँ। मेरी आँखें ऐसे दृश्य से लिपटने के लिए छटपटाने लगीं। मेरे हाथ पट्टी तक गए भी कि सामने से दो आँखें मुझे तरेरती हुई दिखाई पड़ीं—'सावधान! ऐसा मत करना, वरना मैं फिर तुम्हारी आँखों में समा जाऊँगा। और फिर दो पाटों में पिसकर तुम्हारा जीना दूभर हो जाएगा।'

"तभी सुखदा बोल पड़ी, "क्या देख रही हैं, महारानीजी?"

"जो दिखाई नहीं पड़ रहा है।" इस बार वह हँसी अवश्य, पर उसकी हँसी दबी-दबी थी।

"यदि ऐसी ही छटपटाहट होती है तो आप पट्टी हटा क्यों नहीं देतीं?"

मुझे उसकी सहानुभूति पर हँसी आ गई। मैंने उसे आलिंगन में जकड़ लिया।

फिर उसे समझाया, ''जहाँ एक बार पट्टी हटी तो फिर हटती ही चली जाएगी। और हो सकता है, एक समय ऐसा भी आए कि वह सदा के लिए हट जाए।''

''यदि हट ही जाएगी तो क्या हो जाएगा?''

''तुमने यह समझा है कि यह मात्र एक पट्टी है।'' मैंने बड़ी गंभीरता से कहा, ''यह पट्टी नहीं, मेरा संकल्प है। संकल्प एक ऐसा दर्पण है, जिसमें मेरा बिंब ही नहीं, चरित्र भी प्रतिबिंबित होता है और जिसके टूट जाने पर फिर कुछ भी शेष नहीं रहेगा।''

मैंने शीघ्र ही बातें बंद कीं। यद्यपि इस समय मुझे उससे बातें करना अच्छा भी नहीं लग रहा था, महाराज के पास जाना था। आज कार्तिक पूर्णिमा थी। महाराज के राग-रंग की विशेष तैयारी की जा रही थी।

□

मेरी सास अंबिका बड़ी सीधी-सादी और सरल थीं। किसीसे न कुछ लेना, न देना। उनकी छोटी बहन अंबालिका से उनकी बहुत पटती थी। उनका कहना था कि मेरी छोटी बहन सदा हीनभावना से ग्रस्त रहती थी। उसे इसी बात की चिंता थी कि मेरा एक ही पुत्र, वह भी नियोजित, सदा के लिए रुग्ण। शायद जीवन भर अनपत्य (बिना संतान का) रहे।

''यह तुम कैसे सोचती हो, अंबालिका?'' मेरी सास ने पूछा।

''मुझे ज्योतिषियों ने भी बताया है और वैद्यों ने भी।'' उन्होंने बड़े दुःख के साथ कहा और यह माना कि वह मेरे पापों का फल भोग रहा है। यदि महर्षि व्यास से मिलते समय मेरी मानसिक दशा ऐसी न हो जाती, मैं भय से पीली न पड़ जाती, तब मैं योग्य राजाधिराज को जन्म देती।''

''तब तो यह तुम्हारे पापों का फल नहीं, भगवान् की कृपा है।'' मेरी सास ने उन्हें बहुत समझाया था। पर उनका ही कहना था कि वह भगवान् का नाम लेते ही चिढ़ जाती थीं और कहती थीं कि जिस भगवान् से मैंने पुत्र के लिए इतनी आराधना की, नियोग कराने के लिए भी तैयार हुई, उसने इतना भी साहस न दिया कि मैं उस स्थिति का दृढ़तापूर्वक सामना कर पाती।''

''यह पूर्वजन्म का परिणाम भी तो हो सकता है।''

''जब पूर्वजन्म का परिणाम ही मुझे भोगना है तब ईश्वर की कृपा क्या? यह पूजा-पाठ, ध्यान आदि की आवश्यकता क्या?''

नास्तिकता एक हारे-थके और परिस्थितियों से पराजित आस्तिकता का ही परिणाम होती है। ऐसी ही नास्तिकता मेरी चाची में भी पैदा हो गई थी, जो उनकी हीनग्रंथि और उनके पश्चात्ताप का प्रतिफल थी। इससे वह जीवन भर उबर न सकीं

और असमय चली गईं। पर मेरी सास सहज होते हुए भी वीरांगना थीं। उन्होंने दूसरों से कभी लड़ाई मोल नहीं ली; पर स्वयं से सदा लड़ती रहीं। साहसपूर्वक पुत्र की अंधता के लिए स्वयं को कारण मानती रहीं। दिन-रात पूजा-पाठ करती थीं। सबसे बड़ी बात उनके जीवन का खुलापन था। वे सत्य कहने पर जरा भी संकोच नहीं करती थीं। उन्हींसे मैंने इस परिवार की सारी बातें जानी थीं।

"आखिर वह कौन सी स्थिति थी कि व्यासजी से नियोग कराने की आवश्यकता पड़ी?" मैंने एक बार उनसे पूछ ही लिया।

उन्होंने सविस्तार सारी बातें बताई थीं, "जब तुम्हारे ससुरजी मरे तब हमारी अवस्था अधिक नहीं थी। मैं लगभग बीस वर्ष की थी और दो वर्ष छोटी अंबालिका थी। पूरा राजवंश अनपत्य था। अब हस्तिनापुर की गद्दी पर कौन बैठेगा?

"उस समय एक विचित्र स्थिति हो गई। वही मेरी सास सत्यवती, जिन्होंने कभी भीष्म से हस्तिनापुर की गद्दी से दूर रहने का वचन लिया था, उसीसे उन्होंने हस्तिनापुर के सिंहासन पर बैठने का आग्रह किया।

" 'माँ, मैं तो वचन दे चुका हूँ कि हस्तिनापुर के सिंहासन पर कभी नहीं बैठूँगा। अब मैं वचन-भंग कैसे करूँ?'

" 'तो क्या यह राजवंश अनपत्य रह जाएगा?' सत्यवती ने पूछा।

" 'स्थिति तो भयावह है; पर कोई-न-कोई रास्ता हमें निकालना चाहिए।'

" 'यह भी तुम्हीं को सोचना है।'

" 'मुझे संप्रति कोई मार्ग दिखाई नहीं देता।' भीष्म ने कहा।

" 'तुमने यह भी वचन दिया था कि इस राजवंश का हर मूल्य पर संरक्षण करूँगा।' सत्यवती बोलीं।

" 'हाँ, यह तो मैंने कहा था।' अब मेरा सीधा आदेश था कि 'तुम अंबिका और अंबालिका के साथ नियोग करो। जब राजवंश ही नहीं रहेगा तो तुम संरक्षण किसका करोगे?'

" 'पर माँ, मैंने तो जीवन भर ब्रह्मचारी रहने का भी संकल्प लिया है।'

"अब सत्यवती बड़ी चिंता में पड़ीं। उन्होंने कहा, 'बड़े संकल्पों के लिए यदि छोटे संकल्पों का त्याग भी करना पड़े तो करना चाहिए; यह शास्त्र वचन है।"

" 'मेरे लिए तो सबसे बड़ा संकल्प ब्रह्मचर्य का है। मैं उसे किसी भी स्थिति में नहीं छोड़ सकता।'

"अब मेरी सास सत्यवती ने सोचा, मैं जो समाधान सोचती थी वही सबसे बड़ी समस्या निकला। फिर उन्होंने कहा, 'जैसा तुम उचित समझो वैसा करो।'

"इस स्थिति में व्यासजी भीष्मजी के चिंतन के परिणाम थे। हम लोगों से इस

संदर्भ में कोई सलाह भी नहीं ली गई और न नियोग का मुहूर्त ही हमें बताया गया। हम केवल इतना ही जानती थीं कि हम लोगों के लिए नियोग की व्यवस्था कर ली गई है। पर कब और कहाँ, कुछ मालूम नहीं। हम मानसिक रूप से तैयार भी न हो सकीं।''

अब तक चुप बैठी मैं बोल पड़ी, ''यही तो हमारे समाज का सबसे बड़ा दोष है। पुरुष हमें क्रीत दासी समझते हैं। वे यह नहीं समझते कि नारी भले ही हमारा विरोध न कर पाए, पर उसे भी रोने-भुनभुनाने और दबी जबान हमारा विरोध करने का भी अधिकार है।...हमें हर स्थिति को शीश झुकाकर स्वीकार करना ही है।''

मेरी इस प्रतिक्रिया पर वे कुछ नहीं बोलीं, वरन् उन्होंने अपनी कथा आगे बढ़ाई, ''अचानक एक रात मुझे अपने ही कक्ष में बंद कर दिया गया, वह भी एकाकी। मेरी सेविकाओं तक को हटा दिया गया। कक्ष के सारे दीप बुझा दिए गए।

'' 'ये दीप क्यों बुझा दिए गए?' मेरे इस प्रश्न पर मेरी सास खुलकर हँसीं और उसी हँसी के बीच उन्होंने कहा, 'केवल इसलिए कि मैं उस आगंतुक को देख न सकूँ और यदि देख भी लूँ तो पहचान न सकूँ।' ''

उन्होंने आगे कहा, ''इस संदर्भ में मुझे शुरू से अंधकार में रखा गया और ऐन मौके पर अंधकार और भी गाढ़ा हो गया था। परिणामतः जब व्यासजी ने प्रवेश किया तो उस अंधकार ने उनके शरीर की श्यामता को और भी बढ़ा दिया। मैं एकदम डर गई। यही समझो कि मैं चीखी नहीं, केवल आँखें बंद कर लीं।''

''फिर क्या हुआ?''

''वही हुआ, जो होना था।'' इतना कहते-कहते वे खिलखिला पड़ीं।

मैंने पूछा था किसी और संदर्भ में और उन्होंने समझा कुछ और। मैं एकदम लजा गई। संकोच ने मेरी जबान पकड़ ली। कुछ बोल न सकी। फिर वे कहती गईं, ''सवेरे जब मेरी सास आईं, उन्होंने सारी बातें जानीं तो एकदम भड़क उठीं, 'तुमने आँखें बंद कर लीं! तुमने उन्हें पहचाना भी नहीं! अरे मूर्ख, तुमने यह क्या किया? ऐसा न हो कि तेरी संतान की भी आँखें बंद ही रह जाएँ।'

''फिर उन्हींसे पता चला कि वे महामुनि व्यास थे। नियोग के लिए ऐसा उपयुक्त व्यक्ति उस समय आर्यावर्त में कोई नहीं था। उन्होंने बड़ा पश्चात्ताप किया। फिर आवेश में उठ खड़ी हुईं। मैंने चरण छुए तो उन्होंने आशीर्वाद भी नहीं दिया।

''बाद में पता चला कि वे भीष्मजी से मिली थीं। उन्हें भी सारी स्थिति बताई थी। वे भी बड़े दुःखी हुए। उन्होंने कहा कि 'मैंने तो केवल दो के साथ नियोग करने को राजी किया था। एक तो व्यर्थ गया। अब देखो माँ, दूसरे का क्या होता है!'

" 'तू एक और नियोग के लिए उन्हें राजी नहीं कर सकता ? यदि तू कहे तो मैं महामुनि से चलकर आग्रह करूँ!'

" 'चलना तो बड़ा सरल है, माँ, पर कहना बड़ा कठिन है—और करना उससे भी कठिन।' भीष्मजी ने कहा, 'तू जानती है, माँ, कि एक नियोग में कितना तप स्खलित होता है!'

"सुना है, इसके बाद माँ सत्यवती कुछ बोल नहीं पाईं। दोनों कुछ देर तक सोचते रहे। फिर ताऊजी (भीष्म) ने बताया कि 'आज तो व्यासजी आएँगे ही। अंबिका से कहिए कि आज की रात पुनः उनसे मिले। रह जाएगी अंबालिका की बात, बाद में देखा जाएगा।'

"उस समय का यह अंतिम निर्णय था। मुझे इसकी सूचना मेरी सास ने दी थी और डाँटते हुए कहा था, 'देखो, आज कुछ गड़बड़ मत करना, अन्यथा जो तुम्हें तेजस्वी पुत्र दे सकता है, वह तुम्हें शापित भी कर सकता है।' उनका कहना था कि यदि मुझे और भी डर लगा तथा कुछ गड़बड़ी हो गई और मैं शापित हो गई तो क्या होगा ? अब मैंने एक युक्ति निकाली। मैंने अपनी किसी दासी को इसके लिए तैयार करने के लिए सोचा। पर भय यह बना रहा कि उसने अस्वीकार कर दिया, तब क्या होगा ? बात खुल जाएगी तब तो मैं किसी ओर की न रहूँगी।

"बहुत सोचने-समझने के बाद मेरे मन ने एक दासी को चुना। वह नितांत आज्ञाकारिणी थी, धर्मभीरु भी। पूजा-पाठ भी करती थी। उसको कोई संतान भी नहीं थी। अन्य सेविकाओं की अपेक्षा वह सदा दबी-दबी रहती थी। इसका मुख्य कारण यह था कि वह शूद्र थी।

"मैंने उसे ठीक किया। मानसिक रूप से भी तैयार किया। मैंने उसे बताया कि 'तेरा भाग्य है कि आर्यावर्त का परम तेजस्वी व्यक्ति तेरे साथ नियोग करेगा। तू कुछ बोलना मत। जो वे कहते जाएँ, करती जाना। अब तू मेरा प्रतिनिधित्व करेगी। पर यह बात किसीसे कहना मत। यह सबकुछ इसी कक्ष में होगा। तू पहले से आकर छिपी रहना; जब वे आएँगे, मैं बिस्तर से धीरे से हट जाऊँगी और तुम शय्या पर आ जाना।'

" 'यदि उन्हें कुछ संदेह हो गया तो ?' वह थोड़ा डरी।

" 'यदि तू सोचती है कि संदेह हो सकता है, तब अवश्य हो जाएगा। ज्यों ही द्वार बंद होगा, मैं तुरंत हट जाऊँगी और तुम आकर लेट जाना—एकदम दबे पाँव, पूरी निर्भीकता के साथ। बस, द्वार खुलने और बंद होने तक का समय रहेगा।'

''इस जोखिम को देखते हुए वह कभी तैयार न होती, यदि उसके मन में एक तेजस्वी और परम ज्ञानी पुत्र प्राप्त करने की इच्छा न होती।

''सारा नाटक निर्विघ्न समाप्त हो गया। दासी श्लथ हो शय्या पर पड़ी रह गई और ब्राह्म मुहूर्त में मंदिर का घंटा बजते ही मैं बाहर निकल आई। मेरे निकलने के बाद ही किसीके कक्ष में जाने की आहट लगी थी, कपाट चरमराए भी थे; पर मैंने ध्यान नहीं दिया। रात भर जो चिंता में डूबी रही वह मेरी सास सत्यवती थी। नाटक का पटाक्षेप भी नहीं हुआ था कि यथार्थ सामने आ गया। अब मुझपर क्या बीती, वह कैसे बताऊँ! उस दिन मेरी सास ने इतना डाँटा और फटकारा था, जितनी फटकार जीवन भर मुझे नहीं मिली थी।

''अब एक विचित्र समस्या आई। किसी प्रकार व्यास को दो बार नियोग के लिए राजी किया गया था। एक तो व्यर्थ गया। लोगों का सोचना था कि यदि व्यर्थ नहीं भी जाएगा तो इतना तो निश्चित है कि संतान विकलांग होगी।

''अब हम लोगों के पास एक ही उपाय था कि हम अंबालिका को सारी स्थिति बताकर सामना करने के लिए उसे तैयार करें। यह कार्य मेरी सास ने मुझपर छोड़ा। उनका विश्वास था कि मैं उसकी बड़ी बहन हूँ और जेठानी भी। इसलिए जितने विस्तार से मैं उसे समझा सकती हूँ उतना कोई दूसरा नहीं। वह मुझपर विश्वास भी करेगी। मैं अंबालिका के पास भेजी गई। मैंने उसे सारी स्थिति बताई। वह भय से काँप उठी। मुझे लगा, मनोवैज्ञानिक रूप से यह ठीक नहीं हुआ है। यह तो मैंने अपने सारे भय का उसके मन में स्थानांतरण कर दिया। अब तो वह काँपती हुई दीपशिखा लगी, जो आँधी के पहले ही बुझ जाना चाहती थी।

'' 'अब क्या होगा, बहन? मुझे किसी तरह बचा लो। मैं तो उस स्थिति का सामना ही नहीं कर सकती।'

'' 'मैंने अंबालिका को एक ही मंत्र दिया—कुछ भी हो जाए, अपनी आँखें बंद मत करना; क्योंकि मैं दूध की जली थी, मैंने उसे सावधान किया।

'' 'उसने भी वैसा ही किया। दूसरे दिन जब मैं उससे मिलने गई तब उसने यही कहा, 'बहन, सबकुछ हो गया। मैंने आँखें बंद नहीं कीं; पर उस समय मेरी आँखों के सामने ऐसा अँधेरा छा गया कि मैं कुछ देख नहीं पाई। मेरा भयाक्रांत मन ही मुझे डरा रहा था। मैं उनके चले जाने के बाद भी काँपती रही।' ''

मेरी सास का कहना था, ''प्रातः जब मैं अंबालिका से मिली तब भी वह काँप रही थी। उसका सारा शरीर पीला पड़ गया था।''

□

: पाँच :

ज्यों-ज्यों दिन बीतते गए, आपसी वैमनस्य की दीवार दृढ़ होती गई।

मुझसे कुंती बता रही थी कि "एक दिन भैया (शकुनि) दिन भर मेरे ही यहाँ थे। वे अपने जीजा की सेवा-शुश्रूषा में लगे रहे। संध्या को जब वे गए तब तुम्हारे देवरजी बड़े गंभीर लगे। मैंने समझा कि आज कुछ कष्ट अधिक है। अब मैं उनकी सेवा में लगी। मैंने बराबर उनके स्वास्थ्य के बारे में पूछा। सब ठीक है, कहकर वे चुप हो जाते रहे।

"इस 'सब ठीक है' के नीचे मुझे कोई बहुत बड़ा अठीक दिखाई दे रहा था। रह-रहकर मन कह रहा था, कहीं कुछ ऐसा गड़बड़ अवश्य है जिसे ये बताना नहीं चाहते। मैंने बड़े विनीत भाव से कहा, 'यदि आप मुझसे नहीं बताएँगे तो किससे बताएँगे! यदि रात को कुछ बढ़-घट गया तब क्या करूँगी?'...फिर भी वे शांत ही रहे।

"अँधेरा बढ़ता गया, उनकी पीड़ा बढ़ती गई। किंतु जब उन्होंने रहस्य का अवगुंठन हटाया तो ज्ञात हुआ, यह पीड़ा उनके तन की नहीं, मन की है। उनके मन में अचानक यह विचार आ गया कि यह राजपाट, यह वैभव और ऐश्वर्य उसके लिए नहीं है, जो उसका भोग न कर सके, उसे जी न सके। उन्होंने कहा, 'मुझे लग रहा है जैसे कोई मुझसे कह रहा है—यह सबकुछ तुम्हारा ही है; पर तुम कुछ छूना नहीं, वरना हाथ जल जाएगा।...फिर यह तुम्हारे वश का भी नहीं है। राजनीति तो एक रथ है, जिसका एक पहिया कूटनीति और निष्ठुरता का तथा दूसरा पहिया अदम्य महत्त्वाकांक्षा का होता है; जिसे शक्तिशाली अनुशासन के अश्व खींचते हैं। ऐसे रथ का पहिया भी मेरे पास नहीं है। क्यों नहीं हम सिंहासन का त्याग कर वन में चले चलें।"

कुंती का कहना था, "ऐसी वितृष्णा और विराग कभी मैंने उनमें देखा नहीं था। इसके पूर्व भी उन्होंने कभी ऐसी चर्चा नहीं की थी। मैं तो यह सब सुनकर ही स्तब्ध रह गई। बस, इतना कहकर उन्होंने आँखें बंद कर लीं और मेरी ओर से करवट बदल ली।

"मुझमें साहस न हुआ कि मैं उन्हें और छेड़ूँ। चुपचाप मैं माद्री के पास पहुँची। मैंने उसे सब बताया। वह भी अवाक् रह गई। मैंने उससे कहा कि तुम जाकर उनके इस मानसिक परिवर्तन का पता लगाओ; क्योंकि तुम मुझसे छोटी भी हो और उनके मन के निकट भी।"

"तब उसने क्या पता लगाया?" मैंने पूछा।

"वह मुझे कुछ विशेष बता तो न सकी, पर उसने इतना अवश्य कहा कि पश्चात्ताप की बुझी आग को किसीने अचानक धधका दिया है।"

इतना सुनते ही मेरा माथा ठनका, क्योंकि मैं सुन चुकी थी कि दिन भर शकुनि उनकी सेवा में था। शकुनि दबी आग को भड़काना तो अलग, वह बर्फ में भी आग लगाना जानता है। मैंने कुंती को सांत्वना दी, "घबराओ मत, बहन! कल मैं स्वयं आकर अपने देवर के इस विराग का पता लगाऊँगी।"

माद्री मद्र देश (रावी और व्यास के बीच का भाग) की थी। मद्र हमारे गांधार का पड़ोसी राज्य था। हमारी और उसकी भाषा में अधिक अंतर नहीं था। लोग हमारी-उसकी सुंदरता में भी बहुत फर्क नहीं करते थे। एक फूल मद्र में खिला था और दूसरा गांधार में। उसे भी भीष्मजी पांडु के लिए मद्र देश से लाए थे। अंतर इतना था कि मेरे लिए उन्हें युद्धक परिस्थितियाँ पैदा करनी पड़ी थीं और माद्री के लिए कुछ संपत्ति से ही काम चल गया था।

इस प्रकार माद्री अनेक दृष्टियों से मेरे निकट थी। उसपर मेरा विश्वास था। सुखदा के साथ पहुँचते ही मैं शीघ्र माद्री से मिली। माद्री ने जो कुछ कहा, उससे मेरी आशंकाएँ ही सत्यापित हुईं। उसका कहना था कि यह सारी आग तो हमारे भाई ने ही लगाई है।

"हमारे भाई?"

"मेरा तात्पर्य शकुनि से है।" माद्री ने कहा, "दिन भर तो वे उन्हींके पास थे और जितना अवसर मिला, वे उन्हें भरते गए। उन्होंने मेरे स्वामी की दुर्बलता को पकड़ा और जितना उसका निराशाजनक चित्र हो सकता था उतना उसे उभारा।"

"…और अपनी ओर से रंग भी भरा होगा।" मैं बीच में ही बोल पड़ी।

माद्री कुछ सोचने लगी।

मैंने पूछा, "उससे (शकुनि से) बात करने के बाद हमारे देवरजी किस निष्कर्ष पर आए?"

"उनका निष्कर्ष तो स्पष्ट है—हम लोगों को राजपाट छोड़कर सीधे वन में चलना चाहिए।"

"क्यों?"

"क्योंकि वे शापित हैं; संतान उत्पत्ति तो कर नहीं सकते।" माद्री ने कहा, "उनका पश्चात्ताप यह भी है कि मैं जन्म से ही रोगी हूँ। रुग्णता ने मुझे राजसुख से भी वंचित कर दिया। सारा शासन महामात्य के द्वारा ही चलाया जाता है। भगवान् ही जानें, वे क्या करते होंगे!"

"इसका तात्पर्य यह है कि उसने हमारे विदुर जैसे धर्मात्मा देवर के विरुद्ध भी शंका उत्पन्न करा दी।" मैंने कहा।

"लगता है, कुछ ऐसा ही है।" माद्री बोली, "उनका कहना था, 'प्रजा विदुर को परम ज्ञानवान्, नीतिज्ञ और महात्मा समझती है। उसकी छवि अच्छी है और निरंतर अच्छी होती जा रही है। इसका परिणाम यह भी हो सकता है कि एक दिन प्रजा विद्रोह करके उसीको गद्दी पर बैठा दे।' मेरे पति तो यहाँ तक सोच गए हैं कि यह स्थिति आए, इसके पहले ही क्यों न हम लोग सबकुछ उसे सौंपकर जंगल की ओर चल पड़ें।"

मुझे शकुनि पर बड़ा क्रोध आया। वह धूल में भी रस्सी बटता है। मैं कभी विदुर जैसे धर्मात्मा और नितांत सज्जन व्यक्ति के प्रति ऐसा सोच भी नहीं सकती थी। मैं थोड़ा आवेश में आई। बोली, "मैं अभी चलकर देवरजी (पांडु) से बात करती हूँ।"

हम दोनों शीघ्र ही पांडु के कक्ष में पहुँचीं। वे शय्या पर श्लथ पड़े थे। कुंती उनकी सेवा में थी।

मैंने उनके अभिवादन का उत्तर दिए बिना सीधे-सीधे पूछा, "सुना है, आप राजपाट छोड़कर जंगल में जाने वाले हैं?"

कुंती का कहना था कि 'इतना सुनते ही उनके चेहरे पर मुसकराहट उभर आई। उस मुसकराहट में ही आपके प्रश्न का उत्तर था।'

मैंने उन्हें समझाना आरंभ किया, "आप इससे क्यों घबराते हैं, आप अनपत्य हैं। यदि अनपत्य रहेंगे भी तो हस्तिनापुर के लिए कोई नई बात तो हो नहीं जाएगी। यह राजवंश तो नियोग के आधार पर ही चलता है। फिर यह समस्या आपकी नहीं, इसपर तो ताऊजी (भीष्म) को सोचना है; क्योंकि हस्तिनापुर के राजवंश की सुरक्षा और उसके संरक्षण का संकल्प उन्होंने ही लिया है।"

महाराज पांडु चुप थे और चुप थीं देवरानियाँ। मैंने भी अनुभव किया कि पांडु अपनी शारीरिक स्थिति से इतने अशक्य नहीं हैं जितने मन की शक्तिहीनता से।

पांडु ने मेरी बड़ी आवभगत की। उन्हें भी मेरे अचानक आगमन पर आश्चर्य था; क्योंकि राजभवन की दीवारों से कहीं कठिन हमारी मर्यादा की दीवारें थीं। हमें रनिवास से बाहर जाने के लिए अनुमति लेनी पड़ती थी, व्यवस्थाएँ करनी होती थीं।

इससे वे बड़े प्रभावित थे। वे मेरे अंत:पुर तक पहुँचाने भी आए। मार्ग में उन्होंने धीरे से कहा, ''भाभी, आपके आने से मुझे बड़ी शक्ति मिली। मैं स्वयं आपसे मिलना चाहता था; पर इसी उधेड़बुन में रह गया कि मिलूँ या न मिलूँ।''

''क्यों, ऐसी क्या द्विविधा थी?'' मैंने हँसते हुए कहा, ''तुम तो मेरे देवर हो। अपने भैया की उपस्थिति में भी तुम मेरे पास आ सकते हो!''

पांडु की आकृति पर भी मुसकराहट उभर आई। उन्होंने कहा, ''मुझे अपने भैया की उपस्थिति की कभी कोई चिंता नहीं रही और न है।''

''फिर किसकी चिंता है?''

''आपके भैया की।'' वे बड़े संकोच से बोले।

''उसकी क्या चिंता!'' मैंने परिहास किया, ''सुना है, वह अब पूरा दिन आपकी सेवा में बिताता है।''

'उसकी सेवा तो मुझे और भी घायल करती है।' यह बात पांडु कह नहीं पाए, उनका संकेत कुछ इसी ओर था। मैं भीतर-ही-भीतर कसमसाकर रह गई। उन्हें सांत्वना देते हुए मैंने केवल इतना ही कहा, ''आप घबराइए नहीं, भगवान् सब ठीक कर देगा।''

अपने कक्ष में आते ही मुझे ऐसा लगा जैसे शकुनि मुसकराते हुए खड़ा है। मैं कुछ देर तक जलती हुई बैठी रही।

सुखदा ने मेरी दशा को भाँप लिया। उसने पूछा, ''क्या बात है, महारानीजी?''

मैं कुछ बोली तो नहीं, पर उसे शकुनि को बुलाने के लिए कहा।

थोड़ी देर बाद ही पता नहीं कहाँ से सुखदा उसे ले आई।

गुस्से से भरी तो मैं थी ही। सारा संदर्भ बताते हुए मैंने पूछा, ''तुमने पांडु से इस तरह की बातें की हैं?''

''हाँ, की तो हैं। क्या बुरा किया है?'' शकुनि बोला, ''मैंने उनकी वास्तविक स्थिति का बोध कराया है। स्वास्थ्य इतना खराब रहता है कि वे शासन देख नहीं पाते। शापित हैं, इसलिए पुत्रकाम होते हुए भी पितृऋण से मुक्त नहीं हो सकते। जीजाजी तो केवल नेत्रविहीन होने के कारण खंडित तन घोषित किए गए और सिंहासन के अधिकारी नहीं माने गए; पर पांडु खंडित तन भले ही न हों, रुग्ण तन अवश्य हैं। उनका जीवन शापित है, फिर व्यर्थ क्यों सिंहासन से चिपके हैं?''

''क्योंकि शास्त्र और परंपरा उनको चिपके रहने की अनुमति देते हैं।'' मैंने कहा।

''यहाँ की परंपरा और शास्त्र पर केवल दो व्यक्तियों का अधिकार है; एक है

भीष्म और दूसरा है विदुर।'' शकुनि आवेश में था, ''उस शूद्रपुत्र ने तो सबकी बुद्धि भ्रष्ट कर रखी है। शासन तो उसीका चलता है।''

इतना गंभीर होते मैंने शकुनि को कभी नहीं देखा था। वह उसी आवेश में कहता गया, ''मैं तो आप लोगों की भलाई चाहता हूँ और आप हैं कि हमेशा संदेह किए रहते हैं। उस शूद्रपुत्र ने पता नहीं आप लोगों को क्या समझा रखा है कि आप उसे अपना परम हितैषी समझते हैं। वह इतना चतुर है कि एक ओर आप लोगों को और दूसरी ओर पांडु को भी प्रसन्न किए रहता है।''

''क्या हम और पांडु दो हैं?''

''वृक्ष की टूटी हुई डाल की तरह आप दो हैं। भले ही कभी एक रहे हों।'' शकुनि क्षण भर रुककर फिर बोलने लगा, ''तुम देखना, पांडु के तन-मन की स्थिति ऐसी है कि एक-न-एक दिन उन्हें राजपाट छोड़ना ही पड़ेगा। वह स्थिति आज की स्थिति से खराब होगी। उसके पहले यह कार्य क्यों नहीं हो जाए!''

''जो कुछ होना होगा, होगा। इन सबपर विचार करना ताऊजी का काम है। वे हस्तिनापुर के संरक्षक हैं। तुम तो कुछ भी नहीं हो।''

उस दिन वह मुझे तरेरता और बड़बड़ाता चला गया, ''मैं तो चाहता था, पट्टमहिषी या राजमाता के सिंहासन पर तू बैठे; पर तेरे भाग्य में सत्ता की दासी बने रहना लिखा है तो मैं क्या कर सकता हूँ!''

□

महत्त्वाकांक्षा की आँधी जब चलती है तब वह नैतिकता-अनैतिकता, धर्म-अधर्म, अपना-पराया कुछ नहीं देखती। वह धर्म, परंपरा, नीति, मानवता आदि के भी मूल्यों को उखाड़ फेंकती हुई जल्दी-से-जल्दी अपने गंतव्य पर पहुँचने के लिए छटपटाती है। इस बार शकुनि महत्त्वाकांक्षा का विष-बीज मेरे मन में बोने में सफल हो गया था। मुझे भी उसके सोच में अपने प्रति कुछ भलाई दिखाई देने लगी।

जब भी मैं एकांत में होती, मेरे भीतर शकुनि की बातें गूँजने लगतीं, 'सचमुच तू सत्ता की दासी ही रहेगी या सिंहासनाधीश होने का गौरव भी प्राप्त करेगी।...यह ठीक है कि तेरा पति अंधा है, विकलांग है; पर इससे क्या वह सत्ता का अधिकारी नहीं हो सकता?...यह तो मात्र परंपरा है। हो सकता है, शास्त्रों में भी ऐसा लिखा हो।...परंपराएँ तो बनती-बिगड़ती रहती हैं। शास्त्रों को भी भगवान् ने तो बनाया नहीं है, मनुष्य ने बनाया है—और मनुष्य उसमें परिवर्तन भी कर सकता है।'

इसी बीच एक अवसर और आया, जिसने मेरे अंतर्मंथन को बल दिया।

मैं अपने पतिदेव के पास थी, एकाकी थी। यह मात्र संयोग की बात है कि उस समय सेवक-सेविकाएँ कोई नहीं थीं।

''तुमने तो आँखों पर पट्टी बाँध रखी है। कुछ दिखाई तो न देता होगा?'' मेरे पति ने कहा।

''कुछ तो दिखाई देता ही है।'' मैं मुसकराते हुए बोली, ''वह है अँधेरा।''

''केवल अँधेरा ही तुम्हें दिखाई देता है?'' उन्होंने बड़े गंभीर स्वर में कहा, ''जन्मांध होते हुए भी मुझे केवल अँधेरा ही दिखाई नहीं देता, सपने भी दिखाई देते हैं। लगता है, तुमने आँखों पर ही नहीं, अपनी बुद्धि पर भी पट्टी बाँध रखी है।''

मैं कुछ समझ नहीं पाई। वे बोलते ही रहे, ''लगता है, तुम्हारा मन भी बंजर हो गया है। कहीं पर भी उम्मीद की हरियाली नहीं है। जहाँ उम्मीद नहीं वहाँ सपने नहीं। आकांक्षाविहीन मरा हुआ मन कभी सपने नहीं देखता।...तुम सोचती हो, मैं जिस स्थिति में हूँ, वही मेरे लिए है और उसके अतिरिक्त कुछ भी नहीं है। तुमने अपने वर्तमान से समझौता कर लिया है।''

अब मैं कुछ-कुछ समझ पाई। मैंने दबी जबान में कहा, ''वर्तमान से समझौता न करूँ तो क्या करूँ?''

उनकी मुद्रा दार्शनिकों जैसी बदली, ''तू क्या इस सत्य को जानती है, गांधारी, कि जो वर्तमान से समझौता कर लेते हैं उनका भविष्य भी वर्तमान के ही हाथ में रहता है; पर जो समझौता नहीं करते उनका भविष्य उन्हींसे हाथ मिलाता है?''

मैं कुछ बोली नहीं; पर इतना तो समझ ही गई कि यथास्थितिवाद की अपेक्षा गतिशीलता उदात्त जीवन का लक्षण है। मैं यह भी समझ गई कि महाराज क्या कहना चाहते हैं। मैंने पट्टी बँधी आँखों से देखा कि महाराज अब शकुनि के कंधे पर हाथ रखकर आगे बढ़ रहे हैं।

यह ऐसा दृश्य था, जिसे मैं कुछ दिन पहले सह नहीं पाती; पर आज वह मेरे मन के करीब था। मुझमें यह परिवर्तन त्वरित था और बड़ी गति थी उसमें। अब मुझे लग रहा था कि हस्तिनापुर का सिंहासन मुझसे दूर नहीं है, जरा सा प्रयत्न करने पर पाया जा सकता है।

तन अभी स्थिर था, जबान अभी बंद थी, पर मन इस ओर दौड़ने लगा था। रह-रहकर शकुनि के कथन की अनुगूँज मन में उठती थी, 'मैं तुम्हें पट्टमहिषी बनाना चाहता हूँ। तुम अपनी इच्छाशक्ति को प्रबल करो।'

मैंने भी सोचा, पांडु निस्संतान हैं और निस्संतान ही रहेंगे, पर मुझे तो सौ-सौ पुत्रों का वरदान मिला है। एक मैं ही हूँ जो हस्तिनापुर की समस्या का स्थायी हल प्रस्तुत कर सकती हूँ।

आज मध्याह्न के भोजन पर मैं कुंती की बगल में ही बैठी। वह बड़ी उदास और चिंतित दिखाई पड़ी। उसने भोजन भी बहुत कम किया; शायद दो-एक ही नेवाला खाई होगी और फिर कुछ सोचने लगी।

मैंने उससे पूछा, "तबीयत तो ठीक है न? आज बड़ी उदास दिखाई दे रही हो?"

"क्या करूँ, बहन? यह उदासी ही तो मेरे जीवन का साथी है।" कहकर वह चुप हो गई। पर लगा कि अभी उसके पास मुझसे कहने को बहुत कुछ है।

भोजन से उठकर वह मेरे पीछे-पीछे ही आई, जब तक कि उसका रास्ता मेरे रास्ते से अलग नहीं हो गया।

जब से हस्तिनापुर आई थी तब से मेरी एक आदत और पड़ गई थी—मध्याह्न भोजन के बाद थोड़ी देर आराम करने की। यदि गहरी नींद आ गई तो संध्या को ही आँखें खुलती थीं। आज आँखें खुलीं तो देखा, सामने कुंती बैठी है।

मैंने पूछा, "तू कब आई, कुंती?"

"थोड़ी देर हुई।" उसके उदास मन का संक्षिप्त सा उत्तर था।

"कोई नई बात तो नहीं?"

"नई बात क्या होगी? बात तो पुरानी है, पर नया-नया रूप लेती है।" वह फिर धीरे-धीरे खुलने लगी, "आजकल महाराज फिर राजपाट छोड़कर अरण्यवास की बात करने लगे हैं; बीच में कुछ शांत थे।"

"आखिर क्यों? उन्होंने कोई कारण तो बताया होगा।"

"उनका कहना था कि 'सिंहासन पर रहकर भी मैं लगभग निष्क्रिय रहता हूँ। यदि बेचारा विदुर न होता तो शासन का काम एक दिन भी न चलता। इसे प्रजा भी अच्छी तरह जानती है। लोग क्या सोचते होंगे! इस निष्क्रियता से मुक्त होने का एक ही उपाय है—सत्ता के मोह से विरक्त हो जाना, इस विषय में शकुनि भैया से घंटों उनकी मंत्रणा होती रहती है। मेरी समझ में कुछ नहीं आता कि मैं क्या करूँ!"

"इसमें तुम क्या कर सकती हो?" मैंने कहा, "एक तरह से उनका सोचना ठीक ही है। एक-न-एक दिन यह स्थिति आने ही वाली है। वे अनपत्य रहने के लिए शापित हैं। उनके बाद गद्दी पर बैठनेवाला कोई नहीं रहेगा।...यही सब सोचकर उनकी दूरदृष्टि ने यह निर्णय लिया होगा।"

कुंती बहुत देर तक सोचती रही। आखिर अंधकार में उसे एक किरण मिल ही गई। वह बोली, "इसके बाद क्या होगा, यह सोचना तो ताऊजी (भीष्म) का काम है। सिंहासन के संरक्षक तो वे ही हैं।"

मैंने हँसते हुए कहा, "आखिर ताऊजी भी अमृत की कटोरियाँ पीकर तो आए नहीं हैं। परिवार में वयोवृद्ध हैं। किसी भी समय उनकी आँखें बंद हो सकती हैं।"

"मैंने सुना है कि उन्हें इच्छा-मृत्यु का वरदान मिला है। जब उनकी इच्छा होगी तभी उनका देहावसान होगा।"

"तो क्या तुम उनसे इस संबंध में बातें करने जाओगी? ताऊजी के सामने तुम्हारा मुँह कैसे खुलेगा?" मैंने कहा।

कुंती सोच में पड़ गई। वह बहुत देर तक मैन रही। फिर किसी प्रकार उसने यह कहने का साहस किया, "क्यों बहन, ऐसी स्थिति में नियोग नहीं कराया जा सकता? हस्तिनापुर की राजसत्ता नियोग पर ही तो टिकी है।"

"टिकी तो है, पर तुम नियोग कैसे करा सकती हो? इसके लिए ताऊजी से अनुमति लेनी होगी।"

एक बार फिर वह असमंजस में दिखाई पड़ी। उसने कहा, "क्यों, उनकी अनुमति के बिना नियोग नहीं कराया जा सकता?"

"कराया क्यों नहीं जा सकता! पर परिवार के मुखिया की सहमति के बिना कराया गया नियोग तुम्हें स्वैचारिणी की सीमा के भीतर ला देगा। कुंती, इस समाज में स्त्री अपने मन की दासी नहीं है। वह स्वयं कोई अहम निर्णय नहीं ले सकती। यही निर्णय यदि ताऊजी लें तो तुम सदाचारी कही जाओगी।"

बात बड़ी गहराई तक छू गई। कुंती को अपनी पराधीनता का बोध हुआ। उसे लगा कि उसके निर्णय लेने की शक्ति के पैरों में पुरुष की इच्छा की बेड़ियाँ पड़ी हैं। वह अपने चुने हुए मार्ग पर चलने के लिए स्वतंत्र नहीं है।

मैंने उसे काफी देर तक चुप देखा तो समझ लिया कि वह गंभीर अंतर्मंथन में है। मैंने पूछा, "क्या सोच रही हो?"

"सोच रही हूँ कि इससे अधिक स्वतंत्र तो मैं अपने पिता (कुंति भोज) के यहाँ थी।" उसे दुर्वासा का दिया मंत्र याद आया और याद आई उससे सूर्य के आवाहन करने और कर्ण के जन्म देने की घटना।

"पुत्री पिता के यहाँ ससुराल की अपेक्षा अधिक स्वतंत्र होती है; पर वहाँ भी वह अपने मन से नियोग नहीं करा सकती।" मैंने कहा।

कुंती 'हाँ-नहीं' कुछ भी नहीं बोल पाई। उसके मन की विवशता आँसुओं में बह चली। मैंने बड़ी सहानुभूतिपूर्वक उसके आँसू पोंछे और सांत्वना देते हुए कहा, "तुम इतना घबराती क्यों हो? तुम मेरा पुत्र ले लेना। पुत्र तो पुत्र है—चाहे अपना हो या दत्तक।"

"अपना या दत्तक?" इतना कहते-कहते ऐसा लगा जैसे किसीने उसकी

जबान पकड़ ली हो। शायद वह यह कहना चाह रही थी कि अपना पुत्र अपना ही होता है और दत्तक दत्तक ही।

अब मेरे मन में उसकी प्रतिक्रिया होनी स्वाभाविक थी। यह मेरे पुत्र को अपना पुत्र नहीं समझ सकती, तब मैं इसके स्वामी को अपना शासक कैसे समझूँ? वह राजसिंहासन हमारा है, मेरे पति का है। परंपरा का नाम लेकर लोगों ने इसे मेरे पति से लेकर इसके स्वामी को दे दिया और उसको हम लोगों ने राजा मान लिया।···और यह मेरे पुत्र को अपना पुत्र मानने को तैयार नहीं।

स्त्रियों के बीच पैदा हुई ईर्ष्याग्नि पुरुषों की ईर्ष्याग्नि से अधिक घातक होती है। पुरुषों की ईर्ष्याग्नि में लचक होती है, दूसरी धीरे-धीरे सुलगती है। पहली पहचान में जल्दी आती है, दूसरी जल्दी पहचानी नहीं जा सकती। दूसरे से पहले में अधिक स्थायित्व होता है।

अब मुझे लगा कि मैंने शकुनि की जितनी उपेक्षा की है वस्तुतः वह उतनी उपेक्षा के योग्य है नहीं। अब राजभवन के आँगन में उठी काल्पनिक दीवार स्वयं काँपकर गिर गई थी। सारा आँगन अपना ही दिखाई दे रहा था।

कुंती उठकर चलने को हुई—पश्चात्ताप में डूबी हुई। उसके पैर काँप रहे थे। उसने समझ लिया कि मेरे शब्द गांधारी पर चोट कर गए।

जाते समय मैंने उससे फिर आने की कहने की औपचारिकता भी नहीं बरती।

उसके थोड़ी देर बाद शकुनि भी आया। आते ही उसने व्यंग्य किया, "सुना है, आजकल देवरानी और जेठानी में खूब घुट रही है!"

"हाँ, वह आई थी।" इतना कहकर मैं चुप हो गई।

"यह क्यों नहीं कहती कि मेरी शिकायत करने आई थी।"

"उसने तुम्हारी शिकायत तो नहीं की, पर यह अनुभव करा दिया कि तुम्हारा बोया बीज अब अंकुरित होने लगा है।" फिर मैंने सारी बातें बताईं।

वह हँसने लगा और बोला, "सिंहासन छोड़कर वनवासी होने के अतिरिक्त उनके पास और कौन सा मार्ग है?"

"···और उन्होंने इस मार्ग का अनुसरण नहीं किया तो? यदि वे नहीं गए, तब तुम क्या कर सकते हो?"

"यदि वे स्वेच्छा से नहीं जाएँगे तो अपमानित होकर जाएँगे।" उसकी कुटिल बुद्धि ने एक ऐसी बात कही, जिसकी ओर मेरा कभी ध्यान ही नहीं गया। वह कहता गया, "ज्यों ही तुम्हारा प्रथम शिशु होगा, मैं उसे गद्दी पर बैठाऊँगा; क्योंकि गद्दी का वास्तविक अधिकारी वही होगा।···यह सिंहासन महाराज धृतराष्ट्र का है, उसका उचित उत्तराधिकारी उनका पुत्र ही होगा।"

"यदि इस कार्य का उसके पिता ने ही विरोध किया तो?"

"तो वे भी अपमानित होंगे।" शकुनि ने बड़ी दृढ़ता से कहा, "क्योंकि ऐसी स्थिति न्याय के पक्ष में नहीं होगी। और न्याय की अवज्ञा करनेवाला चाहे कोई भी व्यक्ति हो, उसका विरोध होगा।"

"अरे, तुम यह क्या कह रहे हो? क्या तुम ताऊजी की अवज्ञा कर सकोगे?"

"कर सकूँगा या नहीं, यह तो बाद की बात है, पर अभी से उसके लिए तलवार चमकाने में क्या हानि है?"

□

कहते हैं, रज्जु की बार-बार की रगड़ से पाषाण भी कट जाता है। शकुनि की कूटनीति से प्रभावित हुए बिना मैं भी रह न सकी। अब मैं बड़ी व्यग्रता से हस्तिनापुर के वास्तविक उत्तराधिकारी की प्रतीक्षा करने लगी। मैंने इस संदर्भ की चर्चा अपने स्वामी से भी की। वे बहुत खुश हुए। उसी खुशी में उन्होंने अपनी बाँहों से मेरे कंधे को जकड़ते हुए कहा, "अब मुझे पता चला कि तू अपनी पट्टी पड़ी आँखों से केवल अँधेरा ही नहीं देखती, सपने भी देखती है।"

अब मैं पुत्र की प्रतीक्षा में जीने लगी। कभी-कभी मेरे मन में यह भी आता कि आखिर इसमें जल्दी ही क्या है? पांडु में तो पुत्र उत्पन्न करने की क्षमता ही नहीं है। फिर देर-सबेर जब भगवान् देगा, तभी सही।

दिन बीतते गए, मैं कुंती से दूर हटती गई। एक दिन कुछ ऐसा संयोग हुआ कि इसका आभास उसे भी हो गया। बात यह हुई कि मैं अपने पति के कक्ष की ओर जा रही थी—बिना किसीके सहयोग के। अब मैं राजभवन की प्रत्येक वीथि से परिचित हो चली थी। इस समय भी मैंने सुखदा का सहयोग नहीं लिया। एकाकी बढ़ी चली जा रही थी। तब तक पता नहीं किधर से आकर कुंती ने मेरे कंधे पर हाथ रखा। मैं समझ तो गई, पर मेरे मुख से निकला, "कौन?"

"जीजी, मैं हूँ।" परिहास करते हुए वह बोली, "आज एकाकी? लगता है, ज्येष्ठजी की याद खींचे लिये जा रही है!"

"है तो कुछ ऐसा ही।" मैंने भी परिहास को आगे बढ़ाया, "यदि उस आकर्षण की डोर न होती, तब तो किसी-न-किसीका सहारा लेना ही होता।"

हँसते हुए वह मेरे ही साथ आगे बढ़ी।

"तुम इधर कहाँ?" मैंने पूछा।

"मंदिर जा रही हूँ।"

"एकाकी, बिना किसी सेवक और सेविका के?"

"जैसे आप जा रही हैं।" वह बोली, "आप अपने स्वामी के यहाँ जा रही

हैं, मैं स्वामी के स्वामी देवाधिदेव महादेव के यहाँ जा रही हूँ। जीजी, अब मुझे उन्हींका सहारा है।''

''प्रयत्न करो; पर मुझे तो कोई आशा नहीं दिखाई देती।''

इतना सुनते ही वह एकदम रुक गई। उसे मेरे कथन में अहंकार की दुर्गंध लगी। वह इतने आवेश में थी कि अपने को रोक न सकी और बोली, ''जिसकी आँखों पर पट्टी बँधी हो, वह क्या देख सकेगी!'' फिर बिना अभिवादन किए मुझे छोड़कर चली गई।

मुझे लगा, नियति मुझे किसी दूसरी ओर ढकेल रही है। जो नहीं चाहती, वही बोल देती हूँ; जो करना नहीं चाहिए, वही कर बैठती हूँ।

अब राजभवन का राजनीतिक समीकरण बदल चुका था। एक ओर कुंती, पांडु व विदुर और दूसरी ओर मैं, मेरे पति तथा शकुनि। इस तुला के मध्य बिंदु पर थे ताऊजी भीष्म। वे जिधर ढुलकेंगे उसी ओर का भार बढ़ेगा, यह सोचकर शकुनि उन्हें अपने पक्ष में करने की चेष्टा करने लगा। पर यह कार्य सरल नहीं था। वे शकुनि को मन से उतार चुके थे। दूसरी ओर विदुर उनके सबसे प्रिय थे।

किंतु मेरा भाई भी कम मायावी नहीं था। एक दिन अचानक वह मेरे यहाँ आया और बोला, ''शुभा, शायद अब मुझे हस्तिनापुर छोड़ देना पड़े।''

मैं एकदम चकित रह गई। स्थिति का अचानक परिवर्तन कैसा? मैंने उससे जिज्ञासा की, ''किसीने कुछ कहा है क्या?''

''मुझे कौन कुछ कहने वाला है!'' शकुनि का अहं बोला और वह हँसने लगा, ''छोड़ नहीं रहा हूँ, पर उसका नाटक करने जा रहा हूँ।...कभी-कभी नाटक भी यथार्थ में बदल जाता है। इस परिस्थिति के लिए भी मन बना रहा हूँ।''

''पर तुम तो कहते थे कि अंत समय तक मेरी छाया तुम्हारे साथ रहेगी।''

''उस समय, जब तू मेरी छाया से भी घृणा करती थी।'' शकुनि हँसा और मेरी स्वीकारोक्ति मेरे अधरों के बीच मुसकान बन गई।

''वह तो मैं अब भी कहता हूँ कि अंत समय तक मेरी छाया तुम्हारे साथ रहेगी। यदि छाया न रह सकी तो मेरा दैत्यांश तो रहेगा ही।'' उसने ऐसे बिंदु पर अँगुली धर दी कि मुझे अपना सारा अतीत याद हो आया।

□

अब दोनों ओर बिजली चमक रही थी; कभी-कभी उसकी कड़क भी सुनाई पड़ जाती थी। दोनों ओर बरसात हो रही थी—जल की नहीं, अहं की, स्वार्थ की और सत्तालिप्सा की। राजभवन का कोना-कोना इससे भीग चला था। उसकी बौछार

प्रजा पर भी पड़ने लगी थी। वह भी लगभग विभाजित हो चुकी थी। प्रजा का बहुमत पांडु के साथ था। इसके दो मुख्य कारण थे। एक थी महाराज पांडु की अशक्तता, जो जनता की दृष्टि में असहाय हीनता बन चुकी थी। इसमें राज्य छोड़कर वनवासी बन जाने का कई बार किया गया उनका प्रस्ताव भी था। किसी वस्तु का त्याग उसकी प्राप्ति की इच्छा से सदा पूज्य होता है। फिर, यह तो राजसिंहासन था।

दूसरी थी, विदुर की सज्जनता और शकुनि की कुटिलता की छवियाँ। एक की नीति एवं धर्म के प्रति आस्था थी और दूसरे की स्वार्थपरता के प्रति घृणा। लोग यह भी कहते सुने जाते थे कि यह अपने पिता का घर छोड़कर बहन की ससुराल में डेरा डाले क्यों पड़ा है ? लगता है, इसके पिता ने इसे निकाल दिया है। ईश्वर की कृपा थी कि अभी उसमें दैत्यांश होने का प्रचार नहीं हुआ था।

इन सारी स्थितियों को जानते हुए हम क्या कर सकते थे। शकुनि अब हमारे लिए अपरिहार्य हो चुका था। न हम उसे छोड़ पा रहे थे और न वह हमें। वह नारद की भूमिका निभाता था। हमारे लिए उधर की सूचनाओं का माध्यम था।

एक दिन मध्याह्न भोजन के बाद मैं अपने कक्ष में विश्राम कर रही थी। शायद सो गई थी, पर नींद गहरी नहीं थी। अचानक शकुनि के आने की आहट लगी।

''तू सो रही, जब तुझे सबसे अधिक जागने की आवश्यकता है।'' प्रवेश करते ही वह बोला।

''तो क्या करूँ जागकर, शंख बजाऊँ ?''

''परिहास मत कर, दूसरे का शंखनाद सुन।'' उसने बताया, ''कुंती उस बूढ़े के यहाँ गई थी।''

उसके 'बूढ़ा' कहते ही मैं समझ गई कि उसका आशय भीष्म महाराज से है।

''जब मैं पहुँचा तो वह स्वागत में खड़ी हो गई थी और 'आओ भैया' कहकर मुझे आसान दिया था। बातों का क्या क्रम चल रहा था, इसका पता नहीं; पर भीष्म को इतना कहते अवश्य सुना था कि 'दुर्वासा तो हम सबके पूज्य हैं, प्रणम्य हैं। उनका ऋषित्व तो हम सबके लिए सम्मान्य है। तुम उनके दिए मंत्र का प्रयोग कर सकती हो।'

''इतना सुनकर वह कुछ बोली नहीं। पर उसके चेहरे पर प्रसन्नता की स्पष्ट छाया दिखाई दी। ऐसा लगा जैसे उसे मुँहमाँगा वरदान मिल गया हो।''

''उसके चले जाने के बाद तुमने ताऊजी से पूछा नहीं कि क्या बात है ?''

''मैं तुम्हारे जैसा मूढ़ नहीं हूँ जो पूछता।'' वह बोला, ''ऐसा पूछना

शिष्टाचार के विरुद्ध था और कूटनीति के भी। उसके चले जाने के बाद इधर-उधर की बातें होती रहीं।''

''इससे कुछ आभास नहीं लगा?'' मैंने पूछा।

''यही आभास लगा कि उनकी पूरी सहानुभूति पांडु के साथ है। वे उनके अरण्यगमन के निश्चय से दुःखी लगे। उन्होंने यह भी कहा कि ऐसी स्थिति में पांडु का यह सोचना उचित है कि उसके चले जाने के बाद सिंहासन का क्या होगा।''

'' 'आखिर उनके जाने की आवश्यकता क्या है?' मैंने अपनी ही लगाई आग पर हाथ सेंकते हुए कहा, 'शासन तो ठीक ही चल रहा है। रुग्णता से वे परेशान अवश्य हैं।'

'' 'केवल रुग्णता से ही नहीं, अनपत्य होने से भी।' भीष्म बोले।

'' 'अरे, अभी अनपत्य हैं, बाद में कभी-न-कभी तो पुत्रवान् हो ही जाएँगे।' मैंने कहा।

'' 'बाद में भी नहीं होंगे। यही तो सबसे बड़ा कष्ट है।'

'' 'बाद में क्यों नहीं होंगे?'

'' 'अनपत्य रहने के लिए वे शापित हैं।' भीष्म ने कहा, 'यह तुम्हें नहीं मालूम है? अरे, इस सत्य को पूरा हस्तिनापुर जानता है।'

'' 'कोई आवश्यक नहीं कि जिसे पूरा हस्तिनापुर जानता हो, उसे मैं भी जानता होऊँ।' मैंने कहा, 'यह दुःखद अवश्य है, पर कोई संकट नहीं है।'

'' 'संकट नहीं है!' भीष्म की आवाज कुछ तेज हुई, 'हस्तिनापुर का दुर्भाग्य तो देखो—पांडु के सामने अँधेरा-ही-अँधेरा है—और धृतराष्ट्र के पीछे भी अँधेरा था और सामने भी।'

'' 'आप यह कैसे कह सकते हैं! जीजाजी के पीछे भले ही अँधेरा रहा हो, पर सामने तो अँधेरा नहीं है।' '' शकुनि का कहना था, ''मैंने बड़े विश्वास के साथ और विनम्रतापूर्वक कहा, 'जीजाजी के आगे के अँधेरे को दूर करने के लिए ही तो आप उतनी विशाल वाहिनी लेकर मेरे यहाँ पधारे थे।'' शकुनि बता रहा था, ''इतना सुनते ही भीष्मजी गंभीर रूप से चुप हो गए। पर मैं बोलता गया, 'मेरी बहन को तो सौ पुत्र होने का वरदान प्राप्त है। यही वरदान तो गांधार के लिए अभिशाप बना।'

'' 'अभिशाप कैसा? मैंने गांधार का कोई अहित तो नहीं किया।' भीष्म ने कहा, 'एक बूँद भी रक्त नहीं बहा।'

'' 'रक्त तो ऐसा बहता कि आपकी प्रतिष्ठा तथा गांधार की अस्मिता में से कोई एक अवश्य उस रक्त में बह जाता।...यह तो आप मेरे सहयोग और प्रयत्न की

सराहना कीजिए कि मैंने ऐसी युक्ति निकाली कि तलवारें म्यानों में ही रहीं और आपका काम भी बन गया।' मैंने हँसते हुए कहा। वे भी हँसते हुए ही बोले, 'यह तुम्हारे सहयोग का ही परिणाम था कि मैं तुम्हें अपने साथ ले आया।'

"फिर कुछ देर तक हम दोनों हँसते रहे।"

"तुमने यह बात नहीं उठाई," मैंने बीच में ही शकुनि को टोका, "कि जिस सिंहासन पर आज पांडु विराजमान हैं, उसपर मूल अधिकार तुम्हारे जीजाजी का ही है। उन्होंने अपनी दृष्टिहीनता के कारण वह सिंहासन पांडु को दे दिया?" मैं थोड़े आवेश में बोलती गई, मेरे पति की असमर्थता ने ही पांडु को सिंहासनाधीश बनाया।''' तो क्या पांडु की असमर्थता से मेरे पुत्र सिंहासन नहीं पा सकते? एक भरत थे, जो राम का सिंहासन पाने के बाद भी उसपर नहीं बैठे। शासन करते हुए भी उन्होंने शासनाधीश की गरिमा काठ की खड़ाऊँ को दी।

"मैंने यह बात कही तो अवश्य, पर स्मरण होते हुए भी मैंने राम का उदाहरण नहीं दिया।" शकुनि बोला।

"क्यों नहीं दिया?"

"क्योंकि मैं मूर्ख नहीं हूँ।" शकुनि हँसा, "ऐसे दृष्टांत के साथ जोर देकर इस बात को कहने का तात्पर्य यह होता कि मैं धृतराष्ट्र का पक्षधर हूँ। आज़ की परिस्थिति में कूटनीति यह कहती है कि पक्षधर होते हुए भी निष्पक्ष बने रहो।"

"चलो, भगवान् की जो इच्छा होगी, वही होगा।"

"भगवान् के भरोसे हाथ पर हाथ रखकर भी बैठना भूल होगी।" शकुनि बोला।

"तब हम क्या कर सकते हैं?" मैंने पूछा।

"हमारे पास करने के लिए बस एक ही काम है।" शकुनि बोला, "हमें पता लगाना चाहिए कि दुर्वासावाला संदर्भ क्या है। क्योंकि दुर्वासा के मंत्र की ही उस समय चर्चा हो रही थी और भीष्म ने मंत्र के अनुसार कार्य करने की अनुमति भी कुंती को दे दी है। अब कोई-न-कोई यांत्रिक प्रयोग पांडु परिवार में अवश्य होगा।"

मैं सोच में पड़ गई, क्योंकि मंत्र के आगे हमारा क्या वश चलेगा।

"बस इतने से परेशान हो गई? अरे पगली, कूटनीति व्यक्ति की सहजता नहीं, उसकी कुटिलता चाहती है। कुटिल बनो, कुंती को मिलाओ। दुर्वासा संदर्भ उसके पेट में है। यह कार्य तुम्हारे लिए जितना सरल है, मेरे लिए उतना ही कठिन।"

मैं सोचने लगी, क्या करूँ? मुझे दिखाई पड़ी कुंती और अपने बीच की दूरी। इसके होते हुए क्या मिलना उचित होगा? मैंने इसकी चर्चा शकुनि से की।

वह बड़े जोर से हँसा, "यह तो लगता ही नहीं कि तू शकुनि की बहन है।" फिर उसने समझाते हुए कहा, "तू कुंती से मिलने कभी मत जाना, पर रुग्ण देवर से मिलने जा सकती है।"

"मैंने सुना है, अब तो वे ठीक हैं।" मैंने कहा, "उन्होंने मंत्रिपरिषद् भी आहूत की है।"

"उनका रोग तो शाप का परिणाम है। उससे वे मुक्त होने वाले नहीं हैं। हाँ, कभी-कभी तबीयत कुछ सुधर अवश्य जाती है। ऐसी स्थिति में यह कहने तो जाया ही जा सकता है कि आप पहले से अच्छे हैं। इसी तरह स्वास्थ्य का ध्यान रखिए, भगवान् चाहेगा तो आप एक-न-एक दिन पूर्व रोग से मुक्त हो जाएँगे। बातों के क्रम में, मुझे विश्वास है कि तू अपनी योग्यता का ऐसा जाल फेंकेगी, जिसमें कुंती की बुद्धि अवश्य फँस जाएगी।"

संयोग कुछ ऐसा कि दूसरे दिन जब मैं पांडु के राजभवन में पहुँची तो महाराज अमात्यमंडल की अध्यक्षता कर रहे थे। द्वारपालों ने बड़ी विनम्रतापूर्वक आवभगत करते हुए महाराज के कक्ष तक पहुँचाया। कुंती वहाँ उपस्थित थी। वह शायद मुझे देखते ही लपकी और बड़ी प्रसन्नतापूर्वक स्वागत करते हुए बोली, "आज किधर सूर्य उदित हुआ है?"

मैंने हँसते हुए कहा, "यह प्रश्न उनसे पूछो जिनके लिए सूर्य के उदय और अस्त में कोई अंतर हो।"

मेरे साथ वह भी हँस पड़ी। उसकी लड़खड़ाती हँसी में मेरी असमर्थता के प्रति उसकी पीड़ा की आहट भी थी।

फिर मैंने स्वयं बातें शुरू कीं, "क्या बताऊँ, कल रात मैंने भयानक स्वप्न देखा था कि देवरजी की बीमारी काफी बढ़ गई है। पूरा राजभवन चिंता में डूब गया है। राजवैद्यों के अतिरिक्त आर्यावर्त के और वैद्य भी बुलाए गए हैं। घबराहट में नींद खुल गई। मैं एकदम उठ बैठी। मैं तो उसी समय आने की सोच रही थी कि अचानक माँ की बात याद हो आई, 'जब भी बुरा सपना देखो तब उठकर नहा-धोकर देव-दर्शन करो, फिर दूसरा काम।' इसी झमेले में दिन की कई घड़ियाँ बीत गईं।"

"स्वप्न तो बड़ा अशुभ है।" कुंती बोली।

"चिंता की कोई बात नहीं, बहन, मैंने देव-दर्शन कर लिया है। कभी-कभी सपना अपना विपरीत फल भी देता है। फिर आज तो वे स्वस्थ हैं। अमात्यमंडल की अध्यक्षता कर रहे हैं।"

"अरे, उनके स्वास्थ्य का क्या! घड़ी भर में कुछ, घड़ी भर में कुछ।"

"फिर ऊपर से चिंताएँ भी होंगी।" मैं बीच में ही बोल पड़ी, "तभी तो बेचारे बनवासी होने की सोच रहे हैं।...अगर संन्यासी होना भी चाहें तो सत्ता किसे सौंपकर जाएँगे?"

कुंती चुप थी। फिर धीरे से बोली, "इसीलिए तो इच्छा होते हुए भी सत्ता छोड़ नहीं पा रहे हैं।"

"यही तो है! अनपत्य होना बहुत खलता है।" मैंने कहा। वह कुछ नहीं बोली। मैंने उसे और खोलने की कोशिश की, "उस दिन तुम नियोग की बातें कर रही थीं, उसका क्या हुआ?"

कुंती एकदम चुप।

"इस संबंध में तुम ताऊजी (भीष्म) से बातें क्यों नहीं करतीं? वे निश्चित ही अनुमति दे देंगे, क्योंकि तुम्हारे लिए अब नियोग के अतिरिक्त कोई दूसरा रास्ता नहीं है।"

"यह तो वे भी जानते हैं।" कुंती बोली।

"तब क्या कर रहे हैं?"

"कुछ-न-कुछ तो करेंगे ही। वे सिंहासन के संरक्षक भी हैं और यहाँ की परंपरा के जीवित साक्षी भी।"

"यह तुम्हें कैसे मालूम कि वे कुछ-न-कुछ करेंगे ही?" मैंने एकदम से पूछा। वह अप्रत्याशित रूप से उघड़ गई।

"मैं उनसे मिली थी, उन्होंने आशीर्वाद दिया था।"

यह तो निश्चित हो गया कि नियोग का आशीर्वाद उसे मिल गया, पर दुर्वासावाला क्या संदर्भ है, यह पता नहीं चला। मैंने फिर पूछा, "तो फिर तुमने क्या निश्चय किया?"

"मैं क्या निश्चय कर सकती हूँ? सब तो ताऊजी को ही करना है।" इतना कहकर वह गंभीर रूप से चुप हो गई, जैसे उसने अपनी जबान सी ली हो।

जब तक मैं बैठी रही तब तक वह चुप ही रही। मैंने कई बार उसे और खोलने की चेष्टा की, पर मैं सफल न हो सकी। अब हर बात के क्रम में मेरे स्वप्न की ही चर्चा करती। अब मुझे लगा कि वह मेरे हथियार से ही मेरे वार को असफल कर रही है।

मैंने इसके दूसरे ही दिन इसकी चर्चा शकुनि से की।

वह भी सोच में पड़ा। उसने कहा, "तुम्हारी असफलता ने यह तय कर दिया

कि दुर्वासा संदर्भ बड़े महत्त्व का है। उसे जाने बिना हम बाजी हार सकते हैं।'' वह इसी रास्ते पर सोचने लगा; पर किसी निर्णय पर नहीं पहुँचा।

दूसरे दिन वह मेरे यहाँ आया और मुझसे उद्यान में मिलने का संकेत कर चला गया। मैंने समझा, उसने रहस्य का कोई सूत्र पा लिया। उसे भय था कि यहाँ बातें करने पर उसके खुलने की आशंका है। सुखदा की उपस्थिति उसे बाधक लगी।

संध्या को राजकीय उद्यान में मैं उससे एकाकी मिली। हम दोनों पुष्करिणी के किनारे एक शिलाखंड पर बैठ गए। उसने बिना किसी भूमिका के कहना शुरू किया, ''मैंने वहाँ बातें करना उचित नहीं समझा।''

''तब तुम्हें स्पष्ट संकेत करना चाहिए था, मैं सुखदा को हटा देती।'' मैंने कहा।

वह बहुत गंभीरता से बोला, ''हमारी राजनीति एक ऐसे मोड़ पर आ गई है, जो हमें दिखाई नहीं देती, पर जो हमें देखती है। जरा सा हम चूके तो बाजी हाथ से निकल जाएगी। इसलिए हमें गोपनीयता की आवश्यकता है। उस समय सुखदा को हटाकर तू क्या करती! वहाँ दीवारें तो थीं ही—और जानती है, दीवारों के भी कान होते हैं।''

''...और यह भी जानती हूँ कि राजभवन में हवाओं में भी कान उड़ते हैं।''

वह हँसने लगा।

''मैंने एक युक्ति सोची है, तुम भीष्म से उनके आवास पर मिलो और मैं उस शूद्रपुत्र से उसके आवास पर मिलता हूँ। मैं अपनी तरह से उस शूद्रपुत्र को खोलने की चेष्टा करता हूँ और भीष्म को तुम अपनी तरह से खोलने की चेष्टा करो।''

''पर मैं ताऊजी के सामने क्या कहूँगी? यदि वे पूछ बैठे कि कैसे चली, तो मैं पल भर में निरुत्तर हो जाऊँगी।''

''तुम्हारे पास कहने को बहुत कुछ है।'' शकुनि ने मुसकराते हुए कहा, ''अरे, तुम यही कहना कि 'आप मुझे ले आए हैं, पर इतने दिनों से आपने मेरी कोई सुधि नहीं ली है। मुझे लगा कि आप नाराज तो नहीं हैं? मुझसे कोई गलती तो नहीं हो गई है? यदि ऐसा कुछ है तो मैंने सोचा कि मैं ही चलकर आपसे क्षमा माँग लूँ।' बस, बातें शुरू हो जाएँगी। फिर पांडु की चिंता में अपनी बुद्धि लगा देना।''

□

हस्तिनापुर का मौसम भी बड़ा विचित्र होता है। जेठ जब भीगता है तब सावन जलता निकल जाता है। इस बार भी कुछ ऐसा ही था। पसीने से लथपथ सावन धूल भरी हवाओं में उड़ता चला जा रहा था।

मैं जिस संध्या भीष्मजी के भवन-परिसर में पहुँची, उस दिन भी ताप बहुत था। पता चला कि ताऊजी उद्यान में हैं। मैं अपनी दासी के सहारे धीरे-धीरे उद्यान की ओर बढ़ी। इधर मैं शायद एक-दो बार ही आई थी, इसीसे इधर के मार्ग का आभास नहीं था।

उद्यान में वे एक कृत्रिम जल-प्रपात के किनारे बैठे थे। कुछ आगे बढ़ने पर लगा कि उनके निकट दो-तीन व्यक्ति और होंगे। मैं अभी दूर ही थी कि वे चिल्ला पड़े, "अरे रे! आओ गांधारी, आओ।"

मैं आगे तो बढ़ी, पर दासी से पूछती हुई कि निकट कौन बैठा है।

उसने बताया, "बैठे तो तीन सज्जन थे, पर अभी-अभी उन्होंने सबको हट जाने का संकेत किया है। वे जा रहे हैं।"

पहुँचते ही मैं उनके चरण छूने के लिए झुकी और लड़खड़ा गई। यदि तुरंत ही उठकर उन्होंने मुझे सँभाला न होता तो मैं जल-प्रपात में चली जाती। उनके दोनों हाथों में जहाँ पौरुष का स्पर्श था वहीं उनके दृढ़ ब्रह्मचर्य की पवित्रता की गंध भी।

"मैं कई दिनों से तुम्हारे बारे में सोचता रहा।" उनकी आवाज से ऐसा लगा जैसे मेरे आने से वे बहुत खुश हैं। उन्होंने बड़े उल्लास से कहा, "गांधार की बेटी को देखकर हमारे उपवन के पुष्प भी ईर्ष्या करने लगे होंगे। अब तुम्हारा सौंदर्य तो हस्तिनापुर में चर्चा का विषय हो गया है।"

यह एक नारी के सौंदर्य की किसी पुरुष द्वारा काम-निरपेक्ष समीक्षा थी। औरों की तरह न उनमें वासना की ललक थी, न मुझे पा लेने की इच्छा। फिर भी मैं लज्जा और संकोच से गड़ गई।

"तुम्हारे सौंदर्य को यह प्रकृति भी देखती है और पुरुष भी। हो सकता है, पुरुष से तुम्हें घृणा हो; क्योंकि मेरे ऐसे पुरुष ने तुम्हारे साथ अच्छा व्यवहार नहीं किया। तुम उन्हें देखना न चाह रही हो, पर क्या इस क्षण-क्षण परिवर्तित प्रकृति को देखने की लालसा भी तुममें नहीं जागती?"

मैं चुप थी। क्या कहती!

वे बोलते गए, "तुमने उषा की लाली देखी होगी। तुमने प्रभात की फुहार देखी होगी। तुमने पुष्पों की मुसकराहट देखी होगी। तुमने तितलियों के बहुरंगी पंख देखे होंगे। रंग-बिरंगे विहगों से तुम्हारा पाला पड़ा होगा। तुमने मेघों से लुका-छिपी करता हुआ चंद्रमा देखा होगा।... क्या उन्हें फिर देखने की इच्छा नहीं होती? ईमानदारी से बताना।"

"होती क्यों नहीं!"

"क्या तुम्हारे मन में कभी इच्छा नहीं होती कि क्षण भर के लिए ही सही, पट्टी हटाकर इन्हें देख लूँ?" उन्होंने तर्क दिया, "तुम जन्मांध नहीं हो। तुम प्रकृति और पुरुष के रंग-रूप को भर आँखों देख चुकी हो। उन्हींकी गोद में खेल-कूदकर तुम बड़ी हुई हो।"

मैं फिर भी चुप थी।

"उनका आकर्षण तुम्हें अपनी ओर खींचता नहीं है?"

"खींचता तो है।" मैंने सत्य स्वीकार किया, "पर पट्टी हटा नहीं पाती।"

"क्यों?"

"यह पट्टी मुझे रोकती है और कहती है—खबरदार, मुझे छूना मत। जरा सी भी मैं हटी तो तुम्हारा संकल्प भ्रष्ट हो जाएगा।" मैंने कहा, "क्षण भर की हो या जीवन भर की, संकल्य-भ्रष्टता में कोई अंतर नहीं होता। एक बार पैर फिसला कि फिसलता ही जाएगा।"

"क्यों, उसे रोका नहीं जा सकता?"

अब मेरा मुँह थोड़ा और खुला, "टूटे हुए धागे को जोड़ा जा सकता है? यदि जोड़ा भी जाएगा तो उसमें गाँठ पड़ जाएगी। पर संकल्प में गाँठ नहीं पड़ती, दरार पड़ती है; ऐसी दरार, जो भरी नहीं जा सकती।"

उन्होंने बातों की धारा थोड़ी सी बदल दी, "मैंने यह बात इसलिए कही कि व्यक्ति को अपना मन नहीं दबाना चाहिए। इससे शरीर में अनेक विकृतियाँ आ जाती हैं।"

अब मुझे मौका मिला। मैं बड़ी विनम्रता से बोली, "आपने जो सदा ब्रह्मचारी रहने का संकल्प लिया है; क्या कभी आप उससे विचलित हुए हैं? आपकी दृष्टि तो स्वतंत्र है। कितने मोहक और आकर्षक दृश्य आपने देखे होंगे! मुझसे अधिक वसंत आपकी आँखों से गुजरा है। क्या कभी काम के बाणों से आप बिंधे नहीं? कभी ऐकांतिक क्षणों में भी वासना ने आपको नहीं झकझोरा? तो क्या क्षण भर के ही लिए सही, आप कभी विचलित हुए?"

अब भीष्मजी चुप; उनकी वाणी बहुत देर तक अधरों के बीच बँधी रही। अपने जीवन में शायद वे कभी इतने निरुत्तर रहे हों। उन्होंने स्वयं को सँभालते हुए कहा, "मेरे मन में कहीं-न-कहीं यह अपराधबोध है कि मेरे आतंक ने तुम्हें शरणागत किया। तुम्हारी आँखों पर पट्टी बाँधकर तुम्हें सदा के लिए अंधकार में झोंक दिया।"

"मैं इसे किसी आतंक का नहीं, नियति का परिणाम मानती हूँ। उस नियति का जिसने मुझे ऐसा आकर्षक सौंदर्य दिया, जिसने मुझे सौ पुत्रोंवाली माँ बनने का आशीर्वाद दिया।"

मेरी बातें सुनकर कुछ देर के लिए वे जड़वत् हो गए। प्रकृति भी एकदम मौन थी। केवल उस कृत्रिम निर्झर का झर-झर सुनाई दे रहा था, जिसके निकट हम बैठे थे। थोड़ी देर बाद उन्होंने कहा, "तुम जितनी रूपवती हो उतनी विदुषी भी। तुम्हारे चिंतन का स्तर सामान्य नारियों से बहुत ऊँचा है। कुरुवंश धन्य है, जिसने तुम्हारी ऐसी कुलवधू को पाया है।...अच्छा, यह बताओ, आज कैसे चलीं?"

अब मैं कैसे अपने स्वार्थ का जाल फैलाऊँ कि उसमें अभीप्सित मछली फँस जाए? मैंने बड़ी होशियारी और सावधानीपूर्वक कहना आरंभ किया, "आपसे मिलने की इच्छा थी। सोचा, इतने दिनों से आपने उस बहू की सुधि नहीं ली जिसे आप ही ले आए हैं। ऐसा तो नहीं कि मुझसे कोई अपराध हो गया हो?"

"अपराध तुमसे नहीं, मुझसे हुआ है; पर तुम्हारा यह सोचना ठीक नहीं है कि मैंने तुम्हारी कभी कोई सुधि नहीं ली। मैं बराबर महामात्य से तुम्हारे बारे में पूछता रहता हूँ। अब बताओ, तुम्हें कोई कष्ट तो नहीं?"

अब मुझे अवसर मिला, "कष्ट तो मुझे नहीं, मेरी देवरानी को है। यों तो वह बहुधा मुझसे मिलती रही है। वह बेचारी तो कुछ नहीं कहती, पर उसके चेहरे की उदासी कहती रहती है कि मैं एक शापित जीवन जी रही हूँ। मैंने तो उसे कभी हँसते हुए ही नहीं देखा।...एक दिन मैं महाराज को देखने गई थी। वे बेचारे शासन करने में सर्वथा अशक्य हैं। यह तो कहिए, विदुरजी महामात्य उन्हें मिले हैं, जो प्रजा को उनकी अशक्तता का बोध होने नहीं देते। लेकिन प्रश्न है, कब तक ऐसा चलेगा?"

ताऊजी चिंता में पड़ गए।

"क्या कुंती निपूती ही रहेगी?" मैंने बड़ी नाटकीयता से कहा, "उसके लिए कुछ-न-कुछ व्यवस्था तो आपको करनी पड़ेगी।"

"जो कुछ कर सकता हूँ, वह कर दिया है।" उन्होंने मंद स्वर में बड़ी गंभीरता से कहा, "मैंने उसे नियोग कराने की अनुमति दे दी है।"

"अनुमति से क्या होगा, जब तक आप व्यवस्था नहीं करेंगे!"

"मेरी व्यवस्था का फल तो तुम भोग ही रही हो। न हम लोगों ने वेदव्यास की व्यवस्था की होती, न अंबिका का भय धृतराष्ट्र की आँखों में समाता और न तुम्हारे जीवन में अंधकार होता।" उनकी ध्वनि में ऐसा पश्चात्ताप था कि मैं कुछ बोल नहीं पाई।

फिर भी मैंने इस संदर्भ को आगे बढ़ाया, "फिर भी, नियोगकर्ता इस परिवार की मान-मर्यादा के अनुकूल ही होना चाहिए। इस विषय में आपकी पहुँच और ज्ञान जितना है उतना राजभवन के शायद ही किसी दूसरे को हो।"

"इसका ज्ञान उसे बहुत अच्छी तरह है।" वे बोले, "अब मैं इस झंझट में नहीं पड़ना चाहता।"

इसके बाद उन्होंने बातों के क्रम को ऐसा तोड़ दिया जैसे कोई पेड़ के सूखे डंठल को तोड़ता है। अब मुझे कुछ और पूछने का साहस न हुआ।

उनका आशीर्वाद लेकर जब मैं चली, संध्या डूबने को थी। मुझे लगा कि मेरी होशियारी की यात्रा बहुत आगे नहीं बढ़ी है।

दूसरे ही दिन शकुनि मुझसे मिला। वह यह जानने के लिए व्यग्र था कि क्या हुआ। पर जब उसने जाना कि परिणाम लगभग शून्य है तब वह भी सोचने लगा। मैंने उसे बताया कि बात इतनी ही पुष्ट हुई कि भीष्म ने नियोग के लिए कुंती को अनुमति दे दी।

वह एकदम चुप हो गया। स्पष्ट था कि किसी गंभीर चिंता में डूब गया है।

"इसमें चिंता की क्या बात है?" मैंने कहा।

"चिंता की बात है भी और नहीं भी है।" बोला, फिर कुछ सोचने लगा। मैं कुछ पूछूँ, इसके पहले ही वह पुनः बोल पड़ा, "उन्होंने अनुमति दे दी और उनका कहना है कि मैंने बहुत पहले ही अनुमति दे दी थी। इसका तात्पर्य है कि कुंती ने नियोग भी करा लिया होगा।"

"इस प्रकार गुपचुप! बिना जताए!" मैं बोली।

"तुम सोचती हो कि ऐसे काम डंका बजाकर होते हैं!" वह फिर गंभीर हुआ। सोचते हुए बोला, "अब गोटी हमारे हाथ के बाहर है।"

"तब किसके हाथ में है?"

"भगवान् के हाथ में या तुम्हारे हाथ में।" उसने कहा, "अब तुम्हें या कुंती को, जिसे पहले पुत्र होगा, हस्तिनापुर का सिंहासन उसकी ओर ही झुकेगा।"

अब मेरे और कुंती के बीच पुत्र-जन्म की स्पर्धा धीरे-धीरे शीतयुद्ध में बदलने लगी।

□

: छह :

यदि आकांक्षाएँ न होतीं तो मनुष्य का जीवन दूभर हो जाता। आकांक्षाओं के खिलौनों से खेलता और नए-नए खिलौनों की प्राप्ति का प्रयत्न करता मनुष्य का जीवन उलझा रहता है। यही कारण है कि सत्ता-सुख की प्राप्ति के बाद भी उसकी सुखेच्छा प्यासी-की-प्यासी रहती है और उस क्षितिज की ओर दौड़ती है, जहाँ प्यास-ही-प्यास है, तृप्ति नहीं।

जब से मैंने सुना था कि कुंती गर्भवती हो गई है तब से मैं गर्भ-धारण के लिए अधिक प्रयत्नशील हुई। इसका तात्पर्य यह नहीं है कि इसके पहले मेरा शारीरिक संबंध मेरे पति से नहीं था और मुझे पुत्र की लालसा नहीं थी, बस उतनी ही जितनी एक साधारण स्त्री को होती है।

इसके पहले एक दिन कणिक ने पांडु के यहाँ गर्भाधान संस्कार के संदर्भ में हो रहे कृत्यों की सूचना दी थी। किंतु मैंने उसकी सुनी अनसुनी कर दी, क्योंकि वह मुझे अत्यंत अविश्वस्त और धूर्त लगता है; यद्यपि वह हस्तिनापुर का अमात्य है। पांडु से उसकी पटती नहीं है, शकुनि तो सदा ऐसे ही व्यक्ति की तलाश में रहता था। झटपट उसे अपना मित्र बना लिया। अब वह हमारे लिए गुप्तचरी करने लगा। पर हमारा विश्वास उसपर जम नहीं पाता था, क्योंकि महाराज पांडु उसे इतना मानते थे कि राजभवन की सारी व्यवस्था उसीको सौंप दी थी। अंत:पुर की दासियाँ अपनी आवश्यकताओं के लिए उसीसे संपर्क करती थीं। मेरा सोचना था कि इतनी सुख-सुविधा देने के बाद भी जो अपने स्वामी का नहीं हुआ, वह मेरा क्या होगा!

कुंती के गर्भवती होने की सूचना के बाद मैंने कणिक को बुलाया और पूछा, ''तुमने कुंती के गर्भाधान की सूचना इसके पहले मुझे दी थी। वह तुम्हें मालूम कैसे हुई, क्योंकि किसीके गर्भाधान की सूचना किसीको दी नहीं जाती।''

वह हँसने लगा। उसने कहा, ''मौन की भी एक आवाज होती है। फिर वैदिक मंत्रों के कुछ शब्द मेरे कानों में पड़े थे, जो इसी संदर्भ के थे। दूसरे दिन उन ब्राह्मणों को महाराज ने अच्छी दक्षिणा भी दी थी।''

"इस घटना को कितने दिन हुए?"

"लगभग तीन महीने हो चले हैं। अब तो पुंसवन* भी होने वाला है।"

"यह तुम किस आधार पर कह सकते हो?"

"पट्टमहिषी के रंगवाले बछड़े की ढूँढ़-खोज हो रही है—और यह काम मुझे ही करना है।"

मैं स्तब्ध रह गई। सोचने लगी, कुंती जैसी सहज, सरल और सीधी लगनेवाली स्त्री ने यह बात मुझसे छिपा ली। आखिर एक-न-एक दिन तो खुलती ही बात। अब तो पांडुपुत्र मेरे पुत्र से निश्चित ही बड़ा होगा और राजसिंहासन का अधिकारी भी बनेगा। अब क्या किया जाय? मेरा अंतर्मंथन चलता रहा। कुंती से यह जानने की इच्छा मुझे हुई कि तुमने इतनी बड़ी बात मुझसे क्यों छिपा ली?

रोज की तरह आज भी कुंती मुझे भोजन के समय मिली। मैंने उसके पेट पर धीरे से हाथ लगाया और फिर मुसकराने लगी। वह भी समझ गई। उसकी झेंप भरी हँसी ने मेरी मुसकराहट का उत्तर दिया।

बात तो सत्यापित हो चुकी थी। शकुनि का कहना था कि अब तू उससे मिल और जितना भी हो सके, उसे उलाहना दे।

"किस बात का उलाहना।"

"क्यों? इतनी बड़ी बात उसने तुमसे छिपा ली और बनती है तुम्हारी छोटी बहन!" शकुनि ने कहा।

मेरी इच्छा उससे मिलने की नहीं हुई। मेरे विचार से बस इतनी सी बात किसी गंभीर उलाहने का पात्र नहीं बन सकती। फिर नियोग को भले ही सामाजिक मान्यता मिली हो, फिर भी वह नियोग करानेवाली के लिए एक लज्जाजनक विवशता है, जिसका उद्घाटन वह कभी करना नहीं चाहती। दुर्भाग्य है कि वह छिपा भी नहीं सकती। यह उसके आँचल में छिपी एक ऐसी कली है जो कभी-न-कभी फूल अवश्य बनती है। यह सामाजिक अस्तित्व की अनिवार्यता है, एक नारी के आँचल का सौभाग्य है।

शकुनि का सोचना था कि तुम्हारे उलाहने के प्रबल प्रहार के समक्ष उसकी गोपनीयता बिखर जाएगी और तब बहुत से रहस्य खुल जाएँगे। इसके लिए शकुनि बार-बार मुझे उससे मिलने के लिए जोर दे रहा था।

---

* गर्भाधान के बाद का एक संस्कार, जिसमें पुनर्वसु नक्षत्र में उपवास के बाद गर्भवती को अपने समान रंग के बछड़ोंवाली गाय के दूध की दही के साथ सेम के बीज और एक दाना जौ खाने को दिया जाता है। वेद मंत्रों के साथ यह क्रिया तीन बार दोहराई जाती है।

कई दिन बीत गए। अचानक वह एक दिन अपनी निजी सेविका विरजा के साथ आ गई। ज्यों ही वह मेरे चरण छूने के लिए झुकी, मैंने उसे बीच में ही रोककर गले लगाते हुए कहा, ''ना-ना। इतना मत झुको, अन्यथा गर्भ को कष्ट होगा!'' मैं तो कहना चाहती थी कि 'गर्भ की गोपनीयता भंग होगी', पर मैं कह न पाई।

यह मेरे उद्यान भ्रमण का समय था। मैं उसे भी लेती गई। वहाँ पहुँचने पर मैंने कहा, ''लगता है, आज सूर्योदय पश्चिम में हुआ है। उसे न देख पाने पर भी मेरा अनुमान कुछ ऐसा ही है।''

उसने मेरी हँसी में हँसी मिलाते हुए कहा, ''सूर्योदय तो नहीं, हाँ, इस समय सूर्यास्त अवश्य पश्चिम में हो रहा है।''

हम दोनों कुछ देर तक हँसते और टहलते रहे।

एक शिलाखंड के निकट पहुँचकर हम बैठ गए। तब मैंने कहा, ''मैं तो स्वयं तुम्हारे यहाँ आने वाली थी। पुंसवन संस्कार हो गया और तुमने हमें सूचित तक नहीं किया!''

वह एकदम गंभीर हो गई। कुछ बोल नहीं पाई।

''गर्भाधान हो गया, पुंसवन हो गया और तुमने मुझे बताया तक नहीं। ऐसी गोपनीयता! और वह भी जेठानी से! यह सही है कि नियोग एक गोपनीय कर्म है; किंतु कोई भी गोपनीयता प्रकाश से भले ही दूर रहे, अंधकार को तो वह अपना साथी समझती है। इस समय तो मैं अंधकार में ही जी रही हूँ। वह मुझे देखता है और मैं सिर्फ उसे देखती हूँ। फिर मुझसे ऐसा दुराव क्यों?''

उसने संकोच के साथ स्वीकार किया, ''यह भूल हो गई है। यद्यपि मन से मैं कभी ऐसा चाहती न थी। मैं स्वयं आपसे मिलकर बताना चाहती थी। बात आजकल में ही रह गई।''

''यदि ऐसा ही था तो तू विरजा से ही यह शुभ समाचार भिजवा देती।''

''पर परिवार के वृद्ध सदस्यों ने किसीसे कहने के लिए मना किया था।'' निश्चय ही उसका संकेत भीष्म की ओर था।

अब मेरी चिंता का एक और आधार मिला। आखिर मुझसे छिपाने के लिए ताऊजी ने कहा! ऐसा तो नहीं कि हस्तिनापुर में भीतर-ही-भीतर कुछ उबल रहा हो। इतनी बड़ी घटना और राजभवन की असामान्य शांति किसी भयंकर तूफान की सूचना देती जान पड़ी।

अधिक देर तक मैं मुख्य बिंदु से दूर न रह सकी। मैंने कुंती की ठुड्डी हिलाते हुए पूछा, ''ऐसा कौन बड़भागी है, जिसे फूल-सी मेरी देवरानी के साथ नियोग करने का अवसर मिला?''

"समय आने पर इसकी भी जानकारी आपको हो जाएगी।" कुंती फिर छिपा ले गई।

मैंने तुरंत पैंतरा बदला, "मेरी जिज्ञासा तो केवल इतनी ही थी कि कहीं तुम्हारी भी तो उस समय वह स्थिति नहीं हुई जो हमारी सास की हुई थी!"

"वैसी कैसे होती!" उसने सलज्ज मुद्रा में कहा, "हमारी सासों के नियोजक परिवार के वरिष्ठ जनों द्वारा उनके ऊपर लादे गए थे; इस बार चयन का अधिकार ताऊजी ने मेरे ऊपर ही छोड़ दिया था।"

"तभी तू बहुत खुश है।" मैंने कहा, "लगता है, वह भाग्यवान् कोई देव या गंधर्व है?"

वह हँस पड़ी। उसकी हँसी में स्वीकारोक्ति थी।

जब मैंने समझ लिया कि वह अपनी जबान पर एकदम ताला डाल बैठी है तब मैंने अमोघ बाण मारा, "तुम्हें तो महर्षि दुर्वासा ने कोई मंत्र दिया था न?"

"यह आपको कैसे मालूम?"

"एक दिन तुमने ही मुझसे कहा था।" मैं बोली।

वह चुप हो सोचने लगी।

फिर मैंने बातों की शय्या पर एक करवट और ली, "मेरे यह पूछने का तात्पर्य मात्र यह जानकारी प्राप्त करना था कि हर संस्कार के अवसर पर कुछ कर्मकांड होते हैं, उसे यथानियम निभाया गया या नहीं?" अन्यथा इस पचड़े में पड़ने की मुझे क्या आवश्यकता थी?"

कुंती कुछ न बोली। चुप हो सोचने लगी।

कुछ समय तक हम इधर-उधर की बातें करते रहे। धीरे-धीरे अँधेरा बढ़ता गया। दीप जलाए जाने लगे। कुंती अब उठकर चलने को हुई। उसने मेरे पाँव छूकर आशीर्वाद माँगा। मैंने उसकी पीठ थपथपाते हुए 'पुत्रवती भव' कहा। अचानक मेरी बुद्धि विशेष रूप से जाग्रत् हुई और मैंने पूछा, "मान लो, पुत्र न होकर पुत्री हुई तो?"

वह मुसकरा उठी, "ऐसा तो नहीं होना चाहिए।"

"ऐसा नहीं होना चाहिए या नहीं होगा?"

"जो भी आप समझें, मेरे लिए तो दोनों में कोई अंतर नहीं है।"

"तुम इतने रहस्यमय ढंग से मुसकरा रही हो जैसे कुछ विशेष जानती हो, पर मुझे बताना नहीं चाहतीं। आपस में इतनी गोपनीयता कहीं राजभवन को विभाजित न कर दे।" इस बार मैंने अपनी मुद्रा बदली।

वह भी सहमकर चुप रह गई। फिर उसे लगा, वह उस दरार को खोदने की पहल कर रही है, जिसमें एक दिन यह पूरा राजभवन समा सकता है।

''बात यह है कि मैं अपने पूज्य नियोजक से पुत्र की ही आराधना की थी, तब पुत्री होने का प्रश्न ही नहीं।'' अब उसके पैर गोपनीयता की चादर से थोड़ा बाहर आए।

''तब तो वह कोई देवता ही होगा।'' मैंने कहा, ''स्त्री गर्भाधान कर सकती है, पर वह पुत्रेच्छा की तृप्ति नहीं कर सकती।''

अब उसे लगा कि मैं रहस्य के तट तक पहुँच चुकी हूँ। तब उसने कहा, ''मैंने एक दिन दुर्वासा का संदर्भ आपको सुनाया था। उन्होंने प्रसन्न होकर एक मंत्र दिया था, जिसे पढ़कर कभी भी किसी भी देवता का आवाहन किया जा सकता है।''

''तब तुमने यह बात पहले क्यों नहीं बताई थी? मैं तुमसे तुम्हारे देवता को छीन तो लेती नहीं।'' मेरी आवाज का टेढ़ापन आक्रोश की सीमा को छूने लगा था।

अब वह और खुली, ''उसी मंत्र से मैंने इंद्र* का आवाहन किया था और उनसे धर्मात्मा, यशस्वी और वीर पुत्र की याचना की थी।''

''तब तो सचमुच तू भाग्यवान् है। अब मुझे तुझसे ईर्ष्या होने लगी है। यदि मैं भी उस मंत्र को जान जाती तो स्वयं को भी भाग्यवान् समझती।''

''मैं तो तुम्हें बता देती, बहन! पर महर्षि ने सावधान किया था कि मंत्र की गोपनीयता भंग होते ही यह प्रभावहीन हो जाएगा।'' चलते-चलते कुंती ने ऐसा बाण मारा कि मेरे सारे प्रहार व्यर्थ हो गए।

□

मेरे मन में चिंता का बीज तो पड़ ही गया था कि कुंती को धर्मात्मा, पराक्रमी और यशस्वी पुत्र होगा। साथ ही मन में एक दूसरी आवाज भी उठती कि कुंती को देवता का आशीर्वाद है, तो मुझे भी तो रुद्र का वरदान है। तू क्यों घबराती है? यह समस्या केवल तुम्हारे और कुंती के बीच की नहीं है, वरन् रुद्र और उस देवता के बीच की भी है जिसने कुंती के साथ नियोग किया है।

पर शकुनि ने इसकी बिलकुल चिंता नहीं की कि कुंती को पुत्र कैसा होगा। उसकी मूल चिंता थी कि वह कौरव सिंहासन का ज्येष्ठ उत्तराधिकारी होगा। यह चिंता भी उसके मन पर बहुत देर तक छाई न रह सकी। वह तुरंत ही अभ्यस्त पहलवान की तरह धूल झाड़कर खड़ा हो गया।

---

* सभी पांडव इंद्र के अंश थे।

वह हर समस्या को चौपड़ की बाजी समझता था। एक बार पासा अनुकूल नहीं पड़ा तो क्या हुआ, आगे देखा जाएगा। कभी-न-कभी तो अनुकूल पड़ेगा ही।

लगभग इससे भिन्न स्थिति मेरे पति धृतराष्ट्र की थी। जब मैंने उन्हें सारी कथा सुनाई तब वे पराजित सेनापति की तरह बोल पड़े, ''जब सिंहासन का अधिकारी होते हुए नियति ने मुझे उसपर बैठने नहीं दिया तब मैं अब क्या सोचूँ कि मेरे बच्चों का क्या होगा, जो अभी जनमे ही नहीं हैं। जो प्रभु करेगा वही होगा।''

ऐसी ही मानसिकता में दिन सरकते गए, रातें फिसलती गईं। एक दिन वह भी आया, जब कुंती को पहला पुत्र हुआ। ताऊजी ने ब्राह्मणों को खुलकर दान दिया। दीन-दु:खियों के लिए सारे राजकोष का द्वार ही खोल दिया गया। युगों के बाद आज कौरव कुल में कुलदीपक ने जन्म लिया था। पूरे राज्य में दीपावली हुई।

बालक का जातकर्म संस्कार किया गया। ताऊजी और पिता के आशीर्वाद के बाद जब माता के आशीर्वाद की बारी आई, तब कुंती ने बच्चे को मेरी गोद में डाल दिया। वह खिलखिलाकर ऐसा हँसा कि मैं क्या बताऊँ! मेरी ममता पिघल गई और बहा ले गई सारे द्वेष को। मैंने उसे छाती से लगा लिया। आज पहली बार मुझे आँखों पर बँधी पट्टी के बोझ का अनुभव हुआ। एक क्षण तो सचमुच ऐसा लगा कि पल भर के लिए मैं पट्टी हटा दूँ और उसकी किलकारी देखूँ। तभी मेरे संकल्प ने हाथ पकड़ लिये—यदि मैं टूटा तो तुम जोड़ नहीं पाओगी।

तभी ताऊजी (भीष्म) की आवाज सुनाई पड़ी, ''देखो, कैसा प्रसन्न है! ऐसा लगता है कि यह अपनी माँ की ही गोद में है।''

विदुर तुरंत बोल पड़े, ''माँ से कम प्यारी बड़ी माँ थोड़े ही होती है।''

राजज्योतिषी ने उसकी जन्मकुंडली बनाई और नामकरण करते हुए कहा, ''तुला के सूर्य और ज्येष्ठा नक्षत्र के चंद्रमा में आश्विन शुक्ल पंचमी के दिन के आठवें अभिजित मुहूर्त में जातक का जन्म हुआ है।* इसलिए इसका नाम 'यु' से रखा जाए।'' फिर जातक के संबंध में वे सारी बातें बताईं जिनकी कभी कुंती ने अपने नियोग करनेवाले से कामना की थी।

विस्तार से उसका भविष्य बताते हुए राजज्योतिषी ने कहा, ''महाराज, यह चक्रवर्ती सम्राट् होगा। पर दो ग्रह सूर्य और चंद्रमा नीच के हैं। कुशल बस इतना ही है कि ये नीच भंग राजयोग बनाते हैं। जीवन के बारह-तेरह वर्ष अति कष्टकारक हैं। इस काल में इसकी स्थिति भीख माँगने की हो सकती है। शायद माँगनी भी पड़े।''

---

* महाभारत, आदिपर्व, ११४.४; नीलकंठी टीका, १२३.६

"यह आप क्या कह रहे हैं, राजज्योतिषजी?" ताऊजी भीष्म बोले।

"मैं कुछ अपनी ओर से नहीं कह रहा हूँ। मैं तो केवल ग्रहों की भाषा पढ़ रहा हूँ।" राजज्योतिषी बड़े सहजभाव से बोलते रहे, "पर बहुत घबराने की आवश्यकता नहीं है। अन्य ग्रह इतने प्रबल हैं कि जातक सारी मुसीबत झेल लेगा। इसे अग्नि में भी जलाने की चेष्टा की जाएगी; पर एक चिनगारी भी इसे नहीं लगेगी।"

"इसके ग्रह-नक्षत्र इस अनिष्ट वचन के अतिरिक्त कुछ अच्छा भी बोलते हैं?" ताऊजी ने पूछा।

"क्यों नहीं बोलते हैं!" राजज्योतिषी ने कहा, "इसके अन्य ग्रह तो बड़े प्रबल हैं। सारी विपत्ति पर वे इसे विजय दिलाते चले जाएँगे। चरित्र इसका महान् होगा। परम धर्मात्मा और न्यायप्रिय होगा। प्रजा इसके राज्य में सुख और शांति का अनुभव करेगी।"

ताऊजी गंभीर हो गए। महाराज पांडु की पीली आकृति और भी पीली पड़ गई। मेरे पति मुँह सिलकर जो बैठे सो बैठे ही रहे।

सबसे अधिक घबराहट कुंती के चेहरे पर दिखाई पड़ी। उसने पूछा, "महाराज, इसके अशुभ ग्रहों की शांति के लिए कुछ किया जा सकता है?"

राजज्योतिषी हँस पड़े। उनकी हँसी में विवशता थी, "यह तो नियति का अभिलेख है, महारानीजी। इसे किसी पूजा-पाठ से मिटाया नहीं जा सकता। हाँ, जातक के स्वयं अपने चरित्र और धार्मिक कृत्यों से इसे थोड़ा-बहुत नियंत्रित किया जा सकता है।"

इस भविष्यवाणी ने पुत्र-रत्न की प्राप्ति की खुशी का गला ही घोंट दिया। इसके बाद हम लोग चुपचाप वहाँ से चले आए।

सुना है, उस दिन कुंती रात भर रोती रही थी।

समय ने इस सारी भविष्यवाणी को धीरे-धीरे उदरस्थ कर लिया। सबकुछ सामान्य हो गया। एक दिन अचानक मैंने इस प्रसंग को अपने पति से छेड़ा। यद्यपि वे सबकुछ जानते थे और कई बार इस संबंध में उनसे बातें भी हुई थीं; पर आज प्रकृति के साथ-साथ उनकी मुद्रा भी बदल गई थी। बाहर वर्षा हो रही थी। रह-रहकर बिजली की कड़क सुनाई दे रही थी। भीगी और बोझिल हवा के मादक झोंके एक विचित्र प्रकार की सिहरन पैदा कर रहे थे। मैं उनके पार्श्व में ही थी। ऐसे में वे मुझसे जो चाहते थे, उसके लिए मैं तैयार नहीं थी, इसलिए मैं कुंती के पुत्र की बात छेड़ बैठी थी।

''एक ही बात तुम कई बार कह चुकी हो और.आज फिर कह रही हो।'' वे बहुत चिढ़ते हुए बोले।

''पर आज मेरे मन में इसी विषय पर एक दूसरा प्रश्न उठा है।''

''वह क्या है ?''

''किसी देवता से कुंती ने नियोग कराया था, फिर बालक के संबंध में इतनी चौंकानेवाली बात कही गई कि वह चक्रवर्ती राजा भी होगा और भिखारी भी हो सकता है।'' मैंने कहा।

''इसमें चौंकानेवाली बात क्या है ?'' उन्होंने झुंझलाते हुए कहा, ''क्या राजा भिखारी नहीं हो सकता ? आखिर राम के जीवन के चौदह वर्ष कितने कष्ट से गुजरे थे ! क्या नल-दमयंती की कथा तुम नहीं जानतीं ?''

''यह तो नियोग करनेवाले की भूल का परिणाम कहा जाएगा, जो उसने ऐसे मुहूर्त में गर्भाधान किया कि बालक का यह भविष्य हो गया।''

''यह उसकी भी भूल हो सकती है और उस समय की परिस्थितियों की भी।'' वे थोड़े समय के लिए रुके, ''मैं तो इसका प्रत्यक्ष प्रमाण हूँ। परिस्थितियों ने ही मुझे अंधा पैदा किया।''

अंधा होने की हीनग्रंथि मेरे पति में इतनी सबल थी कि जब भी अवसर पाता, उनका पश्चात्ताप छलक आता था।

''जब देवताओं से भूल हो सकती है तब हम किस डाली के फूल हैं !''

''अरे, देवता और मनुष्य क्या ! भूल तो भगवान् से भी हो सकती है।'' उसी झुंझलाहट में वे बोलते रहे, ''यह भगवान् की ही भूल है कि मैं अंधा पैदा हुआ। भूल तो मेरी माँ ने की थी। भगवान् को दंड उसे देना चाहिए, पर उसने दंड दिया मुझे। माँ की भूल का दंड पुत्र को क्यों ?'' वे उसी स्वर में बोलते गए, ''भगवान् ने तो ऐसी-ऐसी गलतियाँ की हैं कि यदि आज कहीं वह दिखाई पड़ जाता तो उसकी हत्या हो जाती।''

मैंने अनुभव किया कि आज उनका मन अपने विषय से जरा भी हटनेवाला नहीं था। बात यह थी कि मेरे पति के अंधेपन से कहीं अधिक अंधी उनकी वासना थी। जब एक बार वह फनफनाती थी तो कुछ और देख नहीं पाती थी। इस समय के मौसम से वह ऐसी उद्दीप्त हो उठी कि उनके सामने कोई भी विषय, कोई भी प्रसंग निरर्थक बकवास था। उनकी झुंझलाहट का मूल कारण यही था। मैं चुप हो गई। उनकी भुजाओं ने तुरंत मुझे जकड़ लिया। और मैं पराजित हो गई।

भले ही मेरे पति की वासना ने इस विषय को महत्त्वहीन समझा हो, पर

उनकी बुद्धि कभी ऐसा नहीं समझती थी। मेरा भाई शकुनि तो हर क्षण इसी समस्या से उलझा रहता था। जब मिलता था तो बस इसीकी चर्चा करता था। उसका कथन था कि तुम इस बार तो चूक गईं, आगे मत चूकना।

"पर जो चूक हो गई, उसे सुधारा तो नहीं जा सकता। पांडुपुत्र कौरव वंश का बड़ा पुत्र होगा और वही सिंहासन का उत्तराधिकारी होगा।"

"खैर, इस समस्या को मुझपर छोड़ो। तुम अपना काम देखो।" शकुनि ने ऐसे विश्वास से कहा कि मैं चुप हो गई।

इसे सब जानते थे कि कुंती अपने पुत्र के भाग्य से संतुष्ट नहीं है। फिर वह किसी अन्य देवता का आवाहन करेगी और नियोग कराएगी। अब तो उसके लिए रास्ता खुल ही गया है।

अब एक प्रच्छन्न स्पर्धा ने उसके साथ मुझे घेर लिया—देखो, किसको पहले शिशु होता है! विश्वास था कि इस बार मैं बाजी मार ले जाऊँगी; पर मेरे विश्वास को उस समय गंभीर आघात लगा जब कणिक से ज्ञात हुआ कि आज से दो माह पूर्व ही कुंती ने गर्भाधान करा लिया है।

"इसे तुम कैसे जानते हो?"

कणिक ने हँसते हुए बताया, "मैं राजभवन का अमात्य हूँ। इतनी भी जानकारी नहीं रखूँगा! अरे, कुंती का गर्भाधान छिपा होकर भी राजभवन में मौन चर्चाएँ छोड़ जाता है। आवाहन की रात वह स्नान करती है। देवताओं के आवाहन के समय मशालें बुझा दी जाती हैं। मुख्य भवन के सारे प्रतिहारी और कर्मचारी हटा दिए जाते हैं। एक विचित्र फुसफुसाहट भरी नीरवता छा जाती है।"

मेरे लिए यह गहरा आघात था; यद्यपि मैं भी दो महीने की गर्भवती थी। मैंने सारे संदर्भ की चर्चा शकुनि से की। आज वह मुझे कुछ बदला-बदला सा लगा। उसने जैसे मुझे ललकारते हुए कहा, "तू क्या समझती है कि कुंती की बराबरी कर सकती है! तुझे युद्ध में जीतकर यहाँ लाया गया है। तू युद्ध में लूटी हुई वस्तुओं में से एक है। यदि एक अंधे से विवाह के लिए तुझे लाया न गया होता तो तू यहाँ दासी से अधिक न होती। और तुझे यदि अपने सौंदर्य का गुमान हो तो सुन, हस्तिनापुर के सिंहासन के लिए एक से बढ़कर एक सुंदर स्त्रियाँ स्वयं को न्योछावर करने को आज भी तैयार हैं।"

"आज तुझे यह क्या हो गया है?" मैं बोली, "यह कैसी बातें कर रहा है?"

"मैं ठीक कह रहा हूँ। सत्य को सुनने के लिए भी बहुत बड़ा कलेजा

चाहिए।'' वह उसी मुद्रा में बोलता गया, ''तू क्या कुंती की तुलना करेगी! उसे जीतकर नहीं, वरन् स्वयं पराजित होकर लाया गया है। उसने स्वयंवर में पांडु को चुनकर उन्हें धन्य किया है। राजभवन उसे पाकर स्वयं को गौरवशाली अनुभव करता है। उसका गांधर्व विवाह है और तेरा राक्षसी। जब भी होगा, उसीका पुत्र युवराज होगा। तेरे भाग्य में तो अंधे के साथ अंधा होकर अँधेरे में ही भटकना लिखा है।''

''यह क्या कह रहा है तू?'' मैंने कहा, ''तू अपने को मेरी छाया कहता था। आज छाया ही पदार्थ को ललकार रही है!''

''यह छाया की मात्र ललकार नहीं है वरन् इसके द्वारा पदार्थ को सावधान करना है। यह मात्र कुंती और तेरे जीवन की स्पर्धा नहीं है, वरन् जीवन भर चलनेवाला सतत युद्ध है। तुम्हें हर क्षेत्र में लड़ना होगा। राजसिंहासन तक पहुँचने के लिए अग्निपथ पार करना होगा।''

उस दिन शकुनि न मेरे पास बैठा और न इधर-उधर की बातें कीं। उसकी नाटकीयता से तो मैं परिचित थी, पर उसका यह रूप मैंने कभी नहीं देखा था। मेरी ईर्ष्या की अग्नि में वह घी छोड़कर चला गया।

उस दिन से लगातार मैं इस संदर्भ में सोचती रही। शायद शकुनि की नाटकीयता का यह उद्देश्य भी था। द्वेष इस सीमा तक बढ़ा कि अब मैं कुंती से मिलना भी पसंद नहीं करती थी। संयोगवश एक दिन वह मार्ग में मिल गई। मैंने आव देखा न ताव, बस फटकारना शुरू किया, ''तू गर्भवती हो गई और तूने इसकी सूचना भी हमें नहीं दी! एक महल में रहकर इतना दुराव! मैं तो तुझे अपनी छोटी बहन मानती रही और तू मुझे अपना शत्रु समझती रही।''

''ये कैसी बातें कर रही हैं, जीजी! मैंने हमेशा आपको बड़ी बहन माना है और आज भी मानती हूँ। जहाँ तक गर्भ की सूचना न देनेवाली बात है, मेरे सामने एक बड़ी विवशता है।''

''कैसी विवशता?''

पहले तो वह सकपकाई, फिर धीरे से बोली, ''इसे गोपनीय रखने का आदेश था।''

''कौन होते हैं पांडु ऐसा आदेश देनेवाले? उनका आदेश केवल शासन में चलेगा। उनसे कहो कि अब अपने आदेश देने की सीमा के भीतर राजपरिवार को भी घेरने की कुचेष्टा न करें।''

''यह आदेश उनका नहीं था।''

"तब किसका था?"

"उस देवता का था जिनका आवाहन मैंने किया था।"

मैं चुप तो हो गई, पर मन कह रहा था कि यह झूठ बोल रही है। उस देवता को गोपनीयता का निर्देश देने का क्या प्रयोजन? इसी प्रकार जब इसे दुर्वासा का मंत्र छिपाना था तब भी ऐसा ही बहाना बनाया था कि मंत्र को गोपनीय रखना उनका निर्देश है।

मैंने व्यंग्य हँसी हँसते हुए कहा, "कुंती, तुम तो गजब की औरत हो! लोग कहते हैं कि औरत के पेट में कोई बात नहीं पचती, तुम तो अपने पेट को ही पेट में छिपा लेती हो।"

कुंती हँस पड़ी और बिना बात बढ़ाए यह कहते हुए चल पड़ी कि "बहन, यदि कोई भूल हो गई हो तो क्षमा करें।"

अब हमारी स्पर्धा की ज्वाला विद्वेष का ज्वालामुखी बन चुकी थी। शकुनि का कहना था कि इस बार यदि तू पिछड़ी तो सदा के लिए पिछड़ जाएगी। पांडु के प्रथम पुत्र से पिछड़ना शायद उतने महत्त्व का न हो, क्योंकि भविष्यवाणी के अनुसार उसके जीवन के तेरह वर्ष घोर संकट के हैं। उसी अवधि में पासा पलटा जा सकता है। भिखारी को सत्ता में आने से रोका जा सकता है, पर राजा को भिखारी बनने के लिए बाध्य नहीं किया जा सकता।

जब भी मैं कुंती के गर्भ के संबंध में सोचती, मेरा हाथ अनायास अपने पेट पर चला जाता और अनुभव करती कि मैं उसके समानांतर ही चल रही हूँ। मैंने कणिक से भी कह रखा था कि कोई नई बात हो तो बताना।

एक दिन उसने शकुनि के संबंध में एक अप्रिय सूचना दी।

बात यह थी कि व्यासजी का इस परिवार से विशेष लगाव था। उनके मन में कहीं-न-कहीं यह बात बैठी थी कि यह परिवार थोड़ी-बहुत मेरी भी सृष्टि है। वे महीने में दो-एक दिन हाल-चाल लेने आ जाया करते थे और सीधे ताऊजी से संपर्क करते थे। दोनों के वय में भी कोई विशेष अंतर नहीं था।

उस संध्या जब वे ताऊजी से मिलकर लौट रहे थे कि शकुनि भी उनके साथ हो लिया। वह कुछ बोला नहीं, उनकी बातें ही सुनता रहा।

पता नहीं किस प्रसंग में व्यासजी ने भीष्म से कहा, "महीने में दो-एक बार जब तक मैं यहाँ आ नहीं जाता तब तक मन नहीं मानता।"

इतना सुनते ही शकुनि की बुद्धि प्रगल्भ हो उठी। वह बोल पड़ा, "कैसे मन मानेगा? सुना है, सिंह जहाँ शिकार करता है वहाँ दो-एक बार अवश्य जाता है।"

इतना सुनते ही व्यास चलते-चलते अचानक रुक गए। फिर एक आग्नेय दृष्टि उसपर डाली। कुछ बोले तो नहीं, मौन ही रह गए; पर उस मौन में भी एक बुरी लताड़ थी।

भीष्म ने जब सुना तो वे शकुनि पर बरस पड़े, ''तुम्हारे जैसा दुर्विनीत और मूर्ख मैंने देखा नहीं। तुम्हें यह भी नहीं मालूम कि किससे और किस तरह बातें की जाती हैं।''

शकुनि अब भी कुछ समझ नहीं पाया। उसने बड़े सहजभाव से ताऊजी से पूछा, ''मैं समझ नहीं पाया कि मुझसे क्या भूल हो गई?''

''तेरी समझ में तो गोबर भरा है और चलता है राजनीति करने!'' महामुनि ने यहाँ कोई शिकार किया है क्या?''

अब शकुनि को अपनी भूल का अनुभव हुआ। वह कुछ बोल नहीं पाया।

''अब यहाँ मुँह लटकाए हुए क्यों खड़े हो? चले जाओ यहाँ से।'' ताऊजी काफी नाराज थे, ''यदि मैंने वचन न दिया होता तो आज ही तुम्हें राजभवन से निकाल बाहर करता!''

फिर बहुत दिनों तक शकुनि का साहस भीष्मजी के निवास पर जाने का नहीं हुआ।

उसने मुझसे कहा, ''यह मेरी पहली राजनीतिक पराजय है। मेरी मूर्खता ने हस्तिनापुर के सबसे प्रभावशाली व्यक्ति को अपने विरोध में खड़ा कर लिया।''

बात धीरे-धीरे फैल गई। एक दिन विदुर ने मुझसे कहा, ''ऐसा क्या किया आपके भाई ने कि ताऊजी उनपर आगबबूला हैं?''

''मुझे तो कुछ नहीं मालूम। यह आपसे ही सुन रही हूँ।'' फिर न उन्होंने कुछ बताया और न मैंने पूछा।

बहुत दिनों तक चली भीष्म से यह संवादहीनता शकुनि के लिए बहुत भारी पड़ी। वह हमेशा इस चिंता में था कि कोई ऐसा क्षण आए, जब मैं अपने इस कृत्य के लिए उनसे क्षमा माँगूँ। उसे केवल एक ही युक्ति सूझ रही थी। उसने मुझसे कहा, ''इस बार जब व्यासजी आते हैं, तू उनका आशीर्वाद लेने चल। मैं भी तेरे साथ चलूँगा और उनके चरणों में गिरकर क्षमा माँग लूँगा।''

''यदि क्षमा ही माँगना है तो तुम पहले ताऊजी से माँगो।'' मैंने कहा।

''मैंने दो बार कोशिश की थी; पर जब-जब मेरा-उनका सामना हुआ, उन्होंने आँखें फेर लीं। फिर बोलने का साहस नहीं कर पाया।''

इसके दूसरे या तीसरे दिन ही कणिक ने सूचना दी कि व्यासजी पधारने वाले हैं। यह भी उसका अनुमान मात्र था। उसे पता चला था कि वे कुछ दिनों के लिए

हस्तिनापुर से दूर जाने वाले हैं। उसका सोचना था कि इसके पहले वे यहाँ का कुशलक्षेम पूछने अवश्य पधारेंगे।

शकुनि ने एक व्यूह रचना की और मुझसे बोला, "इस बार जब व्यासजी पधारें तो तू उनसे अपने गर्भस्थ शिशु के लिए आशीर्वाद माँगने भीष्मजी के निवास पर जाना। मैं भी तेरे साथ रहूँगा और साथ ही उनके चरणों में गिरूँगा भी।"

पहले तो मैं संकोच में पड़ी। सोचने लगी कि जब आज तक उनके सामने न गई तो क्या आज जाना उचित होगा? क्या समझेंगे वे?

मैंने यही बात शकुनि से कही। उसका कहना था, "अभी तेरा शिशु गर्भ में ही है। इस स्थिति से उसके जन्म के बीच यदि कोई विषम स्थिति आई तो तू उसका सामना कैसे करेगी? कुंती तो तुरंत अपने देवता का आवाहन करेगी; परंतु तू क्या करेगी? इस दिशा में कितनी असमर्थ है तू! वर्तमान का भोग अतीत की उपेक्षा करते और भविष्य को सोचते हुए करना चाहिए।"

उसका यह वाक्य मुझे चुभ गया। मैंने बड़ी गंभीरता से इसपर विचार किया और शकुनि के निर्णय के समक्ष नतमस्तक हो गई। अब योजना बनी कि कणिक को सचेत किया जाए कि व्यासजी के आगमन की सूचना तुरंत हम लोगों को दे। उसने बताया कि चातुर्मास्य करने के बाद व्यासजी काशी जाएँगे और कार्तिक भर वहीं रहेंगे। काशी जाने के पूर्व उन्हें एक बार तो आना ही चाहिए।

□

वर्षा बीत चुकी थी। धुनी हुई कपास की तरह श्वेत और हलके बादलों के चीथड़े आकाश में इधर-उधर तैर रहे थे। इस मौसम में भी कभी-कभी इंद्रधनुष दिखाई दे जाते थे; पर वे भी कुछ क्षणों के लिए—किसीने देखा, किसीने नहीं। पर ये सारे दृश्य मेरी आँखों पर पड़ी पट्टी की तह छेद नहीं पा रहे थे। मैं केवल इतना अनुभव कर पा रही थी कि हवा कुछ ठंडी पड़ गई है और पहले की अपेक्षा उसकी नमी भी कुछ कम हो गई थी। मैं महर्षि व्यास के पधारने की प्रतीक्षा कर रही थी और उनका सामना करने के लिए मन बना रही थी। कणिक ने सूचना दी कि वे आज या कल में ही आने वाले हैं।

"यह तुम्हें कैसे मालूम?"

"इस बार कुंती उनका विशेष आराधन करेगी। इसके लिए उसने काष्ठ के कमंडलु और रुद्राक्ष की माला पर स्वर्ण जटित कराया है। इसके लिए मुझे विशेष आज्ञा हुई थी कि ये वस्तुएँ आज अवश्य आ जानी चाहिए।" इतनी सूचना देकर कणिक चुपचाप चला गया।

मैंने अनेक बार अनुभव किया है कि ऐसी सूचना देते समय कणिक के मन की स्थिति चोरों जैसी होती थी। वह चोरी का सामान रखकर चुपचाप चला जाता था।

अब शकुनि थोड़ा अधिक प्रसन्न था। उसने सोचा, अब मैं शुभा के साथ न चलकर कुंती के साथ चलूँगा। यदि उनका क्रोध जागा भी तो सीमा के भीतर ही रहेगा।

दूसरे दिन प्रातः शकुनि यह सूचना लेकर आया कि महर्षि पधार चुके हैं। कुंती भी ताऊजी के निवास की ओर जाती दिखाई पड़ी थी। मैं तुरंत तैयार हुई, पूजन का थाल सजाया और चल पड़ी। भीष्मजी के भवन में प्रवेश करते ही शकुनि ने धीरे से कान में कहा, ''सामने भीष्म के सिंहासन पर व्यासजी बैठे हैं। उनके नीचे के मंचक पर स्वयं भीष्मजी विराजमान हैं। देखो, गलती मत करना; जब मैं तुम्हारा हाथ पकड़कर संकेत करूँ, तुम तुरंत धरती पर दंडवत् प्रणाम के लिए लेट जाना।''

सुखदा थाल लेकर पीछे-पीछे आ रही थी। हम सिंहासन की ओर बढ़े चले जा रहे थे कि एक स्थान पर पहुँचने पर शकुनि ने मेरा हाथ पकड़कर खींच लिया। उधर कुंती के पूजन के थाल रखे थे।

कुंती और पांडु, दोनों ने आकर मेरे चरण छुए।

पहुँचते ही मैं और शकुनि पंख कटे पक्षी की तरह हड़बड़ाकर सिंहासन के सामने सिर झुकाते हुए ढुलक गए। महर्षि ने आशीर्वाद दिया और उठकर बैठ जाने का संकेत किया।

''मुझे क्षमा करें। मैंने उस दिन बहुत अशिष्टता की थी।'' शकुनि बोला।

''क्षमा माँगना उतना महत्त्वपूर्ण और आवश्यक नहीं है जितना उस अशिष्टता का अनुभव करना और उसके लिए पश्चात्ताप करना है।''

''महाराज, उस घटना के बाद मैं कई दिनों तक सोया नहीं, पश्चात्ताप में ही जलता रहा।''

''तब तुम्हें क्षमा माँगने की भी आवश्यकता नहीं थी, क्योंकि तुम्हारी कोई भी अशिष्टता संतों के शरीर को छू नहीं सकती, वरन् छूने के पहले ही वह फूल-सी झर जाती है। भूल करना मनुष्य की स्वाभाविक प्रकृति है और उसके लिए पश्चात्ताप करना उसके व्यक्तित्व का उज्ज्वल पक्ष।''

''यह क्षमा अपने लिए नहीं, आपके लिए माँग रहा था।'' शकुनि की टेढ़ी जबान कभी सीधी नहीं हो सकती थी। मैंने भी अनुभव किया और उसने भी। उसने

तुरंत अपने को सँभाला, ''मेरे कहने का तात्पर्य यह है कि जब तक आप मुझे क्षमा नहीं करते तब तक मेरा अपराध मुझे कोसता रहेगा।''

महर्षि चुप हो गए। फिर उन्होंने मुझे संबोधित करते हुए कहा, ''बेटी, इस तरह हड़बड़ाकर मत झुका करो। गर्भस्थ शिशु को आघात पहुँच सकता है।''

''गर्भस्थ शिशु की रक्षा तो आप पर ही है।''

मैं बोली। वे हँस पड़े, ''जली हुई उँगली की दवा करने से अच्छा है, आग में हाथ ही न डालना।''

मैं चुपचाप उठकर किनारे बैठ गई। फिर कुंती ने पूजन किया और रुद्राक्ष की स्वर्णिम माला एवं कमंडलु उन्हें भेंट किया। महामुनि ने उसे देखते ही कहा, ''यह स्वर्णिम किसलिए? स्वर्ण की आवश्यकता तो सत्ता को पड़ती है, साधु-संतों को नहीं।'' वे अत्यंत सहजभाव से बोलते रहे, ''इन वस्तुओं को आप अपने पास रखें। इस माला और कमंडलु के माध्यम से आप जो श्रद्धा हमारे प्रति व्यक्त कर रहे हैं, उसे मैं सहर्ष स्वीकार करता हूँ।''

हम चकित भाव से उन्हें देखते रह गए।

□

धीरे-धीरे दिन बीतते रहे।

उस रात मैं अपने पति के शयनकक्ष में उन्हींकी शय्या पर बैठी रही। इधर-उधर की बातें होती रहीं। वे मेरे तन को सहलाते रहे। बस यहीं तक सीमारेखा थी, आगे बढ़ना गर्भावस्था में वर्जित था।

''हमारा संसार तो गंध-स्पर्श और ध्वनि तक ही सीमित है।'' विवशता भरी हँसी के बीच उन्होंने कहा, ''हमारे संसार में आने के बाद तुमने भी अपनी अनुभूति की सीमा हमारी सीमारेखा के भीतर कर ली।''

''यह तो मेरा धर्म था।'' मैंने कहा।

''तुम्हारा धर्म नहीं, तुम्हारी सदाशयता थी।'' उन्होंने कहा, ''पर यह बात मैंने दूसरे संदर्भ में कही थी।...मेरी माँ ने गर्भाधान के समय आँखें बंद कर ली थीं। मैं अंधा पैदा हुआ। अब तुमने आँखों पर पट्टी बाँध ली है। ऐसा तो नहीं कि तुम्हारी संतानें भी उस दुर्भाग्य को झेलें, जिसे मैं झेल रहा हूँ?''

''ऐसा तो नहीं होना चाहिए।'' मैंने कहा, ''पूज्य माताजी द्वारा आँखें बंद करना आपकी अंधता का कारण नहीं है। वह उस अप्रत्याशित भय का परिणाम है, जिसका सामना वे कर नहीं पाईं। ऐसा तो मेरे संदर्भ में नहीं है।''

वे चुप हो गए और बड़ी देर तक चुप रहे। शायद वे इसी विषय में गंभीरता से सोचने लगे थे।

थोड़ी देर बाद कक्ष के द्वार खुलने की आहट लगी। मुझे तो आभास लग गया कि यह सुखदा है, फिर भी पतिदेव ने पूछा, "कौन है ?"

सुखदा के कुछ बोलने के पहले ही मैं बोल पड़ी कि यह सुखदा है। पर इस समय अचानक उसका यहाँ आना चकित कर देनेवाला था।

"क्या बात है, सुखदा ?" मैंने पूछा।

"अभी कणिक का चर आया था। आज अपराह्न से ही महारानी कुंती पेट की पीड़ा से छटपटा रही हैं।"

"और उसने कुछ नहीं बताया ?"

"नहीं। केवल इतना बताया कि राजवैद्य बुलाए गए हैं।"

"कहाँ है वह चर ?"

"मैंने उसे रोक रखा है।"

"तब उसे सावधान करो कि जो भी स्थिति हो, तुम्हें बराबर अवगत कराता रहे।" मैंने उससे कहा और वह तुरंत चली गई।

मेरे पति अत्यंत चिंता में बोल पड़े, "लाख प्रयत्न करो, होगा वही जो नियति चाहेगी। लगता है, इस बार भी बाजी पांडु के ही हाथ रहेगी। उनका दूसरा शिशु भी मेरे पुत्र से बड़ा होगा। हम उसके पहले शिशु के दुर्भाग्य का लाभ उठा नहीं पाएँगे।"

अब हम लोगों के लिए वह अंधकार और भी गाढ़ा हो गया। ऐसा लगा कि हम लोग जिस अंधकार को जी रहे थे, अब वही अंधकार और घना होकर हमारे भविष्य को निगलने की तैयारी कर रहा है। पतिदेव इस स्थिति की कल्पना मात्र से करवटें बदलने लगे। अब मैं उन्हें समझाऊँ या स्वयं को ?

"कोई और कारण होगा, अभी तो सात-आठ महीने से अधिक नहीं हुए होंगे।" मैंने उनसे कहा, "निश्चित ही यह जन्म के पूर्व की नहीं, गर्भपात की पीड़ा है। अब जो कुछ होगा, भगवान् ठीक ही करेगा।"

"अब तक भगवान् ने अच्छा ही किया है न!" उनकी अंतर्वेदना मुखर हुई, "भगवान् ने नेत्रहीन पैदा किया, बड़ा होने पर भी सिंहासन से वंचित रखा। यह भी तो भगवान् की ही कृपा थी।...अब इससे बड़ी कृपा क्या होगी कि मेरे बच्चे भी सिंहासन से दूर ही रहेंगे।"

मैं बराबर उन्हें सांत्वना दे रही थी और वे सत्ताच्युत पराजित योद्धा की तरह छटपटा रहे थे।

हमारी रात कैसे बीती, सो कैसे बताऊँ!

मैं रात भर जागती रही। मंदिर के घंटे के साथ ही बिस्तर छोड़ा। चलते-चलते मैंने उन्हें समझाया, "आप घबराएँ नहीं, मैं शीघ्र ही कुंती के यहाँ जाती हूँ और देखती हूँ कि बात क्या है! बिना वास्तविकता जाने किसी निष्कर्ष पर पहुँचना उचित नहीं है।"

पतिदेव अँगड़ाई लेते तथा करवट बदलते रहे और मैं चल पड़ी।

मैं जल्दी-जल्दी तैयार हुई। मंदिर गई, आधा-तीहा पूजन किया और बिना प्रसाद लिये चल पड़ी।

मंदिर के पुजारी ने टोका, "आज प्रसाद ग्रहण किए बिना ही जा रही हैं?"

"ओह! भूल गई।" मैंने प्रसाद लिया।

पुजारी बोला, "रोज तो आप प्रसाद माँगकर लेती थीं, आज क्या बात है? लगता है, चित्त अशांत है।"

मैं कुछ नहीं बोली।

पुजारी ने जल छिड़कते हुए आशीर्वाद दिया, "देवाधिदेव तुम्हें शांति दें।"

मंदिर से लौटते हुए मैंने सुखदा से पूछा, "कोई और सूचना?"

उसने मना किया। मैं उसे लेकर कुंती से मिलने चल पड़ी।

कुंती बिस्तर पर पड़ी अब भी पीड़ा से कराह रही थी। वह मुझे देखते ही पैर छूने के लिए आगे बढ़ी। मैंने उसे रोकते हुए कहा, "महर्षि ने तुझे झुकने के लिए मना किया है। इससे तुम्हारे गर्भ पर प्रभाव पड़ेगा।"

वह पुनः बिस्तर पर लेट गई। बड़बड़ाते हुए बोली, "झुका जाए चाहे न झुका जाए, पर होगा वही जो होना होगा।"

"होगा तो वही, पर जानबूझकर आग में पैर क्यों डालें!" मैंने कहा।

फिर कुंती ने अपना हाल बताया। वह अब भी पेट सहला रही थी। उसका कहना था कि ओषधि से कोई लाभ नहीं है।

"राजवैद्य ने क्या निदान किया?"

"वे किसी निष्कर्ष पर नहीं पहुँच पा रहे हैं। वे कह रहे थे कि प्रसव-पीड़ा भी हो सकती है।"

"दिन पूरा हो गया?"

"यही तो अचरज है। यह सातवाँ पूरा होकर आठवाँ चल रहा है। अभी प्रसव-पीड़ा तो नहीं होनी चाहिए।" कुंती बोली।

"भगवान् की लीला कुछ जानी नहीं जा सकती?" इतना कहकर और पांडु का हाल-चाल जानने की औपचारिकता निभाकर मैं चल पड़ी।

पूर्वाह्न था। रात भर की वर्षा के बाद धूप निकली थी। नमी सूख रही थी। सूखती धरती की गंध लुभावनी थी। हवा का झोंका भी मादक था; पर प्रकृति की मादकता इस समय मुझे छू नहीं पा रही थी। मेरे सामने तो कुंती का तना हुआ पेट था, जो भविष्य की पूरी आशंका के साथ आँखों में घुसकर मन को कुरेदता रहा।

'अब क्या हो? क्या कुंती सचमुच बाजी मार ले जाएगी?' मेरे इतना सोचते ही मुँड़ेर पर बैठा काक बोल पड़ा। अवश्य काक की बोली का कोई रहस्य है। कोई शकुन या अपशकुन की यह सूचना है। इस समय की बोली का क्या अर्थ होगा? मैं सोचने लगी; पर किसी निष्कर्ष पर नहीं पहुँची।

तब तक शकुनि आ गया। आते ही मैंने अपनी शंका व्यक्त की।

उसने सीधे-सीधे उत्तर दिया, "काक के बोलने का अर्थ है, इस समय तुम जो सोच रही हो वही होगा।"

"यह तो बड़ा उलझा हुआ उत्तर है।" मैंने कहा, "मैं केवल यह जानना चाहती हूँ कि काक का बोलना शुभ होता है या अशुभ?"

"वही तो मैंने बताया। यदि तुम शुभ सोच रही हो तो शुभ होगा और अशुभ सोच रही हो तो अशुभ।"

ध्वनि और प्रकृति ठीक वैसी ही हो जाती है जैसा मन होता है। मेरे शोकाकुल मन ने कागा की इस ध्वनि को अपने अनुकूल बना लिया। मैं गहरी चिंता में डूब गई।

शकुनि की भी जिज्ञासा बढ़ी। मैंने उसे सब बताया। वह भी चिंता में डूबने लगा। अब हम दोनों एक-दूसरे को पकड़कर डूबते-उतराते रहे; पर कुछ हाथ नहीं आया। अंत में हमारी आशंका ने निष्कर्ष अपने प्रतिकूल कर लिया। हम मान बैठे कि कुंती की यह उदर-पीड़ा प्रसव-पीड़ा ही है। अब क्या किया जाए, केवल अपने भाग्य को कोसने के सिवा?

बेचारा शकुनि भी बड़ा दुःखी हुआ। वह भी मानने लगा कि मनुष्य के प्रयत्न और उसकी आशंका से नियति की इच्छा बहुत प्रबल है। मैंने पहली बार शकुनि को पराजित होते हुए देखा। पहली बार उसके स्वर में हताशा दिखाई पड़ी, "अब तो सब भगवान् के ही हाथ में है।"

रात भयानक थी। हवा तेज थी। हमारे देश की पहाड़ियों पर बर्फ के तूफान आते थे, यहाँ केवल तूफान था, बर्फ नहीं थी। हमारे आवास के सामने का विशाल

अश्वत्थ (पीपल) झकझोरा जाने लगा था। उसके झकझोरे जाने में हजारों दैत्यों की चीखें समवेत हो गई थीं।

बाहर की मशालें बुझ गई थीं। कक्ष में सुरक्षापूर्वक जल रहे दीपदानों के अनेक दीप तूफान की बलि चढ़ गए थे। प्रकाश को न देख पाकर भी प्रकाश का अनुभव मेरी बंद आँखें कर लेती थीं। मेरे दीपदान में भी उन तूफानी हवाओं को झेलता मात्र एक दीप बच गया था। मेरे मन की उस पुरानी मंजूषा में बंद अतीत का वह भयानक स्वप्न सामने आ गया, जिसमें दैत्य पुरुषपुर के राजकुमार की बाँहों से मुझे छीनता चला जा रहा था। अब लगा, वही राक्षस हस्तिनापुर का सिंहासन मेरे पुत्रों से दूर ले जा रहा है।

मैं चीख पड़ी, ''पकड़ो-पकड़ो, वह सिंहासन लिये चला जा रहा है!''

सुखदा तो मेरे कक्ष में ही थी। वह हड़बड़ाकर उठी, ''कहाँ है, क्या है, कौन सिंहासन को लिये चला जा रहा है?''

''वही-वही, जिसने मेरे राजकुमार को मुझसे छीन लिया था।'' मैं बड़बड़ाती रही।

वह कुछ समझ नहीं पाई। बोली, ''लगता है, आपने कोई भयानक स्वप्न देखा है।''

''हाँ-हाँ, देखा है। कभी देखा था, यह वही पुराना स्वप्न है। यह कभी झूठा नहीं होता।''

''स्वप्न बहुधा झूठे होते हैं।'' सुखदा ने समझाया।

''पर यह झूठा नहीं है, यथार्थ है। यथार्थ से भी भयानक!''

तब तक मेरी और सेविकाएँ भी आ गईं। सबको इस दृश्य की अप्रत्याशित भयानकता ने अचंभित कर दिया। किसीने कहा, ''महारानी किसी प्रेतात्मा की चपेट में आ गई हैं।''

किसीने कहा, ''नहीं, यह किसी भयानक स्वप्न का कुप्रभाव है। मन के स्थिर होते ही सब ठीक हो जाएगा।'' किसीने कहा, ''इसकी सूचना महाराज को देनी चाहिए।''

पर मैंने सबको रोक दिया, क्योंकि मेरे पेट में भयानक वेदना हो चली थी। मैंने सुखदा से कहा। उसने पेट सहलाना शुरू किया। कई सेविकाएँ उष्ण जल की व्यवस्था में लग गईं। पर वेदना निरंतर बढ़ती जा रही थी।

स्वप्न की भयंकरता ने चिनगारी जलाई, जिसको मेरी मानसिकता ने आग में बदल दिया। अब उदरस्थ लपटें व्याकुल करने लगीं। और फिर ज्वालामुखी फूट पड़ा। मेरा गर्भपात हो गया।

"अरे, महारानीजी! आपने यह क्या किया?" सुखदा चीख पड़ी।

"मैं जीत गई। सुखदा, मैं जीत गई!" मैं पागलों सी बोली, "मेरी विजय हुई। सुखदा, अब हस्तिनापुर का वास्तविक उत्तराधिकारी पैदा हुआ।" मैं अपना संतुलन खो बैठी थी।

सेविकाएँ कुछ न बोलीं।

"कहाँ है हस्तिनापुर का युवराज? मुझे दिखाओ।" मैंने पागलों सी जिज्ञासा की।

"महारानीजी, आप शांत हों। आप अपनी आँखों से तो देख सकतीं नहीं, मन की आँखों पर भी इस समय उन्माद का परदा पड़ा है। आप मन शांत कीजिए। यथार्थ सामने आ जाएगा।"

थोड़ी देर बाद जब मैं सामान्य होने लगी थी तब मेरी पीड़ा और भी बढ़ गई थी। मैंने अनुभव किया कि मेरे दोनों पैर किसीने पकड़ रखे हैं। मैंने कहा, "मेरा शिशु मुझे दिखाओ।"

सुखदा अब भी चुप थी।

"तुम लोग बोलती क्यों नहीं हो? क्या तुम्हारे मुँह में जबान नहीं है?" मैं बिगड़ी। फिर भी किसी ओर से कोई आवाज नहीं आई। मेरा उन्माद आशंका उगलने लगा था। मैंने अनेक बार अपने पुत्र को देखने की इच्छा व्यक्त की।

तभी सुखदा ने असलियत बताई। वास्तविकता की ठोकर खाते ही मेरा उन्माद गिरकर चूर हो गया। पश्चात्ताप की बारिश शुरू हुई। सिंहासन का उत्तराधिकारी पाने का सपना आँखों से बह चला।

सेविकाओं ने यह दुःखद सूचना मेरी सास को देनी चाही। मैंने मना करते हुए कहा, "किसीसे भी कुछ मत कहो। सुनकर सभी हँसेंगे। हितैषी भी आखिर क्या कर सकते हैं!"

"तब क्या किया जाए?"

"तुम किसी तरह मेरे भाई को बुला लाओ।" मैंने कहा और सावधान किया, "किंतु उससे भी कुछ मत कहना।"

मैं पीड़ा से छटपटाती रही। मैं कुछ समझ नहीं पाई कि रोज मैं जो देखा करती थी वह सपना था, या जो आज देख रही हूँ वह सपना है।

शीघ्र ही शकुनि आ गया। उसको देखते ही मेरी आँसुओं की नदी में बाढ़ आ गई। मैं फूट पड़ी। मैं कुछ कह नहीं पाई। उसने सामने धरती पर गिरा मांस पिंड देखा, बहता हुआ रक्त देखा और सब समझ गया।

उसने पश्चात्ताप करते हुए बस इतना ही कहा, "यह सब कर डाला तुमने!"

मेरी सिसकन और तेज हुई। मैंने कहा, "यह हमारे कर्मों का फल है।"

"तुम्हारे कर्म तो इतने खराब नहीं। कहीं-न-कहीं तुमने जल्दी कर दी है।" उसने कहा, "रुद्र का वरदान कभी झूठा नहीं हो सकता। व्यास का आशीर्वाद मिथ्या नहीं जाएगा।"

मुझे लगा, चषक मुख तक आते-आते हाथ से छूट गया है। फिर भी शकुनि ने ढाढ़स बँधाया, "अभी स्थिति सुधर सकती है। सुना है, व्यासजी कल ही हस्तिनापुर पधारे हैं। यह भी भगवान् की कृपा ही है। मैं जाकर सारी स्थिति उनसे बताता हूँ।" फिर उसने सुखदा तथा अन्य सेविकाओं को सावधान करते हुए कहा, "देखो, इसकी जानकारी किसीको नहीं होनी चाहिए। तुम लोग द्वार बंद करके यहीं रहो। जब तक मैं नहीं आता तब तक कोई यहाँ से जाएगा नहीं।"

"यदि कोई स्वयं आ गया तो?" सुखदा बोली, क्योंकि हम लोगों ने इतनी दौड़धूप की है। किसीको भी शंका होना स्वाभाविक है।"

"यदि कोई यहाँ आए तो स्पष्ट कहो कि महारानीजी अचानक बीमार हो गई हैं। इस समय उनकी आँखें लगी हैं। उन्हें सोने दीजिए। उनका आदेश है कि किसी को कक्ष में आने मत देना।"

शकुनि वहाँ से बाण की तरह छूटा और दो घड़ी के भीतर व्यासजी को बुला लाया। व्यासजी का राजभवन में अप्रत्याशित पधारना सबको अचंभित कर देनेवाला था। इसके पहले जब भी महामुनि पधारते थे, उनके आने की सूचना पहले ही आ जाती थी। स्वयं भीष्मजी उनकी अगवानी हस्तिनापुर की नगर सीमा पर करते थे। उन्हें पूरा राजकीय सम्मान दिया जाता था। उन्हें लाकर राजसिंहासन पर बैठाया जाता था। फिर देवताओं की तरह उनकी आरती उतारी जाती थी।

आज बिना सूचना के उनका आगमन चर्चा का विषय बना।

किसीने कहा, "सत्ता पर कोई विपत्ति आने वाली है। उसीकी सूचना देने वे पधारे होंगे।"

किसीने कहा, "शकुनि उन्हें बुला लाया है। इसके पीछे भी कोई चाल है।"

सारा राजभवन भनभनाने लगा था। बात भीष्मजी के कानों में भी पड़ी। वे पूजन पर बैठे थे। आधी पूजा छोड़कर चल पड़े। चर ने उन्हें सीधे मेरे भवन में पहुँचाया। वहाँ मेरे पतिदेव और सास अंबिका पहले से ही थे। तभी पांडु और कुंती भी आ पहुँचे।

भीष्मजी ने देखा, कक्ष बंद है। बाहर उनकी मुख्य सेविका अपनी सहयोगिनियों

के साथ खड़ी थी। मेरी बूढ़ी सास अंबिका की आँखें डबडबाई हुई थीं। मेरे पतिदेव भी गंभीर रूप से मौन एक मंचक पर ढुलके हुए थे।

"क्या बात है?" आते ही भीष्म ने पूछा।

"स्वामिनी गंभीर रूप से बीमार हो गई हैं!" सुखदा बोली, "महामुनि उन्हें देखने आए हैं। उनका आदेश है कि अभी किसीको भीतर मत आने देना।"

"यही तो मुझे आश्चर्य है कि यहाँ रहकर उसकी बीमारी की सूचना मुझे नहीं दी गई और इतनी दूर से व्यासजी को बुला लिया गया।" भीष्म बोल पड़े, "मेरी इतनी उपेक्षा! वह भी तब, जब मैं हर दृष्टि से अभी समर्थ हूँ। जब मेरे हाथ-पैर शिथिल हो जाएँगे और अपनी शक्ति खोने लगेंगे तब मेरी क्या स्थिति होगी?"

"इसका उचित उत्तर तो राजकुमार शकुनि ही दे सकते हैं।" सुखदा ने बड़ी विनम्रता से निवेदन किया।

"क्या बीमारी है गांधारी की?" भीष्मजी की ध्वनि में एक कड़क थी।

यदि कोई दूसरी स्थिति होती तो सुखदा फिर बात टाल जाती, पर उसने देखा, भीष्म की आग्नेय आँखों से निरंतर चिनगारियाँ छूट रही थीं। सुखदा अपने को सँभाल न पाई। उसने कहा, "महारानी को गंभीर उदर-पीड़ा थी।"

"तुमने प्राथमिक चिकित्सा क्या की?"

"उन्होंने उष्ण जल माँगा। मैंने तुरंत उसकी व्यवस्था की। इसके बाद मुझे आदेश दिया गया कि बाहर जाकर द्वार बंद कर लो और किसीको भीतर मत आने दो।"

"जब किसीको भीतर न आने देने का आदेश था तब शकुनि कैसे आया?"

अब सुखदा क्या उत्तर देती! बात एक सीमा तक बनाई जा सकती है; पर जब वह उघड़ने लगती है तब केले के तने की तरह एक के बाद एक उघड़ती चली जाती है। सुखदा को लगा कि अब वह बुरी तरह खुल चुकी है। उसने अपने को चारों ओर से समेटा और बहुत सँभलकर बोली, "जब मैं उष्ण जल की व्यवस्था में गई थी तो मार्ग में राजकुमार शकुनि मिल गए थे। उन्होंने मुझे घबराया हुआ देखकर पूछा, 'क्या बात है?' जो जानती थी, वह मैंने बता दिया। वे उसी समय आए और भीतर चले गए। महारानी की हालत देखकर उन्होंने कहा, 'तुम सब लोग बाहर ही रहो। मैं व्यवस्था करता हूँ।' वही महामुनि को बुला लाए और वह आदेश दिया जिसका पालन किया जा रहा है।"

"आश्चर्य है कि दिन चढ़े जगनेवाला शकुनि तुम्हें मध्य रात्रि में मिल गया।"

सुखदा की आँखें एकदम नीची हो गईं। वह अपराध-बोध से गड़ी जा रही थी।

नाटक का परदा उस समय खुला, जब व्यासजी भीतर से बाहर निकले। हाथ तो उन्होंने धो लिये थे, पर उनके वस्त्रों पर रक्त के छींटे अब भी थे। निकलते ही उन्होंने भीष्मजी से कहा, "क्षमा कीजिएगा, मैं आते ही आपसे मिलना चाहता था, पर आकस्मिकता ऐसी थी कि मिल नहीं पाया। चलिए, अब चलता हूँ।"

पांडु ने सोचा कि सदा की भाँति वे मेरे सिंहासन पर बैठाए जाएँगे। वे उधर मुड़े भी; फिर अचानक उनके मन में पता नहीं क्या आया कि वे भीष्म के साथ ही उनके भवन की ओर बढ़ गए। अन्य लोग भी साथ हो लिये। सबके पीछे शकुनि था—हारे हुए जुआरी की तरह चिंतातुर। आज उसका पासा उलटा पड़ा था।

व्यासजी ने सारी कथा भीष्मजी को कह सुनाई और अंत में कहा, "गांधारी को मैंने पुत्रवती होने का आशीर्वाद दिया था और शायद यह भी कहा था कि यदि तुम इस तरह की किसी परेशानी में पड़ना तो मुझे स्मरण करना। इसीलिए शकुनि सबसे पहले मुझे खोजता हुआ मेरे पास पहुँचा।" अब बात किसीसे छिपी रह न सकी। सबने सुना कि गांधारी को गर्भपात हो गया है।

भीष्मजी के विशेष पूछने पर व्यासजी ने विस्तार से बताया, "आते ही मैंने देखा कि पतित पिंड सामान्य से बहुत बड़ा है। अब उसमें भ्रूण बन चुके हैं—और एक नहीं, सैकड़ों भ्रूण हैं। मैंने पुष्ट कुश के टुकड़ों से उनमें से प्रत्येक भ्रूण को अलग-अलग किया और उन्हें कपास भर अलग-अलग रखता भी चला गया। अब उसे परिपक्व होने के लिए उसी तापमान की आवश्यकता है, जो तापमान गांधारी के गर्भ का है।"

"इसके लिए क्या करना पड़ेगा ?"

"पक्षी की तरह इन अंडों को सेना पड़ेगा।" इतना कहकर व्यासजी जोर से हँसे और कहा, "पर मनुष्य पक्षी नहीं है। उसके लिए यह कार्य संभव भी नहीं है। एक साथ इतने भ्रूणों की रक्षा करना सरल कार्य नहीं।" वे बोलते रहे, "इसके लिए हमें तैल का सहारा लेना पड़ेगा। एक-एक को सावधानीपूर्वक तैल लगाकर कपास की तूल में रखना पड़ेगा और कक्ष के तापमान पर भी ध्यान देना होगा।"

"तो इस तरह से भ्रूण पुष्ट होकर शिशु में बदल सकते हैं ?" अब तक चुप रहे धृतराष्ट्र अपनी जिज्ञासा रोक नहीं पाए।

"यदि भगवान् की कृपा हुई तो भ्रूण अवश्य पुष्ट होंगे।" व्यासजी बोले, "इसके लिए आप लोगों को सजगता बरतनी पड़ेगी।"

"हमने तो पूरी सजगता बरती थी; पर प्रभु की इच्छा के आगे हमारी सजगता कुछ भी काम नहीं आई।" धृतराष्ट्र ने कहा।

"तुम कुछ नहीं जानते, वत्स, कि क्या हुआ है! यदि तुम लोगों ने सावधानी बरती होती तो यह स्थिति न होती। भगवान् को दोष देकर व्यर्थ माथा पीटने से अच्छा है, तुम अपना कर्तव्य करो। कर्तव्य करने का यह अर्थ नहीं है कि तुम अकरणीय भी कर डालो।"

"क्या हम लोगों से ऐसी कोई भूल हुई है?"

"अवश्य हुई है। तुम्हारी अज्ञानता में हुई है। इसके लिए तुम अपनी पत्नी से पूछो।"

शकुनि बता रहा था कि व्यासजी के इतना कहते ही सब सकते में आ गए। अब कुछ पूछने का किसीमें साहस नहीं था। व्यासजी बोलते चले जा रहे थे, "ईश्वर की इच्छा से प्रकृति सबकुछ करती है। प्रकृति से कोई भूल नहीं होती। यदि कोई भूल भी होती है तो वह स्वयं उसका सुधार कर लेती है; यदि मनुष्य उसमें कोई व्यवधान उपस्थित न करे तो।"

"आपके कहने से तो ऐसा लगता है कि यह सब जो हुआ है वह प्रकृति के कार्य में मानवीय व्यवधान का परिणाम है।"

"है ही।" व्यासजी बोले, "...तो क्या आपको इसमें संदेह है?"

अब लोगों को विश्वास हो गया कि अपरिपक्व गर्भपात मेरी ही किसी भूल का परिणाम है। निश्चित ही कोई और व्यक्ति होता तो लोग मेरे सामने प्रश्नों की झड़ी लगा देते। पर व्यासजी के सामने मुँह खोलने का किसीको साहस न हुआ। वे स्वयं बोलते गए, "अपने विपक्षी के विनाश की इच्छा से ही ईर्ष्या और द्वेष का जन्म होता है। यदि ऐसा वह नहीं कर पाती तो वह उसीको जलाने लगती है, जहाँ वह पैदा होती है। कभी-कभी उसके विषाक्त धूम से भय का दानव भी पैदा होता है, जो रही-सही कमी को पूरा कर देता है।"

शकुनि का कहना था कि अब भीष्म ने बड़े गौर से उसे देखा था, जैसे सबके मूल में वह ही हो।

फिर व्यासजी जाने के लिए उठे और चलने लगे। महाराज पांडु के रथ में बैठाकर उन्हें विदा किया गया।

□

व्यासजी का आना और जाना एक स्वप्न था, जो समाप्त हुआ। बिना बताए ही लोगों का अनुमान अपने सही बिंदु पर पहुँच गया। धीरे-धीरे मेरी भूल की जानकारी लोगों को हो गई। इसके बाद मेरे कक्ष में आनेवाले मेरे पति पहले व्यक्ति

थे। इसके बाद मेरी सास आईं। दोनों के आने का उद्‌देश्य भले ही एक रहा हो, पर प्रयोजन भिन्न था। पतिदेव ने आते ही मेरे स्वास्थ्य के बारे में पूछा और बड़े आत्मीय स्वर में कहा, "जो हुआ उसे भूल जाओ और अपने स्वास्थ्य की चिंता करो। यह सब हमारे उसी दुर्भाग्य का परिणाम है जिसने मुझे जन्मांध बनाया, तुम्हारी आँखों पर पट्‌टी बँधवाई और आशा की जगमगाती किरण थमकर हमें एकदम अँधेरे में ढकेल दिया।"

मैं कुछ बोल न पाई, केवल सिसकती रही।

इसके बाद मेरी सास अंबिका आईं। आते ही सुखदा से उन्होंने भ्रूणों के बारे में पूछा। उन्हें देखा और बोलीं, "अभी तो ये मांस पिंड हैं। जब गर्भ सुरक्षित नहीं रह पाया तब भ्रूणों का क्या भविष्य!" निराशा के गहरे निःश्वास के साथ उन्होंने मेरी सुधि ली, "क्यों बहू, क्या तुमने सचमुच पेट दबा-दबाकर यह गर्भपात कराया है?"

मेरी सिसकन आँसुओं की बाढ़ में डूबने-उतराने लगी।

"ऐसी क्या बात थी कि तुमने यह अनर्थ कर डाला?"

मैंने सोचा कि अब रोते रहने से तो मामला शांत होनेवाला है नहीं। मैंने कुंती की उदर-पीड़ा से उत्पन्न आशंका से लेकर पिछले स्वप्न तक की सारी बात कह डाली। वे चुप हो गईं। पर उनकी मुद्रा से लगा, जैसे वे कहना चाह रही हों कि यह ठीक नहीं किया गया। फिर उन्होंने बड़ी व्यथा से कहा, "जब तुमने अपने हाथों से ही अपनी आशाओं का गला घोंट दिया तब दूसरे क्या करेंगे! अब तुम अपनी ही पैदा की गई स्थितियों का साहस के साथ सामना करो और अपने स्वास्थ्य का ध्यान रखो।"

इसके बाद तो मुझे देखनेवालों का ताँता लगा गया। और जब अपने पुत्र युधिष्ठिर को लेकर कुंती आई तब मुझे ऐसा लगा, मानो मेरे दुःख पर उल्कापात हो गया। कलेजे पर पत्थर रखकर मैंने उसका सामना किया।

कुंती चुपचाप मुझे देखती रही। मेरे आँसू, मेरे निरीह नेत्र भी एकटक उसे देखते रहे, जैसे उसे सारे संदर्भ की विस्तृत जानकारी हो। वह मौन बालक युधिष्ठिर की खिलखिलाहट से भंग हुआ। वह किलकारी मारता हुआ, 'ताई, ताई' कहकर मेरी छाती पर ढुलक गया। मेरे दोनों हाथ उसे छाती से चिपकाने के लिए स्वयं उठ गए।

युधिष्ठिर अपने शिरीष से भी कोमल हाथों को मेरी आकृति पर फेरता रहा। मेरे आँसू थमे। उसकी भी खिलखिलाहट रुक गई। मेरी आँखों ने उसके कोमल

हाथों का स्पर्श अनुभव किया, मानो वह मेरे आँसू पोंछ रहा हो। उसका छटपटाना, उसका हँसना जैसे किसीने छीन लिया हो; मानो उसे भी लग रहा था जैसे कोई बड़ी बात हो गई।

मेरा अपराधी व्यक्तित्व उसे उठाकर चूमने में संकोच कर रहा था; फिर भी मैं स्वयं को रोक नहीं पाई। मैंने कई बार उसे उठाकर चूमा। मेरे मन की कालिमा उसके कपोलों पर आ लालिमा में बदलती रही।

कितना निष्कलुष, निष्पाप और निस्स्वार्थ होता है बालक का प्रेम! उसके दर्पण सदृश स्वच्छ मन पर किसीके विकारों का बिंब नहीं बनता। उसे क्या मालूम कि उसके प्रति मेरी ईर्ष्या ने यह सब अनर्थ किया है।

वह बड़ी देर तक मेरी छाती पर हाथ मारता रहा। उसकी किलकारी में मेरी दूषित मानसिकता उलझती रही। मैंने कुंती से कहा, ''बहन, तू जीती, मैं हार गई।''

''मेरे और तुम्हारे बीच कोई युद्ध था ही नहीं, तो फिर हार या जीत कैसी?''

मैं चुप रही।

पर वह समझ गई। उसने कहा, ''अब घबराने से तो कुछ होगा नहीं। जो स्थिति है, उसका डटकर सामना करो।''

''क्या सामना करूँ?'' मैं फिर सिसकने लगी। परिस्थितियों ने मेरी ईर्ष्या की नागिन का मुँह कुचल दिया था। वह अब भी छटपटा रही थी। अचानक फुफकार उठी, ''अब मेरा कोई शिशु हस्तिनापुर के सिंहासन तक पहुँच नहीं पाएगा।''

''क्यों, ऐसी क्या बात है?''

''जब भी उत्तराधिकारी के लिए बड़े बेटे की खोज होगी, वह तुम्हारा ही होगा।''

''इस समस्या का समाधान बड़ा सरल है, तुम मेरे बेटे को ही अपना बेटा बना लो।''

युधिष्ठिर अब भी मेरी छाती पर था और किलकारी भरता हुआ मुझसे लिपटा जा रहा था।

□

: सात :

अभी भ्रूण में पूरी प्राण-प्रतिष्ठा हुई नहीं थी, होने को थी। हमारी कल्पना को पंख लगने लगे। पहली बार भले ही हारी होऊँ, पर इस बार कुंती से जीत गई। सिंहासन मेरी ओर उड़ता दिखाई दिया। उसकी पहली किलकारी के साथ ही मैं उसे छाती से लगा लूँगी। उसे कहीं जाने नहीं दूँगी। हवा के पलटते देर नहीं लगती। आज क्या और कल क्या हो सकता है।

उसके बढ़ते देर नहीं लगेगी, वह शिव के वरदान से पिंड होकर भी जीवित हो रहा है। वय क्रम में वह युधिष्ठिर के बाद ही होगा। ज्योतिषियों के अनुसार उसके बारह वर्ष के संकटकाल में वही बारह वर्ष तक युवराज के पद पर आसीन होगा। इस काल्पनिक खुशी ने मुझे इतना उत्तेजित किया कि मैंने अपनी सेविकाओं को खुलकर दान किया। वस्तुतः वह क्षण मेरे अपरिमित आनंद का था।

किंतु संध्या होते-होते मेरी प्रसन्नता पर दुर्दिन मँडराने लगा। मंद गंधवाह तप्त चक्रवात में बदल गया। कहीं से उड़ती सूचना मिली कि कुंती को पुत्र हुआ है। मैंने सोचा, कहीं यह अफवाह तो नहीं ? किंतु शीघ्र ही शकुनि ने आकर इस सूचना की सत्यता को प्रमाणित किया। मेरे हाथ में आई चिड़िया उड़ गई। शकुनि भी दुःखी था।

अप्रत्याशित निराशा मनुष्य को नियतिवादी बना देती है। अब शकुनि के मुँह से निकला, "यह सब नियति की ही कुदृष्टि है, अन्यथा इतना करते हुए भी तुम्हारा शिशु पांडु के दूसरे शिशु से भी छोटा न होता।"

"कैसे छोटा?" मेरे मातृत्व ने प्रश्न किया, "धरती पर मेरे पुत्र का भ्रूण उसके पहले आया है।"

"भ्रूण ही पहले आया है, पुत्र तो नहीं।" शकुनि बोला, "प्रश्न यहाँ भ्रूण का नहीं है, जीवन के प्रथम अवतीर्ण होने का है।"

"इस दृष्टि से भी मेरा शिशु उनके पहले का माना जाएगा।" मैंने कहा।

"ये सारे तर्क तो स्वयं को समझाने के लिए बहुत अच्छे हैं और आवश्यकता पड़ने पर इसका प्रयोग भी किया जाएगा।" शकुनि ने कहा, "पर अभी तक तुम्हारा

शिशु न तो रोया है और न हँसा है। केवल पशुवत् स्तन में मुँह लगाने लगा है। उसकी जड़ता टूटी नहीं है। जड़ता जीवन नहीं है। असलियत हमें स्वीकार करनी चाहिए। कुंती का पुत्र बड़ा है, भले ही वह कुछ ही घड़ी बड़ा हो।''

''तब हमें इसकी जड़ता तोड़नी चाहिए।''

''हमें कभी प्रकृति को अनुकूल बनाने की चेष्टा नहीं करनी चाहिए। इसका परिणाम तो हम लोगों ने देख लिया। यदि अब तुमने कुछ गड़बड़ किया तो लेने के देने पड़ जाएँगे।'' शकुनि ने कहा, ''जो कुछ होता है उसे निर्भयतापूर्वक होने दो। ढाढ़स रखो। हम साहसपूर्वक इस परिस्थिति का भी सामना करेंगे।''

सवेरा होते-होते उसके कंठ से पहले रुदन की आवाज निकली। यह रुदन भी उसका विचित्र था, जैसे गर्दभ रेंक रहा हो।... तब तक तो चारों ओर से गधों के रेंकने की, उल्लुओं के बोलने की तथा सियारों और बिल्लियों के करुण क्रंदन की आवाजें एक साथ सुनाई पड़ीं। उस समय मेरे पति भी मेरे कक्ष में थे। वे घबरा उठे। चिंता की अचानक आई लहर में राजभवन का अधिकांश भाग डूब गया। मेरी सास दौड़ी हुई मेरे कक्ष में आईं। ''क्या बात है, धृत?'' आते ही उनके मुँह से निकला।

पति चुप थे, पर शिशु का गर्दभ जैसा रुदन जारी रहा।

''कोई अपशकुन होने वाला है, बहू!'' सास बोलीं।

''मुझे भी लगता है, हमारे यहाँ कोई अनर्थ जन्म लेने वाला है।'' धृतराष्ट्र आशंका में डूब गए।

इसी समय अचानक शकुनि भी आ गया था। आते ही वह बोला, ''बिना ज्योतिषियों से पूछे इस समय हम कैसे कुछ कह सकते हैं?''

लोग चुप हो गए। मेरे मन में उठी ऊहापोह की आँधी आशा के वृक्षों को उठाकर फेंकती रही।

राजज्योतिषी को बुलाने की व्यवस्था होने लगी। इसी बीच इस अशुभ की चर्चा ने पूरे राजभवन को घेर लिया। जो जहाँ था वहीं से मेरे शिशु का रुदन सुनने को दौड़ पड़ा। कुंती तो प्रसवगृह में थी। उसने अपनी निजी दासी विरजा को भेजा।

''क्या हुआ, बहन?'' उसने सुखदा से पूछा।

उसके कानों में मुँह लगाकर सुखदा ने सबकुछ बता दिया। औरत के पेट में बात और बादलों के गर्भ में सूर्य कहाँ छिपता है। फिर देवरानी और जेठानी की निजी दासियों में निजी रिश्ता न होने पर भी एक आत्मीय संबंध तो था ही। बात आखिर खुल ही गई।

उस दिन हम लोगों में से शायद ही किसीने मध्याह्न का भोजन किया हो।

संध्या होते ही राजज्योतिषी आ गए। उन्होंने आते ही कहा कि जातक के जन्म के बारे में कुछ भी विश्वासपूर्वक कहने में मैं असमर्थ हूँ, क्योंकि मेरे समक्ष सबसे बड़ा प्रश्न है कि जातक का जन्म-समय किसे मानूँ। जब पिंड धरती पर आया तब का समय जन्म-समय होगा या यह व्यासजी ने जब उन्हें कुशा से अलग-अलग किया तब का समय जन्म-समय होगा, अथवा जब से शिशु ने रोना आरंभ किया, या 'इह लीला' शुरू की तब का समय जन्म-समय होगा?"

राजज्योतिषी के तर्क में बल था। सबकी जिज्ञासा जोर मार रही थी। मेरे पति अत्यधिक निराश थे। उन्होंने कहा, "जो कुछ दिखाई दे रहा है वह तो अपशकुन ही है।"

"बहुत कुछ ऐसा भी होता है, जो हमें दिखाई नहीं देता।" शकुनि ने ढाढ़स बँधाते हुए कहा।

"हो सकता है, जो दिखाई न देता हो उसीमें कोई अच्छाई हो।" अचानक मेरे पतिदेव का स्वर बदला। उन्होंने बड़ी वेदना से कहा, "पर मेरे जैसे अंधे के लिए क्या दिखाई देना और क्या न दिखाई देना!"

उनके इस कथन से सभी गंभीर हो गए। शकुनि का कहना था कि तीनों समय के औसत के आधार पर भविष्यवाणी की जाए।

"आप भारतीय ज्योतिष का परिहास कर रहे हैं या कोई गंभीर बात कह रहे हैं!" राजज्योतिषी के कथन से एक नई सोच ने जन्म लिया। राजज्योतिषी बोले, "एक काम हो सकता है, मैं आपके प्रश्न के अनुसार प्रश्न कुंडली बनाऊँ और उसीके अनुसार जातक के संबंध में भविष्यवाणी करूँ।"

प्रश्न कुंडली बनाई गई और सोच-विचारकर बताया गया, "बालक को परम योद्धा होना चाहिए। इसे राज करना चाहिए। पंर इसका राज्यकाल अकंटक नहीं होना चाहिए। जिस प्रकार के अपशकुन इसके प्रथम ध्वनि-निस्तारण के समय हुए हैं, उससे तो यही समझना चाहिए कि बालक को अपने जीवन में भयंकर कठिनाइयों का सामना करना पड़ेगा। अब इससे अधिक आप बालक के बारे में जानकर क्या करेंगे?"

"महाराज, इसका नामकरण करना चाहिए?" धृतराष्ट्र ने कहा।

"नक्षत्रों के आधार पर इसका नामकरण नहीं किया जा सकता।" राजज्योतिषी ने कहा, "पर इतना तो कहा ही जा सकता है कि बालक अद्‌भुत योद्धा होगा। इसका सारा जीवन युद्ध में बीतेगा। युद्ध न भी हो, तब भी यह लड़ाई मोल लेकर युद्ध करेगा। इस दृष्टि से इसका नाम 'दुर्योध' होना चाहिए।"

“पर दुर्योध कहने में बड़ा विचित्र लगेगा।”

“तब आप दुर्योधन कर दीजिए।” राजज्योतिषी ने कहा। और उसी समय से मेरे पुत्र का नाम दुर्योधन हो गया।

□

राजभवन के आँगन में वैमनस्य और द्वेष की जिस दीवार को मैं स्वयं धक्के देकर गिरा देना चाहती थी, अब उसपर आवरण चढ़ाकर मजबूत करने लगी। अब मैं वर्तमान में नहीं, भविष्य में जीने लगी। मेरा मन हर क्षण आत्मग्लानि और पश्चात्तापपूर्ण वर्तमान से भागा-भागा रहता था। मेरी पट्टी बँधी आँखों में दुर्योधन सदा राजसिंहासन पर विराजमान दिखाई देता था। मुझे उस समय पता नहीं था कि हमारी महत्त्वाकांक्षा को अनेक कुकर्मों के ढेर पर चढ़कर सिंहासन पर पहुँचना होगा।

द्वेष के इस विष ने एक फल और उगला।

अचानक यह बात हवा में आई कि पांडु अपने पुत्र का निष्क्रमण संस्कार* करने वाले हैं। इसके लिए अगले रविवार का दिन निश्चित किया गया है। संयोग की बात कि उस दिन पुष्य नक्षत्र भी था। तैयारियाँ आरंभ हुईं। सबसे पहले पांडु ने आकर मेरे पति को आमंत्रित किया और कहा कि आप बालक के ताऊ हैं अर्थात् बड़े पिता हैं, अतएव बालक को उस दिन सूर्य-दर्शन आप ही कराइए।

सुना है, मेरे पति ने बड़े अनमने ढंग से उत्तर दिया था, “जो स्वयं को सूर्य-दर्शन नहीं करा सकता वह दूसरों को क्या कराएगा!”

“युधिष्ठिर को तो आपने ही कराया था।”

“तब मैंने सोचा था, शायद इसके बहाने मैं भी सूर्य देख लूँ।” धृतराष्ट्र कहने को तो कह गए, पर शीघ्र ही उन्हें ऐसा लगा कि मैं सीमा से बाहर चला गया। उन्होंने अपना स्वर बदला, “भाई, इस संस्कार को तो पिता द्वारा ही कराया जाना शास्त्रसम्मत है। युधिष्ठिर के समय हम लोगों ने भावुकता से काम लिया था। पर अब मैं समझता हूँ कि भावुकता में बहकर बालक के संस्कार की पवित्रता को नष्ट नहीं करना चाहिए।”

संस्कार की पवित्रता की आड़ में बात आगे बढ़ने से रुक गई।

पर शकुनि का मस्तिष्क शांत रह न सका। वह हर क्षण उसी युक्ति की तलाश में रहता था, जिससे कुंती के द्वितीय पुत्र से दुर्योधन को ज्येष्ठ सिद्ध किया जा सके। अचानक उसे एक उपाय सूझा और वह मेरे पास आया।

---

* यह संस्कार जन्म के बारहवें दिन से लेकर चार महीने के भीतर किया जाता था। इस संस्कार में पिता बालक को लेकर सूर्य-दर्शन कराता था—‘गृह्यसूत्र’ और ‘मनुस्मृति’।

''क्यों नहीं हम लोग भी उसी दिन और मुहूर्त के पहले ही दुर्योधन का निष्क्रमण संस्कार घोषित करें!''

''तब लोग यह सोचेंगे कि यह सब जानबूझकर किया जा रहा है। तब क्या कहोगे?''

''हम लोग कहेंगे—यह मात्र एक संयोग है। बात यह है कि हम लोगों ने भी मुहूर्त निकलवाया। ज्योतिषियों का कहना था कि रविवार के दिन पुष्य नक्षत्र बड़ा प्रबल हो जाता है। उस दिन सूर्य-दर्शन करने-कराने का विशेष महत्त्व है। इसलिए हम लोगों ने भी उसी दिन बालक का निष्क्रमण संस्कार करने की योजना बनाई। दोनों कार्यक्रमों में टकराव न हो, इसलिए मुहूर्त आगे-पीछे कर लिये गए हैं।''

यह बात पांडु तक पहुँची। सबकुछ सुन लेने के बाद उन्होंने कहा, ''मैं कुछ समझ नहीं पाया।''

''तात्पर्य स्पष्ट है।'' शकुनि बोला, ''आपका मुहूर्त सूर्योदय के दो घड़ी बाद का है और हम बालक को आते हुए सूर्य का दर्शन कराएँगे।''

शकुनि कह रहा था कि पांडु कहना चाह रहे थे, तब हम भी आपके ही साथ यह संस्कार करें तो आपको कोई आपत्ति तो नहीं है। पर पता नहीं वे क्या सोचकर चुप रह गए।

अब पांडु और हमने दोनों ने अपनी योजना के अनुसार अपने-अपने बालक का निष्क्रमण संस्कार किया। आज स्पष्ट रूप से राजभवन दो भागों में बँटा दिखाई दिया। जिनके लिए यह सुखद था, वे सोचने लगे कि राजभवन के कर्मचारियों को भी इसी प्रकार बाँट लेना चाहिए। पर सेना कैसे बँटेगी, अमात्यमंडल कैसे बँटेगा? जो राजकर्मचारी हैं और राजभवन से संबंधित नहीं हैं, वे कैसे बँटेंगे? एक निरर्थक भुनभुनाहट ने जन्म लिया।

इसी बीच हवा में एक बात और उड़ी; पर यह अफवाह नहीं थी, सत्य घटना थी कि जब पांडु अपने द्वितीय पुत्र को सूर्य-दर्शन करा रहे थे तो उनका पुत्र हाथ से छूट गया और वह अलिंद से नीचे चट्टान पर गिर पड़ा। लोग त्राहि-त्राहि कर उठे, पर बालक का कुछ नहीं बिगड़ा। वह चट्टान पर गिरने के बाद भी खिलखिलाकर हँसता रहा। लोगों ने उसे दौड़कर उठाया तो देखा, वह चट्टान बीच से दो टुकड़े हो गई है।

शकुनि की पहली प्रतिक्रिया यही थी, ''चलो, अच्छा हुआ कि मैं नहीं था, अन्यथा लोग यही कहते कि रोग-जर्जर पांडु को शकुनि ने धक्का दे दिया होगा।''

''यह कौन कहता है?'' मैंने कहा, ''यह तुम्हारे मन का पाप है, जो तुम्हारे

सिर चढ़कर बोल रहा है। इससे तो यही लगता है कि तुम सचमुच धक्का दे सकते थे। अच्छा हुआ कि तुम नहीं थे, नहीं तो लोग अवश्य सोचते—और उनका यह सोचना गलत भी नहीं होता।''

मेरी आवाज सामान्य से कुछ अधिक तेज थी। शकुनि एकदम चुप रह गया। उसने कभी सोचा भी नहीं था कि मेरे मन में पांडु परिवार के लिए इतनी सहानुभूति है।

उस समय शकुनि चला गया।

इस घटना ने कई चर्चाओं को जन्म दिया। पहली और प्रमुख बात यह थी कि वह कैसा बलिष्ठ बालक है कि इतनी ऊँचाई से गिरने के बाद भी उसका कुछ नहीं हुआ और वह प्रौढ़ चट्टान टूट गई।

मेरे पति की प्रतिक्रिया थी, ''पांडु रुग्ण अवश्य है, पर वह इतना कमजोर भी नहीं कि उसके हाथ से बालक छूट जाए। अवश्य ही वह बालक महान् शक्तिशाली होगा। उसमें कोई दैवी शक्ति है। उसे सँभालना पांडु के वश की बात नहीं।''

''काश! मेरा पुत्र भी ऐसा शक्तिशाली होता।'' मेरे मुख से निकला।

''कहीं यह सोचते-सोचते तुम अपने पुत्र को पत्थर पर पटक मत देना।'' पतिदेव मुसकराते हुए बोले।

''क्या आप मुझे इतना मूर्ख समझते हैं ?'' मैंने कहा।

''तू कितनी मूर्ख है, शायद इसका अनुमान तुझे नहीं है।'' अवश्य ही मेरे गर्भपात के संदर्भ में उन्होंने यह बात कही थी। मुझे कुछ ऐसा लगा कि हम लोग तूफान को मुट्ठी में बाँधने की चेष्टा करते रहे हैं और हर बार वह हमें धक्का देकर निकल जाता रहा है।

सुना है, लोगों ने कुंती के पुत्र को 'भीम' कहना आरंभ किया। भीषण शक्तिशाली होने के कारण यह नाम उसे दिया गया। कितना विचित्र था, एक ओर दुर्योधन और दूसरी ओर भीम। एक ओर जन्म के समय प्रकृति के अशुभ की सूचना, दूसरी ओर पुरुष की अपरिमित शक्ति का प्रदर्शन। एक ओर अरण्य की आग और दूसरी ओर उसे शांत करने का अपराजेय सामर्थ्य।

समय अपनी गति से आगे बढ़ता गया।

पिंड क्रमशः शिशु में परिवर्तित होते गए। मेरा दुर्योधन भी आठ-नौ वर्ष का हो गया। अब उसका सुलभ चापल्य मुझे परेशान भी करने लगा और मन भी मोहने लगा। वह बहुधा आँखों पर बँधी पट्टी के बारे में तरह-तरह के प्रश्न करता रहा।

एक दिन तो उसकी यह जिज्ञासा दृढ़ हो गई, "माँ, तुम्हें आज बताना ही पड़ेगा कि तुमने आँखों पर पट्टी क्यों बाँध रखी है?"

"... क्योंकि मेरी आँखें बहुत खराब हैं, तुम देखते ही डर जाओगे।"

"डर तो मुझे पिताजी की आँखों को भी देखकर बहुत लगता है। पहले तो उनके सामने जाने की मेरी इच्छा नहीं होती थी, पर अब ऐसा नहीं लगता। एक दिन मैंने उनसे पूछा था, 'आप आँखों पर पट्टी क्यों नहीं बाँधते?' तब उन्होंने कहा, 'मेरी आँखों पर तो परमात्मा ने स्वयं पट्टी बाँध दी है।' "

अब उसने मुझसे बड़े सहजभाव से पूछा, "क्या यह सही है कि परमात्मा ने उनकी आँखों पर पट्टी बाँधी है?"

"सही होगा तभी न, नहीं तो झूठ क्यों बोलते!" मैंने कहा।

"पर वह पट्टी दिखाई नहीं देती!"

"धीरे-धीरे पुरानी होकर फटकर गिर गई होगी।"

"यह हो सकता है।" दुर्योधन सोचने लगा। फिर बड़े-बूढ़ों की तरह बोला, "गिर जाने के बाद परमात्मा ने फिर नहीं बाँधी?"

"यह तो मुझे नहीं मालूम।" कभी-कभी बच्चों की जिज्ञासा के समक्ष माता-पिता बड़े निरीह हो जाते हैं। यह निरीहता ही उन्हें झूठ-पर-झूठ बोलने पर विवश कर देती है।

"असंभव, असंभव!" वह तालियाँ बजाकर नाचने लगा, "पत्नी होकर भी तुम्हें नहीं मालूम?"

मैं क्या कहती, केवल हँस रही थी। फिर घूम-फिरकर एक स्थान से उड़ाई जानेवाली किसी हठी मक्खी की तरह फिर वह अपने स्थान पर आ गया।

"अच्छा, तो मैं देखूँ, तेरी आँखें कितनी खराब हैं!" इतना कहते ही उसके नन्हे-नन्हे हाथ मेरी आँखों की ओर लपके।

"ना-ना-ना। ऐसा कभी मत करना, नहीं तो परमात्मा नाराज हो जाएगा।" मैंने कहा, "उसके किए को बिगाड़ना नहीं चाहिए।"

"तो क्या कर लेगा वह? मारूँगा, मर जाएगा वह।"

उसके इतना कहते ही मुझे हँसी आ गई। मैंने उसे गले लगा लिया, "तू बड़ा नटखट है, दुर्योधन। अभी बच्चा है न, तू बहुत सी बातें जानता नहीं है। अच्छा, देख तो इस समय सुखदा कहाँ है!"

वह मेरी गोद छोड़ तुरंत सुखदा की खोज में निकल गया। बातों का क्रम टूटा। बड़े लोग यदि अपने बड़कपन की आड़ न लें तो बच्चों के प्रश्नों की बौछार के समक्ष अपने को बचा न पाएँ।

थोड़ी देर बाद सुखदा को लेकर दुर्योधन आ गया।

मैंने सुखदा से कहा, ''कुँवरजी को उपवन में ले जाओ।''

उसने दूसरी विपत्ति सुनाई। उसका कहना था, ''अकेले मैं इन्हें सँभाल नहीं पाऊँगी। कभी-कभी कुँवर भीम मिल जाते हैं, तब तो दोनों में ऐसी गुत्थमगुत्था होती है कि छुड़ाना मुश्किल हो जाता है।''

''यह क्या शिकायत सुन रही हूँ?'' मैंने दुर्योधन को संबोधित कर कहा।

''इसमें मेरा कोई दोष नहीं है।'' दुर्योधन बोला, ''पहले वही मारता है। और जब वह मारेगा तब मैं चुप थोड़े ही रहूँगा!''

''कल किसने मारा था?'' सुखदा बोली।

''मैंने।'' दुर्योधन ने बड़े स्वाभिमान के साथ कहा, ''क्या करता माँ, वह मेरे रसाल पर चढ़ गया और लगा आम खाने। वह कितना खाता है, माँ! वह राक्षस है, राक्षस! कितना खा गया कि क्या बताऊँ! मैंने बहुत कहा, पर वह पेड़ से नीचे नहीं उतरा। तब मैं नीचे से लगा ढेले फेंकने।'' वह कहता गया, ''माँ, तुझे विश्वास नहीं होगा, वह इतने ऊपर से कूदा, फिर भी उसका कुछ नहीं हुआ।'' मुझे उसके बचपन की घटना याद आई जब पांडु के हाथ से छूटकर चट्टान पर गिरा था। दुर्योधन कहता गया, ''धरती पर आते ही वह लगा मुझे मारने। तब मैंने भी उसे मारा। इसमें मेरी क्या गलती?''

''तुम्हारी सबसे बड़ी गलती यह है कि तुमने उस पेड़ को अपना ही पेड़ समझा; जबकि उपवन के जितने पेड़ हैं वे सबके हैं, तुम दोनों के हैं।''

''यह कैसे हो सकता है!'' दुर्योधन बोला, ''मामाजी ने बगीचे का बँटवारा कर दिया है?''

मैं अवाक् रह गई। शकुनि ने यह क्या किया? तब सुखदा ने बताया, ''पहले तो आएदिन लड़ाई होती थी। एक दिन कुँवर भीम इनकी छाती पर चढ़ बैठे थे। यह तो कहिए, उधर से राजकुमार शकुनि आ गए। उन्होंने छुड़ाया, अन्यथा उस दिन अनर्थ हो जाता।''

''मैं भी नीचे से निकलकर उसकी हालत खराब कर देता।'' दुर्योधन बोला।

''तुम जब करते तब करते! पर उस समय तो तुम्हारी स्थिति दयनीय हो गई थी।'' सुखदा बोली, ''यदि उस समय शकुनि महाराज न आ गए होते तो पता नहीं क्या होता!''

दुर्योधन कुछ बोले, इसके पहले ही मैंने उसे डाँटकर शांत कर दिया।

इस घटना ने मुझे झकझोर दिया। मुझे लगा कि राजभवन के आँगन में उठती

दीवार अब आँगन से बाहर भी निकल चुकी है। उसने उद्यान का भी विभाजन कर दिया है। शकुनि ने वृक्षों तक को बाँट दिया। मैंने इसके विषय में उससे बातें कीं।

उसने बड़े निस्संकोच भाव से कहा, "तो मैंने कौन सा अनर्थ कर दिया? अरे, एक-न-एक दिन तो उन्हें बाँटना ही है। उसकी प्रक्रिया मैंने अभी से आरंभ कर दी।"

मैं गंभीर चिंता में डूब गई। मेरे सामने हस्तिनापुर का भयानक भविष्य उसकी सुख-शांति को निगलता दिखाई दिया। निरुपाय, निरीह सी उसे देखती रही और सोचती रही कि मैं तो मात्र वर्तमान की भोग्ता हूँ, जो हर क्षण ओझल होता जा रहा है। मैं समय सरिता की एक निरपेक्ष द्रष्टा हूँ, जिसका जल मेरे सामने से गुजरता जा रहा है। कितनी विचित्र स्थिति है, गुजरे हुए जल को मैं पकड़ नहीं सकती और आनेवाला अनचीन्हा-अनजाना जल इतना खौल रहा है कि उसमें हाथ छोड़ा नहीं जा सकता।

□

उजले-श्याम पंखों पर दिन उड़ते चले गए।

सबकुछ बढ़ता चला गया—पांडु की अस्वस्थता भी, प्रशासन पर अमात्यमंडल की पकड़ भी, जनता की सत्ता से आकांक्षाएँ भी, राजभवन में भीतर-ही-भीतर खौलता वैमनस्य भी और विभाजन की वह दीवार भी। यद्यपि ऊपर से सबकुछ सामान्य ही दिखाई देता था। केवल भीम और दुर्योधन के अतिरिक्त सभी में आत्मीयता दिखती थी। अब भी हम साथ ही भोजन करते। त्योहारों और मांगलिक कार्यों पर साथ ही गाते-बजाते और आनंद मनाते थे; पर भीतर-ही-भीतर पड़ी चिनगारी ज्वालामुखी का आकार ले रही थी।

मुझे याद है, फाल्गुन की मादक ऋतु थी। क्षण-क्षण परिवर्तित प्रकृति का हर रूप बौराया था, मानो पूरी प्रकृति ने काम की मथी हुई मदिरा पी ली थी। उपवन के अंग-अंग पर अनंग थिरक रहा था। चारों ओर उत्सव और आनंद मनाए-जा रहे थे। आपको विश्वास नहीं होगा, मैंने पूरा पखवारा अपने पति के ही कक्ष में बिताया था। रात, जो संगीत और नृत्य की मादकता से शुरू होती, युवा होते-होते मैरेय के पात्रों में डूब जाती। सुबह से ही दिन वासंती बयार में थिरकने लगता।

नित्य ही संगीत का आयोजन होता। हम सब राजभवन के विशाल सभागार में जुटते। मैं यह बराबर अनुभव करती कि मेरे पतिदेव को वहाँ जाना अच्छा नहीं लगता। एक दिन मैंने उनसे इसका कारण पूछा। पहले तो उन्होंने इधर-उधर की बातें कीं, तरह-तरह की चर्चाएँ चलाकर मुख्य संदर्भ से हटते रहे; पर जब मैंने यह कहा कि 'राजहठ से नारीहठ दुर्बल नहीं होता।' तब वे एक बनावटी हँसी हँस

पड़े। फिर मेरे कान में धीरे से कहा, ''यों तो कक्ष में किसीके होने की आहट नहीं लगती। जरा तुम बताओ, कोई और तो नहीं है?''

मुझे हँसी आ गई। मैंने कहा, ''मैं भी तो आप ही जैसी हूँ।''

''निश्चित ही तुम्हारे अनुभव की संवेदन शक्ति अधिक होगी, क्योंकि तुम जन्मांध नहीं हो। तुमने तो जीवन को उसकी वास्तविकता में देखा है। मैंने तो सिवा अंधकार के और कुछ जाना ही नहीं। यह अंधकार मेरे जीवन तक ही सीमित नहीं रहा, मेरी नियति पर भी छा गया। मुझे नेत्र न होने का उतना दु:ख नहीं है, गांधारी, जितना अँधेरे द्वारा मुझपर किए जानेवाले उपहास का। तुमने कुछ तो अनुमान लगा ही लिया होगा कि उस उपहास की वेदना कैसी होती है।''

''मैं कुछ समझ नहीं पाई, प्रियतम!''

''बात यह है कि जब मैं उन संगीत सभाओं में जाता हूँ तब उस सभागार में घुसते ही कोई चीज मुझे भीतर-ही-भीतर कुतरने लगती है। मेरे स्वागत में खड़े तो सभी होते हैं, पर उनके उस स्वागत में मुझे किसी प्रकार के उत्साह की प्रतीति नहीं होती। वहीं जब पांडु आता है तो जय-जयकार से सारी सभा गूँज उठती है।''

मैं कुछ नहीं बोली। मेरे मन में भी कुंती के संदर्भ में ऐसे ही घाव थे। जबकि कुंती का सद्व्यवहार उसे भरने की चेष्टा करता था। शकुनि आकर धीरे से उँगली फेर देता और वे हरे हो जाते। यद्यपि युधिष्ठिर और भीम मेरे यहाँ आया करते थे। वे दिन भर दुर्योधन के साथ खेलते रह जाते थे। उन्हें बुलाने या सुधि लेने पांडवों की तरफ से कभी कोई आता भी नहीं था। उन्हें भेजना भी मुझे अपने चाकरों से ही पड़ता था। पर दुर्योधन यदि किसी दिन पांडवों की ओर खेलने चला जाता तो शकुनि काफी भुनभुनाता था।

बच्चे अपने ताऊजी के पास भी खेलने चले जाते थे। बड़ी धमाचौकड़ी करते थे। एक दिन तो युधिष्ठिर उछलकर उनके सिंहासन पर जा बैठा। दुर्योधन ने तुरंत प्रतिवाद किया। युधिष्ठिर का हाथ पकड़कर नीचे खींचते हुए बोला, ''यह तुम्हारा नहीं, मेरा सिंहासन है।''

एक दिन फिर ऐसा ही हुआ। दुर्योधन के विरोध पर युधिष्ठिर उतर आया, पर भीम कब माननेवाला था! उसने खींचकर एक मुक्का मार ही दिया। फिर होने लगी दोनों में गुत्थमगुत्था। युधिष्ठिर दोनों को छुड़ाने की असफल चेष्टा करता रहा। तब तक मैं आ गई। मैंने दोनों को छुड़ाया और कहा कि ''यह किसी एक का नहीं, सबका सिंहासन है। तुम भी बैठो और अपने भाई को भी बैठने दो।'' मैं इतना कह ही रही थी कि भीम उछलकर बैठ गया। पर युधिष्ठिर खड़ा-का-खड़ा ही रहा।

मैंने उसे भी बैठाना चाहा। वह नहीं बैठा। उसने निरपेक्ष भाव से कहा, ''सिंहासन पर तो राजा बैठता है। हमें उसपर नहीं बैठना चाहिए। हमें धरती पर ही खेलना चाहिए।''

कहा तो उसने सहजभाव से था, पर बालक के लिए ऐसी सोच असहज थी। मैंने प्यार से उसे गोद में उठा लिया, ''तुम्हारा सिंहासन तो मेरी गोद में है।''

''नहीं-नहीं, वहाँ भी मैं ही बैठूँगा।'' दुर्योधन तुरंत सिंहासन से उतरकर मेरी ओर बढ़ा और युधिष्ठिर से बोला, ''यदि तुझे गोद में ही बैठना है तो तू चाची के पास जा।''

थोड़ी ही देर में यह तू-तू, मैं-मैं समाप्त हो गई। मैंने तुरंत एक चाकर से कंदुक मँगवाया और सबको प्रशस्त प्रांगण में भेज दिया। मेरे पतिदेव मसनद के सहारे शय्या पर आधे बैठे और आधे लेटे हुए बच्चों का यह संघर्ष कानों से देखते रहे। मुझे स्पष्ट आभास लगा कि उनके हटा दिए जाने के बाद वे और भी गंभीर हो गए। मैंने यह स्थिति देखकर उनसे कहा, ''जब तक वे मारपीट करते रहे थे तब तक तो आप कुछ नहीं बोले, जब वे हटा दिए गए तो आप सोचने में पड़ गए।''

''सोचता हूँ, तुम कहाँ-कहाँ उनके झगड़े निपटाने जाओगी!''

''जहाँ तक हो सकेगा, निपटाऊँगी।''

''यदि निपटाना ही था तो तुमने उन्हें पैदा क्यों किया?''

''यह आप क्या कह रहे हैं!'' मुझे आश्चर्य था, ''हमने बच्चे पैदा किए हैं, उनके झगड़े नहीं।''

''तुमने पहले झगड़े पैदा किए, बाद में बच्चे।''

पति की यह बात मेरी समझ में नहीं आई। मैं सोचने लगी कि आज क्या हो गया है इन्हें। जब मैंने कहा कि मैं कुछ समझ नहीं पाई, तब वे बोले, ''यदि तू समझ पाती तो वह भूल नहीं करती। दुर्योधन की इस मानसिकता के मूल में तुम्हारी वह ईर्ष्या है, जिससे वशीभूत होकर तुमने अपना गर्भपात करा लिया। विशेषज्ञों का कहना है कि गर्भस्थ शिशु पर माँ की मानसिकता का बहुत प्रभाव पड़ता है।''

मैं तो अवाक् रह गई। गर्भाधान संस्कार के समय और उसके पूर्व भी विज्ञों ने यह बात बताई थी और इसके विषय में लंबा उपदेश भी दिया था। मुझे क्या मालूम था कि उनकी अवज्ञा का यह परिणाम होगा।

''अब दुःखी होने से क्या लाभ?'' मेरे पति ने बड़ी गंभीरता से कहा, ''इसमें तेरा ही दोष नहीं है, मेरा भी है। केवल एक हाथ से ताली नहीं बजती। उस समय मेरे हृदय में भी ईर्ष्या-द्वेष की वैसी ही आग सुलग रही थी। आज भी वह पूरी तौर से बुझी नहीं है, रह-रहकर छेड़ती ही रहती है। आज भी जब भीम द्वारा

दुर्योधन के पटके जाने की बात सुनता हूँ तब मन में आता है कि भीम को छाती से लगाकर उसकी शक्ति का अनुमान करूँ।''

मैं एकदम काँप उठी। मैंने कहा, ''नहीं-नहीं, ऐसा कभी मत कीजिएगा। वह बेचारा गलित रसाल की तरह चिपककर बह जाएगा।'' मैं जानती थी कि मेरे पति के वक्ष में लोहे को भी चूर-चूर कर देने की शक्ति है।

मनुष्य-मन तो मानवता के निवास के लिए है; पर कभी-कभी ईर्ष्या, द्वेष, वासना आदि के राक्षस भी अपना सिक्का जमा लेते हैं। तब मनुष्य भी राक्षस हो जाता है। मेरे पति भी उस समय राक्षस हो गए थे, जब उन्होंने भीम को छाती से लगाकर चूर कर देने की बात सोची। पर उनका राक्षसत्व बहुत देर तक टिक नहीं पाया। अब मेरे पति अपने ही वक्तव्य पर दुःखी होने लगे।

फाल्गुन शुक्ल पूर्णिमा थी। दूध की नहाई धरती को आकाश का चंद्रमा एक चाँदी के कटोरे की तरह दिखाई दे रहा था, जिसमें मौसम की मादकता भरी थी। ऐसे में अचानक वाद्ययंत्रों की ध्वनि सुनाई पड़ी।

''क्या बात है, प्रिये?'' पति सोते-सोते जाग उठे, जैसे उनके लिए कुछ अप्रत्याशित हो गया हो।

मैंने बताया, ''राजभवन के शिखर से शुभ वाद्य बजाया जा रहा है। लगता है, राजभवन में कोई शुभ घटना घटी है।''

हम दोनों इसी संदर्भ में सोचने लगे। मेरा निष्कर्ष था कि ''लगता है, कुंती के एक और शिशु जनमा है।''

''तुम यह कैसे कह सकती हो?''

''उसका दिन पूरा था। आजकल ही में होने की संभावना थी।'' मेरे लेटे स्वामी अचानक उठ बैठे। वे कुछ बोले तो नहीं, पर उनकी व्यग्रता से ऐसा ज्ञात हुआ कि यह समाचार उन्हें अच्छा नहीं लगा। उन्हें नींद नहीं आई। किसी तरह करवट बदलते हुए हमने सवेरा किया।

अभी हम वहीं थे कि पांडु हमारा आशीर्वाद लेने शयनकक्ष में ही घुस आए। उन्होंने हँसते हुए पुत्र-प्राप्ति की सूचना दी।

''तुम बड़े भाग्यवान् हो, पांडु!''

''यह सब आपकी कृपा है।''

''मेरी नहीं, परमात्मा की कहो। मेरा वश चलता तो सिंहासन पर आज मैं होता।'' ऐसा लगा जैसे सत्य उनके सिर चढ़कर बोल रहा हो।

निश्चय ही पांडु क्षण भर के लिए स्तब्ध रह गए होंगे। किंतु उन्होंने बहुत

सँभलकर ही जवाब दिया, "सिंहासन तो आपका ही है; आप जैसे राम ने अपने भरत को मात्र सत्ता सौंप दी है।"

"तो क्या तुम चाहते हो कि मैं भी वन में चला जाऊँ?" उनकी ईर्ष्या ने फिर उफान मारा, "अपनी समानता तो तुम भरत से करते हो, पर सिंहासन पर बैठना तो दूर, भरत ने अवध में पैर तक नहीं रखा।" उनके मनस्ताप ने एक करवट और ली, "किंतु इसमें तुम्हारा क्या दोष? मेरी अंधता ने मुझे संसार से भी अलग कर दिया और सत्ता से भी।"

पांडु चुप थे और मैं भी। हम दोनों उनके मन की बिना पानी के छटपटाती मीन देख रहे थे।

आज पांडु के नए पुत्र का जातकर्म संस्कार था। इस बार महाराज पांडु ने आसपास के नरेशों को भी बुलाया था। शकुनि का कहना था कि अभी तक परंपरा रही है कि इस सामान्य उत्सव पर बाहर के किसी राजा को बुलाया नहीं जाता था, तब इस बार इतना वृहद् आयोजन क्यों? अवश्य ही इसके पीछे कोई रहस्य है। निश्चित ही यह पांडु के सिंहासनाधीश होने का स्थायी तौर से मान्यता प्राप्त करने का प्रयत्न है। मेरे पतिदेव भी उस उत्सव में जाना नहीं चाहते थे; पर जब उन्हें समझाया गया कि प्रजा में संदेश बहुत गलत जाएगा तब वे चलने को तैयार हो गए। हमारे साथ ही दुर्योधन भी था।

पांडु ने हमारी क्या आवभगत की, हम क्या बताएँ! पांडु स्वयं अपने भाई को ले गए और राजसिंहासन पर बैठाया। पर उन्होंने शकुनि का वैसा सम्मान नहीं किया। उसने स्वयं को उपेक्षित अनुभव भी किया; फिर भी उसके व्यक्तित्व से जरा भी नाराजगी प्रकट नहीं हो रही थी। वह एक बनावटी प्रसन्नता ओढ़े रहा।

सारे कर्मकांड होने के बाद महाराज पांडु ने राजज्योतिषी से उसके नाम के बारे में बात चलाई।

"इसपर विचार नामकरण संस्कार के समय किया जाएगा।" राजज्योतिषी बोले।

"आखिर ऐसी जल्दी क्या है?" शकुनि ने कहा, "जब बालक हुआ है तब उसका नाम भी रखा जाएगा।" वस्तुत: शकुनि का विश्वास ज्योतिष में नहीं था। उसने मेरे संदर्भ को उठाया और दुर्योधन के संबंध में की गई भविष्यवाणियों का विरोध किया। उसका कहना था कि जो होना है, यदि वही होगा तो ग्रह-शांति और उसकी पूजा आदि करने से लाभ क्या? उसने राजज्योतिषी और ज्योतिषियों पर बड़े तीखे व्यंग्य किए। फिर उसी तेवर में राजज्योतिषी से पूछा, "सही-सही बताइएगा,

क्या आप विश्वास करते हैं कि किसीकी जन्मकुंडली देखकर उसका भविष्यफल बताया जा सकता है?''

राजज्योतिषी उससे पहले से ही चिढ़ते थे। इस समय वे भीतर-ही-भीतर भभक उठे। उन्होंने कहा, ''किसीकी जन्मकुंडली उसके भविष्य का शिलालेख है, गांधारकुमार! उसकी भाषा पढ़ना और उसपर विश्वास करना आप जैसे राजनीतिज्ञों के वश की बात नहीं।''

मैंने अनुभव किया कि शकुनि की भी भौंहें चढ़ रही हैं। मैंने तुरंत स्थिति सँभाली। मैंने शकुनि को संबोधित करते हुए कहा, ''तुम्हें विश्वास नहीं है तो मत मानो। हम तो विश्वास करते हैं। रह गई शिशु को पुकारने की समस्या, तो हमारा प्रस्ताव है कि यह फाल्गुन की पूर्णिमा को पैदा हुआ है, क्यों नहीं 'फाल्गुनी' नाम से पुकारा जाए!''

लोगों ने इसे मान लिया। बिना ग्रह-नक्षत्रों की भाषा पढ़े तथा उसका निष्कर्ष जाने अर्जुन का पहला नाम 'फाल्गुनी' पड़ गया।

तुरंत यह नाम सभी की जबान पर चढ़ गया। अब कुंती ने शिशु को मेरी गोद में डाल दिया। बालक किलकारी मारता हुआ मेरी छाती पर अपने नन्हे-नन्हे हाथों से कुछ टटोलने लगा। जब किसी बालक की किलकारी मैं सुनती हूँ तो मुझे शिवरात्रि के दिन प्रसाद बाँटते हुए गांधार के बच्चों की भीड़ याद आ जाती है। पत्थर की लीक की तरह मेरी स्मृति में वह अब भी खींची हुई है। समय की धूल के हटते ही वह दिखाई पड़ जाती है। तब मैं एक बार फिर आँखों से पट्टी हटाने के लिए छटपटाती हूँ।

फाल्गुनी के बाद कुंती को फिर कोई बालक नहीं हुआ; पर मेरे पिंड के बच्चे बढ़ते गए और राजकीय शान से हम उनके संस्कार के दिन मनाते रहे। पांडु और कुंती भी उन उत्सवों में सम्मिलित होते रहे; पर उनके व्यवहार और मुद्रा से किसी प्रकार की ईर्ष्या की गंध आती नहीं लगती थी। मैं एकांत में बहुधा उनकी इस निर्दोष मानसिकता की चर्चा करती; पर मेरे भाई को यह एक नाटकीयता ही लगी।

□

समय बहता चला गया। बच्चे बड़े होते गए।

कुंती के तीन ही पुत्र थे। इसके आगे उसने प्रयत्न भी नहीं किया। हाँ, माद्री को दो पुत्र अवश्य हुए। यह परिवार के सभी बड़े-बुजुर्ग जानते थे कि पांडु पुत्र न पैदा करने के लिए शापित हैं। इस असमर्थता के पीछे उनकी रुग्णता तो थी ही, साथ

में शाप भी था। कुंती के लिए तो पुत्र पैदा करने की व्यवस्था थी, पर यह माद्री के लिए कैसे संभव हुआ? एक दिन मैंने इस विषय में कुंती का मन टटोलने की चेष्टा की। मैंने बातों के सिलसिले में उससे कहा, "तुम्हारी भी दानशीलता अद्‌भुत है।"

"मैं कुछ समझ नहीं पाई।"

"लोग वस्तुएँ दान देते हैं, तुमने तो अपना गोपनीय मंत्र ही दान दे दिया।"

वह समझ गई और हँस पड़ी। उसने कहा, "क्यों? मेरे यहाँ ज्ञान देने की परंपरा दान देने की परंपरा से भी पुरानी है।"

यह तो निश्चित हो गया कि कुंती ने दुर्वासा से प्राप्त मंत्र पूरी गोपनीयता के साथ माद्री को दे दिए, पर यह स्पष्ट नहीं हो सका कि माद्री ने किसका आह्वान किया और किससे नियोग कराया।

सारे धारदार अस्त्र धराऊ होने के साथ-साथ कुंद होते जाते हैं, पर वैमनस्य की छुरी उतनी तेज होती है जितनी धराऊ होती है। भले ही हमारे वैमनस्य की धार तेज होती जाए, पर बच्चे तो आपस में मिलते ही रहे, खेलते रहे, लड़ते रहे और सपनों के घरौंदे बनाते रहे।

धीरे-धीरे यह बात स्पष्ट हो चली कि हस्तिनापुर के सभी बच्चों में भीम अत्यंत शक्तिशाली है। वह जिसे उठाकर पटक देता वह बहुत देर तक उठ नहीं पाता था। मेरे चार-पाँच बेटे भी एक साथ उसका कुछ बिगाड़ नहीं पाते थे। वह खाता भी सबसे अधिक था। उसकी क्षुधाग्नि इतनी प्रबल थी कि भोजन के नाम पर ही वह उछलने लगता। इसी कारण वह हमारे विद्वेष का केंद्र भी बनता गया।

'आत्मा वजायते पुत्रः।' पुत्रों पर भी हमारे मन की छाप पड़ी। उनमें भी स्पष्टतः विभाजन रेखा खिंच गई। पांडु के पुत्र पांडव एक तरफ और हमारे पुत्र कौरव एक तरफ। रुद्र के आशीर्वाद से कौरव सौ हो गए थे, फिर भी वे पांडवों का कुछ कर नहीं पाते थे। इससे दुर्योधन का कुछ चिंतित रहना स्वाभाविक था। वह किसी महाबली मित्र की तलाश में था।...कि एक दिन खेलते-खेलते बालकों का झुंड गंगा के किनारे तक चला गया। वहाँ उनसे एक बालक और मिला। वह सभी बच्चों में बड़ा था। वह था हमारे सारथि अधिरथ का बेटा राधेय। दुर्योधन के कथनानुसार वह शक्ति में अपराजेय था; पर वह राजपरिवार का नहीं था, इसीलिए हमारे बेटों के साथ खेल नहीं सकता था।

किंतु बच्चों का आपसी स्नेह राजपरिवार की मर्यादा रेखा को रौंदते हुए उसे भी अपने गोल में खींच ले आता था; पर राजकर्मचारी तुरंत उसे अलग कर देते थे। यह स्थिति कई दिनों तक चलती रही। अंत में मेरे बच्चों ने राजकर्मचारियों की

शिकायत की। मैंने उन्हें समझाया कि कर्मचारी ठीक करते हैं। यह राजभवन की मर्यादा है।

"कैसी है राजभवन की मर्यादा कि हम सामान्य बच्चों से मिल भी नहीं सकते! क्या नीच जाति में पैदा होनेवाले बच्चे हमसे हीन होते हैं? वह राजकुमार भले ही न हो, पर किसी राजकुमार से कम नहीं, वरन् उनसे भी अधिक तेजस्वी है। एक बार यदि तुम उसे देख लोगी, माँ, तो यही चाहोगी कि यदि यह मेरा ही पुत्र होता तो कितना अच्छा होता!"

"यही तो मेरी कठिनाई है कि मैं देख नहीं सकती।"

"तो तुम धीरे से पट्टी हटाकर देख लेना।" वह बाल सुलभ स्वर में बोल पड़ा, "मैं किसीको बताऊँगा नहीं कि तुमने आँखों से पट्टी हटाई थी।"

मुझे हँसी आ गई। बालहठ मेरे संकल्प पर ही सवार होने को तैयार हो गया। मैंने उसे बहुत समझाया कि राजभवन की यह परंपरा नहीं है। फिर वह सूतपुत्र है, वह भी पालित। उसके न माता-पिता का पता है और न जाति-गोत्र का ही। अधिरथ ने उसे गंगा में बहता हुआ पाया था।

"तब तो अवश्य ही वह किसी राजा का पुत्र होगा।"

"यह तुम कैसे कह सकते हो?"

"उसके कवच और कुंडल सोने के हैं। किसी साधारण व्यक्ति के ऐसे हो सकते हैं?" दुर्योधन ने कहा।

मैं भी सोचने लगी कि सोने के कवच-कुंडल कैसे! अवश्य कोई बात है।

"वह देखने में कैसा है?" मैंने पूछा।

"एकदम राजकुमारों जैसा। उसका व्यक्तित्व हम लोगों जैसा ही है, वरन् हम लोगों से भी प्रभावान्। देखने में वह कुछ-कुछ पांडवों से मिलता-जुलता है।"

अब मैं भी कुछ सोच में पड़ी। फिर भी मैंने बात टालने के लिए कहा, "यदि उसकी आकृति पांडवों से मिलती है तो वह भी पांडवों के पक्ष में हो जाएगा।"

"ऐसा कभी नहीं हो सकता।" दुर्योधन बड़े विश्वास से बोला, "उसकी और पांडवों की जैसे जन्मजात शत्रुता हो। वह द्वंद्व के लिए तीनों भाइयों को ललकारता है, पर साहस उसका सामना करने का किसीका नहीं होता।"

रहस्य की गाँठ पर गाँठ पड़ती चली गई। मेरे लिए वह अबूझ पहेली अबूझ ही रही। अधिरथ तो हमारा कर्मचारी था, पर वह उसे राजभवन में कभी लेकर नहीं आया। एक बार तो इच्छा हुई कि मैं अनुमति दे दूँ। वह भी राजपुत्रों के खेल में

शामिल हो जाया करे। फिर सोचने लगी, यह सब उस दीवार का परिणाम है, जो हमारी अगली पीढ़ी के बीच भी बढ़ती चली जा रही है। कुंती यही समझेगी कि हमारे बच्चों को परास्त करने के लिए ही यह सब हुआ है।

मैंने दुर्योधन को दबी जबान अनुमति तो दे दी, पर यह कहते हुए कि 'तुम चाचीजी से भी अनुमति ले लो।'

"उनसे अनुमति लेने की क्या आवश्यकता? वह तो हमारे गोल में ही रहेगा।"

मुझे हँसी आ गई, "पागलो, बच्चों के खेल का गोल भी कोई गोल है। खेल खत्म होते ही गोल खत्म। हो सकता है, दूसरे खेल में वह दूसरे गोल में हो जाए।"

दुर्योधन झुँझलाया, "तू समझती नहीं है, माँ। हमारे और पांडवों के बीच कोई सामान्य बच्चों का खेल तो होता नहीं। यह खेल तो राजभवन के बच्चों का है।"

"तो भी तुझे चाची से अनुमति लेनी पड़ेगी।" मैंने जरा जोर से कहा, "बच्चों के खेल को हम अपने वैमनस्य का कारण क्यों बनने दें?"

मेरा यह अंतिम आदेश था। दुर्योधन चुपचाप चला गया। सुना है, वह अपने भाइयों को लेकर कुंती के यहाँ पहुँचा। उसने भी सारी बातें सुनने के बाद कुल, जाति और गोत्रविहीन होने की वही बात उठाई जो मैंने कही थी। जब दुर्योधन उससे भी जिद करने लगा तब उसने बड़ी होशियारी से समस्या अपने यहाँ से स्थानांतरित करते हुए सिंहासन की ओर उछाल दी और कहा, "यह तो राजभवन की मर्यादा और परंपरा का प्रश्न है। इसके संबंध में कोई अंतिम निर्णय तुम्हारे चाचाजी ही कर सकते हैं।"

दुर्योधन बड़ा दुःखी हुआ। वह झुँझलाया भी, "इतनी सामान्य सी बात पर इतना झमेला!" वह बोला, "यदि हमें यह मालूम होता कि स्थिति यह होगी तो कभी इस झमेले में पड़ते ही नहीं। उसे अपने गोल में शामिल कर लेता। फिर आप लोग उसे निकालते थोड़े ही।"

कुंती ने देखा कि बच्चे विद्रोह पर उतारू हो रहे हैं। वह उन्हें लेकर स्वयं पांडु के पास गई और बच्चों का पक्ष रखते हुए ही महाराज के सामने समस्या रखी। सब धैर्यपूर्वक सुन लेने के बाद महाराज ने वही बात कही जो हम लोग कह रहे थे, "कोई सूतपुत्र राजपुत्रों के साथ खेले, यह हमारी परंपरा नहीं है।"

"हम यह कैसे कह सकते हैं कि वह सूतपुत्र है? क्या वह राजपुत्र नहीं हो सकता?" फिर दुर्योधन ने अधिरथ के पुत्र के आकर्षक व्यक्तित्व की विशद चर्चा

की, "देखने में वह राजाओं का पुत्र ही लगता है। उसके कानों में स्वर्ण के कुंडल हैं और वक्ष पर स्वर्ण का ही कवच। उसके चेहरे पर सूर्य-सा तेज है। वह तो परम तेजस्वी किसी देवता या ऋषि का पुत्र मालूम होता है।"

दुर्योधन ने ही मुझे बताया था कि इतना सुनते ही चाची एकदम गंभीर हो गई, जैसे वह यादों की किसी गहराई में डूब गई और स्मृति के किसी दंश से व्याकुल हो उठी। उसने कहा, "यदि ऐसा है तो उस बच्चे को ले आओ। जल्दी-से-जल्दी ले आओ।"

"इतनी जल्दी क्या है?" पांडु ने कहा, "यदि तुमने बच्चे को अनुमति दी है तो वे उसे लाएँगे ही।"

दुर्योधन का कहना था कि अब चाची एक क्षण वहाँ ठहर न सकी। बिना कुछ कहे-सुने हम लोगों को वहीं छोड़कर अपने भवन में चली गई।

दोपहर के ढलते ही बच्चे फिर गंगातट की ओर गए। राधेय जैसे उनकी प्रतीक्षा में पहले से ही मौजूद था। पहुँचते ही दुर्योधन ने उसका हाथ पकड़ा और चला सीधे राजभवन की ओर।

"मुझे कहाँ ले चल रहे हो?" राधेय ने पूछा।

दुर्योधन ने सिर्फ इतना कहा, "जहाँ ले चल रहा हूँ, चुपचाप चले चलो।"

जैसे वह किसी वृषभ के खूँटे से खोलकर सीधे राजभवन में लाया जा रहा था। दुर्योधन उसे कुंती के भवन में ले गया। उसपर जो कुंती की दृष्टि पड़ी तो वह एकदम गड़ गई। जैसे उसे काठ मार गया हो। फिर जब उसकी चेतना लौटी तो उसने राधेय को वक्ष से लगा लिया। आँखों से जैसे कुछ पिघलकर बह निकला। बहुत देर तक उसे छाती से लगाए रही। राधेय भी ऐसा चिपका रहा जैसे अपनी माँ से ही चिपक गया हो। फिर ऐसा क्या हुआ कि उसने उसे पागलों-सा एकदम झटक दिया और सामने वातायन पर बाहर की ओर मुँह करके खड़ी हो गई। जैसे दूर, बहुत दूर कुछ देखने की कोशिश कर रही हो और कुछ देख नहीं पा रही हो। बार-बार आँखों को पोंछती रही।

फिर धीरे से बोली, "तुम इसे अपने साथ खेला सकते हो।"

दुर्योधन का कहना था कि पांडव भी वहाँ खड़े थे। अपनी माँ की यह स्थिति देखकर वे कुछ बोल नहीं पाए।

मैंने और राजभवन के लोगों ने इसे मात्र बालहठ की विजय माना।

□

ज्यों-ज्यों दिन बीतते गए, बच्चे भी बड़े होते गए; उनका विद्वेष भी बड़ा होता गया। राजभवन को विभाजित करनेवाली वह अदृश्य दीवार भी बढ़ती गई।

अब उनकी शिक्षा-दीक्षा की व्यवस्था की बात चली। प्रश्न उठा कि उन्हें किस आश्रम में पढ़ने के लिए भेजा जाए? शकुनि इस पक्ष में नहीं था कि कौरव और पांडव एक ही आश्रम में शिक्षा पाएँ। उसका कहना था कि जब कृपाचार्य हमारे कुलगुरु हैं ही तब बच्चों को आश्रम क्यों भेजा जाए?

ऐसा आरंभ भी हुआ; पर थोड़े दिनों बाद कृपाचार्य ने अपनी लाचारी व्यक्त की। उन्होंने अनुभव किया कि एक साथ रहने, खाने और खेलने के बाद भी पांडव और कौरव दो खेमों में बँटे हैं। बहुधा उनकी प्रत्यंचाएँ एक-दूसरे के विरुद्ध खिंच जाती थीं। इसमें भी शकुनि की भूमिका बड़े महत्त्व की थी। उसने विभाजन की रेखा खींचकर बच्चों के खेलने के स्थायी पाले बना दिए थे। धनुष-बाण या किसी अन्य प्रकार की प्रतियोगिता होती तो दो दल बनाने की आवश्यकता न पड़ती। कौरव और पांडव जैसे दो जन्मजात दल बने तैयार रहते।

शकुनि बातचीत और संबोधन में भी दुर्योधन को युवराज कहता, जबकि युवराज का पद युधिष्ठिर के लिए ही सुरक्षित था। पांडवों को यह अच्छा नहीं लगता। सुना है, भीम अपनी माँ के सामने एक दिन इसका विरोध करते हुए आवेश में आ गया था, 'मेरे पिताजी सिंहासनाधीश हैं। भैया के रहते दुर्योधन कैसे युवराज हो जाएगा?' इसपर अर्जुन ने भी भीम का साथ दिया था।

कुंती ने उन्हें समझाते हुए कहा था, 'शकुनि मामा कहते हैं तो कहने दो। उनके कहने से क्या हो जाएगा! वह तुम लोगों को चिढ़ाने के लिए भी ऐसा कह सकते हैं।'

उस समय कुंती ने अपने बच्चों को शांत तो कर लिया, पर बात यहीं तक नहीं थी। दुर्योधन स्वयं को युवराज ही समझता था। उसके पिताजी 'आओ युवराज' कहकर ही उसे बुलाते थे।

धीरे-धीरे छोटी सी चिनगारी आग बनने लगी। राजभवन के परिचरों के सामने भी यह समस्या थी कि वे किसे युवराज कहें और किसे न कहें? दुर्योधन को युवराज कहने पर पांडव चिढ़ते थे और युधिष्ठिर को युवराज कहने पर कौरव। विचित्र स्थिति थी। यद्यपि दोनों राजकुमार थे, पर उनमें से कोई स्वयं को केवल 'राजकुमार' कहलाए जाने को उचित नहीं समझता था।

यही स्थिति कृपाचार्य के सामने थी। विद्याभ्यास के समय वे किसे प्रथम स्थान पर रखें? यद्यपि उनका विवेक युधिष्ठिर को ही सबसे आगे करता था। कई बार उन्हींके सामने बच्चों में तू-तू, मैं-मैं भी हुई। कृपाचार्य ने मामला शांत करते हुए कहा, ''तुम युवराज या राजकुमार राजभवन में हो, माता-पिता के सामने परिवार में हो, पर आचार्य के सामने तुम सब शिष्य हो।''

"यदि हम सब शिष्य हैं तो आप युधिष्ठिर को सबसे आगे क्यों रखते हैं ?" यह दु:शासन का क्रोध था।

"क्योंकि वह तुम सबमें बड़ा है।" कृपाचार्य ने स्वयं को सँभाला, "वस्तुत: तुम सब हमारे सामने बराबर हो। मैं किसीको बड़ा या छोटा नहीं समझता। फिर भी यदि तुम्हें पंक्ति में खड़ा करना होगा तो आगे कोई-न-कोई तो होगा ही।"

"आगे हमारे भैया खड़े होंगे।" दु:शासन बोला।

"हमारे भैया खड़े होंगे।" भीम ने प्रतिवाद किया।

यह कहा-सुनी इतनी बढ़ी कि भीम ने ललकारा, "इसका निर्णय मल्ल युद्ध से होगा।"

दोनों अखाड़े में कूद पड़े। सुना है, अर्जुन ने भी बड़ी क्रुद्ध दृष्टि से कौरवों को देखा; पर युधिष्ठिर शांत रहा। उसने भीम को अखाड़े पर से खींचते हुए डाँटा, "अपने भाई को ही परास्त करके बलशाली बनना चाहते हो!"

"वह भाई है!" भीम अपने आवेश में बड़बड़ाया, "अरे, वह शत्रु है, शत्रु।"

इतना सुनते तो कोलाहल मच गया। स्थिति कृपाचार्य के हाथों से निकलती जान पड़ी। उन्होंने उस दिन की कक्षा समाप्त कर दी। सारी स्थिति उन्होंने मेरे पति से कही। उस समय मैं भी थी। कोई कुछ नहीं बोला। हम केवल कृपाचार्य को सुनते रहे।

जब उन्होंने यहाँ तक कह दिया कि ईर्ष्या के इस अंधकार के गर्भ से जो सूर्य जन्म लेगा, कहीं वह राजभवन की हरियाली को मरुभूमि में न बदल दे, तब हम विचलित हुए।

"तो फिर हम क्या करें ?" पति के स्वर में चिंता से अधिक झुँझलाहट थी।

कृपाचार्य बोले, "अब मेरे विचार से तो एक ही रास्ता है कि इन राजकुमारों की शिक्षा की व्यवस्था राजभवन में न करके किसी आचार्य के आश्रम में कराई जाए।"

"तो आप चाहते हैं कि राजकुमारों को राजभवन से निकालकर दीन-दु:खियों के बच्चों के बीच डाल दें ?" अब तक हमारी बगल में चुपचाप बैठा शकुनि बोल उठा, "हाँ, इससे हमारे बच्चों को शस्त्र और शास्त्र का परीक्षण भले ही अच्छा न मिले, पर भिक्षा माँगने का प्रशिक्षण काफी अच्छा मिल जाएगा।"

"क्षमा कीजिएगा, महाराज, मैंने अपनी राय देकर बड़ी भूल की।" इतना कहकर कृपाचार्य चुपचाप चले गए—और ऐसे गए कि पंद्रह दिनों तक हमारा-उनका सामना न हो सका।

मैंने एक दिन शकुनि को समझाने की चेष्टा की। उससे कहा, ''आश्रम में ही वास्तविक शिक्षा का संस्कार मिलता है। वहाँ भेजे जाने से हमारे बच्चे महलों से निकलकर सामाजिक जीवन के करीब आएँगे।''

''सामाजिक जीवन के करीब आएँगे या भिखमंगों के बीच जाएँगे?''

''वे भिक्षा नहीं, वरन् शिक्षा के लिए समाज से वृत्ति माँगते हैं।'' मैंने कहा।

''तुम उस युग की बात कर रही हो, जब हर घर से शिक्षा के लिए वृत्ति बँधी थी। आज किसी घर से उन्हें निश्चित बँधी हुई वृत्ति नहीं मिलती। माँगा, मिली, न मिली। वृत्ति बिना माँगे मिलती थी। अब वह सीधे-सीधे भिक्षावृत्ति हो गई है।''

मैं सोचने लगी। बोली, ''पर गांधार में तो ऐसा नहीं है।''

''यह गांधार नहीं है, महादेवीजी, हस्तिनापुर है। यहाँ के आचार्यों के बच्चों को पीने के लिए दूध भी नहीं मिलता।''

मुझे काटो तो खून नहीं। मुझे लगा कि वह यों ही उड़ा रहा है, क्योंकि वह अफवाहें गढ़ने में अद्‌भुत था। मैंने पूछा, ''तुम्हें कैसे मालूम?''

वह हँसा, ''तुम क्या समझती हो, मेरी जानकारी चहारदीवारी के भीतर ही रहती है! मैं यहाँ के जनजीवन की पूरी-पूरी जानकारी रखता हूँ।''

वह इसी सिलसिले में बहुत कुछ बोल गया, पर मैंने कुछ सुना नहीं। आशंकाओं ने मुझे इतना घेरा कि हस्तिनापुर का भविष्य एक अज्ञात राक्षस द्वारा निगलता दिखाई दिया। मैं सोचने लगी कि जिस राज्य का आचार्य इतना विपन्न और दीन होगा, उस राज्य का भगवान् ही भला करे। गांधार की परंपरा थी कि किसी शिक्षक के राज्य सीमा में प्रवेश करते ही अमात्यमंडल का कोई सदस्य उसकी अगवानी करता था। और कहीं राजभवन में वे आ जाएँ तब तो पूरे राजपरिवार को उनके स्वागत में उपस्थित होना पड़ता था; क्योंकि गांधार का विश्वास है, किसी राज्य की अस्मिता का आधार उसके आश्रम हैं। वहीं शस्त्र और शास्त्र की वास्तविक ऊर्जा का निर्माण होता है।''' और इस राज्य में आश्रम ही उपेक्षित हैं। आचार्य के पुत्र को पीने के लिए दूध भी हस्तिनापुर में नहीं मिलता, इसका तो हमें विश्वास ही नहीं होता।

मैं अपने में इतनी खोई कि मुझे पता ही नहीं चला कि शकुनि कब चला गया। अब मेरा एकांत भीतर-ही-भीतर उबलने लगा, 'फिर भी मैं कर क्या सकती हूँ?' बहुत सोचने पर दो ही व्यक्तित्व मेरे दृष्टिपथ में आते थे। एक महामात्य विदुरजी और दूसरे भीष्मजी। एक मेरे देवर थे और दूसरे ताऊ। एक के ज्ञान और विवेक पर मेरा विश्वास था और दूसरे के अनुभव पर। पांडु से मेरा मिलना एक नई

राजनीति का सर्जन कर देता था। पति से कुछ कहना बेकार था। उनकी बुद्धि-विवेक पर मेरे भाई का पूरा कब्जा था। अंतत: मैंने विदुरजी को बुलाया।

उनके आते ही मैंने कहा, "क्षमा कीजिएगा, मैंने आपको कष्ट दिया।"

"इसमें कष्ट की क्या बात है?" उन्होंने परिहास किया, "आप ऐसी अनिंद्य सुंदरी जिसकी भाभी हो और वह उसे एकांत में बुलाए, इससे बढ़कर उसका क्या सौभाग्य हो सकता है!"

स्वाभाविक लज्जा से मेरे होंठों पर मुसकराहट खिल गई। मैंने उन्हें सारी स्थिति बताई। वह सारी कहानी पहले से जानते थे। उन्होंने बड़ी निराशा से कहा, "इसमें मैं क्या कर सकता हूँ?"

"आप महामात्य हैं। आपकी राय पर ही शासन चलता है और आप ही कह रहे हैं कि मैं क्या कर सकता हूँ!"

"महामात्य अपने मन से कोई राय नहीं देता। यदि देगा तो उसे शासन में अड़ंगा माना जाएगा।" विदुरजी बोले, "फिर हमारी राय हस्तिनापुर के शासन तक सीमित है। राजभवन के प्रशासन में नहीं। यह साफ जाहिर है कि राजभवन दो भागों में बँट चुका है। ऐसे में यदि मैं कोई राय व्यक्त करूँ तो पक्षधर माना जाऊँगा। फिर मैं अपने को व्यर्थ के झमेले में क्यों डालूँ?"

"क्या राजभवन की समस्याओं के संदर्भ में आपका कोई दायित्व नहीं?" मैंने कहा, "मेरी समझ से तो राजभवन पर आपका उतना ही अधिकार है जितना आपके बड़े भाइयों का।"

मेरे उत्तर में वह कुछ कहना चाहते थे, पर उन्होंने स्वयं को मोड़ लिया। उन्होंने कहा, "मेरे विचार से तो राजभवन के विभाजन के साथ यहाँ के अधिकांश लोगों ने स्वयं को विभाजित कर लिया है। इस संदर्भ में किसीसे बात करना व्यर्थ है। हाँ, ताऊजी से कुछ कहा जा सकता है।"

विदुर ने इस विषय में बड़ी त्वरा दिखाई। उन्होंने भीष्मजी से भेंट कर सबकुछ बताया। वे भी थोड़ा-बहुत पहले से जानते थे। शायद कृपाचार्य ने आपबीती सुनाई थी। ताऊजी भी इस पक्ष में नहीं थे कि राजकुमारों को आश्रम में न भेजा जाए। उनका स्पष्ट मत था कि "ब्रह्मचर्य जीवन के लिए आश्रम के जीवन की आवश्यकता है। राजभवन में रहकर जानकारी तो प्राप्त की जा सकती है, पर शिक्षा नहीं। शिक्षा का सीधा संबंध संस्कार से है। यह संस्कार आचार्य के सान्निध्य और आरण्यक वातावरण में ही पाया जा सकता है।"

"पर यही तो आज राजभवन स्वीकारने को तैयार नहीं है। उनका विचार है कि आश्रम में जाकर हमारे बच्चे राजकीय संस्कार से वंचित हो जाएँगे।" विदुरजी

ने शकुनि का नाम लिये बिना यह बात कही थी।

कहते हैं, यह सुनकर भीष्मजी सोच में पड़ गए थे। फिर राजभवन में शिक्षा के लिए किस आचार्य को बुलाया जाएगा? कौन आना स्वीकार करेगा? यदि कोई स्वीकार भी करेगा तो वह सोने के पिंजरे में बंद ऐसा पक्षी हो जाएगा, जो वही बोलेगा जो उससे बुलवाया जाएगा। राजनीति की भाषा उसके कंठ में भी समा जाएगी।

"समस्या कठिन अवश्य है, पर इसके सिवा कोई समाधान भी नहीं है।" विदुरजी ने कहा।

अब आचार्य की खोजाई होने लगी, जो अपनी अस्मिता को स्वर्ण-खंडों पर बेच सके। बहुत सोच-समझकर विदुरजी ने आचार्य द्रोण का नाम बताया।

"सुना है, आजकल वे हस्तिनापुर की सीमा पर हैं। उन्होंने आश्रम जीवन को त्याग दिया है।"

"वही द्रोण न, जो कृपाचार्य के बहनोई हैं।"

"जी हाँ।"

"फिर उनके आश्रम का क्या हुआ?"

"जो आजकल हर आश्रम का हो रहा है।" विदुरजी बोले, "उजड़ जाने पर जंगल उन्हें अपने में मिला लेता है।"

"...और सांसारिकता आचार्य को अपने में मिला लेती है।" सामाजिक व्यवस्था पर भीष्मजी का गहरा व्यंग्य था। उन्होंने द्रोण के आश्रम छोड़ देने पर दुःख व्यक्त किया।

"यदि छोड़ न देते तो क्या करते?" विदुर ने उनकी आर्थिक स्थिति का सही चित्र खींचा।

भीष्मजी चिंता में डूब गए। उनके मुख से निकला, "आचार्य की यह स्थिति राष्ट्र पर संकट के मेघों का पूर्वाभास है।"

विदुरजी का कहना था कि इस विषय पर उन्होंने कई प्रश्न किए। समाज और आश्रमों के संबंध की चर्चा चली। विदुरजी ने बताया कि उन्होंने कहा, "अब हस्तिनापुर में शांति बहुत दिनों तक नहीं रह पाएगी। ऐसी लहरें उठेंगी कि उसका अस्तित्व संकटग्रस्त हो जाएगा। तुमने इस स्थिति की चर्चा इसके पहले कभी मुझसे नहीं की।"

"कहने को तो अमात्यमंडल में यह बात उठाई थी, पर इसे बहुत हलके ढंग से लिया गया। उनका सोचना था कि शिक्षा की व्यवस्था समाजाश्रयी है। यदि समाज नहीं चाहता कि आश्रम चलें, तो राज्य क्या करेगा?"

"शिक्षा को राज्य अपने अधीन कर लेगा।"

"यह स्थिति तो और भी खराब होगी। राज्य जब स्वर्णखंडों पर शिक्षा को खरीदने लगेगा तब वह राज्यमुखी हो जाएगी। वस्तुतः यह होगा कि आश्रमों पर न तो समाज का नियंत्रण रहेगा और न राज्य का। आचार्य जीविका के लिए सिंहासन के प्रति नत होगा और सिंहासन निरंकुश हो जाएगा। जिस समाज में आचार्य खरीदा जा सकता हो उस समाज की स्वतंत्र चेतना पर ग्रहण लग जाता है।"

ताऊजी चिंता में पड़ गए। विदुरजी की बात मानते हुए भी उन्होंने कहा, "राजकुमारों की शिक्षा की कोई व्यवस्था तो करनी ही होगी। अंततः द्रोणाचार्य को बुलाने के अतिरिक्त कोई चारा नहीं दिखता।"

□

मुझे बड़ी पीड़ा से कहना पड़ रहा है, जो अग्निवेश जैसे प्रख्यात आचार्य का शिष्य था, जो द्रुपद जेसे प्रभावशाली राजा का सहपाठी था, जिसने परशुराम जैसे गुरु से भी शिक्षा ग्रहण की थी, वह द्रोण हस्तिनापुर का चाकर हो गया। अब हमारे बेटे किसी आचार्य के शिष्य बाद में थे, उनके स्वामी के पुत्र पहले थे। इस अहं के प्रेत ने आचार्य द्रोण से मेरे पुत्रों की इच्छा का पालन कराना आरंभ किया।

यद्यपि यह मुझे अच्छा नहीं लगता था। मैं आँखों पर पट्टी बाँधे 'जो होता है उसे होने दो' की नीति अपनाए रहती और प्रतिदिन दुर्योधन के किसी-न-किसी खुराफात की कथा सुनती।

बच्चों के बड़े होने की गति से कहीं तेज उनके बीच की बढ़ती खाई की गति थी। विद्याध्ययन में भी इसका प्रभाव स्पष्ट परिलक्षित होता था। मेरे पुत्र जो करते, ठीक उसके विपरीत पांडुपुत्रों का व्यवहार होता। मेरे पुत्र आचार्य को अपना क्रीतदास समझते थे, जबकि पांडव उन्हें 'गुरुर्ब्रह्मा गुरुर्विष्णुः गुरुर्देवो महेश्वरः' समझते और उन्हें सम्मान देते थे।

थोड़े ही दिनों में आचार्यजी मेरे पुत्रों की प्रकृति से परेशान हो गए। जब वे इनकी शिकायत दबी जबान ही करते तब उसपर भी राजनीतिक रंग चढ़ा दिया जाता। धीरे-धीरे परिस्थितियाँ ऐसी बनती गईं कि राजनीति उनपर हावी होती गई।

मेरे पति अपने पुत्रों की आलोचना सह नहीं सकते थे। मुझे ठीक याद है कि एक दिन आचार्यजी आए, तब मैं भी अपने पति के साथ ही थी। उन्होंने बड़ी विनम्रता से कहा, "महाराज, आपके पुत्र तो हैं प्रतिभा-संपन्न, उनमें बड़ी संभावनाएँ हैं; पर वे बराबर अवज्ञा करते हैं।"

मेरे पति ने छूटते ही कहा, "तो मैं क्या करूँ?"

"आप उन्हें कुछ समझाइए।"

"यदि मुझे समझाना होता तो हम आपको क्यों बुलाते?"

आचार्यजी एकदम सन्न रह गए। उन्हें ऐसे उत्तर की आशा न थी। फिर वे कुछ बोले नहीं। थोड़ी देर तक चुपचाप बैठे रहे, फिर उठकर चले गए। सुना है, मेरे पति के इस व्यवहार की चर्चा उन्होंने विदुर से भी की थी। हो सकता है, ताऊजी से भी उन्होंने कहा हो।

इसका प्रभाव आचार्यजी पर पड़ना स्वाभाविक था। अब शिक्षार्थियों को शिक्षा देना उनके कर्तव्य तक ही सीमित रह गया था। उनमें न तो शिष्य के सम्यक् विकास की चिंता थी और न आत्मीयता ही। वे इसे भी न देखते थे कि कौन कितना अभ्यास कर रहा है। जो शिष्य उनके सामने अपनी समस्या रखता वे उसका निराकरण बड़े मनोयोग से करते। यह स्थिति उन्हें पांडवों के निकट खींचती और मेरे पुत्रों से दूर करती गई।

पांडवों में अर्जुन सबसे अधिक विद्यानुरागी था। वह दिन-रात शस्त्र-संचालन का अभ्यास करता रहता। इस उम्र में उसमें एक अच्छे धनुर्धर के गुण आ गए थे।

एक दिन की बात है कि मैं अपने पति के साथ गंगा के किनारे टहलते-टहलते चाकरों का सहारा लिये अरण्य की ओर बढ़ गई। विदुर भी मेरे साथ थे। हम लोगों का विचार था कि गंगाजल का आचमन करके ही लौटा जाए। हम ज्यों ही गंगाजल की ओर बढ़ रहे थे, हमें प्रत्यंचा की टंकार सुनाई दी और 'सन-सन' छूटते बाणों का अनुभव हुआ। हमें कुछ ऐसा लगा कि जब पक्षी चहचहाते हैं या किसी प्रकार की हरकत करते हैं, तभी बाण छूटता है। मैं वहीं रुक गई। पतिदेव ने भी कहा कि कोई बात अवश्य है।

हमने किसी चाकर को भेजकर पता लगाने की इच्छा व्यक्त की। तब तक विदुरजी 'कौन है' कहते हुए आगे बढ़ गए।

उनके 'कौन है' कहते ही बाणों की सनसनाहट बंद हो गई। फिर थोड़ी देर बाद ही एक धनुर्धारी बालक को लिये हुए हमारे चाकर आ गए। उस धुँधलके में चाकरों के सम्मुख बालक की छवि स्पष्ट नहीं हो पाई। थोड़ी ही देर बाद एक चाकर बोल पड़ा, "अरे, यह तो राजकुमार अर्जुन हैं।"

तब तक अर्जुन दौड़ा हुआ आया और मेरे पति के चरणों में गिर पड़ा। थोड़ी देर तक तो वे खड़े ही रह गए, क्योंकि हमें उसके झुकने की आहट न लगी। फिर उन्होंने उसे उठाया और चुपचाप खड़े ही रहे।

तब विदुरजी बोले, "अरे, उसे आशीर्वाद तो दीजिए।"

अब मेरे पति ने उसका सिर सूँघकर आशीर्वाद दिया, "यशस्वी भव!"

"इस अंधकार में क्या कर रहे थे?" मेरे पति ने पूछा।

"अभ्यास कर रहा था—शब्दवेधी बाण संचालन का।"

"इस अंधकार में भी अभ्यास?"

"क्योंकि इसमें देखकर नहीं, सुनकर बाण मारना होता है।" अर्जुन बोला, "इस कार्य के लिए यह स्थान अधिक उपयुक्त है। सूर्यास्त के बाद मैं यहीं चला आता हूँ। इस समय पक्षी अपने घोंसलों में आते हैं। पत्तों में उनके पंखों की खड़खड़ाहट या चहचहाने की आवाज अवश्य सुनाई पड़ती है—और मैं बाण चला देता हूँ।"

"लक्ष्यभेदन होता है?"

"शत-प्रतिशत।"

"तब तो तुम इस विद्या की कला में पारंगत हो गए।" विदुरजी ने उसकी पीठ ठोंकते हुए कहा।

मेरे पतिदेव ने पूछा, "अच्छा, यह बताओ। युद्ध तो दिन में ही होता है न, फिर इस कला की उपयोगिता क्या?"

"अरे, बड़ी उपयोगिता है, ताऊजी!" अर्जुन बोला, "यदि कहीं किसी अरण्य में भटक गया और अँधेरा हो गया तो? फिर यदि कभी भगवान् ने मेरे साथ भी वही अन्याय किया जो आपके साथ हुआ है, तब इस धनुर्विद्या की उपयोगिता और भी बढ़ जाएगी।" उसके स्वर में सफलता का आह्लाद था।

सुनकर हम सबके मुँह बंद हो गए।

"तब खड़े क्या हो; जाओ, अभ्यास करो।" मेरे पति ने झुँझलाते हुए कहा।

अर्जुन पाँव छूकर चुपचाप चला गया। इस बार उसे आशीर्वाद भी नहीं मिला।

मुझे अपने पति की मुद्रा के ताप का अनुभव हुआ। अब कोई किसीसे बोल नहीं रहा था। हम चुपचाप गंगाजल का आचमन कर लौट पड़े। एकदम मौन, जैसे किसीके पास कहने को कुछ रहा ही न हो। अंत में मौन के इस अंतराल को मेरे पति ने ही ध्वस्त किया, "लगता है, इस द्रोण नामक आचार्य में भी पक्षधरता आ गई है। वह भी पांडुपुत्रों के पक्ष में हो गया लगता है।"

"इसे अभी हम कैसे कह सकते हैं, जब तक कि पूरी जानकारी न मिल जाए!"

मैंने उनके कथन का विरोध नहीं किया था; पर उन्हें लगा कि मैं उनके कथन का विरोध कर रही हूँ। वे मुझपर बुरी तरह झुँझलाए, "यदि यह आचार्य अपने सभी शिष्यों को समान शिक्षा देता तो हमारे पुत्र भी ऐसा अभ्यास करते।"

"इसके लिए पहले हमें अपने पुत्रों से पूछना चाहिए, फिर किसी निष्कर्ष पर पहुँचना चाहिए।" मैंने कहा।

मेरे कथन पर बिना कोई प्रतिक्रिया व्यक्त किए वे चलते रहे। हम ज्यों-ज्यों राजभवन के निकट आते गए, उनकी गति तेज होती गई। लगा, वे भीतर-ही-भीतर उबल रहे हैं।

विदुरजी ने हमें अपने कक्ष तक पहुँचाया और वे हम दोनों के पाँव छूकर लौट गए। मैंने तो उन्हें आशीर्वाद का उत्तर भी दिया, पर पतिदेव चुप ही रहे। उनकी सोच पर ईर्ष्या और द्वेष का ऐसा परदा पड़ा रहा कि विदुर का अभिवादन वहाँ तक पहुँच ही नहीं पाया।

शीघ्र ही दुर्योधन बुलाया गया। आते ही मेरे पतिदेव ने उससे पूछा, "क्यों जी, तुम्हें शब्दवेधी बाण का गुर सिखाया गया है या नहीं?"

क्षण भर चुप रहने के बाद वह बोला, "हाँ, एक दिन इसके बारे में कुछ बताया अवश्य गया था, पर मैंने उधर ध्यान नहीं दिया।"

"क्यों?"

"क्योंकि उसकी उपयोगिता अंधों के लिए मुझे समझ में आई। हम जैसे आँखवालों के लिए वह नहीं है।" कुछ समय चुप रहने के बाद उसकी आवाज एक बड़े पत्थर की तरह अपने पिता पर ही मारी गई, "शब्दवेधी बाण का कौशल तो आपके लिए बड़ा उपयोगी होगा। पिताजी, आप यदि उसका अभ्यास करें तो वह कला भी सार्थक होगी और आपका श्रम भी।"

मेरे पति को ऐसे दुर्विनय की आशा नहीं थी। उन्होंने कहा, "गांधारी, देखा तुमने? आज मेरा परिवार अलग-थलग पड़ गया है। यदि इन बच्चों की ठीक देखभाल होती तो दुर्योधन जैसा पुत्र इतना नालायक और दुर्विनीत न होता। समस्या यह है कि कौन करे इनकी देखभाल! मैं अंधा और तुमने आँखों पर पट्टी बाँध ली। पांडु और विदुर हमारे विरोध में हैं ही। कुलाचार्य की स्थिति का आभास तो तुम्हें लग ही गया होगा। वे अर्जुन से अभ्यास करा सकते हैं, पर दुर्योधन से नहीं।"

अनुचित होते हुए भी मैंने उन्हें बीच में टोका, "छात्र को ज्ञान दिया जा सकता है, पर उससे अभ्यास नहीं कराया जा सकता। बैल को नाँद तक ले जाया जा सकता है, पर उसे खिलाया नहीं जा सकता।"

"आवश्यकता पड़ने पर खिलाया भी जाता है।" उनकी झुँझलाहट अब भी बनी थी। उसी मानसिकता में उन्होंने बातों की छूटी डोर पुनः पकड़ी, "और को तो छोड़ो, एक हैं मेरे ताऊजी, जो अपनी प्रतिज्ञा की भयंकरता के कारण ही भीष्म कहे गए। उन्होंने कुरुवंश के संरक्षण का संकल्प लिया था। उन्हें भी मैं क्या कहूँ! खाली

झूले की तरह अवसर की हवा में कभी इधर, कभी उधर झूलते रहते हैं। अधिकतर वे पांडु के ही पक्ष में रहते हैं; बेचारा शापित है। क्यों, मैं शापित नहीं हूँ? पैदा होने के पहले से ही अंधा हो गया। अब ले-देकर राजभवन में हमारा केवल एक हितैषी है—और वह है शकुनि। वही बेचारा अपना अभिभावकत्व निभा रहा है। पर कब तक निभाएगा? गांधार का पक्षी है, पता नहीं कब उड़ जाए!''

□

दिन बीतते गए, समय का रथ आगे बढ़ता गया।

कार्तिक का महीना था। अचानक सूचना मिली कि भीम का पता नहीं है। उसके भाई भी कुछ बताने में असमर्थ हैं। रात तक उसकी खोज होती रही, पर कहीं कुछ पता नहीं चला।

इस महीने में आँवले के पेड़ के नीचे भोजन बनाने और खाने का बड़ा महत्त्व है। सभी लड़कों ने मिलकर एक कार्यक्रम बनाया; बड़ों को इसकी खबर तक न होने दी। यहाँ तक कि उनके आचार्यों को भी इसकी सूचना नहीं थी। पता नहीं कैसे शकुनि सूँघते-सूँघते वहाँ पहुँच गया था।

यह सर्वविदित था कि भीम की रुचि जितनी खाने में थी उतनी ही भोजन बनाने में भी थी। वह इस उम्र में ही हर प्रकार का भोजन बनाने में प्रवीण हो गया था। जहाँ वह 'भोजनभट्ट' कहा जाता था वहीं पाकशास्त्री भी माना जाता था। पांडवों का कहना था, और इसे मेरे पुत्रों ने भी स्वीकार किया था, कि आज का भोजन उसीने बनाया है। यों परिचर उनकी सहायता में थे, पर उसने उनसे अधिक सहयोग नहीं लिया था। स्वयं पूर्वाह्न से लेकर अपराह्न तक व्यस्त था। सबको खिलाया भी। मामा शकुनि को भी। शकुनि ने उसके भोजन की प्रशंसा भी की। अंत में वह स्वयं भोजन करने बैठा। अर्जुन का कहना था, ''बहुत खाना बच गया था। हम लोग कुछ और परिचरों को बुलाना चाहते थे। मामाजी के साथ दुर्योधन भैया कुछ लोगों को बुलाने चले भी गए थे।''

पर ताऊजी के सामने शकुनि ने इस बात को पूरा स्वीकार नहीं किया। उसका कहना था कि दुर्योधन के साथ मैं चला अवश्य था, फिर सोचा, मेरी क्या आवश्यकता, दुर्योधन तो जा ही रहा है। मैं लौट गया था।

''दुर्योधन के साथ फिर कितने परिचर और पहुँचे?''

''शायद दो-चार।''

''आप उनके नाम बता सकते हैं?'' ताऊजी ने पूछा।

''मैंने उनपर ध्यान नहीं दिया, अन्यथा नाम तो बता ही देता।'' शकुनि ने कहा।

उसके इस कथन को पांडव स्वीकार करने को तैयार नहीं थे। उनका कहना था कि दुर्योधन भैया के साथ ही मामा गए थे और उन्हींके साथ लौटे भी। पर इनके साथ कोई परिचर नहीं था।

इन दो तरह के कथनों से ताऊजी के मन में शंका उठनी स्वाभाविक थी। कहते हैं, उन्होंने कुछ क्षणों तक शकुनि को बड़े गौर से देखा था। फिर शीघ्र ही बातें आगे बढ़ाईं, "फिर क्या हुआ?"

"बड़ी खुशी-खुशी भीम भैया शेष भोजन खा गए।" नकुल बोला, "लोग व्यंग्य बोलते रहे, पर वह किसीकी परवाह किए बिना खाते रहे। जब सब खा गए तब भी काफी मोदक थे। तब दुर्योधन भैया ने उन्हें ललकारा।"

"क्या कहा?"

"यही कि भोजन करने का बड़ा दम भरते थे, पर इतना मोदक छूटा जा रहा है। जो बादल गरजता है, वह बरसता नहीं।"

इसके बाद ताऊजी ने दुर्योधन से पूछा, "क्या यह सच है?"

इतना सुनते ही दुर्योधन के चेहरे पर हवाइयाँ उड़ने लगीं। अपराध-बोध की छाया उसके व्यक्तित्व पर दिखाई दी। जिन लोगों ने उसे देखा, उन्हें ही दाल में कुछ काला दिखाई दिया।

ताऊजी ने बात आगे बढ़ाई, "फिर क्या हुआ?"

"फिर वह आँवले के पेड़ के नीचे सो गया और खर्राटे भरने लगा।"

"तब तुम लोग क्या कर रहे थे?"

"हम लोग धनुर्विद्या का अभ्यास करते आगे बढ़ गए थे।"

"सब लोगों ने उसे अकेला छोड़ दिया?"

इस बार कोई कुछ नहीं बोला। केवल अर्जुन एकटक दुर्योधन को देखता रहा और दुर्योधन अर्जुन को।

उन्हें देखकर ताऊजी ने कहा, "यह तुम्हारा मौन संवाद रहस्यपूर्ण है।" उन्होंने अर्जुन से कहा, "तुम कुछ कहना चाहते हो? निर्भय होकर कहो।"

"मैं पहले ही चला गया था, केवल दुर्योधन भैया वहाँ रह गए थे।"

इसके बाद भीष्म की आग्नेय दृष्टि से निरंतर दुर्योधन पर चिनगारियाँ छूटती रहीं। उन्होंने वहाँ से सबको हटा दिया और दुर्योधन को अपने कक्ष में ले गए। उन्होंने निजी चाकरों को भी नहीं रहने दिया और द्वार बंद कर लिया।

रात्रि का दूसरा प्रहर चल रहा था। अंधकार, सन्नाटा और भीष्म के ज्वालामुखी व्यक्तित्व के सामने दुर्योधन अधिक देर तक स्वयं को छिपा नहीं पाया। उसने सब कबूल लिया। उसने मोदक में विष मिला दिया था।

''खाते ही भीम संज्ञाशून्य होने लगा, तब लोगों से मैंने कहा, 'अधिक खाने के कारण भीम को नींद आ गई है। उसे सोने दो।'

''पांडव पहले ही अपने अभ्यास में व्यस्त हो अरण्य की ओर बढ़ गए थे। हम लोग खेलने लगे। ज्यों-ज्यों अँधेरा होता गया, मेरे साथ के लोग भी जाने लगे। पर मेरी दृष्टि तो भीम पर लगी थी। मैं फिर उसके पास गया। उसे जगाने की चेष्टा की। वह टस से मस न हुआ। अभी भी उसकी साँस चल रही थी। स्पष्ट लगा कि वह कुछ ही क्षणों में मर जाएगा।

''तब मुझे डर लगा। अब क्या करूँ? यदि यह यहाँ मरा हुआ पाया जाएगा तब तो आफत आ जाएगी। मैंने पास के पीपल पर चढ़ी गुरुच की डोर जैसी लंबी-लंबी डाल को तोड़ा। भीम को उसीसे बाँधा और गंगा में बहा दिया।''

''यह सब तुमने अकेले ही किया?'' उस अंधकार में भीष्मजी की आवाज बिजली की तरह कड़की।

''कर तो अकेले ही रहा था।'' दुर्योधन कुछ भी पचा नहीं पाया। वह उगलता चला गया, ''तब तक मैंने देखा, गंगा में एक मल्लाह अपनी नाव लिये चला जा रहा है। मैंने उसे बुलाया और कहा कि इसे अच्छी तरह बाँधकर, नाव में रखकर धारा में फेंक दो।

''पहले तो वह तैयार नहीं हुआ; पर जब मैंने अपना केयूर उतारकर उसे दे दिया तब उसने तुरंत मेरी आज्ञा का पालन किया।''

''इसका तात्पर्य है कि भीम का शव भी अब नहीं मिल सकता!'' भीष्मजी की गरजती आवाज चिंता में डूब गई।

उन्होंने तुरंत राज्याज्ञा निकाली कि भीम की खोज गंगा की धारा में की जाय।

हस्तिनापुर की सारी नावें खोल दी गईं। राज्य के अधिकतर कर्मचारी उस रात्रि में गंगा के तट की ओर दौड़े। कोलाहल मच गया। कार्तिक की थोड़ी-थोड़ी ठंडी पड़ी रात स्तब्ध रह गई।

ऐसी भयानक स्थिति की कल्पना मैंने कभी नहीं की थी। मैं दौड़ी हुई अपने पति के कक्ष में गई। वहाँ शकुनि अपने ढंग से उन्हें सारी कथा सुना रहा था।

उन्होंने रोती-चीखती देखकर मुझे ही डाँटा, ''जो हो चुका वह तो हो ही चुका। अब पता लगाओ, दुर्योधन कहाँ है? ऐसा तो नहीं कि ताऊजी ने उसे इस अपराध का दंड देने के लिए बाँध रखा हो।''

''वे तो अपने कक्ष में नहीं हैं।'' शकुनि बोला।

''... और दुर्योधन?''

''उसका भी पता नहीं है।''

''यथाशीघ्र उसका पता लगाओ।'' मेरे पति ने आदेश दिया और यह भी कहा कि काफी देर हो गई है, किसी शीघ्रगामी अश्व से ही जाना उपयुक्त होगा।

शकुनि अश्व लेकर चल पड़ा। गंगा किनारे आकर उसने उच्च स्वर में चिल्लाना आरंभ किया, ''ताऊजी महाराज कहाँ हैं ? भीष्म महाराज कहाँ हैं ?''

वह चिल्लाता हुआ उस स्थान पर पहुँचा जहाँ भीड़ पहले से इकट्ठी थी।

भीड़ में से एक व्यक्ति ने बड़ी तेजी से उसे फटकारा, ''देखते नहीं हो, महाराज गंगा में खड़े होकर प्रार्थना कर रहे हैं!''

महाराज की प्रार्थना स्पष्ट सुनाई दे रही थी, ''माँ, आज तक मैंने तुमसे कुछ नहीं माँगा। आज माँगता हूँ कि मेरे पौत्र को जीवित लौटा दो। वह जहाँ हो वहीं उसकी सुरक्षा करना।''

शकुनि ने लौटकर बताया कि अभी तक भीम का कहीं पता नहीं चला। मैं इधर रो-रोकर निढाल हुई जा रही थी। शकुनि की सूचना पाकर मैं एकदम घबरा गई। फिर सोचा कि जब मेरी यह हालत है तब कुंती की क्या हालत होगी! एक बार तो मेरे मन में आया कि मैं उससे मिलूँ। पर किस मुँह से, क्या कहूँगी और मुझे देखकर वह क्या सोचेगी ? इसी विचार ने मुझे रोक लिया। फिर शय्या पर रुग्ण पड़े पांडु की याद आई। बेचारे की क्या हालत होगी ? कहीं ऐसा न हो कि दशरथ की कथा मेरे यहाँ फिर दुहराई जाए!

काटे न कटनेवाली रात भी आखिर कट ही गई। ब्राह्म मुहूर्त होते-होते सूचना मिली कि भीम जीवित अवस्था में मिल गया है। भीष्मजी की प्रार्थना गंगा ने सुन ली। क्यों न सुनतीं!''' यदि माँ अपने पुत्र की न सुनती तो किसकी सुनती!

राजभवन का हाहाकार उल्लास में बदल गया। आँसू मुसकरा उठे। मंदिरों में ब्राह्म मुहूर्त की पूजा बड़े उत्साह से आरंभ हुई। घंटे-घड़ियाल के साथ मंदिर का कोई वाद्य न था जो बजाया न जा रहा हो।

मुझे लगा कि राजभवन के मध्य में ईर्ष्या-द्वेष की बढ़ रही दीवार एक विशाल खाई में बदल गई है और हम उसमें गिरते चले जा रहे हैं।

□

: आठ :

कालांतर हुआ। कई पतझड़ वसंत में परिवर्तित हो गए।

इस बीच गंगा का बहुत सा पानी बह गया। हस्तिनापुर के इतिहास में भी कई नए पृष्ठ जुड़ गए। गंभीर राजनीति के बाद युधिष्ठिर को युवराज बनाया गया। इसमें ताऊजी और विदुर का पूरा दबाव था। सबसे बड़े भाई और दासीपुत्र के बीच हम लोग पिस गए। हम लोगों का तर्क था कि सत्ता धृतराष्ट्र की थी। अंधता के कारण उन्होंने पांडु को दे दी। अब जब पांडु सत्ता छोड़ने का मन बना रहे हैं तब उन्हें युवराज दुर्योधन को बनाना चाहिए। उसमें युवराज होने की सारी योग्यताएँ हैं। शायद पांडु इसे स्वीकार भी कर लेते, पर उनपर ऐसा दबाव पड़ा कि उनकी दबी हुई सहमति और भी दब गई।

हमारे सामने तीन बाधाएँ उपस्थित हुईं। पहले तो प्रजा युधिष्ठिर को छोड़ना नहीं चाहती थी। उसमें युधिष्ठिर की छवि बहुत अच्छी थी। फिर भीमवाले कांड से जनमत दुर्योधन के एकदम विरुद्ध था। उसके विरोध की सुगबुगाहट हमेशा राजभवन से टकरा रही थी। दूसरी ओर भीष्मजी और विदुर हमारे पक्ष में नहीं थे। तीसरे ब्राह्मणों ने व्यवस्था दी कि युधिष्ठिर दुर्योधन से वय में बड़े हैं। बड़े भाई के रहते छोटे भाई को कैसे सिंहासन पर बिठाया जा सकता है। शकुनि की राजनीति और हमारी इच्छा प्रभावकर नहीं हुई। युधिष्ठिर युवराज बनाया गया।

मुझे याद है, शकुनि ने मेरे पति से कहा था, 'अभी भी मैं अपनी पराजय नहीं मानता और न मेरा पासा ही उलटा पड़ा है। सारे गुड़-गोबर के मूल में मेरी बहन की अदूरदर्शिता है।' उसका संकेत दुर्योधन के जन्म के समय की घटना की ओर था।

पांडु ने अपनी अस्वस्थता से त्रस्त होकर अरण्य का मार्ग पकड़ा। वे अपने साथ माद्री को भी लेते गए। सुना है, कुंती ने भी उनके साथ चलने का आग्रह किया था। एक क्षण तो ऐसा आया जब उसका आग्रह हठ की सीमा पार कर गया। ''पत्नी पति की अनुगामिनी होती है।'' उसने कहा।

"सो तो ठीक है।" पांडु बोले, "पति की आज्ञा का पालन करना उसका प्रथम धर्म है, बाकी कर्तव्य तो बाद में आते हैं।"

"यदि यह शास्त्रसम्मत है तो इसका पालन सीता को भी करना चाहिए था।"

"सीता की स्थिति और तुम्हारी स्थिति में अंतर है। सीता उस समय पुत्र-विहीन थी, पर तुम तो पाँच-पाँच पुत्रोंवाली हो—तीन तुम्हारे और दो माद्री के। तुम हस्तिनापुर की राजनीति को देख ही रही हो। हम लोगों के रहते हुए भी भीम को विष दे दिया गया, तब न रहने पर क्या होगा? ज्वालामुखी के गर्भ में उनकी रक्षा भगवान् ही करेगा; फिर भी तुम एक आड़ रहोगी। इससे इन बच्चों को भी भरोसा रहेगा और वन में मुझे भी।"

कुंती मौन रह गई। उसका मौन छटपटा रहा था, "आप मुझे सचमुच अलग कर देंगे?"

"मैं अलग नहीं कर रहा हूँ, परिस्थितियाँ अलग कर रही हैं।" पांडु ने कहा, "आखिर इन बच्चों को किसीका आत्मीय संरक्षण तो मिलना चाहिए। यद्यपि मैं दोनों भाइयों को सहेजकर जाऊँगा, फिर भी तुम्हारा यहाँ रहना अत्यंत आवश्यक है।" किसी प्रकार उन्होंने कुंती को मनाया।

दूसरे दिन जब वे बड़े भाई (मेरे पति)से आशीर्वाद लेने आए थे तब उन्होंने इस विषय में बताया था।

"यह निर्णय लेने के पहले तुमको मुझसे तो सलाह लेनी चाहिए थी।"

"हाँ, भैया, यह भूल अवश्य हो गई। परसों रात्रि में मेरे पेट में ऐसी पीड़ा हुई कि लगा कि बस, अब प्राणांत ही हो जाएगा। कल भी उसमें कुछ कमी नहीं आई। राजवैद्य ने बताया कि यह ओषधि से दूर होनेवाली पीड़ा नहीं है। इसकी तो बस एक ही ओषधि है—तनावमुक्त हो भगवान् के चरणों में समर्पित हो जाना। और यह तभी हो सकता है जब राजपाट छोड़कर अरण्य चला जाऊँ।"

मुझे यह कहते हुए बड़ा दुःख हो रहा है कि मेरे पति ने उनके साथ बड़ी रुक्षता का व्यवहार किया। पहले तो उन्हें उनके चरणस्पर्श पर आशीर्वाद ही नहीं दिया, वरन् एकटक अपनी अंधी आँखों से उन्हें देखते रहे, फिर बड़ी निष्ठुरता से बोले, "यह तो उसी दिन निश्चित हो गया था जिस दिन आप लोगों ने युधिष्ठिर को युवराज बनाया।"

उत्तर दे सकने की इच्छा रखते हुए भी पांडु ने कुछ नहीं कहा।

इस स्थिति की गंभीरता का सभी पर प्रभाव पड़ा; पर कहीं से कोई आवाज नहीं निकली। आँसुओं से भीगे करुणार्द्र वातावरण में महाराज पांडु ने राजभवन

छोड़ा। पर मेरे पति राजभवन के द्वार तक ही आए, प्रासाद के सिंहद्वार तक वे नहीं गए। वे आगे भी जाते, पर शकुनि ने यह कहकर कि आप अब आगे कहाँ जाएँगे, हम लोग तो जा ही रहे हैं, उसने मुख्य द्वार को उनके लिए लक्ष्मण-रेखा बना दिया।

हम लोग नगर की सीमा तक उन्हें छोड़ने गए। हमारे साथ पुरवासी भी थे। सबके मन भरे-भरे, आँखें भरीं-भरीं और चेहरों पर उदासी की धुंध छाई थी। विदुरजी के साथ ताऊजी भी आँखें पोंछ रहे थे।

गंगातट पर पहुँचने के बाद वे लोग थोड़ी देर के लिए ठहरे; पर उनकी आँखें नहीं ठहरीं। पवित्रता की निरंतरता में शिव की जटा से निकली उस गंगा से होड़ लगानेवाली हमारी आँखों की गंगा आह और वेदना से संतप्त थी।

पता नहीं क्यों, अचानक पांडु मेरे पैर पकड़कर, फूट-फूटकर रोने लगे। कंठ अवरुद्ध था। केवल सिसकियाँ ही बोलती रहीं। बोलती हुई इन सिसकियों की संक्रामकता पूरी भीड़ पर छा गई। शायद ही ऐसी करुणार्द्र विदाई त्रेता में राम को मिली हो! किंतु पांडु को क्यों नहीं मिलती! राम तो चौदह वर्ष के बाद लौटने वाले थे, पर पांडु तो एक जीवन छोड़कर दूसरे जीवन में जा रहे थे, जहाँ से लौटने की कोई संभावना ही नहीं थी।

उन आहों का तूफान यद्यपि थम गया था, पर सात दिनों तक उसका अनुभव गूँजती हुई सिसकियों के साथ होता रहा।

इस घटना के बाद मेरे पति भी प्रसन्न नहीं दिखे। जब कभी उनके सामने बात आती भी तो वे एक अप्रिय घटना की तरह उसे टाल जाते।

कुंती सबसे अधिक हताश थी। उसके सामने अँधेरा-ही-अँधेरा था। कहीं भी कोई किरण दिखाई नहीं देती थी; यद्यपि कणिक को छोड़कर पूरा अमात्यमंडल युवराज के प्रति निष्ठावान् था। कणिक का भी सामने कुछ कहने का साहस नहीं था; पर भीतर-ही-भीतर वह दीमक की तरह सिंहासन में लगा था—उस भूकंप की प्रत्याशा में कि कब आए और कब यह उलट जाए।

कुंती इस सत्य को जानती थी, पर कहे भी तो किससे कहे? उसकी दृष्टि में दो ही ऐसे व्यक्ति थे—भीष्म और विदुर। पर दोनों अपने संकल्प से बँधे हुए। लाचार हो वह मेरे पास आई और लगी मुझसे लिपटकर रोने। मैं कुछ समझ नहीं पाई। मैंने जानना भी चाहा कि कहीं कोई नई बात तो नहीं हो गई है; पर कोई उत्तर नहीं। केवल सिसकियाँ, सिसकियाँ, सिसकियाँ। न विलाप, न प्रलाप और न संवाद। अंत में उसने बस इतना ही कहा, "अब क्या होगा, दीदी?"

"अब क्या होगा! जो होना था वह तो हो चुका।" शकुनि बोला। पता नहीं वह कब कक्ष में आ गया था। हमें उसके आने की आहट बिलकुल नहीं लगी थी। मेरे मन में आया कि कहूँ, 'तुम चुप रहो', पर कह नहीं पाई। हाँ, उसे देखकर कुंती अवश्य चुप हो गई। उसे अवश्य लगा होगा कि पाला हुआ सर्प फन काढ़कर सामने खड़ा है। उसके आँसू भी थमने लगे।

अब शकुनि ही बोला, "होना क्या है! अरे, तुम्हारा पुत्र युवराज हो गया। सत्ता तुम्हारे हाथ में है। सोचना तो हमें है कि अब हमारा क्या होगा!"

"आप तो ऐसा सोचते हैं जैसे हम-आप दो हों। युधिष्ठिर जैसे हमारा पुत्र है, आपका कुछ नहीं है!" क्षण भर में परिस्थिति के अनुसार कुंती सामान्य हो गई।

"हम लोग तो उसे अपना ही सोचते हैं; सारा अपना-पराया तो तुम्हारे मन में है।" शकुनि बोला।

"मेरे मन में न कभी था और न अब है।" कुंती बोली, "पर जब से भीम को विष देकर गंगा में बहा दिया गया तब से मैं अपने बच्चों के जीवन के प्रति आशंकित रहती हूँ।"

शकुनि की आकृति पर अपराध-बोध की छाया उभर आई होगी, मेरा अनुमान है। वह क्षण भर के लिए रुका भी, "उस समय जो किया जा सकता था, वह किया भी गया। हम लोगों ने उसके प्राणों की रक्षा भी की।"

सुना है, सत्य का भूत सिर पर चढ़कर बोलता है। यदि ऐसा न होता तो वह अपने कथन में 'भी' शब्द का प्रयोग न करता। इसे मैंने ही नहीं, कुंती ने भी समझा। उसने स्वयं पर नियंत्रण रखते हुए कहा, "मैं तो इसी बात का आश्वासन लेने आई हूँ कि भविष्य में भी आप हमारे बच्चों का ऐसा ही खयाल रखेंगे।"

"अवश्य रखा जाएगा, अवश्य रखा जाएगा। अब तुम जाओ और निश्चिंत रहो।"

ऐसा लगा कि यदि कुंती न जाती तो वह उसे बलात् निकाल देता; जबकि वह बहुत कुछ कहने आई थी। वह अपनी अंत:पीड़ा निकाल भी नहीं पाई कि बाहर कर दी गई।

मुझे शकुनि का यह व्यवहार उचित नहीं लगा। मैंने इसका प्रतिवाद किया।

उसने बताया, "उसकी आँखों से तो आँसू निकल ही रहे थे, जब तुम्हारी आँखों से भी ढुलकने लगे तब मैंने हस्तक्षेप किया। मैं नहीं चाहता कि तुम कभी भी पांडवों के संदर्भ में भावना में बहो। याद रखो, भावुकता के दलदल में महत्त्वाकांक्षा का कमल नहीं खिलता।"

□

दिन बीतते गए, परिस्थितियाँ और जटिल होती गईं। अपने लोगों द्वारा बुने जाल में मेरे पति उलझते चले गए। उधर युधिष्ठिर के शासन ने जनता को मोह लिया। कहीं अन्याय नहीं, कहीं अधर्म नहीं, कहीं विपन्नता नहीं। पांडवों की पकड़ हस्तिनापुर पर दृढ़ होती गई। लोग यह भी जानने लगे कि पांडवों की यह प्रगति धृतराष्ट्र और उनके परिवार को फूटी आँखों नहीं सुहाती। इस सोच के कारण भी पांडवों के प्रति लोगों की हार्दिकता और आत्मीयता बढ़ी। पांडव प्रजा के हृदय में बस गए और हम उसके हृदय से उतने ही दूर होते गए।

रोज ही हम इस स्थिति का अनुभव करते रहे। जहाँ मेरे पतिदेव की संगीत सभाएँ उत्साह और आनंद से भरी होती थीं वहाँ अब उनमें परिहास भरी उदासी छाई रहती है। न नृत्य के नूपुरों में वह उल्लास था और न गायन के स्वरों में वह भावाकुल कंपन। शायद ही कभी करतलध्वनि सुनाई देती हो। इस परिवर्तन का आभास हम बिना आँखवालों को भी हो रहा था। पर कोई किसीसे कहता कुछ नहीं था।

ऐसे अवसर पर पांडव भी उपस्थित होते थे। कौरव और पांडव दोनों एक साथ ही धरती पर बिछे आस्तरण पर बैठाए जाते थे। युधिष्ठिर के लिए भी वहीं स्थान था। यह सरासर अनुचित था। वह अभिषिक्त युवराज था। हमारे पति के उच्च आसन से थोड़ा नीचे ही मंचक लगाया जाना चाहिए था। इसपर भीम कई बार कुनमुनाया भी, पर हमारे पुत्रों ने हो-हल्ला कर उसे बैठा दिया।

एक दिन तो भयंकर स्थिति पैदा हो गई। भीम ने फिर विरोध किया। मेरे पुत्रों ने उसे बलात् बैठाना चाहा, पर वह बैठा नहीं। बड़े जोर से चीखते हुए उसने कहा, ''मैं नहीं बैठूँगा; जो अनुचित है उसका विरोध करूँगा।'' उसने आवेश में गदा उठा ली।

युधिष्ठिर ने उसका हाथ पकड़ लिया और उसे शांत करते हुए कहा, ''मन से बड़ी कोई शक्ति नहीं, संतोष से बड़ा कोई धन नहीं और धरती से बड़ा कोई आसन नहीं। सिंहासन भी आखिर उसी पर ठहरता है।''

भीम पर इसका कोई प्रभाव नहीं। वह हर समस्या का हल केवल गदा को समझता था। फिर वह बड़े भाई के कहने पर बँधे हुए सिंह की तरह लाचार हो गया।

यह विवाद पूर्णरूप से शांत हो, इसके पहले ही शकुनि ने भीम को संबोधित करते हुए कहा, ''पुत्र, कुछ करने या कहने के पहले अपने बड़े भाई से पूछ लिया करो; क्योंकि जैसा स्थूल तुम्हारा शरीर है वैसी ही स्थूल तुम्हारी बुद्धि भी।''

शकुनि के इतना कहते ही मेरे पुत्र ठहाका मारकर हँस पड़े। भीम कुड़बुड़ाकर रह गया। फिर भी आबद्ध सिंह भी सिंह ही रहता है। आँखों से चिनगारियाँ बिखेरते भीम की मौन गरज से मेरे पुत्रों की हँसी पेट में चली गई। कुछ देर रहने के बाद वह अचानक उठा और चला गया। हम लोगों की अंधी आँखों ने भी वैमनस्य के इस तांडव का अनुभव किया।

यह केवल आज की ही बात नहीं थी, आएदिन की बात थी। द्वेष के विषैले धुएँ की मीनार हर दिन कहीं-न-कहीं बनती थी और स्वयं अपनी मार से दबकर बिखर जाती थी। उसकी काली राख के नीचे राजभवन की शांति दबती जा रही थी।

वसंत ऋतु थी। पूरी प्रकृति पर रति के पगों के नूपुर बज रहे थे। मादकता का यह ज्वार पशु-पक्षी, मनुष्य सभी के मन में उठ रहा था कि अचानक एक सूचना तड़ित तरंग की तरह हस्तिनापुर में चमक उठी, 'पांडु नहीं रहे।'

पूरे राजभवन में भूकंप आ गया। लोग इस आघात को सह नहीं पा रहे थे। कुछ तो इस सूचना से बड़े दुःखी थे। सुना है, जब विदुर ने यह अशुभ समाचार ताऊजी (भीष्म) को सुनाया तो उन्हें चक्कर आ गया। यह तो कहिए कि विदुर ने ही उन्हें सँभाला, अन्यथा वे गिर ही जाते। वे बिलखते हुए कहने लगे, "वह भी तो मनुष्य ही था, इस वसंत को सँभाल नहीं पाया।" इसके बाद ताऊजी को पर्यंक पर लिटाया गया। थोड़ा सा प्रकृतिस्थ होते ही वे बोले, "विदुर, जब तुमने कहा था कि इस साल रसाल खूब बौराए हैं, इस वर्ष शायद फलों का बोझ वृक्ष न सह पाएँ, तभी मेरे मन में आया था कि कोई-न-कोई अनर्थ अवश्य होगा।" यह मेरा पुराना अनुभव है। विचित्रवीर्य के निधन के समय भी आम खूब बौराए थे।"

सच बताऊँ, उस रात मैं भी बहुत रोई थी। सवेरा होते-होते मेरी आँखों पर बँधी पट्टी पूरी तरह भीग गई थी।

पर मेरे पति पर इतना असर नहीं था। मैंने बातों-ही-बातों में उनसे पूछा भी, "पांडु की मृत्यु पर आपको दुःख नहीं हुआ?"

"हुआ क्यों नहीं? मैं अपने दुःख का ढिंढोरा नहीं पीटता। किंतु यह प्रश्न आखिर तुमने किया क्यों?"

"मेरा अनुभव है कि आँसू कभी चुप नहीं बैठते।" मैंने कहा।

वे बड़ी रुक्षता से बोले, "जब आँख ही नहीं है तब आँसू कहाँ से आएँगे!"

अपने पति की मानसिकता में मुझे अपने भाई द्वारा उगला विष ही दिखाई दिया। यद्यपि अब मेरे बेटे भी कुछ ऐसे ही हो गए थे।

यदि मैं साफ-साफ कहूँ तो कुछ ही लोग ऐसे थे, जो इस दुर्घटना से दुःखी नहीं लगे। इस सूची में शकुनि, मेरे पति और मेरा बड़ा बेटा दुर्योधन सबसे ऊपर थे।

फिर भी उन लोगों को पांडु की अंत्येष्टि में जाना पड़ा और यह दिखाना पड़ा कि हमें दु:ख है—और सबसे अधिक दु:ख है।

एक बात और थी। इसके पहले कुंती मेरे यहाँ आई। उसने अरण्य में जाने की और अपने पति की चिता पर सती होने की इच्छा व्यक्त की, "मेरा तो सबकुछ लुट गया, जीजी, अब जीवित रहकर क्या करूँगी?"

मैं कुछ बोल न सकी। उसे वक्ष से लगाकर रोती रही। मेरी सेविकाएँ भी रोने लगी थीं। सब एक-दूसरे को समझाने का प्रयत्न कर रही थीं और सभी रो रही थीं। आँसुओं से आँसू पोंछने का यह असफल प्रयास बहुत देर तक चलता रहा। आखिर कुछ देर बाद सिसकियाँ भी थक गईं।

"तुम्हें इतना बड़ा निर्णय लेने के पहले कुछ सोचना चाहिए था।" मैंने कहा, "तुम्हारी स्थिति माद्री से भिन्न है। वह अपने बच्चों को तुम्हें सौंपकर गई है। तुमने उसे कुछ वचन दिए हैं। सोचो, उन वचनों का क्या होगा? फिर माद्री तो सोचकर गई थी कि जब भी मृत्यु का साक्षात्कार होगा, हम दोनों साथ ही उसके साथ हो लेंगे।"

मैं उसे समझाती रही, "जिस दिन पांडु यहाँ से गए थे उस दिन से हमारी मानसिकता इस स्थिति का सामना करने की बनने लगी थी। उनके स्वास्थ्य की जो स्थिति थी, उसे देखते हुए हम सबके मन में यह बात आई थी कि आज यह सिंहासन त्याग रहे हैं, हो सकता है, शीघ्र ही वह दिन आए जब इन्हें यह संसार भी छोड़ना पड़े। भले ही किसीने इसे व्यक्त न किया हो। सोचो, अब तुम अपने बच्चों की माँ ही नहीं, अभिभाविका भी हो। चिता पर उन बच्चों का मातृत्व तो चढ़ सकता है, पर अभिभावकत्व तो नहीं चढ़ सकता। वह स्वर्ग में भी तुम्हारी आत्मा को धिक्कारता रहेगा।"

कुंती सोचने लगी।

मैं उसे समझाती रही, "पांडु ने जाते समय अपने पुत्रों की देखभाल का दायित्व तुम्हें सहेजा था।"

"मुझको ही नहीं, ताऊजी को भी सहेजा था। मैं भी अपना दायित्व उनपर छोड़कर जा सकती हूँ।" कुंती बीच में ही बोली।

मैं सोच रही थी, कुंती कितनी सहज है कि वह यथार्थ को जानते हुए भी उसे अनदेखा कर रही है।

"क्या तुम यह नहीं समझतीं कि तुम्हारे सती होने में पति की अनिच्छा थी?" मैंने फिर समझाया, "पति की आज्ञा का पालन करना ही नारी का परम धर्म है।"

□

पांडु की अंत्येष्टि के सारे कर्म विधि-विधान के साथ संपन्न हुए। तेरह दिनों तक राजभवन दुरंगी उदासी ओढ़े बुरी तरह विभाजित था। पांडव वास्तव में दुःखी थे और हमारी ओर के लोगों ने अपने चेहरों पर दुःख चिपका लिया था। आँसू दोनों ओर थे—एक ओर आह के और दूसरी ओर उछाह के।

धीरे-धीरे भ्रम का यह अंधकार छँटा। स्थितियाँ साफ होती गईं। उत्तराधिकार का प्रश्न फिर उठाया गया। हस्तिनापुर का सिंहासन किसका है? युधिष्ठिर के युवराज घोषित होने से क्या होता है! सिंहासन तो धृतराष्ट्र का था। उनके जन्मांध होने से वह पांडु को दे दिया गया। वस्तुतः वे न उसके स्वामी थे और न संरक्षक। वे मात्र देखभाल करनेवाले थे। पांडु के लिए हस्तिनापुर का सिंहासन भरत के लिए खड़ाऊँ जैसा था। वनवास से राम के लौटने के बाद जैसे भरत ने उनकी खड़ाऊँ उन्हें लौटा दी थीं वैसे ही युधिष्ठिर को सिंहासन अपने ताऊ के योग्य ज्येष्ठ पुत्र दुर्योधन को दे देना चाहिए। यह तर्क कौरव पक्ष का था। इसके मूल में मेरे पुत्र थे। उनपर उनके मामा का पूरा रंग चढ़ चुका था। इसका परिणाम था कि मेरे पति की अंधी आँखों में भी हस्तिनापुर का स्वर्ण सिंहासन ही चमकता था। सिंहासन के प्रति हमारी लिप्सा इतनी बढ़ी थी कि यदि पांडव योग्य और बलिष्ठ न होते तो अब तक वे कौरवों द्वारा राजभवन से निकाल दिए गए होते।

पर ऐसा करना भी आसान न होता; क्योंकि न्याय, धर्म और प्रजा इसके विपरीत थी। अंत में मामला भीष्मजी के समक्ष पहुँचा। उन्होंने हँसते हुए कहा, "राम की खड़ाऊँ से हस्तिनापुर के सिंहासन की तुलना नहीं की जा सकती। उसके मूल में भाइयों का स्नेह था। खड़ाऊँ राम का प्रतीक थी और यह सिंहासन हिंसा, द्वेष और महत्त्वाकांक्षा का। एक ओर सत्ता की आकांक्षा नहीं थी, दूसरी ओर सत्ता की महत्त्वाकांक्षा के अतिरिक्त और कुछ नहीं है।" वे बोलते चले जा रहे थे, "वह खड़ाऊँ मात्र खड़ाऊँ नहीं थी; यह सिंहासन भी मात्र सोने का सिंहासन नहीं है। इसके पीछे परंपरा है, व्यवस्था है और हमारे धर्मशास्त्रों के कुछ नियम हैं। उन नियमों को तोड़ा नहीं जा सकता।

"...फिर युवराज का पद हस्तांतरित नहीं होता कि एक से लेकर हम दूसरे को दे दें। युवराज के अभिषेक के विधि-विधान से भी आप लोग परिचित ही हैं। इसमें इंद्र, अग्नि, वरुण, धाता आदि देवताओं का आवाहन किया जाता है। उनकी अदृश्य उपस्थिति में अभिषेक की क्रिया संपन्न होती है। वे उसके प्रत्यक्ष साक्षी होते हैं। मनुष्य के संस्कारों की तरह यह भी सत्ता का एक संस्कार है। जैसे संस्कारों का हस्तांतरण नहीं होता वैसे ही युवराज पद भी हस्तांतरित नहीं हो सकता। सोचो,

तुम्हारा उपनयन संस्कार हुआ है, तुम अपना उपवीत उतारकर दूसरे को पहना दो और कहो कि हमने अपना उपवीत स्थानांतरित कर दिया है, तो क्या यह संभव है? खड़ाऊँ के स्थान पर राम सीता को भरत को सौंप जाते तो क्या सीता उनकी पत्नी हो जातीं? खड़ाऊँ भी राम की थी, सीता भी राम की थीं और अंत तक राम की रहतीं। यदि तुम बलात् युवराज को सिंहासन से उतार दो तो भी वह युवराज ही रहेगा और जिस सिंहासन पर बैठेगा, वही युवराज का सिंहासन हो जाएगा।''

ताऊजी के इस तर्क के आगे सब चुप हो गए। यदि बोलना भी चाहते तो क्या बोलते? लोग अपना सा मुँह लेकर लौट आए। पांडव पक्ष बड़ा प्रसन्न था, ''पितामह ने दूध का दूध और पानी का पानी कर दिया।'' पर हमारे पक्ष के लोग कुड़बुड़ा रहे थे। दुर्योधन ने कहा, ''वह बूढ़ा भी पांडवों से मिल गया है।''

''लगता है, उस दासीपुत्र ने बूढ़े को सब समझा दिया है।'' शकुनि क्रोध में कुड़बुड़ाया, ''और देखो, वह पूरे समय तक चुप बैठा रहा, बगुलाभगत बना रहा, जैसे कुछ जानता ही न हो। देखूँगा उस नीच को भी!''

उसका यह कथन मुझे अच्छा नहीं लगा; किंतु मैं कुछ नहीं बोली। प्रज्वलित ज्वाला में घी छिड़ककर मैं उसे भड़काना नहीं चाहती थी।

मुझे पहली बार शकुनि आज निराश लगा। मैं उसे अपने कक्ष में ले गई। समझाया, ''जो हो गया उसे हो जाने दो। बड़े और वृद्धों की बातों को अन्यथा नहीं लेना चाहिए; फिर ताऊजी तो वयोवृद्ध भी हैं और अनुभव तथा ज्ञानवृद्ध भी।''

''तुम भी कैसी बातें करती हो!'' वह मुझपर एकदम झुँझला पड़ा, ''लगता है, तुम अपने बच्चों की माँ नहीं हो।''' पर मैं तो उन बच्चों का मामा अवश्य हूँ। अब मुझे हस्तिनापुर की राजनीति अपनी मुट्ठी में करनी पड़ेगी। अब मेरे लिए न कोई ताऊ है और न चाचा। अब मेरे लक्ष्य में केवल हस्तिनापुर का सिंहासन होगा और मेरी उँगली पकड़े मेरे भानजे। इतना कहकर वह बड़े आवेश में मेरे यहाँ से चला गया।

कुछ ही दिन शांति से बीते। धीरे-धीरे इस शांति का जल सूखने लगा। ताप बढ़ता गया। स्पष्ट लगा, कोई बड़ी आँधी आने वाली है। किसीके मस्तिष्क में घूमता वात्याचक्र राजभवन में उतरने वाला है।

मुझे ठीक याद है, आश्विन का महीना था। प्रकृति प्रसन्न थी। धूप का तीखापन अब नहीं रहा। अगले महीने प्रदोष तक वारणावत में शिवोपासकों का समाज लगता था। आर्यावर्त में शिवभक्तों का इतना बड़ा कोई दूसरा मेला नहीं लगता था।

वारणावत हमारे राज्य की दक्षिणी-पूर्वी सीमा पर था। एक मास तक चलनेवाले

इस मेले की सारी व्यवस्था और देखभाल हस्तिनापुर को ही करनी पड़ती थी। एक वर्ष मेरे पुत्र करते थे और दूसरे वर्ष पांडव। इस वर्ष पांडवों की बारी थी; पर इस वर्ष भी मेरे बेटे इस कार्य को अपने हाथ में ही रखना चाहते थे। मेरे पति ने भी मेरे बेटों का साथ दिया।

''पर यह तो न्यायसंगत नहीं है?'' मैंने दबी जबान में विरोध किया।

वे भभक उठे, ''क्या यहाँ सब न्यायसंगत ही होता है?''

''आप तो सबसे बड़े हैं; जो न्यायसंगत न करें, उन्हें समझाना चाहिए।''

''तू क्या समझती है कि मैं समझाता नहीं हूँ!'' मेरे पति ने कहा, ''यदि न समझाता तो आज तक सब कट मर गए होते।''

''यह भयानक स्थिति है।'' शकुनि बोला, ''आखिर कितने दिनों तक आप रहेंगे और उन्हें समझाते रहेंगे?''

''तब इसका निदान क्या है?''

''अब तो यही निदान दिखता है कि आपस में कौरव और पांडव कट मरें, इसके पहले शांतिपूर्वक हम राज्य को बाँट क्यों न दें।''

''राज्य मेरे रहते बँट जाएगा?'' मेरे पति ने कहा।

''क्या कीजिएगा! होनी को कौन टाल सकता है!'' शकुनि बोला, ''जो होना है, वह तो होगा ही। ऐसे में बुद्धिमानी यही है कि यह काम हम खुशी-खुशी अपने हाथों से कर दें।''

''खैर, यह तो बाद की बात है। इस समय क्या किया जाए?'' मेरे पतिदेव ने पूछा।

''इसके लिए सर्वसम्मत कोई योजना बनाई जाए।'' शकुनि ने सलाह दी, ''आप महामात्य विदुर तथा अमात्य कणिक को बुला लें और मैं वारणावत के प्रबंधक पुरोचन को बुलाता हूँ।''

''यदि बुलाना ही है तो प्रबंधक को क्यों, महाप्रबंधक को बुलाओ।''

''पुरोचन वहाँ के बारे में सबकुछ जानता है। मेले की सारी व्यवस्था तो वही करता है।'' शकुनि ने कहा।

मेरे पति ने मौन सम्मति दे दी।

सबकुछ निश्चित हो गया, पर मैं अभी तक कुछ समझ न पाई। इस कार्य में शकुनि का पहल करना मुझे आश्चर्यजनक लगा। अवश्य कोई बात है। शंकाएँ मेरे मन में उठने लगीं। हर आशंका के मूल में कोई-न-कोई सत्य होता है, पर हम उसे पहचान नहीं पाते।

मेरे पतिदेव को अच्छी तरह समझाया गया। उन्हें राजी कर लिया गया; पर किस बात के लिए, इसे कोई नहीं जानता था। सबकुछ मेरे पति और शकुनि के पेट में ही रहा। इस बीच सारी व्यवस्था कर ली गई।

तुरंत एक दिन संध्या को कौरव और पांडवों की एक संयुक्त सभा बुलाई गई। उसमें विदुर और कणिक तो थे ही, पुरोचन भी विशेष रूप से आमंत्रित था। योजना रखते हुए शकुनि ने रोज-रोज के पांडव-कौरवों के झगड़ों की चर्चा की और कहा, ''महाराज की इच्छा है कि वारणावत को अपने राज्य की दूसरी राजधानी बनाया जाए—वैसी ही संपन्न और वैभवपूर्ण जैसी हस्तिनापुर है। उसमें कौरव और पांडवों में से जो उचित समझें, वहाँ चले जाएँ। दूर रहेंगे, भाईचारा बना रहेगा और नित्य के आपसी संघर्ष से भी छुटकारा मिल जाएगा।''

''हम तो स्वयं बँटते चले जा रहे थे। इसका तात्पर्य है कि हमें जोड़ने का प्रयत्न न करके आपने हस्तिनापुर राज्य को ही बाँटने की स्थायी व्यवस्था कर दी।'' युधिष्ठिर बोला।

''नहीं-नहीं, यह नहीं होगा।'' भीम दहाड़ा।

युधिष्ठिर ने उसका हाथ दबाते हुए उसे शांत किया।

''आपको या हस्तिनापुर को बाँटने की हमारी कोई मंशा नहीं है; पर जब संबंधों में दरार पड़ गई हो और वह भरी न जा सके, तब तो यह श्रेयस्कर है कि उन दरारों के दोनों ओर विशाल निर्माण करा दिया जाए।''

हम लोग सोचते ही रहे। दुर्योधन ने तुरंत उठकर इसका समर्थन किया। कौरव पक्ष की इस त्वरा ने पांडवों की सोच को और गहराई में ढकेल दिया। अर्जुन युधिष्ठिर के कान में कुछ कहता हुआ देखा गया। पांडवों का सोचना किसी निष्कर्ष पर आए, इसके पहले ही प्रस्ताव पर उनकी मौन स्वीकृति मान ली गई।

अब शकुनि ने योजना का दूसरा पृष्ठ खोला, ''महाराज का विचार है कि वारणावत में एक विशाल राजभवन बनवाया जाए, जिसकी भव्यता किसी प्रकार इस राजभवन से कम न हो।''

''यह सब तो भविष्य की योजना है।'' युधिष्ठिर ने कहा, ''आज की बात कीजिए।''

''आज की ही बात की जा रही है।'' शकुनि ने कहा, ''शुभं शीघ्रम्। हम लोगों का विचार है कि इस साल उस मेले के पूर्व ही यह कार्य हो जाए। कौरव-पांडवों में से जो भी वहाँ जाए, वह उसे ही अपनी राजधानी समझे।''

''पर इतना शीघ्र यह सब होगा कैसे?'' अर्जुन ने पूछा।

"इसे तो अमात्य कणिक ही बता सकते हैं। उन्होंने वारणावत के प्रबंधक पुरोचन को बुलाया है, जो एक महान् शिल्पी और वास्तुकार भी हैं।"

तब तक पुरोचन भी आ गया। कणिक ने तुरंत उससे पूछा, "आप बताइए कि क्या वह राजभवन मेले के पूर्व तैयार हो जाएगा?"

पुरोचन बड़े असमंजस से बोला। स्पष्ट लगा कि उसमें कोई अंतर्द्वंद्व है। वह स्वयं से ही जूझ रहा है, "बन तो जाना चाहिए; पर है बड़ा कठिन कार्य। मुझे अन्य राज्यों से भी शिल्पी बुलाने पड़ेंगे। लेकिन एक बात होगी!" वह फिर सोचने लगा।

"क्या बात है?" शकुनि ने पूछा।

"सोचता हूँ, जब हम लोग राजभवन के निर्माण में ही लग जाएँगे तब संपूर्ण मेले की पूरी व्यवस्था कौन करेगा?"

"मेले का मानचित्र तो आपके पास होगा ही। आप हमेशा व्यवस्था करते हैं। फिर प्रस्तावित राजभवन का प्रारूप तो आपके मस्तिष्क में है ही, तो कठिनाई किस बात की?"

"कठिनाई तो किसी बात की नहीं है, पर प्रारूप और मानचित्र से तो काम बनता नहीं। ऐसे व्यक्ति भी चाहिए जो मानचित्र के अनुसार कार्य कराएँ।"

"इसके लिए तो मेरे सौ पुत्र हैं ही।" मेरे पति तुरंत बोले, जैसे पहले से वे तैयार रहे हों।

"केवल सौ ही हैं, एक सौ पाँच नहीं। आपने अपने पुत्रों में हमारी गणना नहीं की!" अर्जुन बोला।

इतना सुनते ही मेरे पति का चेहरा उतर गया। ऐसा लगा कि अनजाने में ही रहस्य का उत्तरीय जरा सा सरक गया।

अब सँभाला शकुनि ने, "महाराज के कहने का वह तात्पर्य नहीं था जो मेरे प्यारे भानजे अर्जुन ने समझा। हम लोगों का तो सोचना यह है कि जब राजभवन पूरी तरह बन जाए तब शुभ मुहूर्त में सम्मानपूर्वक आप लोगों को समर्पित किया जाए।"

"जिससे हम फिर न आ सकें!" युधिष्ठिर मुसकराते हुए परिहास में बोला। जिसपर शेष पांडव और मेरे सिवा कोई नहीं हँसा। एक रहस्यमय आश्चर्यजनक चुप्पी लोगों के चेहरों पर चिपक गई। ऐसा लगा कि अनजाने में फेंका गया पत्थर किसी षड्यंत्र के फन पर लग गया हो और लोग चकित हो देखते रह गए हों।

बिना किसी गंभीर बहस के यह प्रस्ताव स्वीकार कर लिया गया। तुरंत सभा विसर्जन की घोषणा हुई। लोग उठकर चल पड़े। सभी चुप, सभी शांत। ऐसा लगा जैसे इनके पास बातचीत का कोई विषय ही न हो।

बाद में कणिक ने बताया कि जब पांडव अपने प्रासाद की ओर जा रहे थे तब अर्जुन ने एक विवाद छेड़ा, ''यह क्या बात है कि हमारे लिए एक राजभवन बनाया जा रहा हो और हमसे कोई सलाह तक न ली जाए!''

''अवश्य इसके पीछे कोई षड्यंत्र है।'' भीम बोला।

''अपने सारे संदेह परमात्मा के चरणों में चढ़ा दो। वह जो करेगा, ठीक करेगा।'' युधिष्ठिर ने कहा।

□

राख के भीतर चिनगारी सुलगती रही और हमें कुछ भी आभास न हुआ। राजभवन पहले से अधिक शांत था। प्रातःकाल ही दुर्योधन और दुःशासन को साथ लेकर शकुनि वारणावत चला जाता। बाद में पता चला कि कणिक भी उन लोगों के साथ जाता है और सूर्यास्त होते-होते चला आता है।

एक दिन मैंने दुर्योधन से पूछा, ''तुम्हारी ऐसी क्या व्यस्तता है कि तुम सुबह के गए शाम को लौटते हो?''

''तुम नहीं जानतीं, माँ, कि इतने विशाल मेले की व्यवस्था करना और पूरे राजभवन के निर्माण पर दृष्टि रखना कितनी सावधानी का कार्य है! जरा सा चूके कि अपयश सिर पड़ा।''

''अपयश का ही भय है तो पांडवों को भी साथ ले लिया करो।''

''तुम चाहती हो कि यहाँ का झगड़ा वहाँ भी लेता जाऊँ!'' दुर्योधन बोला, ''बात-बात में तो भीम की त्योरियाँ चढ़ जाती हैं।''

इसके कुछ ही दिन बाद सवेरे-सवेरे जब मैं सोकर उठी तो मैंने अपने पलंग के पास कुंती को बैठा हुआ पाया। मैं चकित हुई। पूछा, ''तुम कब से बैठी हो?''

''आज ब्राह्म मुहूर्त में ही बिस्तर छोड़ दिया था। यहाँ जब आई तब मंदिर की आरती समाप्त हो चुकी थी।''

''तब तुमने मुझे जगा क्यों नहीं लिया? ऐसी क्या बात है कि तू घबराई हुई शयनवाले वस्त्रों में ही चली आई?''

इतना सुनते ही उसकी आँखें भर आईं और जब उसकी आँखों की बर्फ थोड़ी और पिघली तब उसने रोते हुए कहा, ''मैं बड़ी अभागिन हूँ, बहन, बचपन से ही संकटों से घिरी रही। कहाँ पैदा हुई, कहाँ पली! पति के घर आई तो इतने वैभव और विलास में भी पति-सुख से वंचित रही। मुझसे अधिक तो रुग्णता ही उनके जीवन की संगिनी रही।''' पर वे इतने भले थे कि उन्होंने कभी भी इस प्राकृतिक विवशता का मुझे अनुभव नहीं होने दिया। उनकी उदारता ने कई बार मुझे नियोग के लिए

प्रेरित किया। शायद ही कोई पुरुष इस सीमा तक अपनी पत्नी को अधिकार देता हो। अंत में मुझे छोड़कर वे जंगल में चले गए।''' और अब तो धरती भी छोड़ दी।'' इतना कहते-कहते उसका कंठ फिर भर आया। कुछ क्षणों तक वह बोल नहीं पाई, केवल सिसकती रही।

फिर वह बोली, ''मैं एक विधवा हूँ, पति के साथ सती भी न हो पाई। परिस्थितियों ने इतना अत्याचार मेरे प्रति किया।''

अभी तक वह यह न बता पाई कि यहाँ क्यों आई है। भीतर-ही-भीतर घुटती रही।

अंत में मैंने उसे समझाया, ''तुम्हारी यह समस्या स्थायी थी। उसे तुमने झेल भी लिया। वे अतीत पर आँसू नहीं बहाते, जो भविष्य की ओर देखते हैं। जो बीत गई, वह बात गई, अब भविष्य की ओर देखो।''

''उसीको तो आज स्वप्न में देखा है।'' कुंती बोली और अपने सपने की चर्चा करने लगी, ''बहन, आज मैंने बड़ा बुरा सपना देखा है। मैंने देखा कि मेरे सभी पुत्र जलकर भस्म हो गए। कैसे जले, कुछ याद नहीं। फिर मुझे नींद नहीं आई। घबराती रही। घबराहट इतनी बढ़ी कि दिन निकलने के पहले ही मैं आपके यहाँ चली आई।''

''पगली, तू सपनों पर विश्वास करती है?''

''क्या करूँ, अशांत मन विश्वास करने को विवश है! फिर सवेरे का सपना झूठा नहीं होता।'' फिर उसने सपनों की सत्यता में कई तर्क दिए, ''देखिए, मंदोदरी ने देखा था जली हुई लंका का। उस समय किसीने उसपर विश्वास नहीं किया। स्वप्न में ही राजा हरिश्चंद्र ने सबकुछ दान दे दिया था। स्वप्न की सत्यता एकदम अविश्वसनीय नहीं होती।''

कुंती के तर्क ने मुझे एक बार चुप करा दिया। मुझे अपने जीवन में देखे गए सपने भी याद आने लगे। फिर भी मैं उसे समझाती रही। अंत में उसने गिड़गिड़ाते हुए कहा, ''बहन, तुम भी नारी हो। नारी की व्यथा नारी ही समझ सकती है। एक बात मुझे बताओ, कहीं मेरे बच्चों के प्रति कोई षड्यंत्र तो नहीं हो रहा है?''

मेरे कान खड़े हो गए। मुझे लगा कि जो भविष्य मुझे आशंकित कर रहा है, उसने इसे भी भयभीत कर दिया है। मैंने उसे अपनी छाती से लगाकर कहा, ''इसके बारे में मुझे कुछ भी ज्ञात नहीं है।''' तुम विश्वास करो, जब भी मुझे कुछ भी ज्ञात होगा, उसकी सूचना तुम्हें दूँगी।''

"तुम वचन देती हो?" इतना कहते हुए वह एकदम मेरे पाँवों पर गिर गई।

अपने पुत्रों और शकुनि की सक्रियता देखकर मेरा मन यों ही शंकित था, अब उसपर एक परत और भी चढ़ गई। मैं भी कुंती की ही तरह सोचने लगी। इस सोच पर मैं नहीं, झकझोरकर जगाई गई मेरी नारी थी।

मैं दिन भर इसी सोच में डूबी रही। मेरी सोच पर कुंती के आँसू टपकते रहे। उन आँसुओं की प्रबल भाप भीतर-ही-भीतर भरती रही। मैं घुटन का अनुभव करती रही। जब मुझे लगा कि मैं इन विचारों को गुप्त रख पाऊँगी तब मैंने दूसरे दिन एकांत में सारी बातें अपने पति से कहीं। वे चुपचाप सुनते रहे और बाद में भी मुँह बंद किए बैठे रहे; जैसे किसी कठोर विवशता ने उनकी जबान पकड़ ली हो।

"लगता है, आप मुँह बंद किए ही रहेंगे।"

"केवल मुँह ही नहीं, कान भी बंद कर लिये हैं। आँखें तो भगवान् ने पहले से ही बंद कर दी हैं।" वे कहते गए, "मैं किन-किनके आँसू पोंछूँ—तुम्हारी कुंती के या अपने पुत्रों के?"

"यदि आप किसीके आँसू न पोंछ सकें तो उसके प्रति सहानुभूति तो रखें।"

"तुम्हारे जैसी विशाल हृदयता तो मुझमें नहीं है।"

मैंने समझ लिया कि कहीं-न-कहीं उनकी सोच मेरी सोच से टकरा रही है। और यह उसीकी आवाज है। मैं चुप थी और वे भी।

कुछ देर बाद उन्होंने फिर कहा, "अब मेरा अहं उस अंधी गली से निकलना चाहता है, जिसमें भटकने के लिए लोगों ने बाध्य किया है।" इसके बाद वे गंभीर रूप से चुप हो गए।

मैं उनको समझ तो नहीं पाई, पर मेरे मन ने उनकी मुद्रा और भाषा से तीन निष्कर्ष निकाले। पहला, कुछ-न-कुछ अवश्य हो रहा है; दूसरा, यह जो कुछ हो रहा है उसकी जानकारी उन्हें है और तीसरा, वह उसे बताना नहीं चाहते।

अब मैं क्या करूँ? मेरे मन पर कुंती के निरीह आँसू बराबर टपक रहे थे और मेरी जलती नारी छनछना उठती थी। मेरी विवशता तो देखिए, 'कुछ हो जाने वाला है' के निष्कर्ष पर पहुँची नारी यह नहीं जानती कि क्या होने वाला है। ज्ञात से अज्ञात का रास्ता ज्यादा खतरनाक और भयानक होता है। अब तो मैं समझने लगी थी कि कुंती का स्वप्न सत्य हो सकता है; क्योंकि मेरे जीवन का एक भयानक सपना सत्य निकला था।

हस्तिनापुर के विभाजन की पीड़ा की सहता और मेरी घबराहट को टुकुर-टुकुर निहारता केवल एक व्यक्ति दिखाई दे रहा था, वह था विदुर। उसके प्रति मेरे

हृदय में बड़ा आदरभाव था। वह इस कीचड़ में होकर भी कमल की तरह ऊपर था, जो इस कीचड़ की दुर्गंध से भी परिचित था और अपनी सीमा तथा सामर्थ्य भी पहचानता था। मैंने सोचा, उससे मिलूँ। शायद अँधेरे में कुछ टटोल लूँ।

पर वे कभी एकांत में मिलते ही न थे—और कभी ऐसा अवसर आता तो कतरा जाते थे। मैं उनकी मानसिकता समझती थी। एक तो दासीपुत्र और दूसरे वे हमारे यहाँ के चाकर। उनकी ज्ञान-गुरुता इस हीनभावना को सदा ओढ़े रहती थी।

लाचार, मुँहअँधेरे ही एक दिन मैं अपनी दासी सुखदा को लेकर उनके यहाँ पहुँची। वे मुझे एकाकी आया देखकर चकित हो गए। मेरी बड़ी आवभगत की।

"ऐसी कौन सी बात थी कि आपको यहाँ पधारना पड़ा? यदि कोई बात थी तो आप मुझे ही बुला लेतीं। मुझे प्रसन्नता होती कि भला भाभी ने इस देवर को बुलाया तो सही।" इस स्थिति में भी विदुर का विनोदी मन परिहास करने से न चूका।

"...और यदि भाभी ही स्वयं देवर के पास चली आए तो यह गंभीर बात है और गोपनीय भी।" हम दोनों हँस पड़े। इस परिहास के बीच मैंने उनसे वचन ले लिया कि मेरे इस आगमन को गोपनीय रखा जाएगा। मैंने सुखदा को भी हटा दिया। अब वहाँ किसी अन्य की उपस्थिति की टोह लेने के लिए पट्टी बँधी आँखोंवाला मेरा सिर चारों ओर घूमा।

उन्होंने तुरंत समझ लिया और कहा, "यहाँ कोई नहीं है।" तब मैंने अपनी उलझन बताई। कुंती के आगमन और उसके घबराने की चर्चा की। कहा, "इस संबंध में मैंने तुम्हारे भैया से भी पूछा। उन्होंने कुछ बताया नहीं। बड़ा दबाव देने पर जो कुछ बोले वह भी बड़े रहस्यमय ढंग से, जिसका मैं कुछ भी अर्थ नहीं निकाल सकी। अब मैं आपके पास आई हूँ। कुंती ने अपनी आशंकाओं का एक बहुत बड़ा हिस्सा मुझपर ढकेल दिया। उसी व्यग्रता में मैं आपकी विश्वसनीयता की छाया में चली आई हूँ।"

"इतना बड़ा विश्वास आपने मुझमें किया, मैं धन्य हुआ!" विदुर ने अपना रोना रोना आरंभ किया, "मुझे भी अविश्वास का संकट झेलना पड़ रहा है। कहने को तो मैं यहाँ का महामात्य हूँ। लोग सोचते होंगे कि सबकुछ मेरे आदेश से होता होगा। जबकि वास्तविकता यह है कि आदेश कौन कहे, लोग मेरी राय भी लेना पसंद नहीं करते। केवल एक महाराज पांडु थे, जो मेरा विश्वास करते थे। उन्हें भी ईश्वर ने बुला लिया। अब तो मैं एकाकी इस राजभवन में बोझ बना पड़ा हूँ।"

मैंने देखा, मैं जिसके पास रोने आई हूँ वह पहले से रो रहा है। फिर भी मेरी

जिज्ञासा ने उन्हें अपनी ओर खींचा। उन्होंने अपनी असमर्थता प्रकट करते हुए कहा, "आशंकाएँ तो तरह-तरह की मेरे मन में उठती हैं, पर मैं अभी तक किसी यथार्थ तक पहुँच नहीं पाया। इतना गुपचुप और इतने योजनाबद्ध ढंग से कुछ किया जा रहा है कि उसकी गंध भी किसीको नहीं लग पा रही है।" उन्होंने अब बात बदली, "तुम भी धन्य हो, भाभी, तुम्हारा नारीत्व भी अद्‌भुत है। जिसके पूरे परिवार की महत्त्वाकांक्षा षड्‌यंत्र का जाल बुनने में लगी हो, वह उन सबसे दूर खड़ी, आँखों पर पट्टी बाँधे किसी आसन्न संकट की अवधारणा कर व्यग्र हो रही है।"

"मैं जानती हूँ कि जो कुछ हो रहा होगा, वह मेरे पुत्रों के लाभ के लिए ही हो रहा होगा। फिर भी मैं आँसुओं की बाढ़ को सँभाल नहीं पा रही हूँ।"

सारांश यह कि मैं खाली हाथ गई थी और खाली हाथ ही लौटी। मौका मिलते ही मैंने अपनी असफलता का जिक्र कुंती से किया। उसकी आशंका और भी घनी हो गई।

कुछ दिन बाद ही पांडवों ने स्वयं वारणावत जाकर निर्माण की व्यवस्था देखने की योजना बनाई। उन्होंने विदुरजी से व्यवस्था करने के लिए कहा। शीघ्र ही इसकी गंध परिवारवालों को लगी। सभी घबरा उठे।

"लगता है, उस दासीपुत्र को कुछ गंध लग गई है। उसकी घ्राण शक्ति किसी श्वान से कम नहीं है।" शकुनि महाराज से कह ही रहा था कि संयोग से मैंने उनके कक्ष में प्रवेश किया। मुझे देखते ही वह एकदम चुप हो गया।

मैंने पूछा, "क्या बातें हो रही थीं? किस श्वान के संबंध में तुम कह रहे थे?"

"हाँ, हाँ, श्वान!" उसने हँसते हुए बातें बदलीं, "अच्छा, वह कुत्ता! हाँ, मैं कह रहा था कि युधिष्ठिर को कुत्ते पालने में बड़ी रुचि है।''' मैं कुत्तों की विशेषता पर बातें कर रहा था कि कुत्ते की घ्राण शक्ति बड़ी तीव्र होती है।" फिर वह अचानक चल पड़ने के लिए उठा।

मैंने उसे रोकते हुए कहा, "कहाँ चले? इधर बहुत दिनों से तुमने अपनी बहन की भी खोज-खबर नहीं ली। दिखाई भी नहीं पड़े। मुझे लगा कि तुम गांधार चले गए हो।"

"अरे, मैं तो यहीं था। हाँ, इधर जरूर तुमसे मुलाकात नहीं हुई। आज ही तुम्हारे यहाँ आने की योजना बनाई थी—और तुम स्वयं मिल गईं। इसे कहते हैं मन की शक्ति, कि जिसे चाहा जाय वह स्वयं मिल जाय।" इसके बाद मन की शक्ति पर वह व्यर्थ की बकवास करने लगा।

फिर मैंने कुंती की व्यग्रता की चर्चा की और बताया, ''वह ऐसी रो रही थी कि आँसू थमते ही नहीं थे।''

''उसका रोना तो स्वाभाविक है।'' शकुनि बोला, ''वह देख रही है न कि जिस हस्तिनापुर पर उसके पुत्र का एकाधिपत्य है वह अब बँटने जा रहा है।'' मैंने तुमसे बार-बार कहा है और आज फिर कह रहा हूँ कि कुंती कभी भी तुम्हारे पुत्रों का हित नहीं चाहती—और तुम हो कि उसके घड़ियाली आँसुओं पर पिघलती जा रही हो।'' उसने इतने विश्वास से कहा कि मैं चुप रह गई।

फिर मैंने पांडवों के वारणावत जाने की चर्चा छेड़ी।

''इसमें मैं क्या कह सकता हूँ! तुम्हारे पुत्रों को स्वयं समझना चाहिए कि पांडव हमपर कितना विश्वास करते हैं। पांडवों का यही विश्वास तो आज इस विभाजन का कारण बना।''

वह फिर चला गया। अब मैं महाराज के साथ उस कक्ष में अकेले रह गई। वे चुप, मैं चुप। बहुत देर तक यह स्थिति बनी रही। इस चुप्पी की डोर को तोड़ा अचानक एक बिल्ली ने। वह धम्म से कूदी।

महाराज बोल पड़े, ''यह क्या?'' सेवकों ने वास्तविकता बताई। महाराज भी हँस पड़े। बोले, ''जब भी कुछ शुभ सोचो, बिल्ली आगे आ जाती है। लगता है, कुछ-न-कुछ होने वाला है। मेरी आंतरिक इच्छा यह है कि कौरव और पांडव आपस में न लड़ें, दोनों एक-दूसरे से दूर रहें। पर पांडव कब माननेवाले हैं! अब देखो, वे वारणावत जाने वाले हैं। इसमें मुझे कोई आपत्ति नहीं है। पर जानती हो, इसका परिणाम क्या होगा?''

''.... ....''

''इसका परिणाम होगा कि तुम्हारे पुत्र यह सोचेंगे कि पांडव हमपर संदेह करते हैं और वे हमारी परीक्षा लेने आए हैं। जहाँ यह बात हमारे पुत्रों ने उनसे कही तहाँ भीम की त्योरियाँ चढ़ीं। तब अर्जुन का भी हाथ सीधा निषंग पर चला जाएगा। रोज-रोज के इस झगड़े से तो मैं तंग आ चुका हूँ। अब समझाए भी तो उन्हें कौन समझाए!''

''आप समझाइए।''

''कैसे समझाऊँ?'' महाराज ने कहा, ''उन्हें बुलाना भी तो ठीक नहीं है। इस समय जब वे शंकाकुल हैं, उनकी शंका और भी बढ़ जाएगी। वे सोचने लगेंगे कि कोई बात जरूर है, जो ताऊजी हमें रोक रहे हैं।''

''तो फिर विदुरजी से समझाने के लिए कहिए। दोनों पक्षों का उन्हें विश्वास प्राप्त है।'' मैंने कहा।

''तुम क्या समझती हो, मैंने विदुरजी से कहा नहीं होगा! कहा था। उन्होंने स्पष्ट कहा, 'इस संवेदनशील मामले के बीच में मुझे मत डालिए।'

''विदुर के इस प्रकार के उत्तर से मैं भी आवेश में आ गया। मेरे मुख से निकल पड़ा, 'अरे, तुम महामात्य हो। तुम नहीं पड़ोगे तो कौन पड़ेगा?'

''फिर विदुर ने मुझसे कहा, 'भगवान् पर भरोसा रखकर चुपचाप देखते रहिए।' अबोध बालक को जैसे समझाया जाता है उस तरह मुझे समझाकर वह चला गया।''

मेरे मन में विदुर का जो चित्र था, बात उसके अनुकूल नहीं बैठती थी। मैंने 'आग' से भागते हुए उन्हें कभी नहीं देखा था। हर आग को बुझाने में वे रुचि लेते थे। फिर भी, कोई बात होगी। मैं सोचती रही।

अचानक एक बात मेरे मन में आई। मैंने महाराज से कहा, ''जब वारणावत जाने के पहले पांडव आपके चरण छूने आएँगे तब आप उन्हें समझाइएगा।''

''और यदि नहीं आए तो?'' मेरे पति बोले।

''ऐसा हो नहीं सकता—और कम-से-कम युधिष्ठिर के रहते।''

पहले तो महाराज चुपचाप सोचते रहे, फिर मुसकराकर व्यंग्य करते हुए बोले, ''कभी-कभी तुम भी उचित सलाह दे देती हो।''

मैं मुसकराते हुए चुप रह गई।

इसके दो-तीन दिनों बाद ही, मेरी सोची, संभावित स्थिति आ गई। सवेरे-सवेरे पांडव अपने ताऊ का आशीर्वाद लेने आ गए। जैसे ही पांडवों ने महाराज के पाँव छुए, उन्होंने पूछा, ''क्या बात है, भाई? आज कोई नई बात हो गई क्या, जो तुम सब एक साथ इस समय चले आए?''

''कोई नई बात नहीं है।'' युधिष्ठिर बोला, ''हम लोग वारणावत जा रहे थे, सोचा, आपका आशीर्वाद लेते चलें।''

''वारणावत जा रहे हो!'' वह ऐसे चकित हो बोले जैसे उन्हें कुछ मालूम ही न हो।

''यदि तुम जाना चाहते हो तो अवश्य जाओ, पर मेरी राय तो कुछ और थी।''

''अरे, राय क्या, आप आज्ञा दीजिए।'' युधिष्ठिर ने कहा।

''मैं तो सोचता था कि तुम लोग अभी न जाते। अभी तो मेले का भी समय नहीं है। हम तुम लोगों को वारणावत एक भव्य एवं विशाल समारोह के साथ भेजना चाहते हैं। वहाँ की जनता की मानसिकता को अचानक झकझोरना चाहते हैं। प्रजा

को भी लगे कि हमारा कोई शासक आया है। जनता आप लोगों के स्वागत में पलक पाँवड़े बिछा दे।''

''पर हम लोग उस व्यवस्था को देखने जा रहे हैं, जो हमारे लिए की जा रही है।'' भीम बोला।

''यदि तुम व्यवस्था देखने जाना चाहते हो तो अवश्य जाओ। यदि तुम्हें अपने भाइयों की योग्यता और उनके द्वारा की जा रही व्यवस्था पर विश्वास न हो तो अवश्य जाओ।''

यह ऐसा बिंदु था, जिसके आगे युधिष्ठिर बढ़ नहीं सके। भीम कुड़बुड़ाया अवश्य, पर युधिष्ठिर की त्योरियों ने उसे शांत कर दिया।

□

यद्यपि कोई प्रचार नहीं किया गया, फिर भी यह हवा देखते-देखते आँधी बन गई कि पांडव वारणावत के शासक होंगे। अधिकांश लोगों को यह बात अच्छी नहीं लगी। नगर में लोगों की भुनभुनाहट तैरने लगी।

किसीने कहा, ''कौरवों ने षड्यंत्र रचकर पांडवों को हस्तिनापुर से अलग कर दिया।''

किसीने कहा, ''सत्ता युधिष्ठिर की थी। उसके संबंध में निर्णय देने का धृतराष्ट्र को क्या अधिकार है? वह बूढ़ा यों ही अंधा था, पुत्र-प्रेम ने उसे और भी अंधा बना दिया।''

किसीने यह भी कहा, ''धृतराष्ट्र को निर्णय लेने का अधिकार तो था, क्योंकि वन जाते समय पांडु ने अपने पुत्रों को उन्हें सौंप दिया था। वे ही अब पांडवों के अभिभावक एवं संरक्षक हैं। पर उन्हें ऐसा निर्णय नहीं लेना चाहिए था।''

एक समय तो ऐसा लगा कि राजभवन को प्रजा के असंतोष का सामना करना पड़ेगा। प्रजा का समवेत स्वर उभरा कि 'अब तक हस्तिनापुर में धर्म का शासन था, अब अधर्म का होने वाला है।'

मुझे अपने जीवन में पहली बार हस्तिनापुर इतना आंदोलित दिखाई दिया। राजभवन की ओर से ऐसा कोई व्यक्ति सामने नहीं आया, जो इस आंदोलन को शांत करने का साहस करे। यह सब युधिष्ठिर के सुशासन का परिणाम था।

नगर के श्रेष्ठी महामात्य विदुरजी से भी मिले। उन्होंने उनपर वास्तविकता बताने का दबाव डाला और कहा, ''आप हस्तिनापुर के महामात्य हैं। आप यह बताने की कृपा करें कि कौन सी ऐसी स्थिति आ पड़ी है कि आपको इस प्रकार का निर्णय लेना पड़ा?''

उन्होंने लोगों के सामने अपनी निरीहता व्यक्त की। कहा, "मैं भी उतना ही जानता हूँ जितना आप सब जानते हैं।"

"आपने जानने की इच्छा व्यक्त नहीं की? आप तो महामात्य हैं। आपसे सलाह ली गई होगी?"

"मैं महामात्य अवश्य हूँ, पर राज्य का चाकर भी हूँ। मैं अपनी सामर्थ्य और सीमाएँ जानता हूँ। राजनीति कहती है कि जब तक तुमसे राय न माँगी जाय तब तक तुम्हें राय नहीं देनी चाहिए।"

विदुर का यह कथन आग में घी का काम कर गया। उधर ताऊजी (भीष्म) भी इस घटना से बेहद नाराज थे। उन्होंने महाराज से पूछा, "यह सब किसकी सलाह पर किया गया?"

वे क्या उत्तर देते? एक बार तो वे बुरी तरह हिल गए। इसके बाद उन्होंने अपने निजी सलाहकार शकुनि से गोपनीय मंत्रणा की और स्वयं ताऊजी के पास गए। उन्हें अपने ढंग से सारी स्थिति बताई कि यह सब युधिष्ठिर की सहमति से हुआ है।

अब फिर प्रश्न आया कि प्रजा को शांत कैसे किया जाय? महाराज का संप्रति एक ही सलाहकार था—शकुनि। उसने राय दी, "जैसे उस खूसट बूढ़े को शांत किया गया है।" उसका सीधा संकेत भीष्म की ओर था। पर उसका यह भी मानना था, "प्रजा आपके कहने से नहीं मानेगी।"

"तब किसके कहने से मानेगी?" महाराज ने पूछा।

"युधिष्ठिर के कहने से मानेगी। इसके लिए शासन द्वारा जनसभा बुलाई जाए। उसे युधिष्ठिर संबोधित करे। वह स्पष्ट कहे कि यह सब हमारी सहमति से हुआ है।"

"पर युधिष्ठिर को इसके लिए तैयार कौन करेगा?" अब महाराज ने पूछा।

"आपसे उसने सहमति व्यक्त की है, आप ही कहिए।"

महाराज बड़े असमंजस में पड़े। उनके मुख से निकल पड़ा, "तुम मुझे पाप का भागी बनाना चाहते हो!" उनकी मानसिकता से स्पष्ट लगा कि उन्हें षड्यंत्र का संज्ञान है।

"सत्ता के भागी तो आपके पुत्र होंगे, तो क्या पाप का भागी मैं होऊँगा!"

शकुनि ने ऐसा दो टूक कहा कि मैं तो दंग रह गई। महाराज भी कुछ बोल नहीं पाए। अंत में युधिष्ठिर को बुलाया गया।

युधिष्ठिर अपने भाइयों के साथ आया। उस समय महाराज के पास मैं भी थी और शकुनि भी। सभी पांडव हम लोगों का चरणस्पर्श कर चुपचाप बैठ गए। हम लोग भी मौन, वे भी मौन। विचित्र स्थिति थी। न पांडव यह पूछ पा रहे थे कि हमें क्यों बुलाया गया है और न हम यह कह पा रहे थे कि तुम इसलिए बुलाए गए हो।

इस बोझिल सन्नाटे को तोड़े कौन? अंत में शकुनि ने ही इस दायित्व को सँभाला। उसने बड़ी राजनीतिक भाषा से काम लिया, ''आज हम लोगों का मस्तक गर्व से ऊँचा हो गया है कि तुम्हें प्रजा इतना मानती है। किसी शासक के लिए ऐसी लोकप्रियता उसकी बहुत बड़ी उपलब्धि है; पर आज वही उपलब्धि हस्तिनापुर के लिए संकट बन गई है। उन्हें भ्रम हो गया है कि तुम लोगों के यहाँ से जाने के पीछे कोई षड्यंत्र है। हम कितना भी उन्हें समझाएँ, पर वे माननेवाले नहीं हैं। यह कार्य तो तुम लोगों को ही करना होगा।''

पांडव सोचने लगे। लगा कि मौन का यह अंतराल लंबा होगा; पर शीघ्र ही इसे युधिष्ठिर ने तोड़ा, ''तो हमारे लिए क्या करणीय है?''

''इसे तुम मुझसे अच्छा समझते हो।'' महाराज ने साथ ही यह भी कहा, ''मेरी इच्छा तो यह है कि तुम प्रजा की एक सभा बुलाओ और सारी स्थिति स्पष्ट करते हुए कहो कि इस सबके पीछे मेरी सहमति है। इससे कम-से-कम उनका संशय तो दूर हो जाएगा।''

बात खत्म हुई बिना किसी निष्कर्ष के। युधिष्ठिर मेरे पति की सलाह पर कुछ नहीं बोला, केवल सोचता रहा। उसके अन्य भाइयों की भी लगभग यही स्थिति थी। फिर सब उठे और हमारे पैर छूकर चुपचाप चले गए।

अनेक संदेहों को जन्म देकर उनकी यह मूकता हम लोगों को घेरे रही। लोग एक-दूसरे को देखते रहे। हमारी घबराहट और बढ़ी। मेरे मुँह से अचानक निकला, ''आप लोग जो कर रहे हैं, वह शुभ नहीं है।''

बस इतने से शकुनि भड़क गया, ''तुम अपनी सोच अपने पास रखो! आखिर तुम यहाँ आ कैसे गईं? बिना बुलाए?''

मुझे भी क्रोध आ गया। मैंने भी ईंट का जवाब पत्थर से दिया, ''तुम कौन होते हो यह पूछनेवाले? मैं अपने पति के पाप में भागीदार बनने आई हूँ। मैं इनकी अर्द्धांगिनी हूँ। इनके पाप और पुण्य में मेरा भी हिस्सा है।''

इतना सुनते ही उसके मन का शेर भीगी बिल्ली बन गया।

मैंने सुना कि इस विषय में पांडवों में गहरा मतभेद था। 'जब हमसे कभी

सलाह ली ही नहीं गई तब सहमति कैसी?' फिर भी युधिष्ठिर ने सभा बुलाई और अपने ताऊ की आज्ञा का पालन किया। प्रजा के असंतोष के सिंधु में स्थिरता आई।

माघी पूर्णिमा से लेकर फाल्गुन अमावस्या तक वारणावत का शिव मेला चलता है। शिवरात्रि को वह परम उत्कर्ष पर होता है। इस अवसर पर सहस्रों श्रद्धालु स्नान-ध्यान और पूजन के लिए आते हैं। ऐन माघ पूर्णिमा को ही हस्तिनापुर के राजज्योतिषी ने वारणावत के नवनिर्मित राजभवन में प्रवेश की तिथि बताई थी। साथ ही युधिष्ठिर की जन्मकुंडली देखकर यह भी बताया, "आजकल आपके दिन अच्छे नहीं हैं।"

"बहुत खराब हैं?" कुंती ने घबराकर पूछा।

"आपको याद होगा, राजमाता, कि इनके जन्म के समय ही मैंने इन्हें बताया था कि जातक के जीवन में ऐसे भी दिन आएँगे, जब यह जगह-जगह की ठोकरें खाएगा, वन-वन भटकेगा। इसे भीख भी माँगनी पड़ सकती है।"

इतना सुनते ही कुंती शोकाकुल होकर गिर गई होती, यदि विदुर ने उसे सँभाला न होता। सिर तो फूट ही जाता। तब राजज्योतिषी ने उसे समझाया, "इससे बहुत घबराने की आवश्यकता नहीं है। कुछ ग्रह ऐसे प्रबल भी हैं, जो युवराज को जलते आवें से भी निकाल लेंगे। और कंचन तो तपकर ही खरा होता है।"

"जब दर-दर भटकना ही है तब खरा उतरकर क्या होगा?"

"आप घबराइए मत, राजमाताजी, आपका पुत्र एक दिन चक्रवर्ती सम्राट् भी होगा, ऐसा भी योग है इस कुंडली में।"

इससे कुंती को कुछ सांत्वना मिली अवश्य, पर भावी कल्पना की मधुरता वर्तमान की रिक्तता को कुछ कम न कर पाई। लगन मुहूर्त के अनुसार पांडवों ने राजभवन से प्रस्थान किया। बहुत बड़ी संख्या में प्रजा नगर की सीमा तक उन्हें छोड़ने आई। कुंती भी उनके साथ थी। विदुर का रथ तो एकदम उनके रथ से सटा चल रहा था। हम लोग भी अपने-अपने रथों पर थे।

हम सभी की आँखें भरी हुईं। प्रजा और राजकर्मचारियों के आँसुओं के समुद्र में कुछ बूँदें हमारे घड़ियाली आँसुओं की भी थीं।

नगर सीमा पर आकर प्रजा की यह बाढ़ थमी। युधिष्ठिर ने रथ पर खड़े होकर सबके प्रति आभार व्यक्त करते हुए कहा, "शायद ही किसी युवराज को प्रजा की ऐसी आत्मीयता मिली हो।... मैं राम तो नहीं हूँ, पर अपने पीछे चली आई इस अयोध्या का मैं सादर अभिवादन करता हूँ।" इतना कहते-कहते उसका गला भर

आया। प्रजा के आँसू छलककर उसकी आँखों में भी भर गए। अपने पर नियंत्रण करते हुए वह बस इतना ही बोल पाया, "आप तो ऐसे व्याकुल होकर हमें विदा कर रहे हैं जैसे गए समय की तरह हम फिर आएँगे ही नहीं।"

□

अचानक लपटें निकलीं और सब जलकर भस्म हो गया। यह कथा है उस राजभवन की, जिसे मेरे होनहार पुत्रों ने अपने भाई पांडवों के रहने के लिए बनवाया था। उसमें पांडव शायद कुछ ही दिन रह पाए थे कि एक रात वह अचानक भभक उठा। लपटें आकाश चूमने लगीं। उस समय पांडव और उनकी माँ कुंती गहरी नींद में रहे होंगे। वे करवट भी न ले पाए होंगे कि प्रेताग्नि ने उन्हें अपनी गोद में ले लिया। न कोई चीख और न कोई चिल्लाहट। लपटें धुआँ उगलती रहीं।

तीर्थयात्रियों से भरा वारणावत भी गहरी नींद में सो रहा था। अचानक उसकी आँखें खुलीं। इस प्रेताग्नि का तांडव देखकर वे खुली-की-खुली रह गईं। लोग समझ ही न पाए कि क्या हो गया। जब तक वे चीखते-चिल्लाते, पानी लेकर बुझाने पहुँचते तब तक तो सबकुछ भस्म हो चुका था। अब रह गई थी उसकी राख, आकाश में छाए धुएँ के बादल और लोगों का हाहाकार।

लोग समझ नहीं पा रहे थे कि अचानक यह सब कैसे हो गया। आधी रात के बाद ही लपटें उठीं और उगता सूर्य अपने मुँह पर कालिख पोंछता निकला। ऐसा सुंदर राजभवन, ऐसी कलाकारी और देखते-देखते राख हो गया। पत्थर के पिघलने में भी कुछ समय लगता है। भवन भी जलकर अपना कुछ-न-कुछ अवशेष छोड़ जाता है। फिर वह राजभवन था। राजभवन कभी ऐसा नहीं बनाया जाता, जो दैवी आपदा के समक्ष इतना दुर्बल हो। फिर कौरवों के संरक्षण में पुरोचन ने अपने विश्वासपात्र और कुशल शिल्पियों द्वारा उसे बनवाया। उसमें आग-पानी से खेलने की शक्ति होनी चाहिए थी, तूफानों को सिर पर से निकाल देने की निपुणता होनी चाहिए थी। राजभवन तो ऐतिहासिक शिलालेख होते हैं, जो मिटाए नहीं मिटते।

पर इस प्रेताग्नि ने तो सबकुछ मिटा दिया। ऐसा गंभीर आघात तो वारणावत को क्या, पूरे आर्यावर्त को कभी भी नहीं लगा होगा। इस स्थिति में आँसू भी रास्ता भूल जाते हैं, चीत्कार भी अवाक् हो जाते हैं; पर जब अचरज का अँधेरा छँटता है तब आँसुओं की बाढ़ आ जाती है, वेदना का तूफान उठता है। इस समय पूरे नगर की यही स्थिति थी। आज शिव की प्रातः पूजा में भी औपचारिकता बरती गई। मंदिर के घंटों से भी सिसकियाँ टपक रही थीं।

देखते-देखते इस अशुभ समाचार की लपटें हस्तिनापुर पहुँचीं। गंभीर आघात लगा राजभवन को। प्रजा भी छटपटा उठी। मेरी आशंका सही हो गई थी। राजभवन में मेरे ऐसे कुछ लोग और थे, जो यह समझते थे कि कुछ अशुभ घटेगा; पर शकुनि कौरवों को लेकर इस सीमा तक जा सकता है, इसकी कल्पना न मुझे थी और न उन्हें।

सुना, ताऊजी इस अशुभ समाचार को सुनकर मूर्च्छित हो गए हैं। विदुर उनकी सेवा में हैं। राजवैद्य बुलाए गए हैं। अचरज था, न शकुनि उनको देखने गया और न मेरे पुत्र ही। यहाँ तक कि महाराज ने भी औपचारिकता तक नहीं निबाही। उनमें तो एक प्रकार की घबराहट थी। अपराध-बोध से ग्रसित थे वे। क्या मुँह दिखाऊँगा? पर शकुनि में ऐसा कुछ भी नहीं दिखा। मेरी सेविका सुखदा बता रही थी कि वह दुर्योधन से एकांत में कह रहा था, 'यदि यह खूसट बूढ़ा भी मर जाता तो हमारी सारी बाधाएँ समाप्त हो जातीं।'

जब मैंने यह सुना तो उसकी क्रूरता पर काँप उठी। उसीका एक वाक्य यह आया, 'सिंहासन तक पहुँचने के लिए शवों पर पैर रखकर बढ़ना पड़ता है।'

पर मैं व्यक्तिगत रूप से ताऊजी के मूर्च्छित होने से घबरा गई। अपनी सेविका के सहारे मैं उनके प्रासाद में पहुँची। प्रवेश द्वार पर ताऊजी के स्वास्थ्य पर चिंतित लोगों की भीड़ खड़ी थी। इसमें कर्मचारी भी थे और प्रजा के प्रमुख लोग भी।

मेरे पहुँचने के बाद भी वे मूर्च्छित ही रहे। उनके सिर पर शीतल और सुगंधित जल के छींटे बराबर दिए जाते रहे। राजवैद्य भी उनकी नाड़ी पकड़े ही बैठे रहे। जो लोग वहाँ थे, उनमें से प्रत्येक के संबंध में मेरी सेविका ने बताया। उनमें से सबसे अधिक परेशान विदुर दिखाई दे रहे थे। उन्हींके पीछे अमात्यमंडल के सदस्य भी थे—दुःखी और उदास। उनमें कणिक भी था। उसकी सकपकाई आँखें हर चेहरे को पढ़ने की चेष्टा कर रही थीं।

थोड़ी देर बाद ताऊजी को होश आया। वे मुझे देखते ही मुझसे लिपटकर रोने लगे। फूट-फूटकर रोए। वहाँ इतने लोग थे, पर पता नहीं क्यों मेरे ही सहारे उनकी पीड़ा का बादल बरसा—और बहुत देर तक बरसता गया। जब कुछ सामान्य हुए तब रोते हुए ही उन्होंने पूछा, "अब पांडवों की अंत्येष्टि का क्या होगा?" वे फिर फूट पड़े, "क्या यही दिन देखने के लिए मैं जीवित हूँ?" अचानक विक्षिप्तों-सी उनकी मुद्रा बदली, "लेकिन विदुर, मैं मरूँगा नहीं। इन परिस्थितियों को झेलकर भी मैं जीवित रहूँगा; क्योंकि हस्तिनापुर को अब मेरी आवश्यकता अधिक है।"

अंत्येष्टि की बात उन्होंने फिर चलाई। विदुर ने विस्तार से बताया, ''इस अग्निकांड में जले किसीका भी शव पहचाना नहीं जा सका है। यह भी सत्य है कि पांडव अपनी माँ के साथ इस जले हुए भवन में ही थे। अब केवल राख-ही-राख है वहाँ। गिनती में भी उन शवों की संख्या पांडव परिवार की संख्या के बराबर ही है—अर्थात् एक स्त्री का शव और पाँच पुरुषों का शव। पर वहाँ जो कुछ दिखाई दे रहा है, एक अनुमानित सत्य है। अनुमानित सत्य के आधार पर अंत्येष्टि करना शास्त्र वर्जित है।''

''अनुमानित सत्य कैसे, यह तो प्रत्यक्ष सत्य है?''

''किसीने उन्हें जलते देखा है?'' इतना सुनते ही सभी की आँखें चमक उठीं। तुरंत विदुर ने स्वयं को सँभाला, ''निन्यानबे प्रतिशत आशंका यही है कि वे जल मरे, पर एक प्रतिशत अभी भी उनके जीवित रहने की संभावना है। ऐसी स्थिति में अंत्येष्टि उचित नहीं है। हाँ, उनकी आत्मा की शांति के लिए तर्पण किया जा सकता है। तर्पण तो देवताओं का भी किया जा सकता है।''

बात निश्चित हो गई कि अभी अंत्येष्टि नहीं की जाएगी, त्रयोदशाह के दिन पांडवों का तर्पण किया जाएगा।

विदुर के तर्क पर तो हमारे परिवार के सोच की धरती हिल गई। मैंने इस संबंध में कुछ भी जानने की चेष्टा नहीं की। मेरा मन प्रसन्न था कि एक प्रतिशत ही सही, पांडवों के जीवित रहने की संभावना अभी शेष है।

षड्यंत्र का महल स्वप्न में ढहता दिखाई देता है, तब मन घबराने लगता है, नींद खुल जाती है। इस समय भी हस्तिनापुर के राजभवन की नींद उड़ने लगी थी। वह सोचने लगा था कि हो सकता है, उस दासीपुत्र ने कोई चाल चली हो।

मेरे पुत्रों ने अपने पिता से गुप्त मंत्रणा की। इसके बाद विदुर को बुलाया गया। उनसे महाराज ने पूछा, ''अनुमान के आधार पर आपने अंत्येष्टि की अनुमति नहीं दी। इसका क्या तात्पर्य है कि जब तक उनकी मृत्यु शत-प्रतिशत प्रमाणित न हो जाए तब तक हस्तिनापुर का सिंहासन खाली रह जाए? सत्यापित होने में तो अधिक समय लग सकता है—और यह भी हो सकता है कि बिलकुल समय न लगे। ऐसे अनिश्चय की स्थिति में आपको कोई-न-कोई निर्णय तो लेना ही होगा।''

विदुर ने मुसकराते हुए कहा, ''निर्णय तो आपको लेना है।''

''वही तो मैं पूछ रहा हूँ, क्या लेना चाहिए?''

''दो स्थितियाँ हो सकती हैं। एक तो जैसे भरत ने सिंहासन खाली रखा और अयोध्या का शासन चलाया; दूसरे, आप दुर्योधन का राज्यारोहण कर दीजिए। यदि

असंभव कभी संभव हो जाय और पांडव जीवित बच जाएँ तो उनका पता लगाकर, उन्हें बुलाकर सिंहासन पुन: उन्हें सौंप दिया जाय।''

सुना है, इसपर शकुनि ने कहा कि ''वर्तमान स्थिति में दूसरा ही निर्णय ठीक है; क्योंकि राम का लौटना निश्चित था, उसका समय भी निश्चित था, यहाँ तो कोई समय सीमा ही नहीं है।''

अंत में निश्चित हुआ कि युवराज पद पर दुर्योधन का अभिषेक किया जाए; पर तर्पण तिथि के बाद।

आज रंग भरी एकादशी थी। प्रकृति की रंगीन उत्फुल्लता हमें अपनी ओर खींच रही थी। प्रकृति को क्या मालूम कि हस्तिनापुर की उत्फुल्लता आँसुओं में बह गई है। उसका सारा रंग उतर गया है।

अब भी मुझे उस दिन की तर्पण यात्रा याद है। वह घटना ज्यों-ज्यों आँसुओं से धुलती रही त्यों-त्यों स्मृति साफ होती गई।

पूरा हस्तिनापुर आज गंगातट की ओर जा रहा था। आगे-आगे ताऊजी भीष्म थे, उनके पीछे कणिक का सहारा लिये महाराज, उन्हींकी बगल में मैं और इसके पीछे पूरा हस्तिनापुर। सब थे, पर विदुर कहीं नहीं थे। इसपर बहुतों ने उनकी अनुपस्थिति के कारण का अनुमान लगाया।

□

: नौ :

कालचक्र चलता रहा, वर्ष पर वर्ष निकलते चले गए।

पांचाल राज्य से स्वयंवर का आमंत्रण आया। पांचाल से हमारे प्रदेश का अच्छा संबंध नहीं था। अर्जुन ने उसके स्वामी द्रुपद को हराकर उसका आधा राज्य गुरुदक्षिणा में दे दिया था। तब से हस्तिनापुर और पांचाल के बीच तलवारें खिंची ही रहती थीं। अर्जुन से पराजित होने का अपमान द्रुपद कभी भूल नहीं पाते थे। हर क्षण प्रतिशोध का अवसर खोजते रहते थे।

लोगों को आश्चर्य हुआ, जब द्रुपद ने अपनी पुत्री के स्वयंवर का निमंत्रण हस्तिनापुर भेजा। उसमें स्पष्ट लिखा था कि धनुर्विद्या में जो भी सफल होगा, मेरी पुत्री उसीको वरण करेगी। पर उस परीक्षा का कोई विस्तृत विवरण नहीं था। बस इतना ही उल्लेख था कि धनुर्विद्या की परीक्षा होगी। कैसी परीक्षा होगी, क्या लक्ष्य होगा, इसका कोई अनुमान नहीं। ऐसे में परीक्षा की गंभीरता समझी जा सकती है।

हम लोगों को लगा, निश्चित रूप से यह कठिन होगी। ऐसा भी हो सकता है कि लक्ष्य अभेद्य रह जाए। ये विचार महामात्य विदुरजी के थे।

गुप्तचरों से यह भी पता चला कि आर्यावर्त का ऐसा छोटा-बड़ा कोई भी राज्य नहीं, जहाँ निमंत्रण न गया हो। अब प्रश्न उठा कि हम लोगों को इसमें भाग लेना चाहिए या नहीं? इस संदर्भ में आचार्यजी बुलाए गए।

उन्होंने कहा, "वह निमंत्रण तो हमारे यहाँ भी आया है।"

"तब आपने क्या सोचा?" महाराज ने पूछा।

"मैंने अश्वत्थामा को जाने का आदेश दिया है।" इतना कहकर वे मौन हो गए। इससे स्पष्ट लगा कि वे हस्तिनापुर से किसीको भेजना नहीं चाहते।

शकुनि ने व्यंग्य करते हुए कहा, "आचार्यजी चाहते हैं कि विजयी केवल इनका बेटा हो। यदि कई विजयी हो जाएँगे तो पांचाली किसे-किसे वरण करेगी!"

आचार्यजी को यह बात अच्छी नहीं लगी। वे झुँझलाते हुए बोले, "यह भी कोई तर्क है! मान लीजिए, मैं यहाँ के राजकुमारों को रोक लूँगा; पर अन्य राज्यों के

राजकुमारों को तो नहीं रोक सकता।... फिर यह खुली स्पर्धा है। इसमें कई भी सफल हो सकते हैं और यह भी हो सकता है कि कोई भी सफल न हो।''

शकुनि आचार्य की मुद्रा देखकर सिटपिटा गया। फिर बोला, ''यदि मान लीजिए, कई सफल हो गए, तब क्या होगा?''

''उन्हींमें से वह किसीको चुन लेगी। यह सामान्य सी बात है।''

''तब आप गंभीर होकर क्या सोचने लगे थे?''

''सोचता हूँ, यदि मेरा कोई भी शिष्य न सफल हुआ तो क्या होगा?'' द्रोण ने कहा, ''तब मुझे चुल्लू भर पानी में डूब मरना होगा।'' उन्हें अर्जुन की याद हो आई। उनकी आँखें भर आईं। उन्होंने कहा, ''मेरे एक शिष्य ने उसे पराजित किया था। कहीं उसका बदला निकालने के लिए यह नाटक न रचा गया हो!''

''तब आपने अश्वत्थामा को क्यों भेजा?'' मेरे पति ने पूछा।

''यही तो मैं सोच रहा हूँ। मुझे अपने सभी शिष्यों को भेज देना चाहिए।''

''जैसे भी होगा, द्रौपदी इसी परिवार में आएगी।'' दुर्योधन ने ललकारते हुए कहा।

''मुझे अब तुम्हीं लोगों से आशा है।'' द्रोण भी उत्साहित हो बोले और 'विजयी भव' का आशीर्वाद देते हुए अपने सभी शिष्यों को जाने का आदेश दिया।

हम भी अत्यधिक उत्साहित थे, क्योंकि ज्योतिषियों ने हमें आश्वस्त किया था कि द्रौपदी आप लोगों के वंश में आएगी।

मैं बड़ी प्रसन्न थी। आखिर मैं उन पुत्रों की माँ थी। हम मन के लड्डू खाने लगे। कितना अच्छा होगा, जब हमारे पुत्र स्वयंवर में विजयी होकर और द्रुपद-कन्या को लेकर आएँगे। उन लोगों के मुँह पर ताला पड़ जाएगा, जो पांडवों के भस्म होते ही यह कहने लगे थे कि पांडवों के साथ-साथ हस्तिनापुर का धर्म भी भस्म हो गया और पराक्रम भी।... और द्रौपदी कम शौर्यवान् थोड़े ही होगी! वह याज्ञसेनी है। उसे यज्ञ की लपटों ने पैदा किया है। वह स्वयं यज्ञ की ज्वाला है। पवित्र भी और तेजस्क भी।

हम सब प्रसन्न थे—और हममें आचार्य द्रोण सबसे अधिक। प्रतिशोध की अग्नि दोनों ओर लगती है और बुझाए नहीं बुझती। एक ओर शांत होती तो दूसरी ओर द्विगुणित वेग से भभक उठती है। फिर पहला पक्ष उसके ताप से आशंकित होता रहता है। यही स्थिति आचार्य द्रोण की थी। उन्होंने अपने अपमान का बदला ले लिया था, फिर भी आशंकित थे कि द्रुपद अपने अपमान का फिर बदला न ले।

ज्योतिषी की भविष्यवाणी से वे सबसे अधिक संतुष्ट दिखे। भविष्यवाणी

यदि सही निकलती है तो अर्जुन के अभाव का दुःख सदा के लिए समाप्त हो जाएगा।''' मेरे पति ने बड़ी प्रसन्न मुद्रा में एक दिन कहा था, ''गांधारी, न तो मैंने कभी द्रौपदी को देखा है और न कभी उसे देख सकता हूँ। फिर भी सोते-जागते हर समय वही दिखाई देती है।''

''तब आप उसे ही देखते और मन के लड्डू खाते रहिए।'' मैंने परिहास में कहा।

''जब तक विवाह के लड्डू नहीं मिलते तब तक मन के ही लड्डुओं का स्वाद लेना है।'' वे हँस पड़े और उनके साथ मैं भी।

कुछ ही दिनों बाद समाचार मिला कि द्रौपदी कौरव कुल में ही आ रही है। केवल इसी परिवार का एक वीर ऐसा था, जिसने धनुर्विद्या की वह कठोरतम स्पर्धा जीती है। फिर क्या था! संभावनाओं के बादल में बिजली चमक उठी। जैसे अंधे को आँखें मिलीं। सपना साकार हुआ। मेरे पति ने तुरंत राजभवन में दिवाली मनाने का आदेश दिया।

पर विदुर ने मना किया, ''केवल अफवाहों के आधार पर ऐसा करना बच्चों के खेल जैसा हो जाएगा।''

''तुमने तो पांडवों को छोड़कर कभी भी हमारे परिवार की खुशहाली देखी ही नहीं।''

मेरे पति ने शायद जीवन में पहली बार विदुर से ऐसी कठोर बात कही थी। फिर भी वे कुछ नहीं बोले। उनका मन बोल रहा था, 'भैया, आपको ऐसा नहीं कहना चाहिए।' उन्होंने स्वयं पर बड़ा नियंत्रण करते हुए अत्यंत गंभीरता से कहा, ''इस अफवाह से मैं उतना ही प्रसन्न हूँ जितने आप। मेरा निवेदन बस इतना है कि जब तक यह सूचना सत्यापित न हो जाए तब तक हमें गंभीर ही रहना चाहिए। राजकुमारों के साथ शकुनि भी गए हैं। ऐसा कुछ होने पर वे दौड़े आ रहे होंगे। एक-दो दिन प्रतीक्षा की जाय। फिर आचार्य द्रोण तो नगर में हैं। इस संदर्भ में सबसे अधिक रुचि तो उनकी है। उन्हें विशेष जानकारी होगी। उन्हींको बुलाकर पूछ लेना चाहिए।''

आचार्य द्रोण बुलाए गए।

उनसे चर्चा की गई। पर वे बहुत प्रसन्न नहीं दिखे। उन्होंने कहा, ''सुना तो मैंने भी था; पर अब सुनता हूँ, किसी ब्राह्मणकुमार ने वह लक्ष्यभेद किया है। वह भी एक भिखारी है।''

''किसी भिखारी ब्राह्मण ने लक्ष्यभेद किया!'' यह सुनते ही मेरे पति को काटो तो खून नहीं। उनके सपने का महल क्षण भर में बिखरता दिखाई दिया। फिर

भी उन्होंने कहा, "क्या द्रुपद उस भिखारी ब्राह्मण से अपनी पुत्री का विवाह कर देगा?"

"वह मुझे नीचा दिखाने के लिए कुछ भी कर सकता है। उसका चोट खाया अहं अपना सिर फोड़कर भी संतोष की साँस लेगा।"

समस्या गंभीर थी। जिज्ञासा शिखर पर चढ़ गई। अब क्षण भर का भी विलंब हमें असह्य था। हमने सोचा, क्यों नहीं कणिक को कांपिल्य भेजा जाय। वास्तविकता का पता लगाया जाय। किंतु पता चला, वह तो राजकुमारों के साथ ही गया है। फिर भी उसने अभी तक कोई सूचना नहीं भेजी।

विदुरजी को बुलाया गया। लोगों का कहना था कि उनकी आकृति पर कोई भी विस्मय या आश्चर्य का भाव नहीं था। वरन् वह हमें ही समझाने लगे, "इसमें घबराने की क्या बात है? भगवान् जो भी करेगा, ठीक ही करेगा।"

हमें विदुर पर क्रोध तो आया, पर मेरे पति ने बड़ा संयम बरता, "यह कैसे हो सकता है कि द्रौपदी किसी ब्राह्मण से ब्याही जाए!"

"भगवान् की इस सृष्टि में कुछ भी असंभव नहीं है।" विदुर ने कहा, "अब मेरा भी कांपिल्य जाने का कोई औचित्य नहीं है; क्योंकि जब तक मैं वहाँ पहुँचूँगा तब तक कणिक यहाँ आ चुका होगा।"

दूसरे दिन कणिक हस्तिनापुर आया। पर वह हमारे यहाँ नहीं आया। तभी हमारा माथा ठनका। हमारे मन के लड्डुओं में कड़वाहट आ गई थी।

हम लोगों के बुलाने पर वह आया अवश्य, पर सिर नीचा किए, लुटा-लुटा सा।

"सुना है, तुम कल से आए हो; पर आज तक हमारे पास नहीं आए?"

वह चुप था। बहुत पूछने पर बोला, "क्या आता! आपको सुनाने लायक कोई सूचना मेरे पास नहीं थी।"

"क्या बात कर हो! यहाँ तो अफवाह उड़ी कि द्रौपदी हमारे परिवार में आ रही है!"

"अफवाह ठीक थी।"

"फिर सूचना मिली कि द्रौपदी एक ब्राह्मणकुमार से ब्याही जा रही है!"

"यह भी सही है।"

"यह भी सही है, वह भी सही है तो गलत क्या है?"

"कुछ भी नहीं।" फिर उसने सारी कथा सुनाई, "वस्तुतः पांडव जीवित हैं।"

इतना सुनते तो हमारे होश उड़ गए। वह कहता गया, ''वे किसी तरह लाक्षागृह से निकल भागे और ब्राह्मण का वेश बनाकर भिक्षाटन करते रहे। वे द्रौपदी स्वयंवर में भी आ गए थे।''

''किंतु आमंत्रित तो राजाओं और राजकुमारों को किया गया था, फिर वे कैसे चले आए?''

''यह तो भगवान् ही जाने।''

''फिर तुम क्या जानते हो?'' मेरे पति ने बड़े रोष में कहा।

अब वह जो कुछ जानता था, बताने लगा, ''जब कोई भी लक्ष्यभेद न कर सका तब द्रुपद ने घोषणा की, 'यदि दर्शकों में से कोई लक्ष्यभेद कर सकता हो तो वह मंच पर चला आए।' अर्जुन तुरंत मंच पर चढ़ गया।''

''राजकुमारों का यह पराभव!'' मेरे पति ने फिर माथा ठोका। उन्होंने कहा, ''मुझे तो इसके भीतर कोई षड्यंत्र लगता है; क्योंकि हम लोगों का पूरा विश्वास था कि कर्ण इस प्रतिस्पर्धा में अवश्य विजयी होगा।''

अब कणिक ने पूरी कहानी बताई, ''कर्ण बड़े उत्साह से मंच पर आया भी। उसने आते ही धनुष को बड़ी सरलता से उठा लिया था। प्रत्यंचा चढ़ाना भी उसके बाएँ हाथ का खेल लगा, कि तभी द्रौपदी बोल उठी, 'मैं सूतपुत्र को नहीं वरूँगी।' '' कणिक बताता रहा, ''अपमान का यह घूँट कर्ण किसी तरह पी गया। फिर भी वह भभकता हुआ, दोनों पैर फैलाए वीर मुद्रा में खड़ा रहा। इसी बीच कहीं से आवाज आई, 'यह धनुर्विद्या की परीक्षा है। इसमें जाति-पाँति की बात कैसी?' कर्ण का क्रोध और भी भड़का। उसकी फड़कती भुजाएँ कहने लगीं—मेरा पराक्रम देखो, मेरी जाति मत देखो।

''पर वह अधिक प्रतिरोध नहीं कर पाया। लड़खड़ाते पगों से वह नीचे उतरा। तभी द्रुपद चिल्ला उठे, 'लगता है, अब कोई धनुर्विद्या विशारद नहीं रहा।' इतना सुनते ही ब्राह्मणों के बीच बैठा हुआ एक कुमार तुरंत उठ खड़ा हुआ। तभी उसका हाथ पकड़कर किसीने बैठा लिया और कहा, 'यह प्रतियोगिता क्षत्रियों की है, तुम तो ब्राह्मण हो।' वह चुपचाप बैठ गया; पर कसमसाता रहा। तब तक द्रुपद ने पुनः घोषणा की, 'ऐसा लगता है, वास्तव में क्षत्रियों में कोई नहीं है, जो इस लक्ष्य का भेदन कर सके।'

'' 'तब आप ब्राह्मणों को अवसर दीजिए।' उसी ब्राह्मणकुमार के आसपास बैठे कुछ ब्राह्मणकुमारों ने आवाज लगाई। इसपर महाराज द्रुपद की कोई प्रतिक्रिया नहीं हुई। वह ब्राह्मणकुमार पुनः खड़ा हुआ और मंच की ओर बड़े शान से चला।

"उस समय का सन्नाटा भी भौंचक्का रह गया। सभी देखते रहे कि क्या हो गया है। तब तक वह ब्राह्मणकुमार मंच पर पहुँचकर प्रत्यंचा चढ़ा चुका था। और देखते-ही-देखते उसने लक्ष्य का भेदन कर दिया। ब्राह्मणों ने करतलध्वनि की। क्षत्रियों पर पहाड़ टूट पड़ा। द्रौपदी ने तुरंत वरमाला ब्राह्मणकुमार के गले में डाल दी।"

हम बिना कोई जिज्ञासा किए सुनते रहे।

कणिक सुनाता रहा, "क्षत्रियों की आँखों से चिनगारियाँ छूटने लगीं। उनमें से अनेक स्वर एक साथ फूटे, 'यह सरासर अन्याय है, क्षत्रियों का अपमान है। यदि महाराज द्रुपद को अपनी कन्या किसी ब्राह्मण को ब्याहनी थी तो हम लोगों को क्यों बुलाया? यह हमारा घोर तिरस्कार है।' उस ललकार में हमारा भी स्वर था। युवराज दुर्योधन तो उस ब्राह्मणकुमार को मारने के लिए भी दौड़े; पर वह ब्राह्मणों के बीच चला गया। स्वयंवर सभा युद्धस्थल में परिवर्तित हो गई। कर्ण के बाण उस ब्राह्मणकुमार पर बरसने लगे। उसने भी जमकर उत्तर दिया। और एक ऐसी स्थिति आई कि कर्ण अचेत हो गया। तभी मेरा माथा ठनका कि कर्ण को इस धरती पर अर्जुन के सिवा और कोई पराजित नहीं कर सकता।''' तब तक दूसरे ब्राह्मणकुमार ने बड़े-बड़े वृक्ष उखाड़कर शल्य आदि अन्य राजाओं को मारना शुरू कर दिया। उसने महाराज शल्य को पराजित कर दिया। अब लोगों का विश्वास हो चला कि ये ब्राह्मण नहीं, पांडव ही हैं।"

यह चमत्कारी गाथा सुनने के बाद तो मैं स्तब्ध रह गई। मेरे पति को जैसे विश्वास ही नहीं हुआ। उनके मुँह से निकला, "यह कैसे हो सकता है?'''तब लाक्षागृह में भस्म हो जानेवाले कौन थे?"

"यही रहस्य है।" कणिक ने कहा।

"मैं धोखा खा सकता हूँ, पर जिनके पास आँखें हैं वे कैसे धोखा खा सकते हैं?" मेरे पति ने कहा।

"वही तो मैं कुछ समझ नहीं पा रहा हूँ।" कणिक बोला, "यह कैसे हो गया? यद्यपि भस्म हुए शव पहचाने नहीं जा सके; पर इतना स्पष्ट था कि उसमें सात शव थे—छह पुरुष के और एक स्त्री का।"

"छह पुरुष के! यह छठा व्यक्ति कौन हो सकता है?"

"यही तो ज्ञात नहीं हो सका।" कणिक ने कहा।

"यह रहस्य इतना जटिलतम है कि हम इसका अंतिम छोर तब तक नहीं पकड़ सकते जब तक पुरोचन से बात न करें। तुम पुरोचन से मिलो।" मेरे पति ने कहा।

''हम लोगों ने उसका बहुत पता लगाया, पर वह कहीं नहीं मिला।''

''यह रहस्य और भी जटिल हो गया।'' महाराज बोले, ''तुम लोगों का सारा षड्यंत्र विदुर की बुद्धि के समक्ष असफल हो गया।'' फिर उन्हें एक-एक बात याद आने लगी। विदुर ने ही पांडवों की अंत्येष्टि का विरोध किया था। अवश्य उसे मालूम था कि पांडव मरे नहीं हैं।

□

अब तक पांडवों के वियोग का दु:ख समाधिस्थ हो चुका था। वह भयानक समाधि टूटी और उसमें से मृत जीवित निकले। पूरा हस्तिनापुर आनंद में डूब गया। हर्ष की उत्ताल तरंगें हिलोरें लेने लगीं। जिन्हें धधकती आग भी न निगल पाई, वे धन्य हैं। प्रह्लाद की तरह धर्म और सत्य की रक्षा करनेवाले प्रह्लाद की ही भाँति अग्नि में तपकर कुंदन-सा खरे निकले हैं।

हस्तिनापुर के हर चेहरे पर उस सुवर्ण का खरापन दमक रहा था। प्रजा के उल्लास और प्रसन्नता की ऐसी तेज आँधी चली कि कौरवों के धैर्य के दृढ़ से दृढ़ स्तंभ भी धराशायी हो गए।

इधर ताऊजी (भीष्म) का दबाव था कि पांडव यथाशीघ्र बुलाए जाएँ। मेरे पुत्रों के गले के नीचे यह बात उतरती न थी; पर किया भी जाय तो क्या किया जाय। उन्हें अपनी जानी-बूझी योजना के हर मार्ग पर एक दीवार खड़ी दिखाई दी। वे किस ओर पग बढ़ाएँ?

शीघ्रता में मेरे पति ने हम लोगों को मंत्रणा के लिए बुलाया।

''इसे कौन प्रमाणित करेगा कि वे जले नहीं हैं?'' शकुनि बोला।

''क्या प्रजा के विश्वास को तुम चुनौती दे सकते हो?'' मेरे पति ने कहा।

सभी चुप होकर एक-दूसरे का मुँह देखते रह गए।

''हमें पहले पुरोचन को बुलाना चाहिए और जानना चाहिए कि वास्तविकता क्या है! कहीं वे तथाकथित ब्राह्मण कोई मायावी तो नहीं, जिनमें लोगों को पांडवों का रूप दिखाई पड़ा रहा हो!'' शकुनि ने दूसरा दाँव चला।

कणिक ने पुन: बताया, ''जब से लाक्षागृह का कांड हुआ है तब से पुरोचन गायब है।''

पहले से ही आशा की मरती हुई खेती पर एक बार फिर पाला मार गया। हमारी अंधी आँखों का अँधेरा और गाढ़ा हो गया।

कणिक ने हमारी मानसिकता समझी। उसने फिर कहा, ''अब एक ही रास्ता है कि पांडवों को सहर्ष बुलाया जाए।''

"यदि बुला ही लिया जाय तो वे करेंगे क्या?" दुर्योधन बोला।

"उन्हें जो करना होगा वह तो बाद में करेंगे, इसके पहले ही प्रजा हमें निगल जाएगी।"

"जो प्रजा से इतना डरेगा वह शासन क्या करेगा!" दुर्योधन बोला।

कणिक हँस पड़ा। दुर्योधन की किसी बात पर पहली बार उपेक्षा की ऐसी हँसी हँसते मैंने उसे देखा था। उसने कहा, "युवराज, प्रजा वह सिंधु है जिसमें सत्ता का यान तैरता है; जब सिंधु ही विक्षुब्ध हो जाएगा तब यान का डूबना निश्चित है।" उसने बताया, "कल पितामह और विदुरजी में गहरी मंत्रणा हुई है। उसी संदर्भ में आज अमात्यमंडल की बैठक हो रही है। बस एक ही कार्यक्रम पर विचार होगा कि किस प्रकार पांडवों को सम्मानपूर्वक बुलाया जाय और कैसा हस्तिनापुर में उनका स्वागत हो!"

"युवराज मैं हूँ और इस संबंध में मुझसे राय तक नहीं ली गई!" दुर्योधन गरमाया।

"पागल मत बनो। कणिक जो कहता है उसे सुनो और स्वागत-सत्कार में बढ़-चढ़कर हिस्सा लो। यह हमेशा याद रखो कि हमारे परिवार में पांचाल की कन्या आ रही है। कई आह्लादित प्रसंग एक साथ जुड़ गए हैं। ऐसी स्थिति में यदि तुम लोगों ने जरा भी अनमनापन दिखाया तो हमारा अहित हो सकता है। यह समय यह प्रदर्शित करने का है कि तुम लोगों से अधिक प्रसन्न संसार में कोई और नहीं है।" मेरे पति ने कहा।

शकुनि ने भी महाराज का समर्थन किया।

जब मैं महाराज के कक्ष से निकली, संध्या हो चली थी। पश्चिमी आकाश में लाक्षागृह की धधकती आग की ज्वाला मेरी बंद आँखों ने देखी। ये भयानक लपटें भी पांडवों को पचा नहीं पाईं। सारा षड्यंत्र धुएँ की तरह उड़ गया। भस्मी भी अदृश्य हो गई। मेरे परिवारवालों ने मृत्यु को साक्षात् पांडवों को निगलते देखा था; पर उन्हें क्या मालूम था कि मारनेवाले से बचानेवाले के हाथ अधिक विशाल होते हैं।

समय ने कई पृष्ठ पलट दिए। घटना पर धूल जमती गई। अब अचानक राख के नीचे कहीं सोई पड़ी चिनगारी ज्वालामुखी हो फूट पड़ी।

यह सब मेरे पुत्रों की मानसिकता से संबंधित था; पर हस्तिनापुर की मानसिकता इससे भिन्न थी। वह देख रही थी कि काले अँधेरे घटाटोप को चीरकर अचानक

चंद्रिका छिटक पड़ी थी और उसका दुग्ध-धवल हास पूरे हस्तिनापुर में बिखर गया था।

यह चाँदनी मेरे पुत्रों को जला रही थी; पर ऊपर से वे प्रसन्नता का ऐसा गाढ़ा कंबल ओढ़े थे कि उनके मन की जलन को कोई देख न सके।

पांडवों के स्वागत की सारी तैयारी ताऊजी की देखरेख में हो रही थी; यद्यपि कर्ता-धर्ता सब विदुरजी ही थे। उन लोगों ने मेरे पुत्रों से बहुत सहयोग नहीं किया। शकुनि को तो पास फटकने भी नहीं दिया। पर उनका मेरे ऊपर विश्वास था। इसे मैं अपना सौभाग्य कहूँ या दुर्भाग्य कि ताऊजी मुझे मेरे परिवार से थोड़ा अलग करके देखते थे। उन्होंने एक दिन एकांत में मुझसे कहा, ''बेटी, परिस्थिति की गंभीरता का तो तुम्हें अनुमान होगा ही। तुम लोग जिसे लौहयष्टि समझते थे, वह सूत की डोर से भी निर्बल निकली। अब हस्तिनापुर के भविष्य को उस डोर पर चलना पड़ेगा। तुम्हारे बेटे इस शाश्वत धारणा को भूल गए कि मनुष्य किसी और से नहीं, अपने कर्मों से ही मारा जाता है। आप उसे जलाते रहिए, विष देते रहिए; मनुष्य कभी नहीं मरेगा—जब तक उसके कर्म उसके प्रतिकूल नहीं होंगे।''

इन थोड़े से शब्दों में ताऊजी ने क्या नहीं कह दिया! भीम को जहर देने से लेकर लाक्षागृह के जलने तक का सारा संदर्भ आ गया। मुझे कुछ बोलने का साहस न हुआ। मैं चुपचाप खड़ी रही। उन्होंने बात आगे बढ़ाई, ''जानती हो, कुंती किसी तरह आना नहीं चाहती थी। उसका कहना था कि लाक्षागृह की आग तो एक दिन की आग थी, हस्तिनापुर में तो मेरे पुत्रों को रोज लपटों से गुजरना होगा और रोज अग्निपरीक्षा देनी होगी।''

''तो क्या लाक्षागृह की घटना दैवी दुर्घटना नहीं थी?'' मुझे कुछ-कुछ आभास था, पर इसके तह तक नहीं पहुँच पाई थी।

वे गंभीर हो गए, जैसे उन्हें मेरे इस अज्ञान पर संदेह हो। फिर व्यंग्यात्मक हँसी-हँसते हुए उन्होंने बात टाल दी, ''इस प्रसंग को अभी छोड़ो। धीरे-धीरे सब जान जाओगी। अब सुनो, तुम्हें करना क्या है!

''घर में बहू आ रही है। तुम्हीं इस परिवार की सबसे वरिष्ठ महिला हो। गृह-प्रवेश, त्रिरात्रि व्रत आदि वधू के सभी संस्कार तुम्हें ही संपन्न कराने हैं—पूरी शालीनता और अपनत्व के साथ। मैं जानता हूँ कि तुम्हारे मन में जरा भी अपना-पराया नहीं है। यदि हो भी तो उसे तिलांजलि दे दो; क्योंकि तुम्हारी नववधू कोई साधारण कन्या नहीं है। वह अयोनिजा है, याज्ञसेनी है। इसे हस्तिनापुर का सौभाग्य मानो कि वह इस परिवार में आ रही है।''

चलते-चलते उन्होंने फिर रुककर कहा, ''देखो, कुंती तुम्हारे ही संरक्षण में रहेगी। वह तुमपर अधिक विश्वास करती है।''

अपनी ओर से कोई कमी न होने देने का आश्वासन मुझसे लेकर वे चले गए।

हस्तिनापुर ने प्रसन्न मन से पांडवों का स्वागत किया। पूरी नगरी आनंदमग्न थी। राम वन से लौटकर आए थे। अयोध्या आनंद में नाच रही थी। पूरा ब्राह्मण समाज बिना बुलाए आशीर्वाद देने गया था। राजभवन का ऐसा कोई व्यक्ति नहीं था जो नगर द्वार तक न चला आया हो। जन-समुद्र उमड़ा चला जा रहा था। लगता था, आज नगर खाली हो जाएगा।

मैंने अभी वधू को रथ से उतारा नहीं था कि कुंती पीछे से दौड़ी हुई आई और 'त्राहिमाम' कहती हुई मेरे पाँवों पर गिर पड़ी। उसके स्वर में राजभवन में पहुँचने की प्रसन्नता नहीं थी, वरन् एक प्रकार की विवशता थी—धधकते महल में पैर रखने की। मुझसे लिपटते ही उसकी सिसकियाँ फूट पड़ीं। यह मिलन कैसा, जिसपर विछोह की छाया थी?

मैंने उसे सांत्वना दी, अपने से छुड़ाया। नववधू को उतारा और राजभवन की ओर चली। तुरंत ही जन-समूह ने हमें घेर लिया और नववधू को उपहार देनेवालों का ताँता लग गया। धीरे-धीरे उपहारों से प्रांगण भर गया।

अब समस्या थी कि बहू को ले जाऊँ तो कहाँ ले जाऊँ। युवराज के भवन पर तो दुर्योधन का अधिकार था ही, पांडवों के महल पर भी कौरवों ने पैर पसार लिये थे। किसीको कभी इस स्थिति की कल्पना नहीं थी कि जिस नीड़ पर दुष्चक्र की बिजली गिरी थी, फिर वही बस सकता है।

हस्तिनापुर के राजभवन में उसका पुराना युवराज आया है, वह कहाँ रहेगा? नए युवराज के भवन में? एक म्यान में दो तलवारें? मुख्य राजभवन के अतिरिक्त दो ही आवास ऐसे हैं, जो राजभवन परिसर में होते हुए भी राजभवन में नहीं हैं। एक है विदुर का आवास और दूसरा है भीष्मजी का। यदि विदुरजी के आवास में उन्हें रखा जाए तो स्पष्ट कहा जाएगा कि राजभवन में उनके लिए स्थान नहीं है। ताऊजी के यहाँ रखा जाना उससे अधिक सम्मानजनक है। फिर भी जनता की अँगुली उठेगी कि आखिर उन्हें भीष्मजी के यहाँ ही शरण मिली।

उधर नववधू के गृह-प्रवेश पर यज्ञ होता रहा। लोग पांडवों का स्वागत करते रहे। उनके गले में मालाओं पर मालाएँ पड़ती रहीं और मैं यही सोचती रही कि इन्हें कहाँ ठिकाया जाए। विदुर भी गंभीर लगे; पर उनसे मंत्रणा करने की स्थिति में मैं

नहीं थी। अंत में मैं इसी निष्कर्ष पर पहुँची कि उन्हें अपने भवन में ले चलूँ। इससे ताऊजी को भी संतोष होगा।

भवन के सारे कक्ष खुलवा दिए गए। कुछ कक्षों में हमारे पुत्रों का आवास है; उन्हें भी खाली करा लिया गया और उन्हें दुर्योधन के भवन में भेज दिया गया।

यज्ञ समाप्त होने के बाद जब मैंने कुंती से कहा कि तुम लोगों को मैं अपने पास रखूँगी, तो उसकी आकृति पर संतोष की एक लहर दौड़ गई। उसने यह भी नहीं पूछा कि मैं अपने पुराने भवन में क्यों नहीं जाऊँ?

किंतु साथ चलते हुए भी भीम ने विरोध की मुद्रा में कहा, "हम लोग युवराज की हैसियत से गए थे तो अब युवराज के भवन में क्यों नहीं?"

कुंती ने उसे डाँटकर चुप करा दिया और कहा, "जैसा ताईजी कहती हैं वैसा करो।"

फिर वह कुछ बोल न सका।

सभी चुपचाप मेरे पीछे वैसे ही चले जैसे गाय के पीछे बछड़े चले आते हैं। इसपर भी लोगों के मन में कुड़बुड़ाहट थी।

अब पांडव मेरे साथ थे—एकदम मेरे अतिथि की तरह। मैं भी उनका वैसा ही ध्यान रखती थी। फिर भी उनका शंकाकुल मन आवश्यकता से अधिक सजग था। एक दिन प्रातः मैं उनके कक्षों के बीच बने सभाकक्ष की ओर गई। पाँचों भाई अपनी माता के साथ मंत्रणा कर रहे थे।

सुखदा ने बताया, "पश्चिम की दीवार में एक बड़ा सा छिद्र किया गया है। मिट्टी अभी भी बाहर गिरी पड़ी है। निश्चित है कि यह छिद्र आज रात किसी समय किया गया होगा।"

मैंने उसके बारे में उनसे पूछा। कुंती बड़े संकोच के साथ मुसकराते हुए बोली, "केवल छाछ को फूँक-फूँककर पीया गया है।"

"पर तुम लोग दूध से क्या, आग से भी न जल सके।" मैंने हँसते हुए कहा।

"यह तो भगवान् की कृपा थी।"

"क्या वह कृपा अब नहीं होगी?" मैंने पूछा, "क्या ईश्वर पर अब विश्वास नहीं?"

"ईश्वर पर क्या, अब हमें अपने पर भी विश्वास नहीं।" कुंती बोली, "जब पत्थर की दीवारें भी धोखा देकर लाख में बदल जाती हैं तब मैं किसका विश्वास करूँ?"

यही संशय उन्हें हम लोगों के साथ भोजन करने से भी रोकता था। हमारे भोजन समाप्त कर लेने के बाद वे लोग भोजनालय में आते थे और भोजन परोस दिए

जाने के बाद कुंती हरेक की थाली से कुछ-न-कुछ उठाकर चखती थी, तब उनका खाना शुरू होता था। सुना है, इसपर पांचाली ने एक दिन शंका की।

कुंती मुसकराती हुई बोली, "जब तुम लोग भोजन आरंभ करने के पहले माता को भोग नहीं लगाते तो माँ स्वयं तुम लोगों की थालियों में से भोग स्वीकार कर तुम्हें उपकृत करती है।" बात तो उस समय हवा में उड़ गई, पर मैंने अनुभव किया कि चोट खाई ममता विषतूलिका की कटी पूँछ से कम नहीं छटपटाती।

संशय, अविश्वास और भय के दिन बीतते चले गए। धीरे-धीरे पांडवों का मौन भी मुखर होने लगा। दबी जबान ही सही, उनके युवराज पद की माँग भी सामने आई। जिसकी संभावना थी वह समस्या उभरने लगी। राजकीय स्तर पर उसका समाधान खोजने पर हमारा परिवार लगा। शकुनि की सक्रियता बढ़ी। इसी सिलसिले में वह पांडवों के बीच जाने लगा। यह तो मैं कह नहीं सकती कि वह हमारी ओर से भेजा जाता था या अपने मन से चला जाया करता था।

एक दिन उसने युधिष्ठिर के सामने कुछ विकल्प रखे। पांडवों को उनमें से कोई पसंद नहीं आया, वरन् इसके विपरीत उनमें नाराजगी पैदा हुई। अर्जुन ने शायद उससे पूछा, "हमारे युवराज पद की माँग से आपका क्या लेना-देना?"

"तुम कैसी बातें करते हो, मेरे प्यारे भानजे! अरे, मैं तुम्हारा मामा हूँ।"

"ओ हो, कंस मामा!" तब से शकुनि पांडवों के बीच 'कंस मामा' हो गया। अब जब वह दिखाई देता, पांडवों में से कोई-न-कोई चिल्ला पड़ता, 'सावधान! कंस मामा आ रहे हैं।' कभी-कभी तो सब मिलकर उसे चिढ़ाते, 'कंस मामा आ रहे हैं, कंस मामा आ रहे हैं।' कहते हुए वे तालियाँ बजा-बजाकर नाचने लगते।

इसका परिणाम यह हुआ कि शकुनि पांडवों से दूर होता गया। यद्यपि उसने कभी पांडवों की भलाई नहीं चाही थी, फिर भी जो भी सहानुभूति शेष थी, उसने भी प्रतिशोध की तलवार उठा ली।

□

कब तक पांडव अतिथि की तरह अपने ही घर में रहेंगे? यह प्रश्न भी लगभग हर व्यक्ति के मन में उठ रहा था। पर पांडव मौन थे। हमेशा साथ रहनेवाली कुंती ने भी मुझसे कभी कुछ नहीं कहा। पर जब मैं अपने पति के पास जाती थी और उन्हें एकांत मिलता था तो वे इसी समस्या को छेड़ देते थे।

"इस विषय में मैं क्या राय दूँ?" मैंने कहा, "आप अपने पुत्रों से पूछिए, वे क्या चाहते हैं?"

"मेरे पुत्र तो पांडवों को फूटी आँखों भी देखना नहीं चाहते।" मेरे पति ने कहा, "क्या किया जाय, वे इसपर भी एक राय नहीं हैं। दुर्योधन कुछ कहता है तो

दुःशासन कुछ—और तुम्हारा भाई कुछ कहता है, तो कर्ण की राय एकदम अलग होती है।''

''विदुर और ताऊजी ?''

''वे लोग तो एकदम दूसरे छोर पर हैं।'' मेरे पति ने कहा, ''कोई एक रास्ता दिखाई नहीं देता।'' इसी प्रसंग में उन्होंने कहा, ''दुर्योधन कहता है कि हमें फिर कोई षड्यंत्र रचना चाहिए। देखें, कब तक पांडव बचते रहते हैं!

''कर्ण एकदम इससे विरुद्ध सोचता है। उसका कहना है कि 'हर षड्यंत्र मनुष्य की कुत्सित वृत्ति और बेईमानी का परिणाम होता है। इसीसे धर्म और सत्य स्वतः उसके विरुद्ध खड़े हो जाते हैं।...फिर उसको परास्त करना कठिन ही नहीं, असंभव है। इसलिए सीधे-सीधे पांडवों को युद्ध के लिए आमंत्रित करो। और धर्मयुद्ध के परिणाम को सीधे-सीधे स्वीकार करो।'

'' 'यदि हम पराजित हुए तो ?' दुर्योधन बोला।

'' 'तो हमें हस्तिनापुर का राज्य उन्हें सौंप देना चाहिए।'

'' 'अर्जुन से तिरस्कृत होने के बाद भी तुम ऐसा सोचते हो ?'

'' 'मैं सोचता नहीं, पर सोचना पड़ता है।'

''कर्ण के इतना कहने पर दुर्योधन उससे रुष्ट हो गया। उसका अहंकार तड़पा, 'तब तुम्हें मेरे लिए इसके विपरीत सोचना पड़ेगा।' ''

मेरे पति का कहना था कि कर्ण उस समय चुप हो गया।

''और मेरे भाई ने क्या कहा ?''

''शकुनि हमेशा इस मत का है कि हम पांडवों से सीधी लड़ाई में जीत नहीं सकते; क्योंकि कृष्ण, बलराम और सात्यकि जैसे लोग उनके पक्ष में खड़े हो जाएँगे। हमें कोई-न-कोई कुचक्र तो रचना ही पड़ेगा।''

''आपने कभी पांडवों से बातें कीं ?'' मैंने पतिदेव से पूछा।

''जब हममें स्वयं मतैक्य नहीं है तब मैं पांडवों से क्या बातें करूँ!'' मेरे पति ने कहा, ''विदुर से सूचना मिली है कि युधिष्ठिर ने उन्हें बुलाया है। देखो, शायद वे भी इसी विषय पर बातें करें और समस्या का कोई हल निकल आए।''

मुझे इसका बिलकुल आभास नहीं था कि बात भीतर-ही-भीतर कुंती के मन में भी उबल रही है। आज शाम बगल में लेटी हुई कुंती ने बड़ी भूमिका बाँधते हुए कहा, ''जीजी, नाराज मत होना, यदि एक बात कहूँ।''

''कहो।''

''कल रात द्रौपदी कह रही थी कि यद्यपि यहाँ अनेक सुख हैं, फिर भी वह

बात नहीं है, जो हमने कुम्हार की उस झोंपड़ी में अनुभव किया है। भिक्षाटन पर जीवन बीतता था। कभी-कभी एक ही समय खाते थे—वह भी रूखा-सूखा। यहाँ तो पकवान खाते हैं, आराम से महल में रहते हैं। पर मिट्टी की उन दीवारों में जो अपनत्व था वह राजभवन की इन प्राचीरों में नहीं। वहाँ न राजनीति का दुष्चक्र था, न आपसी द्वेष, न घृणा और न किसी प्रकार की आशंका। कैसी निर्दोष वायु थी! ऊपर का छप्पर भी चंद्रमा से बरसती चाँदनी को छानकर देता था।''

''वह कहना क्या चाहती है?'' मैंने पूछा।

''यह तो मैंने नहीं पूछा।'' कुंती बोली, ''पर उसकी मनःस्थिति ऐसी थी जैसे वह पूछ रही हो, हम लोग ताईजी के मेहमान कब तक रहेंगे?''

''अपने घर में भी कोई मेहमान होता है!'' मैंने कहा, ''बड़े लोग इस समस्या का समाधान ढूढ़ रहे हैं। कोई-न-कोई मार्ग शीघ्र निकल आएगा।''

उस समय वह चुप हो गई।

शीघ्र ही भीष्मजी ने अपने यहाँ एक मंत्रणा बैठक की। इसमें केवल तीन व्यक्तियों को बुलाया गया—विदुर को, मेरे पति को और मुझे। मैं समझ नहीं पाई कि इन लोगों की बैठक में मुझे क्यों बुलाया गया? मैं जब पहुँची तब मुझे एक अलग कक्ष में बैठाया गया। पहले मंत्रणा उन्हीं लोगों में आरंभ हुई।

भीष्म ने पहले विषय की स्थापना करते हुए कहा, ''जो कुछ हुआ उससे तो आप परिचित ही होंगे। आपके पुत्र चाहे जितना भी चाहें कि पांडवों को अपने मार्ग से हटा दें, किंतु वह तो संभव नहीं लगता। अब तक उनके सारे छल-प्रपंच बेकार गए; वरन् इसके विपरीत पांडव अग्नि में तपकर कंचन-से खरे उतरे। अब वे पहले जैसे असहाय भी नहीं रहे। पांचाल की विशाल वाहिनी उनके साथ है, विशेष अनुभव की शक्ति उनके साथ है, जिसे उन्होंने वन-वन भटककर प्राप्त की है, तथा उनके साथ धर्म और सत्य हैं।''

पांडवों की इतनी प्रशंसा निश्चय ही मेरे पति को अच्छी नहीं लगी होगी। वे बोले कुछ नहीं, पर लगता है कि उनकी आकृति पर कुछ इसी तरह के भाव उभर आए। उनकी आकृति के भाव देखते ही ताऊजी की आकृति का तेवर बदला। वह बोले, ''मुख क्या बनाते हो! क्या तुम्हारे पुत्रों ने उनपर कम विपत्ति ढाई है! तुम्हारे पुत्रों ने उनके साथ पग-पग पर क्या धोखा नहीं किया है? उन्होंने क्या नहीं किया? विष देकर मार डालने की चेष्टा की, वारणावत का षड्यंत्र रचा!''

''पांडवों को वारणावत भेजने में उनका क्या षड्यंत्र? पांडवों ने अपनी इच्छा से यह योजना स्वीकार की थी। आप भी तो इसके साक्षी हैं।'' मेरे पति ने कहा।

इतना सुनते ही ताऊजी की वाणी आग्नेय हो गई, "जी, मैं उस लाक्षागृह का भी साक्षी हूँ, जिसकी दीवारें लाख और कपास जैसे ज्वलनशील पदार्थों के मिश्रण से बनाई गई थीं!"

"मुझे तो उसका ज्ञान नहीं।"

"तुम्हें उसका ज्ञान नहीं है! खैर, न होगा। पर मुझे है, क्योंकि मैं तुम्हारी तरह अंधा नहीं हूँ, वरन् इस राजसिंहासन का एक जागरूक संरक्षक हूँ।"

जहाँ तक मुझे ज्ञात है, मेरे पति के प्रति ताऊजी की वाणी में कभी इतना तीखापन व्यक्त नहीं हुआ था। साथ ही मुझे यह भी लगा कि मेरे पति ने अपने पर बड़ा नियंत्रण किया, अन्यथा इस स्थिति में वे कभी चुप न रहते। अंततः उनके मुख से यह तो निकल ही गया, "मेरे पुत्रों की यह भावना है कि उन्हें बराबर दबाया जाता रहा है।"

"किस बात के लिए निरंतर दबाया जाता रहा है?"

"उनका सोचना है कि बड़े होने के कारण सिंहासन के अधिकारी हमारे पिता थे; पर अंधे होने के कारण उन्हें सत्ता से वंचित होना पड़ा। उन्होंने ही सहज सत्ता पांडु को सौंप दी। जब पांडु नहीं रहे तो वह सत्ता पुनः उनके पास आ गई। फिर उनके पुत्रों को छोड़कर युवराज युधिष्ठिर को बनाया गया।"

"यह आपके पुत्रों का सोचना विचित्र है।" ताऊजी ने कहा, "सिंहासन का उत्तराधिकार निज इच्छा पर निर्भर नहीं करता। वह नियम और परंपराओं से बँधा है। हम अपनी इच्छा से उत्तराधिकार छोड़ सकते हैं, जैसे मैंने छोड़ा था। यदि मैंने संकल्प न लिया होता तो आज हस्तिनापुर के सिंहासन पर मैं होता।"

फिर मेरे पति एक शब्द नहीं बोले, केवल ताऊजी को सुनते रहे। अब उन्होंने बातों का यह मार्ग ही बदल दिया, फिर बड़े सामान्य भाव से कहा, "हम लोग पांडवों को आधा राज्य देने के लिए राजी हैं। तुम्हारी इच्छा क्या है?"

मेरे पति चुप थे।

"मैं तुम्हारी विवशता समझता हूँ। तुम्हारे पुत्र पांडवों को कुछ भी नहीं देना चाहते होंगे।··· वे तो धरती से ही उनका नाम मिटा देना चाहते हैं। पर यह संभव नहीं दीखता। अब वास्तविकता से प्रजा भी परिचित हो चुकी है। वैर, प्रीति, हत्या, षड्यंत्र और प्रसन्नता किसीके छिपाए नहीं छिपते। अब तक तो प्रजा शांत है, सिंह सो रहा है; किंतु जब वह जाग जाएगा तो ऐसी स्थिति पैदा हो जाएगी जिसका सामना हम-आप नहीं कर सकते। हितकर तो यही होगा कि ऐसी स्थिति आने के पहले हम उन्हें आधा राज्य सहर्ष देने के लिए तैयार हो जाएँ।"

"कहाँ दें? कैसे दें?"

"इन सबका निर्णय आप अपने पुत्रों के साथ बैठकर लीजिए।'

"और यदि आप ही कर दें तो?"

"मैं नहीं करूँगा। यों ही तुम्हारे पुत्र कहते हैं कि मैं पांडवों के पक्ष में हूँ। इसलिए मैं अपनी ओर से कुछ भी थोपना नहीं चाहता।'

मेरे पति कुछ सोचने लगे थे कि ताऊजी बड़े रूखे स्वर में बोले, "अब तुम जा सकते हो।"

उन्हें विदुरजी ने सहारा दिया और वे चुपचाप चल पड़े।

मैं भी उठकर चलने लगी तो ताऊजी ने मुझसे कहा, "अभी तुम बैठो। मुझे तुमसे कुछ मंत्रणा करनी है।"

मैं बैठ तो गई, पर बड़े मानसिक द्वंद्व में पड़ी कि मेरे पति क्या सोचेंगे कि मुझसे अलग कर मेरी पत्नी को बूढ़ा कौन सा मंत्र पढ़ा रहा है।

उनके चले जाने के बाद ताऊजी ने मुझसे कहा, "मैंने जो कुछ कहा है उससे धृतराष्ट्र तो मुझसे नाराज और दुःखी होंगे ही, तुम भी बहुत खुश नहीं होगी; क्योंकि वे पुत्र तुम्हारे भी हैं। तुम्हारा उनके प्रति मोह होना स्वाभाविक है। किंतु मुझे विश्वास है कि धृतराष्ट्र की तरह तुम्हारा मोह अंधा नहीं होगा। तुम्हारा मोह विवेक से नियंत्रित है और उनका विवेक मोह से। इसीलिए वे समझते हैं कि हस्तिनापुर के संपूर्ण राज्य के अधिकारी उनके पुत्र हैं; जबकि वास्तविकता इससे परे है। वे नहीं समझते कि भलाई इसीमें है कि कौरव और पांडवों में आधा-आधा राज्य बाँट दिया जाय।"

"पर इस विषय में मैं क्या कर सकती हूँ?" मैंने अपनी विवशता व्यक्त की।

"तुम बहुत कुछ कर सकती हो, क्योंकि तुम धृतराष्ट्र की अर्द्धांगिनी हो। उनके किए गए पाप-पुण्य का आधा दायित्व तुमपर भी है। इसलिए उन्हें समझाना तुम्हारा कर्तव्य है। सबकुछ जाने से अच्छा है, आधा बचा लिया जाय।"

"चेष्टा करूँगी।" इससे अधिक मैं क्या कह सकती थी?

ताऊजी ने मुझमें बड़ा विश्वास व्यक्त किया, "इस समय तुम अपने परिवार में सबसे समझदार महिला हो। तुम्हारा विवेक प्रतिकूल परिस्थितियों को भी अनुकूल बना सकता है। मुझे विश्वास है कि तुम्हें अवश्य सफलता मिलेगी।"

जब मैं उनके आवास से चली तो मार्ग में ही सूचना दी गई कि 'महाराज आपकी प्रतीक्षा कर रहे हैं।' थोड़ा आगे बढ़ी तो मेरे पुत्रों के साथ शकुनि मिला। उसने व्यंग्य करते हुए पूछा, "उन्होंने कौन सा गुरुमंत्र तुझे दिया?"

"इससे तुमसे मतलब?" मैंने मुसकराते हुए कहा, "तू जानता है न कि मंत्र हमेशा गोपनीय होता है।"

किसी तरह पिंड छुड़ा मैं सीधे महाराज के भवन में पहुँची। वे सचमुच प्रतीक्षा कर रहे थे।

मेरे पहुँचते ही उन्होंने अपनी शंका प्रकट की, "क्या बात है कि हम लोगों को विदा कर उन्होंने तुम्हें रोक लिया?"

"कोई बात नहीं थी। उनका कहना था कि तुम समझाओ अपने पति को कि मेरी बात मान लें।"

"इसका मतलब है कि वे तुमपर मुझसे अधिक विश्वास करते हैं।"

"नहीं-नहीं, ऐसी बात नहीं है। वे आप पर मुझसे कम विश्वास नहीं करते। उनका कहना था कि हमें इस दिशा में शीघ्र आगे बढ़ना चाहिए। इस कार्य में तुम अपने पति की सहायता करो।"

मेरे इस उत्तर से वह संतुष्ट नहीं लगे। मैंने तुरंत अपने कथन पर दूसरा रंग चढ़ाया, "उनका संकेत मात्र यह था कि तुम्हारे पुत्र हठी हैं। हो सकता है, वे अपने पिता की बात को न मानें। ऐसी स्थिति में अपने पुत्रों को तुम्हीं समझा सकती हो।"

"अच्छा, तो वे तुम्हारे समझाने से मान जाएँगे! जरा समझाकर तो देखो।"

"आपके विचार से किसके समझाने का उनपर असर हो सकता है?"

"ऐसा एक ही व्यक्ति है—और वह है शकुनि।" उन्होंने कहा और मैं चुप हो गई। कुछ समय तक हम दोनों मौन रहे।

फिर मैं ही बोली, "क्यों नहीं हम लोग पहले उसीको समझाएँ!"

उसके पास अपराह्न उपस्थित होने की सूचना भेज दी गई।

मैं भी उस समय उपस्थित हुई।

महाराज ने उसके सामने ताऊजी से हुई बातों का सारांश रखा और कहा, "वे चाहते हैं कि हस्तिनापुर को दो भागों में बाँट दिया जाय; किंतु उस तरह नहीं जिस तरह बाँटने की बात कहकर उन्हें वारणावत भेजा गया था। पूरी ईमानदारी और निष्ठा के साथ यह कार्य किया जाय।''' उनका सोचना है कि पांडवों के विरुद्ध यदि षड्यंत्र न किया जाता तो पांडव आज इतने शक्तिशाली होकर हमारे बीच न आते। आज पूरे हस्तिनापुर की सहानुभूति उनके साथ है।"

"यह केवल इसलिए है कि हमारी योजना सफल नहीं हुई।" शकुनि ने पहली बार उस सत्य को स्वीकारा, जिससे वह अभी दूर-दूर था। वह बोलता रहा, "क्योंकि हमारे यहाँ कुछ विभीषण हैं।"

"यह कोई रावण राज्य तो है नहीं कि हमारे यहाँ कोई विभीषण होगा।" मैंने हँसते हुए कहा।

शकुनि चुप हो गया। फिर बोला, "मेरे कहने का तात्पर्य केवल यह था कि हमारे यहाँ भी कुछ लोग ऐसे हैं, जो हमारे विरुद्ध हैं।"

"क्यों नहीं होंगे! जब राजपरिवार दो हिस्सों में बँटा है तब हम कैसे कल्पना करें कि हमारे कर्मचारी दो हिस्सों में न बँटे होंगे!"

"अब इस विवाद से क्या लाभ?" महाराज ने हस्तक्षेप किया, "हम लोग केवल इसपर विचार करें कि ताऊजी का प्रस्ताव माना जाय या न माना जाय। और यदि इसे न माना जाय तो न मान पाने का उन्हें क्या तर्क दिया जाय?"

"तर्क तो बहुत से दिए जा सकते हैं।" शकुनि बोला।

"कोई तर्क नहीं दिया जा सकता; क्योंकि हम सिद्धांततः इसे मान चुके हैं। हमने ही वारणावत में युधिष्ठिर को भेजते समय कहा था कि हमारी इच्छा है कि तुम दोनों युवराज रहो और दोनों अपने-अपने राज्य में शासन करो।"

शकुनि की गंभीर चुप्पी इस बात का संकेत थी कि अब इससे पीछे नहीं हटा जा सकता।

"चलिए, एक बात तो निश्चित हुई।" महाराज बोले, "अब दूसरी बात पर विचार करो—हस्तिनापुर का विभाजन हो भी तो कैसे? और किधर से किया जाय?"

"इसपर तो हमें सोचना पड़ेगा। मानचित्र पर रेखा खींचकर तो कोई विभाजन किया नहीं जा सकता।" शकुनि बोला।

"सोचिए; किंतु जो सोचना हो, इसी समय सोच लीजिए।"

बहुत सोच-समझकर शकुनि ने कहा, "खांडवप्रस्थ का क्षेत्र पांडवों को दे दिया जाय।" इसके लिए उसके तर्क थे, "एक तो वह भूक्षेत्र शापित है, दूसरे घने जंगलोंवाले उस प्रदेश में अब दानवों, नागों और तांत्रिकों का अधिकार है। वहाँ के तक्षक नाग का जब पांडवों को सामना करना पड़ेगा तो उनको नानी याद आ जाएगी।"

मेरा मन बोल उठा, 'यह तो उनके प्रति अन्याय है।' पर मैं कुछ बोल न पाई। अभिव्यक्ति की परतंत्रता किसी भी परतंत्रता से अधिक दुःखदायी होती है।

निश्चय वही हुआ जो उचित नहीं था। अब प्रश्न दो उत्पन्न हुए। एक तो हमारे पुत्र इस समाधान पर राजी होंगे? वे तो पूरे हस्तिनापुर का स्वयं को स्वामी समझते हैं। दूसरी तरफ पांडवों को भो राजी करने की समस्या थी। महाराज पिछली बार इस संदर्भ में सफल हो चुके थे। इस बार वे अपना साहस छोड़ बैठे थे। उनका

कहना था, ''मुझे इस झमेले में मत डालिए। पहले आप लोग आपस में निर्णय कर लीजिए, फिर मैं पांडवों तथा कौरवों की सम्मिलित बैठक बुलाऊँगा।''

कौरवों को तैयार करने का भार शकुनि को सौंपा गया और पांडवों को तैयार करने का मुझे। मैं इसके लिए तैयार नहीं थी; पर महाराज का कहना था, ''पांडव तुम्हारे भवन में रहते हैं और कुंती सबसे अधिक तुमपर विश्वास करती है। यह कार्य तुम्हारे लिए जितना आसान होगा उतना किसी और के लिए नहीं।'' लोगों की दृष्टि में जो हलका कार्य था, वह दुविधा और आशंका ने मेरे लिए भारी कर दिया था।

संध्या को जब मैं उद्यान भ्रमण के लिए चली तो मैंने कुंती को भी अपने साथ ले लिया। वह मुझे सहारा देती चल रही थी। उसने बड़ी आत्मीयता से कहा, ''जीजी, आपके लिए यह भ्रमण एक शारीरिक अभ्यास और वायु-सेवन से अधिक नहीं होगा; पर डूबती हुई किरणों की रंगीनी, फूलों की मुसकराहट, पुष्करिणी में बंद होते भौंरों की गुनगुनाहट, निर्झर के किनारे हंस का कल्लोल आदि के रस से तो आप वंचित रह जाती होंगी।''

मैं हँस पड़ी। बोली, ''जिसने सब छोड़ दिया उसे संताप क्या! संताप तो उनका सोचो जिन्हें यह सुख लेने का अवसर ही नहीं मिला। मैं सारे नयन-सुख भोगकर अभोगी बनी। दुःख तो उनका है जिन्हें भगवान् ने यह सुख भोगने का अवसर ही नहीं दिया।''

कुंती मेरा संकेत समझ गई। वह बोली, ''इसीलिए तो ज्येष्ठजी की इस असमर्थता के प्रति सबकी सहानुभूति है।''

मुझे अवसर मिला। मैं कुंती की सहज मानसिकता को अपने पथ पर ले आई, ''दृश्य जगत् से अलग रहकर भी बेचारे समस्याओं से जूझते रहते हैं। अब देखो, आजकल यही समस्या उन्हें कुरेद रही है कि पांडव और कौरव कैसे एक साथ रहेंगे! रात-रात भर उन्हें नींद नहीं आती। दुर्योधन सिंहासन छोड़ना नहीं चाहता और वे बहुत दिनों तक युधिष्ठिर को बिना सिंहासन देखना नहीं चाहते। दोनों ओर से सत्ता की इस खींचातानी से उनका मानसिक तनाव बढ़ता जा रहा है। उन्हें इसका भी दुःख है कि हमने इस समस्या का समाधान निकाला था, पर हमारे पुत्रों के विश्वासघात ने उसे भस्म कर दिया।''

कुंती ने गंभीरता से सुना और चुप रह गई।

''अब क्या किया जाय?'' मैंने उसे फिर खोलने की चेष्टा की।

''इसका निर्णय तो आप ही लोग करेंगे।'' वह बोली, ''हम लोग तो पहले सिंहासनाधीश थे, अब आपके अतिथि हैं।'' कुंती के इस कथन में जहाँ एक ओर सत्ता छिन जाने की पीड़ा थी वहीं शरणागत की विनम्रता भी।

इसी समय शिवमंदिर में आरती के वाद्य बजने शुरू हुए और हम लौट पड़ीं। उसके मन में अब भी लाक्षागृह की आग का धुआँ भरा था। मैं मानसिक स्तर पर उसे सँभालती आ रही थी और शारीरिक स्तर पर वह मुझे।

संध्या भ्रमण के बाद मैं विश्राम करती थी। मैं आते ही पलंग पर लेट गई। मुझे विश्वास था कि कुंती भी मेरी बगल में ढुलक जाएगी; पर ऐसा नहीं हुआ। आज वह अपने पुत्रों के पास चली गई।

दूसरे दिन सवेरे-सवेरे फिर मैंने बात चलाई, ''तुमने इस संबंध में अपने पुत्रों से सलाह की?''

''मेरा विचार है कि आप ही बात करके देख लें।''

''मैं तो बात करती।'' मैंने हँसते हुए कहा, ''किंतु तुम्हारा भीम बड़ा उद्धत है। पता नहीं वह कब क्या कर बैठे!''

''वह ऐसा क्यों न हो! उसीने तो विष का स्वाद चखा है।''

अब तो मुझपर घड़ों पानी पड़ गया। पुत्रों के कर्मों का फल किसी-न-किसी रूप में माता-पिता को तो भोगना ही पड़ता है। मेरी सलज्ज आवाज ने उसके कथन को स्वीकार किया, ''हाँ, वह तो क्षम्य है। पर मेरे विचार से तुम्हें ही उससे बात करनी चाहिए। मेरे प्रति उसका संशय कभी भी मुझपर विश्वास नहीं करेगा।'' फिर मैंने खांडवप्रस्थ के बारे में बताया, ''वस्तुतः हम लोगों की पैतृक राजधानी वही है। पुरूरवा, नहुष, ययाति आदि हमारे प्रभावशाली पूर्वज वहीं के शासक थे। वहाँ उनका पुराना प्रासाद अब भी भग्नावस्था में अपने अतीत की कहानी कह रहा है।''

''इसका तात्पर्य है कि अब उसकी मरम्मत करानी चाहिए।''

''सो तो है ही।''

''और वह आप ही लोग कराएँगे, तथा दूसरा लाक्षागृह हमारे लिए बना दिया जाएगा।''

''नहीं-नहीं, इस बार ऐसा नहीं होगा। बात पक्की हो जाने के बाद मेरे पुत्र वहाँ पैर भी नहीं रखेंगे। सारा कार्य आप ही लोगों को कराना होगा—और यह सारा खर्च हस्तिनापुर का राजकोष देगा।''

कुंती ने चुप रहकर मेरे कथन को समर्थन प्रदान किया।

''तब मैं महाराज से कहूँ कि कल ही कौरव और पांडवों की सभा बुलाकर सारा वारा-न्यारा कर दें?''

''इतनी शीघ्रता क्या है? आप अपने अतिथि से इतना शीघ्र ऊब गई हैं?''

''नहीं-नहीं! मैं ऊब गई हूँ आपसी टकराव से।''

फिर उसने दो-एक दिन और प्रतीक्षा करने की बात कही, जिसे मानने के सिवा हमारे पास कोई चारा न था।

प्रतीक्षा का रास्ता बड़ा लंबा होता है और मंजिल दूर न होते हुए भी दूर दिखाई देती है। दो दिनों बाद मैंने इस संबंध में फिर कुंती से पूछा तो उसने बड़े गंभीर स्वर में कहा, "बुलाने को तो सभा बुलाई जा सकती है, पर हमारे मार्ग में भी बहुत बाधाएँ हैं।"

"पर मुझे तो कोई बाधा दिखाई नहीं देती।'

"मुझे तो जीवन भर बाधाएँ ही मिली हैं, फिर कैसे सोचूँ कि इसमें बाधाएँ नहीं होंगी!"

"फिर भी, तुम चाहती हो तो समस्या का समाधान निकल आएगा।"

"मेरा-आपका चाहना तभी सफल होगा जब सभा में बड़े-बुजुर्ग भी होंगे।" उसका संकेत पितामह और विदुर की ओर था।

सुना है, इस बीच दुर्योधन को समझाने के लिए शकुनि को भी बड़ा श्रम करना पड़ा। शकुनि ने उससे कहा, "यह भी तुम समझ लो कि पांडवों को न छल से जीता जा सकता है और न बल से।"

"तो क्या हस्तिनापुर अब विभाजित होकर ही रहेगा?"

"इस समय तो होगा ही।"

"जब इस समय हो जाएगा तब भविष्य में हम क्या कर सकेंगे?"

"भविष्य को तुम लोग अपने मामा के हाथों में सौंप दो। समय आने पर तुम अपने मामा के हाथों की कला देखना।"

किसी तरह हमारे पुत्र राजी हुए। दूसरे दिन सभा बुलाई गई। ताऊजी व विदुर आदि सभी उपस्थित थे। महाराज ने अपना सोचा-समझा प्रस्ताव रखा। इसके पहले उन्होंने एक संक्षिप्त भाषण दिया। लाक्षागृह की विशद चर्चा की। पांडवों पर पड़ी एक-एक विपत्ति को गिनाया और कहा, "इनका दोषी चाहे नियति हो या व्यक्ति, मैं उसकी ओर से पांडवों से क्षमा माँगता हूँ।"

"अरे, आप यह क्या कह रहे हैं!" युधिष्ठिर बोला।

"मैं केवल इसलिए कह रहा हूँ कि जो कुछ हुआ है उसे तुम भूल जाओ। अब कौरव-पांडव मिलकर एक नया जीवन आरंभ करें।" फिर उन्होंने प्रस्ताव सुनाया।

तुरंत दुर्योधन बड़े आवेश में खड़ा हुआ। यद्यपि उसे पहले समझा-बुझाकर राजी कर लिया गया था, फिर भी इस समय उसका आवेश उभर आया। लगता है,

यह आवेश उसमें अपने पिता को पांडवों से क्षमा-याचना करते देखकर पैदा हुआ था। उसने कहा, ''राज्य एक अविभाज्य इकाई है। उसे बाँटा नहीं जा सकता। इतिहास में इसके बाँटे जाने का कोई भी उदाहरण नहीं मिलेगा। यह बात दूसरी है कि लड़कर हमारा आधा राज्य भले ही कोई ले ले।''

तुरंत शकुनि ने हस्तक्षेप किया, ''मेरे प्यारे भानजे, हम लोग इतिहास का अनुसरण करनेवाले नहीं हैं। हम तो इतिहास बनाते हैं।'' इतना कहकर शकुनि ने हाथ पकड़कर उसे बैठा लिया।

फिर भी दुर्योधन की जबान कहाँ रुकनेवाली थी! वह बड़बड़ाता रहा, ''यदि यही परंपरा चली तो हमारा राज्य आगे चलकर सौ भाइयों में विभाजित हो जाएगा।''' और पांडव पाँच भाई हैं। उनका राज्य पाँच ही भागों में बँटेगा। बस एक पीढ़ी बाद ही बराबरी का यह मानचित्र ही बदल जाएगा।''

तब मेरे पति ने मुसकराते हुए कहा, ''तुमने जो अपने माता-पिता की भूल की ओर उँगली उठाई है, उसके लिए तुम्हें धन्यवाद।''

उनके इतना कहते ही हँसी का ऐसा विस्फोट हुआ कि क्या बताऊँ। सभा की मानसिकता ही बदल गई। यह सारी हँसी मुझपर बहुत भारी पड़ी और मैं लज्जा से गड़ गई।

किसी प्रकार 'हाँ-नहीं' के बीच हस्तिनापुर का विभाजन स्वीकार कर लिया गया।

□

: दस :

मैंने वही सुना जिसकी कभी कल्पना नहीं की थी।

अचानक सूचना मिली कि खांडव वन जल उठा। उस बर्फ के ढेर में आग कैसे लगी, किसने लगाई, कुछ पता नहीं। शायद अग्नि से पांडवों का पुराना वैर है। वे जहाँ-जहाँ जाते हैं, आग उनका पीछा नहीं छोड़ती। लाक्षागृह में अग्नि पांडवों का कुछ कर नहीं पाई। यहाँ भी क्या वह कुछ कर पाएगी? ऐसा तो नहीं कि अग्नि स्वयं उनकी सहायता करने आ जाती हो? तब उस तक्षक और उसके वंशजों का क्या होगा, जो उसमें सदियों से निवास करते हैं? उस मय दानव का क्या होगा, जो वहाँ का शासक बन बैठा था; जिसके आतंक से हमारे पूर्वजों ने खांडवप्रस्थ छोड़ दिया था? नाग और मय अवध्य थे। अवश्य कोई अदृश्य शक्ति पांडवों के साथ है।

'अदृश्य नहीं, दृश्य।' एक गंभीर अट्टहास के साथ सुनाई पड़ा, 'तेरी आँखों पर पट्टी बँधी है। तेरे लिए हर 'दृश्य' 'अदृश्य' है।' फिर वह अट्टहास गंभीर होता गया। मेरे इस एकाकी कक्ष में दूसरा कौन है? मैंने चारों ओर गरदन घुमाई, पर किसीके होने का आभास नहीं लगा।

मैं फिर गंभीर विचारों में खो गई। वह अट्टहास गंभीर-से-गंभीर होता गया। मुझे लगा कि मैं उसमें खोने लगी हूँ। शायद मेरा 'प्रत्यय' ही मेरी सोच पर हँसने लगा था। फिर उसने ही बताया कि 'जिसे तू अदृश्य शक्ति कहती है उसका नाम है कृष्ण।'

'कृष्ण को तो मैं जानती हूँ।'

'पर तू उसकी शक्ति को नहीं जानती।'

'यह वही है न, जो वसुदेव का पुत्र है?' मुझे बड़ा विचित्र लगा। मुझे कुछ ऐसा अनुभव हो रहा था जैसे मैं किसी ऐंद्रजालिक प्रभाव में हूँ। जो मैं जानती हूँ, उसीको नहीं जानती और जो नहीं जान सकती, उसे ही जानना चाहती हूँ।

मैं स्वयं में उलझी रही कि अचानक पीछे से किसीने मेरी पीठ को हिलाया। यह स्पर्श तो मेरी सेविका सुखदा का है, जो अभी-अभी आई थी और मुझे ध्यानमग्न देखकर सचेत करने की चेष्टा कर रही थी।

अचानक मेरे मुख से निकला, ''खांडव वन भस्म हो गया।''

''इसे मैं जानती हूँ।'' उसने हँसते हुए कहा। फिर उसने सारी कथा सुनाई, जो वह जानती थी।

मैं अवाक् रह गई। सारा खांडव वन जल गया और पांडवों का बाल बाँका भी नहीं हुआ।

''लोगों का कहना है कि उस समय तक्षक खांडवप्रस्थ में नहीं था।'' सुखदा बोली।

''अरे, उसका परिवार तो रहा होगा!''

''अश्वसेन उसका पुत्र था।'' सुखदा ने कहा, ''वह भी अपनी रक्षा नहीं कर पा रहा था। अंत में उसकी माँ ने उसे निगल लिया। उसी समय अर्जुन का एक बाण उसके फन पर लगा, वह निकल भागा।''

''यह सब तुम्हें कैसे पता लगा?''

''गुप्तचरों की सूचना के आधार पर कणिक महाराज से कह रहा था।''

''इसका तात्पर्य है कि तक्षक और अश्वसेन दोनों जीवित हैं। तब तो वे अवश्य पांडवों से बदला लेंगे।'' मैंने कहा, ''तक्षक तो इंद्र का अभिन्न मित्र है न! फिर उन्होंने उसकी सहायता नहीं की?''

''की न! घनघोर वर्षा की अग्नि को बुझाने के लिए। पर उन लोगों ने उसे परास्त कर दिया।''

''अपराजेय पराजित हो गया!'' मैंने कहा, ''यह कृष्ण द्वारा इंद्र की दूसरी पराजय है। पहली बार व्रजवासियों द्वारा उनकी पूजा का विरोध कराकर उन्हें पराजित किया गया था।'' फिर मैं कुछ समय तक शांत होकर कृष्ण के ही बारे में सोचती रही। अभी तक मैंने उसे देखा नहीं था, केवल उसके संबंध में सुना था।

मैं सोचती हुई पलंग पर ढुलक गई। शंकाओं-आशंकाओं और समस्याओं के थपेड़े खाती रही। बहुत देर तक चुपचाप पड़ी थी कि अचानक शकुनि ने प्रवेश किया।

उसे देखते ही मैं बोल पड़ी, ''तुमने कुछ सुना?''

''मैंने सबकुछ सुन लिया है।'' शकुनि ने सहजभाव से कहा, ''तो तू इसीसे इतनी उदास और चिंता में पड़ी है! सवेरे ही बिस्तर छोड़ देनेवाली तू जब दिन का प्रथम प्रहर बीत जाने के बाद भी कहीं दिखाई नहीं दी तब मैंने सोचा कि क्या बात है। इस कणिक ने बहुतों को उद्विग्न कर दिया है। इधर महाराज भी शोक में डूबे पड़े हैं। मैं यह नहीं सोच पा रहा हूँ कि आखिर क्यों!

''जब तक मैं हूँ तब तक तुम्हें अपने पुत्रों की कोई चिंता करनी ही नहीं

चाहिए। यह सब तो होता ही है। खांडवप्रस्थ की सफलता तो उसकी अपनी सफलता है, हमारी कोई विफलता तो है नहीं।'' वह मुझे ढाढ़स दिलाता रहा, ''पराजित न होने पर भी पराजय अनुभव करना कायरता है। मेरे पासों पर विश्वास करो। मेरे हस्त-कौशल पर विश्वास करो।'' वह हँसने लगा।

उस समय न मैं उसकी हँसी में डूब पाई और न उसकी बात समझ पाई। बंद मुट्ठी सा उसका रहस्यमय व्यक्तित्व कुटिलता की हँसी बिखेरता चला गया।

धीरे-धीरे खांडवप्रस्थ का निर्माण महान् शिल्पी मय के निर्देश में चलता रहा। कणिक दूसरे-तीसरे दिन जाता था। उसकी सूचना के अनुसार कार्य बड़ी तेजी से चल रहा था। एक दिन महाराज ने खांडवप्रस्थ की बनावट के बारे में उससे पूछा।

''मैंने बाहर से ही उसे देखा है; भीतर जाने की अनुमति नहीं थी।'' वह बोला।

''तुम्हारे लिए भी अनुमति!'' महाराज को आश्चर्य हुआ।

''आप चकित हैं। मुझसे तो कोई वहाँ सीधे मुँह बात भी नहीं करता। केवल जब युधिष्ठिर मिलते हैं तो वे अपने शिविर में सम्मानपूर्वक बैठा लेते हैं, आप लोगों का कुशल-क्षेम पूछते हैं। और भाई तो मुँह टेढ़ा किए ऐसे बगल से निकल जाते हैं जैसे मेरी उनसे कोई जान-पहचान ही न हो। उनका वश चले तो वे हमें खांडवप्रस्थ में घुसने ही न दें।''

''खांडवप्रस्थ का निर्माण सभी पांडवों की देखरेख में हो रहा है या किसी एक के?'' मैंने पूछा।

''बस एक के। वह भी उसी एक के, जो पाँचों पांडवों की देखरेख करती है।'' कणिक बोला।

''तो क्या कुंती की देखरेख में काम हो रहा है?''

कणिक हँस पड़ा, ''आप भी कैसी बातें करते हैं! वह अब मात्र पूजा की प्रतिमा रह गई हैं। सबकुछ तो उस पांचाली के हाथ में है। उसकी इच्छा के बिना खांडवप्रस्थ का एक पत्ता भी नहीं हिलता।'' कणिक ने कहा।

''तो तुम उससे नहीं मिलते?'' मैंने पूछा।

''बाप रे बाप! वह तो आग है, आग! तक्षक तो वहाँ से गया, पर अपना विष उसे देता गया।'' कणिक की भयातुर मुद्रा दर्शनीय थी, ''फिर भी मैंने एक दिन साहस किया, उससे मिला, उसका सम्मानपूर्वक अभिवादन किया और इधर-उधर की बातों में उसे उलझाए हुए नवनिर्मित राजभवन में जाने लगा। उसने तुरंत रोक दिया, 'अभी नहीं। धैर्य रखिए, आप लोगों को सम्मानपूर्वक बुलाया जाएगा; वैसे ही जैसे लाक्षागृह का निर्माण होने के बाद आप लोगों ने ससम्मान पांडवों को बुलाया

था।' इसके बाद वह हँस पड़ी। उसी हँसी के बीच उसने कहा, 'पर यह लाक्षागृह नहीं है।' फिर मैं चुपचाप लौट पड़ा। बहुत दूर तक वह हँसी मेरा पीछा करती रही।''

□

निर्माण पूरा हुआ। खांडवप्रस्थ इंद्रप्रस्थ बन गया। इस नए राजभवन में प्रवेश के मुहूर्त पर ही पांडवों ने राजसूय यज्ञ करने की भी योजना बनाई। इसकी कल्पना भी हम लोगों को नहीं थी। इसकी सूचना हमारे परिवार के लिए ईर्ष्या के अग्निकुंड में कर्पूर की आहुति थी। हमारे पुत्र भभक उठे। बिना हमारी सलाह के इतनी महत्त्वाकांक्षी योजना बना ली गई। मेरे पुत्रों का विचार था कि पिताजी की उपेक्षा हुई और पितामह की भी।

मैं अपने पुत्रों से सहमत थी।

''हमें जीते जी पांडवों ने त्याग दिया! अरे, सलाह लेना तो दूर, हमें गंध तक नहीं लगने दी। एक षड्यंत्र की तरह हमसे गोपनीय रखा गया।''

''यह सब विदुर की राय से किया गया होगा; क्योंकि पांडवों में इतना साहस नहीं है कि वे स्वतः ऐसी योजना बना सकें।'' यह अनुमान शकुनि का था।

मेरे पति जल्दी आवेश में नहीं आते थे; पर सारी कथा सुनने के बाद वे भी विचलित हो उठे।

सभी हिल उठे। हमारी मन:स्थितियाँ काँप उठीं। हम ताऊजी के यहाँ पहुँचे। उन्हें भी सारी बातें बताई गईं। सब सुनकर वे एकदम गंभीर हो गए। उन्होंने हमें शांत करते हुए कहा, ''आप लोग चुपचाप आसन ग्रहण करें। मैं अभी वास्तविकता का पता लगाता हूँ।''

उन्होंने तुरंत विदुरजी को बुलाया। उन्हें सारी स्थिति बताई गई।

विदुरजी ने कहा, ''मुझे भी सूचना मिली है।''

''सूचना मिली है, कि आपकी सलाह पर पांडवों ने सारी योजना बनाई है?''

''मेरी सलाह!'' विदुर हँस पड़े, ''अब मेरी सलाह की वास्तविकता क्या, जब सलाह देने के लिए द्वारकाधीश स्वयं वहाँ विराजमान हैं!''

इतना सुनते ही ताऊजी मुसकरा उठे, ''तो पांडवों को एक अच्छा सलाहकार मिल गया है। यह सारी योजना उसी छलिया की बनाई होगी।'' मुसकराते हुए वह बड़ी देर तक कुछ सोचते रहे, फिर उन्होंने कहा, ''इच्छा तो पांडु की भी राजसूय यज्ञ करने की थी। उन्होंने इस संबंध में कई बार मुझसे बातें की थीं। युधिष्ठिर ने

उनकी इच्छा-पूर्ति का यह उचित अवसर देखा। इसी बहाने आर्यावर्त के सभी राजा-महाराजों का आगमन होगा। इसी बहाने इंद्रप्रस्थ के राजभवन-प्रवेश की औपचारिकता पूरी कर ली जाएगी।''

दूसरे दिन निमंत्रण लेकर कुंती अपने पाँचों पुत्रों और पुत्रवधू को साथ लेकर आई। किसी पूर्व सूचना के बिना उनका अप्रत्याशित आगमन चकित कर देनेवाला थी। पर इससे भी अधिक चकित कर दिया उनका इस परिसर में आकर महाराज के यहाँ न आना, वरन् सीधे ताऊजी के यहाँ जाना। इसके बाद वे विदुरजी से मिले। मेरे पुत्र आगबबूला हो गए। इसे उन्होंने अपने पिता का सीधे-सीधे अपमान समझा। उन्हें उनका ताऊजी के यहाँ जाना उतना अनुचित नहीं लगा जितना विदुर के यहाँ जाना। वह उम्र में भी छोटे थे और मात्र महामात्य हैं। सचमुच यह सत्ताधारी की उपेक्षा थी। फिर भी हम शांत थे।

मेरे पुत्र तो उबल ही रहे थे। उनके आते ही बिना किसी अभिवादन के दुर्योधन बोल पड़ा, ''हम लोग कब से आपकी प्रतीक्षा कर रहे हैं! और आप पता नहीं कहाँ-कहाँ से और किससे-किससे मिलते हुए यहाँ आने की कृपा कर रहे हैं। लगता है, आप लोग हस्तिनापुर के स्वामियों और अपने हितैषियों से मिल चुके हैं। अब उनके सहायकों से मिलना है।''

युधिष्ठिर ने तुरंत अपनी भूल के लिए क्षमा माँगी। कुंती ने सफाई देते हुए कहा, ''हम लोग गए थे ताऊजी का चरणस्पर्श करने, पर मार्ग में विदुरजी का भी आवास पड़ता था। लौटते समय हम लोगों ने सोचा, क्यों न इनसे भी मिलते चलें! और उसीमें देर हो गई।''

''तो इसमें आपत्ति क्या?'' शकुनि ने हस्तक्षेप किया, ''...और सभी परिवार के बुजुर्ग हैं, इस ओर न आए, आप उधर ही चले गए।'' उसने दुर्योधन को भी शांत रहने का संकेत किया।

इस समय खोटा सिक्का भी चल गया और शीघ्र ही सब प्रकृतिस्थ हो गए। हमारे परिवार ने ऐसी हरीतिमा ओढ़ ली कि कहीं से भी हमारी ईर्ष्या या जलन का उन्हें बोध न हो सके। जब कुंती ने अपने पुत्रों और वधू के साथ महाराज के और मेरे पाँव छुए तब महाराज कुछ नहीं बोले। फिर कुंती ने हमसे करबद्ध प्रार्थना करते हुए कहा, ''अब यह शुभ दिन हमारे जीवन में तो आनेवाला नहीं है।''

मैं द्रवित हो गई। मुझे लगा कि उसकी आँखें टपक रही हैं और मेरे ही आँसू उसकी आँखों से निकल रहे हैं।

''तुम तो जानती हो, कुंती, यह शुभ दिन देखने की मुझमें सामर्थ्य कहाँ! मेरे

भाग्य में तो केवल अंधकार देखना लिखा है।'' महाराज ने कहा, ''मैं जन्म से अँधेरा लेकर आया हूँ और गांधारी ने हमेशा के लिए आँखों पर अँधेरा बाँध लिया है। हम दोनों को छोड़कर हमारा पूरा परिवार तुम्हारे साथ होगा।''

कुंती कुछ न बोल सकी। पांडव भी गंभीर हो गए।

संध्या होते-होते वे चले गए। नाटक का परदा गिर गया। कुत्ते की दुम फिर टेढ़ी-की-टेढ़ी। फिर वही जलन, फिर वही ईर्ष्या, फिर वही द्वेष। संसार की हर अग्नि कभी-न-कभी बुझ जाती है, पर ईर्ष्या एक ऐसी अग्नि है जो बुझ-बुझकर फिर धधक उठती है। यह स्थिति मेरे लिए बड़ी दमघोंटू होती है। मैं कुछ बोल भी नहीं पाती। इस स्थिति में मेरे लिए संतुलन बनाए रखना बड़ा कठिन होता है।

इस बार की बिगड़ती स्थिति को ताऊजी ने सँभाला और उनका साथ दिया शकुनि की कुटिलता ने। उसने समझाया, ''यह स्थिति ऐसी नहीं है, जिसमें हम जरा भी अपनी अप्रसन्नता व्यक्त करें; बल्कि हमें उनसे भी दूनी प्रसन्नता दिखानी चाहिए। देखते नहीं हो, इंद्रप्रस्थ के निर्माण से प्रजा कितनी प्रसन्न है! बहुत लोग यहाँ से वहाँ बसने जा रहे हैं। रोज प्रातः से ही इंद्रप्रस्थ जानेवाली बैलगाड़ियों और रथों की पंक्तियाँ लग जाती हैं। प्रजा के इस उछाह के विरुद्ध नाव खेने का अर्थ होगा जान-बूझकर डूब जाना। इस समय कूटनीति यही है कि धारा के साथ बहो और उससे आगे निकल जाओ।''

''यदि हम तटस्थ रहे तब ?''

''इसका अर्थ होगा तूफान के सामने मौन खड़ा होना और एक धक्के में धराशायी हो जाना।'' इतना कहकर वह बड़ी रुक्षता से बोला, ''वस्तुतः तुम लोगों को वास्तविकता का ज्ञान नहीं है। जानते हो, ये जानेवाले लोग क्या कहते हैं ? कहते हैं कि हम अधर्म राज्य से धर्म राज्य की ओर जा रहे हैं। तुम किसकी-किसकी जबान पकड़ोगे ?''

मेरे पुत्रों ने अपनी मनःस्थिति कैसे बदली, इसे तो वे ही बता सकते हैं।

□

पूरी सजधज के साथ हस्तिनापुर राजसूय यज्ञ में सम्मिलित हुआ। भीष्मजी के नेतृत्व में मेरे पति, मेरे सभी पुत्र, विदुर और दोनों आचार्यों (कृप एवं द्रोण) ने भाग लिया। कई गाड़ियों में लादकर उपहार भेजे गए। एकमात्र शकुनि नहीं गया। पहले तो उसकी ओर मेरा ध्यान नहीं गया, गया भी तो मैंने सोचा, कदाचित् सुरक्षा की दृष्टि से उसे यहाँ रहने दिया गया है।

उस दिन मेरा उससे सामना नहीं हुआ। दूसरे दिन अत्यंत चिंतित मुद्रा में वह

उद्यान के शिलाखंड पर कुछ सोचता हुआ बैठा था। इसकी सूचना मुझे सुखदा ने दी। मैंने उसे तुरंत बुलवाया।

"आज तुम इतने गंभीर और दुःखी क्यों लग रहे हो?" उसके आते ही मैंने पूछा।

चिंता से भीगी, एक खोज भरी मुसकराहट के बीच वह बोला, "सोचता हूँ, संसार का सबसे उपेक्षित व्यक्ति मैं हूँ। मैंने गांधार छोड़ा, स्वयं को हस्तिनापुर को समर्पित किया—और आज हस्तिनापुर भी मुझे छोड़कर चला गया।"

"छोड़कर क्या, तुम स्वयं क्यों नहीं गए?"

"कैसे जाता? किसीने मुझसे चलने को कहा ही नहीं। यहाँ तक कि तुम्हारे पुत्रों को भी चलते समय मामा याद नहीं आया।"

"उनके कहने, न कहने की क्या सोचने लगे, तुम उनके चाकर तो हो नहीं। अरे, मामा हो, मामा! हस्तिनापुर के निमंत्रण में क्या तुम्हारे लिए आमंत्रण नहीं था?"

"तुम भी क्या सोचती हो, शुभा! मान, न मान, मैं तेरा मेहमान!" वह कुछ आक्रोश में आया, "न इंद्रप्रस्थ ने मुझे निमंत्रित किया, न हस्तिनापुर ने मुझे पूछा। सचमुच मैं कितना अभागा हूँ!" फिर वह कुछ सोचने लगा, "शायद मुझसे अभागा एक व्यक्ति और है। अच्छा हुआ कि भगवान् ने उसे आँखें नहीं दीं, अन्यथा वह युधिष्ठिर को चक्रवर्ती सम्राट् होते कैसे देख पाता!"

मैं समझ गई कि उसका संकेत मेरे पति की ओर है। उपेक्षाओं से घायल मन अपने समान अन्यों की तलाश करता है। इससे उसे बड़ी शांति मिलती है। इस समय मेरे पति के संबंध में ऐसा सोचकर मेरे भाई को भी शांति मिली होगी। इसलिए मैं चुप ही रही।

इस प्रकार के तर्कों से वह स्वयं को जितना समझाने की चेष्टा करता था उतना ही दुःखी होता जा रहा था। अब वह स्वयं को अलग-थलग अनुभव करने लगा था। इसलिए बहुधा किसी वृक्ष के नीचे शांत बैठा दिखाई देता था। एक दिन मैंने उसे बुलवाया भी; पर वह नहीं आया। मैं ही उसके पास गई। शायद उसके घाव पर मरहम लगा सकूँ।

"आजकल बड़े एकांतवासी हो गए हो!" मैंने उससे कहा।

"एकांतवासी!" वह और गंभीर हो गया, "एकांतवासी नहीं, अब हस्तिनापुर में बासी पड़ गया हूँ। बासी फूल को भी मूर्ति पर से उतारकर फेंक दिया जाता है।

अब मैं भी फेंक दिया जाऊँगा। सोचता हूँ, फेंके जाने के पूर्व ही मैं यहाँ से चला जाऊँ।''

''कहाँ जाओगे?''

''यही तो संकट है। मैं जिस रास्ते से आया हूँ वही बंद दीखता है। मैंने गांधार छोड़ा…''

''वह तो मेरे लिए।'' मैंने बीच में ही उसे टोका।

''तुम्हारे लिए नहीं। मैं इतना परमार्थी नहीं हूँ कि दूसरे के लिए अपना घर-द्वार छोड़ दूँ। मैं अपने परिवार में इस बात के लिए बदनाम हो चुका था कि मुझमें दैत्यांश है। मेरी धर्म-विरोधी छवि ऐसी बनी कि गांधार में मेरा दम घुटने लगा। मैं किसी अनजान स्थान पर बसेरा लेना चाहता था कि राजनीति ऐसी बनी कि मैं तुम्हारे साथ लगा यहाँ तक चला आया। अब सोचता हूँ कि यह स्थान भी मुझे छोड़ना पड़ेगा।''

''तुम तो यह कहते थे कि मैं छाया की तरह तुम्हारे साथ रहूँगा।'' मैंने कहा।

''वह तो मात्र तुम्हें भ्रम में रखने के लिए।''

''तो मेरे प्रति तुम्हारा लगाव नहीं है?''

''बस उतना ही है जितना भाई-बहन में होता है। अन्य भाइयों की तरह मुझे भी तुम्हें विदा करके अलग हो जाना चाहिए था।'' इतना कहकर वह फिर चुप हो गया।

जब चोट गहरी होती है तब उसे सहलाने से भी पीड़ा होती है। मैंने उससे इस समय इस संदर्भ में कुछ और जानना भी उचित नहीं समझा। चुपचाप बैठी रही।

फिर वह स्वयं खुला, ''देखो, दुर्योधन कर्ण को ले गया और मुझे पूछा तक नहीं। कर्ण अपना हो गया और मैं पराया!''

''हो सकता है, कर्ण निमंत्रित हो।''

''तुम क्या कहती हो? पांडव और कर्ण को निमंत्रित करें! कर्ण भी खुद नहीं गया होगा। वह द्रौपदी से इतना अपमानित है कि वह उसका मुख देखना भी पसंद नहीं करता। बड़ा जोर-दबाव देकर तुम्हारे पुत्र उसे ले गए होंगे।''

बातें हो ही रही थीं कि कणिक दौड़ा हुआ आया और शकुनि से बोला, ''महाराज युधिष्ठिर ने आपको सादर आमंत्रित किया है।''

''अब उन्हें मेरी सुधि आई!''

''इस भूल के लिए वे बहुत पश्चात्ताप कर रहे थे। उन्होंने आपसे अनेक क्षमा माँगी है। उन्होंने यहाँ तक कहा है कि यदि वे न आएँ तब तुम मेरी ओर से अपना

सिर उनके चरणों पर रख देना और तब तक न उठाना जब तक वे चलने के लिए राजी न हो जाएँ।''

शकुनि कुछ देर तक सोचता रहा। फिर बोला, ''मुझे चलना चाहिए। मेरी इच्छा तो नहीं है, पर कूटनीति ऐसा कहती है।''

□

जैसी मन:स्थिति में शकुनि इंद्रप्रस्थ गया था, उससे मैं बहुत आतंकित हो गई थी। रात-दिन ईश्वर से यही माँगती रही कि शकुनि के मन की चिनगारी वहाँ कहीं आग न बन जाए। आपसी संघर्ष का उपसंहार लिखते समय कहीं उसका अंतिम पृष्ठ फाड़ न दिया जाए। इसीसे मैंने उस दिन कणिक को एकांत में ले जाकर कहा था, ''देखो, दूसरे तीसरे दिन आकर समाचार देते रहना। अभी तो तुम जल्दी ही आओ। आओगे न ?''

''अरे, आप कैसी बातें करती हैं ! आपका आदेश एक अमात्य के लिए राजाज्ञा है।''

लगभग तीन-चार दिनों बाद ही वह आया। परम प्रसन्न था। उसने बड़ी विह्वलता से कहा, ''पांडवों ने हमारा इतना सम्मान किया है जितनी हमें कभी आशा नहीं थी। हम तो समझते थे कि हमारे साथ भी सामान्य अतिथियों जैसा ही व्यवहार किया जाएगा; किंतु उन्होंने ऐसा नहीं किया, वरन् कहा कि यह केवल इंद्रप्रस्थ का ही नहीं, पूरे कुल-परिवार का आयोजन है। यह जितना इंद्रप्रस्थ का है उतना ही हस्तिनापुर का भी। इसलिए हम सबको मिलकर इसे सफल बनाना चाहिए।''' इस विचार से उन्होंने हमारे वृद्धों को महत्त्वपूर्ण स्थान दिए।''

''इसका मतलब है कि उन्होंने हमारे पुत्रों की उपेक्षा की!'' मैंने कहा।

''नहीं-नहीं, ऐसा मत कहिए। युवराज दुर्योधन को राजा-महाराजाओं द्वारा भेजे गए उपहार स्वीकार करने का गुरुतर भार दिया गया है। कितना विश्वास प्रकट किया उन्होंने!'' कणिक चकित सा बोलता जा रहा था, ''और राजकुमार दुःशासन सारे आगंतुकों के भोजन के प्रधान व्यवस्थापक बना दिए गए।''

''और शकुनि ?'' मेरे मुख से निकला।

कणिक सोचने लगा। फिर बोला, ''क्या मामा राजपरिवार के सदस्य माने जाते हैं ? वह तो अपने कुल-गोत्र के होते नहीं।''

मैं चुप हो गई। फिर मेरी विदुर के संबंध में जिज्ञासा हुई।

''सभी प्रकार के व्यय का हिसाब-किताब उनके जिम्मे है !'' कणिक ने बताया।

मैं सोचने लगी। फिर मैंने कहा, ''जिनसे बाधा डालने और षड्यंत्र करने की उन्हें आशंका रही होगी, उन सबको महत्त्वपूर्ण कार्यों में लगा दिया गया। यज्ञ की ऐसी सुंदर और सुरक्षित व्यवस्था युधिष्ठिर की बुद्धि का परिणाम तो हो नहीं सकती। अवश्य ही इसके पीछे कोई कूटनीतिज्ञ मस्तिष्क कार्य कर रहा है। इसका तात्पर्य है, कृष्ण की पैनी दृष्टि सभी के कार्यों पर रहेगी। शायद उसने अपने लिए कोई कार्य न लिया हो!''

''नहीं, ऐसी बात नहीं है। सारे ब्राह्मणों के पद पखारने और सेवा-शुश्रूषा का कार्य उन्होंने अपने लिए चुना है।''

मैं सोचने लगी, कितना चतुर व्यक्ति है कृष्ण! ब्राह्मण, जो समाज की मनीषा के संरक्षक हैं, उनका आशीर्वाद हमेशा के लिए प्राप्त करने का काम अपने जिम्मे लिया। मुझे अपने पिताजी का एक वाक्य याद आया, 'जिस समाज में अपने वृद्धों और ब्राह्मणों के प्रति पूज्यभाव होता है, उसकी अस्मिता कभी नष्ट नहीं होती।'

फिर मैंने कणिक को तुरंत भेज दिया। मेरी जिज्ञासा यह जानने के लिए व्यग्र थी कि इंद्रप्रस्थ में हो रहे चतुरंग (शतरंज का महाभारतकालीन नाम) में अब अगली गोटी क्या चली जाती है।

मैं प्रतीक्षा करती रही।

एक दिन कणिक घबराया हुआ आया। आते ही उसने बताया, ''शिशुपाल का वध हो गया।''

''अरे, यह क्या हुआ!'' मेरे मुख से निकल पड़ा, ''वह तो कृष्ण का भाई (फुफेरा) है, उसे कृष्ण ने ही मारा! पर क्यों? कैसे?''

''अग्रपूजा की बात चल रही थी। यज्ञ के पहले किसकी पूजा की जाय? सबने कृष्ण का नाम लिया। यहाँ तक कि पितामह भीष्म ने भी उन्हींका समर्थन किया। शिशुपाल को यह अच्छा नहीं लगा। उसने बड़े कटु शब्दों में उनका विरोध किया। लोग उसे समझाते रहे। पर ज्यों-ज्यों उसे बुझाने के लिए हवा दी गई त्यों-त्यों वह भभकता गया। कृष्ण अंत तक हँसते रहे, सहते रहे। पर जब सीमा से बाहर हो गया तब वे एकाएक उठे। किसीको मालूम ही नहीं था कि वे क्या करने जा रहे हैं कि अचानक उन्होंने अपना सुदर्शन चक्र कटि से निकाला और उसे चला दिया। शिशुपाल का सिर धड़ से अलग हो गया। मैं तो उन्हें बड़ा सहनशील और शांतिप्रिय समझता था; पर अब तो उनके प्रति मेरी धारणा ही बदल गई।''

''शिशुपाल के पक्ष में कोई बोलनेवाला नहीं था?''

''क्यों नहीं था! कई थे। पर अचानक कृष्ण के आक्रमण ने उन्हें अवाक् कर दिया। उनकी आँखों पर शिशुपाल के रक्त का परदा पड़ गया।''

''लगता है, यज्ञ निर्विघ्न पूरा नहीं होगा।'' मैंने कहा।

''अब कौन सा इससे बड़ा विघ्न होगा, जो एक प्रहार में समाप्त हो गया!'' उसके स्वर में घबराहट और निराशा थी।

मैं भी सोचने लगी।

''अच्छा, अब आज तुम विश्राम करो और कल फिर चले जाना।''

''नहीं, विश्राम नहीं, मुझे तुरंत जाना चाहिए।'' कणिक बोला। उसका विश्वास था कि इस घटना से युवराज अवश्य कुड़बुड़ाए होंगे। स्थितियाँ विषम हैं। इंद्रप्रस्थ में कुछ भी हो सकता है।

फिर कई दिनों तक कोई समाचार नहीं मिला। पक्ष बीतते-बीतते पता चला कि लोग इंद्रप्रस्थ से आ रहे हैं। यज्ञ सकुशल समाप्त हो गया। मैंने भी सोचा, चलो, भगवान् की कृपा थी कि कोई घटना नहीं घटी।

दूसरे दिन मेरे पुत्रों के नगर-प्रवेश की सूचना मिली। उनके स्वागत में सेना की एक टुकड़ी भेजी गई। सुना है, मेरे पुत्रों ने इस अगवानी की कुछ परवाह नहीं की। वे अग्निबाण की तरह ज्वाला उगलते हुए प्रासाद प्रांगण में घुसे।

अचरज कि आगे-आगे दुर्योधन का रथ था। वह एकदम आगबबूला था। रथ से आवेश में जब वह कूदा तो उसकी गदा हवा में बड़े वेग से लहरा रही थी, मानो किसी अदृश्य के वध के लिए वह क्रूर प्रयास कर रहा हो। शीघ्र ही क्रोध का उबाल प्रलाप में बदल गया, ''ऐसा अपमान! सविनय निमंत्रित करके हमारी हँसी उड़ाई गई! मैं जानता हूँ, उसको अभिमान हो गया है अपने राजभवन की वास्तुकला का। वह देवराज इंद्र के 'सुधर्मा'* से भी अधिक आकर्षक और आधुनिक है। पर इसका यह तो तात्पर्य नहीं है कि मेरा मजाक उड़ाया जाए!'' वह आवेश में सीधे अपने महल की ओर बढ़ा। उसके भाइयों ने भी उसका अनुसरण किया।

मैं यह सब सुनती खड़ी ही रह गई। सब मेरी बगल से निकल गए। चरणस्पर्श तो दूर, किसीने मेरी ओर ताका भी नहीं। बगल में खड़ी सुखदा भी चकित रह गई। अपने पुत्रों की इस बदली हुई मुद्रा का रहस्य मेरी समझ में नहीं आया।

कुछ देर बाद और लोग आए। वे सभी गंभीर थे। महाराज भी, ताऊजी भी—और तो और, शकुनि भी। मैंने महाराज और ताऊजी के चरण छुए। महाराज कुछ नहीं बोले। पितामह ने भी बड़े असामान्य भाव से कहा, ''सौभाग्यवती भव।'' विदुरजी भी सामान्य अभिवादन कर चले गए। ऐसा लगा जैसे कोई बहुत बड़ी बात हो गई है।

---

* 'सुधर्मा' देवराज इंद्र के सभाभवन का नाम था।

मैं शकुनि को अपने साथ लेती गई। कक्ष में पहुँचते ही वह ज्वालामुखी की तरह फूट पड़ा, ''तू तो बड़ा हितैषी समझती थी पांडवों को; कुछ समय तक मैं भी ऐसा ही समझता रहा। आरंभ में किया गया हम लोगों का स्वागत और यज्ञ के समय व्यक्त की गई उनकी आत्मीयता से मैं भी भ्रम में पड़ गया था। पर ज्यों ही यज्ञ समाप्त हुआ त्यों ही उनका अहंकार प्रगल्भ हो उठा।''

''क्या हुआ, यह तो बताओ?''

''वही हुआ, जो नहीं होना चाहिए था।'' शकुनि ने कहा, ''यज्ञ समाप्त होने के दूसरे दिन जब सभी अतिथि चले गए तब युधिष्ठिर हमारे कक्ष में आया। वह हर बड़े-छोटे से मिला, उसका उचित अभिवादन किया। फिर हम लोगों को अपना नवनिर्मित भवन दिखाने के लिए ले गया। उसने एक कक्ष दिखाया। उसे देखकर हम चमत्कृत थे। निश्चित ही ऐसा विशाल और प्रशस्त सभाकक्ष हम लोगों ने कभी नहीं देखा था। दर्पण जैसे फर्श पर अपना बिंब देखते हुए हम धीरे-धीरे आगे बढ़े कि भीम का हँसता हुआ अहंकार सुनाई पड़ा, 'बंधुओ, जरा सावधानी से पग बढ़ाना, यह हस्तिनापुर का सभागार नहीं है।' उसकी हँसी में अन्य लोगों की भी हँसी मिल गई। मैंने मुड़कर देखा, उन लोगों की हँसी के साथ पांचाली की भी हँसी थी।''

''द्रौपदी ने भी तुम लोगों का मजाक उड़ाया?'' मैंने स्पष्ट पूछा, ''देखो, सही-सही बताना। एक नारी पर लांछन लगाने से पहले कई बार सोचना चाहिए।'' यह मैंने नहीं, मेरे नारीत्व ने कहा था।

अब उसने सारा संदर्भ बताया, ''अद्‍भुत है वह सारा संदर्भ। हम लोग समझते थे कि आगे द्वार है। सबसे आगे-आगे चलनेवाला दुर्योधन रुककर उसे खोलने के लिए उसकी अर्गला खोजने लगा। युधिष्ठिर ने बताया, 'वह द्वार नहीं, दीवार है। बाएँ से आगे बढ़ जाइए।' आगे बढ़ने पर एक दूसरी स्थिति इसके विपरीत आई। वह वस्तुतः द्वार था, पर द्वार नहीं दीखता था। आगे बढ़ते ही दुर्योधन का सिर उससे बड़े जोर से टकराया। वह मस्तक पकड़कर बैठ गया। इसपर पांडवों की हँसी फूट पड़ी। उस समवेत हँसी में भीम की हँसी अलग थी।

''उस सभागृह के धरातल की बनावट भी विचित्र थी। एक स्थान पर ऐसा लगा कि भूमि के तल के बराबर कोई जलाशय है। हम लोगों ने अपने वस्त्र उठा लिये। पर वास्तव में वह जलाशय नहीं था।''' इसपर वे फिर हँस पड़े। दूसरे स्थल पर ठीक इसके विपरीत था। एकदम समतल दिखाई देता था। हम धड़धड़ाते हुए आगे बढ़े। दुर्योधन और दुःशासन तो उसमें गिर ही पड़े। फिर उनकी हँसी

ज्वालामुखी के अंगारों की तरह हमपर बरस पड़ी। उसीके बीच यह सुनाई पड़ा, 'अंधे की संतान आखिर अंधी ही होगी न!' "

इतना सुनते ही मेरा स्वाभिमान उबल पड़ा, "यह किसने कहा?"

"उस कलमुँही पंचपति की पतिव्रता ने।"

"क्या पांचाली ने ऐसा कहा? जरा सोचकर बताना, इतने पुरुषों के बीच नारी कभी इतनी प्रगल्भ नहीं हो सकती।" औरत अपनी लज्जा को फेंककर ऐसी नग्न, इस बात से मेरा क्रोध आश्चर्य से डूब गया।

अब शकुनि भी सहमा। उसने कहा, "किसीने कहा अवश्य था। उस समय मैंने पीछे मुड़कर देखा नहीं था।"

"तब तुम कैसे कह सकते हो कि वह पांचाली ही थी?"

"कर्ण ने बताया था कि वह कोई और नहीं, पांचाली ही थी।"

"कर्ण!" मैं कुछ सामान्य हुई। मैंने कहा, "वह तो द्रौपदी द्वारा चोट खाया ऐसा नाग है, जो उसपर बार-बार फुफकारता रहेगा। सत्य न जानते हुए इस घृणित प्रसंग में द्रौपदी की मुख्य भूमिका निर्धारित करना पूरी नारी जाति पर कलंक लगाना होगा। इसका परिणाम भयंकर होगा।"

मेरे पुत्रों की क्रोधाग्नि में पूरा राजभवन उबलता रहा।

महाराज भी इससे बड़े दुःखी थे। "जिस कलह को समाप्त करने के लिए हस्तिनापुर का विभाजन किया गया, वह तो बना-का-बना ही रह गया।" अत्यंत चिंतित मुद्रा में जिस समय महाराज ने ऐसा कहा उस समय मैं भी थी और मेरा भाई शकुनि भी।

उसने कहा, "समस्या का यह समाधान नहीं है, भले ही आप राज्य का जितना चाहे उतना अंग भंग करें।"

"फिर इस समस्या का समाधान कैसे होगा?"

"राज्य के पुनः एक होने और पांडवों को सत्ताविहीन कर देने से।"

"अब यह कैसे संभव हो सकता है?"

"कुछ भी असंभव नहीं है, जब तक शकुनि के दोनों हाथ सकुशल हैं।"

उस समय मैं कुछ समझ नहीं पाई थी। शायद महाराज ने भी कुछ न समझा हो।

तब तक दुर्योधन अपने भाइयों के साथ आ पहुँचा। वह तो क्रोध में था ही, आते ही उसकी क्रोधाग्नि और भभक उठी, "हमारे पूज्य अंधो, तुम्हारी ये संतानें भी तुम्हारी तरह अंधी घोषित की गईं। अब हमारी आँखें नहीं हैं, हम अंधे हैं। तुम (आक्रोश में 'आप' 'तुम' में बदल गया था) तो अंधे थे ही, हम भी अंधे हो गए।

पर अंधे थे नहीं, क्योंकि तुम आँख के ही अंधे नहीं हो, तुम्हारी सोच भी अंधी, तुम्हारी समझ भी; अन्यथा हमें 'अंधों की संतान' का संबोधन न मिलता। हम इतने अपमानित न होते। अब हमारी अंधी आँखों में रक्त उतर आया है। अब हमें आप लोगों से कुछ नहीं कहना है। जो कुछ कहेंगे, अपनी फड़कती भुजाओं से कहेंगे, गदाओं से कहेंगे, तलवारों से कहेंगे!''

हम लोग चुपचाप बैठे रहे। ज्वालामुखी का लावा निकल जाने दिया। जब वह कुछ शांत हुआ तो महाराज ने समझाना शुरू किया, ''मुझे सबकुछ ज्ञात हो गया है, वत्स। तुम क्या समझते हो, तुम्हारा अपमान हमारा अपमान नहीं है!''' पर यह समय अनुकूल नहीं है। अभी हमें चुपचाप सह लेना चाहिए और मौका मिलने पर प्रतिशोध लेना चाहिए।''

''यही तो मैं सोचता हूँ।'' शकुनि बोला।

''मौके की प्रतीक्षा तो कायर और धूर्त करते हैं।'' कर्ण की विद्युत् ध्वनि कड़की, ''वीरों की भुजाएँ ऐसे अपमान पर तुरंत फड़क उठेंगी।''

''पर इस समय भुजाओं की फड़कन से कोई लाभ नहीं। इस समय बुद्धि की आवश्यकता है।'' शकुनि ने कहा और कर्ण की ओर देखकर बड़े विचित्र ढंग से मुसकराया।

कर्ण को उसकी मुसकराहट में अपने प्रति गहरी उपेक्षा दिखाई पड़ी। वह बिना कुछ कहे लौट पड़ा। दुर्योधन समझ गया। उसने उसका हाथ पकड़ लिया और पूछा, ''अच्छा तुम्हीं बताओ, अब क्या करना चाहिए?''

''मेरी स्पष्ट धारणा है कि बाज की तरह हमें एकदम टूट पड़ना चाहिए।''

''और संपाती की तरह अपने पंख जला देने चाहिए।'' शकुनि के इस प्रतिवाद से कर्ण भीतर-ही-भीतर जल उठा।

''मामाजी, आपकी राय कुछ हो सकती है; पर आप हमारे सम्मान्य मित्र की राय का उपहास क्यों करते हैं?'' दुर्योधन बोला।

''देखो, मेरी धारणा स्पष्ट है कि प्रत्यक्ष युद्ध में पांडवों को कभी हराया नहीं जा सकता। हमें अनेक अवसरों का अनुभव है, जब हमने पूरी शक्ति लगाई और हार का मुँह देखना पड़ा।''

''तब आप चाहते क्या हैं?'' कर्ण बोला।

''मैं तो चाहता हूँ कूटयुद्ध।'' शकुनि भी उस समय सामान्य नहीं दिखा। उसने कहा, ''अब तुम पूछोगे कि कूटयुद्ध क्या है! वह मैं तुम्हें बता नहीं सकता।''

''क्यों?''

''क्योंकि कूटयुद्ध की रणनीति सार्वजनिक नहीं की जाती।''

"यहाँ कहने से सार्वजनिक हो जाएगी?" कर्ण थोड़े आवेश में आया, "यहाँ तो मैं ही परिवार के बाहर का हूँ। मैं जा रहा हूँ। आप अपनी रणनीति निश्चित कीजिए।"

कर्ण तप्त हवा के झोंके-सा बाहर निकल गया। यद्यपि दुर्योधन ने उसे बहुत रोकना चाहा, किंतु वह रुका नहीं। जाते-जाते बड़बड़ाया, "आप लोग कूटयुद्ध की रणनीति बनाइए। कूटयुद्ध में मेरा विश्वास नहीं। वारणावत में लाख का घर बनाकर देख लिया न कूटयुद्ध का परिणाम!"

□

आकाश में छाए घने बादलों ने भादों की उस काली रात के मुख पर कालिख पोत दी थी। वह और काली हो गई थी। प्रतिदिन की अपेक्षा आज मैं कुछ पहले ही शयनकक्ष में चली आई थी। खुले वातायन से आती भीगी हवा के मादक झोंकों ने मुझे जल्दी ही सुला दिया।

थोड़ी देर बाद ही विद्युत् की तड़ित चमक ने मुझे जगा दिया। मेरी पट्टी बँधी आँखों ने भी उस चमक का अनुभव किया।

'मैं आकाशीय बिजली नहीं, छटपटाती सूर्यपुत्री हूँ।' मैंने अनुभव किया जैसे कोई मुझसे कह रहा है, '…जब अँधेरे से बेहद घेर ली जाती हूँ तब बेसहारा होकर किसी पर भहरा पड़ती हूँ। स्वयं भी नष्ट हो जाती हूँ और उसे भी राख कर देती हूँ। यही मेरी नियति है। पर तुम्हारे भाग्य में यह भी नहीं है। तुम जीवन भर छटपटाती रहोगी। यही स्थिति उस सूर्यपुत्र की भी है, जो आज तुम्हारे पुत्रों से नाराज हो चला गया है।'

यह मेरी भावुकता है या कोई अदृश्य शक्ति मुझे सावधान कर रही है? ऐसा मेरे जीवन में अनेक बार हुआ है। प्रकृति ने अनेक बार मुझे रहस्य में डालकर सोचने के लिए बाध्य किया है। जब जीवन की किसी भी समस्या का समाधान नहीं सूझता और घोर अँधेरा छाता है तब ऐसी ही बिजली मन में चमकती है।

भीतर भी अँधेरा, बाहर भी अँधेरा। केवल एक बिजली की तड़प ने मुझे उस सूर्यपुत्र की खोज में लगा दिया। सोचती रही, सोचती रही कि अचानक याद आया वह वाक्य कि 'तुम्हारे पुत्र से नाराज हो चला गया है।' और मेरे सम्मुख कर्ण की आकृति उभर आई। पर क्या वह सूर्यपुत्र है? इस प्रश्न का उत्तर मैं जीवन भर खोजती रही।

यह तो जगजाहिर था कि वह अधिरथ का पुत्र है। अधिरथ महाराज का सारथि था। वह हस्तिनापुर में ही रहता था और प्रतिदिन राजभवन में आता था।

कर्ण सिंहासनाधीश हो गया था, अंग देश का राजा। फिर भी वह हस्तिनापुर में ही रहा करता था। उसका समय मेरे पुत्रों के साथ ही बीतता था। वह उनका कृतज्ञ था। इसलिए उसकी नाराजगी भी उसे हस्तिनापुर से दूर नहीं ले गई होगी। मैंने सोचा।

सवेरे-सवेरे मैंने अधिरथ को बुलाया। उससे जानकारी मिली कि कल रात कर्ण उसीके यहाँ रहा।

''कुछ कह रहा था?'' मैंने पूछा।

''कुछ कह नहीं रहा था, पर बड़ा दुःखी दिखाई दे रहा था। अपनी माता से कह रहा था कि अब मैं यहाँ नहीं आऊँगा। हस्तिनापुर अब मेरे जैसे लोगों के लिए उचित स्थान नहीं है। जब उसकी माता ने इसका कारण पूछा तब वह उदास दार्शनिकों-सा बोला, 'जहाँ कुचक्र, धोखा और षड्यंत्र का बोलबाला हो वहाँ से सत्य-निष्ठा को दूर ही रहना चाहिए।' लगता है, राजकुमारों की किसी बात से वह दुःखी है।''

मैं कुछ समझी तो नहीं, पर समझने के लिए सूत्र अवश्य मिल गया। उसको पकड़कर मेरा चिंतन आगे बढ़ा। शीघ्र ही मैं इस निष्कर्ष पर पहुँची कि पांडवों के द्वारा किए गए अपमान के संदर्भ में मेरे पुत्र प्रतिशोध के लिए किसी नए कुचक्र की अवतारणा करने में लगे हैं।

अब मैं नई आशंकाओं से घिर गई। मुझे अपने सामने ही कुचक्रों का जलता वह लाक्षागृह दिखाई देने लगा, जिससे सत्य चुपचाप निकलकर वनवासी हो गया था।...अब कौन सा कुचक्र मेरे बेटे रचेंगे? मैं सोचती रही और सोचते-सोचते इतनी घबरा गई कि मैंने विदुरजी को बुलवाया।

सौभाग्य से वे इस समय राजभवन की ओर ही आ रहे थे। मेरा संदेश सुनते ही तुरंत चले आए। मैंने साश्चर्य पूछा, ''अरे, मैंने अभी बुलाया और तुम तुरंत उपस्थित हुए! क्या इधर ही आ रहे थे?''

''आपको मालूम नहीं है क्या?'' विदुर ने हँसते हुए कहा, ''भाभी के बुलाने पर देवर को पंख लग जाते हैं।''

''तुम भी विचित्र व्यक्ति हो! समय की गंभीरता को नहीं देखते और लगते हो परिहास करने।'' मैं बोली और फिर अपनी आशंकाओं को उनके सामने रखा। उनके संबंध में उनकी राय जाननी चाही।

''इसके संबंध में आप अपने भाई से क्यों नहीं पूछतीं?''

''उससे ही यदि मैं सत्य जान पाती तो फिर तुम्हें क्यों बुलाती?''

''मैं भी तो कोरा कागद हूँ। अभी तक मैं भी किसी निष्कर्ष पर नहीं पहुँचा

हूँ; लेकिन लगता है कि भीतर-ही-भीतर कुछ पक रहा है।'' इसके बाद उन्होंने एक महत्त्वपूर्ण सूचना दी, ''सुना है, इस समय कोई महत्त्वपूर्ण मंत्रणा महाराज के कक्ष में चल रही है।''

''तो तुम उधर ही जा रहे हो?''

''जा तो नहीं रहा हूँ, किंतु यदि आप चलेंगी तो चला चलूँगा।''

हम लोग चल पड़े। महाराज के कक्ष के निकट पहुँचे। बाहर से ही शकुनि के खिलखिलाने और बोलने का आभास हुआ। द्वार में प्रवेश करते ही सुनाई दिया, ''इस तरह न रहेगा बाँस और न बजेगी बाँसुरी।''

''बाँस रहे या न रहे, बाँसुरी तो बजेगी ही!'' उन्मुक्त हँसी हँसते हुए विदुर बोल पड़े।

इस अप्रत्याशित आवाज और हमारी उपस्थिति से पूरी सभा सन्न रह गई। तुरंत तो कोई कुछ बोल नहीं पाया, किंतु शीघ्र ही बड़ी योग्यता से शकुनि ने इस सन्नाटे को तोड़ा, ''मैं समझ गया कि महामात्य का संकेत उस वंशीवाले की ओर है। पर यह तो राजपरिवार का आंतरिक मामला है।'' उसने बड़ी योग्यता से बात को दूसरी ओर मोड़ा, ''मैं इन लोगों से कह रहा था कि हम लोगों को अब आपसी वैमनस्य समाप्त करना चाहिए। मेरी तो सलाह है कि कौरव और पांडवों दोनों को पुरानी बातें भूल जानी चाहिए। छोटी-मोटी बातें किसके परिवार में नहीं होतीं! यदि परिवार उन्हींको गाँठ बाँध ले तब तो जीना दूभर हो जाएगा। हमें एक सौमनस्य का वातावरण बनाना चाहिए।'' इतना कहने के बाद उसने विदुरजी की राय जाननी चाही।

''यदि ऐसी धारणा हमारे मन में है तो इससे सुखद कोई दूसरी बात नहीं हो सकती। अब प्रश्न है कि इस प्रकार के वातावरण में पहल कौन करेगा?''

''हम करेंगे।'' शकुनि बोला। फिर उसने अपनी योजना बताई, ''हम लोग त्योहार आदि के अवसर पर एक-दूसरे से मिलें। हम दोनों अपने-अपने यहाँ आनंदोत्सव मनाएँ, क्रीड़ाओं का आयोजन करें और उसमें दोनों पक्ष खुले दिल से शामिल हों।''

''यह तो बहुत अच्छा है।'' महाराज ने कहा।

उनके इतना कहते ही लोग उठ चले।

सुखदा ने देखा, विदुरजी अब भी बड़े रहस्यमय ढंग से मुसकरा रहे थे।

□

: ग्यारह :

दिन बीतते चले गए। बातें भूलीं नहीं, वरन् भुला दी गईं। देखने में हस्तिनापुर और इंद्रप्रस्थ के संबंध सामान्य होते चले गए। पर स्थिति ऐसी थी नहीं। भीतर-बाहर में धरती-आकाश का अंतर था। ज्वालामुखी ने हरियाली ओढ़ ली। और उसी हरियाली पर दोनों राज्यों के लिए क्रीड़ांगन बनाया जा रहा था। सैनिक और कर्मचारी स्तरों पर दोनों राज्यों में आना-जाना भी शुरू हो गया था। मित्रता का सुगंधहीन वातावरण निर्मित किया गया। इसमें सहजता नहीं थी; एक प्रकार की दुर्गंध अवश्य थी, जिसे भस्म होते आपसी वैमनस्य की गंध बताया जा रहा था।

एक दिन मेरे कक्ष के बाहर ही खड़ा शकुनि बड़ी प्रसन्न मुद्रा में कणिक से बातें कर रहा था। मैंने उधर कान लगाए। कुछ स्पष्ट तो नहीं पता चला, किंतु कणिक का इतना कहना मेरे कानों से अवश्य टकराया कि "युवराज इसके लिए तैयार नहीं हैं। उनका सोचना है कि कहीं पासा पलट गया तब क्या होगा!"

मेरे दरवाजा खोलते ही उनके कान खड़े हो गए। कणिक धीरे से बगल से निकल गया।

मैंने शकुनि से पूछा, "यहाँ खड़े होकर क्या कर रहे हो?"

"तुम्हारे ही यहाँ तो आ रहा था।" उसने मुसकराते हुए कहा, "करूँगा क्या! कुछ करने को हो तो!"

"भला तुम्हारे पास काम न हो!" मैंने मुसकराते हुए कहा, "कुछ न हो तो धूल में ही रस्सी बटो। वही साँप हो जाएगी।"

इतना सुनते ही वह हँसने लगा। अपने दोनों हाथों से मेरा कंधा हिलाते हुए वह बोला, "तू अब भी गांधार की शुभा ही है—हस्तिनापुर की पट्टमहिषी होने के बाद भी।" वह हँसता रहा, कुछ सोच-सोचकर बार-बार हँसता रहा। फिर मेरे साथ ही कक्ष में आते हुए उसने बताया, "हम लोग शीघ्र ही पांडवों को ससम्मान बुलाने वाले हैं।"

"क्या अपमान करने के लिए? प्रतिशोध लेने के लिए? जबकि प्रतिशोध किसी समस्या का अंत नहीं है। वह स्वयं अंतहीन है। हम प्रतिशोध लेंगे, वे उसका

प्रतिशोध लेंगे—और यह सिलसिला चलता रहेगा। घाव हरा-का-हरा रहेगा और गहरा होता जाएगा। इससे अच्छा है, क्षमा करना और भूल जाना।''

''तू भी मन से क्या-क्या गढ़ लेती है!''

''मैं गढ़ती नहीं हूँ, तुझे बड़ी गंभीरता से पढ़ती हूँ।'' मैंने कहा।

वह हँसकर टाल गया। इधर-उधर की बातें करता काफी देर तक बैठा रहा। बातों के क्रम में ही उसने बताया, ''हम लोग सोच रहे हैं कि पांडवों के साथ हमारा भाईचारा बढ़े। हम लोग मेल-मिलाप का एक नया अध्याय लिखें। इसके लिए हस्तिनापुर में एक विराट् कार्यक्रम हो। ऐसी योजना बनानी है कि वे दो-तीन दिनों तक हमारे अतिथि रहें। यहाँ उनका खूब आदर-सत्कार हो। हम उनके साथ हिलें-मिलें और वे हमारे साथ।''

''यह तो बहुत अच्छी बात है; पर किस बहाने उन्हें बुलाया जाएगा?'' मैंने कहा, ''न तो कोई पर्व है, न कोई त्योहार और न ही कोई प्रयोजन।''

''यही तो सोचना है। सबसे पहले तुम्हारे बेटों की राय लेनी होगी।''

''उनकी राय लेनी होगी, या अपनी राय उन्हें मनवानी होगी!''

वह फिर जोर से हँसा। बोला, ''इन दोनों बातों में कोई अंतर नहीं है; क्योंकि मेरी और तुम्हारे बेटों की सोच में कोई अंतर नहीं है।''

मैं कुछ बोल न पाई और वह चला गया।

इसके दूसरे या तीसरे दिन से ही तैयारियाँ होने लगीं। स्पष्ट लगने लगा कि कुछ होने जा रहा है। इसका कोई आभास भी नहीं लगा।

मेरे शंकाकुल मन में मेरे भाई की छवि दैत्यांश से लिपटी ही दिखाई देती थी। मैंने उसे कभी अच्छा काम करते देखा ही नहीं था। मेरा मन उसके प्रति पूर्वग्रही हो गया था। मुझे उसकी इस योजना के पीछे भी दाल में कुछ काला दिखाई देता था। मैंने अनेक लोगों से जिज्ञासा की। अंत में वही बंद घड़ा मिला, जिसके भीतर कुछ है, इसका आभास तो होता था, पर क्या है, इसका पता नहीं चलता था। इस नए उल्लासपूर्ण वातावरण में मेरी जिज्ञासाएँ हमेशा जीवित रहीं।

किसी तरह अपने सूत्रों से मैंने पता लगा लिया कि द्यूतक्रीड़ा के लिए पांडवों को बुलाया जाएगा। पर विदुर इसके विरुद्ध थे। उन्होंने बहुत समझाया कि द्यूत आपसी कलह की जड़ है। इससे विवाद का बढ़ना निश्चित है।

शकुनि का कहना था, ''यह आवश्यक नहीं है कि द्यूत में विवाद ही हो। यदि ऐसा ही होता तो लोग इसे खेलते क्यों? राजा-महाराजाओं का यह प्रिय खेल क्यों होता? और यदि कोई करना ही चाहे तो झगड़े और विवाद की संभावना किस

खेल में नहीं है ? क्या आखेट में झगड़ा नहीं होता ? चतुरंग में झगड़ा नहीं होता ? फिर यह सभी को ग्राह्य है। यहाँ तक कि परंपरानुसार किसी राजा की द्यूतक्रीड़ा के आमंत्रण का कोई राजा विरोध नहीं करता।''

''कोई विरोध नहीं करता; पर यदि कोई विरोध कर दे तो ?'' विदुर ने कहा।

''वह आप जैसे बुद्धिमानों के समझाने पर ही करेगा।'' शकुनि ने कहा। इस व्यंग्य का विदुर को मानसिक आघात लगा। वे चुप हो गए। शकुनि बोलता रहा, ''यदि पांडव हमारे आमंत्रण को अस्वीकार करते हैं तो समझना चाहिए कि वे हमपर विश्वास नहीं करते। जब विश्वास का संकट हो तो किसी प्रकार की मित्रता न तो स्थापित की जा सकती है और न स्थायी हो सकती है।''

विदुर चुप ही रहे। महाराज बड़ी गंभीरता से दोनों की बातें सुनते रहे।

शकुनि रुक-रुककर बोलता जा रहा था, ''फिर पांडव नहीं खेलना चाहेंगे तो नहीं खेलेंगे, कोई जबरदस्ती तो है नहीं। दो-चार हाथ खेलेंगे; जैसी उनकी इच्छा होगी वैसे खेलेंगे। हमारा यह कार्यक्रम आपसी संबंध सुधारने का एक प्रयत्न मात्र है।''

सबकुछ सुनने के बाद भी विदुरजी मौन ही रहे और अंत में चुपचाप उठकर चले गए। मैंने समझ लिया कि जो कुछ हो रहा है, वह उन्हें पसंद नहीं है।

दूसरे ही दिन वे एकांत में मिल गए। मैंने उनसे कहा, ''इस द्यूतक्रीड़ा के संबंध में कोई बुराई दिखाई नहीं देती।''

उन्होंने मुसकराते हुए कहा, ''वारणावत के राजभवन में भी कोई बुराई दिखाई नहीं देती थी, पर अंत में वह लाक्षागृह ही निकला। कहीं यह द्यूतक्रीड़ा भी धूर्तक्रीड़ा न हो जाए।''

उनकी इस आशंका पर मैं सोचती ही रह गई। वे मुसकराते हुए बगल से निकल गए। ऐसे भागे जैसे उनके मुख से कुछ और न निकल जाए।

□

द्यूतक्रीड़ा का निमंत्रण पांडवों ने स्वीकार कर लिया। हस्तिनापुर के राजभवन में प्रसन्नता की लहर दौड़ गई। सबसे अधिक प्रसन्न मेरे पुत्र थे और शकुनि था। उनके लिए तो मृगों ने जाल बिछे जंगल में आने का निमंत्रण स्वीकार कर लिया था। स्वागत की अभूतपूर्व तैयारियाँ होने लगीं। राजभवन के साथ ही राजपथ की धुलाई और सफाई आरंभ हुई। नागरिकों को इस तैयारी पर आश्चर्य था। वे सोचते थे कि पांडव तो अपने घर ही आ रहे हैं, फिर यह औपचारिकता कैसी ?

यही प्रश्न तो मेरे मन में भी था। पर मैं पूछूँ तो किससे पूछूँ ? निश्चित है,

महाराज को सबकुछ ज्ञात होगा। पर उनसे कुछ पूछना उस ऐंद्रजालिक मंजूषा को खोलना था, जिसमें बंद तो सबकुछ होता है, पर निकलता कुछ नहीं। मेरा-उनका मिलना पति-पत्नी के संबंध की एक औपचारिकता का निर्वाह मात्र था। उनके प्रशासन में मेरी भागीदारी नहीं के बराबर थी।

वैचारिक संदर्भों में मैं विदुर को अपने निकट पाती थी, वह भी अनेक सीमाओं के साथ। वे भी इधर कई दिनों से दिखाई नहीं दिए। पता चला कि कुछ अस्वस्थ हैं। मैंने सुखदा को लिया और उनका हाल-चाल लेने के बहाने उनके घर पहुँची। सामने ही उनकी पत्नी पड़ गई। उसने झुककर मेरे चरणस्पर्श किए और ऐसी गद्गद हुई मानो अचानक उसके घर किसी देवी का आविर्भाव हुआ हो।

विदुर की पत्नी है तो पारशव कन्या (ब्राह्मण और शूद्रा से उत्पन्न), पर उसकी सुशीलता, सज्जनता और सत्कारभाव में कोई कमी नहीं थी। उसके व्यवहार में राजपरिवार की मर्यादा थी और व्यक्तित्व पर विदुर की स्पष्ट छाप।

मैंने उससे कहा, ''आजकल हमारे देवरजी बीमार हैं?''

''अब आप पधारी हैं, शायद अच्छे हो जाएँ।'' वह मुसकराते हुए बोली। फिर मेरे सीधे-सीधे पूछे गए प्रश्न के उत्तर में उसने बताया, ''ऐसी कोई बीमारी नहीं लगती। पर जब से इंद्रप्रस्थ से आए हैं, निढाल पड़े हैं।''

''राजवैद्य को बुलाया?''

''बुलाना तो चाहती थी, पर उन्होंने रोक दिया। बोले—मेरे रोग की दवा किसी वैद्य के पास न होगी।'' इतना कहकर वह पुनः मुसकराई, ''हो सकता है, आपके पास हो।''

''कैसी हो तुम, अपने पति की बीमारी के संबंध में परिहास करती हो!''

वह थोड़ा गंभीर हुई, ''यह कोई नई बात नहीं है। आएदिन उनकी इस स्थिति से मुझे दो-चार होना पड़ता है।''

मैं समझ गई कि विदुर का व्यक्तित्व हस्तिनापुर की वर्तमान राजनीति से संतुलन स्थापित नहीं कर पा रहा है। मैं सीधे विदुर के पास पहुँची। वे मुझे देखते ही बिस्तर से उठकर खड़े हो गए।

मैंने उनके तन को छुआ, ''तुम तो बिलकुल बीमार नहीं लगते।''

''मेरी बीमारी तक आपके हाथ क्या, आप स्वयं भी नहीं पहुँच सकतीं।''

''मेरी भी पहुँच नहीं हो सकती? क्या मैं तुम्हें समझने में इतनी अक्षम हूँ?''

''नहीं, आप सक्षम तो हैं, पर मैं आपको समझने नहीं दूँगा।'' विदुर मुसकराए तो अवश्य, किंतु फिर तुरंत गंभीर हो गए। यह गंभीरता उनकी थी या उनकी लाचारी की?

मैं समझ गई कि कोई सत्य ऐसा है जिसे न वह पचा पा रहे हैं और न उगल। मैंने तुरंत सुखदा को हटाया और उन्हें एकांत में पुनः खोलने की चेष्टा की, "देखो, इस तनाव से टूटने से ज्यादा अच्छा है कि जो कुछ तुम्हारे मन में हो, वह किसीसे कह दो। हलके हो जाओगे।"

"यही राय तो आपकी देवरानी भी देती है। मैं भी ऐसा ही सोचता हूँ। पर कितना विवश और लाचार हूँ मैं, कि यह किसीसे कह नहीं पा रहा हूँ! एक ओर अबोध पांडवों के प्रति मेरा ममत्व है तो दूसरी ओर हस्तिनापुर के सिंहासन के प्रति सत्य-निष्ठापूर्वक समर्पित मेरा दायित्व-बोध। मैं किधर जाऊँ?"

"इस प्रकार घुट-घुटकर मरने से अच्छा है, तुम किसी ओर न जाओ।" फिर मैंने बड़ा अपनत्व व्यक्त करते हुए कहा, "अच्छा बताओ, वास्तविकता क्या है?"

वह चुप हो गए। किसी गंभीर चिंतन की गहराई में चले गए। फिर बहुत धीरे से बोले, "युधिष्ठिर को द्यूत का निमंत्रण स्वीकार नहीं करना चाहिए था।"

"तब इसका संकेत तुम्हें उसे दे देना चाहिए था।" मैंने बड़े सहजभाव से कहा।

विदुरजी हँस पड़े; यद्यपि उनकी हँसी बनावटी थी, "तुम भी क्या सोचती हो, भाभी! मैं निमंत्रित करने गया था और मैं ही कहता कि इसे स्वीकार मत करना! मेरा दौत्य कर्म दूषित न हो जाता! दूत के नाते क्या मेरा यही धर्म होता कि मैं उन्हें बताता कि इस निमंत्रण के पीछे छिपी मंशा क्या है?"

मैं चुप ही रही। मेरी गंभीर मुद्रा देखकर विदुर फिर बोले, "मैंने आधा तनाव आपको दे दिया। मैं कुछ हलका हुआ। इसका यह तात्पर्य नहीं है कि आप भी अपना आधा तनाव दूसरे को दे दें और स्वयं भी हलकी हो जाएँ। यदि यह स्थिति होगी तो तनाव का तनवा बढ़ता ही जाएगा। पूरा हस्तिनापुर उन तनावों के नीचे आ जाएगा। यह स्थिति आनेवाली स्थिति से भयंकर होगी।" विदुर सोचते रहे और बोलते गए, "मेरा संकेत देना भी व्यर्थ ही होता, क्योंकि युधिष्ठिर द्यूत के बहुत शौकीन हैं। वे मेरे संकेत पर कभी ध्यान न देते।"

अब सारी स्थिति मेरे सामने स्पष्ट थी। मेरा मौन अब और भी गंभीर हो गया।

विदुर का चिंतन चलता रहा, "लगता है, महर्षि व्यासजी की भविष्यवाणी सत्य सिद्ध होगी।... खैर, जैसी प्रभु की इच्छा। भवितव्यता को तो हम-आप रोक नहीं सकते। जो होना है वह तो होगा ही।"

मैंने अनुभव किया कि विदुर ने पूरी तरह परिस्थितियों के समक्ष घुटने टेक दिए हैं। कुछ देर बाद मैं वहाँ से चली आई।

अब मैंने भी 'चुप रहो और देखती रहो' की नीति अपनाई। इससे अधिक मैं और कर ही क्या सकती थी? मेरे मन पर विपरीत विचारों की धूप-छाँव पड़ती रही। मैं कभी सोचती, जो कुछ हो रहा है, वह ठीक नहीं। कभी विपरीत धारा की चपेट में आ जाती, 'क्यों नहीं ठीक है? जब सब ही अपने पुत्रों की भलाई सोचते हैं तब मैं क्यों नहीं अपने पुत्रों की भलाई सोचूँ? जब पांडु ने अपने पुत्रों के हित का ही खयाल किया तब मैं वही दृष्टिकोण क्यों न अपनाऊँ? आखिर मैं माँ पहले हूँ, और कुछ बाद में।'

अब मैं स्वयं को अपने भाई और पति के निकट पाती। अपने पुत्रों की कल्लोल करती प्रसन्नता से घिर जाती। मेरा यह विचार संसार मुझे अधिक आत्मीय, अधिक ममत्व भरा और अपना लगता।

धीरे-धीरे मुझे भी उत्सव की तैयारी की गंध अच्छी लगने लगी। कणिक ने जब बताया कि आपके कक्ष की भी सफाई होने वाली है, आपके विश्राम की व्यवस्था बगल के कक्ष में कर दी गई है, तब मैंने पूछा, "अभी वार्षिक सफाई का समय तो हुआ नहीं है, जो तुम्हारा अभियान मेरे कक्ष तक चला आया है!"

"यह वार्षिक सफाई नहीं है। यह उस उत्सव के लिए सफाई है, जो हस्तिनापुर को उत्कर्ष के शिखर पर ले जाने वाली है।"

□

आज इंद्रप्रस्थ के महाराज युधिष्ठिर का आगमन था। उनके स्वागत में राजपथ पर तोरण द्वार बनाए गए थे। बड़ी चहल-पहल थी। लोग बड़े प्रसन्न थे। पर सुखदा का कहना था कि इस प्रसन्नता में कहीं-कहीं वृद्धों और अनुभवियों की प्रतिक्रिया बड़ी शंकाकुल थी। उनका सोचना था कि जब वारणावत का राजभवन लाख-सा जल सकता है तब चौपड़ के पासों का विश्वास क्या!...प्रजा की यही आशंका प्रसन्नता की लहर पर तैल बिंदु-सा पसने लगी।

इसका आभास मेरे पुत्रों और शकुनि को भी लगभग हो गया। तभी उन्होंने द्यूतक्रीड़ा के समय अमात्यमंडल के सदस्यों और कुछ विश्वस्त अधिकारियों को छोड़कर किसी और को नहीं बुलाया। शकुनि का स्पष्ट कहना था कि 'यह द्यूत-क्रीड़ा केवल पारिवारिक मनोरंजन है। इसमें बाहरी लोगों की आवश्यकता क्या?'

पांडव पूरे परिवार के साथ आए थे। उन्हें अतिथिभवन में ठहराया गया था, जहाँ अन्य राजाओं को ठहराया जाता था। यह भी लोगों की आलोचना का विषय बना। आज पांडवों के लिए अपना ही घर अपना नहीं रहा।

मैंने सुना कि अतिथिभवन में पांडवों को बुलाने के लिए जाने से पहले

विदुरजी ने महाराज को बहुत समझाया था कि वह अपने पुत्रों की इस सलाह को न मानें; पर महाराज अपने निश्चय से टस से मस न हुए। अंततः उन्हें विवश होकर जाना पड़ा। यह बात भी परिस्थितियों से छनती-बचती आधी-अधूरी प्रजा में चली गई थी। इससे उसकी आशंकाओं को बल मिला। सुखदा ने तो इससे कुछ अधिक ही बताया था। अब मेरे मन में भी एक वात्याचक्र उठ रहा था। पर मैं क्या करती? जाल में फँसी हिरणी की तरह केवल छटपटाने के अतिरिक्त और क्या कर सकती थी? यदि कहने का साहस भी करती तो शकुनि मेरा मुँह बंद कर देता, 'तुम कैसी माँ हो, जो अपने पुत्रों की भलाई नहीं देख सकतीं! तुम्हें तो नागिन होना चाहिए था, जो अंडे देते ही उन्हें खा जाती है।'

उल्लास का मुखौटा लगाए हस्तिनापुर की यह संध्या मुझे तो गहन उदासी से भरी ज्ञात हो रही थी। पूरा राजभवन झिलमिलाती ज्योति से नहाया था; पर मेरे भाग्य में तो अँधेरा ही था।

प्रातः के कुछ बाद ही पांडु परिवार आ गया। भोजनोपरांत उन लोगों ने हम लोगों से मिलने का कार्यक्रम बनाया। मुझे सूचना मिली कि वे लोग ताऊजी का चरणस्पर्श कर महाराज के पास आ रहे हैं। मैं वहाँ चलने का विचार बना ही रही थी कि कुंती मेरे ही कक्ष में आ गई। मैंने ज्यों ही उसे अपने वक्ष से लगाया, वह लगी फूट-फूटकर रोने। उसके रुदन की संक्रामकता मुझे भी लगी। मैं भी रोने लगी। मुझे यह नहीं मालूम कि वह क्यों रो रही है; पर मैं रोती जा रही थी और वह भी।

कहते हैं, अश्रुपात से दृष्टि साफ हो जाती है, मन का कलुष धुल जाता है। अब ऐसा दिखाई देने लगा कि जो मुझसे लिपटी है वह केवल मेरी देवरानी ही नहीं है वरन् एक माँ भी है, जिसके पुत्र कल षड्यंत्र के नए जाल में फँसाए जाने वाले हैं—और वह मुझे उनका त्राता समझती है। पर वह मेरी सामर्थ्य और सीमाओं को नहीं पहचानती।

हमारे रुदन का मौन संवाद चलता रहा। कक्ष के एकांत ने हमारा बहुत देर तक साथ दिया। अंत में सुखदा आ गई। उसने हमें छुड़ाया, बैठाया और आँसू पोंछे।

हम दोनों बैठे ही थे कि तब तक पांडव आ गए। मेरे पाँव छूकर वे वहीं जमीन पर बैठ गए।

"ताईजी, जो शांति मुझे इस कक्ष में मिलती है वह इस राजभवन में भी नहीं मिलती।" युधिष्ठिर ने कहा।

मैं मुसकरा पड़ी।

वह फिर बोला, "इससे भी अधिक शांति तुम्हारी गोद में है। तुम्हें याद है,

बड़ी माँ, बचपन में जब मैं इधर आता था, उछलकर तुम्हारी गोद में बैठ जाता था। तुम धीरे-धीरे मेरा सिर सहलाती थीं और मुझे नींद आ जाती थी।''

बातें चल ही रही थीं कि इसी बीच शकुनि ने कक्ष में प्रवेश किया। उसे देखते ही पांडव परिवार एकदम खड़ा हो गया। जैसे अजगर को आते देखकर घोंसले के सारे पक्षी फड़फड़ाकर भागने लगते हैं वैसे पांडव कक्ष से बाहर जाने लगे।

शकुनि ने उन्हें रोकते हुए कहा, ''आप लोगों ने सबका आशीर्वाद प्राप्त कर लिया?''

''सबका तो प्राप्त कर लिया, पर पता नहीं, आपका आशीर्वाद मिला या नहीं!'' युधिष्ठिर ने कहा।

''अरे, मेरा आशीर्वाद अपने भानजों के लिए नहीं होगा तो किसके लिए होगा!'' शकुनि हँसते हुए बोला। उसका कथन भी बड़ा छलपूर्ण था। पता नहीं पांडवों ने समझा या नहीं।

भीम पहले से ही कुड़बुड़ा रहा था। उसे शकुनि से बात करना भी अच्छा नहीं लगता था। ''अच्छा, अब चलिए।'' युधिष्ठिर का हाथ खींचते हुए वह बोला।

फिर कुछ क्षणों तक शकुनि मौन रहा। शायद वह मुझे बड़े गौर से देख रहा था। ''तेरी आँखों पर पड़ी पट्टी गीली हो गई है। लगता है, तू रोई है।''

''रोई ही नहीं, काफी रोई हूँ।''

''क्यों?''

मैंने सारी स्थिति बता दी।

''तू कैसी माँ है, तुझे तो पत्थर होना चाहिए, पत्थर!''

''इसीलिए तो हम अभिशप्त हैं। एक नारी, और विशेषकर एक माँ, कभी पत्थर नहीं हो सकती। बहुत होगा तो वह हिमखंड हो सकती है। जरा से ताप से गलने लगेगी। उसका हृदय मोम का होता है। यदि तुमने उसमें प्रेम की वर्तिका लगाई तो वह तुम्हें प्रकाश देगी अवश्य, पर स्वयं गलती रहेगी, जलती रहेगी। जहाँ तुम्हारा प्रेम ईर्ष्या-द्वेष में बदला, वहाँ वह भभककर भस्म कर देगी। बाद में भले ही राख हो जाए।''

''मैं नहीं जानता कि तू नारी स्वभाव के बारे में कह रही है या मुझे शाप दे रही है।''

''तू जो समझ।''

''यदि मुझे शापित कर रही होगी तो भी तेरा शाप मुझे नहीं लगेगा।'' शकुनि

बड़े विश्वास से बोला, "क्योंकि मैं जो भी कर रहा हूँ, तेरे पुत्रों के लिए ही कर रहा हूँ।"

अब मुझे पूर्णरूप से लगा कि किसी षड्यंत्र की अवतारणा हो रही है।

दूसरे दिन मध्याह्न के बाद द्यूतक्रीड़ा आरंभ होने वाली थी। प्रातः से ही राजभवन परिसर में सामान्यजन का प्रवेश निषेध हो गया था। कहा गया कि यह क्रीड़ा पारिवारिक है, इसमें बाहरी व्यक्ति की उपस्थिति वर्जित है। इस सूचना से सारा हस्तिनापुर गंभीर हो गया। राजभवन का उल्लास भी थरथराने लगा।

आयोजन राजभवन के मुख्य सभागार में रखा गया था। प्रातः से ही उसे सजाया गया था। राजतिलक जैसे अवसरों पर प्रयुक्त होनेवाले बहुमूल्य सिंहासन, मंचक और आस्तरण कोषागार से निकाले जा रहे थे। दोपहर तक सभागार भीतर और बाहर से जगमग हो गया।

सभागार के मध्य में चतुर्भुजाकार विशाल मंच पर द्यूतक्रीड़ा की व्यवस्था की गई थी। इस मंच के चारों ओर बड़े-बुजुर्गों के लिए अर्द्धचंद्राकार रूप में मणिजड़ित सिंहासन चौकियों पर लगाकर उनकी ऊँचाई बराबर कर दी गई थी, जिससे उसपर आसीन व्यक्ति इस क्रीड़ा का भरपूर आनंद ले सकें।

जब सुखदा ने यह सारी व्यवस्था बताई तब मेरा मन वहाँ चलने के लिए विकल हो उठा; पर युगधर्म के अनुसार ऐसे आयोजनों में महिलाओं का प्रवेश वर्जित था। हमारी पहुँच केवल चाँदनी तक थी, चंद्रमंडल तक नहीं।

मेरे परिचारक ने बताया, "सभागार के बगल के छोटे कक्ष में मेरे लिए व्यवस्था की गई है। आप वहाँ के वातायन से झाँक सकती हैं। उसपर एक झीना परदा पड़ा रहेगा।"

"जिसकी आँखों पर स्वयं परदा पड़ा है, उसके लिए दूसरे परदे क्या करेंगे।"

मेरी विवशता पर वह भी द्रवित हो गया होगा।

□

भोजन के बाद वहाँ लोग उपस्थित होने लगे। राजकर्मचारी और अमात्य मंडल के सभी सदस्य पहले से ही आ गए थे। आचार्यों के साथ ही विदुर भी आए। फिर वही महाराज को बुलाकर ले गए। महाराज के साथ ही मेरे पुत्र भी थे।

पांडवों को लेने के लिए शकुनि को दुर्योधन ने भेजा और स्वयं विदुर के साथ ताऊजी को बुलाने गया।

भीष्मजी के आते ही सभामंडप में गंभीरता छा गई। सबने खड़े होकर उनका अभिवादन किया।

मैं भी सुखदा के साथ अपने कक्ष में वातायन के निकट चंद्रमा से दूर चाँदनी से लिपटकर बैठ गई। वातावरण के भारीपन से भरे हृदय की धड़कन कुछ तेज हो गई। ऐसा लगने लगा कि कुछ वैसा होने जा रहा है जैसा नहीं होना चाहिए था। अचानक मुझे कुंती की याद आई। मैंने सुखदा से उसके बारे में पूछा। उसने पता लगाकर बताया कि विदुरजी की पत्नी उन्हें अपने यहाँ ले आई हैं।

फिर शुभ घड़ी में एक नितांत अशुभ कार्य आरंभ हुआ। पांडवों को मंच पर द्यूतक्रीड़ा के लिए आमंत्रित किया गया। युधिष्ठिर अपने भाइयों के साथ मंच की ओर बढ़े तो सही, पर नितांत शंकित भाव से। मंच पर आकर भी उन्होंने कहा, "आपके आदेशानुसार हम उपस्थित तो हो गए हैं, पर हम एक अनुचित कार्य करने जा रहे हैं। शास्त्रों ने द्यूतक्रीड़ा को सबसे जघन्य क्रीड़ा कहा है। इतिहास देखें तो इस क्रीड़ा का अंतिम परिणाम अनर्थ रहा है।"

"फिर आपने हस्तिनापुर के इस निमंत्रण को स्वीकार क्यों किया?" यह आवाज कर्ण की थी। मुझे आश्चर्य था कि सदा अनीति और कुचक्र का विरोध करनेवाले कर्ण के मुख से यह प्रश्न निकला कैसे!

भीम बड़े आवेश में उठा।

युधिष्ठिर ने उसे पकड़कर बैठाते हुए डाँटा, "प्रश्न मुझसे पूछा गया है और उत्तर तुम दोगे, बहुत बड़े ज्ञानी बन गए हो।"

भीम कुड़बुड़ाकर रह गया।

तब युधिष्ठिर ने मुसकराते हुए कहा, "बात यह है कि हस्तिनापुर का यह प्रथम निमंत्रण था। इसे अस्वीकार करने का तात्पर्य था, मित्रता की एक अच्छी शुरुआत का गला घोंट देना। इसलिए हम लोगों ने सोचा, चलो, हम किसी बहाने बुलाए तो गए।"

"...और आप आ गए। हम अनुगृहीत हुए।" दुर्योधन ने बड़े व्यंग्यात्मक ढंग से कहा।

शकुनि ने अनुभव किया कि दुर्योधन के बोलने का ढंग ठीक नहीं है। स्थिति बिगड़ सकती है। उसने तुरंत सँभाला, "आपने ठीक ही सोचा, हम लोगों ने भी इसे मित्रता शुरू करने के उपाय के रूप में ही लिया है। बहुत सोच-समझकर इस द्यूत-क्रीड़ा की योजना बनाई गई है। सोचा यह गया कि आपको द्यूतक्रीड़ा का शौक है और आप हमारे आमंत्रण को अस्वीकार नहीं करेंगे।"

मेरे पुत्रों में एक हलकी हँसी उभरी। सुखदा ने बताया कि युधिष्ठिर भी मुसकरा रहे हैं।

"इसमें हारने और जीतने की संभावनाएँ बराबर बनी रहती हैं।" शकुनि

बोला, "हाँ, यह अवश्य है कि जिन्हें धन का विशेष मोह हो उन्हें इस क्रीड़ा में भाग नहीं लेना चाहिए।" फिर वह कुछ समय के लिए रुका। उसका मौन मानो यह कह रहा हो, यदि आपको अपने धन का विशेष लोभ हो तो मत खेलिए।

शकुनि अपनी दुष्ट मुसकराहट के बीच बोलता रहा, "शास्त्रों में जहाँ द्यूत को अच्छा नहीं कहा गया है वहीं धन पर विशेष मोह की भी सराहना नहीं की गई है।"

इस वैचारिक घेरेबंदी के बाद भी युधिष्ठिर की खेलने की इच्छा नहीं थी; फिर भी परिस्थितियों के दबाव का अनुभव करते हुए उन्होंने खेलना स्वीकार किया और मुसकराते हुए पूछा, "मेरा मुख्य प्रतिपक्षी कौन है ?"

कौरवों ने करतलध्वनि से इस घोषणा का स्वागत किया। सुखदा ने बताया कि युवराज दुर्योधन शकुनि को खींचते हुए आगे ले जा रहे हैं।

वह शकुनि को क्यों ले जा रहा है ? मेरा तो माथा ठनका। तब तक दुर्योधन की आवाज सुनाई पड़ी, "पासे मामाजी फेंकेंगे और दाँव मैं लगाऊँगा।"

हे भगवान्, यह क्या हो रहा है ? मेरी धड़कन बढ़ी। यह शकुनि के नहीं, वरन् एक दैत्य के मायावी पासे थे, जो शकुनि के हाथ से कभी उलटे नहीं पड़ते। पांडव बेचारे तो लूट लिये जाएँगे।

"यह कैसे हो सकता है कि पासे फेंकनेवाला कोई हो और दाँव लगानेवाला कोई और ?" भीम तुरंत खड़ा हुआ, "यह द्यूतक्रीड़ा के नियम के विरुद्ध है।"

"मेरे भानजे, द्यूतक्रीड़ा का कोई नियम भी है, यह तो हमें नहीं मालूम। हाँ, यह अवश्य मालूम है कि मित्रता का कोई नियम नहीं है। नियम तो प्रेम के बीच दीवार बनकर खड़ा होता है।" शकुनि बोलता रहा, "यह तो मन माने करने की बात है। यदि आपका मन कहता है तो मैं पासे फेंकूँ, अन्यथा..."

युधिष्ठिर की सरलता शकुनि की बातों में आ गई। द्यूत होने लगा। मेरी आशंका भयानक रूप से साकार हुई। युधिष्ठिर दाँव पर दाँव हारता चला गया। हर दाँव पर मेरे पुत्रों का उल्लास भरा कोलाहल उभरता रहा। उधर युधिष्ठिर की खिजलाहट बढ़-चढ़कर दाँव लगाती चली गई।

मैंने घबराहट में सुखदा से पूछा, "ताऊजी आदि वयोवृद्ध क्या कर रहे हैं ? कोई उन्हें रोकता क्यों नहीं ?"

"सभी बड़े शांतभाव से बैठे हैं। कोई प्रसन्न नहीं दिखता। पर कोई बोल नहीं रहा है। हाँ, केवल विदुरजी में कुछ कनमनाहट अवश्य है।" सुखदा बोली।

तब तक विदुरजी की आवाज सुनाई पड़ी, "महाराज, मुझसे यह अनर्थ देखा नहीं जा रहा है। महामात्य होने के कारण मैं अपनी राजसत्ता का विनाश देख नहीं

सकता। जो कुछ हो रहा है, उसमें मुझे इस परिवार के महाप्रलय की विभीषिका दिखाई दे रही है।'' इतना कहते-कहते विदुर एकदम आवेश में आ गए, ''यह दुर्योधन कुलक्षणी है। आपको याद होगा कि गर्भ से निकलने के बाद जब इसमें चेतना आई तब इसने गीदड़ के जैसी ध्वनि की थी। यह पूरे वंश का नाश कर देगा।

''मैं जानता हूँ कि जीत के उन्माद में कोई मेरी बात नहीं सुनेगा। यह हमारी प्रतिष्ठा की मरणासन्न अवस्था है। मरणासन्न को ओषधि अच्छी नहीं लगती। प्रतिशोध की मदिरा विवेक का नाश कर देती है।'' वह आवेश में यहाँ तक बोल गए कि ''आपको ऐसे कुकर्मी पुत्रों का त्याग कर देना चाहिए।'' उन्होंने इस संदर्भ में इतिहास से कई उदाहरण भी दिए।

यद्यपि विदुर का सारा आक्रोश मेरे पुत्रों के विरोध में था। उनकी माँ होने के कारण वह मेरे विरोध में भी था, फिर भी मुझे बड़ा संतोष मिला। अनीति के इस घोर अंधकार में कहीं तो प्रकाश की किरण है।

अब दुर्योधन ने उसका विरोध करते हुए मर्यादा की सारी सीमाएँ तोड़ दीं, ''आप कैसे महामात्य हैं, जो अपने युवराज का हित नहीं सोचते! आपने सदा मेरा विरोध किया है और मेरे विरोधियों का पक्ष लिया है।'' उसने यहाँ तक कहा, ''तुम इस परिवार के पाले गए साँप हो, अभी तक तो फुफकारते ही रहे। हम लोगों को विश्वास नहीं था कि तुम हमें डस भी सकते हो। महाराज को सदा तुमसे सावधान रहना चाहिए। अब तुम्हीं सोचो, तुम्हारे जैसे व्यक्ति को हमारा महामात्य होना चाहिए!''

विदुर और आवेश में आ गए। उन्होंने भी वास्तविकता का भयानक चित्र खींचा।

इधर यह विवाद चल रहा था, उधर शकुनि अगली चाल के लिए उतावला था। उसने युधिष्ठिर से कहा, ''अरे, उस ओर ध्यान देने की आवश्यकता नहीं, चाचा-भतीजे का ऐसा विवाद तो यहाँ आएदिन होता रहता है। हम अपने कार्य में लगें, उन्हें अपना कार्य करने दें।...हाँ, अब आप दाँव लगाइए।''

युधिष्ठिर दाँव लगाता गया और शकुनि के मायावी पासे अनुकूल पड़ते गए। युधिष्ठिर की आँखों पर जैसे किसीने परदा डाल दिया था। वह यह भी न सोच पाया कि बार-बार पासे शकुनि के पक्ष में ही क्यों पड़ते जा रहे हैं? एक बार भी उसके पक्ष में क्यों नहीं पड़े?

हारते हुए जुआरी का पागलपन उसपर सवार था। वह एक के बाद एक सबकुछ हारता चला गया। यहाँ तक कि वह अपने भाइयों को भी हार गया और अंत

में अपने को भी। कौरव उछलने-कूदने लगे। पर सारी सभा सकते में थी—एकदम शांत, स्तब्ध, जैसे किसीके मुख में जबान तक न हो।

"यह तो अनर्थ हो गया, महारानीजी!" सुखदा बोली।

"और इससे भी विचित्र यह है कि किसी भाई ने चूँ तक नहीं किया। भाइयों के अनुशासन का यह अद्‌भुत उदाहरण है।"

"यह अनुशासन नहीं, दासता है।" सुखदा ने कहा, "जब विवेक पराधीन हो जाता है तब यह स्थिति आती है।"

सुखदा को मैं उत्तर देती, इसके पहले ही शकुनि की आवाज सुनाई दी, "अब तो तुम सबकुछ हार गए, अब तुम्हारे पास रहा क्या है?"

कुछ क्षणों के लिए स्तब्धता भी जैसे पथरा गई हो। सुखदा ने बताया कि कर्ण को लेकर युवराज दुर्योधन अपने भाइयों से मंत्रणा कर रहे हैं। तभी फिर शकुनि की आवाज सुनाई दी, "अभी भी तुम्हारे पास एक महत्त्वपूर्ण संपत्ति है—और वह है द्रौपदी। स्त्री पुरुष की संपत्ति ही होती है।"

"अरे, सब पागल हो गए हैं, सुखदा।" मैंने कहा, "स्त्री पुरुष की संपत्ति नहीं है। वह उसकी अर्द्धांगिनी है। अग्नि आदि देवताओं के समक्ष पुरुष उसे शपथपूर्वक स्वीकार करता है।"

"यदि मैं द्रौपदी को लगाऊँ और तुम हार गए तब? उसके बदले में क्या दोगे?"

"जो आप माँगेंगे, मुँहमाँगा दिया जाएगा।" दुर्योधन बोला।

'अरे, पहले तू जीतेगा तब न!' मैं उसी वातायन से चीखना चाहती थी, पर अचानक जैसे किसीने मेरी जबान पकड़ ली।

और युधिष्ठिर यह दाँव भी हार गया। अजीब कोलाहल उठा। कर्ण तो जैसे उछल पड़ा। मेरे पुत्र भी नाच उठे। कुछ लोग जोर-जोर से बोलने लगे। पर हो-हल्ला में कुछ सुनाई नहीं दिया। केवल दुर्योधन की चीख सुनाई पड़ी, "प्रातिकामी को बुलाओ। वह अभी, इसी समय द्रौपदी को ले आए।"

हे भगवान्, अब क्या होगा? मेरे पुत्र पागल हो गए हैं। मैंने दोनों कानों पर हाथ रख लिये। आँखें तो पहले से ही बंद हैं, अब कान भी सुन्न हो जाते तो कितना अच्छा होता। न कुछ देखती, न कुछ सुनती।

मैं निकट के पर्यंक पर ढुलक गई। मुझे ऐसा लगने लगा जैसे सारी सृष्टि बड़ी तेजी से घूम रही है। ग्रह-नक्षत्र टूट-टूटकर गिर रहे हैं।

तब तक सुखदा ने मेरे कान के निकट आकर कहा, "प्रातिकामी लौट आया।"

मैंने सोचा, भगवान् ने शायद मेरी सुन ली। पर दुर्योधन कब माननेवाला था। उसपर तो जैसे भूत सवार था। उसने चीखते हुए दुःशासन से कहा, "अभी जाओ और उस कुलटा को ले आओ! न आए तो घसीटते हुए लाओ।"

उसके 'कुलटा' कहने पर किसीने कहा, "अरे, यह क्या कह रहे हो? द्रौपदी तुम्हारी भाभी है।"

"जो स्त्री पाँच-पाँच पुरुषों को अपना पति बनाए हो, वह कुलटा नहीं तो और क्या है?" यह आवाज कर्ण की थी।

हाय री प्रतिहिंसा! तू कितनी निर्दयी, कितनी कठोर और कितनी निष्ठुर है!

□

आज मुझे पहली बार अनुभव हुआ कि मैंने आँखों पर पट्टी न बाँधकर यदि उन्हें फोड़ लिया होता तो अधिक अच्छा होता; क्योंकि यह वह दृश्य था, जो मुझे नहीं देखना चाहिए था। वह दृश्य पट्टी को फाड़कर मेरे भीतर चला आया था और चीखते हुए कह रहा था, 'मुझे देखो, मैं तुम्हारे जीवन का दुर्भाग्य हूँ। मुझे देखना पड़ेगा, मुझे सुनना पड़ेगा। तुम्हारा पुत्र दुःशासन अपनी भाभी के केश पकड़कर घसीटता ले आया है और तुम्हें दिखाई नहीं दे रहा है? तुम्हें सुनाई नहीं दे रहा है? यह कैसे हो सकता है!

'यह सही है कि वह द्रौपदी है। तुम्हारे पुत्रों का उसने तिरस्कार किया है। पर इससे भी अधिक वह एक नारी है। आज नारी की अस्मिता घसीटकर लाई गई है। उसे भरी सभा में नग्न किया जा रहा है। वह अपनी रक्षा के लिए गुहार लगा रही है। ...अपनी रक्षा के लिए ही नहीं वरन् न्याय के लिए भी वह गुहार लगा रही है, 'बताइए, मेरे पति जब स्वयं को पहले हार गए हैं तब उन्हें मुझे दाँव पर लगाने का क्या अधिकार था?' भीष्म जैसा व्यक्तित्व भी इस प्रश्न का सही उत्तर देने से टाल-मटोल कर रहा है। आज क्या हो गया है हस्तिनापुर की इस सभा को? क्या हो गया है नहुष, ययाति और भरत के इस सिंहासन को?

'अपनी पट्टी पड़ी आँखों से देखो, कान खोलकर सुनो—दुर्योधन और कर्ण की प्रतिहिंसा किस निम्न स्तर पर उतर सकती है! अब दुःशासन उसका चीर खींचने लगा है। हस्तिनापुर का प्रतिक्रियाशून्य सिंहासन पथाए कान और अंधी आँखें लेकर अप्रत्याशित रूप से मौन है। भरी सभा में नग्न होती एक नारी ईश्वर को पुकार रही है, 'कृष्ण, कृष्ण!' महायोगी, विश्वात्मन्, विश्वभावन को पुकार रही है। ...अरे, यह क्या हुआ? दुःशासन थककर गिर क्यों गया? वह काँप क्यों रहा है? उसे कुछ अवश्य दिखाई दे रहा है। यह कैसा चमत्कार है? जो दुःशासन भीम की इस प्रतिज्ञा

पर भी हँस रहा था कि उसकी छाती फाड़कर उसके रक्त से द्रौपदी के केशों का अभिसिंचन करूँगा, वही दुःशासन पीपल के पत्ते की तरह कंपित है। फिर भी तू चुप बैठी है! एक नारी की अस्मिता लुट रही है और तू किंकर्तव्यविमूढ़ है।

'ध्यान से सुनो, अनर्थ की धुन सुनाई पड़ रही है। श्वानों और श्रृगालों के रोने की ध्वनि, गर्दभों के रेंकने की ध्वनि।'

मैं एकदम क्रोध-विह्वल हो उठी। तुरंत लड़खड़ाते हुए खड़ी हुई। एक झोंके की तरह उधर आगे बढ़ी जिधर महाराज का सिंहासन था। दूर से ही चिल्लाकर मैंने सुखदा से कहा, जिससे मेरे पति भी सुन लें, "लगता है, मेरा पति अंधा होने के साथ-ही-साथ बहरा भी हो गया है। उसे द्रौपदी का विलाप सुनाई नहीं दे रहा है। उसके प्रभावशाली तर्क पथराई सभा से टकराकर लौट आ रहे हैं। उनकी ध्वनि-प्रतिध्वनि विस्फोटक होती जा रही है। मेरे पति से कहो—रोते श्वान, श्रृगाल और गर्दभों के मुख से निकली अनर्थ की आवाज सुनें।"

मेरी आवाज इतनी तेज थी कि द्रौपदी ने भी सुन ली। वह सभा से निकलकर मेरे पास आई और एकदम मुझसे लिपट गई। अन्याय और अनीति की इस मार पर भी वह विह्वल थी, "ताईजी, मेरे योगिराज कृष्ण ने मेरी लाज रख ली। उस नीच को मेरे चीर का अंत नहीं मिला। अब मैं तुम्हारी शरण में हूँ।" वह फूट-फूटकर रोने लगी।

शीघ्र ही विदुर को साथ लेकर मेरे पति भी आ गए। अब मेरा क्रोध उन्हींके सामने उबल पड़ा, "आपकी सभा भी आप ही की तरह अंधी और बहरी हो गई है। उसकी बुद्धि को पाला मार गया है। विदुरजी का समझाना तो व्यर्थ गया ही, वधू का तर्क भी अरण्यरोदन हो गया! जानते हैं, जिस सभा में नारी का शील-हरण होता है और वृद्धजन टुकुर-टुकुर ताकते हैं, वहाँ ऐसा ज्वालामुखी फूटता है जिसमें सबकुछ भस्म हो जाता है। लाक्षागृह में जले हुए लोगों का शव तो मिला था, पर इस विस्फोट में हम ऐसे भस्म होंगे कि हमारी राख तक नहीं मिलेगी।"

मेरे विरोध और विनाश की आशंका से मेरे पति भी काँप उठे। बोले, "मैं क्या करूँ? दुर्योधन मानता ही नहीं है।"

"तो ऐसे पुत्र का परित्याग कर दीजिए।" मैंने आक्रोश में कहा, "अरणि से उत्पन्न अग्नि जैसे पूरे अरण्य का नाश कर देती है वैसे यह पुत्र भी हमारा नाश कर देगा।"

उनपर सार्थक प्रभाव हुआ। उन्होंने द्यूत के परिणामों को निरस्त कर दिया और अपने पुत्रों को समस्त जीती हुई वस्तुओं को तुरंत लौटाने का आदेश दिया।

विरोध में दुर्योधन खड़ा हुआ। वह कहना चाहता था कि यह कैसे होगा! पर महाराज की कड़कती आवाज के सामने वह भी बुझ गया, "द्यूतक्रीड़ा का आयोजन आपसी सौहार्द के लिए हुआ था। अपने भाइयों की सत्ता हड़पकर दास बनाने के लिए नहीं।"

□

महाविनाश की भूमिका लिखकर एक भूकंप निकल गया और छोड़ गया एक आतंकपूर्ण उदासी। हर आकृति उदास और खोई-खोई सी। जो जीते, वे भी हारे और जो हारे, वे हारे तो थे ही।

सुना कि राजकीय अतिथिभवन में जहाँ पांडव ठहरे थे, काफी भीड़ जुटी थी; पर किसलिए, भीड़ के लोग भी नहीं जानते थे। जब पांडवों ने उनका अभिनंदन किया तब लोग 'धन्य-धन्य' कर उठे। उनमें से किसीने कहा, "हमें ज्ञात नहीं कि आप यहाँ क्यों आए हैं; हम तो बस इतना जानना चाहते हैं कि आप यहाँ क्यों आए हैं? चोट खाया श्वान भी फिर वहाँ नहीं आता। लाक्षागृह की घटना के बाद भी आप यहाँ आ गए! धन्य हैं आप और धन्य है आपकी सहजता।"

युधिष्ठिर मुसकराते हुए लोगों को सुनते रहे, फिर बड़ी शालीनता से बोले, "यहाँ हमारे बड़े-वृद्ध हैं। यहाँ हमारे संकल्पमूर्ति महाप्रतिज्ञ पितामह हैं। यहाँ हमारे अनुभवसिद्ध ताऊजी हैं, महानीतिज्ञ विदुरजी हैं और यहाँ हमारे एक नहीं, सौ-सौ योग्य भाई हैं। यहाँ का हमने अन्न खाया है, यहाँ की वायु का हमारे श्वास में प्रथम प्रकंपन हुआ है। यह हमारी जन्मभूमि है। यहाँ से हमारा नाता कैसे टूट सकता है! हमें तो बार-बार आना चाहिए; पर हम तो बुलाने पर आए हैं। इसका हमें दुःख है।"

लोग फिर 'धन्य-धन्य' कर उठे। पर इस धन्यता के पीछे सत्य वही था, जिसे उन्होंने पहले व्यक्त किया था। इस तरह का संकेत विदुरजी ने भी उन्हें दिया था कि मृग जाल से छूटते ही अपने स्थान की ओर भागता है। आप लोग भी भयानक संकट से छूटे हैं।

विदुर का यह संकेत सुनने के बाद कुंती मेरे पास आई थी। वह मुझसे लिपटकर लगी रोने। इस बार वही रो रही थी, मैं नहीं। इस बार उसके आँसू में कृतज्ञता थी, आभार था और थी प्रत्युपकार की भावना।

मैंने उसे हटाया नहीं। उसका रोना मुझे संतोष दे रहा था। उसके आँसू मन की सीपी में मोती बनते जा रहे थे। जब उसने मुझे छोड़ा तब तन तो नहीं, पर मन पूरी तरह भीग चुका था। वह समझ नहीं पा रही थी कि यदि मैं न होता तो उसके

परिवार की क्या दशा होती। आभार व्यक्त करने के लिए उसके पास शब्द नहीं थे, केवल आँसू थे। उन्हें उड़ेलकर वह हलकी हो चुकी थी। अंत में चलते समय उसने बस इतना ही कहा, "आपकी ऐसी ही छाया हमारे परिवार पर बनी रहे। अब देखिए, कब भेंट होती है!"

"क्यों, आज ही जा रही हो?" मैंने कहा, "ऐसी जल्दी क्या है?"

भयभीत मृगी की तरह उसने मेरी ओर देखा। फिर धीरे से बोली, "विदुरजी का कुछ ऐसा ही संकेत है कि हम लोग यथाशीघ्र चले जाएँ।"

इसी बीच सभी पांडव विदा का आशीर्वाद लेने आ गए। युधिष्ठिर तो चरण छूते ही मुझसे लिपट गया और बोला, "ताईजी, मुझे आज भी आपकी गोद से चिपककर बचपन याद आता है।"

अब मेरी आँखें पसीज गईं।

पांडव अपने पितामह और ताऊजी के यहाँ से होते हुए आए थे और कुंती सीधे मेरे यहाँ चली आई थी।

विदुर द्वारा पांडवों को चले जाने का संकेत दिए जाने से मैं फिर उद्विग्न हो उठी। मुझे लगा कि षड्यंत्र का नया अध्याय लिखा जा सकता है। अब ध्यान आया कि इतनी बड़ी घटना हो गई, पर मेरे परिवार का कोई मुझसे मिलने नहीं आया—न भाई और ने बेटे। किसीने भी अपनी प्रतिक्रिया मुझसे व्यक्त नहीं की। किसीने भी मेरी भूमिका के प्रति अपनी सहमति या असहमति का आभास नहीं दिया। क्या यह मेरी उपेक्षा नहीं थी?

पांडव चुपचाप लौट गए। हस्तिनापुर के लोगों को बाद में पता चला, जब वे नगर के बाहर चले गए थे। लोगों को आश्चर्य हुआ। ऐसी मौन और सूनी-सूनी विदाई की लोगों को कल्पना नहीं थी। राजभवन में एक विचित्र ढंग का आक्रोश था। सुखदा ने बताया, "लोग आपसे नाराज हैं।"

"यह तुझे कैसे मालूम?"

"अमात्य कणिक ने बताया है। उन्होंने यह भी कहा कि आज शाम महाराज के कक्ष में लोग एकत्र होंगे और आगे की योजना बनाई जाएगी।"

"इसका तात्पर्य है कि मुझे वहाँ संध्या के पहले ही पहुँच जाना चाहिए।" मैंने कहा।

"मेरी राय से तो आपको नहीं जाना चाहिए।" सुखदा बोली, "आपको इसकी कोई सूचना नहीं दी गई है। आप अनजान बनी रहिए।"

सुखदा की सलाह मुझे ठीक लगी। सुखदा भी बड़ी उलझन में थी। वह यह

नहीं सोच पा रही थी कि कणिक ने योजना संबंधित सूचना मुझे ही क्यों दी? अवश्य ही परदे के पीछे कोई और दु:खांत नाटक रचा जा रहा है।

मैंने सुखदा से कहा, "तुम्हारी सलाह मानकर मैं अनजान बनी पड़ी हूँ। तुम अपने सूत्रों से गतिविधि का पता लगाती रहो।"

संध्या हो गई थी। दीप जलाकर परिचर चले गए थे। मेरी अन्य दासियाँ भी चिंतित थीं; क्योंकि मैं आज सांध्य भ्रमण के लिए भी नहीं निकली। वे सभी समझ गईं कि मैं आज कुछ अस्वस्थ हूँ।

वस्तुत: मन तो सुखदा की ओर लगा था कि वह क्या समाचार लाती है? आज महाराज के कक्ष में हो रही गुप्त मंत्रणा का निष्कर्ष क्या होता है?

ज्यों-ज्यों समय बीतता गया, मेरी घबराहट बढ़ती गई। उद्विग्नता द्वारा घेर लिये जाने पर मैं आत्मचिंतन में चली जाती। सोचने लगती, मेरा जीवन भी क्या है। मैं चंदन के बिरवे-सी अंकुरित हुई—सुरभि बिखेरने के लिए। पल्लवित होते ही सर्पों द्वारा घेर ली गई। फुफकारों को झेलते और सहते हुए विकसित होती रही। परिस्थितियों द्वारा काट दी जाती रही, बाँट दी जाती रही। फिर भी मुझे यह सोचकर संतोष था कि मेरा जीवन सुरभित पवित्रता को समर्पित है।...पर गांधार से निकालकर हस्तिनापुर के जिस कीचड़ में पुन: आरोपित की गई, वहाँ दुर्गंध के सिवा कुछ नहीं था। वहाँ मेरा वरदान भी अभिशाप सिद्ध हुआ। मेरे सौ पुत्र ही मेरे आँचल में अंगारे बने। अब क्या इन अंगारों का ताप झेलते हुए ही मुझे जीना होगा?

मैं सोचती गई, सोचती गई। बाहर से शव-सी स्थिर और भीतर से छटपटाती हुई पलंग पर पड़ी रही। कुछ देर बाद सुखदा आई—उदास, फीकी-फीकी सी, जैसे वह स्वयं द्यूत में हार गई हो।

मैंने पूछा, "क्या हुआ?"

"वही हुआ, जो नहीं होना चाहिए था।" उसने कहा और मेरे सिर की ओर धरती पर बैठकर धीरे-धीरे वह विस्तार से बताने लगी, "पता चला है कि युवराज ने महाराज को बहुत कोसा है। ऐसी-ऐसी बातें कहीं कि क्या बताऊँ! उन्होंने कहा, 'केवल आपकी नासमझी से मुट्ठी में आई चिड़ियाँ उड़ गईं, जाल में फँसे मृग निकल भागे। आप जैसा नासमझ पिता तो खोजने पर भी नहीं मिलेगा, जिसने कभी अपने पुत्रों का हित नहीं चाहा। आप क्या समझते हैं कि अब कभी पांडव हाथ में आने वाले हैं!'

"सुना है, इसपर शकुनि ने कहा, 'रक्त की एक बूँद गिराए बिना ही हमें सारा राज्य मिल गया था। अब आप ही सोचिए, इतनी अच्छी स्थिति में आपके पुत्र कभी होंगे?'

" 'मैं क्या करता? अशुभ होने लगे थे। मैं सोच में पड़ गया। गांधारी ने आकर मुझे और भी भयभीत कर दिया। तुम्हीं लोगों की भलाई के लिए मैं उसकी बातों में आ गया।'

" 'और हो गया आपका अहित!' कर्ण बोला, 'जिस राजा की बुद्धि पर उसकी पत्नी शासन करती है, उसका यही परिणाम होता है।' "

"यह कर्ण ने कहा? उस सूतपुत्र का इतना साहस हो गया!" मुझे क्रोध आ गया।

सुखदा ने मुझे शांत करते हुए बताया, "हो सकता है, उसने न कहा हो। मैं तो दूसरे की सुनी-सुनाई कह रही हूँ।"

मैं चुप हो गई। कर्ण के संबंध में सोचने लगी। मेरे मन में कर्ण का जो चित्र था, यह बात उसके प्रतिकूल बैठती थी। किंतु द्यूतक्रीड़ा के समय भी तो उसका तेवर उसके अनुकूल नहीं था। हो सकता है, द्रौपदी के प्रति उसकी प्रतिहिंसा का ही यह परिणाम हो।

मैंने फिर बात चलाई, "आखिर इस गुप्त मंत्रणा का अंतिम निर्णय क्या था?"

"निर्णय यही था कि पांडवों को फिर बुलाया जाय और उन्हें फिर द्यूतक्रीड़ा के लिए प्रेरित किया जाय।"

"यह कैसे हो सकता है? चोट खाए पांडवों पर अब कौन सी मोहिनी चलाई जा सकती है?" मैं बोली।

"निर्णय तो यही हुआ, महारानीजी, कि प्रातिकामी को शीघ्र दौड़ाया जाए। अभी पांडव मार्ग में ही होंगे। उन्हें महाराज का संदेश दिया जाय कि 'जो कुछ हुआ वह अच्छा नहीं हुआ; पर जब अनर्थ अपनी सीमा पर पहुँच गया तब मैंने हस्तक्षेप किया। प्रभु की कृपा से मेरे पुत्रों ने मेरी राय मान ली। अब तुम लोगों का यहाँ से चुपचाप चले जाने का प्रभाव प्रजा पर अच्छा नहीं पड़ा। उनमें कुछ ऐसी सोच उभर रही है कि द्यूतक्रीड़ा का यह आयोजन मैत्री के लिए नहीं था वरन् उन्हें लूटने का एक दुःखांत नाटक था, जो भगवान् की कृपा से सुखांत हो गया। अब कौरवों और पांडवों में सदा के लिए ठन जाएगी।'

"उन्होंने पांडवों को कहलवाया है कि 'इस परिस्थिति में आप लोगों का कुछ दिनों के लिए यहाँ रहना आवश्यक है, जिसमें जनता की सोच भी बदले और दोनों परिवारों के बीच मैत्री और सौहार्द का वातावरण बन सके। तुम लोग नूतन सौहार्द और सद्भाव का निर्माण करो। संघर्ष का मार्ग छोड़कर क्रीड़ा का मार्ग अपनाओ, चाहे वह द्यूतक्रीड़ा हो या कुछ और।' "

"तो तुम क्या समझती हो, सुखदा, कि प्रातिकामी की बात पांडव मान लेंगे?"

"यह तो भगवान् ही जानें, पर महाराज को तो विश्वास है ही।"

□

पांडव लौट आए। आश्चर्य था, मृग जिस जाल से छूटा था फिर उसी जाल में फँसने के लिए पुनः लौट आया। मैंने सोचा, अद्‌भुत है यह युधिष्ठिर भी, जिसने पक्के जुआरी की तरह अपना भविष्य पासों को सौंप दिया है, या परम आस्थावान् होने के कारण भवितव्यता की शरणागत है।

सोचते-सोचते मैं बड़बड़ाने लगी, "क्या उसे कुंती भी नहीं समझा सकती?"

"नहीं।" सुखदा बोली, "मैंने सुना है, इस बार के आमंत्रण का अन्य भाइयों ने बहुत विरोध किया था। राजमाता कुंती ने भी उन्हें बहुत समझाया था। पर उन्होंने किसीकी भी नहीं सुनी और कहा, 'हमें अपनी ओर से कुछ भी ऐसा नहीं करना चाहिए, जिससे प्रजा में यह संदेश जाय कि कौरवों के मैत्री और सौहार्द के प्रस्ताव के प्रति हमारी अनुकूल प्रतिक्रिया नहीं हुई।'

"प्रातिकामी का कहना था कि उसके सामने ही क्रुद्ध भीम ने युधिष्ठिर से पूछा, 'यदि फिर उन्होंने द्यूत खेलने को कहा तो?'

" 'तो मैं खेलूँगा।' उन्होंने यहाँ तक कह डाला, 'तुम मेरा विरोध कर सकते हो, पर मैं ताऊजी के आदेश की अवहेलना नहीं कर सकता।' "

"तब तो अनर्थ के मुख में युधिष्ठिर जानबूझकर आया है।" मैंने कहा, "तब कोई क्या कर सकता है!"

घंटों मैं सोचती रही। इस बार कुंती भी मेरे पास नहीं आई। पर उसकी स्मृति ने मुझे बेतरह लपेट लिया था। उसकी पिघलती आँखें लगातार मुझसे पूछ रही थीं, 'अब क्या होगा, जीजी? एक तुम्हारा ही भरोसा है। पहले भी तुमने हमारे लिए बहुत कुछ किया है, इस बार भी कुछ करो। किनारे आई नाव फिर मझधार में जा रही है। अवश्य ही वह चक्रवात में फँसेगी। फिर क्या होगा?'

"पर मैं क्या करूँ? और कर ही क्या सकती हूँ?" मैं अपने सुनसान कक्ष में जोर से बड़बड़ाई।

सुखदा ने मुझे झकझोरते हुए पूछा, "क्या बात है, महारानीजी?"

"मैं पागल हो जाऊँगी, सुखदा, पागल!" मैं उससे लिपटकर बोली।

बाद में उसने बताया कि मैं उस समय काँप रही थी।

"नारी जीवन का सबसे बड़ा अभिशाप है उसकी परवशता। पिता की

परवशता, पति की परवशता, पुत्र की परवशता, परिस्थितियों की परवशता, समाज की परवशता। आदि से अंत तक परवशता। आग लगने जा रही है और मैं परवशता के बंधन से जकड़ी बैठी रहूँ। कुछ न कर सकूँ! अरे, सावधान तो कर सकती हूँ!'' मैंने उसी आवेश में सुखदा से कहा, ''मुझे महाराज के पास ले चलो।''

''मैं महाराज के पास अवश्य ले चलूँगी; पर अभी थोड़ा विश्राम कीजिए।'' उसने फिर मुझे पर्यंक पर लिटा दिया और मेरा सिर सहलाने लगी।

आज मैं मध्याह्न के भोजन पर भी नहीं गई। सुना, महाराज मुझे पूछ रहे थे। निश्चित है कि और लोगों को भी मेरी अनुपस्थिति खली होगी। मैं पर्यंक पर जो पड़ी तो वह शाम को ही उठी। मैंने सुखदा का सहारा लिया और सीधे महाराज के कक्ष में गई।

मुझे लगा कि वह मेरे पुत्रों से घिरे हैं। अचानक मुझे देखकर उनमें हलचल सी मच गई।

''आप लोग कृपया चले जाएँ। मैं महाराज से कुछ मंत्रणा करना चाहती हूँ।'' मेरे इस अप्रत्याशित व्यवहार पर वे चकित थे। फिर भी वे भुनभुनाते हुए कक्ष के बाहर चले गए।

''मैंने सुना है, आपने पांडवों को फिर बुला लिया, वह भी द्यूत खेलने के लिए?'' मैंने सीधे-सीधे पूछा।

''हाँ, बुलाया तो है।''

''अभी इस द्यूत के खेल से आपका मन नहीं भरा?'' मेरा आक्रोश एक पत्नी की मर्यादा की सीमा पार कर गया था, ''क्यों जानबूझकर आप अपने अनर्थ को आमंत्रित कर रहे हैं? आपको इस द्यूत का परिणाम मालूम नहीं है? इतिहास साक्षी है कि इसमें जीतकर भी व्यक्ति हारता है।''

''जब तुम्हारे जैसे लोग बने-बनाए भोजन में मक्खी बनकर गिर पड़ते हैं।'' उन्होंने छूटते ही कहा।

मेरे तेवर में कोई कमी नहीं आई। मैं उसी आवेश में बोलती गई, ''पर कोई मेरे जैसी मक्खी को जानबूझकर नहीं निगलता, जैसा आप निगल रहे हैं। जानते हैं, इसका परिणाम क्या होगा? एक भयंकर झंझावात, जिसमें हमारा भविष्य पीपल के सूखे पत्ते की तरह उड़ जाएगा।''

''यह बात तुम अपने पुत्रों से क्यों नहीं कहतीं?'' वे झुँझलाहट में बोले।

''वे मेरी सुननेवाले नहीं हैं।''

''जब वे तुम्हारी नहीं सुनते तो मेरी क्या सुनेंगे!''

"तब उनका परित्याग करो, स्वामी, परित्याग!" मैंने अपने पूर्व कथन को पुनः दोहराया। उस समय मैं आवेश में काँप रही थी।

उन्होंने बड़ी झुँझलाहट में सुखदा को आदेश देते हुए कहा, "इन्हें इस समय यहाँ से ले जाओ। इन्हें विश्राम की आवश्यकता है।"

सुखदा मुझे सँभालकर ले चली। कक्ष में आकर मैं पुनः बिस्तर पर निढाल हो गई। प्रातः जलपान के अतिरिक्त आज अन्न तो मुँह में गया नहीं था। सोचा, जल भी त्याग दूँ। सारा राजभवन अब मुझे विषाक्त धूम से आवृत लग रहा था। मैं सोचने लगी, इस घुटन से तो अच्छा है, मैं जीवन का अंत ही कर लूँ।

मुझे शांत करने के लिए सुखदा ने अनेक प्रयास किए—सिर सहलाया, हाथ-पैर दबाए, कई बार शीतल जल से मेरा मुँह पोंछा। पर जब-जब जल पिलाने की चेष्टा की तब-तब मैंने यह कहते हुए उसे रोक दिया कि कुछ भी लेने की इच्छा नहीं है।

अंत में उसने लाचार होकर पूछा, "जब अन्न-जल कुछ भी ग्रहण नहीं करेंगी तब जीवित कैसे रहेंगी?"

"अब यहाँ जीवित रहकर करूँगी क्या?"

"यह क्या कहती हैं आप?" अब सुखदा ने बड़ी-बूढ़ी की तरह समझाना आरंभ किया, "आप इतनी हताश क्यों होती हैं? अरे, यह सब तो नियति का खेल है। उसे तो हमें खेलना ही होगा।"

"तो क्या मैं उसके सामने परास्त हो जाऊँ?"

"क्या आत्महत्या करना वर्तमान स्थिति से परास्त होना नहीं है?"

सुखदा के इस एक वाक्य ने बुझती चिनगारी को जैसे भभका दिया। मैं फिर सँभल गई, "नहीं, सुखदा, नहीं, अब मैं आत्महत्या नहीं करूँगी। मैं एक वीरांगना की तरह उसके सामने डटी रहूँगी, भले ही मैं उसे परास्त न कर पाऊँ।"

पितृपक्ष चल रहा था। आश्विन के निर्मल आकाश से पितरों की अवतारणा की जा रही थी। दूसरी ओर उस विनाशकारी षड्यंत्र का जाल बिछाया जा रहा था, जिससे पांडव इस बार फिर निकल न भागें।

शीघ्र द्यूतक्रीड़ा के पासे फिर उछल पड़े। सुना है, युधिष्ठिर ने उन्हें अपने हाथों में लेकर देखा, उन्हें फेंककर भी देखा। काल्पनिक दाँव उनके हाथ भी लगे। फिर भी उनके मन में संदेह था। कुछ कहना चाहकर भी पूरी सभा के दबाव में कुछ बोल नहीं पाए। उनके भाई अब भी बड़बड़ा रहे थे।

फिर ऐसा दाँव खेला गया कि पांडव सारा राजपाट हार गए और उन्हें द्यूत की शर्त के अनुसार बारह वर्ष का वनवास और एक वर्ष का अज्ञातवास स्वीकार करना पड़ा।

हारकर उसी रात पांडव यहाँ से विदा हुए। मैं प्रतीक्षा कर रही थी कि कुंती अवश्य आएगी। पर मैं उसका सामना कैसे करूँगी? क्या कहूँगी कि मैं उन नीच, षड्यंत्रकारी कौरवों की माँ नहीं हूँ? उस दैत्यांश शकुनि की बहन नहीं हूँ? एक बार तो मन में आया कि मैं यहाँ से निकलकर कहीं ऐसी जगह चली जाऊँ, जहाँ उसकी छाया भी न पहुँच सके। पर अचानक मेरा चिंतन बदला, 'तू कहाँ-कहाँ से भागती रहेगी? जहाँ-जहाँ से भागेगी, तेरी नियति तेरे पीछे लगी रहेगी। तेरे भाग्य में तो सौ पुत्रों का सुख भोगना लिखा है। उसे चाहे हँसकर भोग या रोकर।'

□

: बारह :

नियति की ढलान पर दिन ढुलकते चले गए। वर्ष पर वर्ष बीतने लगे।

कुंती विदुर के यहाँ ही रह गई थी। अपने पुत्रों को वनवासियों के रूप में जाते हुए देख नहीं पाई और संज्ञाशून्य होकर गिर गई थी। तब विदुर ने पांडवों से कहा, ''तुम्हारी माँ की दशा ऐसी नहीं है कि यह बारह वर्ष वन में बिता सकें।''

फिर भी पांडवों का मन नहीं मान रहा था। भीम ने कहा, ''जहाँ भी मैं जाऊँगा, उन्हें कंधे पर बैठाकर ले जाऊँगा।''

''यह तो ठीक है कि उन्हें तुम किसी प्रकार का कष्ट होने नहीं दोगे; पर तुम्हारा कष्ट देखकर उन्हें जो कष्ट होगा उसे तुम कैसे रोक सकते हो? शारीरिक कष्ट से कहीं अधिक मानसिक कष्ट दुःखदायी होता है। संवेदना की चुभन थकावट से बहुत अधिक होती है।''

इतने पर भी पुत्रों का मोह माता को छोड़ नहीं पा रहा था।

''हमने पिता को छोड़ा, राजपाट छोड़ा, अब माँ को कैसे छोड़ दें?''

''जैसे राम ने कौशल्या को छोड़ दिया था। तुम्हारी माँ तो कौशल्या की तरह भी नहीं हैं। कौशल्या तो पूर्ण स्वस्थ थीं; पर तुम्हारी माँ स्वयं तुम्हारा अधिक साथ नहीं दे पाएँगी। हो सकता है, वह मार्ग में ही सर्वदा के लिए तुम्हारा साथ छोड़ दें।''

विदुर की इस आशंका के समक्ष पुत्रों का ममत्व झुक गया। कुंती रोक ली गई।

भीतर-ही-भीतर पुत्र-वियोग का दीमक कुंती को चाटता चला गया और खोखले ठूँठ की तरह हमारे परिवार की हरियाली के किनारे वह अपना जीवन झेलती रही। विदुर के आवास के बाहर वह शायद ही देखी गई—और कभी देखी भी गई तो पूजा के लिए मंदिर जाती हुई।

जीवन के प्रति उसकी ऐसी वितृष्णा को मेरा मन भी नहीं झेल पाता था। बराबर उसकी स्मृति आती थी। मैं कभी-कभी उसकी याद में घंटों खोई रहती थी।

कई बार तो मैंने सोचा, यदि वह नहीं आती तो मैं ही उसके पास चली चलूँ। पर मैं जा नहीं पाती थी। राजमाता होकर भी मैं अपने पुत्र के महामात्य के घर जाऊँ, वह भी अनिमंत्रित।''' जब भी पैर बढ़ाती थी तब राजसत्ता की मर्यादा की लक्ष्मण-रेखा खिंच जाती थी।

सोचती हूँ, कितनी स्वतंत्र पैदा हुई थी। चिड़ियों की तरह फुदकता हुआ शैशव बीता था। फिर मेरे चारों ओर अदृश्य दीवारें खिंचती चली गईं—परिवार की दीवारें, सामाजिक मर्यादा की दीवारें और अब राजसत्ता की प्रतिष्ठा की दीवारें। अद्‍भुत हैं दीवारें। इन्हें मैं नहीं देख पाती थी, पर ये बराबर मुझे देखती थीं। और जब वे देखती थीं तब उनकी दृष्टि बेतरह चुभने लगती थी।

मैंने कई बार कुंती को मिलने के लिए संकेत भी भेजे; पर हर बार वह अस्वस्थता की आड़ ले टालती गई। इधर मैंने यह भी सुना कि दुर्योधन और शकुनि के बीच गुप्त मंत्रणाओं का दौर फिर चलने लगा। कुछ ऐसे विष का वाष्पीकरण किया जा रहा है, जो मेघ बनकर वनवासी पांडवों पर विषवर्षा कर सके।

मैंने एक दिन दुर्योधन से कहा भी, "सुना है, तुम आज भी पांडवों के विनाश के षड्‌यंत्र में लगे हो! अरे, अब उन बेचारों के पीछे क्यों पड़े हो? वे तो स्वयं वन में भटकते हुए दर-दर की ठोकरें खाते होंगे।"

पहले तो वह कुछ नहीं बोला, किंतु बाद में बोला भी तो विष-वमन करते हुए, "माँ, अब भी तुम्हारे मन में पांडवों के लिए सहानुभूति है!"

मैं तो स्तब्ध रह गई थी। वस्तुत यह वह नहीं, उसके सिर चढ़कर दैत्यांश बोलता था। तब से मैं हस्तिनापुर के भविष्य के प्रति और भी शंकाकुल हो गई।

मेरी घबराहट बढ़ती गई और एक समय वह भी आया कि सारी लक्ष्मणरेखा रौंदती हुई मैं विदुर के आवास पर पहुँची। सूर्य अपराह्न की ओर झुक चुका था। उद्यान की घास पर विश्राम करती शशक चर्म-सी मुलायम धूप जाने की जल्दी में थी। उसी फीकी पड़ती धूप में लेटी, सामान्य वेशभूषावाली नारी का पृष्ठ दूर से ही सुखदा को दिखाई दिया। सुखदा शायद रुकी भी उस नारी को देखने और पहचानने के लिए।

मैंने कहा, "क्या है?"

"कुछ नहीं।" उसने कहा और आगे बढ़ गई।

मुझे देखते ही विदुरजी दौड़े हुए आए और अभिवादन कर अपने कक्ष में ले गए। मेरे अप्रत्याशित आगमन पर वे विस्मित से लगे। मैंने कहा, "मैं तो अपनी देवरानी का समाचार लेने आई हूँ; सुना है, वह लगातार अस्वस्थ रह रही है।"

विदुर ने कहा, "जिनके पुत्रों को अचानक वन जाना पड़ा हो—वह भी एक दिन के लिए नहीं, तेरह वर्षों के लिए—वह क्या स्वस्थ रहेंगी?"

बातों के क्रम में ही उन्होंने जो बताया, उससे लगा कि वह एक वियोगिनी की तरह जी रही है।

"वह चार बार तो पूजा करती हैं—प्रातः, मध्याह्न, सायं और रात्रि में। अन्न ग्रहण नहीं करतीं, केवल फलाहार पर रहती हैं और धरती पर ही विश्राम करती हैं—बिना किसी आस्तरण के। जब दुरूह सर्दी पड़ती है तब कंबलों का आश्रय लेती हैं।"

"ऐसी कठिन तपस्या तो उसने पति-वियोग के बाद भी नहीं की थी।" मैंने कहा।

विदुर ने समझाया, "पति के उस वियोग में और इस स्थिति में बड़ा अंतर है। पति के वियोग के समय वे राजमाता थीं, पुत्रों का आश्रय था; आज वह भी नहीं रहा। फिर पति का वियोग वियोग नहीं था। वे घर में नहीं रहे, नगर के बाहर किसी आश्रम में रहे। जानी-बूझी जगह थी, जब चाहे उनसे मिल सकती थीं। अब तो उनके पुत्र कहाँ हैं, किस स्थिति में हैं, उनपर क्या बीतती है, कुछ भी उन्हें मालूम नहीं।"

फिर विदुरजी ने कुंती की मानसिक स्थिति का जो वर्णन किया, उससे तो मैं द्रवित हो उठी। उनके कथनानुसार, "वह सदा आशंकित दीखती हैं। कभी-कभी तो मध्य रात्रि में वह घबराई हुई उठ जाती हैं और परिचारिकाओं से कहती हैं कि मुझे लगता है, मेरे पुत्र किसी विपत्ति में पड़े हैं। वे मुझे पुकार रहे हैं।''' कभी-कभी वह रात्रि में ही अपने कक्ष से बाहर आकर विस्फारित नेत्रों से दूर क्षितिज की ओर एकटक देखती रह जाती हैं, जैसे कुछ खोज रही हों; या किसीके आने की प्रतीक्षा कर रही हों।"

"इस समय वह है कहाँ?" मैंने पूछा।

"अपने कक्ष में होंगी।" विदुरजी ने कहा, "अभी बुलाता हूँ।"

परिचर भेजे गए। पता चला, वह कक्ष में नहीं है। तब कहाँ होगी?

"लगता है, उद्यान में लेटी हुई कहीं घास पर धूप सेंक रही होंगी।"

"अच्छा, तो वह वही थीं।" सुखदा के मुँह से निकला, "मैंने आते समय उन्हें देखा था।"

"तो मुझे बताया क्यों नहीं?"

"उस स्थिति में उन्हें देखकर मुझे ध्यान में भी नहीं आया कि वह राजमाता भी हो सकती हैं। मैंने तो सोचा, काम से थककर कोई दासी धूप में आराम कर रही है।"

मन तो हुआ कि मैं सुखदा को लेकर तुरंत वहाँ पहुँच जाऊँ। किंतु फिर वही लक्ष्मणरेखाएँ मुझे घेरने लगीं। वस्तुतः इन लक्ष्मणरेखाओं से अधिक मेरा अहं आड़े आ रहा था, जिसे मेरी इच्छाशक्ति दबाना चाहती थी, पर दबा नहीं पा रही थी। मैं असमंजस में पड़ी।

तब तक विदुरजी ने स्वयं कहा, "आप उनके कक्ष में चलिए। मैं उन्हें बुलवाता हूँ।"

मैं कुंती के कक्ष में गई तो जरूर, पर बैठूँ कहाँ? पूरी धरती नग्न थी। बैठूँ भी तो कहाँ बैठूँ? सोचने लगी। तब तक एक परिचर बगल के कक्ष से एक मंचक ले आया और मैं उसी पर बैठा दी गई।

अगर, चंदन, केशर और कपूर की भीनी-भीनी गंध से लग रहा था कि मैं एक देवमंदिर में बैठी हूँ। अवश्य ही कक्ष के किसी कोने में देव-मूर्ति भी होगी। थोड़ी देर बाद ही कुंती आई। ऐसा लगा कि देवमंदिर की दीपशिखा जल उठी।

उसने प्रवेश करते ही मेरा चरणस्पर्श किया। मैंने उसकी पीठ पर हाथ रखते हुए कहा, "सुखी रहो।"

"सुख! सुख तो मैंने भगवान् के चरणों में समर्पित कर दिया। अब तो मैं न दुःखी हूँ और न सुखी। निरपेक्ष द्रष्टा होकर नियति का सारा नाटक चुपचाप देखती रहती हूँ।"

इसके बाद मुझे कुछ बोलने का साहस तो नहीं हुआ। कई क्षण मौन में ही निकल गए। फिर मैं कुछ मन कड़ाकर बोली, "तुम्हारा हालचाल लेने आई थी। अनेक बार लोगों से तुम्हारे बारे में पूछा। हर बार पता चला कि तुम बीमार हो।"

"मैं बीमार!" वह पागलों-सी हँसी। उसने मेरी ओर हाथ बढ़ाते हुए कहा, "देखो, मुझे ताप है? नहीं न! पर मन के संताप से मैं जलती रहती हूँ। इस जलन को भोगते रहने से तो अच्छा था कि मैं उस लाक्षागृह में ही जलकर भस्म हो जाती। सबकुछ क्षण भर में समाप्त हो जाता।"

अब मैं क्या बोलती? मौन ही बैठी रही। मैं भी मौन, सुखदा भी मौन, कुंती भी मौन। बहुत भारी पड़ रहा था यह मौन।

□

समय का रथ आगे बढ़ता गया।

फिर कुंती के यहाँ जाने का मुझे साहस न हुआ और न वह मेरे यहाँ ही आई। जो प्रभु के शरणागत हो चुकी हो उसे किसीकी शरण की क्या आवश्यकता!

इधर हस्तिनापुर का राजभवन वैभव और उल्लास में मग्न पांडवों के विरुद्ध मौन षड्यंत्र रचता रहा। अब तो यह उनकी प्रकृति हो गई थी। उसे रोकना भी विषाग्नि को आँसुओं से बुझाना था।

एक दिन अचानक एक घटना घटी।

पता चला कि मेरे पुत्र और सेनाएँ द्वैतवन से लौट आई हैं। फिर भी कोई उल्लास नहीं, कोई हलचल नहीं। अब तक जब भी मेरे पुत्र किसी यात्रा से आते थे तो मेरे पास चरणस्पर्श करने अवश्य आते थे; पर इस बार वे भी नहीं आए। मैंने उनके बारे में कई लोगों से पूछा भी, पर कहीं से कुछ विशेष ज्ञात नहीं हुआ। हाँ, शकुनि ने इतना बताया कि "दुर्योधन कुछ अस्वस्थ है; पर कोई विशेष बात नहीं है।"

मैंने भी सोचा, कोई विशेष बात होती तो कुछ तो सुन-गुन होती ही। मैंने फिर शकुनि से पूछा, "क्या राजवैद्य को दिखाया गया?"

"मुझे नहीं मालूम। मैं व्यर्थ के पचड़े में नहीं पड़ता।" उसने बड़ी बेरुखी से कहा और चला गया।

अब मेरी जिज्ञासा बढ़ी। मैंने विदुरजी से पूछा।

उन्होंने बस इतना ही कहा, "लगता है, उन्हें कहीं पराजय का मुँह देखना पड़ा है।"

"तो क्या वह घायल है?"

"घायल तो वह नहीं दिखे, पर दुःखी अवश्य लगे।"

"उसके साथ और लोग भी गए थे?"

"गया तो कर्ण भी था, पर उसका कहीं पता नहीं है। आज अधिरथ भी नहीं दिखा। कुछ गंभीर बात अवश्य है।" विदुर ने बताया, "कुछ सैनिक घायल तो हैं, पर वे कुछ बताना नहीं चाहते।" जब मैंने सेनापति से पूछा तो उसने इतना ही कहा, 'मैं कुछ कह नहीं सकता। युवराज की कठोर आज्ञा है कि यदि किसीकी भी जबान खुली तो उसकी जबान खींच ली जाएगी। इतना ही समझिए कि हम लोग कठिन विपत्ति में फँस गए थे। शायद हममें कोई भी शेष न बचता। बचे तो हम भगवान् की कृपा से। पर मुख्य प्रयत्न मैंने ही किया था। आप मुझे बधाई दीजिए।' " विदुर कहते गए, "मैंने उससे कहा, 'जब तक पूरी बात न जान ली जाय तब तक कैसे बधाई दी जाय?'

" 'धीरे-धीरे पूरी बात आपको मालूम हो जाएगी। ऐसी बातें छिपती थोड़े ही हैं।' सेनापति ने उत्तर दिया।"

मेरी जिज्ञासा के साथ-साथ घबराहट बढ़ती गई। मैं अपने पति के पास गई। शकुनि उनके कक्ष से निकलता लगा। सुखदा ने संकेत भी किया। तब तक वह आँखें बचाकर आगे बढ़ गया था। हो सकता है, उसने हम लोगों को देखा भी हो। मेरी आशंका और भी गंभीर हो गई। कुछ अशुभ अवश्य हो गया है।

"लगता है, कुछ गंभीर विपत्ति मेरे पुत्रों पर पड़ी है।" पहुँचते ही मैंने पति से कहा। ढके हुए घड़े-सा मुँह बंद किए वे बैठे रहे—उदास और गंभीर; जैसे बोलने की इच्छा होते हुए भी कुछ बोल नहीं पा रहे हों।

"कुछ बोलिएगा या मौन ही बैठे रहिएगा? आखिर मैं उनकी माँ हूँ। वे अस्वस्थ हो शय्याशायी हो जाएँ और मुझे वास्तविकता की जानकारी तक न हो।"

"वास्तविकता की जानकारी करके क्या करोगी? यही समझो, दुर्योधन न तो अस्वस्थ है और न उसे कहीं चोट लगी है। वह दुःखी अवश्य है। कुछ दिनों में सब ठीक हो जाएगा।"

"हमें जानना चाहिए कि उसे किस बात का दुःख है!" मैंने फिर अपनी बात दोहराई, "वह हमारा पुत्र है और हस्तिनापुर का युवराज भी। उसका दुःख दूर करने का प्रयत्न करना चाहिए।"

"यही तो मैं भी सोच रहा हूँ।" महाराज बोले, "आज मैं उससे मिलने चलूँगा।"

"क्या वह आपसे मिलेगा?" मैंने कहा, "मैंने सुना है कि उसने कठोर आदेश दे रखा है कि मेरे कक्ष में किसीको भी प्रवेश न करने दिया जाय। मेरे माता-पिता तक को भी नहीं।"

"सुना तो मैंने भी है। इसीसे अभी तक गया नहीं। लोगों से ही समाचार लेता रहा। लगता है, समस्या गंभीर है।...तुम अपने कक्ष में रहना। मैं जब चलूँगा, तुम्हें साथ लेता चलूँगा।"

सारी स्थिति एक अबूझ पहेली की तरह थी। मैं ज्यों-ज्यों उसे सुलझाने की चेष्टा करती थी, वह उलझती जा रही थी।

मैं चुपचाप वहाँ से उठी और सुखदा के कंधों का सहारा लेती हुई अपने कक्ष में आई। वहाँ भानुमती (दुर्योधन की पत्नी) पहले से बैठी मेरी प्रतीक्षा कर रही थी। मुझे देखते ही वह हड़बड़ाकर खड़ी हो गई और सूखी डाल की तरह टूटकर मेरे पैरों पर गिर पड़ी।

"क्या बात है, बहू, आज बड़ी घबराई सी लग रही हो?"

अब भी वह कुछ नहीं बोली। पहले मुझे सँभालकर पर्यंक पर बैठाया। इसी समय उसके द्रवित नेत्रों से कई बूँदें मेरे दाहिने कपोल पर पड़ीं।

मैं झुँझलाते हुए बोली, "बोलती क्यों नहीं?"

अब उसने पश्चात्ताप और पीड़ा भरे स्वर में वह सारा प्रसंग कह सुनाया, जिसके कारण उसका पति आत्महत्या करने का हठ कर बैठा है।

उसकी सूचना के अनुसार दुर्योधन ने अन्न तो पहले ही त्याग दिया था, आज उसने जल भी त्याग दिया है। वह अपमानित जीवन जीने से मर जाना अच्छा समझता है।

"किसने उसका ऐसा अपमान किया?" मैं एकदम आवेश में आ गई। अब उसने सारी घटना विस्तार से बताई, "यह तो आपको मालूम ही होगा कि आपके पुत्र अपने इष्ट मित्रों को लेकर सेना सहित द्वैतवन में गए थे। वे अपना रनिवास भी साथ लेते गए थे।"

"रनिवास भी साथ गया था!" किंतु वे तो गए थे गायों की गणना करने, गो-संपदा का अनुमान लगाने!"

"वह तो मात्र एक बहाना था। आपके पुत्रों को पता चला था कि पांडव इस समय द्वैतवन में हैं। उन्होंने यह भी समझा कि वे इस समय निराश्रित हैं और हर दृष्टि से दुर्बल हो गए होंगे। अवसर उपयुक्त है। वहीं चलकर उन्हें धर दबोचा जाय।"

मेरा आवेश अब आक्रोश में बदल गया, "इसका तात्पर्य है कि यह भी पांडवों के विरुद्ध षड्यंत्र था! फिर इसमें तुम लोगों को ले जाने का क्या तात्पर्य था?"

"हम इसलिए ले जाई गई थीं कि यदि युद्ध करने का मौका नहीं मिला, पांडव उकसाने पर भी यदि शांत रहे तो अपना वैभव दिखाकर उन्हें चिढ़ाया जाएगा। सजा-धजा रनिवास देखकर वल्कल-वसना द्रौपदी जल उठेगी।"

द्रौपदी का नाम आते ही मुझे कर्ण याद आया और सारे संदर्भ में उसकी भूमिका प्रमुख लगने लगी।

"प्रतिहिंसा वह आग है, जो शीघ्र नहीं बुझती। वह जिसके हृदय में जलती है उसे पहले जलाती है, प्रतिद्वंद्वी तक उसकी आँच बाद में पहुँचती है।" मैंने कहा और आगे की घटना जानने के लिए जिज्ञासा की, "फिर क्या हुआ?"

"महाराज इस उद्देश्य में सफल नहीं हुए।" भानुमती ने बताया, "पांडवों ने केवल आरण्यक वेश ही नहीं धारण किया था, वे वनवासी जीवन भी जीने लगे

थे। लगता था, सत्ता का वैभव उतारकर उन्होंने किसी वृक्ष पर टाँग दिया था। स्नान-ध्यान, पूजा-पाठ और कथा-कीर्तन में उनका दिन बीतता था। उनका हमारे वैभव से कुछ भी लेना-देना नहीं था। किसी प्रकार की ईर्ष्या उनमें नहीं थी। वह केवल हममें ही पैदा होकर हमारे भीतर ही फनफनाती रही।''

''फिर क्या हुआ?'' मैंने पूछा।

''वहाँ एक सरोवर था—प्राकृतिक सुषमा से भरा हुआ। ज्येष्ठ पांडव वहीं स्नान-ध्यान करते थे। मेरे स्वामी और मामाजी आदि ने मिलकर एक दूसरी योजना बनाई। क्यों नहीं राजसी स्नान के लिए पूरे सरोवर को घेर लिया जाय।...किसी प्रकार इस योजना का रहस्य खुल गया। तुरंत एक गंधर्व ने उस सरोवर को घेर लिया अपनी अप्सराओं के साथ केलिक्रीड़ा के लिए। अब हमारे पक्ष के क्रोध का ठिकाना न था। हमने गंधर्वों पर आक्रमण कर दिया। हमें उनकी शक्ति का सही अनुमान नहीं था। हम उनके माया-युद्ध के समक्ष टिक नहीं पाए। हमारी पूरी सैन्य शक्ति लाचार होकर लगभग घिर गई। कर्ण और मामाजी के साथ ही उन्होंने आपके पुत्रों को भी घेरे में ले लिया।... हम लोगों के साथ तो कुछ नहीं किया, पर हमारी दासियों पर विपत्ति आई। चित्रसेन नाम का गंधर्व जब युवराज को बाँह में दबोचकर अंतरिक्ष की ओर उड़ चला तब हाहाकार मच गया। अब क्या किया जाय? विनाश को निकट देखकर मैं घबरा गई। गिरी और संज्ञाशून्य हो गई। इसके बाद मुझे कुछ नहीं मालूम।''

''फिर?''

''फिर जब मुझे होश आया तब पता चला कि सेनापति ने पांडवों से याचना की। और अर्जुन ने चित्रसेन को परास्त कर लोगों को छुड़ाया।''

''इतना होने पर भी पांडवों ने हमारी सहायता की!'' मुझे आश्चर्य था।

''सुना है, भीम तो अंत तक विरोध करता रहा; पर युधिष्ठिर ने कहा, 'कुछ भी हो, कौरव हमारे भाई हैं। इस समय वे विपत्ति में हैं। उनकी सहायता करना हमारा धर्म है, भले ही इसमें हमें प्राण ही क्यों न गँवाने पड़ें।' '' भानुमती ने बताया, ''सुना है, अर्जुन जल्दी तैयार नहीं हो रहा था। द्रौपदी भी आगबबूला थी। पर युधिष्ठिर के आगे किसीकी एक नहीं चली।''

'युधिष्ठिर सचमुच महान् है!' मेरे मन ने कहा, 'एक ओर मेरे बेटे हैं और दूसरी ओर युधिष्ठिर। एक ओर ईर्ष्या एवं द्वेष से भरे छोटे-छोटे बौने और दूसरी ओर धर्म तथा नीति का प्रकाश बिखेरता चंद्रमा। पर इसमें मेरे पुत्रों का क्या दोष? यह तो मेरी ही ईर्ष्या का पल्लवित-पुष्पित और फलित रूप है, जिसकी घुट्टी मैंने इन्हें जन्म के समय ही पिलाई थी। मेरा ही विष उस समय इनके मानस में भर गया। पर

अब मैं क्या कर सकती हूँ? उस अग्नि की तरह, जिसे अरण्य स्वयं उत्पन्न करती है और फिर स्वयं जलता रहा है, जब तक भस्म नहीं हो जाता। यही स्थिति मेरी है और मेरे पुत्र उसीका परिणाम। फिर भी मुझे कुछ करना ही पड़ेगा।'

मैंने भानुमती से कहा, "दुर्योधन है तो बड़ा जिद्दी, पर चलो, समझाती हूँ।"

मैं उसे लेकर सीधे दुर्योधन के कक्ष में पहुँची। उसने मुझे देखते ही अपने दोनों हाथों से मुँह ढककर करवट बदल ली। पर मैं इसका पूरा संज्ञान अपनी बँधी आँखों से कर नहीं पाई।...जब मैं बैठकर उसका सिर सहलाने लगी तब मैंने अनुभव किया। मेरा ममत्व बोल पड़ा, "तू मुझसे मुँह छिपाकर अब किसकी गोद में जाएगा, बेटा?"

"इसीलिए मैं मर जाना चाहता हूँ, माँ।" वह बोला और एकदम मुझे खींचकर अपना मुँह मेरे आँचल से ढककर फूट-फूटकर रोने लगा, "अब मैं अन्न-जल ग्रहण नहीं करूँगा। मैंने प्रायोपवेश व्रत* लिया है। मर जाऊँगा, पर किसीको मुँह नहीं दिखाऊँगा। मैं लोगों से क्या कहूँगा कि पांडवों की कृपा से जीवित हूँ? लोगों से क्या, यह मैं स्वयं से नहीं कह पा रहा हूँ। मुझे मर जाने दो, माँ! यह मुँह अब किसीको दिखाने लायक नहीं रहा।"

"क्यों इतने हताश हो? मान-अपमान तो होता ही रहता है। इससे भय क्या! जो रात से डरेगा, वह क्या नया प्रभात देख सकेगा! नए प्रभात की आशा ही मनुष्य की जिजीविषा है। तुम उसीको छोड़ रहे हो। कितने कायर हो तुम! जीवन से भाग रहे हो! किसको मुँह दिखाना नहीं चाहते? कौन तुम्हारी हँसी उड़ा सकता है? पांडव तो वन में हैं—और फिर लौटेंगे या नहीं, इसे कौन जानता है! और मानो लौट ही आए, तब तक तो बात पुरानी पड़ जाएगी। फिर किससे मुँह छिपा रहे हो? अपने से, अपनी माँ से?"

"यदि कुंती चाची दिखाई पड़ गई तो? हे भगवान, मैं उसका सामना कैसे कर पाऊँगा?" अब उसके भीतर का उबाल थोड़ा झलककर बाहर आया।

मैं समझ गई कि वास्तविक कठिनाई क्या है। फिर भी मैंने उसे समझाने का प्रयत्न किया, "अरे, कुंती भी तुम्हारा चाची है, तुम्हारी छोटी माँ। वह तुम्हारा यह हाल सुनेगी तो मेरी तरह ही दु:खी होगी।"

फिर भी वह जल ग्रहण करने को तैयार न हो सका। मैंने अनुभव किया कि पश्चात्ताप से अधिक उसे हस्तिनापुर में कुंती की उपस्थिति डस रही है।

---

* अन्न-जल का त्याग कर प्राण देने के उद्देश्य से किया जानेवाला एक व्रत।

□

यदि यह स्थिति है तो क्यों नहीं मैं कुंती से मिलूँ। उसीसे अनुनय-विनय करूँ कि तुम्हारे पुत्रों ने उसे मृत्यु के मुख से निकाला, अब तुम उसके जीवन की रक्षा करो। उसे समझाओ और उसे अपने हाथ से कुछ खिलाओ-पिलाओ।

यह सोच तो गई। पर यह सब मैं कह कैसे पाऊँगी? वह अनेक बार मेरे पास आसन्न संकट की आशंका से आई थी—रोती-बिलखती, अपने परिवार की रक्षा की याचना की थी। पर मैंने क्या किया उसके लिए? किस मुँह से उससे सहायता माँगने चलूँ? क्या उसके भीतर लाक्षागृह बुझ गया होगा? क्या उसकी आँखों से गंगा में बहते अर्द्धमृत भीम का दृश्य निकल गया होगा? और फिर से एक भयंकर षड्यंत्र को वह क्या भुला पाई होगी? इस धधकते ज्वालामुखी से अमृत-मेघ की याचना करना क्या मेरा अरण्यरोदन नहीं होगा?

हजार प्रयत्न करने के बाद भी मुझे कुंती के यहाँ जाने का साहस न हुआ। सोचा, महाराज के पास चलूँ; देखूँ, वे इस विषय में क्या सोचते हैं। आखिर चिंता तो उनको भी होगी और प्रयत्नशील भी होंगे।...सबसे विचित्र बात यह थी कि अपने पुत्रों की प्रकृति और सत्ता से जनमे षड्यंत्रों ने मेरे और मेरे पति के बीच की दूरी कुछ बढ़ा दी थी। हमारे पति-पत्नी संबंध में भी भीतर से शिथिलता आ गई थी। पर इसकी उन्हें बहुत चिंता नहीं थी। वे राजकीय नृत्यांगनाओं से अपना काम चला लेते थे। फिर मेरे भाई ने उनके मस्तिष्क को मेरे प्रति काफी विषाक्त कर रखा था।

सुखदा का सहारा लेकर मैं उनके यहाँ पहुँची। सुखदा ने आगे बढ़कर उन्हें मेरे आने की सूचना दी। वे कुछ नहीं बोले। जैसे शिथिल पड़े थे वैसे ही पड़े रहे। मैं भी चरणस्पर्श कर उसी पलंग पर बैठ गई। मेरी उपस्थिति का अनुभव करते हुए भी वे मौन थे।

"स्वास्थ्य तो ठीक है न?" मैंने पूछा।

"मेरे स्वास्थ्य की चिंता छोड़कर अपने पुत्र के स्वास्थ्य की चिंता करो।" अत्यंत झुंझलाए हुए वे बोले, "इसके संबंध में सोचो, वह मरने वाला है।" अप्रिय और अशुभ शब्दों के प्रयोग से मुझे उनकी मन:स्थिति का अनुभव हो गया।

"यह स्थिति कैसे आई?" मैंने अनजान बनते हुए पूछा, "वह गया तो था गो-संपदा की गणना करने, वह भी आपकी अनुमति लेकर; फिर ऐसा क्या हुआ कि उसने अन्न-जल त्याग दिया?"

"यह सब तुम अपने भाई से क्यों नहीं पूछतीं?"

"वह तो इधर दिखाई नहीं दिया। क्या आपके यहाँ भी नहीं आता?"

"मेरे यहाँ वह कौन सा मुँह लेकर आएगा!"

बातों के क्रम में मैंने उन्हें दुर्योधन को समझाने के लिए कहा।

उन्होंने बड़े दु:ख से बताया, "मैं तो हार चुका, अब तुम ही देखो।"

"मैं तो गई थी, पर मेरी बात भी उसने नहीं मानी। एक बात का मैंने अवश्य अनुभव किया कि उसके मन पर पराजय के अपमान की उतनी गहरी छाया नहीं है जितनी इस बात की कि वह कुंती का सामना कैसे करेगा!"

"इस संदर्भ में हम क्या कर सकते हैं?" उनके स्वर में बड़ी हताशा थी, "वह हमारी कोई बात मानने को तैयार होता ही नहीं।"

मैंने अनुभव किया कि महाराज भी काफी हताश और दु:खी हैं। मैंने देखा कि अवसर अच्छा है। मैं वह बात कह सकती हूँ, जिसके कहने की अब तक हिम्मत नहीं हो रही थी। मैंने कहा, "अब एक ही उपाय मेरी समझ में आता है।"

"क्या?"

"क्यों नहीं कुंती से ही कहा जाय कि वह आकर स्वयं दुर्योधन को समझाए और अपने हाथ से उसे जल ग्रहण कराए!" मैंने कहा।

वे सोचने लगे। कुछ देर बाद बड़ी गंभीरता से बोले, "पर यह हो कैसे सकता है?"

"हो तो सकता है, पर जब हम अपने अहंकार से मुक्त हों तब।"

"तुम्हारा तात्पर्य?"

"मेरा सोचना है कि हम चलकर स्वयं कुंती से आग्रह करें कि अब बस तुम्हीं हमारे पुत्र के प्राण की रक्षा कर सकती हो।"

इतना सुनते ही वे एकदम भभक उठे, "मैं कुंती से आग्रह करूँ! क्या कहती हो, गांधारी! दुर्योधन भले ही मर जाए, पर मैं कुंती के यहाँ नहीं जाऊँगा।" इतना कहकर वे एकदम चुप हो गए और बहुत देर तक चुप ही रहे। उनका मन अपने ही अहं से संघर्ष करता रहा। फिर अत्यंत मंद स्वर में उन्होंने कहा, "तुम चाहो तो अपने भाई को लेकर जा सकती हो।"

मेरे मन ने कहा कि मुझे जाना होगा तो मैं अपने भाई को लेकर क्यों जाऊँगी, स्वयं जाऊँगी। पर मेरा मन ही मुझसे पूछने लगा, 'तुम जा सकती हो? क्या कहोगी, कि तुम दुर्योधन की जान बचाओ? उस दुर्योधन की, जिसने तुम्हारे पुत्रों की जान लेने में कोई भी कोर-कसर बाकी नहीं छोड़ी; जिसने अनैतिक तरीके से उनका राज्य भी छीन लिया और उन्हें वन में दर-दर की ठोकरें खाने के लिए विवश किया?'

अपने कक्ष में आकर भी मैं इसी उधेड़बुन में पड़ी रही। मैं जितना साहस बटोरती थी उतना ही बिखर जाती थी। साहस की यह रेत मेरी मुट्ठी में ठहर नहीं रही थी। आत्मसंघर्ष काफी देर तक चलता रहा। समय बड़ी तीव्र गति से भागा जा

रहा था। जो भी करना था, जल्दी करना था। दुर्योधन को जल छोड़े भी दो दिन हो गए थे। बात चारों ओर फैल गई थी। हाहाकार मच गया। सारा महल आँसुओं से भीग गया; जबकि उसके युवराज का कंठ सूखता रहा, सूखता चला गया।

मेरे अंतर्द्वंद्व के बीच से ही एक आवाज आई, 'जब युधिष्ठिर ने कभी कुंती और तुममें अंतर नहीं समझा, जब उसने सदा तुम्हें अपनी माँ से अधिक सम्मान दिया तब तुम कुंती और अपने में अंतर क्यों करती हो? यह और कुछ नहीं, केवल तुम्हारा अपराध-बोध है—और वह भी झूठा अपराध-बोध है। अपराध तो तुम्हारे परिवार ने किया है, तुम कभी उसमें सहायक नहीं रहीं। फिर भी पारिवारिक दायित्व के कारण तुम उस अपराध को अपना अपराध समझती हो। तुम काजल की कोठरी में रहती हो, पर तुम काजल की कोठरी नहीं हो। इसलिए इस अपराध-बोध को उतार फेंको। जल्दी करो। उठो और विश्वासपूर्वक कुंती के पास जाओ।' मुझे लगा कि वह तिनका मिल गया, जो मुझ जैसे डूबते का सहारा बनेगा। बस, मैं हड़बड़ाकर उठी। सुखदा को लिया और सीधे विदुरजी के यहाँ जा पहुँची।

विदुरजी के परिचरों को मुझे अचानक आया देखकर आश्चर्य हुआ। दौड़कर उन्होंने अंत:पुर में सूचना दी। विदुर की पत्नी जिस स्थिति में थी वैसे ही मेरी अगवानी में दौड़ी हुई आई। मुझे असामान्य वेश और स्थिति में देखकर बोली, "क्या बात है, जेठानीजी?"

"तुम्हें मालूम नहीं, दुर्योधन अब प्राणांत करने वाला है।"

"यह तो आज ही ज्ञात हुआ था कि युवराज प्रायोपवेश पर हैं; पर इसका ज्ञान नहीं था कि स्थिति यहाँ तक आ पहुँची है।" उसने कहा, "आप लोगों ने उन्हें समझाया नहीं?"

"समझाया तो बहुत कुछ, पर हमारा प्रयत्न व्यर्थ गया।" मैं बोलती हुई आगे बढ़ी।

"आपने शकुनि भैया से क्यों नहीं कहा? युवराज तो उनकी हर बात मानते हैं।"

मैं कुछ बोल नहीं पाई, कुंती के कक्ष की ओर बढ़ चली।

कुंती भी स्तंभित रह गई। शायद वह इन सारे संदर्भों से अनजान थी।

"मैं तुमसे अपने पुत्र के प्राणों की भीख माँगने आई हूँ।"

"क्या बात है? आप बैठिए तो सही।"

मैं धरती पर उसीके आस्तरण पर बैठ गई। फिर धीरे-धीरे आधी-अधूरी सी बात कह गई। रही-सही बात मेरे आँसुओं ने कह दी थी। फिर भी मैं बोलती गई, "तुम्हारे पुत्रों ने मेरे पुत्रों को गंधर्वों के चंगुल से छुड़ाया, अब तुम उसकी रक्षा करो।"

फिर भी वह समझ नहीं पा रही थी कि मैं क्या कर सकती हूँ। व्यग्रता और आत्मग्लानि से शब्दों की क्रमबद्धता टूट गई थी। मैं अपनी अभीप्सा कुछ स्पष्ट नहीं कर पा रही थी। फिर भी उसने मेरा आशय समझ लिया और तुरंत तैयार हो गई।

''चलो बहन, यदि मेरे कहने से वह प्रायोपवेश व्रत त्याग दे तो इससे बढ़कर मेरे लिए और कौन सी बात हो सकती है!''

वह वैसे ही तपस्विनी के वेश में बड़ी क्षिप्रता से चल पड़ी। उसकी चाल इतनी तेज थी कि मैं उससे पिछड़ती जा रही थी। बिना दाएँ-बाएँ देखे और बिना किसीसे कुछ कहे वह त्वरा में निकलती चली गई। उसकी यह अप्रत्याशित क्रिया मुझपर बहुत भारी पड़ी। अब मुझे उसका कद अपने से बहुत बड़ा लग रहा था। वह हिमालय थी तो मैं उसके सामने मामूली पहाड़ी भी नहीं।

मनुष्य किसी और से कम और अपने कर्मों से अधिक परेशान होता है। अब मेरा चिंतन मुझे ही कोसने लगा, 'तुमने इसके पुत्रों के साथ कैसा व्यवहार किया था और यह कितनी सहजता से तुम्हारे पुत्र की प्राणरक्षा के लिए तैयार हो गई।' आत्मग्लानि में मैं पहले से ही बूड़ी जा रही थी, अब तो उसका प्रभाव सिर के ऊपर जाने लगा।

कुंती सीधे दुर्योधन के आवास में पहुँची। प्रहरी चकित उसे देखते रह गए। दुर्योधन के कक्ष के निकट पहुँचते ही कुंती ने देखा कि भानुमती रोती हुई निकल रही है। वह भी एकाएक कुंती को देखकर स्तब्ध रह गई। उसने तुरंत कुंती के चरण छुए।

उसने आशीर्वाद दिया, ''सौभाग्यवती भव।''

इसके बाद भानुमती मेरी बगल में आकर खड़ी हो गई।

मैंने धीरे से कुंती के कान में कहा, ''देखो, तुम अकेली उसके पास जाओ। यदि मुझे देखेगा तो तुम्हारे आने का उसपर उतना प्रभाव नहीं पड़ेगा। वह समझेगा कि मैं तुम्हें बुलाकर लाई हूँ।''

वह भीतर चली गई और मैं द्वार के बाहर सुखदा के सहारे खड़ी रही। मैंने भानुमती को भी अपने पास रोक लिया था।

सुखदा ने बताया कि कुंती को देखकर उसने अपना मुख बिस्तर में छिपा लिया और लगा एक सामान्य बच्चे की तरह रोने। कुंती उसका सिर सहलाते हुए बोली, ''वत्स, कहीं बेटे भी अपनी माँ से मुँह छिपाते हैं! और छिपाते भी हैं तो बिस्तर में नहीं, अपनी माँ के आँचल में।'' और उसने धीरे से उसका सिर उठाकर अपने आँचल में छिपा लिया। दुर्योधन अब और भी फूट-फूटकर रोने लगा। कुछ बोल न सका। आँखों से पिघलकर उसकी ग्लानि बहती रही।

"बेटा, तुम यह न समझो कि पांडवों ने तुम्हारी रक्षा कर तुमपर कोई उपकार किया है। उन्होंने अपने भाइयों की रक्षा की है, किसी और की नहीं। विपत्ति में फँसे भाई की रक्षा करना तो हर भाई का धर्म है। उन्होंने केवल अपने कर्तव्यों का पालन किया।"

कुंती की ममता भरी सांत्वना से उसे कुछ शांति मिली। आँसुओं का ज्वार थमा। उसने पूछा, "आपको मेरे बारे में कैसे ज्ञात हुआ?"

"किसीने बताया तो नहीं।" कुंती बोली, "इधर कई दिनों से मेरा मन घबरा रहा था। पिछले दो-तीन दिनों में ऐसी घबराहट बढ़ी कि लगा कि मेरे बेटे अवश्य किसी विपत्ति में पड़ गए हैं। मैंने भगवान् से प्रार्थना की कि हे भगवान्, तू उनकी रक्षा कर।''' आज किसी परिचर ने बताया कि युवराज गंभीर रूप से बीमार हैं। लोग बड़े चिंतित हैं। सो तुम्हें देखने चली आई। यहाँ आकर कुछ दूसरा ही सुना। सोचा, यह पागलपन दुर्योधन पर तो नहीं सवार होना चाहिए। वह प्रबल इच्छाशक्ति का व्यक्ति है।''' फिर कहीं अपनों से भी ग्लानि होती है! मेरे लिए तो जैसे युधिष्ठिर वैसे तुम।" कुंती समझाती रही, आग ठंडी होती गई।

थोड़ी देर बाद भीतर से कुंती की आवाज आई, "मधु-मिश्रित जल ले आओ।"

मैंने धीरे से भानुमती से कहा, "अब तुम ले जाकर दो।"

वह दौड़ पड़ी।

उधर कुंती ने जल पिलाया, इधर अनेक हृदय ठंडे हो गए। पूरे राजभवन में उल्लास छा गया। बस एक ही स्वर गूँज रहा था—इस विपत्ति में कुंती ही काम आई। दुर्योधन ने प्रायोपवेश छोड़ दिया। आश्चर्य के पंखों पर प्रसन्नता चारों ओर फुदकने लगी।

अब मेरा साहस वहाँ खड़े रहने का न हो पा रहा था। मैं कैसे कुंती का सामना करूँगी? उसे कैसे धन्यवाद दूँगी? क्या कहूँगी? तब तक कुंती बाहर आ मुझसे लिपट चुकी थी और गद्गद कंठ से कह रही थी, "बेटे ने मेरी बात रख ली। मैं धन्य हुई!"

मैं कुछ बोल न पाई। सोचा, झुककर उसके चरण छू लूँ; पर पता नहीं कैसे रुक गई। आँखों पर बँधी पट्टी गीली होती गई। मैं कृतज्ञता के आँसू भी कुंती को दिखा न पाई कि वह चुपचाप चली गई। न किसीने उसे रोका और न वह रुकी।

अब मुझे ऐसा लग रहा था, मानो पूरा राजभवन चुल्लू भर पानी खोज रहा है।

□

: तेरह :

समय ने कब किसकी प्रतीक्षा की है! वह अबाध गति से आगे बढ़ता रहा है और बढ़ता गया। पांडवों को वन गए धीरे-धीरे बारह वर्ष बीत गए। अब अज्ञातवास का अंतिम वर्ष भी लगभग दम तोड़ने लगा है। पर लगता है, अभी कल की बात है; क्योंकि हम अतीत को इतनी गहराई से पकड़े रहते हैं कि उसे छोड़ नहीं पाते।

ज्यों-ज्यों समय बीतता गया, मेरे परिवार का अंतर उद्विग्न होता गया; फिर भी पांडवों के लौटने की ऊपर से हम प्रसन्नता व्यक्त करते हुए दोहरा जीवन जीने लगे।

ऊपर से हरियाली और भीतर धधकती हुई आग। यह मेरे व्यक्तित्व के अनुकूल नहीं था। फिर भी मेरा परिवार प्रसन्नता के मुखौटे के भीतर वास्तविकता छिपाने का आदी हो गया था। वह अब नए षड्यंत्र की अवतारणा में लग गया। इसमें महाराज की मौन भूमिका काफी सक्रिय रही। वे जल्दी खुलते नहीं थे। वे अपनी अंधता और मूकता के भीतर कई जीवन जीने के अभ्यस्त थे।

मेरे अतिरिक्त उनकी नौ रानियाँ और थीं। उनमें सत्यसेना उनके काफी निकट थी; पर मैं पट्टमहिषी थी। अग्नि को साक्षी देकर संस्कारपूर्वक ग्रहण की गई थी। सही अर्थों में पूर्णरूपेण जीवन की सहभागिनी थी; फिर भी वे बहुत कुछ मुझसे छिपा लेते थे। इतना होने पर भी मेरा चातुर्य बहुधा उनके हृदय में झाँक-झूँक करता था और बहुत कुछ देख लेता था। इस दृष्टि से सत्यसेना अधिक भाग्यशालिनी थी। उसके सामने वे अधिक खुलते थे। यद्यपि, सुखदा के अनुसार, सत्यसेना मुझसे अधिक सुंदर नहीं थी, पर मन भाने की बात है।

परिचारिकाओं में सुखदा को महाराज अधिक मानते थे; क्योंकि वह देह-मर्दन में सिद्धहस्त थी। पैर तो ऐसे दबाती थी कि दबाते-दबाते उन्हें सुला देती थी। ऐसी ही स्थिति में एक दिन सत्यसेना उनकी बगल में ढुलकी थी। वृक्ष अपने चिंतन में स्थिर था और लता लिपटी थी।

अचानक महाराज का चिंतन मुखरित हुआ, "अज्ञातवास का एक साल लगभग समाप्त होने को आया, पर कहीं पांडवों का पता नहीं चल सका।"

"इसका तात्पर्य है कि आपके गुप्तचर अयोग्य हैं। योग्य गुप्तचर लगाए जाएँ।...आखिर पांडव तो आर्यावर्त में ही होंगे न!"

"पुराने गुप्तचरों के स्थान पर मैंने योग्य गुप्तचर लगाए हैं।" महाराज बोले, "सुना है, विराट का सेनापति कीचक मारा गया। वह आर्यावर्त के परम बलशाली मल्लों में एक था। उसे कोई साधारण व्यक्ति मार नहीं सकता था।"

"तब मारा किसने, इसकी तो चर्चा होगी?" सत्यसेना ने पूछा।

"सुना है, किसी गंधर्व ने उसे मारा है।"

"गंधर्व का कीचक से क्या संबंध?"

"यही बात तो समझ में नहीं आती।" कुछ सोचते हुए वे बोले, "लोगों का अनुमान है कि वह गंधर्व कोई और नहीं, केवल भीम हो सकता है।"

इसके बाद बात आगे ही नहीं बढ़ी। सुखदा ने मुझसे बताया, "त्रिगर्तराज द्वारा महाराज को सूचना मिली है कि आजकल विराट के अंत:पुर में एक अनुपम सुंदरी सैरंध्री है। उसी पर कीचक आसक्त था। वह किसी प्रकार उसे प्राप्त करना चाहता था। सैरंध्री का कहना था कि उसकी देह को कोई हाथ नहीं लगा सकता; क्योंकि उसके पाँच गंधर्व पति उसकी रक्षा करते हैं। उन्हीं गंधर्वों में से किसीने कीचक की हत्या की है। इसी प्रकार जीमूत की भी हत्या हुई थी।"

"तब तो यह बात लगभग सुनिश्चित हो जाती है कि वह सैरंध्री और कोई नहीं, केवल द्रौपदी है और उसके पाँच गंधर्व पति पांडव ही हैं।... जीमूत का वध होने का एक मतलब यह भी है कि भीम भी विराट के यहाँ ही छिपकर काम करता है।" मैंने कहा।

"आपका यह अनुमान सही हो सकता है।" सुखदा सोचने लगी। वह बोली, "तब तो अज्ञातवास के समाप्त होने के पहले ही पांडवों का पता लगभग लग गया।" उसने पूछा, "अब क्या होगा, महारानीजी?'

"देखो, क्या होता है!" मेरे मुँह से निकला।

अभी दिन का प्रथम प्रहर ही बीता था। राजभवन में एक विचित्र प्रकार का कोलाहल आरंभ हुआ। अश्वशाला में हलचल हो चली। युद्ध के लिए रथ तैयार किए जाने लगे। हम लोगों को आभास हो चला था कि कहीं चढ़ाई होने वाली है। अभी-अभी सुखदा ने यह भी बताया कि "कई दिनों के बाद आज कर्ण दिखाई पड़ा। जब मैंने उसे प्रणाम कर अचानक दिखाई पड़ने का कारण पूछा, तो उसने बताया, 'जब मेरी आवश्यकता पड़ती है तब मैं उपस्थित हो जाता हूँ।"

अब आक्रमण की बात और भी पक्की हो गई।

थोड़ी देर बाद दुर्योधन भी अपने भाइयों के साथ चरणस्पर्श करने मेरे पास आया। उसके साथ शकुनि भी था। उसने बड़ी प्रसन्नता से कहा, ''आज दोहरी विजय के लिए प्रयास किया जा रहा है। ऐसा आशीर्वाद दो कि कार्य सुकर हो जाए।''

मैं उस समय तो दोहरी विजय का रहस्य न जान पाई, पर बाद में पता चला कि पहली विजय तो अज्ञातवास की अवधि में ही पांडवों का पता लगा लेना है और दूसरी विजय उनपर अचानक आक्रमण कर उन्हें पूर्णरूप से परास्त कर कंटक जड़ से उखाड़ फेंकना है।

इस प्रयास के लिए विशेष तैयारी की गई। आचार्य द्रोण व कृप आदि को भी चलने का आदेश हुआ। फिर मेरे पुत्र पितामह से आशीर्वाद लेने और उन्हें भी चलने के लिए उनसे आग्रह करने गए।

द्रोणाचार्य के विचार से यह साधारण युद्ध नहीं होगा। यह समझना भूल होगी कि निर्वासित जीवन में पांडव पहले से कमजोर हो गए होंगे। उन्होंने दुर्योधन से स्पष्ट कहा, ''द्वैतवन की पराजय यद्यपि पुरानी पड़ गई है, पर उसने हमें इस निष्कर्ष पर तो पहुँचा ही दिया है कि तप-साधना और वनवास के समय लोगों से मिली व्यापक सहानुभूति से पांडव शक्तिशाली ही हुए होंगे। इसलिए हमें सावधानीपूर्वक पूरी तैयारी से चलना चाहिए।''

अतएव अश्वत्थामा, कर्ण आदि कोई भी महारथी छोड़ा नहीं गया। पुराने अस्त्रों की मरम्मत का कार्य यथाशीघ्र किया गया। जब आग सुलगने लगती है तब उसका धुआँ फैलना स्वाभाविक है। पूरा हस्तिनापुर इस विषैले धुएँ की कड़वाहट का अनुभव करने लगा। बड़े-बुजुर्गों का सोचना था कि सत्ता-सुख किसे नहीं पागल कर देता! इस समय दुर्योधन का पागलपन किसी भी सीमा तक जा सकता है।

इतना होने पर भी इस संदर्भ में मेरी जानकारी बहुत अधिक नहीं थी। यदि मेरे यहाँ लोग आशीर्वाद लेने न आते तो मैं शायद औरों से भी कम जानती।

ऐसी स्थिति में मेरी जिज्ञासा सुखदा को सक्रिय कर देती थी। मैं उसीकी दृष्टि से देखती और उसके ही कानों से सुनती थी। उसने ही बताया, ''पितामह के यहाँ से लौटकर लोग काफी निराश और क्रुद्ध दिखाई दे रहे हैं। कर्ण का तो कहना है कि पितामह सदा हमारी गाड़ी के आगे काठ बन जाते हैं।''

''इसका तात्पर्य है कि ताऊजी ने आक्रमण करने से मना कर दिया होगा।'' मैंने कहा।

''आपका सोचना लगभग सही है।'' सुखदा ने बताया, ''सुना तो यह जा रहा है कि पितामह का मानना है कि अज्ञातवास का समय समाप्त हो चुका है।''

"उन्होंने यह नहीं बताया कि कितना समय अधिक जा चुका है?"

"यह तो उन्होंने नहीं बताया।" सुखदा ने कहा, "वे तेरह वर्ष की गणना एक साथ कर रहे हैं। और युवराज के अनुसार अभी कई दिन बाकी हैं।"

"तब क्या हुआ?"

"राजज्योतिषी की गोपनीय राय माँगी गई है।"

मुझे सुखदा को इतनी गहराई से जानकारी होने पर आश्चर्य था। मैंने उससे पूछा, "तू इतनी जानकारी कैसे एकत्र कर लेती है, सुखदा?"

"कणिक के माध्यम से।"

"कणिक तो युवराज का एकदम विश्वासपात्र है।"

इतना सुनते ही सुखदा जोर से हँसी, "आप जानती हैं, महरानीजी, कि पुरुष की सबसे बड़ी कमजोरी स्त्री होती है। उसकी वासना की जीभ कुत्ते की जीभ की तरह होती है, जो मांस तो मांस, हड्डी पर भी लपलपाने लगती है।"

"...और तू इस जीभ को थोड़ा स्वाद भी चखा देती होगी!" मैंने हँसते हुए कहा।

वह एकदम भड़क उठी, "आप मुझे कुलटा समझती हैं क्या?" उसका स्वाभिमान अब भी हँस रहा था, "जब तरसाने से ही काम बन जाय तो आगे बढ़ने से फायदा!"

इस बार हम दोनों हँस पड़ीं। मैंने हँसते हुए ही कहा, "तब तो तुझे मेरी सेवा में न रहकर गुप्तचर विभाग की सेवा करनी चाहिए। इससे हस्तिनापुर का भला होगा।"

"मैं तो आपके प्रति समर्पित हूँ, हस्तिनापुर के प्रति नहीं।"

☐

राजज्योतिषी की इस सूचना ने कि अज्ञातवास का समय निश्चित रूप से समाप्त हो गया है, राजभवन की सभी हलचलों का जैसे गला दबा दिया। फिर वही उदासी भरी शांति। प्रजा भी सोचने लगी कि पांडवों की तपस्या पूरी हुई। अब वे हस्तिनापुर वापस आएँ और अपना हिस्सा माँगें। मेरे मन में भी आया कि एक तरह से यह अच्छा ही हुआ। बहुत होगा, पांडव फिर इंद्रप्रस्थ के शासक हो जाएँगे; शांति से जीवन तो बीतेगा।... पर मेरा परिवार इसे कहाँ स्वीकार करनेवाला था।

शकुनि की सक्रियता फिर बढ़ी। उसकी यह प्रकृति थी कि सोते हुए नाग को भी कंकड़ मारकर जगा देता था। फिर वह इस समय शांत कैसे रह सकता था।

उसकी अपनी अलग गणना और अपना अलग ज्योतिष था। वह फल पहले निश्चित करके अपनी गणना आरंभ करता था। उसका निष्कर्ष था कि अज्ञातवास की समाप्ति में अभी कई दिन शेष हैं। उसने निराश दुर्योधन को ढाढ़स बँधाया, ''क्या सोचते हो? तुम्हारे जैसा पराक्रमी भानजा जब निराश होकर बैठ जाता है तब मुझे बड़ी पीड़ा होती है।''

''बैठ न जाऊँ तो क्या करूँ?''

''तुम क्यों घबराते हो? जो करना होगा वह तो मैं करूँगा ही।'' शकुनि ने उसे समझाया, ''तुम महाराज के यहाँ एक बैठक बुलाओ। उसमें तुम अपने मित्रों के साथ रहो।''

''बैठक की कार्यसूची क्या होगी?''

''केवल वर्तमान स्थिति पर विचारार्थ।'' शकुनि ने कहा, ''यह शुभ कार्य तुरंत करो।''

उधर दुर्योधन को उभारकर शकुनि मेरे यहाँ आया। और बिना किसी भूमिका के लगा बड़बड़ाने, ''देखा तुमने अपने हितैषियों को! वे अपने बेटों की ही जड़ काटने पर लगे हैं। कहते हैं कि पांडवों के अज्ञातवास की अवधि समाप्त हो चुकी है।''

''यदि समाप्त हो गई होगी तभी न कहते हैं। राजज्योतिषी भी तो यही कहते हैं।'' मैंने कहा।

''यह तो तुम्हें मालूम है कि इन सभी लोगों की सहानुभूति पांडवों के साथ है।'' शकुनि बोला, ''उनका विश्वास है कि सत्ता पांडवों की थी, कौरवों ने उसे धोखा देकर छीन लिया है; जबकि यह सरासर गलत है। वस्तुतः सत्ता महाराज धृतराष्ट्र की थी और अब उनके पुत्र दुर्योधन के पास है।''

''ये सब बातें तो पुरानी हो गईं।'' मैंने कहा, ''उपस्थित प्रश्न यह है कि अज्ञातवास की अवधि पूरी हुई है या नहीं?''

''नहीं पूरी हुई है।'' उसने बड़े विश्वास से कहा, ''अवधि पूरी होने के पूर्व ही पांडव पहचान लिये जाएँगे।''

मैंने सोचा, अब गणितीय निष्कर्ष पर भी 'मीन-मेष' पैदा कर दिया गया। इसका परिणाम संघर्ष के सिवा और कुछ नहीं होगा। जब भी ऐसी स्थिति आती थी, कुंती मेरे सामने आकर खड़ी हो जाती थी और बड़ी कातरता से पूछती थी, 'बहन, अब क्या हस्तिनापुर की सत्ता की प्यास तलवार का ही पानी पीएगी? आपके रहते ही यह सिंहासन अपना उत्तराधिकारी शवों के ढेर में खोजेगा? क्या हम माताओं की ममता रक्त की धारा में ही डुबकियाँ लगाएगी?'

ऐसी स्थितियों में मैं एकदम घबरा जाती थी; पर किसीसे कुछ कह नहीं पाती थी। भीतर-ही-भीतर ऐसी बन जाती थी कि लगता था, मैं एक कच्चे घड़े-सा टूटकर बिखर जाऊँगी। ले-देकर मेरे पास एक सुखदा ही थी; अपना दुःखी हृदय मैं उसीके सामने खोलती थी। मुझे यह कहते जरा भी संकोच नहीं है कि अनेक अवसरों पर उसका निर्णय मेरे निष्कर्ष से अधिक ठोस, व्यावहारिक और सार्थक होता था।

उसने कहा, "आज संध्या को होनेवाली बैठक में आप अवश्य जाइए।"

"अभी तक बैठक की मुझे आधिकारिक सूचना भी नहीं है। यदि मैं न बुलाई जाऊँ तो?"

"तो भी आप चलिए।" उसने बहुत जोर देकर कहा।

निश्चित समय से कुछ पहले ही वह मुझे महाराज के निजी सभाकक्ष की ओर ले चली।

मेरे पहुँचने के कुछ पहले से ही दुर्योधन और शकुनि वहाँ उपस्थित थे। महाराज से उनकी गंभीर मंत्रणा चल रही थी। मुझे देखते ही वे हड़बड़ा गए।

महाराज ने छूटते ही कहा, "नवनीत के बीच मक्षिका की तरह तुम कहाँ से आ गईं?"

मुझे कुछ क्रोध सा आ गया। मैंने पूछा, "क्या पति के कक्ष में पत्नी का आना भी नवनीत में मक्षिका पड़ना है? मैं तो इस स्थिति को नवनीत और मिश्री का मिलन समझती थी।"

इतना सुनते ही उनके ऊपर हजारों घड़े पानी पड़ गए।

"लगता है, इस समय भी तुम कोई कांड करने से बाज नहीं आओगी।" महाराज ने कहा।

"कैसा कांड?"

"जैसा कांड द्यूतक्रीड़ा के समय द्रौपदी के प्रभाव में आकर तुमने किया था।" उन्होंने कहा।

मैं समझ गई कि इनका मस्तिष्क विषाक्त किया जा चुका है। मैंने भी सुनाना शुरू किया, "यदि उस समय मैंने वैसा न किया होता तो आप महापाप के भागीदार होते। पति के पाप और पुण्य में पत्नी की भी सहभागिता होती है। इसलिए एक पत्नी का कर्तव्य है कि ऐसे अवसरों पर पति को सावधान करे।''' मैं कोई कांड नहीं, अपने कर्तव्य का पालन कर रही थी।"

इसके बाद वह तो चुप हो ही गए, और लोग भी कुछ बोल नहीं पाए। मैं भी

बैठने के लिए महाराज की बगल की ओर बढ़ी। मैं क्रोध में यह भी बोल गई कि ''आप लोग चाहे जो भी निश्चय करेंगे, मैं कुछ नहीं बोलूँगी।''

''अच्छा, बैठो बहन! तुम्हें हटाता कौन है?'' शकुनि ने कहा और सहारा देकर मुझे बैठाया भी।

फिर उनकी बातें शुरू हुईं। दुर्योधन के कथन का सारांश था कि 'यदि हम इस समय काँटे को सदा के लिए नहीं निकाल पाए तो यह हमेशा चुभता रहेगा।'

शकुनि का भी कहना यही था, ''पांडव घायल हुए साँप हैं। यदि उन्हें न समाप्त किया गया तो वे किसी भी समय हमें डस सकते हैं।''

''यदि यह सिद्ध हो गया कि पहचाने जाने के पूर्व ही पांडवों का अज्ञातवास समाप्त हो चुका है, तब तो उनका राज्य ससम्मान लौटाना ही पड़ेगा।'' महाराज ने कहा।

''पर ऐसा होगा नहीं।'' शकुनि बोला।

''क्यों नहीं होगा?'' महाराज ने कहा, ''ताऊजी और राजज्योतिषी की राय इस बारे में समान है।''

''उनकी राय से क्या होता है!'' शकुनि ने दृढ़ता दिखाई, ''हमारी भी तो राय है। हमारी गणना के अनुसार अभी पाँच-छह दिनों का समय शेष है।''

''तुम्हारी राय क्या ताऊजी की राय के ऊपर होगी?''

''यदि ऊपर नहीं होगी तो नीचे क्यों होगी?'' शकुनि का कहना था, ''यह विवादित विषय है। इसका निश्चय होता रहेगा।''

''मेरा विचार तो यह है कि हमें इस विवाद में न पड़कर सीधे-सीधे उन्हें युद्ध में परास्त करना चाहिए। पराजित होने के बाद वे चिल्लाते रहें कि अवधि के बाद हम पहचाने गए हैं। कहीं हारे हुए व्यक्ति की भी बात कोई बात सुनता है!'' दुर्योधन ने कहा।

महाराज तो पहले से ही इस पक्ष में थे। इस वाद-विवाद से तो वे अपना मन ही पक्का कर रहे थे।

थोड़ी देर बाद ही विदुरजी आ गए। आते ही दुर्योधन को उनके साथ कर दिया गया कि पितामह को ससम्मान बुला लाए। उधर कर्ण के आते ही शकुनि ने उसके कान में कुछ भरना आरंभ किया।

थोड़ी देर बाद ही ताऊजी विदुर व दुर्योधन के साथ आ पहुँचे।

ताऊजी के प्रति सम्मान तो सभी ने व्यक्त किया, पर उनके कथन का सम्मान

करनेवाला कोई नहीं था। मैं और महाराज चुप ही थे। उनकी चुप्पी राजनीति से प्रेरित थी और मेरा मुख विवशता से बंद कर दिया गया था।

ताऊजी का स्पष्ट मत था, "अज्ञातवास की अवधि समाप्त हो गई है। राज-ज्योतिषी का भी यही मत है।"

"मैं ऐसे ज्योतिषियों को आपके सामने उपस्थित कर सकता हूँ, जो यह सिद्ध कर सकते हैं कि अभी अज्ञातवास की अवधि शेष होने में पाँच-छह महीने का समय शेष है।"

"हमें इस विवाद को उठाने से क्या लाभ? इसका तो कभी अंत नहीं होना है।" अब कर्ण बोला, "पांडव तो कहेंगे ही कि अभी समय समाप्त नहीं हुआ है। और उनके समर्थन में भी कहनेवालों की संख्या हमसे कम नहीं है। जहाँ हम विवाद के चक्कर में पड़े कि पांडव बीस पड़ जाएँगे; क्योंकि प्रजा तुरंत उनके पक्ष में हो जाएगी। प्रजा को मिलाने की युक्ति उन्हें हमसे अधिक आती है।...मेरे विचार से तो यह समय सीधे-सीधे पांडवों पर आक्रमण करके उन्हें पराजित करने का है। न रहेगा बाँस और न बजेगी बाँसुरी।"

मेरे मन ने कहा, 'बाँस चाहे रहे या न रहे, पर बाँसुरी तो बजेगी ही।' द्रौपदी के चीर-हरण के समय दुःशासन के पराजित हो जाने के बाद से ही द्वारकाधीश श्रीकृष्ण की अदृश्य छवि मेरे मानस पर ऐसे अवसरों पर उभर आती थी; यद्यपि मैंने उन्हें अभी तक देखा नहीं था, केवल उनके बारे में तरह-तरह की बातें सुनी थीं।

ताऊजी को कर्ण का बोलना अच्छा नहीं लगा। उन्होंने उसे डाँटते हुए कहा, "तुम हर बात में अपनी टाँग क्यों अड़ाते हो? यह हमारी पारिवारिक समस्या है—और तुम हमारे परिवार के सदस्य भी नहीं हो, हमारे चाकर के पुत्र हो। अपनी सीमा में रहा करो।"

"आपके चाकर का पुत्र ही नहीं हूँ, दुर्योधन का अनन्य मित्र भी हूँ—और बुलाने पर आया हूँ। उन्होंने मुझे अपना मत व्यक्त करने का अधिकार दिया है। यदि आपको मेरी बातें अच्छी नहीं लगतीं तो मैं जा रहा हूँ।" इतना कहकर कर्ण चलता बना।

दुर्योधन उसे मनाने के लिए उसके पीछे दौड़ा।

पर ताऊजी के पक्ष में किसीने एक शब्द भी नहीं कहा। यह उन्हें बहुत अनुचित लगा। वे उठे और चुपचाप चले गए। किसीने उन्हें रोका भी नहीं। यह बात मुझे भी अच्छी नहीं लगी। कुछ भी हो, ताऊजी हमारे परिवार के वरिष्ठ सदस्य हैं। उनके मुँह वह व्यक्ति लगे, जो हमारे परिवार का भी नहीं वरन् सूतपुत्र है।

खड़मंडल हो गया। बैठक किसी निष्कर्ष पर पहुँचे बिना ही समाप्त हो गई।··· जब दुर्योधन कर्ण को लेकर आ रहा था तब वह उसे समझा रहा था, "पितामह के मन में सदा पांडवों के प्रति सहानुभूति रहती है। वे तो चाहते ही होंगे कि मामला विवाद में उलझ जाय। पर हम ऐसा होने नहीं देंगे।"

□

दूसरे दिन सोकर उठने पर ही मुझे पता चला कि हमारी सेना ब्राह्म मुहूर्त में प्रस्थान कर गई। सुखदा ने जब महारथियों के नाम गिनाए और उसमें पहला नाम पितामह का था, तब मुझे आश्चर्य हुआ। अनिर्णय की कारा में बंदी ऐसा लाचार व्यक्ति तो मैंने देखा ही नहीं।

सुखदा से ही पता चला कि शकुनि दुर्योधन को लेकर पितामह के यहाँ गया था और पता नहीं उन्हें क्या पढ़ाया कि वे आक्रमण का नेतृत्व करने को तैयार हो गए।··· मैं सोचने लगी, ताऊजी निर्णय तो ठीक लेते हैं; लेकिन वह कौन सी विवशता है कि वह अपने निर्णय को ठीक से कार्यान्वित नहीं कर पाते? इस तथ्य को मैं आज तक जान नहीं पाई।

आज का दिन बड़े मानसिक संघर्ष से शुरू हुआ। जब दैनिक कार्यों से निवृत्त होकर मैं अपने विश्रामकक्ष में आई तो मुझे लगा, वहाँ कुंती पहले से ही बैठी है और अपनी क्षोभ भरी कृत्रिम मुसकराहट के बीच पूछ रही है, 'जेठानीजी, उस दिन मैंने तुम्हारे पुत्र की प्राणरक्षा इसीलिए की थी कि आज वह मेरे पुत्रों के प्राणों का ग्राहक बन जाए? तुमने मेरे उपकार का अच्छा बदला दिया।'

"नहीं-नहीं, ऐसा मत कहो, कुंती! मैं कृतघ्न नहीं हूँ। पर मैं क्या करूँ? पट्टमहिषी होकर भी मैं पराधीन हूँ। जो सोचती हूँ, वह कर नहीं सकती और तुम निर्वासित पुत्रों की माँ होकर भी स्वतंत्र हो; जो सोचती हो वह कर सकती हो। मेरे आँचल में अंगारे और मन में उसका उठता कड़वा धुआँ है। तुम्हारे आँचल में पूजा के फूल हैं और मन में उसकी मधुर सुगंध। तुम मेरी परवशता पर तरस खाओ, देवि! मुझे क्षमा करो।" इतना कहते-कहते मैं भावातिरेक में काँपने और लड़खड़ाने लगी।

"आप किससे बातें कर रही हैं, स्वामिनी? मैं तो सुखदा हूँ।"

मैं तुरंत धरती पर आई।

जब बाहर की आँखें बंद रहती हैं तब वे भीतर की आँखों में ही समा जाती हैं। उनमें रची-बसी छवि भीतरी आँखों में ऐसी धँस जाती है कि फिर वह बाहर निकल नहीं पाती थी, वरन् वह मुझे ही अपने पास खींच लेती थी। तब इसी तरह की स्थिति आती कि मेरी आँखें सुखदा को भी कुंती समझने लगती थीं।

सुखदा ने बड़ी गंभीरता से कहा, "महारानीजी, एक बात कहूँ, यदि आप बुरा न मानें? आप इतना सोचती क्यों हैं? जब अपना सोचा होना नहीं है, होगा वही जो होना है, तब आपका सोचना अनजान पगडंडी पर भटकना है। इस भटकने से अच्छा है, एक जगह बैठकर नियति के बदलते रंग को सहजभाव से देखना।"

"तू क्या जानती है कि मैं ऐसी चेष्टा नहीं करती? करती बहुत हूँ, पर कुछ कर नहीं पाती।"

"तब ऐसी चेष्टा करना भी छोड़ दीजिए।"

"तेरे कहने का मतलब है कि मैं आँखों की तरह मन पर भी पट्टी बाँध लूँ?"

"पट्टी बाँध लेना रोग की ओषधि नहीं है।" सुखदा बोली, "इससे मात्र आप आँखों पर पट्टी बाँधती हैं, पर देखने की इच्छा को आप बाँध नहीं पातीं। हम खुली आँखों से भी जो न देखना चाहें उसे नहीं देख सकते। इसके लिए मन की दृढ़ता चाहिए। आँखों पर पट्टी बाँधना तो अपनी ही दुर्बलता का सूचक है।"

मुझे लगा, यह सुखदा नहीं वरन् उसके जीवन का अनुभव बोल रहा है, जो आज तक कभी इतना मुखरित नहीं हुआ था।

मैं उसके चिंतन पर चकित थी। बात को आगे बढ़ाने के लिए ही मैंने मुसकराते हुए उससे पूछा, "आजकल तेरा कणिक कहाँ है?"

"मेरा कणिक!" वह खिलखिलाई, "मेरा होता तो मेरे पास होता। वह तो इधर कहीं दिखाई नहीं दिया।"

"क्या भीतर भी दिखाई नहीं दिया?" मैं हँसी।

"मैंने उसे भीतर घुसने ही नहीं दिया।"

"तब तो तू स्वयं उसके भीतर होगी।"

"इसके संबंध में तो वही बता सकता है।" इतना कहकर वह हँस पड़ी।

मैंने भी उसकी हँसी में अपनी मुसकराहट मिला दी।

हम चिंतन की हलकी-फुलकी गहराई से निकलकर सहजता के तल पर आ चुकी थीं। मैं सोच रही थी कि कुंती से नहीं मिल सकती, पर विदुर से तो मिल ही सकती हूँ। फिर अचानक विचार आया कि उनसे मिलकर भी क्या करूँगी। वह तो स्वयं मानसिक संघर्ष में होंगे। उनकी स्थिति मुझसे भिन्न थोड़े ही है। फिर ऐसे व्यक्ति से शांति पाने की आकांक्षा करना भिखारी से भीख माँगना है।

इसी बीच सुखदा ने कहा, "देखिए, महारानीजी, दो नावों पर पैर धरकर जीवन के बहाव का सामना नहीं किया जा सकता। इसके लिए तो आपको एक नाव पर आना ही होगा। यदि आप यह सोचें कि इन नावों को जोड़कर एक नाव बनाई

जाए तो अब यह नहीं हो सकता। यह तब तक संभव था जब दोनों दो बेड़े थे। सिंहासन के आकांक्षी होते हुए भी इनमें से कोई सिंहासनाधीश नहीं था। तब तक तो कोई रास्ता निकाला जा सकता था। अब तो दोनों वर्गों को सिंहासन का स्वाद लग चुका है।''

मुझे भी लगा कि सुखदा ठीक ही कहती है। भले ही हमारे संतुलन स्थापित न कर पाने की पराजित स्थित हो, पर है बड़ी शांतिपूर्ण। मैं सोचने लगी, सुखदा इस निष्कर्ष पर आ गई, पर मैं न आ सकी। शायद इसलिए कि सुखदा किसी नाव पर चढ़ी नहीं थी। इस नौका-दौड़ की वह निरपेक्ष द्रष्टा थी।

''तू तो बहुत ज्ञानी है, सुखदा।'' मेरे मुख से निकला।

''मैं तो ज्ञानी नहीं, पर ज्ञानियों का आशीर्वाद मुझे अवश्य मिलता रहा है।'' वह मुसकराई।

''तो किस ज्ञानी ने तेरी बुद्धि का यह बंद द्वार खोला है?'' मैंने पूछा।

अब वह खुलने लगी, ''कल महामात्यजी से भेंट हो गई थी। उन्होंने आपका समाचार पूछा था। मैंने आपकी मन:स्थिति के संबंध में विस्तार से बताया, तब उन्होंने इस तरह की बातें कहीं।'' वह बोलती गई, ''उनका कहना था, वे अपने पुत्रों को छोड़ नहीं सकतीं।...अरे, पुत्रों को छोड़ना तो दूर, वह अपने भाई से भी मुक्ति नहीं पा सकतीं। ऐसे में उन्हें पांडवों के बारे में सोचना ही नहीं चाहिए। एक नाव को बह जाने देना चाहिए।''

इसके बाद मैंने स्थिति से समझौता कर लिया। इस परिस्थिति की निचली डाल को दृढ़तापूर्वक पकड़कर तूफान को ऊपर से निकल जाने का मन बना लिया।

□

सैनिक छावनी में कल रात से ही सक्रियता और हलचल का आभास लगने लगा था; पर कुछ ऐसा नहीं था जिधर विशेष ध्यान दिया जाता। सबकुछ सामान्य सा था। सुखदा ने बताया कि महाराज के कक्ष की ओर कुछ लोग आ-जा अवश्य रहे हैं।

ऐसा तो बहुधा होता रहता है। यदि कोई विशेष बात होती तो वे सूचित करते, या नहीं भी करते। कुछ इसी सोच में मैं विश्रामकक्ष की ओर चली आई। पर्यंक पर लेटते ही विचारों ने घेर लिया, 'हमारा जीवन भी क्या है! विवाह के इतने दिनों बाद भी पति और पत्नी के बीच एक अदृश्य सी दीवार सदा रही—एक विशेष प्रकार के संकोच की दीवार। इसे किसीने बनाया नहीं था, यह स्वयं बन गई थी। यह हमारे मन को एक-दूसरे के सामने खुलने नहीं देती थी। शायद जिस तरह से मुझे विवश

करके लाया गया था और जिस तरह से धृतराष्ट्र के अप्रिय खूँटे में एक उन्मुक्त सिंहनी को सुंदर दुधारू गाय की तरह बाँध दिया गया था, उसकी प्रतिक्रिया न तो मेरे मन पर अच्छी पड़ी थी और न मेरे पति के मन पर। वे अपनी असुंदरता की हीन भावना से अधिक पीड़ित थे। ठीक इसके विपरीत, मुझे ऐसा लगता था कि एक चंपक कलिका वैभव के कीचड़ में डाल दी गई है। एक अपनी हीनता की वृत्ति से प्रताड़ित था तो दूसरी अपनी सौंदर्य-गर्विता से। फिर भी हम दोनों ने एक-दूसरे को पति-पत्नी के रूप में स्वीकार किया था। उसका मैं पूरी निष्ठा के साथ पालन करती थी। नियति ने जिस पातिव्रत्य का दायित्व मुझे सौंपा था, मैंने उसे बड़ी प्रसन्नतापूर्वक तन-मन से अंगीकार किया था। यद्यपि नियति की क्रूरता कभी-कभी याद आती थी और मन-ही-मन मैं उसकी उस निर्ममता को कोसती थी, जिसने फूलों का रंगीन सपना देखनेवाली तितली की आँखों पर पट्टी बाँध दी थी।

सुबह मैं जब सोकर उठी तो हस्तिनापुर के शांत पत्तन पर उदासी का मौन तूफान आ चुका था। यद्यपि विराट गए सारे जलयान लौट आए थे; किंतु विचित्र स्थिति में। किसीकी पताका उतार ली गई है तो किसीका मस्तूल छिन्न-भिन्न किया गया था। शकुनि बड़े क्रोध में मेरे कक्ष में आया। उसके शरीर पर अधोवस्त्र को छोड़कर कोई अन्य वस्त्र नहीं था।

उसने बड़े क्रोध से चिल्लाते हुए मुझसे कहा, ''देखो, आँखें खोलकर देखो!''

''मैं क्या आँखें खोल सकती हूँ! मेरी आँखों पर तो सदा के लिए पट्टी बँधी है।'' उसके क्रोध को हलका करने के लिए मैंने व्यंग्य का सहारा लिया।

पर वह और भभक पड़ा, ''यह समय व्यंग्य करने का नहीं है, वरन् तुम्हारा खून खौल उठना चाहिए कि तुम्हारे उन लाड़लों ने हमें अपमानित करके लौटा दिया।''

पहले तो मैं कुछ समझ न पाई, पर बाद में जब उसने सारी बातें बताईं तब ज्ञात हुआ कि पांडवों ने उसके सारे वस्त्र छीनकर उसकी यह गति बनाई है। उसका यह भी कहना था, ''ऐसे अपमानित करके छोड़ने से तो अच्छा था कि वे हमें मार डालते।...हम भी बदला लेने में किसी भी स्थिति तक जा सकते हैं।''

बात मुझे भी लगी। मुझे शकुनि के इस कथन में सत्यता दिखाई दी कि शुरू से पांडव मेरे पुत्रों को बराबर अपमानित करते आ रहे हैं। पता नहीं उन्हें किस बात का इतना अभिमान है। यदि उनकी इस प्रवृत्ति से नाराज हो हमारे पुत्र बदला लेने की योजना बनाते हैं तो क्या गलत करते हैं?

''ताऊजी ने आप लोगों की इस दशा पर कुछ नहीं कहा?'' मैंने पूछा।

"वे क्या कहते! उनका वस्त्र तो उन लोगों ने उतारा नहीं!"

"तुम लोगों ने कहा नहीं कि उनके मन में हमारे प्रति क्या भाव हैं, उसे तो अब आपने अच्छी तरह देख लिया न? और आप अभी भी उनके प्रति सदय हैं!"

"हम लोगों ने इस बार उन्हें जो-जो सुनाया, उसकी कल्पना तू कर नहीं सकती।"

"इसके बाद उनकी धारणा कुछ बदली?"

"उनकी धारणा क्या बदलती! वह श्वान की पूँछ की तरह हैं। जब पकड़ में आई तब सीधी, अन्यथा टेढ़ी-की-टेढ़ी।" शकुनि ने बताया, "इस बार भी सबकुछ सुन लेने के बाद उन्होंने यही कहा कि 'सम्मोहनास्त्र के संचालन की कला तो उन्हींको आती है।' फिर धीरे से बोले, 'यह तो कहो कि उन्होंने मोहित करके ही छोड़ दिया, अन्यथा उस अवस्था में वे तुम्हारे प्राण भी ले सकते थे।' इसपर कर्ण ने उन्हें जो खरी-खोटी सुनाई कि उनका जी ही जानता होगा।"

"तो कर्ण का भी चीर-हरण किया गया?" मैंने जिज्ञासा की।

"अरे, उसका ही नहीं, उन लोगों ने अपने आचार्य द्रोण एवं कृप को भी नहीं छोड़ा।"

"तब तो वे भी नाराज होंगे?"

"वे नाराज नहीं, भीतर-भीतर बड़े प्रसन्न हैं।" शकुनि बोला, "उनका सोचना है कि पराजय किसीसे भी अच्छी नहीं होती; पर पुत्र और शिष्य से पराजित होना विजय से भी अधिक प्रशंसनीय और आनंददायक है।"

मुझे आश्चर्य था कि इतने बड़े शस्त्रज्ञ ताऊजी भी मोहग्रस्त हो गए। मैंने अपनी शंका शकुनि के समक्ष व्यक्त की।

उसने बताया, "वे पूरे मोहग्रस्त नहीं थे। शायद इसीलिए छोड़ दिए गए। वे चाहते तो सम्मोहनास्त्र का प्रयोग कर सकते थे—हम लोगों में यह विद्या उन्हींको आती थी; पर उन्होंने ऐसा नहीं किया।"

"क्यों नहीं किया?"

"इसका उत्तर तो वे ही दे सकते हैं।" कुछ सोचकर शकुनि फिर झुँझला उठा, "अरे, उनकी बुद्धि पर पांडवों ने अपने जन्म से पहले ही सम्मोहनास्त्र चला रखा है।"

शकुनि की बातों से यह भी पता चला कि दुर्योधन बुरी तरह घायल है। पर शरीर की चोट से अधिक उसके मन की चोट पीड़ा दे रही है।

मैं शकुनि के साथ दुर्योधन के यहाँ गई। मैंने उसे सांत्वना ही नहीं वरन्

विश्वास भी दिलाया कि अब तुम जो भी करोगे, मैं तुम्हारे साथ रहूँगी। अब तक तो मैं द्विविधा में थी। एक ओर तो तुम लोगों के प्रति मेरा मातृत्व था और दूसरी ओर युधिष्ठिर के प्रति मेरी आत्मीयता; इससे अधिक कुंती से लगाव। अब मैं समझ गई कि ऊपरी दिखावे के आवरण से लिपटी विष से बुझी उसकी कटार मेरे पुत्रों के सम्मान का गला काटने के लिए सदा तैयार रहती है।...क्या कोई माँ अपने पुत्रों के सम्मान का गला काटने के लिए सदा तैयार रहती है? क्या कोई माँ अपने बच्चों को इतना अपमानित होते देख सकती है?

उसी दिन वर्तमान स्थिति पर विचारार्थ अमात्यमंडल की बैठक हुई, जिसमें ताऊजी, दोनों आचार्य तथा कर्ण आदि को भी आमंत्रित किया गया था। उस बैठक में पहला आक्रमण कर्ण का ही था। उसने विष से बुझे प्रश्न सीधे-सीधे ताऊजी पर दागे। उसका कहना था, "जब सम्मोहनास्त्र से हम मूर्च्छित थे तब हमारे वृद्ध एवं अनुभवी जन पांडवों को आशीर्वाद दे रहे थे। क्या उस समय उनका यही कर्तव्य था? क्या वे उनके पौत्र थे और हम नहीं थे? हममें से केवल इन वृद्ध जनों (उसका संकेत आचार्यों की ओर था) को ही सम्मोहनास्त्र का संचालन आता था, क्या वे नहीं चला सकते थे? वे देखते रहे और हमें नग्न हो जाने दिया।"

पितामह भीतर-भीतर तो तिलमिलाए अवश्य थे, पर बाहर से जरा भी विचलित नहीं लगे। उन्होंने बड़े शांतभाव से कहा, "तुम यह कैसे कह सकते हो कि अर्जुन के उस सम्मोहनास्त्र का मुझपर प्रभाव नहीं था? वस्तुतः उसका प्रभाव मुझपर भी था; पर तुमसे आधा था, क्योंकि मैं उसका 'गुर' जानता हूँ। और तुममें कोई उसको बिलकुल नहीं जानता।" फिर उन्होंने सदा की भाँति अर्जुन की प्रशंसा की और कहा, "शस्त्र-ज्ञान में कोई भी अर्जुन की बराबरी नहीं कर सकता। इसकी मुझे प्रसन्नता है कि हमारे वंश में कोई ऐसा तो निकला। साथ-ही-साथ दुःख भी है कि एक ही गुरु से शिक्षा प्राप्त करने के बाद भी धृतराष्ट्र के पुत्र उस ऊँचाई तक पहुँच नहीं पाए।"

उनके इतना कहते ही मुझे अर्जुन की धनुर्विद्या का वह अभ्यास याद हो आया, जो वह आँखों पर पट्टी बाँधकर सूर्यास्त के समय उपवन में किया करता था। और जब मैंने जिज्ञासा की थी तो उसने हँसते हुए बताया था कि 'ताईजी, यह अभ्यास तो आप ही जैसे लोगों के लिए है।' मुझे याद है, इतना कहते हुए वह ऐसा भागा जैसे किसी उड़ते हुए पक्षी का पीछा करने जा रहा हो।

बातों के क्रम में ताऊजी ने स्वयं पर आया बाण बड़ी कुशलता से बातों के क्रम

में आचार्यों की ओर मोड़ दिया था। फिर आचार्य द्रोण कैसे चुप रह सकते थे। उन्होंने कहा, ''ज्ञान उसीको दिया जा सकता है जिसमें उसकी पात्रता हो। अपात्र को दिया ज्ञान औंधे घड़े पर पानी डालना है।''

''आपकी पात्रता और अपात्रता की पहचान क्या है ?'' दुर्योधन बड़े आक्रोश में बोला।

पर शकुनि ने उसे दबा दिया।

किंतु कर्ण चुप रहनेवाला नहीं था। उसने तुरंत कहा, ''और जिसमें आपको पात्रता दिखी वह सूतपुत्र निकला। आपने उसे जातीय कटघरे में डाल दिया।''

आचार्यजी कुछ कहना चाह रहे थे, किंतु दुर्योधन के तेवर देखकर चुप रह गए।

समस्या क्या थी और किधर चली गई। शकुनि ने तुरंत उसे पगडंडी पर लाते हुए कहा, ''इस समय हमें इसपर विचार नहीं करना चाहिए कि क्या हुआ। यदि हम उसकी छानबीन में लगेंगे तो नई समस्याएँ और खड़ी हो जाएँगी। हमें यह सोचना चाहिए कि अब क्या करना चाहिए!''

''आप ही क्यों नहीं बताते, मामाजी, कि अब क्या करणीय है ?'' दुःशासन ने पूछा।

''मेरे विचार से तो पूरे राज्य में यह प्रचारित कर दिया जाय कि पांडव अज्ञातवास की अवधि पूरा होने के पहले ही पहचान लिये गए हैं। इसलिए शर्त के अनुसार उन्हें पुनः बारह वर्षों का वनवास और एक वर्ष का अज्ञातवास भोगना पड़ेगा।''

''क्या यह ठीक होगा ?'' ताऊजी ने कहा।

''क्यों नहीं ठीक होगा ?'' दुर्योधन तुरंत बोल पड़ा।

''इस संदर्भ में हमें सबसे पहले राजज्योतिषी की राय जाननी चाहिए।'' विदुरजी ने कहा।

''जब हम जानते हैं कि अवधि समाप्त नहीं हुई है तब राजज्योतिषी से पूछने का तात्पर्य ?'' शकुनि बोला।

''तात्पर्य स्पष्ट है कि मामले को उलझा दिया जाय।'' दुर्योधन ने कहा, ''चाचाजी तो सदा यही करते रहे हैं; क्योंकि उनकी सहानुभूति हम लोगों के साथ तो है नहीं।''

विदुरजी तिलमिलाए। सुखदा का कहना था कि उस समय उन्होंने पितामह की ओर देखा भी, पर उन्हें गंभीर भाव से मौन देखकर बोले, ''मेरा तात्पर्य केवल

यह था कि राजज्योतिषी की राय का उल्लेख करते हुए प्रचारित करने पर हमारे समाचार की विश्वसनीयता और प्रामाणिकता बढ़ जाएगी।''

''हमें न तो प्रामाणिकता की चिंता है और न विश्वसनीयता की।'' दुर्योधन ने कहा, ''यदि किसीको हमारी बात का विश्वास न हो तो हम क्या कर सकते हैं?''

''जब तुम पूरी तरह समय के बारे में आश्वस्त हो तब महामात्यजी की बात मान लेने में तुम्हें आपत्ति क्या है?'' अब तक मौन बैठे ताऊजी बोल पड़े। उनका यह भी तर्क था कि ''प्रश्न लोगों के मानने और न मानने का नहीं है; प्रश्न है पांडवों के मानने का।'' उन्होंने तो यहाँ तक कहा, ''मेरी गणनानुसार तो अज्ञातवास का समय समाप्त होने के दो-एक दिन बाद ही हम लोगों ने पांडवों को पहचाना है।''

''आपकी गणना में कोई भूल है।'' महाराज ने पहली बार हस्तक्षेप किया।

ताऊजी कुछ बोले तो नहीं, किंतु उनकी आकृति लाल हो गई। थोड़ी देर बाद वे चुपचाप उठकर चले गए। किसीने उन्हें रोका भी नहीं।

फिर तो उनके चले जाने के बाद लोगों को खुला आमंत्रण मिल गया। हर व्यक्ति अपने मन की उड़ान भरने लगा। उसका एक ही निष्कर्ष था, पांडव तो तिथि के बारे में विवाद करेंगे, हमें उनके विवाद की परवाह नहीं करनी चाहिए। अंततोगत्वा इस विवाद का निर्णय किसी गणना से नहीं वरन् युद्ध से होगा।

आवेश की इस अग्नि में कर्ण ने अपनी आहुति दी, ''तो हमें यथाशीघ्र आक्रमण करना चाहिए। अभी पांडव विराट में ही हैं।''

''वे अब विराट से जाएँगे कहाँ! सुना है, विराटराज की कन्या उत्तरा से अभिमन्यु का विवाह हो गया है। अब वे वहाँ सम्मानित अतिथि होंगे।''

इसी बीच एक व्यंग्यात्मक हँसी उभरी, ''कल के चाकर और आज के सम्मानित संबंधी। इसीको कहते हैं अँगुली पकड़कर बाँह पकड़ना।''

ऐसी गंभीर समस्या की धज्जियाँ उड़ाता यह परिहास विदुर को अच्छा नहीं लगा। उन्होंने धीरे से मेरे कान में कहा, ''ये लड़के परिणाम की विभीषिका को पहचानते नहीं हैं।''

मैं कुछ नहीं बोली।

इस अट्टहास के थमते ही शकुनि ने कहा, ''किंतु अभी युद्ध की स्थिति नहीं आई है। अभी तो हमें लिखित सूचना भेजनी होगी कि आप लोग अज्ञातवास का समय पूरा होने के पहले ही पहचान लिये गए हैं, अतएव शर्त के अनुसार आप लोगों को पुनः बारह वर्षों का वनवास और एक वर्ष का अज्ञातवास करना चाहिए।''

''निश्चित है कि वे नहीं तैयार होंगे।'' कर्ण बोला।

''नहीं तैयार होंगे तो वे आक्रामक होंगे।'' शकुनि का कहना था, ''ऐसी स्थिति में हमें यह कहने का अवसर मिलेगा कि एक तो पांडवों ने शर्तों का उल्लंघन किया और दूसरे उन्होंने हमपर आक्रमण भी कर दिया। इससे हमें जनमत को अपने पक्ष में करने का एक अच्छा अवसर मिलेगा।''

इसी निष्कर्ष पर बैठक समाप्त हुई। चलते समय शकुनि ने धीरे से मुझसे कहा, ''शुभा, तू आदि से अंत तक एक शब्द नहीं बोली। सुन तो रही थी न, कि आँखों की तरह कान भी बंद कर लिये थे?''

''कान तो नित्य की अपेक्षा आज अधिक ही खुले थे।'' मैंने बड़ी गंभीरता से कहा, ''इस प्रकार की सभाओं के संबंध में मेरा एक ही अनुभव है कि इसमें हम नारियों की आवाज पर कोई ध्यान नहीं देता। यदि कोई भलामानुस ध्यान भी देता है तो उसे गंभीरता से नहीं लेता। ऐसे में हम नारियों के बोलने का मतलब क्या है!''

''फिर भी, तुम किसी निष्कर्ष पर तो पहुँची ही होगी?''

''मेरा निष्कर्ष तो तुम लोगों से एकदम विपरीत है। हमें किसी भी स्थिति में युद्ध की ओर नहीं बढ़ना चाहिए; क्योंकि युद्ध आज तक किसी समस्या का समाधान नहीं निकाल पाया है। हमें युद्ध को छोड़कर कोई दूसरा रास्ता चुनना चाहिए।''

□

: चौदह :

हमारे बीच उठा धुआँ बादल बन गया। युद्ध की घटा धीरे-धीरे घिरने लगी। पांडवों ने फिर से वनवास और अज्ञातवास झेलने का हमारा निर्णय स्वीकार नहीं किया और स्पष्ट कहा कि हम अज्ञातवास समाप्त होने के बाद पहचाने गए हैं। निष्पक्ष और ईमानदार लोगों ने पांडवों की समय-गणना को स्वीकार किया; पर हमारे पुत्रों की हठवादिता अपने स्थान पर डटी रही।

पांडव उपप्लव्य में रहने लगे। उपप्लव्य विराट के अधीन और विराट नगर के निकट ही एक दूसरा समृद्ध नगर था। पांडवों को नगर की संपन्नता मिली, विराट का संरक्षण मिला। डूबते को तिनके के स्थान पर बेड़ा हाथ लगा। वहीं से वे अपनी भावी योजना संचालित करने लगे।

उनकी ओर से प्रमुख भूमिका द्वारकाधीश कृष्ण ने सँभाली। कृष्ण के संबंध में मैंने बहुत कुछ सुन रखा था। पांडवों की हर उपलब्धि के मूल में उसके कौशल की चर्चा होती थी। मथुरा और वृंदावन का तो वह प्रमुख नायक ही था। वृंदावन में उसने इंद्र की पूजा बंद कराकर उसका आधिपत्य ही समाप्त कर दिया था। और जिस कुशलता से उसने व्रज को इंद्र के कोप से बचाया, वह अद्‌भुत था। स्वयं देवाधिदेव को उसके सामने झुकना पड़ा।

बचपन से ही कृष्ण में लोग देवत्व के गुण देखने लगे थे। कुछ लोग तो उसे साक्षात् भगवान् का अवतार ही मानते थे। जरासंध के वध के बाद से तो मथुरा से लेकर मगध तक उसकी तूती बोलती थी। सूर्य की तरह तपनेवाला वह व्यक्ति कभी अपनी धरती नहीं छोड़ता था। वह ग्वालों के बीच काली कमली ओढ़ और लकुटी लेकर गायें भी चराता था और करील के कुंजों में रास भी रचाता, नृत्य भी करता, वंशी भी बजाता। उसकी वंशी की धुन तो विलक्षण थी।

इतना होने पर भी वह अद्‌भुत योद्धा था। उसने कंस का वध तो किया ही, जरासंध के दाँत भी खट्टे किए और कभी उसकी पकड़ में नहीं आया। जब जरासंध का कोई वश नहीं चला तब उसने मथुरा को जला डालने का निर्णय लिया। केवल एक व्यक्ति को दंड देने के लिए पूरी मथुरा को भस्म करने का निश्चय कितना

अमानुषिक था।''' कृष्ण ने स्वयं मथुरा को छोड़ दिया और स्पष्ट घोषित किया कि मैं अपने पीछे पूरी प्रजा को संकट में नहीं डालना चाहता।''' और निर्माता ऐसा कि उसने तुरंत आर्यावर्त के सुदूर पश्चिमी छोर पर अपनी नई नगरी द्वारका बसा ली।

इसे मैं अपना दुर्भाग्य ही समझती हूँ कि अभी तक उससे मेरा साक्षात्कार नहीं हुआ था। अब सुनती हूँ कि वह कल आने वाला है। पांडव अपना शांतिदूत बनाकर उसे भेज रहे हैं।

कृष्ण के आगमन पर नगरद्वार से लेकर राजभवन तक का मार्ग सजाया जा रहा है। राजकीय अतिथिगृह का भी नूतन श्रृंगार किया गया। साथ ही उसे पारिवारिक अतिथि होने का भी आग्रह-पत्र भेजा गया है। यह कुछ विचित्र सा अवश्य लगता है, पर राजकीय अतिथि और पारिवारिक अतिथि दोनों होने की संभावनाएँ खुली रखी गई थीं। क्या यह भी हो सकता है कि वह हमारे आग्रह को अस्वीकार कर दे और पारिवारिक अतिथि न होकर राजकीय अतिथि होना अधिक पसंद करे? यदि ऐसा हुआ तो हमारे पुत्रों को पांडवों का संधि-प्रस्ताव स्वीकार करने का बहाना ही मिल जाएगा। वे कह सकते हैं कि जब आप हमारा पारिवारिक आतिथ्य स्वीकार नहीं कर रहे हैं तब हम आपकी बात क्यों मानें!

इधर महामात्य विदुरजी ने इस संधिसभा में आचार्यों के अतिरिक्त सोमदत्त और बाह्लीक आदि कइयों को आमंत्रित कर लिया था।

मेरे भाई के साथ मेरे पुत्रों की आपसी मंत्रणाएँ बराबर चल रही थीं, जिससे लग रहा था कि भीतर-ही-भीतर कुछ उबल रहा है। यह आभास धीरे-धीरे सबको हो गया। द्विविधा, आशंका और जिज्ञासा की त्रिवेणी राजभवन में हिलोरें लेने लगी। कितना अच्छा होता, यह त्रिवेणी तीर्थ हो जाती और हर व्यक्ति उसमें कुंभ-स्नान करता। पर यह सौभाग्य हस्तिनापुर का कहाँ था।

तब तक सुखदा आ गई—मेरी जिज्ञासा की शांति का एकमात्र आधार। मैंने आते ही उससे पूछा, "आज तू कहाँ घूम रही है, सुखदा? कब से यहाँ से गायब है!"

"सजती-सँवरती हस्तिनापुर को देखने गई थी, और बहुत दूर तक निकल गई थी।"

"क्या देखा?"

"नगर का श्रृंगार देखा और प्रजा का विश्वास देखा।" सुखदा बोलती गई, "प्रजा को पूर्ण विश्वास हो चला है कि अब समस्या का कोई-न-कोई समाधान निकल आएगा; क्योंकि समस्या सुलझाने द्वारकाधीश स्वयं पधार रहे हैं।"

''इसका तात्पर्य है कि कृष्ण के प्रति प्रजा में अपूर्व आस्था है।'' मैंने कहा।

''इसमें संदेह है क्या!'' सुखदा बोली, ''प्रजा में ही अनेक लोग ऐसे हैं, जो उन्हें साक्षात् भगवान् समझते हैं। लोगों का तो यहाँ तक कहना है कि आज तक उन्होंने जो चाहा है वही हुआ है।''

''किंतु राजभवन में भीतर-भीतर कुछ और ही चल रहा है। तू कणिक से मिली थी?''

''आजकल कम ही मिलती हूँ।''

''क्यों?''

''क्योंकि हमेशा ललचाकर ही काम नहीं निकाला जा सकता। ललचाने की भी एक सीमा है।'' इतना कहते-कहते वह खिलखिलाकर हँस पड़ी।

''तू भले ही सीमा के बाहर न जा, पर वह क्या सीमा के भीतर नहीं आ सकता?''

''कामुक मन इतना साहसी नहीं होता। वह लक्ष्मणरेखा पर खड़ा-खड़ा याचना ही कर सकता है। आक्रामक तो तब होगा जब मैं लक्ष्मणरेखा के आगे पैर बढ़ाऊँगी।'' वह फिर हँस पड़ी। हम दोनों बड़ी देर तक सीमा और लक्ष्मणरेखा की व्याख्या करती और हँसती रहीं। बाद में उसने ही कणिक के माध्यम से प्राप्त हुई सूचनाओं का निष्कर्ष निकालते हुए बताया, ''मुझे तो समझौते की कोई संभावना नहीं लगती।''

''तब इतने स्वागत-सत्कार की तैयारी क्यों?'' मैंने पूछा।

''आपके पुत्र उन्हें मिला लेना चाहते हैं।'' सुखदा बोली, ''यदि द्वारकाधीश से राजनीतिक मित्रता हो जाती है, तब तो पांडव एकदम अलग-थलग पड़ जाएँगे। आज जो लोग उनका साथ देते दिखाई भी पड़ रहे हैं, वे भी उन्हें छोड़कर हट जाएँगे।''

''और यदि वे नहीं मिले तो?'' मैंने शंका की।

''इस ओर तो अभी तक उन्होंने सोचा भी नहीं है।'' सुखदा ने कहा, ''यह भी हो सकता है कि उन्होंने सोचा हो, पर उसका ज्ञान कणिक को न हो।''

''इतने बहुआयामी और विशाल अनुभव के व्यक्ति से तो मैं ऐसी आशा नहीं करती कि वह जिनका दूत बनकर आ रहा है उन्हींके विरुद्ध हमसे मिल जाएगा।'' मैंने कहा।

''यही बात तो मेरी समझ में भी नहीं आती।'' सुखदा बोली, ''पर प्रजा एकदम दूसरी बात सोचती है। उसका सोचना है कि दूत का सम्मान तो उसका

सम्मान होता है, जिसके द्वारा वह भेजा जाता है। इस सम्मान के माध्यम से पांडवों के प्रति हस्तिनापुर अपना सम्मान व्यक्त करेगा, जिससे ऐसा वातावरण बने, जिसमें पुराना भूला जा सके और नया कुछ ऐसा सोचा जा सके, जो सबके लिए शुभ हो।''

''मेरा मन तो इस स्थिति तक नहीं जाता।'' मैंने कहा।

''आपका मन क्या, राजभवन का कोई भी व्यक्ति यह नहीं सोच पा रहा है।'' सुखदा बोली, ''इसीलिए राजभवन का प्रत्येक कर्मचारी द्वारकाधीश के सम्मान में दिए जानेवाले भोज के लिए बन रहे छप्पन प्रकार के पकवानों को बड़ी शंका की दृष्टि से देख रहा है।''

आज मध्याह्न विश्राम में विलंब हो गया था, इसलिए जब मैं सोकर उठी तब संध्या हो गई थी। फिर सुखदा से उसी विषय पर बातें होने लगीं। हम लोग इस निष्कर्ष पर भी पहुँचने लगीं कि अधिक-से-अधिक बुरा क्या हो सकता है।

मैं कुछ कहना चाहती थी कि उसने अचानक मेरा हाथ जोर से दबाया। मैं चुप रह गई। मैंने सोचा, अवश्य शकुनि आ रहा होगा; क्योंकि जब से कृष्ण के आने का समाचार मिला है तब से वह मिला नहीं था। मैंने अनुभव किया कि कक्ष में कोई आया भी और खटपट होने लगा; पर कोई मुझसे बोला नहीं।

सुखदा ने बताया, ''दीपों को जलाने के लिए ज्योतिवाहक आए हैं।''

मुझे स्वयं पर हँसी आने लगी। शंकाकुल मन ने मुझे धोखे में डाल दिया। मैं सही अनुमान न लगा सकी। मैंने सुखदा से कहा, ''तू बहुत सजग रहती है।''

''क्या कहूँ, महारानीजी, आज स्थिति बड़ी विचित्र है। राजभवन का हर व्यक्ति एक-दूसरे को शंका की दृष्टि से देखता है। शायद ही कोई किसीका विश्वासपात्र रह गया हो।''

मेरे मन ने कहा, 'अविश्वास का प्रेत ही तो हस्तिनापुर की शांति को चबा गया।'... फिर मेरे मन में आया कि इस अविश्वास का जनक है द्वेष और उस द्वेष की जननी हूँ मैं। मैं इस बान को भूल नहीं पाती थी कि कुंती के प्रथम पुत्र युधिष्ठिर के जन्म के समय मेरे मानस में ईर्ष्या और द्वेष की जो आँधी आई थी, उस आँधी की प्रथम वर्षा मेरे गर्भस्थ शिशुओं पर ही पड़ी।

कभी-कभी कोई क्षण ऐसा भी आता, जब मेरा अपराध-बोध मुझे ही धिक्कारने लगता और कहता, 'यह सारा द्वेष तुम्हारे पुत्रों का ही नहीं है, गांधारी, वरन् उनके जन्म के पूर्व की तुम्हारी मानसिकता का है, जिसके लिए जीवन भर तुम्हें पश्चात्ताप करना पड़ेगा।'

''क्या सोचने लगीं, महारानीजी ?'' सुखदा ने मुझे झकझोरा।

"कुछ सोच नहीं रही थी। कभी-कभी मेरा पाप ही प्रेत के रूप में मेरे सामने आ जाता है और मैं चुप हो जाती हूँ।"

सुखदा कुछ समझ नहीं पाई; पर उसने कुछ पूछा नहीं। मेरी मन:स्थिति ठीक न समझकर वह शांत ही रह गई।

कई बार मेरे मन में आया कि महाराज से बातें करूँ; पर क्यों? यदि वे स्वयं बात करना चाहते तो मुझे बुलवाते। जब वे स्वयं बात करना नहीं चाहते तो मैं क्यों एक हाथ से ताली बजाऊँ? तो क्या करूँ? किससे बातें करूँ? पुत्र, भाई, पति सबका तो व्यवहार एक जैसा है। कोई भी कृष्ण के आगमन की सूचना देने नहीं आया और न राय लेने आया; जबकि हस्तिनापुर की राजनीति एक अंधे मोड़ पर खड़ी है।

यद्यपि विवाह के समय अग्नि को साक्षी देकर हम दोनों ने एक-दूसरे को वचन दिया था कि हमारे बीच कुछ भी गोपनीय नहीं होगा। हम हर गंभीर समस्या पर एक-दूसरे की राय लेंगे; पर वह सबकुछ हम भूल गए, या उन्हें हमने भुला दिया।

जो व्यक्ति या जाति अपने संस्कारों की अस्मिता को भुला देती है, समय को भी उसे भुलाते देर नहीं लगती।

□

कृष्ण के आगमन की प्रतीक्षा कल प्रात: से ही की जा रही थी।

आज उनके आते-आते मध्याह्न हो चुका था। इतने कोलाहल और बाजे-गाजे के साथ उनका ऐतिहासिक स्वागत किया गया कि लोगों को लगा, समस्याओं से ग्रस्त हस्तिनापुर का त्राता आया है। मैं भी सुखदा के साथ राजभवन के ऊपरी सोपान पर चढ़ गई थी; पर बंद आँखों से अधिक कुछ अनुभव नहीं किया जा सकता। हर्षध्वनि, जय-जयकार और वाद्य-यंत्रों के तुमुल कोलाहल का कानों ने अवश्य लाभ उठाया। मेरे मन में सुरक्षित कृष्ण के राजनेता की छवि पर एक रंग और चढ़ गया।

आते ही कृष्ण सीधे ताऊजी (भीष्म) के यहाँ गए। उनका मध्याह्न उन्हींके यहाँ बीता। सुना है, जब कृष्ण महाराज का चरणस्पर्श करने आए तो संध्या हो चुकी थी। मेरा दुर्भाग्य देखिए, महाराज ने ऐसे समय भी मुझे नहीं बुलाया। किंतु जब मुझे ज्ञात हुआ कि कृष्ण बड़े अप्रत्याशित ढंग से आए—लोग सोच रहे थे कि वह वहाँ से अपनी बुआ कुंती का आशीर्वाद लेने जाएँगे, यहाँ तक कि महामात्य विदुर भी उनकी अगवानी के लिए अपने आवास पर चले गए थे, तब मेरी नाराजी कुछ कम हुई।

कृष्ण का अचानक महाराज के कक्ष में आगमन चौंका देनेवाला था। जब वह यह कहते हुए आगे बढ़े कि मैं कृष्ण फूफाजी का चरणस्पर्श करता हूँ, तब महाराज भी भौंचक हो गए। वह अपने अस्त-व्यस्त वस्त्र ठीक करते हुए बोले, "तुम तो विपत्ति की तरह एकदम बिना किसी पूर्व सूचना के आ धमके।"

"विपत्ति की तरह नहीं, विपत्ति का मारा हुआ कहिए, फूफाजी!" कृष्ण ने कहा और हँसने लगे।

सुखदा के कथनानुसार, "बड़ी मायावी थी उनकी हँसी। लोग उन्हें देखते रह गए थे। दर्शकों का कहना था कि राजभवन में अभी तक ऐसा चमत्कृत व्यक्तित्व दिखाई नहीं पड़ा था।

"शकुनि, युवराज दुर्योधन, दुःशासन, कर्ण आदि सभी वहाँ दौड़कर पहुँचे। श्रीकृष्ण ने शकुनि का भी चरणस्पर्श किया; युवराज दुर्योधन, दुःशासन आदि को भी अपने वक्ष से लगाया। इसी समय एक विचित्र घटना हुई। जब वह युवराज को वक्ष से लगा रहे थे, तभी कर्ण पीछे खिसक गया। वह उन्हें नमस्कार भी करना नहीं चाहता था।"

"ऐसा क्यों?" मैंने सुखदा से पूछा।

उसने बताया, "कर्ण का श्रीकृष्ण से पुराना वैर है। शायद द्रौपदी के स्वयंवर में ऐसा कुछ हो गया था कि कर्ण उसी समय से उनसे नाराज है।"

"द्रौपदी के स्वयंवर में तो कर्ण कदाचित् कृष्ण से पहली बार मिला होगा।" मैंने कहा और फिर सोचने लगी। प्रथम दृष्टि में हुआ प्रेम और वैर अपना गहरा प्रभाव छोड़ते हैं। व्यक्ति उनसे जल्दी मुक्त नहीं हो पाता।

"फिर क्या हुआ?" मैंने पूछा।

"फिर कृष्ण स्वयं कर्ण के पास गए और उसका चरण छूने को झुके। तब कर्ण ने लज्जित होकर उन्हें छाती से लगा लिया।" सुखदा बोलती जा रही थी, "वह ऐसा अद्‌भुत दृश्य था कि हम लोग चकित रह गए।"

मेरे मन ने भी कहा, 'तब तो हठ का हिमालय मोक्षदायिनी गंगा की पवित्रता को अपनी बाँहों में समेट रहा होगा।'

"आप भी यही सोचने लगीं, महारानीजी, जो और लोग सोच रहे थे कि कर्ण को मिलाने की यह कृष्ण की चाल है?"

"चाल हो चाहे न हो, पर लोगों के मनों में उन्होंने शंका का बीज अवश्य बो दिया। संदेह-ग्रसित मन यह न सोच सका कि यह कृष्ण का शिष्टाचार और उनकी विनम्रता है, जो कर्ण के वय और उसके अलौकिक गुणों के समक्ष नतमस्तक

हुआ है। तुम्हारा सोचना भी सही हो सकता है, सुखदा; पर इसकी संभावना कम लगती है।''

''यह तो आपका निष्कर्ष सुनी-सुनाई बातों पर है। आधा-अधूरा जानकर हम किसी ठीक परिणाम पर नहीं पहुँच सकते।''

''कभी-कभी तो तू बड़े ज्ञान की बात करती है, सुखदा।'' मैंने हँसते हुए कहा।

सुखदा भी हँस पड़ी।

मेरे मन में कृष्ण से मिलने की इच्छा तो थी ही, वह अब और प्रबल हो उठी। मैं सोचने लगी कि इसके लिए कैसे मौका निकाला जाय? तब तक शकुनि आ गया।

इधर शकुनि मेरे यहाँ तभी आता था जब कोई विशेष बात होती थी। मैं उसके आते ही पूछ पड़ी, ''कहो, सब कुशल तो है?''

''अभी तक तो कुशल ही है, आगे देखो, क्या होता है!''

''क्यों, कुछ होने वाला है क्या?'' जैसे मुझे कुछ ज्ञान ही न हो।

मेरी बनावटी निरपेक्षता उसे व्यंग्य की तरह चुभी, ''लगता है जैसे तुम कुछ जानती ही न हो!''

''तुमने कभी कुछ बताया है, जो मैं जानूँ!'' मेरी आवाज कुछ तेज हुई।

''मिलने का अवकाश कहाँ!'' फिर वह चुप हो गया। थोड़ी देर बाद उसने ही मौन का यह अंतराल तोड़ा, ''तुमने कुछ सुना?'' इसके बाद वह स्वयं बतलाने लगा, ''कल तक जो सूतपुत्र था, वह आज पूज्य हो गया! उसका चरण छूने के लिए वह 'शांतिदूत' उतावला हो गया था!''

मेरे मन में जो प्रश्न पहले से उलझा था, वह उसे और उलझा गया कि कल अपराह्न में शुरू होनेवाली संधिवार्त्ता सचमुच संधिवार्त्ता होगी या कूटनीति का एक दुःखांत नाटक? मेरे मन की यह दूसरी आवाज भी साथ ही थी, 'यह कृष्ण की विनम्रता भी हो सकती है, जिसे राजभवन स्वीकार नहीं कर पा रहा है।'

जब बाहरी आँखें बंद कर ली जाती हैं तब जिज्ञासा भीतर की ही आँखों से अधिक-से-अधिक देखने की चेष्टा करती है। ऐसा व्यक्तित्व असामान्य रूप से अंत:मुखी हो जाता है। मैं कुछ ऐसी ही हो गई थी। सुखदा की सदा यही शिकायत थी कि मैं हर बात को बड़ी गंभीरता से लेती हूँ। पर मैं क्या करूँ, चिंतन ही मेरे जीवन का आधार था।

ज्यों-ज्यों इस उधेड़बुन में उलझती गई त्यों-त्यों कृष्ण से मिलने की इच्छा प्रबल होती गई। जरा भी यदि कोई बहाना मिलता तो मैं उससे मिलने चल पड़ती,

भले ही मेरा राजकीय अहं मुझे यह कहते हुए रोक लेता—तुम क्यों मिलने जा रही हो? क्या तुम उसकी बुआ नहीं हो? क्या उसे तुमसे मिलने नहीं आना चाहिए?

□

दूसरे दिन मैं मंदिर से लौटी ही थी। सुखदा मुझे कक्ष में पहुँचाकर चली गई। प्राची के वातायन से मैं सूर्य-दर्शन कर रही थी। सूर्य-दर्शन क्या! उसकी अरुणिमा का आभास ही मेरे लिए सूर्य-दर्शन था। तब तक पीछे से आकर किसीने मेरी आँखें बंद कर लीं। मैं एकदम घबरा गई। यह साहस किसका हो सकता है? मेरे पुत्रों ने तो आज तक कभी ऐसा नहीं किया। शकुनि की हिम्मत नहीं। फिर कौन? मैंने उसके हाथों का स्पर्श किया। वे अनजान होने पर भी बड़े सुखद लगे। वह दबाए तो जोर से नहीं था, फिर भी मेरे सिर का पिछला हिस्सा उसके विशाल वक्ष से टकरा रहा था। यह एक अलौकिक अनुभव था। बंद आँखों के सामने तो प्रकाश का अत्यंत झीना परदा था, पर मेरे पीछे एक अदृश्य प्रकाश-पुंज था। ऐसा लगा जैसे सूर्य मेरे पृष्ठभाग में आ गया हो।

कुछ ही क्षणों बाद मेरी जिज्ञासा मुखरित हुई, "तुम कौन हो, जिसने मेरे सूर्य-दर्शन में बाधा डाली?"

"इसके लिए मुझे दुःख है, बुआजी। क्षमा कीजिए।" फिर उसने हँसते हुए अपने हाथ हटा लिये और चरणस्पर्श के लिए झुका।

मुझे समझते देर नहीं लगी कि यह कृष्ण ही है। मैंने उसे तुरंत वक्ष से लगा लिया। कितना रोमांचकारी अनुभव था, सो मैं कैसे बताऊँ! जिसको मैंने कभी देखा नहीं, जिसकी आवाज सुनी नहीं, जिसका कभी स्पर्श नहीं किया वह आज मेरे वक्ष से लगा है। कितना अद्भुत था वह क्षण!

वह पुरुष शरीरयष्टि न अधिक लंबी थी और न नाटी। मेरे हाथ धीरे-धीरे उसके शरीर पर फिसलने लगे। वह स्पर्श-अनुभव विचित्र था। उस स्पर्श में अपनत्व था, सहजता थी और था एक विलक्षण आनंद। वह आनंद, जो सुख-दुःख से परे होता है, जिसमें न वासना होती है और न राग-विराग, केवल आनंद होता है—अवर्णनीय, अकथनीय, अवचनीय।

मेरा हाथ धीरे-धीरे जब उसकी कटि की ओर बढ़ा तो वह वंशी से जा टकराया। "कन्हैया, तुम्हारी वंशी सदा तुम्हारे साथ रहती है?"

"वंशी मेरे साथ रहती है और मैं वंशी के साथ रहता हूँ। मैं उसमें प्राण फूँकता हूँ और वह मेरे जीवन में संगीत-रस घोलती है।"

"संगीत और राजनीति का यह संसर्ग कैसा?" मैं बोली।

"आर्यावर्त में तो इसीकी कमी है। यदि राजनीति संगीतमय हो जाए तो उसकी लहरियों में इसकी सारी कटुता, सारा वैमनस्य, सारी हिंसा तिरोहित हो जाए और फिर आर्यावर्त गंधर्व प्रदेश हो जाए।"

मैंने कब उसे छोड़ा, कुछ पता नहीं। कुछ बोल भी न पाई; वरन् वही बोला, "आज मैं आपके चरण छूकर धन्य हुआ! मैं आपसे बहुत पहले से मिलना चाहता था, पर अवसर ही नहीं मिला। मिला तो एक विचित्र स्थिति में, जिसमें आपसे यह कह भी नहीं सकता कि मैं आपका मातृज हूँ।"

"क्यों, तुम मुझे बुआ कह सकते हो, पर स्वयं को मातृज नहीं कह सकते?"

"नहीं, क्योंकि इस समय मैं पांडवों का दूत बनकर आया हूँ। आज यही मेरी पहचान है। मैं इस पहचान को घायल नहीं करना चाहता। मैं यह नहीं चाहता कि लोगों को यह कहने का अवसर मिले कि मेरा दौत्य धर्म अपनी सीमा से दूर जाकर कूटनीतिज्ञ माया फैला रहा है।"

"फिर भी, कहनेवाले तो कहेंगे ही।"

"मैं किसीकी जबान तो पकड़ नहीं सकता।" वह हँसा तो नहीं, पर मुसकराया अवश्य होगा।

वह काल्पनिक मुसकराहट मेरे भीतर बड़ी गहराई तक चुभती चली गई। इस संदर्भ में मुझे कल की कर्णवाली घटना याद आई।

"अपने पहचान की तू चाहे जितनी सुरक्षा कर, पर तू लोगों को छलिया ही दिखाई देता है!"

"यही बात है, बुआजी; जो मुझे जिस भाव से देखता है, मैं उसे उसी भाव से दिखाई देता हूँ।" फिर वह जोर से हँसने लगा। सचमुच बड़ी मायावी हँसी थी उसकी।

"मैं कल से ही तेरे बारे में सोच रही थी।" मैंने बड़े सहजभाव से उससे कहा, "तुझसे कभी मिली नहीं थी। बड़ा सुना था तेरे बारे में। लोग तुझे भगवान् समझते हैं।..."

मेरी बात पूरी होती कि वह बीच में ही बोल पड़ा, "यही तो विचित्र बात है, बुआजी; जो मुझे जो समझते हैं, मैं उनके लिए वही हो जाता हूँ। लोग मुझे भगवान् ही नहीं, राक्षस भी समझते हैं!" वह फिर जोर से हँसा।

"कल जब रात्रि का प्रथम प्रहर निकल गया तब मैं समझ गई कि अब तू नहीं आएगा, मैं ही तेरे यहाँ चलूँ।" मैंने कहा।

"अरे, यह कैसे हो सकता था!" फिर उसने मेरा कंधा पकड़कर हिलाया।

हम अभी वातायन के निकट ही खड़े थे। मैं स्वयं में ऐसी भूल गई, या मेरा व्यक्तित्व उसमें ऐसा खो गया कि मैं कोई औपचारिकता निभा न पाई।

उसने फिर बोलना आरंभ किया, "यदि तुम आ जातीं, बुआजी, तब तो कुआँ ही प्यासे के पास आ जाता। स्थापित परंपरा ध्वस्त हो जाती। प्यासा तो छोटा होता ही है, वह और छोटा हो जाता। कुएँ की महत्ता और बढ़ जाती।" वह फिर मेरे कंधों को हिलाकर हँसने लगा, "तुम मुझसे बड़ी हो, बुआजी, बहुत बड़ी, एकदम बड़ी। मुझे तो तुम्हारे यहाँ ही आना था—और आया भी।"

"पर कल नहीं आया?" मैंने कहा।

"कल चला गया था कुंती बुआ से मिलने, वहीं रह गया।"

"तो रात को यहाँ नहीं आया?"

वह चुप था।

"लोग तेरी प्रतीक्षा कर रहे थे। इतना पकवान बनवाया गया था तेरे लिए और तू नहीं आया!"

"मैंने जानबूझकर ऐसा किया, बुआजी।" अब उसकी आवाज कुछ गंभीर हुई, "यों तो दोनों परिवार मेरे अपने हैं—पांडव भी और कौरव भी। दोनों एक वृक्ष की दो शाखाएँ हैं। उनमें से किसी शाखा पर रह सकता था। पर दूत का कर्म बड़ा गंभीर और दायित्वपूर्ण होता है।" वह फिर हँसा और बोलता रहा, "उसकी सीमाएँ हैं। यदि मैं यहाँ का पकवान खाता, विशेष स्वागत स्वीकार करता, तब लोग समझते कि मैं कौरवों से मिल गया हूँ। मेरे दौत्य धर्म पर संदेह की अँगुली उठती। इसलिए मैंने विदुरजी के यहाँ ही रात बिता देना अधिक उपयुक्त समझा।"

"और फिर अतिथिभवन में नहीं आए?"

"बात यह है कि मैं न यहाँ का अतिथि हूँ और न कभी रहा। मैं तो पारिवारिक सदस्य हूँ।"

मेरे मन ने कहा, 'तेरी तटस्थता के इस गंभीर निर्वाह को भी लोग यहाँ तेरी कूटनीति ही समझते हैं। क्या तूने भोजन इसलिए नहीं किया कि तुझे संदेह था कि उसमें कहीं विष न दे दिया जाय?' पर मैं कुछ नहीं बोली।

"क्या सोचने लगीं, बुआजी?"

"सोच रही हूँ कि तेरे व्यवहार में इतनी पारदर्शिता होने पर भी लोगों का विश्वास तुझपर क्यों नहीं है?"

वह फिर जोर से हँसा। बोला, "विश्वास का ही संकट तो हमारी मुख्य समस्या है। यह राजसत्ता, यह सिंहासन, यह भूमि न किसीकी रही है, न किसीके

साथ गई है और न हमारे-आपके साथ जाएगी; फिर भी हम इसे लेकर इतनी शंका, इतना अविश्वास और इतना संदेह पाले हुए हैं।''

''जब यह राजसत्ता न किसीकी रही है और न रहेगी तब तुम भी छोड़ो इन सारे झंझटों को। आखिर तुम संधिवार्त्ता करने किसके लिए आए हो?''

''मेरी संधिवार्त्ता तो एक-दूसरे के प्रति व्यक्त घोर असंतोष को दूर करने का एक प्रयास मात्र है। और यह तभी होगा जब पांडवों का पावना पांडवों के पास होगा और कौरवों का पावना कौरवों के पास। इधर हस्तिनापुर में कौरव प्रसन्न रहें और उधर इंद्रप्रस्थ में पांडव।''

''यह स्थिति क्या केवल वार्त्ता से आ जाएगी?''

''अवश्य आएगी। यदि मुझे विश्वास न होता तो मैं क्यों यहाँ आता!'' कृष्ण ने जोर देकर कहा।

मैं फिर सोचने लगी, 'इधर तो लोग युद्ध के लिए तैयार बैठे हैं और तुम वार्त्ता की बात कर रहे हो!' किंतु मैंने यह न कहकर उसे थोड़ा खोलने के लिए कहा, ''पर यहाँ के लोगों का कहना है कि अज्ञातवास की अवधि समाप्त होने के पूर्व ही पांडव पहचान लिये गए हैं। शर्त के अनुसार उन्हें पुनः बारह वर्षों तक वनवास और एक वर्ष के अज्ञातवास में रहना चाहिए।''

अपने स्वभाव के अनुसार उसे फिर हँसी आ गई। पर इस बार की हँसी में वह खिलखिलाहट नहीं थी, ''यह वे कहते हैं न; पर वास्तविकता को वे भी जानते हैं। चोरी करनेवाला चोर भी जानता है कि उसने चोरी की है, पर स्वीकार नहीं करता। यह झूठ की प्रकृति है कि वह सत्य को नकारने के लिए ही आता है। पर सत्य न कभी परिवर्तित होता है, न रूप बदलता है और न नष्ट होता है। इसीलिए तो वह ब्रह्म का पर्याय है। उसको स्वीकार करना ब्रह्म के अस्तित्व को स्वीकार करना है।''

मैंने अनुभव किया कि इसके विषय में सुनी हुई तत्त्वज्ञानी होने की बात भी गलत नहीं है। मैं सोचने लगी कि तर्कों से इसे घेरना बड़ा कठिन है। जहाँ विवाद बढ़ा वहाँ यह यही कहेगा, 'औरों की बातें जाने दीजिए, आप अपनी आत्मा की आवाज सुनिए। क्या वह यही कहती है? तब तुम्हारे पुत्र क्या कहेंगे?'

मेरे मौन होते ही उसने सोच लिया कि मैं फिर किसी सोच में पड़ गई हूँ। वह बड़े तपाक से बोला, ''आप इतनी चिंता क्यों करती हैं, बुआजी? आप तो वास्तविकता जानती हैं। चलिए, सारी समस्या मैं आपके ऊपर ही छोड़ता हूँ। आप जो भी निर्णय दे देंगी, मुझे स्वीकार होगा। मैं उतने पर ही पांडवों को मना लूँगा।''

मेरा आश्चर्य स्वयं मुझपर हँस पड़ा, "मैं जो भी कह दूँगी, तू मान जाएगा?"

"अवश्य मान जाऊँगा; क्योंकि मैं जानता हूँ, आपका हृदय निर्मल है। आप भले ही कौरवों की माँ हैं, पर अभी तक आपके पग अधर्म की ओर बढ़े नहीं हैं।"

वह इतने विश्वास के साथ बोला कि मुझपर चमत्कारी प्रभाव पड़ा। मैं सोचने लगी कि यह ठीक कह रहा है। फिर मेरे मन में मेरा पाप बोल पड़ा, 'ऐसा तो नहीं कि यह कणिक की तरह मुझे भी मिला रहा हो?'

अब मैंने अपने को इस झमेले से दूर करते हुए रास्ता निकाला, "तुम तो हमारी बातें सुन लोगे, कन्हैया; पर राजसभाओं में हम नारियों की बातें कहाँ सुनी जाती हैं!"

"यही तो आज आर्यावर्त का दुर्भाग्य है कि नारियाँ उपेक्षित हैं। आज उनकी वैचारिक अस्मिता को स्वीकारा नहीं जाता।" वह बोल ही रहा था कि सुखदा आ गई। उसके अभिवादन का उत्तर देते ही कृष्ण की मुद्रा बदल गई। बात भी बदल गई, "अच्छा, तो तुम बुआजी की परिचारिका हो! तुम्हारा नाम क्या है?"

"सुखदा।"

"सुखदा! बड़ा अच्छा नाम है।" कृष्ण बोला, "आज सारा संसार सुख चाहता है और तू उसकी दासी है।" इतना कहकर वह फिर जोर से हँसा।

मैंने भी उसकी हँसी में अपनी हँसी मिलाते हुए कहा, "सबके लिए तो यह सुखदात्री नहीं है, पर एक यहाँ ऐसा अवश्य है, जो इसके दर्शन मात्र से सुखी हो जाता है।"

कृष्ण ने जोर से हँसते हुए मेरे पाँव छुए और चला गया।

सुखदा लज्जा से गड़ गई।

□

आयोजकों की ओर से कोई विधिवत् सूचना नहीं थी, पर सभा की तैयारी सूर्योदय के पूर्व से ही आरंभ हो गई थी। मैंने भी नित्यकर्म एवं पूजन में शीघ्रता की। यद्यपि मैं द्विविधा में ही थी कि मुझे सभा में जाना चाहिए या नहीं? बुलाया तो नहीं गया है। यों मेरे बुलाए जाने का कोई औचित्य नहीं था। राजनीति स्त्रियों की पहुँच के बाहर समझी जाती थी। फिर भी मेरी जिज्ञासा अपनी चरम सीमा पर थी; क्योंकि मेरा मन कह रहा था—हो सकता है, हस्तिनापुर के भविष्य का निर्णय करनेवाली यह ऐतिहासिक सभा हो। फिर एक नई बात सुखदा ने और बताई कि सभाभवन के चारों ओर सेना के चारों अंगों के नायकों को प्रहरी बनाकर खड़ा कर दिया गया है।... फिर तो अवश्य कोई गंभीर बात होगी। मेरी आशंका को बल मिला।

अंत में सुखदा ने ही मेरी समस्या हल की, ''आपको सभाकक्ष में जाने की आवश्यकता क्या है? आप उस कक्ष के पार्श्ववाले अपने कक्ष में चलिए। उसके वातायन के माध्यम से पूरी सभा आपके समक्ष रहेगी।'' उसका सुझाव मुझे ठीक लगा। द्यूतक्रीड़ा के समय भी मैं इसी कक्ष में बैठी थी।

वस्तुस्थिति पर दृष्टि रखने के लिए सुखदा ने मेरी ओर से एक चर रख छोड़ा था। सूर्य जब आकाश में थोड़ा और उठा तब चर ने सूचना दी कि लगभग सारे लोग आ गए हैं। अभी-अभी पितामह भी पधारे हैं। सभाकक्ष के सभी महत्त्वपूर्ण स्थान भर गए हैं। शकुनि को लेकर दुर्योधन द्वारकाधीश को बुलाने महामात्य के आवास पर गया है।'' तब मैं भी सुखदा के सहारे चल पड़ी।

आशंका और संभावनाओं के थपेड़े खाती मेरी चिंतन तरणी कभी मुख्यधारा में चली जाती थी और कभी किसी उथले किनारे से टकराती थी। मैंने कई बार सुखदा से पूछा, ''क्या होगा, सुखदा?''

''आप इतना घबराती क्यों हैं? अरे, जो होगा सो होगा।''

मैंने भी सोचा कि सुखदा ठीक कहती है। हम तो अनेक द्रष्टाओं में एक द्रष्टा मात्र हैं। निरपेक्ष द्रष्टा कुछ कर नहीं सकते—केवल अफसोस करने या प्रसन्न होने के।

हम लोग चुपचाप जाकर उसी कक्ष में बैठ गए। अभी द्वारकाधीश कृष्ण आए नहीं थे। लोग उनकी प्रतीक्षा कर रहे थे। सुखदा ने बताया, ''सभाकक्ष के मध्य में 'सर्वतोभद्र' नाम का स्वर्ण सिंहासन लगा है। वह खाली है। लगता है, वही द्वारकाधीश के लिए है।''

''सबसे सम्मानित अतिथि के लिए यह सिंहासन लगाया जाता है।'' मैंने कहा, ''निश्चित रूप से कृष्ण को विशिष्ट अतिथि का सम्मान दिया जा रहा है। यह बहुत अच्छी बात है। अवश्य ही कोई सुखद निष्कर्ष निकलेगा।''

''निष्कर्ष के विषय में अभी से कुछ न सोचें, महारानीजी।'' सुखदा बोली।

''मैं तो देखती हूँ, मुझसे अधिक सशंकित तू है।'' मैंने हँसते हुए कहा, ''प्रत्यक्ष के आधार पर ही अनुमान लगाया जाता है।''

''किंतु हमें तो अभी तक जो प्रत्यक्ष दिखाई दिया है, वह वह नहीं रहा, जो दिखाई देता था। इसीलिए उसके आधार पर निकाला हुआ निष्कर्ष भी गलत हो जाता रहा।'' सुखदा ने प्रमाण के साथ अपने कथन का विस्तार किया, ''लाक्षागृह जो देखा गया था, क्या वह वही था? फिर उसमें भस्म होनेवालों के शव जो देखे गए थे, वे उन्हींके थे? हस्तिनापुर का पूर्व कब पश्चिम हो जाएगा, कुछ कहा नहीं

जा सकता। इसीलिए किसी विषय पर दूर तक सोचना अब मैंने बंद कर दिया है। इससे कुछ भी हो जाने पर मैं अधिक दुःखी नहीं होती।''

''इसका तात्पर्य है कि अब हम लोगों को निराशा और दुःख ही देखना है।'' मैं बोली, ''लगता है, तू मेरी मानसिकता को इसके लिए तैयार कर रही है।''

''मैंने ऐसा कुछ तो नहीं सोचा था; पर यदि आप ऐसा कुछ समझ भी लें तो मुझे कोई आपत्ति नहीं है।'' अनुभव मनुष्य को दार्शनिक बना देता है। मुझे लगा, यह सुखदा नहीं, सुखदा के भीतर बैठा वही दार्शनिक बोल रहा है।

सुखदा का यह दार्शनिक कभी-कभी ही सामने आता था, या कभी-कभी ही दर्शन उसके मुख से झलकता था। फिर सोचती हूँ कि यह आवश्यक नहीं कि आत्मचिंतन का ऐसा अमृत स्वर्ण कलश में ही रहता है, वह मिट्टी के अनगढ़ घड़े में भी रह सकता है।

अचानक कोलाहल उठा। स्पष्ट लगा कि वह शांतिदूत आ गया। सभाकक्ष में प्रवेश करते ही लोग खड़े हो गए। आते ही उसने कहा, ''बाहर नारदजी कुछ ऋषियों के साथ खड़े हैं। यदि उन्हें ससम्मान ले आया जाय तो उनकी उपस्थिति से सभा गौरवान्वित तो होगी ही, साथ ही हम उनके विचारों से लाभान्वित भी हो सकते हैं।''

''लेकिन यह सभा तो पारिवारिक है। इसमें उनका बुलाना क्या उचित होगा?'' यह प्रश्न दबी जबान शकुनि ने उठाया।

''उचित-अनुचित का विचार करना तो आपका काम है। मैंने बस सूचना दी है।'' कृष्ण ने हँसते हुए कहा।

मुझे लग रहा था कि ताऊजी अवश्य कुछ बोलेंगे; किंतु इसके पहले ही महाराज ने महामात्य से कहा, ''आप जाइए और देवर्षि तथा अन्य ऋषियों को ससम्मान बुला लाइए।''

महामात्य विदुर कृष्ण के साथ ही उन्हींके रथ पर आए थे और उन्हींकी बगल में लगे श्वेत मृगचर्म बिछे अपने उच्चासन पर बैठे थे। आज्ञा मिलते ही उन्होंने शकुनि एवं दुर्योधन को साथ लिया और चल पड़े।

उनके चले जाने के बाद कुछ समय तक शांति थी, जैसे लोग नारद की उपस्थिति की प्रतीक्षा कर रहे थे। तभी सुखदा ने बताया कि कर्ण कुछ कहने के लिए उठ रहा था, पर पितामह की ओर देखकर बैठ गया। तब तक ऋषियों के साथ नारदजी पधारे। उनके आते ही सम्मान में लोग खड़े हो गए और तब तक खड़े रहे जब तक उनके बैठने का यथोचित प्रबंध नहीं हो गया।

"हम लोग इधर से जा रहे थे। सूचना मिली कि आज कौरव और पांडवों में संधिवार्त्ता होने वाली है। पांडवों की ओर से संधि का प्रस्ताव लेकर स्वयं द्वारकाधीश हस्तिनापुर पधारे हैं। अतएव इन ऐतिहासिक क्षणों का साक्षी बनने हम आ गए।"

"आपकी उपस्थिति से हम धन्य हुए!" महाराज ने कहा, "भाग्य के द्वार बहुधा अप्रत्याशित ही खुलते हैं।"

एक हलकी हँसी पूरी सभा पर रेंग गई।

इसके बाद महाराज के आदेश से सभा की कार्यवाही आरंभ हुई। कृष्ण ने अपने आगमन का प्रयोजन बताते हुए कहा, "पांडवों ने द्यूत की शर्त के अनुसार बारह वर्षों का वनवास और एक वर्ष का अज्ञातवास सफलतापूर्वक समाप्त कर लिया है। अब उन्हें उनका राज्य मिलना चाहिए। पांडवों का यही संदेश लेकर मैं आया हूँ और इसीको मैं भी ठीक समझता हूँ। मैं यह भी विश्वास करता हूँ कि जहाँ भरतश्रेष्ठ सिंहासन पर विराजमान हों वहाँ सत्य और धर्म का अवश्य पालन होगा। इसीमें पांडव और कौरव कुलों की भलाई भी है। किसीके न्यायोचित पावने को दबाकर अशांति से जीने से कहीं अच्छा है, उसका देना देकर शांतिपूर्ण जीना।"

ऐसी गंभीर वाणी इसके पहले मैंने कभी सुनी नहीं थी। कृष्ण की बादलों-सी गड़गड़ाती आवाज का उस सभा पर ऐसा ऐंद्रजालिक प्रभाव पड़ा कि उस समय तो कोई कुछ बोल नहीं पाया।

कृष्ण ने पुनः कहना आरंभ किया, "यह बात उसी पक्ष के लिए लाभप्रद नहीं है जिसका मैं दूत हूँ; यह बात आपके लिए भी उतनी ही लाभप्रद है। आप स्वयं सोचें, क्या आप या पांडव एक-दूसरे को शत्रु बनाकर सुखी रह सकते हैं?"

फिर कृष्ण ने दोनों पक्षों के प्रमुख योद्धाओं का नाम गिनाते हुए कहा, "यदि दोनों पक्ष एक हो जाएँ तो आपकी शक्ति दुगुनी हो जाएगी और पांडवों की भी। फिर आर्यावर्त में सबसे बड़ी शक्ति हस्तिनापुर और इंद्रप्रस्थ की मानी जाएगी। आप चाहेंगे तो सारे आर्यावर्त पर आपका आधिपत्य जम जाएगा।"

इसके बाद महर्षि परशुरामजी ने दंभोद्भव की कथा सुनाकर कृष्ण के पक्ष का समर्थन करते हुए दुर्योधन को समझाने की चेष्टा की। किंतु दुर्योधन ने उनकी अवज्ञा की और उपहास भरे स्वर में कहा, "महर्षे! मेरा जो होना है वह तो होगा ही। आपके समझाने से वस्तुस्थिति में कोई परिवर्तन होनेवाला नहीं है।"

सुखदा ने बताया कि इतना सुनते ही परशुरामजी की भृकुटी चढ़ गई; पर वे कुछ बोले नहीं। ऐसा लगा कि वे रक्त का घूँट पीकर रह गए। सभा पर उनके वक्तव्य से अधिक उनकी इस मुद्रा का प्रभाव पड़ा। महाराज ने भी परशुरामजी की

बातों का समर्थन करते हुए दुर्योधन से कहा, "बेटा, यदुनंदन और महर्षि की बातों पर तुम गंभीरता से विचार करो। उन्हें मानने में ही हम सबका कल्याण है। पांडवों के साथ आपस में मिलकर रहना ही श्रेयस्कर होगा।"

अब तो मेरा भाई भी कसमसाया। वह उठकर कर्ण के पास गया।

सुखदा आँखों देखा सुनाती जा रही थी कि लगता है, शकुनि कर्ण से हस्तक्षेप करने के लिए उसे उकसाने गया था। उसने फिर पितामह की ओर संकेत किया और कुछ नहीं बोला।

इस बीच कृष्ण ने दुर्योधन को पुनः समझाना आरंभ किया, "कुरुनंदन, जरा सोचो! यह केवल तुम्हारे और पांडवों के बीच की समस्या नहीं है। तुम नहुष, ययाति और पूरु जैसे प्रतापी राजाओं के वंशधर हो। तुम्हारा गौरवशाली अतीत है, गरिमामय वर्तमान है। तुम भविष्य की उज्ज्वलता के मुख पर कालिख मत पोतो।"

"आप अपनी बात करिए; क्या करणीय और क्या करणीय नहीं है, इसे हम अच्छी तरह जानते हैं।" दुर्योधन द्वारा ऐसे टके से उत्तर की किसीको आशा नहीं थी। निश्चित रूप से इस उत्तर में उसका हिमालय-सा अहंकार था, तूफानी लहरों-सी उद्दंडता थी और थी अपने समक्ष संसार को तृणवत् समझने की महान् भूल।

ऐसी स्थिति में कृष्ण का क्रोधित होना स्वाभाविक था। फिर भी उन्होंने अपने पर बड़ा नियंत्रण रखा और चुपचाप बैठ गए।

पर विदुरजी से रहा नहीं गया। वे उठ खड़े हुए। उन्होंने बड़े आक्रोश में कहा, "दुर्योधन! हमें तुम्हारी चिंता नहीं है। मुझे तो तुम्हारे बूढ़े दादा, पिता और माताजी की चिंता है कि तुम्हारे जैसे हठी और दुराग्रही पुत्रों के विनाश के बाद इन वृद्धों का क्या होगा!"

अब तो पितामह को जैसे उबाल आ गया। उन्होंने कृष्ण से कहा, "दुर्योधन राजमद में चूर है। अभिमान ने उसकी बुद्धि भ्रष्ट कर दी है। वह मिथ्या अहंकार में अंधा हो गया है। वह ऋषि तथा मुनियों की भी अवज्ञा कर रहा है, उन्हें अपमानित कर रहा है। अब उसको समझाना गंदे और विषैले नाले को दूध से धोना है।"

"तब इसका अर्थ आप समझते हैं, पितामह? सर्वनाश!" कृष्ण बोले।

"वह तो होना ही है।"

अब कृष्ण की आवाज और गंभीर हुई, "यदि आप इस निष्कर्ष पर पहुँचे हैं तो आपको चाहिए कि आप दुर्योधन, शकुनि, कर्ण और दुःशासन आदि को बंदी बनाकर पांडवों को सौंप दीजिए; क्योंकि शास्त्र कहता है कि कुल की रक्षा के लिए

उसके सदस्य को, ग्राम की रक्षा के लिए कुल को, देश की रक्षा के लिए ग्राम को और आत्मरक्षा के लिए यदि पृथ्वी का भी त्याग करना पड़े तो उसका त्याग कर देना चाहिए।''

कृष्ण का इतना कहना था कि दुःशासन आगबबूला हो गया, ''भैया! देखा, यदि आप संधि नहीं करेंगे तो ये लोग हम लोगों को बंदी बनाकर पांडवों को सौंप देंगे!''

''तो ऐसी सभा में हमारे रहने का औचित्य क्या है ?'' दुर्योधन आवेश में आ सभा त्यागने के लिए उठ खड़ा हुआ। उसी आवेश में उसने कहा, ''पांडवों को हम लोगों ने बलात् द्यूत नहीं खिलाया था। उन्होंने स्वेच्छा से हमारे निमंत्रण को स्वीकार किया था। दाँव भी दोनों की सम्मति से लगाए गए थे। जो शर्त निश्चित हुई थी उसे दोनों पक्षों ने सहर्ष स्वीकार किया था। वे हार गए तो इसमें मैं क्या कर सकता था ? यह निर्णय हमारा नहीं, पासों का था।''

''उस निर्णय को भी उन्होंने स्वीकारा।'' श्रीकृष्ण ने कहा, ''उसीके अनुसार उन्होंने वनवास और अज्ञातवास की अवधि पूरी की, तो अब तुम्हें उनका हिस्सा देने में क्या आपत्ति है ?''

''आपत्ति है, क्योंकि अज्ञातवास की अवधि उन्होंने पूरी नहीं की थी और इसके पहले ही विराट नगर में पहचान लिये गए।'' दुर्योधन ने जोर देकर कहा।

''पर उनकी गणना के अनुसार अज्ञातवास पूरा हो चुका था।''

''...और मेरी गणना के अनुसार वह पूरा नहीं हुआ था। उन्हें पुनः वनवास और अज्ञातवास पर जाना चाहिए।''

''यदि सारा विवाद आकर गणना पर ही टिक रहा है तो हम किसी तीसरे को ही मध्यस्थ मान लें।'' कृष्ण ने कहा, ''चलिए, मैं पितामहजी को पांडवों की ओर से मध्यस्थ मान लेता हूँ, आप मानते हैं ?''

दुर्योधन एकदम चुप रह गया।

''अच्छा, तुम्हीं इस सभा में उपस्थित किसी तटस्थ व्यक्ति का प्रस्ताव करो। पांडव उसे स्वीकार कर लेंगे।''

''कोई भी यहाँ तटस्थ नहीं है। सभी पांडवों से मिले हुए हैं।''

दुर्योधन से इतना सुनते ही कृष्ण जोर से हँसे। बड़ा मायावी था उनका अट्टहास। मैंने इतनी उन्मुक्त खिलखिलाहट कभी सुनी नहीं थी।

''जब सभी पांडवों से मिले हुए हैं तब यह विषय मैं तुमपर ही छोड़ता हूँ। तुम्हीं बताओ, पांडवों को क्या करना चाहिए ?''

"पांडवों को हमारी गणना को मानना चाहिए।"

"यदि वे न मानें तो?"

"तब तो बस एक ही रास्ता है, युद्ध!"

"...और मैं युद्ध ही नहीं चाहता।" कृष्ण ने कहा, "...मेरे प्यारे भाइयो! इतिहास इस बात का साक्षी है कि युद्ध किसी भी समस्या का समाधान नहीं रहा है! वह सदा समाधान के नाम पर हर समस्या का रक्तरंजित आरंभ ही रहा है।... विश्वास करो, यदि युद्ध हुआ तो न तुम शेष रह जाओगे और न मैं। इसलिए हमें युद्ध के अतिरिक्त कोई दूसरा समाधान ढूँढ़ना पड़ेगा।" इतना कहकर कृष्ण चुप रह गए। सभा भी उस गंभीर मौन के नीचे दब गई।

थोड़ी देर बाद फिर कृष्ण ने दुर्योधन को समझाना शुरू किया, "अच्छा यह सोचो, पांडव तुम्हारे भाई हैं; विपत्ति में हैं, वनवासी हैं। उन्हें यदि तुम आधा राज्य नहीं देना चाहते तो क्या देना चाहोगे?... मैं तुम्हें विश्वास दिलाता हूँ कि तुम जो भी दोगे, पांडवों को मैं उसी पर राजी कर लूँगा।"

दुर्योधन फिर चुप रह गया। सुखदा बता रही थी कि उस समय सभा का हर व्यक्ति दुर्योधन की ओर देख रहा था; पर वह गंभीर रूप से चुप था। वह कभी कर्ण की ओर देख रहा था और कभी शकुनि की ओर।

तभी कृष्ण ने पुनः हँसते हुए कहा, "अच्छा, यदि तुम नहीं बोलते तो मैं ही पांडवों की ओर से आग्रह करता हूँ कि तुम सारा राज्य ले लो और उन्हें केवल पाँच गाँव दे दो। पांडव इतने से ही संतोष कर लेंगे। तुम्हारे लिए इतने बड़े राज्य में पाँच गाँवों का महत्त्व ही क्या! विशाल शरीर में एक नख जैसा।"

"शरीर में एक साधारण सी फुंसी भी पकने पर सारे शरीर को विषाक्त कर सकती है।" दुर्योधन बोला, "अंत में उसे काटकर निकाल देने के अतिरिक्त कोई चारा नहीं रहता।"

"तुम्हारा तात्पर्य?" कृष्ण की आँखों में क्रोध की लालिमा उतरने लगी।

"मेरा तात्पर्य स्पष्ट है कि मैं सुई की नोक के बराबर भी धरती बिना युद्ध के पांडवों को नहीं दूँगा।"

"क्या कहा! तुम्हारी अहम्मन्यता इस सीमा तक बढ़ गई है!" अब कृष्ण की आवाज में वज्रपात का भीषण स्वर समाया, "तुमने अभी तक धैर्यशाली का कोप नहीं देखा है। हर अत्याचार को सहती शांत पड़ी धरती देखी है, उसमें सो रहे ज्वालामुखी के विस्फोट को नहीं देखा है। तुमने हस्तिनापुर के वैभवशाली सिंहासन का भोग ही किया है, उसके नीचे लाक्षागृह के अभी भी सुलग रहे अंगारों का तुम्हें

आभास नहीं है। तुम समझ नहीं पा रहे हो। जिन फूलों को मसल देने की तुम बात सोचते हो उन फूलों के अग्नि उगलते बाणों से अभी तुम्हारा सामना नहीं हुआ है। तुम युद्ध की बात सोचते हो! स्पष्ट समझो कि युद्ध में पैदा होनेवाली शांति श्मशान की ही शांति होती है। और उस श्मशान से जन्म लेता है फिर एक नया युद्ध। फिर चलता है युद्धों का एक अंतहीन सिलसिला, जिसकी धधकती ज्वाला में सबकुछ नष्ट हो जाता है। इसलिए तुम अपने उस अहंकार से डरो, जो युद्ध को तुम्हारे गले मढ़ रहा है। अपने उस अज्ञान से डरो, जो विनाश की ओर बढ़ रहा है और डरो अपने उस पाप के अनिष्ट से, जो तुम्हारे कपाल पर चढ़कर बोल रहा है।''

कृष्ण इतने आवेश में बोल रहे थे कि पूरी सभा सकते में आ गई। हर व्यक्ति उनकी आग्नेय मुद्रा देखकर घबरा गया। ऋषिगण तो खड़े होकर कृष्ण को शांत करने लगे। पितामह, आचार्य और स्वयं महाराज ने भी कृष्ण का प्रस्ताव स्वीकार कर लेने के लिए दुर्योधन को समझाया; पर वह कहाँ माननेवाला था।

अंत में महाराज के मुख से निकला, ''तू ही इस सारे अनिष्ट की जड़ है।''

''यदि ऐसा है तो मैं सभा से जा रहा हूँ!'' इतना कहकर दुर्योधन एकदम सभा से चलने को हुआ।

''अरे, उसे रोको।'' महाराज ने परिचरों को आदेश दिया, ''पट्टमहिषी को बुलाओ। अब वह ही इसे समझा सकती हैं।''

प्रतिहारी मेरी खोज में चले। सुखदा मेरा हाथ पकड़कर सभा की ओर बढ़ी। तब तक पितामह ने स्थिति सँभाली, ''अब मध्याह्न समाप्त हो रहा है। भोजनावकाश के लिए इस सभा को उठना चाहिए।''

महाराज ने पितामह की बात मानकर सभा भोजनावकाश तक के लिए विसर्जित कर दी।

ऋषि-मुनि और वृद्ध जन कृष्ण की ओर लपके।

कृष्ण ने बड़े शांतभाव से उनसे कहा, ''आप लोग पधारे और समस्या सुलझाने में हमारी सहायता की, फिर भी हमें सफलता मिल नहीं सकी। यह हमारा दुर्भाग्य है। हस्तिनापुर पर अब विनाश के बादल ही छाने वाले हैं तो हम-आप क्या कर सकते हैं!''

''अभी हम निराश नहीं हैं, कन्हैया!'' पितामह बोले, ''भोजनोपरांत जब हम फिर मिलेंगे तब तक कौरव किसी सकारात्मक निष्कर्ष पर पहुँच जाएँगे।''

''जो मुझे कहना था, वह मैं कह चुका हूँ। अब पुन: यहाँ उपस्थित होना मैं व्यर्थ ही समझता हूँ। जो भी निर्णय आप सबका होगा, हमें मान्य होगा। आप उससे मुझे अवगत करा दीजिएगा।''

कृष्ण आवेश में चलने को हुए। पितामह ने बड़े विश्वास के साथ आदेशात्मक स्वर में कहा, "तुम भोजन करने के बाद यहाँ अवश्य आओगे।"

कृष्ण मुसकराए। सुखदा कह रही थी कि विष का घूँट पीने के बाद भी ऐसी मोहक मुसकान बिखेरनेवाला ऐसा ऐंद्रजालिक व्यक्तित्व कभी देखा नहीं गया। सुखदा तो कृष्ण के व्यक्तित्व में दैवी शक्ति देखने लगी थी।

जब मैं महाराज के समक्ष पहुँची तब वे बिलकुल घबराए हुए थे। दोनों आचार्यों और विदुर के अतिरिक्त सभी जा चुके थे। महाराज ने कहा, "गांधारी, अपने पुत्रों को समझाओ। द्वारकाधीश की माँग बहुत कम है। अब पाँच गाँव से और कम क्या हो सकता है ?"

"अब वे मेरे समझाने की सीमा में नहीं रहे। जब पानी सिर से ऊपर बहने लगा तब आप उसे बाँधने के लिए कहते हैं! आपसे अनेक अवसरों पर और अनेक बार मैंने कहा है कि यह दुर्योधन बिना लगाम का घोड़ा हो गया है, उसपर नियंत्रण करिए; पर उस समय आपने बिलकुल ध्यान ही नहीं दिया। उसकी निरंकुशता बढ़ती गई। आज वह बात इस हद तक बढ़ गई कि यह घोड़ा जिस रथ में जुता है उसीको उलट देना चाहता है; तब आप मुझसे कहते हैं कि घोड़े की लगाम कसो!" आवेश में आकर मैं वह भी कहने लगी, जो मुझे नहीं कहना चाहिए था, "भगवान् ने आपको जन्म से ही अंधकार दिया। मैंने आपको इस स्थिति में देखकर अपनी आँखों पर पट्टी बाँध ली। आपके पुत्र-प्रेम ने भीतर की आँखों पर परदा डाल दिया। आप पुत्रों का अत्याचार, अन्याय और पाप न देख पाए, बराबर उन्हें प्रोत्साहित करते रहे। अब वे नियंत्रण से बाहर हो गए। रोग असाध्य हो चुका है।"

विदुरजी और आचार्यद्वय मुझे चुपचाप सुनते रहे। आज पहली बार मैं उनके सामने इतना खुली थी और खुलती गई, "आपके पुत्रों ने पांडवों पर क्या-क्या विपत्ति नहीं ढाई! हर बार उन्हें समाप्त करने का प्रयत्न करते रहे। मैं हर बार तिलमिलाती रही और हर बार आपका मौन उन्हें प्रोत्साहन देता रहा। किसलिए? इस सिंहासन के लिए, जो न किसीका हुआ है और न किसीका होगा? इस धरती के लिए, जो आज तक न किसीके साथ गई है और न जाएगी? इस राजसी वैभव के लिए, जिसने हमें अहंकार के अतिरिक्त और कुछ नहीं दिया है ?... इसे आप अच्छी तरह जान लीजिए कि यदि कोई वस्तु हमारे साथ अंत तक रहेगी और इस संसार को छोड़ देने के बाद भी हमारे साथ जाएगी तो वह होगा हमारा धर्म, हमारा कर्म।

"आपने उसीकी उपेक्षा की। मोह-माया, ममता, पुत्र-प्रेम और लोभ से ही घिरे रहे। इसी लोभ ने आपके पुत्रों को पांडवों के प्रति ईर्ष्यालु बनाया। अब जो कुछ

हो रहा है, वह उसी ईर्ष्या का शिशु है। अब आप ही उसे अपनी गोद में खिलाइए। मैं उसका जिम्मा नहीं लेती। मैंने कई बार कहा है कि हमारे दुर्भाग्य ने हमें संतति के रूप में नागपुत्र दिए हैं। वे जब भी उगलेंगे, विष ही उगलेंगे। इसलिए नागधर्म के अनुसार समय रहते हुए उनका त्याग कर दीजिए।''

महाराज मेरी बात सुनकर स्तब्ध रह गए। विदुरजी ने भी दाँतों तले अँगुली दबाई। आचार्यों को यह आशा नहीं थी कि महाराज को झाड़ने में मैं इस सीमा तक जा सकती हूँ।

''अच्छा, अब जो हुआ वह तो हो ही गया है। उसपर विवाद करने से लाभ क्या?'' विदुरजी ने कहा, ''अब भाभी, जो कुछ कर सकती हैं, आप ही कर सकती हैं। आप युवराज दुर्योधन को समझाइए। हो सकता है, सद्‌भावना की फुहार से सूखे वृक्ष में हरियाली आ जाय।''

अब दुर्योधन की खोज होने लगी। वह कहीं दिखाई नहीं पड़ा। कुछ देर बाद ज्ञात हुआ कि उद्यान के एक कोने में वह शकुनि, दु:शासन और कर्ण के साथ मंत्रणा कर रहा है। केवल इतना ही सुनाई पड़ा कि 'लगता है, पांडवों की हालत बड़ी खराब है। यदि ऐसा न होता तो कृष्ण इतना झुककर समझौता न करना चाहते।'

कुछ देर बाद परिचर लौटकर आया और बोला, ''युवराज आने को तैयार नहीं थे। बहुत कहने पर कि महाराज और राजमाता दोनों ने आपको याद किया है, तब उन्होंने कहा कि चलो, आता हूँ।''

''इसके अतिरिक्त उसने कुछ और तो नहीं कहा?'' महाराज की व्यग्रता ने पूछा।

''उन्होंने कुछ कहा तो नहीं, पर वे आपस में इसी विषय पर चर्चा कर रहे थे कि यदि पांडवों की हालत खराब न होती तो कृष्ण इतना झुककर प्रस्ताव न करते।''

''देखो, आपके पुत्रों ने कृष्ण की विनम्रता का अर्थ उनकी दुर्बलता लगा लिया।'' मैंने कहा, ''अब आप ही सोचिए, ऐसे लोगों की क्या दवा है? क्या मेरे समझाने से वे माननेवाले हैं?''

''जब अहंकार हिमालय चढ़ जाता है तब उसे बड़ी-से-बड़ी वस्तु भी छोटी दिखाई देती है। उसे इसका आभास नहीं होता कि वायु का एक हलका सा झोंका भी उसे विनाश के ऐसे गर्त में गिरा सकता है, जहाँ से उसका किसीको पता भी न चले।'' यह टिप्पणी विदुर की थी।

इसपर द्रोणाचार्य ने एक गहरी साँस भरी। मैं उनकी विवशता समझती थी। वे युद्ध को अब अनिवार्य समझ रहे थे। उनके लिए पांडव और कौरव दोनों अपने थे;

बल्कि पांडव अधिक प्रिय थे। किंतु वे चाकर थे हस्तिनापुर के। उन्होंने कुछ मासिक स्वर्णखंडों पर अपनी विद्या ही नहीं बेची थी वरन् वे स्वयं कौरवों के क्रीत दास हो गए थे। भौतिक सुविधाओं की शरणागत हुई विद्या सुख के कीचड़ में सड़ते हुए कमल की तरह कितनी लाचार और दुर्गंधयुक्त होती है!

मैं यह सोच ही रही थी कि अपने अहं में इठलाता हुआ दुर्योधन आ पहुँचा। उसके तीनों साथी लगता है, वहीं रह गए।

''बोलिए, क्या कहना है आप लोगों को?'' उसकी आवाज में इतनी ऐंठ थी कि मैं कुछ बोल नहीं पाई।

मैंने महाराज से ही कहा, ''लीजिए, हमारे सुपुत्र आ गए! अब बताइए, क्या कहना है आपको?''

''बेटा, सभी बड़े-बूढ़े, यहाँ तक कि तुम्हारी माँ भी, कह रहे हैं कि हमें कृष्ण का प्रस्ताव मान लेना चाहिए।''

''क्यों मान लेना चाहिए? पांडव अनधिकार चेष्टा कर रहे हैं।'' दुर्योधन ने कहा और फिर वही उसने अवधि समाप्त होने के पहले पहचान लिये जाने का पिटा-पिटाया तर्क दोहराया।

''यदि तुम पाँच गाँव दे ही दो तो तुम्हारा क्या हो जाएगा?'' मैंने समझाया, ''सरोवर से पाँच बूँद जल ही तो जाएगा। सरोवर तो तुम्हारा ही रहेगा।''

''सरोवर भले ही हमारा रहे, पर वह पाँच बूँद जल अंत में हमारे लिए कालकूट हो जाएगा।'' वह क्षण भर रुका होगा, फिर बोला, ''आप लोग समझते हैं कि पाँच गाँव दे देने से हमारा क्या हो जाएगा! वस्तुत: पाँच गाँव देने का तात्पर्य है, अपने स्थायी शत्रु को अपने राज्य में ही बसाना।'' वह बोलता गया, ''आप जानते हैं, तब स्थिति क्या होगी? हमारी कृपा द्वारा प्राप्त किए हुए गाँवों में रहकर वे हमारे ही विरुद्ध प्रचार करेंगे कि हमें धोखा देकर हमारा सारा राज्य छीन लिया।''' भोलीभाली जनता को मिलाते उस सत्यवादी हरिश्चंद्र को (उसका संकेत युधिष्ठिर की ओर था) कितना समय लगेगा! जबकि कृष्ण जैसा छलिया और प्रपंची जीव उसके साथ है। देखा नहीं, आज उसने कैसे-कैसे नाटक किए!''

दुर्योधन की कोई बात मेरे गले के नीचे उतर नहीं रही थी। फिर मन पर कृष्ण का ऐसा प्रभाव पड़ चुका था कि मैं उनके विरुद्ध कुछ भी सुनने को तैयार नहीं थी। मैंने कहा, ''कृष्ण तो पांडवों और कौरवों की एकता पर बल दे रहे थे, उनकी शत्रुता पर नहीं। हमें उनपर विश्वास करना चाहिए।''

''क्यों विश्वास करना चाहिए?'' दुर्योधन की आवाज टेढ़ी हुई, ''वह हमपर अविश्वास करे और हम उसपर विश्वास करें!''

''वह क्या तुमपर अविश्वास कर रहे हैं ?''

''यदि वह हमपर विश्वास करता तो वह हमारे यहाँ न रहता!'' दुर्योधन बोला, ''हमारे महामात्य के यहाँ जाकर रहा। उसे शंका है कि यदि हमारे यहाँ रहेगा तो हम उसे विष दे सकते हैं, या कोई और क्षति पहुँचा सकते हैं।''

''यह तुम कैसे समझते हो ?'' मैंने कहा, ''इस संबंध में मैंने उससे पूछा था। उसने कहा कि दौत्य धर्म की निरपेक्षता का निर्वाह करने के कारण उसे ऐसा करना पड़ रहा है।''

''उसने कहा और तुमने मान लिया!'' दुर्योधन बोला, ''उस जैसा मायावी, छली तथा कुचक्री इस समय आर्यावर्त में कोई दूसरा नहीं है। और वह पांडवों के साथ है। यदि इस समय पांडवों को सुरक्षित छोड़ दिया गया तो वे हमारे लिए सदा काँटा बने रहेंगे।''

''यह तुम्हारी भूल है, दुर्योधन!'' मेरे स्वर में आत्मीयता आई, ''कृष्ण को पांडवों की जितनी हित-चिंता है उतनी ही कौरवों की भी।''

इतना सुनते ही वह पुनः भड़क उठा, ''तुम्हारी आँखों पर तो पट्टी पड़ी है, तुम यथार्थ को क्या देख सकती हो!''

''हमारी आँखें अँधेरे में अवश्य हैं, पर तुम्हारी आँखों पर तो लोभ की रंगीन पट्टी है जिससे तुम नहीं, तुम्हारा लोभ ही अपने रंग में देखता है। वह कभी तुम्हारे हित की बात सोच नहीं सकता।''

''...और तुमने ही कब हमारे हित की बात सोची है!'' अब उसने मुझपर सीधे वार किया।

मुझे भी क्रोध आ गया, ''जिसने सदा तुम्हारे हित की बात की है, आज वह भी अंधी आँखों से रो रहा है।'' आवेश में मैं यह भी न सोच सकी कि मुझे अपने पति के प्रति ऐसी शब्दावली का प्रयोग नहीं करना चाहिए।

इतना कहकर मैं वहाँ से चल पड़ी। किसीने मुझे रोका नहीं। चलते समय मैंने इतना अवश्य सुना—''देखो, तुम्हारी हर गलत-सही बातों का समर्थन करने का फल मैं भोग रहा हूँ। आज मैं किसीकी भी दृष्टि में अच्छा नहीं रह गया।

''अपने पर पश्चात्ताप करते हुए तुमसे एक बार फिर आग्रह कर रहा हूँ कि तुम अपनी माँ की बात मान लो। बेटा, माँ के संबंध में बेटा चाहे जो सोचे, पर माँ कभी भी बेटे का अकल्याण नहीं सोच सकती।''

''यही तो हमारा सबसे बड़ा दुर्भाग्य रहा है कि हमारी माँ ने कभी हमारे संबंध में वह नहीं सोचा, जो कल्याणकारी रहा हो।'' दुर्योधन ने कहा, ''हाँ, आपने

अवश्य हमारा समर्थन किया है। यदि उस समर्थन का आपको पश्चात्ताप हो तो आप लोग चुप बैठिए। हम अपने हित और अनहित को अच्छी तरह समझते हैं। हमें जो करना होगा, हम कर लेंगे।'' इतना कहकर दुर्योधन भी चला गया।

महाराज की अंधी आँखों के सामने का अँधेरा और गाढ़ा हो गया।

□

महाराज अपने सिंहासन पर दाहिनी ओर ढुलक गए। उनके व्यक्तित्व का दृढ़ वृक्ष आँधी का यह झोंका सह नहीं पाया। वातायन से झाँकते हुए सुखदा ने सूचना दी कि आचार्यगण भी मुँह लटकाए सभाकक्ष से बाहर जा रहे हैं। अब विदुरजी ही सहारा दिए उनके पास हैं। वह महाराज के तन और मन दोनों को सँभालने की चेष्टा कर रहे हैं।

''अब क्या होगा, विदुर?'' महाराज ने पूछा।

''आप इतनी चिंता क्यों करते हैं, महाराज?'' विदुर ने सांत्वना दी, ''भगवान् पर भरोसा कीजिए। वह जो करेगा, ठीक ही करेगा।''

''जब फिर सभा बैठेगी और हमसे द्वारकाधीश पूछेंगे कि आपने क्या सोचा, तब हम क्या उत्तर देंगे?''

''अब तो उत्तर देने का अधिकार आपके बेटों ने आपसे ले लिया है। उन्होंने ऐसी बात कही है न कि अब आप चुपचाप बैठिए, हमें जो कुछ करना होगा, हम कर लेंगे।''

महाराज शांत हो गए, गंभीर रूप से शांत। दृश्यहीन व्यक्ति को कोई वस्तु भले ही न दिखाई दे, अंधेर तो दिखाई देता ही है। अब अँधेरा अंधेर में बदलकर और भी डरावना हो गया होगा। मैं सोचने लगी, 'यह भय उनके भीतर का है, जो पहली बार बाहर आया है। यदि यह और पहले बाहर आया होता तो स्थिति इतनी न बिगड़ती।'

''आप फिर सोच में डूब गईं; जबकि हमारे-आपके सोचने से कुछ होनेवाला नहीं है।'' सुखदा ने फिर झकझोरा, ''चलिए, उठिए। अपराह्न की ओर दिन ढुलक चुका है। कुछ खा-पी लीजिए।''

''कैसी बात करती हो, सुखदा! महाराज की दशा देख रही हो और मुझसे कुछ खाने के लिए कहती हो!'

वह चुप रही। फिर बोली, ''क्यों नहीं आप उन्हें समझातीं? इस स्थिति में आपका उनके पास रहना नितांत आवश्यक है।''

सुखदा की सलाह मुझे ठीक लगी। मैं उसके कंधे का सहारा लेती हुई महाराज के कक्ष में आई।

मुझे देखते ही विदुरजी बोल पड़े, ''अच्छा हुआ, आप आ गईं। अब आप महाराज को सँभालिए और मैं अपने अतिथि-सत्कार में लगूँ।'' वह कृष्ण की आवभगत के लिए अपने आवास की ओर लपके।

अब उस विशाल सभाकक्ष में मैं, सुखदा और मेरे पति (महाराज) के अतिरिक्त कोई नहीं रह गया था। महाराज के मुख से निकला, ''सब चले गए।''

''यह आज की ही नहीं, हमारे भविष्य की भी यही डरावनी स्थिति होगी, जिसका पूर्वाभास आज ही हमें मिल गया। हस्तिनापुर की राजनीति की धरती के नीचे जो धधकता ज्वालामुखी है, उसकी अंतिम परिणति यही होने वाली है। जब हम और आप अपने कर्मों का फल भोगने के लिए अकेले ही रह जाएँगे।'' फिर हमने धीरे-धीरे बहुत सी बातें समझाईं, जिसका सारांश था कि ''जिस स्थान पर हम आ गए हैं, अब उससे पीछे हटना संभव नहीं है। हमारे पुत्र अब एकदम हमारे हाथ से बाहर हैं। अब अपने ऊपर पश्चात्ताप करने और अपने भाग्य पर आँसू बहाने के सिवा हमारे हाथ में और क्या है! फिर भी हमें साहसपूर्वक इन परिस्थितियों का सामना करना चाहिए। प्रयत्न करना चाहिए कि स्थिति इससे अधिक न बिगड़े। भले ही हम कुछ न कर पाएँ।''

फिर मैंने उन्हें कुछ खा-पी लेने के लिए राजी किया और सुखदा से कहा कि वह यथाशीघ्र परिचरों को भेजकर महाराज के भोजन की व्यवस्था करे।

सुखदा शीघ्र ही परिचरों को भेजकर चली आई। लेकिन वह एकदम हक्का-बक्का थी। उसने धीरे से मेरा कंधा दबाया। वह कुछ कहना चाहकर भी कह न पाई।

उसका मौन मुझे भारी पड़ रहा था। मैं किसी तरह महाराज के सिंहासन पर से खिसकी। तब उसने मेरे कान में कहा, ''महारानीजी, यह सभाकक्ष चारों ओर से सैनिकों द्वारा घेर लिया गया है। राजभवन का विशाल प्रांगण सैनिक शिविर-सा हो गया है! लगता है, कुछ होने वाला है।''' मुझे कणिक तो दिखाई पड़ा था। मैंने उसे रोकना चाहा; पर वह इतनी जल्दी में था कि बोला नहीं। केवल इतना कहा, 'यह बातें करने का समय नहीं है। तुम भी भीतर जाओ।' लगता है, कोई नई विपत्ति खड़ी होने वाली है।''

उसकी सूचना से मेरी भी चिंता बढ़ी। पर मैं कर क्या सकती थी? मैंने महाराज से भी कुछ नहीं कहा। व्यर्थ में उनको और चिंतित करने से क्या लाभ।

थोड़ी ही देर में लोग पुनः आने लगे। प्रथम आनेवालों में आचार्य परशुराम और कण्व ऋषि थे। अब मैं अभिवादन कर वहाँ से चल पड़ी। मार्ग में सुखदा ने बताया, ''ऋषियों की आकृति पर भी गंभीर चिंता थी।'' फिर उसकी आकुलता ने बड़ी व्यग्रता से पूछा, ''ऐसा तो नहीं कि राजभवन में ही युद्ध होने लगे?''

''नहीं रे, ऐसा कैसे हो सकता है!'' मैंने कहा, ''यदि पांडव स्वयं आते तो कुछ भी हो सकता था। श्रीकृष्ण तो पांडवों के दूत हैं। दूत पर वार करना तो दूर, उसका अपमान करना भी कूटनीतिक दृष्टि से वर्जित है।''

''फिर ऐसी तैयारी क्यों हो रही है?''

''यही तो मेरी समझ में नहीं आ रहा है।'' मैंने कहा। फिर सोचने लगी कि मेरे बेटे कुछ भी कर सकते हैं।⋯ इतने लोग रहेंगे, यदि उनके सामने कोई अनर्थ हो तो आश्चर्य ही है। तब तक सुखदा ने सूचना दी, ''युवराज दुर्योधन, राजकुमार दुःशासन, शकुनि और कर्ण—सभी साथ में आए हैं और सभी अस्त्र-शस्त्र से सज्जित हैं। युवराज और राजकुमार दुःशासन ने तो कवच तक पहन रखा है।''

अब मैं और भी शंकित हुई। हे भगवान्, वार्त्ता के दौरान अस्त्रों की क्या आवश्यकता? क्या हमारे पुत्र अब अनर्थ पर ही उतारू हो गए हैं? उन्हें दूत और शत्रु में कोई अंतर नहीं दिखाई दे रहा है। फिर पितामह भी आएँगे, आचार्य भी आएँगे। सबके रहते अनर्थ हो जाएगा? ऐसा होना तो नहीं चाहिए।

विदुरजी के यहाँ श्रीकृष्ण को बुलाने के लिए कणिक को भेजा गया। यह आदेश भी दुर्योधन का था। इस बार वह स्वयं नहीं गया। लगता है, द्वारकाधीश को मिलाने की उसकी कूटनीति असफल हो गई।

सुखदा ने बताया, ''द्वारकाधीश कृष्ण की अगवानी में सभी खड़े हो गए, यहाँ तक कि पितामह भी बैठे न रह सके; पर युवराज दुर्योधन, राजकुमार दुःशासन और कर्ण खड़े नहीं हुए।''

''और शकुनि?''

''वह तो जो खड़े हुए, सो अभी तक खड़े हैं।''

मेरी घबराहट और बढ़ी, क्योंकि मैं दुर्योधन के अहंकार को जानती थी। वह टूट सकता है, पर झुक नहीं सकता। उसके टूटने का मुख्य कारण भी न झुक सकना ही है।

''हाँ, तो आप लोगों ने क्या निश्चय किया?'' कृष्ण ने आते ही उत्तेजित मुद्रा में पूछा।

सुखदा ने बताया कि क्रोध से उनकी आकृति लाल हो गई है। फिर भी,

संध्या के नीलवर्णी आकाश पर बिखरी यह रक्ताभा कम आकर्षक नहीं है। लोग एकटक उन्हें देख रहे हैं।

दुर्योधन ने भी बड़े तपाक से कहा, ''हम लोगों ने अच्छी तरह सोच लिया है। पाँच ग्राम तो क्या, हम सुई की नोक के बराबर भी धरती पांडवों को नहीं देंगे। आप जाकर उनसे कह दीजिएगा।''

''तो इसका परिणाम आप जानते हैं?''

''हाँ, जानता हूँ। युद्ध!'' दुर्योधन ने कड़कती हुई आवाज में कहा, ''हम युद्ध के लिए तैयार हैं।''

''तुम युद्ध के लिए नहीं, सर्वनाश के लिए तैयार हो। तुम्हारी स्थिति मृत्यु की मुट्ठी में बंद उस रोगी की तरह है जिसपर कोई ओषधि काम नहीं करती।'' फिर कृष्ण ने महाराज को संबोधित करते हुए कहा, ''आपके पुत्र हस्तिनापुर के तन में उस गलित व्रण की तरह हैं, जिसे तुरंत शरीर से काटकर अलग कर देना चाहिए, अन्यथा इस व्रण का विष पूरे तन को विषाक्त कर देगा।''

इतना सुनते ही दुःशासन खड़ा हुआ और बड़े आक्रोश में बोला, ''भैया, यह पांडवों का दूत नहीं वरन् हमारा शत्रु लगता है। यदि हम लोगों ने इसे नहीं पहचाना तो यह हमें अपने ही लोगों द्वारा बंदी बनवाकर पांडवों को समर्पित कर देगा। इसकी योजना सफल हो, इसके पहले ही हमें स्वयं इसे बंदी बना लेना चाहिए।''

इतना कहते ही उन लोगों ने शस्त्र निकाल लिये। वे पूरी तैयारी के साथ ही आए थे। जैसे भूकंप आ गया। पूरी सभा हिल उठी। दुर्योधन के साथ ही कर्ण और दुःशासन कृष्ण को घेरने के लिए आगे बढ़े।

''अरे, यह क्या कर रहे हो?'' पूरी सभा चीख उठी।

हर व्यक्ति ने अपने-अपने ढंग से उन्हें रोका।

किसीने कहा, ''यह दौत्य धर्म के विरुद्ध है।''

किसीने कहा, ''तुम अपनी सीमित शक्ति से असीमित शक्ति को बाँध नहीं पाओगे।''

किसीने कहा, ''अपनी बुद्धि पर से परदा हटाओ। द्वारकाधीश को पहचानो।''

''ये क्या द्वारकाधीश को पहचानेंगे!'' यह उद्घोष विदुर का था, ''सोचो, तुम किसे बंदी बनाने चले हो! उसे, जिसे जरासंध भी बंदी नहीं बना सका और मारा गया। उसे बंदी बनाने चले हो, जिससे इंद्र भी परास्त हो गया; जिसके समक्ष दंतवक्त्र, शिशुपाल, बाणासुर जैसे योद्धाओं ने घुटने टेक दिए!''

विदुरजी अभी बोल ही रहे थे कि दुर्योधन ने आग उगलना आरंभ किया, "हम बच्चे नहीं हैं, जो तुम हमें बच्चों की तरह डरा रहे हो! तुम हमारे चाकर हो और अपनी सीमा में रहो।"

कृष्ण ने विलक्षण अट्टहास किया। पूरी सभा सकते में आ गई। लगा, यह अट्टहास नहीं, प्रलयकारी मेघों की उपल वृष्टि है, "तुम बच्चों से भी अधिक नासमझ हो। पूरा लेने की हठ करनेवाले बच्चे भी, जितना मिलता है उसी पर शांत हो जाते हैं। पर तुम्हारी सोच पर पाला मार गया है। विनाशकाले विपरीत बुद्धिः।" कृष्ण दहाड़ते जा रहे थे, "तुम किसे बंदी बनाने चले हो? उसे, जो तुम्हें दिखाई पड़ रहा है? पर जो तुम्हें दिखाई पड़ रहा हूँ वह मैं नहीं हूँ। यदि तुम्हें दृष्टि हो तो देखो, मेरी दो नहीं, सहस्रों भुजाएँ हैं। मेरे नेत्रों में सहस्रों सूर्यों का तेज है। तांडवरत त्रिनेत्र की प्रलयंकर ज्वाला है। विनाशकारी अगणित भूकंपों में मेरी ही ऊर्जा का विकिरण है। अग्निगर्भा धरती की विभूति मैं हूँ। समुद्र-मंथन से निकला कालकूट मैं हूँ। विष्णु की क्षमा मैं हूँ, भृगु का क्रोध मैं हूँ, हिमालय का अवरोध मैं हूँ।... साहस हो तो बंदी बनाने के लिए आगे बढ़ो! अग्नि को उत्तरीय में बाँधने के लिए आगे बढ़ो! अपने सद्यः विनाश को गले लगाने के लिए आगे बढ़ो!" इतना कहते हुए कृष्ण ने अपने मंच से छलाँग लगाई और सभाभवन से बाहर हो गए।

उनकी दूर जाती गर्जना अब भी सुनाई पड़ रही थी, "मूर्खो, तुम्हारी आँखें मदांध हो गईं। तुम्हें अपना भस्म भविष्य दिखाई नहीं पड़ रहा है; क्योंकि तुम गहन अंधकार में हो और वही अंधकार तुम्हें निगल जाने वाला है।"

□

: पंद्रह :

इधर मैं बराबर देख रही थी कि महाराज के व्यवहार में एक विचित्र परिवर्तन आ गया था। वे अपने कक्ष में बहुधा मौन पड़े रहते थे। लोगों से बहुत कम बातें करते थे। यहाँ तक कि संगीत और नृत्य में भी अब उनकी रुचि बहुत कम रह गई थी। आमोद-प्रमोद में सदा लिप्त रहनेवाला यह व्यक्तित्व एकांतजीवी हो गया था।

प्रकृति का ऐसा अप्रत्याशित परिवर्तन किसी अनिष्टकारी तूफान का संकेत देने लगा। मेरा व्यग्र होना स्वाभाविक था। मैं उनके पास आती भी थी, रहती भी थी; पर कोई विशेष बातें नहीं होती थीं। सोचती थी कि वासना का वह उद्वेग कहाँ गया, जो मेरे स्पर्श मात्र से जाग उठता था। वासक-सज्जिका होकर भी मैं पर्यंक पर उनके पार्श्व में पड़ी करवटें बदलती रहती थी। आहें भरती थी, वे सुनते थे; पर वे आगे नहीं बढ़ते थे, जब तक मैं स्वयं उन्हें खींच नहीं लेती थी। फिर भी वे कुछ नहीं बोलते थे। आलिंगन में अवश्य होती थी, पर ऊष्माविहीन और तापरहित। अनिवार्य यांत्रिक प्रक्रिया के बीच एक ठंडा लोहा पिघलता था और फिर बर्फ की चादर ओढ़ लेता था।

इस शीतल पड़ी जड़ता के समक्ष लगता था कि मैं हार गई; किंतु अपनी इस पराजय पर मुझे ग्लानि नहीं थी, वरन् चिंता का अँधेरा और गहरा होता जाता था। मैं उसीको टटोलती हुई सो जाती थी।

उठती थी, तब भी मैं उन्हें जगा हुआ ही पाती थी।

''आप बहुत पहले ही जग गए?''

''मैं सोया ही कहाँ था!''

''क्यों?''

''नींद नहीं आई।''

''लगता है, आजकल आपको कोई चिंता परेशान कर रही है।''

उन्होंने बात टालने की गरज से कहा, ''नहीं, ऐसी कोई बात नहीं है।'' और करवट बदल ली।

"ऐसा कुछ अवश्य है, जो भीतर-ही-भीतर आपको मथ रहा है।"

वे चुप, एकदम चुप। मैंने उन्हें और कुरेदना उचित नहीं समझा।

धीरे-धीरे रात ढली। मंदिर की शंखध्वनि उषा की साँकल खटखटाने लगी। पक्षियों के कंठों में प्रभाती चहक उठी। मैं भी उठकर पर्यंक पर बैठ गई। थोड़ी देर बाद सुखदा आई।

मैंने अनुभव किया कि स्वामी अब भी उसी करवट पड़े हैं। शायद सो गए हों, इसलिए चलते समय मैंने अनुमति नहीं ली।... पर सुखदा से ज्ञात हुआ कि वे जाग रहे थे। जब हम लोग चले तो उन्होंने सिर उठाकर हमें देखने का प्रयास किया था।

विवाह के बाद इस तरह का मेरा यह पहला अनुभव था। ऐसा गुमसुम मैंने उन्हें कभी नहीं पाया था। अंक में ढुलकते ही मैं उनके भीतर गहराई तक पहुँच जाती थी, तब उनके भीतर कुछ भी छिपा न रह पाता था। आज मेरा यह अमोघ बाण भी व्यर्थ गया।

मैंने सुखदा से भी इसकी चर्चा की। उसे भी महाराज के इस अप्रत्याशित परिवर्तन पर चिंता थी।

"आश्चर्य है, सुखदा, कि इतनी सफल गुप्तचर होकर भी तू यह न पता लगा सकी कि कौन सी ऐसी बात है, जो महाराज को भीतर-ही-भीतर साल रही है!"

"मैंने प्रयत्न बहुत किया, पर असफल रही। मैंने महाराज की दासियों से भी पूछा था; वे भी कुछ बता नहीं सकीं। उनका यही सामूहिक अनुभव था कि महाराज को अब हमारी भी उपस्थिति खटकती है। बहुत कम वे हमारी सेवा लेते हैं। कभी-कभी वे अपने हाथ-पाँव में ऐंठ न होने की शिकायत करते हैं। हम जब मर्दन करने लगते हैं तब भी वे बहुत देर तक स्थिर नहीं रहते। थोड़ी सी मालिश के बाद करवट बदल लेते हैं।"

"आजकल तू अपने मित्र से नहीं मिलती?" मेरा संकेत कणिक की ओर था।

"वह तो इधर दिखाई नहीं देता।" फिर वह हँसते हुए बोली, "मेरे सामने संकट तो यह भी है कि कुछ लोग मेरी-उसकी निकटता के संबंध में जानने लगे हैं।" वह फिर हँसी, "इससे हर किसीसे उसके बारे में पूछ नहीं पाती।... फिर भी, उसका पता लगाया तो ज्ञात हुआ कि वह युद्ध का निमंत्रण लेकर गया है।"

"अरे, कितने लोग निमंत्रण लेकर गए हैं?" मैं साश्चर्य बोल पड़ी।

"यही समझिए, स्वामिनी, कि पूर्व-पश्चिम, उत्तर-दक्षिण आर्यावर्त में चारों ओर युद्ध का निमंत्रण गया है।"

"तो क्या यह हस्तिनापुर और इंद्रप्रस्थ का युद्ध न होकर पूरे आर्यावर्त का युद्ध होगा? हे भगवान्, क्या होने वाला है?"

मेरी स्थिति देखिए, अनजान में डोलती, अज्ञात को टटोलती और अँधेरे में भटकती रही; पर पाया कुछ नहीं।

मैं उसी संध्या को सुखदा के सहारे महाराज के कक्ष में पहुँची। वहाँ विदुरजी थे, जो मुझे देखते ही चुपचाप उठे और चले गए। उनके जाने का आभास तक मुझे नहीं हुआ।

मैं महाराज से सटकर उसी मंचक पर बैठ गई। मैंने उनका शरीर स्पर्श करते हुए कहा, "कई दिनों से देख रही हूँ कि आप किसी चिंता में घुले जा रहे हैं।"

मेरी बात पूरी होती, इसके पहले ही वे बोल पड़े, "मुझे एकांत चाहिए।"

मैंने संकेत किया और सुखदा भी चली गई। अब गवाक्ष में गुटुरगूँ करते कपोतों के अतिरिक्त उस कक्ष में और कोई नहीं था। फिर भी महाराज एकांत का आग्रह कर रहे थे।

"अब तो यहाँ कोई नहीं, केवल मैं हूँ। क्या आप मुझसे भी अलग होना चाहते हैं? मैं तो आपकी अर्द्धांगिनी हूँ। क्या आप अपना आधा अंग भी काटकर अलग कर देना चाहते हैं?···यह तो असंभव है, परलोक यात्रा पर भी मैं आपका साथ नहीं छोड़ूँगी।···यह तो सोचिए, आप भले ही मेरे बिना जी लें, पर मैं आपके बिना जी नहीं सकती। आपका एकांत भले ही आपमें केंद्रित हो जाए, पर मेरा एकांत तो आपके साथ ही रहेगा।"

फिर मेरी सिसकन उभर आई, "यदि आप अब एकांत में ही रहना चाहते हैं तो पहले मेरा गला दबा दीजिए।" मेरी सिसकन और बढ़ी, "अब तो मैं आपकी चिंता जानकर ही रहूँगी, अन्यथा आपके अंक में ढुलककर रोते-रोते अपने प्राण दे दूँगी।" इतना कहते-कहते मैं सचमुच उनकी गोद में ढुलक चुकी थी।

शायद विधाता ने पुरुष को पराजित करने के लिए ही नारी को आँसुओं का अक्षय भंडार दिया है। इसकी अजस्र धारा पुरुष के हृदय को झकझोरकर उसकी कठोरता को बहा ले जाती है। महाराज का हठ और दृढ़ता भी मेरे आँसुओं की धारा में बह गई।

उनके मुख से निकल गया, "आखिर युद्ध को टाला नहीं जा सका।"

"जो टलनेवाला ही नहीं है उसे हम कैसे टाल सकते हैं?" मैंने कहा, "फिर जब नहीं टाला जा सका, न सही। इसके लिए चिंता क्या?" हम उसका डटकर सामना करेंगे और कोई कारण नहीं कि हम उसे जीत न लें।"

"पर हम हार गए, गांधारी।" इतना कहते-कहते उनका मन एक असहाय की तरह रो पड़ा। फिर वे पथराए से बैठे रहे।

"अरे, अभी तो युद्ध हुआ ही नहीं, युद्ध का निमंत्रण ही चारों ओर जा रहा है। और आपने निष्कर्ष निकाल लिया!"

"यह निष्कर्ष मेरा नहीं, यह अनुभवी लोगों का है।" उनका संकेत ताऊजी की ओर था।

मैं कुछ बोलूँ, इसके पहले ही वे पुनः बोल पड़े, "हम हस्तिनापुर का युद्ध द्वारका में हार गए, गांधारी।" उनकी आवाज भर्रा आई, "हम युद्ध ही नहीं हारेंगे, वरन् अपने कुल का विनाश भी हम इन्हीं अंधी आँखों से देखेंगे।"

"यदि द्वारका ने हमारा निमंत्रण स्वीकार नहीं किया तो हम इतने भयानक निष्कर्ष पर पहुँच जाएँ! क्या यह एक दुर्बल मन की हताशा नहीं है?"

"यह हमारी हताशा नहीं, यह ताऊजी का विश्वास है। उनका कहना है कि जिधर कृष्ण होंगे उधर ही विजय होगी।"

मेरी आशंका को बल मिला। मैंने समझा कि हमारा निमंत्रण अस्वीकार ही नहीं किया गया वरन् उसका घोर अपमान भी किया गया। मैंने उन्हें ढाढ़स बँधाते हुए कहा, "क्या हुआ, यदि कृष्ण ने हमारा निमंत्रण स्वीकार नहीं किया? वे नहीं स्वीकार करते, न करें। अरे, आर्यावर्त के अधिकांश राजे-महाराजे तो हमारे साथ हैं ही। फिर आप अपनी शक्ति को इतना कम क्यों आँकते हैं? जिस समय हमारे पुत्र युद्धक्षेत्र में होंगे, वे प्रलय मचा देंगे; धरती काँप उठेगी।" मैं एक साँस में बोल गई।

वे पहली बार मेरे भ्रम पर मुसकराए, "यही तो विचित्र बात है, प्रिये, कि कृष्ण ने हमारे निमंत्रण को अस्वीकार नहीं किया। यदि अस्वीकार कर देते तो हम लोगों को इतनी निराशा न होती। ताऊजी यदि हमारे निमंत्रण को लेकर स्वयं जाते तो शायद यह स्थिति न आती। ताऊजी से कहा भी गया; पर उन्होंने बड़ी आनाकानी की।"

"बात मेरी समझ में नहीं आती।" मैंने कहा, "एक ओर तो आप यह कहते हैं कि कृष्ण ने हमारा निमंत्रण अस्वीकार नहीं किया। जब उन्होंने हमारा निमंत्रण स्वीकार कर लिया तब कौन सी समस्या है?"

"बात यह है कि निमंत्रण स्वीकार करने के बाद भी कृष्ण हमारे साथ नहीं रहेंगे।" कुछ रुककर उन्होंने कहना जारी रखा, "निमंत्रण स्वीकार करने के अवसर पर भी उन्होंने बड़ी कूटनीति से काम किया।" अब महाराज धीरे-धीरे खुलने लगे, "उसने राजनीति की बिसात पर एक ओर दुर्योधन और दूसरी ओर अर्जुन को बिठा

दिया तथा पासे दुर्योधन के हाथ में दे दिए और कहा—तुम जो कहोगे वह मुझे स्वीकार होगा।''

बातें इस तरह से खुलती जा रही थीं कि रहस्य बढ़ता गया। मेरी जिज्ञासा बढ़ी, ''फिर क्या हुआ?''

''हुआ क्या! हमारा पुत्र हार गया।'' उन्होंने बताया, ''कृष्ण ने दुर्योधन से कहा कि 'देखो, पांडव और कौरव दोनों मेरे लिए समान हैं, इसीलिए मैं चाहता था कि युद्ध न हो; पर भवितव्यता के समक्ष मेरा प्रयत्न निष्फल हो गया।... इस स्थिति में दो ही स्थितियाँ मेरे सामने हैं। एक तो मैं किसीका निमंत्रण स्वीकार न करूँ, युद्ध से ही विरत हो जाऊँ। पर यह कैसे हो सकता है? युद्ध का निमंत्रण आए और हम स्वीकार न करें? यह यदुवंश के रक्त में नहीं है।... अब दूसरा रास्ता यह है कि मैं दोनों का निमंत्रण स्वीकार करूँ।' ''

''यह कैसे संभव है?'' मैं बीच में ही बोल पड़ी।

''इसीको तो उस कूटनीतिज्ञ ने संभव कराया।'' महाराज बोले, ''कृष्ण ने बड़ी चतुराई से स्वयं को दो भागों में बाँट दिया। उन्होंने कहा, 'एक ओर मेरी सारी सेना रहेगी और दूसरी ओर मैं अकेला रहूँगा तथा युद्ध करना तो दूर, किसी भी स्थिति में शस्त्र नहीं उठाऊँगा। अब इसका चुनाव आप लोगों को ही करना है कि कौन मेरी किस प्रकार की सेवा चाहता है।'

''उन्होंने पहले दुर्योधन से कहा, 'यद्यपि मैं सो रहा था, मैंने पहले आपको नहीं देखा। मेरी दृष्टि तो पहले अर्जुन पर ही पड़ी, क्योंकि वह मेरे पायताने बैठा है, इसलिए सामने पड़ा। फिर, यदि आप कहते हैं कि मैं पहले आया हूँ, तो मैं आपकी बात मान लेता हूँ और आपको ही चुनाव का अवसर देता हूँ। आप चुन लें कि आप मुझ जैसे निहत्थे को चाहते हैं या मेरी संपूर्ण सैन्य शक्ति को।' फिर दुर्योधन ने द्वारका की संपूर्ण सैन्य शक्ति का अपने लिए चुनाव कर लिया।

''इसके बाद उन्होंने अर्जुन से पूछा, 'तुम क्या चाहते हो?'

''उसने हँसते हुए कहा, 'अब तो आप ही बचे हैं। मुझे आप मिल गए, यह मेरा सौभाग्य है।' कणिक बता रहा था कि कृष्ण ने अर्जुन को फिर से सोचने के लिए संकेत भी किया। अर्जुन ने फिर भी मुसकराते हुए कहा, 'बिल्ली के भाग्य से यदि सिकहर टूटे तो इसे छोड़कर और क्या चाहिए!'

''इसपर कृष्ण ने संतोष व्यक्त करते हुए कहा कि 'चलो, अच्छा हुआ कि इस बँटवारे में आप लोगों ने कोई विवाद नहीं किया।' '' इतना बताकर महाराज कुछ समय के लिए चुप हो गए। ऐसा लगा जैसे उनके गले में कोई वस्तु अटक गई

है। फिर वे उसे निगलते हुए बोले, ''इस स्थिति में भी वह व्यंग्य करने से बाज नहीं आया। उसने हँसते हुए कहा कि 'शायद मैं अपने जीवन में पहली बार देख रहा हूँ कि बँटवारे को आप लोगों ने स्वेच्छा से स्वीकार कर लिया।' ''

इतना बताकर महाराज गंभीर रूप से शांत हो गए। मैंने उन्हें समझाते हुए कहा, ''बस, इतनी सी बात पर आप इतने चिंतित हो गए? इसे तो आपको अपनी जीत समझनी चाहिए। यह हमारी राजनीतिक विजय है।''

''पहले मैं भी यही समझता था।'' महाराज ने कहा, ''पर ताऊजी से इस विषय में बातें हुईं तो उन्होंने बताया, 'तुम भी अपने पुत्र की ही तरह नादान हो। तुम भी द्वारकाधीश की कूटनीति समझ नहीं पाए। यह कैसे संभव है कि श्रीकृष्ण एक ओर रहेंगे और उनके सैनिक दूसरी ओर से अपनी पूरी ऊर्जा के साथ लड़ेंगे! अरे, अभी तक वे जिसका अन्न खाते रहे, उन सैनिकों की निष्ठा उनकी ओर से एकदम बदलकर तुम्हारी ओर हो जाएगी? यह सही है कि वे लड़ेंगे तुम्हारी ओर से और चाहेंगे अपने स्वामी की सफलता—और यह मान भी लिया जाय कि सेना अपनी पूरी सत्य-निष्ठा के साथ अपने कर्तव्य का पालन करेगी, तो भी हम बाजी हार चुके हैं। सैन्य शक्तिविहीन श्रीकृष्ण भी अपनी सैन्य शक्ति से कहीं भारी हैं।' फिर ताऊजी की मुद्रा अत्यंत गंभीर हो उठी, 'तुमने उन्हें देखा नहीं है, धृतराष्ट्र! केवल उस संधिसभा में उनका अट्टहास और गर्जना ही सुनी है। क्षण-क्षण परिवर्तित भंगिमाओंवाले उनके ऐंद्रजालिक व्यक्तित्व का ही प्रभाव था कि चारों ओर से घेर लिये जाने के बाद भी वह दहाड़ते हुए निकल गए। यहाँ पर भी वह अकेले थे। यहाँ पर भी उन्होंने अस्त्र नहीं उठाया था।' वे बोलते गए, 'तुम उन्हें समझ नहीं सकते, धृतराष्ट्र! क्योंकि उन्हें समझने के लिए अहंकारमुक्त जिस चिंतन की आवश्यकता है वह न तुममें है, न तुम्हारे पुत्रों में।'

''इसके बाद ताऊजी ने फिर उनके चमत्कारी गुणों की चर्चा की, 'उनके समक्ष इंद्र को भी पराजित होना पड़ा, जरासंध को प्राण गँवाने पड़े। उनके पास सर्जन और संहार की अद्‌भुत क्षमता है। वह महाकाल के फण पर भी वंशी बजा चुके हैं।' ताऊजी तो उनके व्यक्तित्व से इतने प्रभावित थे कि उन्होंने यहाँ तक कह डाला, 'मैं जितना उनके बारे में सोचता हूँ, लगता है, वह उससे अधिक हैं। उनकी समग्रता मेरे चिंतन की परिधि में आती ही नहीं। वह जितना दिखाई देते हैं उतने ही महान् हैं; उससे बहुत अधिक वह हमारे दृष्टिपथ से बाहर ही रह जाते हैं।''

ताऊजी की बातें सुनकर तो मैं भी सकते में आ गई। कृष्ण के विषय में सुखदा की बातें याद आईं, 'वह अलौकिक पुरुष हैं। लोग उनको भगवान् कहते हैं।'

''इसका तात्पर्य है कि ताऊजी का मनोबल टूट चुका है।'' मैंने कहा।

"हाँ, तुमने अच्छा याद दिलाया।" महाराज को जैसे कोई महत्त्वपूर्ण बात याद आई। वे बोले, "सबकुछ कहने के बाद ताऊजी ने सावधान किया था, 'देखो, तुमसे जो कुछ कहा है उसे अपने मन में ही रखना, किसीसे कहना मत; क्योंकि इससे उसका मनोबल टूट जाएगा—और टूटे हुए मनोबल से कोई भी लड़ाई नहीं लड़ी जा सकती।' इसीसे मैं भीतर-ही-भीतर घुटता रहा। किसीसे इस विषय में मुँह तक नहीं खोला। अब तुमसे भी मेरा यही कहना है कि ताऊजी की यह धारणा तुम तक ही सीमित रहनी चाहिए; क्योंकि हमारे पुत्रों पर इसका प्रभाव अच्छा नहीं पड़ेगा।"

अहंकार का हिमालय क्या इन मामूली झोंकों से डिगनेवाला है ? मैंने सोचा। साथ ही यह भी विचार मेरे मन में आया कि हमारे पुत्रों, जिनकी यह धारणा है कि पितामह सदा पांडवों के पक्ष में रहते हैं, उनपर इन विचारों का क्या प्रभाव पड़नेवाला है ? फिर भी मैंने उन्हें गोपनीय रखने का आश्वासन तो दे ही दिया।

पति के अंतर्मंथन का यह विष शिव की तरह कंठ में रख पाना कितना असंभव था! फिर भी मैंने किसी सीमा तक इसे संभव किया ही।

पूरे हस्तिनापुर में युद्ध की ही गूँज सुनाई दे रही थी। शस्त्रों की मरम्मत शस्त्रागारों में तो हो ही रही थी, साथ ही इसके लिए अनेक शिविर भी लगाए गए थे। राज्य का शायद ही कोई लौहकार मुक्त छोड़ा गया हो। काष्ठकारों के जिम्मे रथों के नवीनीकरण का काम सौंपा गया। ऐसी विशाल तैयारियों की झनझनाहट संपूर्ण वातावरण को युद्धक बनाने लगीं।

राजभवन की मानसिकता भी संघर्षमय हो चुकी थी। युद्ध का निमंत्रण देकर भी कई दल आ गए थे। सभी प्रसन्न थे। द्वारका से लौटने के बाद ही दुर्योधन मेरे पास आया। वह परम गद्‌गद था। मेरे पाँव छूते ही उसकी खुशी का घड़ा फूट पड़ा। उसके अनुसार उसे आशातीत सफलता मिली थी। उसने बताया, "जहाँ से लोगों को विश्वास था कि हम दुत्कारकर भगाए जाएँगे वहाँ भी मैं सादर स्वीकार किया गया।"

मैं समझ तो गई, फिर भी मैंने पूछा, "ऐसा कौन सा राज्य था, जहाँ से मेरे पुत्र दुत्कारकर भगाए जाते ?"

उसने द्वारका का नाम लिया और कहा, "पिताजी ने हमें काफी डरा रखा था। और वास्तविकता यह है कि मैं उस राज्य की संपूर्ण सैन्य शक्ति लेकर लौटा हूँ।" उसने प्रसन्नता से मेरे दोनों कंधे झकझोरते हुए कहा, "क्या समझती है, माँ! आधा से अधिक आर्यावर्त तो अभी से हमारे ध्वज के नीचे आ गया है। तुम देखना, माँ,

तुम्हारे आशीर्वाद से पांडवों को युद्ध में ऐसी धूल चटाऊँगा कि उन्हें भागने की जगह नहीं मिलेगी।...मुझे तो ऐसा लगता है, पांडवों ने अभी से अपनी पराजय स्वीकार कर ली है।''

मैं मन-ही-मन हँसी। सोचने लगी कि मेरी आँखों पर तो कपड़े की पट्टी है, पर मेरे पुत्रों की आँखों पर अहंकार की पट्टी है, जिससे उनका वह अतीत दिखाई नहीं पड़ रहा है, जिसमें पांडवों ने उन्हें कितनी बार पराजय का मुख दिखाया है।

''तू क्या सोचने लगी, माँ?''

''सोचती हूँ, तुम किसी भ्रम में तो नहीं हो।'' मैंने कहा।

वह जोर से हँस पड़ा। बोला, ''तू क्या कहती है, माँ? यदि मेरे साथ होती तो तू अर्जुन के मुख की उदासी को देखकर ही यह निष्कर्ष निकाल लेती। जिस समय मैंने द्वारका की संपूर्ण सैन्य शक्ति माँग ली, अर्जुन का चेहरा उतर गया। उसने अनुभव किया कि यहाँ भी पासा उलटा पड़ा। अंत में जब कृष्ण ने उससे पूछा, 'अब तुम्हें क्या चाहिए?' तब उसने कहा, 'अभी भी यह मुझसे पूछने की आवश्यकता है?' इसपर कृष्ण हँसने लगे।''

मुझे हँसी आ गई दुर्योधन की मूर्खता पर। द्वारका में वह खिलौना देकर बच्चों की तरह बहला दिया गया—और सामने पड़ा रत्न, जिसे वह बड़ी आसानी से ले सकता था, अर्जुन ले गया।

''तू रह-रहकर इतना गंभीर क्यों हो जाती है, माँ? लगता है, तू कुछ अन्यथा सोचने लगी है, जो मुझे बताना नहीं चाहती।''

''नहीं-नहीं, ऐसी बात नहीं है।''

''तब क्या बात है?''

''मैं भगवान् से प्रार्थना करने लगती हूँ कि भगवान् आर्यावर्त का कल्याण करना!''

''तू कैसी है, माँ, जो मेरे कल्याण के लिए प्रार्थना नहीं करती, वरन् आर्यावर्त के कल्याण के लिए प्रार्थना करती है!''

''आर्यावर्त के कल्याण में ही तेरा कल्याण है, वत्स। फिर तू तो इतना प्रसन्न है जैसे कल्याण स्वयं तेरे पास चला आया है, तुझे अब उसकी आवश्यकता क्या है?''

इतना सुनते ही दुर्योधन बिना कुछ कहे चला गया। उसे लगा, माँ मेरी समझदारी का परिहास कर रही है। बाद में सुखदा ने बताया, ''युवराज के साथ उनके मामा शकुनि भी थे; पर वे बाहर ही रह गए थे, भीतर नहीं आए।''

शकुनि भी था! तो वह भीतर क्यों नहीं आया? लगता है, वह हमारी सोच के करीब है; क्योंकि वह उतना मूर्ख नहीं है कि उसे बहलाया जा सके। वह कुचक्री अवश्य है, पर वस्तुस्थिति की उसकी समझ में कोई कमी नहीं है। उसने भी इसी विचार से दुर्योधन की वास्तविकता न बताई होगी कि कहीं उसके मनोबल में कोई कमी न आ जाय।

सोचती हूँ, हमारी और हमारे पुत्रों की मानसिकता में कितना अंतर है! एक ओर पराभव की आशंका के घने मेघ और दूसरी ओर उल्लास का झंझावात। क्या यह झंझा हमारी आशंका के मेघों को उड़ा ले जाने में समर्थ होगा? ऐसा न हो कि यह मेरे अस्तित्व को ही उड़ा ले जाए। इसमें से क्या बचा रहेगा, यह तो भविष्य के गर्भ में है। पर ताऊजी का अनुभव हम सबसे अधिक है। वह भविष्य की मुद्रा पहचानते हैं। फिर उनके नैष्ठिक ब्रह्मचर्य में एक ज्योति है। वह ज्योति वहाँ तक देख लेती है जहाँ तक हमारी चेतना की पहुँच नहीं है।

किसी अनजानी, अनचीन्ही पीड़ा से भरी गरम और नम उसाँसों के झोंके प्राची के वातायनों से आने लगे। संध्या हो गई थी। लगता है, वर्षा होगी। इस समय मैं कक्ष में एकाकी थी। सुखदा भी नहीं थी और परिचारिकाएँ भी कहीं चली गई थीं। फिर भी मैंने उन्हें आवाज नहीं लगाई। एकाकीपन का सन्नाटा बुनती रही। कभी-कभी निस्तब्धता में खोना भी कुछ पाने से अधिक अच्छा लगता है। उसका अपना आनंद है।

"आप अकेली हैं?" अचानक सुखदा की आवाज आई।

"सोती रही तो अच्छे-बुरे सपने तो साथ थे, जागी तो उन्होंने भी साथ छोड़ दिया।" मैंने कहा।

"आप किसीको बुला लेतीं।"

"मैंने आवश्यक नहीं समझा।"

फिर उसने स्वयं सफाई देते हुए कहा, "जब आप सो गईं, आपकी नाक बोलने लगी, तब मैं थोड़े समय के लिए गई थी; पर लौटने में देर हो गई।"

मैं पूछूँ कि क्यों देर हो गई, इसके पहले ही वह बताने लगी, "बात यह थी कि कणिक दिखाई पड़ गया था और रोकने पर वह रुक भी गया।"

"तेरे लिए इससे बढ़कर और क्या बात हो सकती है!" मैंने हँसते हुए कहा, "आगे कुछ ऐसा हुआ हो, जो बताने लायक न हो तो मत बता, मैं स्वयं समझ लूँगी।"

"...और आप गलत समझ लेंगी, इसलिए बताना जरूरी है।" वह बोलती गई, "उसीसे पता चला कि आज व्यासजी पधारे थे।"

'व्यासजी!' नाम सुनते ही माथा ठनका। वे महर्षि यों ही राजभवन आनेवाले नहीं हैं। अवश्य कोई बड़ी बात हुई है, या होने वाली है। मैंने फिर उससे पूछा, "उनके आने का प्रयोजन क्या था?"

"यह तो पता नहीं चला। ताऊजी से मिलकर जब वे लौट रहे तो लोगों ने उन्हें देखा।" फिर उसने स्वयं स्पष्ट किया, "लोगों का तात्पर्य है कणिक और शकुनि। दोनों ने उनके चरण छुए। आशीर्वाद देकर वे अपने शिष्यों के साथ बड़ी रुखाई से आगे बढ़े। कणिक का कहना था कि मैं तो खड़ा ही रह गया था, पर शकुनि उनके पीछे-पीछे लग गए। वे कुछ जानना चाहते थे, पर महर्षि मौन ही रहे।...हो सकता है, दूर जाने के बाद उन्होंने कुछ कहा भी हो।"

"क्या कहा, इसका तुमने पता नहीं लगाया?"

"पता तो लगाया, पर हाथ कुछ नहीं लगा। कणिक ने बताया कि शकुनि के कथनानुसार वे अंत तक नहीं बोले।...कणिक का यह भी कहना था कि शकुनि कभी इतने उदास नहीं दिखाई दिए थे।"

"महर्षि का यह गंभीर मौन उस अनिष्ट की ओर संकेत कर गया, सुखदा, जो हमारे बेटों को दिखाई नहीं पड़ रहा है।"

धीरे-धीरे यह बात महाराज के कानों तक पहुँची। वे पहले से ही चिंतित थे। उनका लौह-सा धैर्य संतप्त तो था ही, अब वह पिघलने की स्थिति में आ गया। वह किसके सामने पिघले? इसके लिए उन्हें किसी अत्यंत आत्मीय की आवश्यकता थी। उन्होंने तुरंत मुझे बुलाने के लिए परिचर भेजा।

"तुमने कुछ सुना है, गांधारी?" कक्ष में मेरे प्रवेश करने का आभास लगते ही वे बोल पड़े।

मैं कुछ समझ नहीं पाई, इसलिए 'हाँ' या 'नहीं' कुछ नहीं बोली।

"सुना है, आज व्यासजी पधारे थे! वे सीधे ताऊजी से मिलकर चले गए।" बस इतना उनको बहुत कुछ सोच लेने के लिए पर्याप्त था। यों भी आजकल वह कुछ अधिक ही शंकाकुल हो गए थे। हर परिस्थिति को नकारात्मक दृष्टि से ही देखते थे। वे छाछ को भी फूँककर पीने लगे थे। पर इस समय तो उन्हें सबकुछ खौलता दिखाई दे रहा था।

उन्होंने बात आगे बढ़ाई, "शकुनि उन्हें रथ तक पहुँचाने गया था। मैंने उससे कुछ जानना चाहा तो उसने कहा, 'मैंने उनसे अनेक प्रश्न किए, पर उन्होंने अंत तक मुँह नहीं खोला।' क्या यह संभव है?"

"क्यों नहीं संभव है!" मैंने कहा, "शकुनि को कुछ बताना उन्होंने उचित नहीं समझा होगा।"

"परिसर में आकर भी उन्होंने राजभवन में पधारने की कृपा नहीं की।...अरे, यदि मुझे सूचना मिलती तो मैं स्वयं उनकी अगवानी में चला जाता।"

"आपने इस विषय में शकुनि से नहीं पूछा?"

"उसका कहना था—मुझे स्वयं उनके आगमन की जानकारी नहीं थी। मैं क्या सूचना देता!" इसके बाद वे चुप हो गए और चिंता की अतल गहराई में डूबते हुए पुनः बुदबुदाए, "उन्होंने कुछ नहीं कहा?"

"कभी-कभी व्यक्ति का मौन भी बहुत कुछ कह जाता है।" मैंने कहा।

"उसी मौन को तो सुन रहा हूँ। चारों ओर अँधेरा ही दिखाई देता है।"

'यह तो आपको जन्म से ही दिखाई दे रहा है।' मैं बहुधा आवेश में यह वाक्य कह दिया करती थी, किंतु तुरंत अपने को सँभालती थी। इस समय भी मैंने स्वयं को सँभाला, "हम लोगों के भाग्य में तो अँधेरा ही है। हमारी विडंबना यह है कि हम सदैव उस अँधेरे में किरण ही खोजते रहे और अंधकार के गर्द में ही जीते रहे।"

वे चुप थे और चुप ही रह गए। अचानक आधा-अधूरा, जो उनके मुँह से निकला, उसका सारांश यही था, "अच्छा होता, यदि हम पुत्रहीन होते।"

"अरे, यह आप कह रहे हैं!" मैं बोली, "मैं तो किसी सीमा तक सोच सकती हूँ कि सौ पुत्र होने का शिव का वरदान ही आज मेरे लिए अभिशाप हो गया; पर आपको ऐसा नहीं सोचना चाहिए। जरा सोचिए, जिस सिंहासन के उत्तराधिकारी की चिंता में ताऊजी ने इतनी बड़ी प्रतिज्ञा की, हमारी माताओं ने नियोग कराया—यद्यपि यह नियोग उनके लिए यातना ही थी—यदि हम संतानहीन होते तो उस सिंहासन का क्या होता?" अभी मैंने उनकी पीड़ा को सहलाना आरंभ ही किया था कि अपने भाइयों के साथ दुर्योधन के आने का आभास लगा। मैं चुपचाप उठकर चली आई।

एक घड़ी भी नहीं बीती होगी कि दुर्योधन भागा-भागा मेरे यहाँ आया। वह आते ही बोला, "मेरे आते ही तुम वहाँ से हट क्यों गई थीं, माँ?" वह दोनों हाथों से मेरे कंधों को झकझोरते हुए बोला।

मैं क्या कहती? पर उत्तर तो देना ही था। बोली, "मैंने सोचा कि तुम अपने पिताजी से किसी गंभीर मंत्रणा के लिए आए हो।"

"इसलिए तुमने अपनी मंत्रणा बंद कर दी?" उसने कहा।

मैं हँस पड़ी। मैंने कहा, "हमारी मंत्रणाएँ तो अंतहीन होती हैं, बेटे। वह बाद होती है, फिर चलती है और कभी-कभी बंद होने पर भी इकतरफा चलती ही रहती है। अच्छा, अब बताओ, कैसे चले?"

"अब कल से युद्ध होने वाला है, तुम्हारा आशीर्वाद लेने आया हूँ।" इतना कहकर वह मेरे पाँवों पर गिर पड़ा।

"यशस्वी भव!" मेरे मुख से निकला।

दुर्योधन मौन खड़ा रहा, जैसे कुछ सोचने लगा हो। फिर बड़ी कातर ध्वनि में बोला, "माँ, तुमने कभी मुझे 'विजयी भव' का आशीर्वाद नहीं दिया।"

ऐसा लगा जैसे उसने अपने सारे जीवन को टटोलकर यह प्रश्न किया हो। मेरे मर्म को छू गया। मैं उत्तर खोजने लगी। अचानक मेरे मन ने ही मुझसे कहा, 'तू कब तक सत्य से कतराती रहेगी? जितना तू सत्य से विमुख होगी उतनी ही परेशानियाँ मोल लेगी।'

"क्या सोचने लगीं, माँ?"

"बेटा, मैं बहुत सोचती हूँ कि मैं तुझे वही आशीर्वाद दूँ, जो तू चाहता है। मैं देने का प्रयत्न भी करती हूँ; पर पता नहीं कौन मेरी जिह्वा पकड़ लेता है!"

"तू देना नहीं चाहती या दे नहीं पा रही है!" वह थोड़ा गंभीर भी हुआ और नाराज भी।

"मैं देना चाहकर भी दे नहीं पा रही हूँ।"

"फिर इसमें तेरा क्या दोष? दोष तो उस शंकाग्रस्त मन का है, जिसमें मेरी विजय तक पहुँच पाने की सामर्थ्य नहीं है।" एक बार फिर उसका अहंकार फनफनाया।

मेरे मन ने कहा, 'तू अपने अहंकार को नहीं जीत पाया तो युद्ध क्या जीतेगा?' पर मैं कुछ बोली नहीं, भीतर-ही-भीतर मथती रही।

"तू फिर कुछ सोचने लगी?"

"सोचती तो हमेशा हूँ, और घूम-फिरकर एक ही निष्कर्ष पर पहुँचती हूँ।"

"किस निष्कर्ष पर?"

"यही कि यह युद्ध किसी तरह टाला नहीं जा सकता? तू नए सिरे से समझौते की बात नहीं चला सकता?"

"तू भी कैसी बात करती है, माँ! विजय की परोसी हुई थाली सामने हो और मैं उसे लात मार दूँ!"

"जब तुम्हें विजय की परोसी हुई थाली सामने दिखाई दे रही है तब मेरे आशीर्वाद की तुम्हें आवश्यकता क्या?"

□

: सोलह :

महाराज पर विनाश के भय का आतंक मुझसे अधिक था; क्योंकि वे बहुत सी ऐसी बातें जानते थे जिनकी गंध भी मुझे नहीं लगी थी। इसीसे वे भीतर-ही-भीतर मुझसे अधिक घुटते रहते थे। जीवन भर अँधेरे में जीनेवाले इस व्यक्ति को अब साधारण रज्जु भी 'कालिय' का वंशज दिखाई देती थी। उन्हें उस प्रलयंकर तूफान का हाहाकार सुनाई दे रहा था, जो पूरे आर्यावर्त को निगलने के लिए बेचैन था। इससे वे काफी परेशान लगते थे। इससे इधर कई रात वे सो नहीं पाए थे।

वे किसी भी स्थिति में युद्ध को टालना चाहते थे। इस विषय में उनकी विदुरजी से लंबी बातें हुई थीं। उन्होंने भी अपनी असमर्थता व्यक्त कर दी थी। उनकी व्यग्रता ने अब संजय का सहारा लिया। यद्यपि संजय सूतपुत्र था, पर परम ज्ञानी और दूरदर्शी था। वह कृष्ण का भक्त था, अर्जुन का मित्र था। पांडव परिवार में उसकी अच्छी पैठ थी। वह मंत्रिपरिषद् का सदस्य भी था। जहाँ पूरा आर्यावर्त पांडव और कौरव शिविरों में विभाजित था, वह एकमात्र ऐसा व्यक्ति था जिसे इस तरह की विभाजन रेखा स्पर्श तक न कर पाई थी। महाराज ने उसीको संधिवार्त्ता की नई गाड़ी चलाने के लिए सेतु बनाया। उसे युधिष्ठिर के पास युद्ध से विरत करने के लिए भेजा गया।

कितना हास्यास्पद था कि जो अपने पुत्रों को युद्ध से विरत न कर सका, उसने अपने विरोधी को युद्ध से विरत करने की चेष्टा आरंभ की। और इस तर्क के साथ कि यदि युद्ध हुआ तो पूरे आर्यावर्त का विनाश अवश्यंभावी है। क्या यह एक धर्मप्राण व्यक्ति के लिए उचित होगा कि वह इस विनाश-यज्ञ का पुरोधा हो?

इस उद्देश्य के साथ संजय उड़ती चिड़िया के पंख पर रंग लगाने उपप्लव्य गया।

आज वह लौटकर आया था। उस समय मैं और विदुर भी महाराज के कक्ष में उपस्थित थे। उसके द्वारा पाँव छूते ही महाराज पूछ बैठे, "अपने उद्देश्य में तुम कितने सफल हुए, संजय?"

''ज्येष्ठ पांडव युधिष्ठिर ने आपको चरणस्पर्श कहा है।'' संजय बोला, ''उन्होंने यह भी कहा है कि मैं तो युद्ध कभी नहीं चाहता था, पर यह बलात् हमपर लादा गया। अब उससे विमुख होकर मैं क्षात्र धर्म को कलंकित करना नहीं चाहता।''

''लगता है, उसे भी अपनी विजय पर विश्वास है।'' महाराज ने कहा।

''उन्हें ही क्या, पूरे आर्यावर्त को विश्वास है; क्योंकि श्रीकृष्ण उनके साथ हैं।'' इसके बाद उसने कृष्ण की महिमा का लंबा बखान किया और बड़ी निष्ठापूर्वक बोला, ''इसमें से किसीने भगवान् को तो नहीं देखा है, पर मैंने श्रीकृष्ण को देखा है और उनकी भगवत्ता से तृप्त हूँ। वे जिधर रहेंगे, विजय उसी पक्ष की होगी।''

महाराज को यदि कृष्ण का यह महिमा-गान अच्छा नहीं लगा तो अनावश्यक अवश्य लगा। उन्होंने कहा, ''मैंने तुम्हें यह जानने के लिए नहीं भेजा था कि विजयश्री किस पक्ष की होगी; मैंने इसलिए भेजा था कि तुम इस संभावना का पता लगाओ कि क्या यह महाविनाश टाला जा सकता है!''

''हाँ, इस संबंध में मैंने पूछा था। वे प्रसन्न हुए और बोले, 'क्या अब भी शांति की इच्छा कौरव प्रधान के मन में है? हम सबके लिए यह सुखद आश्चर्य है।' '' इसके बाद संजय मुख्य बिंदु से थोड़ा हटकर बोलने लगा, ''यह आप निश्चित रूप से समझिए कि युधिष्ठिर में न तो प्रमाद है, न हिंसा का भाव और न ही सत्ता की लिप्सा।''

''तब वह इस पचड़े में क्यों पड़ा है?'' महाराज थोड़ा झुँझलाए।

''उनका कहना है कि युद्ध का होना या न होना तो अब ताऊजी के हाथ में है। वे इंद्रप्रस्थ का शासन पहले की तरह हम लोगों को दे दें, फिर हमें युद्ध से क्या लेना-देना!''

''पहले पाँच गाँव माँगता था, अब पूरे इंद्रप्रस्थ की माँग रख दी!'' महाराज बोले, ''लगता है, मैंने तुम्हें भेजकर भूल की। अब स्थिति 'ले दही' और 'ला दही' की आ गई है।''

''नहीं, यह बात नहीं है।'' अब तक चुप बैठे विदुरजी ने हस्तक्षेप किया, ''वह प्रस्ताव श्रीकृष्ण का था। आपको याद होगा, श्रीकृष्ण ने यह कहा था कि 'पाँच गाँव पर भी मैं पांडवों को राजी कर लूँगा।'...यह प्रस्ताव युधिष्ठिर का है। अब आप पर है कि आप इसे पूरा स्वीकार करें या अपनी ओर से कोई नया प्रस्ताव भेजें।''

महाराज की आकृति पर एक गंभीर चुप्पी चिपक गई। वे कहें भी तो क्या

कहें ! उनकी स्थिति पुत्र-प्रेम की साँकल से बँधे, नख-दंतहीन उस बूढ़े सिंह की तरह थी जिसकी नियति अब शिकारी की कृपाकांक्षा पर ही निर्भर है।

इसी बीच संजय ने मुझे संबोधित करते हुए कहा, ''वे आपसे बहुत प्रभावित थे। उन्होंने अत्यंत भावुक हो कहा था, 'बचपन से ही ताईजी से मुझे असीम स्नेह मिला है।'' जब कभी खेलता-कूदता उनके कक्ष में जाता और उनकी गोद से चिपक जाता था तब उनके हृदय में मुझे अपनी माँ की धड़कन सुनाई पड़ती थी। मैं चाहता था कि इस युद्ध में जाने के पहले उनका आशीर्वाद लेने जाता। भले ही वे मुझे आशीर्वाद न देतीं, पर मुझे तो संतोष होता कि मैंने अपनी बड़ी माँ के चरण छूने के कर्तव्य का पालन किया है।'' पर परिस्थितियाँ अनुकूल न मिल सकीं।''

इतना सुनते ही मेरे हृदय की धड़कन असामान्य हो गई। युधिष्ठिर का चिड़ियों-सा फुदकता बचपन एक बार फिर मेरी पट्टी बँधी आँखों के सामने उभर आया और मेरा प्यार लेकर फुर्र हो गया। इस समय न चाहते हुए भी मैंने उसके प्रति शुभाशंसा की।

इस बीच महाराज का व्यग्र मस्तिष्क उलझी हुई गुत्थी को सुलझाने में लगा रहा। उन्होंने संजय से कहा, ''व्यासजी तो तुम्हारे गुरु हैं। इस संदर्भ में वे कुछ कर सकते हैं ?''

''मेरे तो गुरु हैं, पर आपके पूज्य पिता भी।''

संजय से इतना सुनकर महाराज तिलमिला उठे। उन्होंने कहा, ''पिता तो हैं ही, पर आज तक मैं उनका आशीर्वाद न पा सका।''

''इसके लिए आपने कभी चेष्टा की ?'' संजय बोला।

महाराज चुप रह गए।

मैं सोचने लगी, उस परम तपस्वी महर्षि की हमने सदैव उपेक्षा की। इसके मूल में सत्ता का अहंभाव तो उतना नहीं था जितना महाराज की दृष्टिहीनता का हीनभाव।'' पर जो भी हो, हमारे और उनके बीच एक अदृश्य अवरोधक बनता गया, जिसका अनुभव हम भी करते थे और वे भी। इसलिए वे इस परिसर में आते थे, पर राजभवन की ओर दृष्टि भी नहीं डालते थे; केवल ताऊजी से मिलकर चले जाते थे।

''मैंने युद्ध टालने के संबंध में उनसे बातें की थीं।'' संजय ने बात आगे बढ़ाई।

''तो क्या कहा उन्होंने ?''

''पहले तो बड़ी देर तक चुप रहे, फिर बहुत गंभीरता से बोले,'वह तो होना

ही है, वत्स! भवितव्यता भी तपश्चर्या से टाली जा सकती है; पर जब हमारा प्रमाद, अहम्मन्यता और सत्ता-लोलुपता उसकी उपेक्षा करती है तब वह और भी अटल हो जाती है। अब यही स्थिति है।' इतना कहकर व्यासजी चुप हो कुछ सोचने लगे थे।''

महाराज को तप्त मरुभूमि में भटकते हुए एक भवन दिखाई पड़ा था। सोचा था, वहाँ थोड़ी-बहुत छाया मिल जाएगी; पर वह भवन भी छतविहीन निकला।

''उन्होंने एक बात आपसे कहने को कही थी।'' संजय ने विशेष रूप से महाराज को इंगित करके कहा, ''पर मारे संकोच के मैं कह नहीं पाया।''

''जो भी कहना हो, कह डालो। अब किस बात का संकोच!''

''उनका कहना था कि योग-साधना से कुरुराज की आँखों में ज्योति लाई जा सकती है।''

''अब किसलिए? अपने कर्मों का फल देखने के लिए?'' महाराज के स्वर में कितनी वितृष्णा थी, सो कैसे बताऊँ!

□

विनाश को हम टाल न सके। भवितव्यता ही हमपर प्रभावी हुई। युद्ध के मेघ छाने लगे।

हमने दृष्टिदान का व्यासजी का प्रस्ताव स्वीकारा नहीं था। फिर भी हमारी जिज्ञासा तो थी ही। हम उस युद्ध को देखना चाह रहे थे जिसकी विभीषिका हस्तिनापुर के अस्तित्व को निगलने के लिए तैयार थी ही, जिसकी ज्वाला संपूर्ण आर्यावर्त को झुलसा सकती थी। दोनों ओर के इतने महान् योद्धा इतनी सरलता से काल-कवलित होने वाले तो नहीं हैं; पर यह सब होगा कैसे?

मैंने एकांत में संजय से कहा, ''महर्षि तुम्हें बहुत मानते हैं। तुम एक काम कर सकते हो?''

''वह क्या?''

''तुम महर्षि से प्रार्थना करो कि वह तुम्हें ऐसी दिव्य दृष्टि दे दें कि तुम कहीं से भी उस युद्ध को देख सको। तब तुम हमारे पास बैठकर उसका वर्णन सुनाना। इच्छा न होते हुए भी हमें अपने पापों का फल तो देखना ही पड़ेगा, अन्यथा उसे देखने के लिए हमें पुनर्जन्म लेना होगा।''

बात संजय के मन में बैठ गई। उसने व्यासजी से प्रार्थना की और किसी तरह अपने उद्देश्य में उसे सफलता मिली। फिर भी वह प्रसन्न नहीं था। उसका सोचना था, 'ऐसा कौन अभागा होगा, जो अपनों का विनाश देखना चाहेगा! यदि मेरे पास

युद्ध का समाचार बताने की जिम्मेदारी न होती तो मैं भी वासुदेव बलराम की तरह यात्रा पर चला जाता, या व्यासजी के आश्रम में रहकर उनकी सेवा करता।'

आज युद्ध का पहला दिन है। मैं भी महाराज के साथ उसका वर्णन सुनने को लालायित थी।

हमें पहली सूचना मिली कि हमारी सेना पांडवों की सेना से बहुत अधिक है; फिर भी हम बहुत उत्साहित नहीं थे। क्या यह संख्या बल युद्ध के परिणाम को प्रभावित कर सकता है? इस प्रश्न का उत्तर हमारा मन बहुत सकारात्मक नहीं दे पा रहा था; क्योंकि हमारी मानसिकता पर उसका व्यक्तित्व हावी था, जिसने युद्ध में शस्त्र न उठाने की कसम खाई थी।

"अरे, यह क्या?" अचानक संजय के मुख से निकला, जैसे कोई अनहोनी बात हो गई।

हम सबकी जिज्ञासा अपने चरम पर थी, "क्या बात है, संजय?"

"सारे अस्त्र-शस्त्र छोड़कर युधिष्ठिर रथ से कूद पड़े हैं और दोनों हाथ ऊपर उठाए हमारी सैन्य संरचना की ओर चले आ रहे हैं। लोग आश्चर्यचकित होकर उन्हें देख रहे हैं। लगता है, कुछ विचित्र होने वाला है।"

"क्या हो सकता है?" तुरंत महाराज के मुख से निकला। फिर उन्होंने ही अनुमान लगाया, "लगता है, युद्ध से विमुख हो जाने की युधिष्ठिर को दी गई सलाह रंग ला रही है।"

"मुझे भी ऐसा ही लगता है।" संजय बोला, "युधिष्ठिर शायद स्वयं ही संधि का प्रस्ताव करें।"

"यदि ऐसा है तो भगवान् करे, हमारे पुत्रों को अब सद्बुद्धि आ जाय।"

'अब तक जब नहीं आई सद्बुद्धि तब अब क्या आएगी!' मेरे मन की पहली प्रतिक्रिया थी। पर मैं कुछ बोल न सकी।

"लगता है, अर्जुन और भीम को भी युधिष्ठिर की मंशा का पता चल गया है।" संजय ने बताया, "वे भी अपने-अपने रथों से कूदकर उनके पीछे हो लिये हैं।"

"अब तो रही-सही आशा भी गई।" महाराज की आशा निराशा में बदलने लगी, "अर्जुन तो शायद चुप रह जाए, पर भीम कभी भी युधिष्ठिर को संधि प्रस्ताव करने नहीं देगा। उसे दूसरा दुर्योधन ही समझो।"

"तब तो दो पाषाणों के टकराव में केवल चिनगारियाँ ही निकलेंगी।" अब तक चुप बैठी अचानक मैं बोल पड़ी। निश्चय ही महाराज की निराशा पर एक परत और चढ़ गई होगी।

संजय भी मौन ही था। हम साँस रोके परिणाम की प्रतीक्षा करते रहे।

''युधिष्ठिर अब हाथ जोड़े हुए पितामह की ओर बढ़ रहे हैं।'' संजय ने बताया, ''शायद वे दुर्योधन से कुछ न कहकर अंतिम निवेदन उन्हींसे करेंगे।''

महाराज को आशा की गंगा ब्रह्मा के कमंडलु से निकलकर शिव की जटाओं में समाती दिखाई दी।

ये क्षण हमारे जीवन के परम द्विविधामय थे। हमारी हर साँस 'आस-निरास' के झूले में थी—कभी इधर, कभी उधर। कुछ ही क्षणों में स्थिति साफ हो गई। संजय ने बताया, ''वस्तुत: वे पितामह से आशीर्वाद लेने गए हैं। उन्होंने अपना शीश सीधे उनके चरणों पर रख दिया। पितामह उनकी पीठ थपथपाते हुए कुछ बुदबुदाए भी।'' फिर अचानक संजय साश्चर्य बोल उठा, ''अरे, यह क्या कह दिया पितामह ने!''

''ऐसा तो नहीं कि उन्होंने आशीर्वाद देना अस्वीकार कर दिया हो!'' महाराज ने कहा, क्योंकि वे अंधे जुआरी की तरह अपना दाँव ही देखते रहे।

किंतु तुरंत संजय बोला, ''पितामह ने एक ऐसी बात कह दी, जो उन्हींके जीवन का सत्य नहीं वरन् संपूर्ण मानव जीवन का सत्य है—'अर्थस्य पुरुषो दास: दासस्त्वर्थो न कस्यचित्'—पुरुष अर्थ का दास है, पर अर्थ किसीका दास नहीं है।''

ताऊजी की यह स्वीकारोक्ति पहली बार मैंने सुनी थी। मैं चकित भी हुई और दु:खी भी। चकित इसलिए कि इतनी स्पष्ट बात करते मैंने उन्हें इसके पहले कभी नहीं सुना था। दु:खी इसलिए कि यदि उनका जीवन कौरवों के अर्थ पर आश्रित न होता तो वे पांडवों की ओर से लड़ते, या फिर युद्ध से विमुख हो जाते। उनके समक्ष कौरव पक्ष में होने की जहाँ विवशता थी वहीं पांडवों की ओर उनका सहज झुकाव था। ऐसी मानसिकता में क्या वे पूरी ईमानदारी से हमारी ओर से लड़ सकेंगे?

यह प्रश्न बार-बार मेरे मन में उठता रहा। साथ ही सोच का एक दूसरा पक्ष भी टकराता रहा कि ऐसे संकल्पनिष्ठ व्यक्ति की ईमानदारी पर संदेह करना स्वयं अपने पर संदेह करना है।

इसका परिणाम यह हुआ कि ताऊजी का व्यक्तित्व इस समय से मेरे मस्तिष्क पर जो छाया तो मेरे समक्ष उनका ही प्रत्यय था, मानो वह मुझसे कह रहा था, 'मैं सबल दिखनेवाला एक दुर्बल एवं निरीह प्राणी हूँ, गांधारी। अपनी ही बनाई प्रौढ़ शृंखलाओं से बँधा हूँ। इनको तोड़ने की शक्ति रखते हुए भी मैं इन्हें तोड़ नहीं पाता; क्योंकि ये मेरी ही कृति हैं। इन्हें खोल नहीं पाता, क्योंकि इन्हें खोलने की

इच्छाशक्ति अनिर्णय की कारा में बंद है।...अब तुम्हीं सोचो, गांधारी, मैं शक्तिशाली होकर भी कितना अशक्य हूँ! कितना समर्थ होते हुए भी असमर्थ हूँ! लोगों की आशा का केंद्र होते हुए भी स्वयं में कितना निराश हूँ!'

मैं इतना कैसे सोच गई? इस बीच संजय ने बहुत कुछ कहा और मैं सुन न सकी। जब मैं सचेत हुई तब संजय से ज्ञात हुआ कि विषादग्रस्त अर्जुन को श्रीकृष्ण उपदेश कर रहे हैं। अर्जुन को विषाद हुआ कि अपने पितामह, अपने गुरुओं, अपने भाइयों और अन्य आत्मीय जनों से कैसे युद्ध करूँ? इनका वध कर यदि राज्य ही मिल गया तो किस काम का?...श्रीकृष्ण के उपदेश की निरंतर वर्षा हो रही थी और मैं अंतर्विचारों का छत्र लगाए बैठी रही। मुझपर श्रीकृष्ण की वाणी का एक बूँद भी नहीं पड़ा।

तब तक महाराज की आवाज सुनाई पड़ी, "श्रीकृष्ण ठीक कहते हैं, हमारे पक्ष के नायक तो मरे हुए हैं। ये उसी समय मर गए थे जिस समय इन्होंने युधिष्ठिर को 'विजयी भव' का आशीर्वाद दे दिया था। उनका मन तो पांडवों की ओर है और मात्र शरीर या उनका जीवित शव हमारी ओर।" फिर वे एकदम चुप हो गए, जैसे उनके पास कुछ कहने को रह ही न गया हो।

महाराज पता नहीं क्या सोचते रहे; फिर अचानक बोल पड़े, "अच्छा संजय, यह बताओ, जब निहत्था युधिष्ठिर रथ छोड़कर हमारी सेना की ओर भागा आ रहा था तब अर्जुन ने पहले उसका पीछा किया था या भीम ने?"

"मेरे विचार से तो अर्जुन पहले अपने रथ से कूदे।" संजय ने कहा।

"मेरे विचार से तो वह स्वयं नहीं आया होगा।" महाराज बोले, "उसे उसी निहत्थे छली (कृष्ण) ने ही भेजा होगा। अन्यथा जो व्यक्ति इतना विषादग्रस्त हो, बिना किसीसे उत्प्रेरित हुए स्वयं नहीं आ सकता।"

इधर संजय का आँखों देखा वर्णन चलता रहा, "...आज का युद्ध हमारे पक्ष में रहा। विराट के दोनों बेटे—उत्तर और श्वेत मारे गए। श्वेत के प्रहार से तिलमिलाकर पितामह का क्रोध भभक उठा और उन्होंने विपक्ष का व्यूह ध्वस्त करते हुए पांडव सेना में तबाही मचा दी।"

सच कहूँ, आज के युद्ध से मेरे मन में विजय के प्रति कुछ-कुछ विश्वास जगने लगा। मेरे मुख से निकल पड़ा, "यदि ऐसी ही स्थिति रही तो पांडव दस दिन भी नहीं टिक पाएँगे।"

पर महाराज प्रतिक्रियाशून्य मूर्तिवत् बैठे रहे, जैसे उनका मन कहीं और हो।

बहुत देर बाद महाराज संजय से बस इतना ही बोले, "आज मैं सूर्यास्त के बाद ताऊजी से मिलना चाहता हूँ।"

"हाँ, अवश्य मिलना चाहिए।" मैंने बड़े उत्साह से उनका समर्थन किया। मैंने मन-ही-मन सोचा, पितामह ने आज प्रलयंकर युद्ध किया है, उसके लिए उन्हें बधाई तो देनी ही चाहिए।

सूर्यास्त के बाद जब महाराज संजय के साथ ताऊजी के यहाँ चले तब उन्होंने किसी परिचर को भी साथ नहीं लिया। मैंने निवेदन किया, "आप किसीको सहारे के लिए तो ले लें।"

"क्या तुम मेरा सहारा नहीं बन सकतीं?"

"अंधे को अंधे का सहारा!" इतना कहकर मैं हँसी। पर वे मौन ही रहे। मैं समझ गई कि मुझसे सीमा का अतिक्रमण हो गया है। उनका यह मौन उसीका परिणाम है। पहले से भी उनकी मानसिकता उत्साहवर्द्धक नहीं रही। अब उसने एक गंभीरता और ओढ़ ली।

अब मैंने अपने साथ आ रही सुखदा को संकेत किया। वह चली गई।

दो अंधे एक आँखोंवाले के सहारे आगे बढ़े।

जब हम लोग पहुँचे तब ताऊजी पूर्ण विश्राम की मुद्रा में अपने रत्नजड़ित पर्यंक पर पड़े थे।

"आओ, धृतराष्ट्र, आओ।" फिर वे कुछ चौंकते हुए बोले, "अरे, तुम्हारे साथ गांधारी भी! और इस समय! शायद आज तुम युद्ध के लिए बधाई देने आए हो!" फिर उनकी दार्शनिकों जैसी मुद्रा हो गई, "वह मैं नहीं, मेरा क्रोध लड़ रहा था।"

"मेरा भी यही निष्कर्ष है।" महाराज बोले, "नहीं तो आप शायद ऐसी लड़ाई न लड़ते।"

महाराज के इस कथन पर मैं तो सन्न रह गई। संजय बता रहा था कि पितामह भी महाराज का मुँह देखने लगे।

"तुम्हारे कहने का तात्पर्य क्या है?" ताऊजी की आवाज और भी गंभीर हो गई।

"मेरे कहने का तात्पर्य यह है कि जिसने शत्रु को 'विजयी भव' का आशीर्वाद दे दिया हो, वह क्या उनसे लड़ सकेगा!"

"ओ! अब मैंने समझा कि तुम्हारी वाणी में ऐसी रुक्षता क्यों आई!" ताऊजी वस्तुस्थिति स्पष्ट करते हुए बोले, "युधिष्ठिर को मैंने आशीर्वाद दिया नहीं था, उसने मुझसे छीन लिया था। अपनी सारी अहंता त्यागकर अत्यंत विनम्रभाव से वह पंख कटे पक्षी की तरह मेरे चरणों पर गिरा कि मैं द्रवित हो गया। मेरे मन का द्वार

स्वतः बड़े सहजभाव से खुल गया और उसे जितना आशीर्वाद लेना था वह उठा ले गया।··· तुम विश्वास करो, तुम्हारे पुत्रों ने इतने विनीतभाव से कभी मेरी पाँव नहीं छुए थे।''

उसके बाद हमें मौन के बोझिल अंतराल से गुजरना पड़ा।

''तब से मैं यही सोचता रहा कि ताऊजी की यह मानसिक द्विविधा क्या पूरी शक्ति के साथ युद्ध कर सकेगी?'' महाराज ने कहा तो दबी जबान ही।

''मैं तुम्हारे जन्म से पूर्व से ही तुम्हारे साथ हूँ और तुम मुझे पहचान नहीं पाए, धृतराष्ट्र! तुम्हें मेरे संकल्प की वह दृढ़ता अब तक नहीं दिखाई दी, जो इस सिंहासन का संरक्षकत्व कर रही है! कोई मुझसे आशीर्वाद छीन सकता है, पर मुझसे मेरा कर्तव्य-बोध छीन नहीं सकता।''

ताऊजी की दृढ़ता और कर्तव्य-बोध के समक्ष महाराज को चुप ही रह जाना पड़ा। थोड़ी देर बाद विनम्रता और कृत्रिम शालीनता के बोझ से दबी महाराज की वाणी पुनः मुखरित हुई, ''मेरे मन में एक शंका और है, ताऊजी!''

''तो उसे भी कह डालो। इस समय कुछ भी अपने मन में शेष न रखना। धृतराष्ट्र! अब तुम्हें ऐसा अवसर फिर न मिले।''

''आपने युधिष्ठिर को आशीर्वाद देते समय एक ऐसी बात कही है, जिससे स्पष्ट होता है कि आप कौरवों के पक्ष में विवशतावश लड़ रहे हैं।''

''देखो, धृतराष्ट्र! जो कहना हो, स्पष्ट कहो।'' ताऊजी लगभग झुँझला उठे, ''पहेलियाँ मत बुझाओ।''

''आपने कहा था, 'सभी अर्थ के दास हैं, अर्थ किसीका दास नहीं है।' क्या इसका यह तात्पर्य नहीं है कि आपके समक्ष अर्थ के आश्रित होने की विवशता है?''

''यही शाश्वत सत्य है, राजन्! इस सत्य का अस्तित्व पहले भी था, आज भी है और भविष्य में भी रहेगा।'' ताऊजी के स्वर की दृढ़ता बढ़ती गई, ''तुम क्या समझते हो कि आचार्य द्रोण और कृप का तुमसे या तुम्हारे पुत्रों से बड़ा प्रेम है, इसलिए वे लड़ रहे हैं? अरे, वे तुम्हारी वृत्ति पर जीवित हैं, इसलिए तुम्हारे पक्ष से लड़नें के लिए विवश हैं। तुमने उनकी सेवा ही नहीं खरीदी है वरन् उन्हें भी खरीदा है। वे तुम्हारे क्रीत दास हैं।···जरा सोचो, धृतराष्ट्र, जिस देश की मनीषा स्वर्णखंडों पर खरीदी और बेची जा सकती होगी, उस देश का क्या होगा?''

मुझे लगा कि ताऊजी का बहुत दिनों से भीतर-ही-भीतर पकता फोड़ा आज फूट गया है।

□

वहाँ से लौटते समय मुझे लग रहा था कि मैंने यहाँ आकर बड़ी भूल की। मैं तो समझ रही थी कि आज के युद्ध में प्रलय ढाने के लिए हम उन्हें बधाई देने जा रहे हैं। मुझे क्या मालूम कि महाराज के भीतर कुछ और ही उबल रहा है। स्वयं मेरे मन ने ही मुझे सांत्वना दी—अब पछताने से क्या होगा! जो होना था वह तो हो चुका। अब कल का युद्ध देखो।

दूसरे दिन से पांडव अधिक सतर्क और आक्रामक हो गए। उस दिन का युद्ध उनके पक्ष में रहा। तीसरे दिन के युद्ध में कई महत्त्वपूर्ण घटनाएँ घटीं। संजय ने बताया कि भीम के प्रहार से दुर्योधन मूर्च्छित हो गया।

"यह क्या हुआ, संजय? इसे किसी तरह बचाना चाहिए।" महाराज एकदम घबरा उठे। घबराहट तो मुझे भी हुई, पर मैं चुपचाप बैठी रही।

संजय बताता गया, "सारथि उन्हें युद्ध से बाहर ले जाना चाहता है। शायद उसे भय है कि यदि युवराज के मूर्च्छित होने का समाचार फैल जाएगा तो कौरव सेना में भगदड़ मच जाएगी।"

यह उसकी ही आशंका नहीं, हमारी भी आशंका थी; पर हम कर क्या सकते थे, सिवा भगवान् की प्रार्थना के। भगवान् ने मेरी प्रार्थना सुन भी ली। मेरे बेटे की मूर्च्छा भंग हुई। हमारे चेहरों पर प्रसन्नता रेंगने लगी।

"निश्चित ही यह बड़ा भयंकर युद्ध था। क्षण-क्षण स्थितियाँ बनती और बिगड़ती रहीं।" संजय ने बताया, "पितामह अर्जुन पर प्रहार पर प्रहार कर रहे हैं। कई बाण तो कवच को छेदकर अर्जुन के शरीर में बिंध गए। श्रीकृष्ण का रथ-संचालन भी विलक्षण है। ऐसे चक्करदार ढंग से उसे घुमा रहे हैं कि पितामह के बहुत से बाण व्यर्थ चले जा रहे हैं। पर यह क्या! इस बार तो एक के बाद एक कुछ बाण तो श्रीकृष्ण को ही लग गए। वे तिलमिला उठे।··· मैं देख रहा हूँ, उनका चेहरा रक्ताभ हो उठा है। वे रथ छोड़कर कूद पड़े और निकट पड़े किसी टूटे रथ का पहिया उठाकर एकदम पितामह पर टूट पड़े। पितामह तुरंत रथ से उतरकर हाथ जोड़कर खड़े हो गए—'आओ माधव, आओ। मेरा अहोभाग्य कि आपको रथ से उतरना पड़ा और शस्त्र उठाकर अपनी प्रतिज्ञा भंग करनी पड़ी। इससे बढ़कर हमारी विजय और क्या हो सकती है! यदि आप मेरा वध भी कर दें तो मैं स्वयं को धन्य समझूँगा।' इतना सुनते ही श्रीकृष्ण पर तो घड़ों पानी पड़ गया। पहिया हाथ से छूट गया। तब तक पीछे से दौड़ते हुए अर्जुन आए। उन्होंने श्रीकृष्ण को शांत किया और

कहा कि आप अपने स्थान पर विराजें। अब मेरा युद्ध देखिए। इस घटना से मेरी मोहग्रस्तता समाप्त हो चुकी है।"

संजय के कथनानुसार, "अर्जुन का प्रहार अब विलक्षण हो रहा है। पितामह की सारी आक्रामता समाप्त हो गई है। वे सुरक्षात्मक युद्ध करने की स्थिति में आ गए हैं।...इस युद्ध को देखकर तो यही विश्वास करना चाहिए कि पितामह को यदि कोई धराशायी कर सकता है तो वह अर्जुन ही हैं।"

"कुछ भी हो।" मेरे मुख से निकला, "अब तो उनपर हमें संदेह नहीं करना चाहिए।"

"क्या कहा, संदेह नहीं करना चाहिए!" महाराज अचानक भभक पड़े, "जिस समय रथ का पहिया लेकर कृष्ण दौड़ा था उस समय उन्होंने अपने बाणों की बौछार क्यों रोक दी? यदि वे बराबर अपना आक्रमण बनाए रखते तो कृष्ण अवश्य सिधार जाता और आज ही कुरुक्षेत्र का यह युद्ध समाप्त हो जाता।"

"रथ का पहिया लेकर आ रहे एक विरथी के समक्ष किसी महारथी का आक्रमण करते रहना क्या युद्धक्षेत्र के नियमों के अनुसार होता?" मैंने पूछा।

"कैसा नियम? कहीं युद्ध में भी कोई नियम होता है!"

"किंतु इस युद्ध के पूर्व तो बहुत से नियम बनाए गए थे।"

"वे सब बकवास हैं!" महाराज का तेवर जरा भी ढीला नहीं हुआ, "देखना, इस युद्ध में एक भी नियम नहीं चलेगा।"

क्रोध में अंधे को बस क्रोध ही सूझता है। इसलिए वे ताऊजी की कर्तव्य-निष्ठा को देख नहीं पाए।

आश्विन के मेघों की तरह युद्ध का रंग क्षण-क्षण बदलता रहा। तीन दिनों तक तो कभी इधर, कभी उधर पासा पलटता रहा; पर आज का चौथा दिन कितना भयानक है!

बात यह हुई कि कल की दुर्योधन की मूर्च्छा से उसके अन्य भाई तिलमिला उठे थे। उन्होंने आरंभ से ही भीम को घेर लिया। मेरे पुत्र तो भीम पर आक्रमण कर ही रहे थे, दुर्योधन ने शंख बजाकर पूरी सेना को आदेश दिया कि भीम को घेर लो। आज वह किसी तरह बचकर जाने न पाए।

यह सूचना अभिमन्यु को मिली। वह आगे बढ़ा। उधर पिता की रक्षा के लिए घटोत्कच भी आ गया।

संजय के कथनानुसार, "गहन अंधकार में दो बाल रवि टूट पड़े। इन किशोरों का प्रहार तो अद्‌भुत था। अपराह्न तक घमासान युद्ध चलता रहा। फिर कौरव सेना

तितर-बितर होने लगी। कौन मारा जा रहा है, कितने मारे गए, इसका कोई हिसाब नहीं।'' अब संजय ने कहा, ''पितामह चिंतित दिखाई दे रहे हैं। वे आचार्य द्रोण के पास आ रहे हैं। उन्होंने आचार्य से कहा, 'हमारे सैनिक थक गए हैं। वे लड़ नहीं पा रहे हैं। यद्यपि सूर्य डूबा नहीं है। यह घटोत्कच राक्षसी हिडिंबा के गर्भ से पैदा है। राक्षस है। सूर्यास्त के बाद इसकी शक्ति दूनी हो जाएगी। यह मायावी युद्ध करने लगेगा तो प्रलय मच जाएगी। इससे अच्छा है, युद्ध समाप्ति का शंख बजा दिया जाय।'

''युद्ध तो समाप्त हुआ, किंतु...'' इतना कहकर संजय अचानक गंभीर हो गया।

हमारा हृदय धड़कने लगा। अवश्य कोई बात है।

''कहते-कहते अचानक रुक क्यों गए, संजय?''

''क्या कहूँ, कहते नहीं बनता है!'' फिर वह गिनने लगा, ''एक, दो, तीन...'' इस प्रकार सात तक गिन गया। फिर बोला, ''और एक वहाँ दिखाई दे रहा है।''

''क्या?''

उसने बड़े दुःख के साथ कहा, ''आपके पुत्रों के आठ शव।''

''मेरे आठ पुत्र मारे गए!'' महाराज तो एकदम काँप उठे।

तब संजय ने पुनः कहा, ''आठ शव तो यहाँ से गिन पा रहा हूँ। हो सकता है, इससे अधिक भी हों।''

इतना सुनते ही महाराज वहीं ढुलक गए। मैंने उन्हें सँभाला।

''यह क्या अनर्थ हो गया, संजय! तुम सदा मेरे पुत्रों और बंधु-बांधवों की मृत्यु का ही समाचार सुनाते हो। क्या नियति हमपर ही कुपित है? क्या हमारी पराजय होगी?'' इतना कहते हुए उन्होंने मेरे कंधे पर अपना सिर रखते हुए पूछा, ''अब क्या होगा, गांधारी?''

''हमें अपने कर्मों का फल तो भोगना ही होगा।'' इतना कहते-कहते मेरा गला भर आया। फिर भी मैंने स्वयं पर नियंत्रण रखा, ''आप इतना घबरा रहे हैं। अरे, जरा मेरी ओर देखिए। मैं भी उन बच्चों की माँ हूँ।'' इतना कहते-कहते मैं फूट-फूटकर रो पड़ी। अब मैं किससे कहूँ? क्या कहूँ?

विचित्र स्थिति थी। हम दोनों एक-दूसरे को समझा रहे थे और दोनों रो रहे थे। हमें समझाए भी तो कौन? केवल एक संजय, ''आपको दुःख तो होगा ही, पर विश्वास रखिए, यही होना था। आप ही सोचिए, पितामह ने, आचार्यों ने, ऋषि-

महर्षियों ने आपके पुत्रों को कितना समझाया; पर उन्होंने किसीकी नहीं सुनी।... आपको याद होगा, आपके पुत्रों से श्रीकृष्ण ने यहाँ तक कहा था, 'हमें तुम्हारा दुःख नहीं है, तुम सब तो वीरगति को प्राप्त हो जाओगे; पर तुम्हारे कर्मों का फल तुम्हारे वृद्ध माता-पिता को भोगना पड़ेगा।' पर आपके पुत्रों ने एक नहीं सुनी।''

धीरे-धीरे हमारे दुःखों का उफान थोड़ा थमा। ऐसे में हमें सारी बातें याद आने लगीं। सावधान करता अतीत सामने था और वर्तमान के सिर पर चढ़कर भविष्य अट्टहास कर रहा था।

जब परिचर सहारा देकर हमें शयनकक्ष में लाए तब दीपदानों में प्रकाश भी सिसकने लगे थे। महाराज के मुख से निकला, ''दुर्योधन को बुलाओ।'' 'पर क्यों? किसलिए? कहीं ऐसा न हो कि महाराज की असंतुलित मानसिकता दुर्योधन से कुछ ऐसा न कह बैठे कि वह हतोत्साहित हो जाय।' मैंने सोचा, किंतु मैं कुछ कह नहीं पाई।

परिचर दौड़ गए।

उन्होंने शीघ्र ही आकर सूचना दी, ''युवराज पितामह के यहाँ गए हैं।''

''अकेले ही?'' मैंने पूछा।

''नहीं, उनके साथ मंत्रिपरिषद् के सदस्य कणिक भी हैं।''

कणिक का नाम सुनते ही मैंने सुखदा की ओर संकेत किया। निश्चय ही वह समझ गई होगी, क्योंकि कक्ष से बाहर जाने की उसकी आहट लगी।

इसके बाद महाराज ने अपने निजी सहायकों को छोड़कर सभी को चले जाने का आदेश दिया।

घनीभूत व्यग्रता एकांत में ही अपनी समस्या का समाधान ढूँढ़ती है; भले ही वह मिले या न मिले, पर शांति का सान्निध्य तो मिल ही जाता है। महाराज ऊपर से तो शांत ही लगते थे, पर भीतर-भीतर उबाल चल रहा था। रह-रहकर जब वे दीर्घ श्वास लेते थे तब भीतर से निकली वाष्प का अनुभव मुझे हो जाता था। मैं सिरहाने बैठी उनका सिर सहला रही थी।

''आज यदि युद्ध में कर्ण होता तो कम-से-कम यह स्थिति तो न आती।'' उनके मुख से अचानक निकला, ''पर वह होता कैसे! उसने तो संकल्प लिया है कि जब तक पितामह सेनानायक रहेंगे तब तक वह युद्धक्षेत्र में पैर नहीं रखेगा।'' महाराज बड़बड़ाते रहे, ''वह भी बड़ा हठी है। देखो, क्या होता है!'' इसके बाद उन्होंने मुझसे कहा, ''किसीसे कहला दो कि दुर्योधन जब वहाँ से लौटे तो यहाँ चला आए।''

''क्यों बुला रहे हैं आप उसे?'' मैंने पूछा।

"कम-से-कम इसका तो पता चल जाएगा कि पितामह से उसकी क्या बात हुई!"

"यह पता चल जाएगा, आप घबराएँ नहीं।" मैंने उन्हें समझाया, "इस समय दुर्योधन स्वयं व्यग्र होगा। उसे देखकर हमारी व्यग्रता बढ़ जाएगी या हमें देखकर उसकी। वही अग्नि शांत हो सकती है, जो दूसरी अग्नि से दूर रहे।"

आज रात महाराज ने कुछ भी ग्रहण नहीं किया, केवल जल पीते रहे; मानो भीतर की जलती आग को बाहर के पानी से शांत करना चाहते हों। पर वह शांत नहीं हुई।

सुखदा की प्रतीक्षा थी। रात्रि का शैशव ढलने को था, तब तक सुखदा आई। शांतभाव से उसने मेरा हाथ दबाया, जैसे यहाँ से हटाकर वह सारी जानकारी मुझे ही देना चाहती हो।

मैंने उससे कहा, "तुम जो भी जानती हो, बता दो। यहाँ किससे क्या छिपा है!"

सुखदा को जो कुछ ज्ञात हुआ था, उसका सार यही था कि पितामह ने दुर्योधन को बुलाया नहीं था, दुर्योधन स्वयं उनसे कहने गया था कि आपके रहते कौरव सेना की यह दशा हो रही है।

"तो क्या कहा उन्होंने?" महाराज की जिज्ञासा एकदम बोल पड़ी।

"उनका उत्तर बहुत उत्साहवर्द्धक नहीं रहा।" इतना कहकर सुखदा क्षण भर के लिए रुकी। फिर बोली, "उन्होंने युवराज को शांत करते हुए कहा, 'मैंने ही नहीं, हर वयोवृद्ध ने तुम्हें समझाया था कि युद्ध से कोई लाभ नहीं। तुम पांडवों से समझौता कर लो और दोनों सुखी रहो। पर तुमने किसीकी नहीं सुनी। तुम समझौता करते भी तो कैसे, उस मार्ग के दोनों छोर बंद थे। एक को शकुनि ने अपने पासों से बंद कर दिया था और दूसरे को उस सूतपुत्र के झूठे अहंकार ने।' "

"फिर दुर्योधन ने क्या कहा?" महाराज ने पूछा, "क्या वह समझौते के लिए तैयार है?"

"लगता तो नहीं है। किंतु युवराज दुःखी बहुत हैं।"

"हे भगवान्, क्या होगा?" मेरे पति ने आह भरी।

"जो भगवान् करेगा, ठीक ही करेगा। आप शांत होइए, महाराज।"

"क्या शांत होऊँ!" उन्होंने फिर कहा, "मुझे तो लगता है, गांधारी, द्वारकाधीश ने ठीक कहा था, 'अर्जुन, ये सब अपने कर्मों से ही मरे हुए लोग हैं। तू मात्र इन्हें मारने का निमित्त बन।' "

□

उस रात मेरी उन्हींके साथ बीती। बाहर से तो वे केवल करवटें बदलते रहे, पर भीतर से जल से निकाली गई मछली की तरह अवश्य छटपटा रहे होंगे; क्योंकि मेरे प्रति जो उनका व्यवहार हो रहा था, उससे स्पष्ट लग रहा था। कभी-कभी दोनों हाथों से मुझे एकदम चिपका लेते थे, जोर से दबाते थे और कभी बड़े झटके के साथ छोड़कर करवट बदल लेते थे, जैसे उनका मुझसे न कोई मतलब रहा है और न है।

मैं भी दुःखी थी, चिंतित थी। मेरी और उनकी मानसिकता में अंतर बस इतना ही था कि जिस भयानक विनाश की आशंका से वह इस समय त्रस्त थे, उसकी विभीषिका के सपने मैं पहले से ही देख चुकी थी। उन सपनों ने इस संदर्भ की मेरी भावुकता को भी सुखा दिया था। मुझे ऐसी माँ बन दिया था, जो युद्ध में जाते समय अपने बेटे को 'विजयी भव' का भी आशीर्वाद नहीं दे पाई।

अब तो कौरव और पांडवों का युद्ध मृत्यु का महाभोज हो गया था। हर दिन महाकाल कभी इधर के वीरों को निगलता था, कभी उधर के वीरों को। युद्ध में कोई नियम भी नहीं रह गया था; वरन् यह युद्ध था नियम तोड़ने का, दूसरे का संकल्प तोड़वाने का और अपना संकल्प पूरा करने का।

एक दिन ताऊजी ने फिर ऐसी स्थिति पैदा कर दी कि कृष्ण को अपना सुदर्शन चक्र उठाना पड़ा।

इस घटना के दूसरे ही दिन ताऊजी के युद्ध का अंत हो गया। हाहाकार मच गया। कौरव सेना की पराजय लगभग निश्चित हो चुकी।''' इस बीच मेरे कई पुत्रों को भीम ने मार गिराया। हे प्रभु, मैं क्या कहूँ! एक माँ का पत्थर का ही कलेजा था, जो यह सब सुनती और झेलती रही। इसका मुख्य कारण न मेरा साहस था और न दुःख झेलने की मेरी क्षमता; वरन् भविष्य के प्रति मेरा वह आत्मचिंतन था, जिसने मेरी मानसिकता को इस स्थिति के लिए तैयार कर दिया था। अब मुझे लग रहा था कि मैं अंधकार से गहरे अंधकार की ओर जा रही हूँ।

पर महाराज की मानसिकता ऐसी नहीं बन पाई थी। सत्य मानिए तो उन्होंने कभी ऐसा सोचा नहीं था कि हमारी पराजय भी हो सकती है। इससे उन्हें महान् कष्ट हो रहा था; फिर भी वे विजय की आशा छोड़े नहीं थे। वे अँधेरे की ओर बढ़ते हुए भी किरण की तलाश में थे। मैं समझ रही थी कि यही मरीचिका उन्हें कष्ट के अंतहीन मरुस्थल में ले जाएगी, इसलिए मैं उन्हें बराबर सँभाले रहने की चेष्टा करती थी।

ताऊजी (भीष्म) के गिरने पर वे भी दुःखी थे। पर उन्होंने कहा, "एक दृष्टि से यह अच्छा ही हुआ। अब कर्ण युद्धक्षेत्र में आएगा।" वे उसके दैवी गुणों से बहुत

प्रभावित थे। उनका विश्वास था कि उसके आने पर युद्ध का मानचित्र ही बदल जाएगा।

कहते हैं, मृत्यु की आशंका मनुष्य के मन के कलुष को धो डालती है। उसकी बुद्धि ईर्ष्या-द्वेष और अपना-पराया से मुक्त हो जाती है। शर-शय्या पर जाते ही ताऊजी ने कर्ण को बुलवाया और अपने ही द्वारा किए गए घावों को सहलाते हुए कहा, "वत्स, तुम वस्तुतः राधा के पुत्र नहीं हो, तुम्हारी वास्तविकता मैं जानता हूँ।... जीवन भर मैं तुम्हें कोसता रहा, भला-बुरा कहता रहा, केवल इसलिए कि तुम पांडवों का व्यर्थ विरोध करते रहे और उनके विरुद्ध हर षड्यंत्र में सम्मिलित रहे।... जानते हो, षड्यंत्र अधर्म का अचानक जनमा प्रिय शिशु होता है—और विजय सदा धर्म की होती है। इसलिए पांडवों के विरुद्ध कोई भी षड्यंत्र कभी सफल नहीं हुआ। मैं मन से तुम्हारी वीरता और दुर्योधन के प्रति कृतज्ञ भावना का सदा कायल रहा; पर कभी मैंने तुम्हारी प्रशंसा नहीं की, सदा जली-कटी सुनाता रहा। अब तुम्हें आशीर्वाद देता हूँ। अब तुम अपनी इच्छानुसार सबकुछ करने को स्वतंत्र हो।"

यद्यपि ताऊजी ने इस समय भी दुर्योधन को यही राय दी कि अभी भी कुछ बिगड़ा नहीं है। तुम पांडवों से संधि कर लो। पर वह उनकी सलाह क्यों मानता। अब तो उसके साथ रणक्षेत्र में कर्ण भी होगा। अहंकार और प्रतिशोध के दो ज्वालामुखी साथ-साथ होंगे।

अब द्रोण को कौरव सेनापति बनाया गया, वह भी कर्ण के जोर देने पर। दुर्योधन तो कर्ण को ही सेनापति बनाना चाहता था। कर्ण ने कहा, "आचार्य के रहते मुझे सेनापति बनाना उचित नहीं होगा। बहुत से लोग इस बात को अच्छा नहीं समझेंगे।"

दुर्योधन ने आचार्य को सेनापति बनाया; पर उन्हें बहुत बुरा-भला भी सुनाया, "पांडव आपके प्रिय शिष्य रहे हैं। आपने जितनी उन्हें शस्त्र शिक्षा दी है उतना ही वे जानते होंगे। शस्त्र प्रयोग के संदर्भ में उनके पास कुछ ऐसी जानकारी नहीं होगी, जिसे आप न जानते हों। फिर भी वे हमसे बीस पड़ रहे हैं। हमारी सेना में हाथियों के बीच वे सिंह की तरह घुसते हैं और हम कुछ नहीं कर पाते। क्या इससे यह सिद्ध नहीं होता कि आप पांडवों से मिले हैं?"

"तुम मेरी नैतिकता पर अँगुली उठा रहे हो!" सुना, द्रोण के तेवर भी तीखे हुए।

"मैं ही नहीं, आपके कृत्य को देखकर कोई भी ऐसा कह सकता है।"

"पर तुम्हारे पितामह ने कभी मुझपर इतना संदेह नहीं किया।"

"उनका मन तो सदा पांडवों के पक्ष में था। अंत तक वे यही कहते रहे कि तुम पांडवों से संधि कर लो।"

"तुम्हें उनका सुझाव मानना चाहिए। इसके सिवा मेरी दृष्टि में भी कोई दूसरा रास्ता नहीं है।"

"पर संधि के लिए अनुकूल वातावरण तो होना चाहिए।"

"तुम कैसा वातावरण चाहते हो?"

"आप सेना की ऐसी व्यूह रचना करें कि युधिष्ठिर जीवित बंदी बनाए जा सकें।"

सुखदा के माध्यम से हमें सूचना मिली थी कि इस प्रस्ताव पर द्रोण गंभीरता से सोचने लगे थे और अंत में उनका निष्कर्ष था, "अर्जुन के रहते यह नहीं हो सकता। उसे किसी तरह रणक्षेत्र से हटाया जाए, तब मैं युधिष्ठिर को जीवित बंदी बनाने की युक्ति लगाऊँ।"

उसी रात मेरे पुत्रों ने सेना की एक संशप्तक टुकड़ी—आत्मघाती दल—बनाई, जिसकी चुनौती स्वीकार करना अनिवार्य होता है। उसने अर्जुन को ललकारा और कुरुक्षेत्र छोड़कर त्रिगर्त में युद्ध करने को कहा।

कृष्ण अर्जुन को लेकर त्रिगर्त की ओर चले। इधर आचार्य द्रोण ने सेना की चक्र व्यूह रचना की।

आज युद्ध का तेरहवाँ दिन था। हम लोगों को भी सवेरा होते ही पता चल गया था कि आज कुछ होने वाला है। संजय युद्ध होने के पहले ही महाराज के कक्ष में आ गया था। उसका कहना था, "इस चक्र व्यूह में युधिष्ठिर फँस सकते हैं।"

"सबसे बड़ी बात है, आज युधिष्ठिर के साथ अर्जुन भी नहीं है।" महाराज के स्वर में एक विशेष चमक थी।

"किंतु यह क्या! व्यूह के भीतर तो अभिमन्यु प्रवेश कर रहा है।" संजय ने बताया, "उसके सुनहले रथ को परम वेगवान् तीन-तीन घोड़े खींच रहे हैं। प्रथम द्वार के युद्ध में उसने बड़ी चतुराई से कौरव सैनिकों को पछाड़ दिया। इसका अनुमान तो किसीको भी नहीं रहा होगा कि एक बालक में इतनी योग्यता और क्षमता होगी।"

"इसका भी अनुमान किसीको नहीं होगा कि चाचा और ताऊ अपने प्राणों की रक्षा के लिए अपने पुत्र को ही बलि पर चढ़ा देंगे।" महाराज ने कहा।

संजय अनवरत अभिमन्यु के युद्ध-कौशल की प्रशंसा करता जा रहा था, "पता नहीं इस बालक में इतनी शक्ति, इतना साहस और इस व्यूह के द्वार भंग

करने की ऐसी कला कहाँ से आ गई! आचार्य का तो अनुमान था कि अर्जुन के सिवा इस कला को और कोई नहीं जानता।''' अब लगता है, अभिमन्यु भी जानता है। वह निरंतर आगे बढ़ता जा रहा है। उसने एक के बाद एक सात द्वार भंग कर दिए। अब तो एक ही द्वार शेष है। आचार्यजी भी थोड़े घबराए हुए से लगते हैं। उनका स्वप्न चूर होता दिखाई दे रहा है।''

"'''पर अभिमन्यु आठवें द्वार में आकर फँस गया।'' संजय बोलता रहा, "अब बेचारा निकल नहीं पाएगा। फिर भी उस बालक का शौर्य अद्‌भुत है। अभी तक ऐसा कोई नहीं दिखा जिसे उसने आगे बढ़ने से रोक न दिया हो। उसके सामने जो भी पड़ा, या तो वह भागा या ढेर हुआ। यहाँ तक कि उसने कर्ण के कवच को भी वेध दिया। दुःशासन को भी घायल कर अचेत कर दिया।'''अपने चाचा के गिरते ही दुर्योधन का पुत्र लक्ष्मण अभिमन्यु के समक्ष आया। दोनों में भीषण युद्ध हुआ। अंत में लक्ष्मण भी मारा गया।''

"मेरा पौत्र मारा गया!'' महाराज 'हाय' करके रह गए।

संजय युद्ध का हाल सुनाता रहा, "कौरव सेना आर्त स्वर में हाहाकार कर रही है। कपास के ढेर में घुस आई यह चिनगारी अनर्थ कर रही थी।''' अब दुर्योधन के क्रोध का ठिकाना न रहा। उसने चिल्लाकर द्रोण, अश्वत्थामा, बृहद्‌वल आदि छह-छह महारथियों को बुलाया और कहा, 'इस पापी अभिमन्यु का इसी समय वध करो!' पर अभिमन्यु ने इन सभी महारथियों का बड़े साहस के साथ सामना किया और सबके छक्के छुड़ा दिए।'' संजय बड़े उत्साह से अभिमन्यु की वीरता का बखान करता जा रहा था। वह उसके हर तीखे प्रहार पर उछल पड़ता था।

अचानक संजय ने कहा, "आचार्य द्रोण कर्ण के कान में कुछ कह रहे हैं।'' फिर वह कुछ क्षणों के लिए चुप हो गया।

"क्यों चुप हो गए, संजय?'' महाराज की जिज्ञासा ने उछाल मारा।

संजय कुछ बोला नहीं; पर वह देख रहा था कि अब कर्ण अभिमन्यु पर पीछे से प्रहार कर रहा है। शायद उसका कवच आगे से वेधा नहीं जा सकता था। शायद इसी रहस्य को आचार्यजी ने कर्ण को बताया था।

"इस समय पांडव कहाँ हैं? वे उसकी रक्षा में क्यों नहीं आते?'' यह प्रश्न महाराज का था।

"वे नहीं आ सकते, क्योंकि जहाँ-जहाँ से अभिमन्यु ने चक्र व्यूह को तोड़ा था वहाँ से कौरव सेना तितर-बितर हो गई। पर आपके जामाता जयद्रथ ने बड़े

कौशल से उसे फिर से ठीक कर दिया है। कौरव सेना एक बार फिर जम गई है। पांडव उसीको पुनः तोड़ने में लगे हैं और अपने पुत्र से बहुत पीछे रह गए हैं।''

''तब इन योद्धाओं से घिरा अभिमन्यु कब तक लड़ेगा?'' महाराज ने कहा।

''यही तो आश्चर्य है कि वह अब भी लड़ रहा है।'' संजय बोला, ''कदली वन में घुसा यह गज-शावक शायद अब अधिक देर टिक न पाए, क्योंकि उसका धनुष काट दिया गया। उसका रथ तोड़ दिया गया। और उसकी तलवार को भी खंड-खंड कर दिया गया।...अरे रे रे! यह क्या! पीछे से आकर आपके जामाता ने उसके सिर पर गदा दे मारी। वह टूटकर बिखर गया।''

चाहे विरोधी ही का क्यों न हो, पराक्रम हर स्थिति में प्रशंसनीय और यशस्वी होता है। अभिमन्यु की प्रशंसा करता मेरा मन अघाता न था। जिस स्थिति में लोगों ने उसे घेरकर मारा, वह बड़ा जघन्य और निंदनीय था। हमें तो अपने पौत्र लक्ष्मण के भी मारे जाने का दुःख था। मुझे लग रहा था कि यह अवांछनीय युद्ध मेरे दो-दो होनहार पौत्रों को निगल गया।

किंतु महाराज की मनःस्थिति ऐसी नहीं थी। लक्ष्मण के मारे जाने के दुःख पर अभिमन्यु के वध की प्रसन्नता सवार हो गई थी। उनका सोचना था कि इस घटना से पांडव टूट जाएँगे और कल से लड़ाई का रूप बदल जाएगा।

कितना अंतर था मेरी-उनकी मानसिकता में! वे दुःख के अंधकार के बाद सुख के प्रकाश की प्रातःकालीन संध्या में जी रहे थे। मेरे लिए एक अँधेरा दूसरे पर फैलकर उसे और गाढ़ा कर गया था। उनकी आँखों में अब भी विजय के सपने थे, भले ही वे टूटते हुए ही रहे हों।... पर मेरे मन में अब भी इस युद्ध के लिए घृणा थी। यदि यह युद्ध न होता तो मेरे दोनों महा-पराक्रमी पौत्र जीवित होते।

किसीसे मैंने सुना था, शायद संजय ने ही बताया था कि दुर्योधन आचार्य द्रोण के यहाँ आज के युद्ध के लिए बधाई देने गया था, तब उन्होंने उससे बड़ी वेदना से कहा था, 'आज का दिन हमारी विजय का नहीं वरन् लज्जा का है; गर्व का नहीं वरन् ग्लानि का है। लोग आज की घटना पर हमारी भर्त्सना करेंगे। इतिहास हमपर थूकेगा।'

आज जहाँ कौरव शिविरों में हर्ष था, विजयोल्लास का पागलपन था वहीं पांडव शिविर विषाद के अँधेरे में सिसक रहे थे। पश्चात्ताप के आँसुओं से भीगे शिविरों में उस समय तो विस्फोट हो गया, जब संशप्तकों के युद्ध से लौटकर विजयी अर्जुन आया। उसी क्षण उसने प्रतिज्ञा की कि 'कल के युद्ध में जयद्रथ का अवश्य वध करूँगा! यदि न कर पाया तो अग्नि में जलकर भस्म हो जाऊँगा।'

रात भर हम सोचते रहे।

"कल का युद्ध निर्णायक होगा।" महाराज ने कहा, "यदि हम लोग किसी तरह जयद्रथ को बचा ले गए तब तो अवश्य अर्जुन को अग्नि समाधि लेनी होगी। उसके भस्म होते ही पांडव युद्ध से विरत हो जाएँगे।"

मनुष्य का स्वार्थ सदा अपना ही दाँव देखता है। वह यह नहीं सोचता कि पासा उसकी इच्छा के विपरीत भी पड़ सकता है। अपने पति की इस मानसिकता से थोड़ा मैं दूर थी। फिर भी दुःशला के प्रति मेरी ममता थी। मैं कभी उसके विधवा होने की कल्पना भी नहीं कर सकती थी। दूसरी ओर मेरा मन मुझसे ही पूछता रहा—अभी तक कितना ऐसा हुआ है जिसे तू चाहती रही है?

द्विविधा, असमंजस और निश्चय-अनिश्चय के बीच हम लोग सूर्योदय के पूर्व नित्यकर्म से निवृत्त होकर युद्ध का बखान सुनने के लिए बैठ गए। धुकधुकी का बढ़ना आरंभ हो गया था। अभी उषा की अरुणिमा पर सुनहला पानी नहीं चढ़ा था, कि पति की जिज्ञासा ने संजय को बुलाने के लिए परिचर भेज दिया था, यह जानते हुए भी कि युद्ध आरंभ होने में अभी काफी देर है और संजय बिना बुलाए समय पर चला आता है।

प्रतीक्षा में समय का विस्तार बहुत अधिक हो जाता है। किसी तरह पल पर पल खिसकते रहे। घड़ियाँ तो जैसे बीतना ही नहीं चाहती थीं।

"आप लोग बड़े व्यग्र दिखाई पड़ रहे हैं। यह स्थिति आपकी ही नहीं, आपके बेटों की भी है।" संजय ने आते ही कहा और बताया, "आज रात सिंधुराज (जयद्रथ) शायद ही सोए हों। जब से उन्हें गुप्तचरों ने अर्जुन की प्रतिज्ञा की बात बताई है, वह एकदम घबरा उठे हैं। रात को वे बहुत देर तक युवराज के पास ही थे। उनका कहना था, 'क्यों नहीं इस समय चुपचाप सिंधु देश के लिए प्रस्थान कर दूँ। मेरे न रहने पर अर्जुन किसका वध करेगा? अंत में उसे भस्म होना पड़ेगा।'

" 'यह तुम्हारा भ्रम है, जयद्रथ।' दुर्योधन ने उसे समझाया, 'तुम्हारे युद्धक्षेत्र से विरत हो जाने पर तो बिना युद्ध के ही अर्जुन की प्रतिज्ञा पूरी हुई मानी जाएगी।' " संजय का कहना था, "वास्तव में सिंधुराज भयग्रस्त हो गए थे। उन्हें युवराज ने खूब समझाया, 'तुम घबराते क्यों हो? मेरे सारे महारथी तुम्हारी रक्षा में रहेंगे। ऐसी व्यवस्था रहेगी कि अर्जुन तुम तक पहुँच ही न पाए।'

"सुना है, इसके बाद वह आचार्य द्रोण के भी शिविर में गए थे।" संजय ने बताया।

"उन्होंने क्या कहा?" महाराज ने पूछा।

"यह तो मुझे नहीं मालूम। सोचता हूँ कि उन्होंने भी उन्हें ढाढ़स बँधाया

होगा। लौटने के बाद वह पूर्णरूप से भयमुक्त तो नहीं लग रहे थे, फिर भी उनका साहस कुछ बँधा था।...

"कौरव सेना आ चुकी है। उसकी व्यूह रचना आरंभ भी हो गई है।" संजय अब युद्ध का वर्णन करने लगा, "आज आचार्यजी ने शकट व्यूह की रचना की है। उसके भीतर सेना एक पद्म व्यूह भी बना रही है। आचार्य कुछ सैनिकों को उस पद्म व्यूह में भेज रहे हैं।" संजय कुछ क्षणों के लिए चुप हो गया। फिर बड़े आश्चर्य से बोला, "अरे, पद्म व्यूह के भीतर एक सूचीमुख व्यूह भी है!

"जयद्रथ का रथ भी उसी सूचीमुख व्यूह के मध्य रखा गया है। अब इससे सुरक्षित स्थान और क्या होगा! अरे, अर्जुन क्या, स्वयं श्रीकृष्ण भी चाहें तो वहाँ नहीं पहुँच सकते।" संजय बोलता रहा, "व्यूह रचना में आचार्य ने आज अपना पूरा कौशल दिखाया है। शायद वे भी आज के युद्ध को निर्णायक युद्ध मान रहे हैं।

"घमासान युद्ध आरंभ हो गया। पांडवों ने चारों ओर से धावा बोल दिया।" संजय ने बताया, "आज का युद्ध मुख्य रूप से आक्रामकता और बचाव का युद्ध है। कौरव पक्ष के महारथी—कर्ण, चित्रसेन, विविंशति, भूरिश्रवा, शल्य, दुःशासन आदि सुरक्षात्मक मुद्रा में हैं। पहले इन महारथियों को पराजित करके ही जयद्रथ तक पहुँचा जा सकता है।... पर यह असंभव जैसा है। फिर भी श्रीकृष्ण अर्जुन के रथ को वहाँ तक पहुँचाने की भरसक चेष्टा कर रहे हैं। आज उनके रथ के संचालन का कौशल पूरे उत्कर्ष पर है।" संजय बोलता चला जा रहा था, "मध्याह्न हो गया और पांडवों को सफलता मिलती दिखाई नहीं पड़ती।"

महाराज अति उत्साह में बोल पड़े, "देखें, आज उस छलिया का कौशल और युक्ति कहाँ तक काम आती है!" इसी समय जोर की आँधी आई। लगा, मेरे पति का अहंकार प्रकृति को अच्छा नहीं लगा।... इस तीव्र वात्याचक्र का मनुष्यों पर तो कम, पशुओं पर अधिक प्रभाव पड़ा। हाथी चिंघाड़ने लगे, घोड़े हिनहिनाने लगे। कृष्ण ने भी अपने उत्तरीय को कटिबंध पर बाँध लिया। इस प्रखर वायु वेग में भी युद्ध चलता रहा। संजय उसका हाल सुनाता रहा।

"इस आँधी का अनुगमन मेघों ने किया। अपराह्न तक आकाश बादलों से ढक गया। कौरव पक्ष के वीरों को विजय मुसकराती दिखाई दी। पांडवों के चेहरों पर हताशा थी। फिर भी वे पूरी शक्ति के साथ जीवन की अंतिम लड़ाई लड़ रहे थे।

"बादलों के घिरने के साथ ही अँधेरा बढ़ने लगा। सूर्य भी बादलों में ढक गया। कुछ समय तक तो उसका प्रकाश था, बाद में वह भी लुप्त हो गया। आकाश टपकने लगा।

"इसी बीच श्रीकृष्ण ने कौरवों की सारी रक्षा पंक्ति को तोड़कर अर्जुन के रथ

को जयद्रथ के निकट पहुँचा दिया। अर्जुन को निकट देखते ही जयद्रथ को अपने पितृ याद आने लगे। फिर अर्जुन के प्रबल आक्रमण का सामना करने की न तो जयद्रथ में क्षमता थी और न साहस। दुर्योधन ने देखा कि अब उसकी रक्षा कठिन है। सारे कौरव महारथी उससे दूर पड़ गए हैं। अब कैसे उसकी रक्षा की जाय?

"युवराज दुर्योधन ने दूसरी युक्ति लगाई। वह चिल्ला पड़े, 'संध्या हो गई, संध्या हो गई! सूर्यास्त हो गया। अँधेरा घिर आया। युद्ध बंद होना चाहिए।' युवराज आचार्य के पास पहुँचे। युद्ध समाप्ति का शंख बज उठा।

"कौरव विजयोन्माद में उछल पड़े। पांडवों की निराशा उनकी आकृतियों पर ही नहीं, उनके नेत्रों से भी टपकने लगी। युधिष्ठिर सबसे अधिक घबराए लग रहे थे। उन्होंने श्रीकृष्ण से पूछा, 'अब क्या होगा?'

" 'होगा क्या! अर्जुन के लिए चिता सजाने की व्यवस्था करो।' इस स्थिति में भी श्रीकृष्ण के अधरों के बीच मुसकराहट है। बड़ी मायावी है वह मुसकराहट।"

इतना सुनकर महाराज अपने पुत्रों की तरह ही विह्वल हो गए। पर मेरा चिंतन कृष्ण की मुखमुद्रा पर ही सिमट गया, 'अद्‌भुत है वह व्यक्ति। वह पराजय पर भी मुसकरा सकता है। क्या हम ऐसे नहीं हो सकते?'

"उधर चिता लगने लगी।" संजय कहता गया, "कौरव राजकुमारों का उत्साह देखने लायक है।"

"क्यों नहीं देखने लायक होगा उनका उत्साह!" महाराज बोले, "युद्ध में मिली यह उनकी पहली विजय है। कल की विजय का कोई महत्त्व न होता, यदि आज की विजय न होती। और देखना, यही अंतिम विजय होगी। अब अर्जुन भस्म हो जाएगा। अब बाणवर्षा बंद हो जाएगी। तलवारें म्यान में चली जाएँगी। पांडव सदा के लिए धराशायी हो जाएँगे।" महाराज पता नहीं क्या-क्या बोलते रहे।

"अरे, यह क्या!" संजय बोला, "श्रीकृष्ण ने अपनी कटि से वंशी निकाल ली। इन्होंने महाकाल के फण पर तो वंशी बजाई ही है, लगता है, महाविनाश की वेला में भी बाँसुरी बजाएँगे।

"अभी-अभी युवराज दुर्योधन ने कहा, 'अब जयद्रथ को बुलाओ। चिता में अंतिम लकड़ी वही रखेंगे।' " संजय ने बताया, "जयद्रथ भी आ गए हैं। अर्जुन और जयद्रथ चिता के पास ही खड़े हैं।"

मैं अपने भावुक मन की चंचलता के विषय में क्या कहूँ! अब वह कुंती के बारे में सोचने लगा, 'आखिर वह इस समय क्या सोच रही होगी? कितनी अभागिनी है वह कि उसके जीवित रहते उसके जीवंत पुत्र की चिता लग रही है।'

मैं सोच में डूबी ही रही कि परदा उठने लगा। अचानक प्रकृति अपना परिवेश बदलने लगी। आकाश में मेघ हटने-बढ़ने लगे। अब सूर्य भी अनावृत होने लगा। उसने अपना मुखौटा उतारकर फेंक दिया। पश्चिम में उसका चमचमाता बिंब अब सबके सामने था।··· मैंने प्रकृति की ऐसी अविश्वसनीयता न सुनी थी और न देखी थी। संजय का भी यही विचार था।

उसने बताया, "कृष्ण अचानक चिल्ला उठे, 'क्या देखते हो, अर्जुन! अभी सूर्यास्त नहीं हुआ है। जयद्रथ का वध कर अपना प्रण पूरा करो।' पहले तो अर्जुन सकपकाए। कहाँ उन्हें चारों ओर से मौत घेरे थी और कहाँ अब अचानक नवीन जीवन का पट खुलता दिखाई दिया। तब तक श्रीकृष्ण ने पुनः ललकारा। फिर क्या था, अर्जुन ने ऐसा प्रहार किया कि जयद्रथ का सिर कटकर आकाश में उड़ता दिखाई दिया।"

इतना सुनकर मैं तो जैसे पागल हो गई, "क्या जयद्रथ मारा गया?" मेरी व्याकुलता बार-बार यही पूछ रही थी। अंत में यह कहते-कहते मैं संज्ञाशून्य होने लगी कि "हाय, मेरी दुःशला विधवा हो गई।" और फिर मैं एकदम लुढ़क गई।

कब तक मैं इस स्थिति में थी, ज्ञात नहीं। पर जब मेरी संज्ञा लौटी तब मैंने स्वयं को अपने पति की बगल में लेटी पाया। वे जड़वत् साँस लेती हुई पाषाण प्रतिमा की तरह पड़े थे। मैं हिली-डुली भी, पर वे एकदम स्थिर थे। मुझसे यह भी नहीं पूछा कि तुम्हारी तबीयत कैसी है।

मैंने यह अवश्य अनुभव किया कि मेरा सिर सुगंधित जल से भीगा है। मेरी शून्यता दूर करने की बड़ी चेष्टा की गई है। फिर मुझे लगा कि दूर धरती पर सुखदा लुढ़की पड़ी है। उसके खर्राटों से सन्नाटा थरथरा रहा है।

उस रात मैं बहुत रोई थी। लगता था, सारा सागर निचोड़कर मेरी आँखों में भर दिया गया है। आँसू हैं कि थमने का नाम ही नहीं लेते। रोते-रोते मेरी हिचकियाँ बँध गईं।

'हे भगवान्, यह तूने क्या किया!' मैं छटपटाती और करवट बदलती रही।

अंत में महाराज बोल पड़े, "आज तू ऐसी सिसक रही है, गांधारी, तेरे इतने बेटे मरे तब तो तू इतनी अधीर नहीं हुई!"

"मेरे सौ बेटों के बीच एक ही प्यारी बेटी थी। सबसे छोटी थी। बड़ी दुलारी थी।" मैं फिर रोने लगी।

"···और बेटियाँ माँ को अधिक प्यारी भी होती हैं।" उन्होंने कहा।

''इससे अधिक किसी माँ का क्या दुर्भाग्य हो सकता है कि उसकी बेटी उसके सामने विधवा हो!''

महाराज ने इसपर कोई प्रतिक्रिया व्यक्त नहीं की। वे फिर मौन अपनी पहले की स्थिति में हो गए। मैंने अनुभव किया उन्हें गहरा धक्का लगा है। सूर्यास्त हो जाने की सूचना पर वे कितने प्रसन्न थे कि अचानक पटाक्षेप हो गया। सुखांत नाटक दुःखांत में बदल गया।

वे बीच-बीच में बस यही बड़बड़ाते रहे, ''यह सब उसी कुचक्री छलिया वसुदेव के पुत्र की माया थी। इसीलिए तो इस मायावी को कंस मार डालना चाहता था। यदि यह उसी समय मार डाला गया होता तो हमें यह दिन देखना न पड़ता।''

''क्यों नहीं देखना पड़ता! भवितव्यता तो हमारे वश में नहीं।'' मैं बोली।

वे बड़बड़ाते रहे, ''ताऊजी ठीक कहते रहे कि निहत्था कृष्ण अपनी सुसज्जित सेना से बहुत भारी पड़ेगा।'' बड़े निरपेक्ष भाव से वे बोले, ''हम हार गए, गांधारी।''

इतना कहने के बाद उन्होंने एक भी आह नहीं भरी। उनकी कोई वेदना-मूलक अनुभूति नहीं हुई। मुझे चिंता हुई। यदि आग भीतर-ही-भीतर सुलगती रही तो उसके एकत्र होते धूम से कहीं यह घट ही न फट जाए। उसे बाहर निकाल देना चाहिए।

मैंने कहा, ''थोड़ा आप भी रो लीजिए। जी हलका हो जाएगा।''

उन्होंने वैसे ही निरपेक्षभाव से कहा, ''मैं क्या रोऊँ! मेरे सारे आँसू नियति के निष्ठुर अगस्त्य ने सोख लिये हैं।''

□

: सत्रह :

दुःख की चरम सीमा पर पहुँचते-पहुँचते आशा बहुत पहले साथ छोड़ देती है, तब बहुत देर तक व्यक्ति हताशा के अंधकार में भटकता रहता है। फिर एक स्थिति ऐसी आती है जब उसकी मानसिकता सिर पकड़कर किंकर्तव्यविमूढ़ हो जाती है। मेरे पति इस समय ऐसी ही स्थिति में थे। मैंने कुछ समय बाद ही यह अनुभव किया कि उनकी नाक बोलने लगी है। मलयानिल ने उन्हें सुला दिया है। मेरे जरा सा हिलने-डुलने से उनकी नींद में बाधा पड़ सकती है। टटोलते हुए मैं उठी और वहाँ पहुँची जहाँ सुखदा सोई थी। मैंने उसे जगाया और चुप रहने का संकेत करके कक्ष के बाहर निकली।

जब मैंने अपने कक्ष में प्रवेश किया तब ब्राह्म मुहूर्त नहीं हुआ था, होने को था। सुखदा ने बताया कि पूर्व के आकाश में मंगल की रक्ताभ ज्योति दिखाई दे रही है। यह पौष कृष्णपक्ष द्वादश की रात्रि थी।

हारे हुए जुआरी की तरह निराश मैं अपने पर्यंक पर गिर पड़ी। थोड़ी देर बाद मेरी आँखें झरने लगीं। जैसे कोई मुझसे कह रहा है, 'गांधारी, तू इतनी दुःखी क्यों है ? जो कुछ हो रहा है, क्या तू उसे रोक सकती है ? तुमने तो बहुत प्रयत्न किया कि युद्ध न हो, पर तुम्हारी चेष्टा का क्या परिणाम हुआ ?

'यह ध्रुव सत्य है कि मनुष्य किसी और से नहीं, अपने कर्मों से ही मारा जाता है—'मारणी यस्य कर्माणि।' किसमें शक्ति है, जो हमें या तुम्हें मार सके ? तुम्हें याद होगा, अरण्यवास के समय इसी जयद्रथ ने द्रौपदी को कितना सताया था ! इसे तो उसी समय मारा जाना चाहिए था। वह तो उसका जीवन था, जो बच गया।

'फिर न कोई किसीको मारता है और न कोई मरता है। मरता तो बस यह शरीर है, जिसके पास इंद्रियाँ हैं, दुःख-सुख है, हर्ष-विषाद है। यही शरीर कर्म का आधार है। वही कर्म उसको मारते भी हैं, उसे ज़िलाते भी हैं। उसके यश के आधार भी बनते हैं और अपयश के कारण भी। इसके रहने पर न बुद्धिमान हर्षित होते हैं और न इसके छूट जाने पर वे शोक करते हैं। फिर तू इतनी पीड़ा क्यों झेल रही है ? इतनी दुःखी क्यों है ?

'यह सब केवल इसलिए है कि अपने अभीप्सित फल में तेरी आसक्ति रही है। यदि तू यह न सोचती कि विजय हमारी ही होगी, तो शायद तुझे इतना दुःख न होता।'

वह आवाज धीरे-धीरे मंद पड़ते-पड़ते समाप्त हो गई—और मैं सोती रही। काफी देर तक सोती रही।

मैं जब जगी तो सुखदा ने बताया, "महाराज ने आपको स्मरण किया है। उन्होंने परिचर भेजा था आपको जगाने के लिए। उसका कहना था कि युद्ध आरंभ हो गया है। संजय ने उसका वर्णन सुनाना शुरू कर दिया है।" सुखदा ने आगे बताया, "मैंने आपको जगाया नहीं। मैंने परिचर से स्पष्ट कहा कि महाराज से कहना कि राजमाता इस समय सो रही हैं। उन्हें जगाया नहीं जा सकता।"

"अच्छा किया तुमने।" मैंने कहा, "अब क्या युद्ध का वर्णन सुनना! रह ही क्या गया है उसमें!... अरे! वह महाकाल का विनाश यज्ञ है। दोनों ओर से हवियाँ दी जा रही होंगी। बस एक ही कृत्य—स्वाहा, स्वाहा, स्वाहा।"

अब मैं पहले से बहुत हलका अनुभव कर रही थी। रह-रहकर बस एक ही बात मेरा मन मुझसे पूछता था, 'वह कौन है, जो हर विपत्ति के समय तेरा ढाढ़स बँधाता है? जब तू सोती है या अंतर्मुखी होती है, बस एक ही ढंग की आवाज तेरे कानों में गूँजने लगती है, तुझे साहस बँधाती है। गहन अंधकार में तुझे किरणों की लकुटी थमाती है, डूबते के लिए तिनका बनती है। फिर वही तिनका नाव के रूप में परिवर्तित हो जाता है; क्योंकि उसको मालूम है कि डूबते को तिनका नहीं, पूरी नाव चाहिए।'

बार-बार सोचने पर मैं इसी निष्कर्ष पर पहुँचती हूँ कि वह मेरा ही प्रत्यय है, मेरा ही अवचेतन है, जो उस समय मेरी बाँहें थाम लेता है, जब मैं लड़खड़ाती हूँ।

फिर मैं बड़े सहजभाव से उठी। नित्यकर्म से निवृत्त हुई। कपड़े बदले।

बड़े संकोच के साथ सुखदा ने कहा, "एक निवेदन करूँ?"

"कहो।"

"मेरा आग्रह है कि आप अपनी आँखों की पट्टी आज बदल दीजिए। उनपर आपके निरंतर बहते आँसुओं के कुछ विचित्र धब्बे बन गए हैं।"

"तो बने रहने दो।" मैंने कहा, "तुम क्या चाहती हो कि आँसू सूख जाएँ, तो वे धब्बे भी न छोड़ें!"

फिर उसने बड़ी उपयुक्त बात कही, "जो इन धब्बों को देखेगा वही तरह-तरह के प्रश्न करेगा। आप किसको-किसको क्या-क्या उत्तर देती रहिएगा! ये धब्बे

आपकी अंतर्व्यथा को उजागर करते हैं। इससे अच्छा है, आप अपनी अंतर्व्यथा अंत में ही रखिए। उन्हें बाँटनेवाला कोई नहीं है, परिहास करनेवाले बहुत हैं।''

मैंने उसकी बात मान ली। पट्टी बदलना निश्चित हुआ। पर था यह बड़े झंझट का काम। मेरी पट्टी कई परतों की होती है। फिर आँखों पर कपास रखी जाती है। ऊपर से उसे बाँधा जाता है। इतना करने में प्रकाश की एक झलक भी मेरा संकल्प भ्रष्ट करने के लिए पर्याप्त है।

इसके लिए तमाल के दो पत्तों पर जौ की लोई पहले से रखकर तैयार रहती थी। पट्टी हटाने के बाद मैं कपास को दोनों हाथों से दबा लेती थी। फिर सुखदा बड़ी सावधानी से कपास हटाते हुए तमालपत्र पर रखी जौ की लोई आँखों पर चढ़ा देती थी। इस बीच मेरा हाथ आँखों पर ही रहता था।

इस सावधानी पर सुखदा ने एक बार परिहास करते हुए कहा था, 'अंधों को भी दिन-रात और प्रकाश तथा अंधकार की अनुभूति होती है। एक आप हैं...'

'पर जिसके भाग्य में अँधेरा ही हो, वह प्रकाश क्या जाने!'

सुखदा गंभीर रूप से चुप हो गई थी।

□

संध्या हो गई। निश्चित रूप से आज का युद्ध बंद हो गया होगा। पर उसकी आज कोई सूचना नहीं मिली। महाराज ने भी किसी परिचर को फिर नहीं भेजा। शायद वे मुझसे नाराज हो गए हों, या ऐसा समझ लिया हो कि सचमुच मैं युद्ध से विरत हो गई होऊँ।

'क्या तू अब भी विरत नहीं हुई?' मेरे मन ने पूछा। मैंने उसे उत्तर दिया, 'युद्ध से विरत होने के बाद भी मैं पुत्र-मोह से विरत कैसे हो सकती हूँ; क्योंकि मैं माँ हूँ। ममता मेरे मातृत्व की अनिवार्यता भी है और उसका आभूषण भी। वह मुझे कैसे छोड़ सकती है! यज्ञ से अलग होनेवालों का पीछा यज्ञ का धूम तो करता ही है।'

मैं आंतरिक संवाद में उलझी रही, संध्या खिसकती गई। दीपदानों में कब के दीप जला दिए गए। मंदिर की संध्या आरती के घंटे-घड़ियाल भी अपनी पवित्र ध्वनि बिखेरकर चुप हो गए। पर आज अभी तक सुखदा नहीं आई। यद्यपि अनेक परिचारिकाएँ मेरी सेवा में थीं। पर सुखदा का अभाव अपनी छाया का अभाव था।

अवश्य ही वह किसी विशेष कार्य में उलझ गई होगी। इसीसे मैंने उसे बुलाने के लिए किसीको भेजा भी नहीं।

घड़ी भर रात्रि बीतते-बीतते वह स्वयं आ गई। उसके हाँफने से ऐसा लग रहा था जैसे वह भागी हुई चली आ रही हो।

"क्या बात है, सुखदा? इतनी परेशान क्यों हो?"

"अरे, आज वही मिल गया था और लगा रास्ता रोककर अपनी बात कहने।"

मैं समझ गई कि सुखदा कणिक के विषय में कह रही है।

"तब तो तेरा भाग्य भी है और दुर्भाग्य भी।" मैंने हँसते हुए कहा, "भाग्य इसलिए कि उसने रास्ता रोककर तुमसे बातें कीं। कुआँ प्यासे के पास ही नहीं आया, उसके कंठ में उतरने के लिए आतुर भी हुआ होगा। और दुर्भाग्य इसलिए कि रात्रि बीतने के पहले ही उसने तुमको छोड़ दिया।" अवश्य ही वह मेरे कथन पर सकुचाई होगी। पर मैं हँसती रही।

"आप धन्य हैं, जो इस परिस्थिति में भी परिहास कर रही हैं।"

"कौन सी नई परिस्थिति है, जो कल नहीं थी? यही न कि मेरे दो-एक बेटे आज और मारे गए होंगे। क्षत्राणियों के भाग्य में यही लिखा रहता है।"

वह एकदम चुप थी। उसे यह लगा होगा कि कल तक अपने जामाता के वियोग में जो रात भर रोती रही, आज उसमें इतना परिवर्तन कैसे?… बाद में मेरा मन कुछ और सोचने लगा।

"क्यों, कोई और बात हुई है क्या?"

"एक नहीं, आज आपके अनेक पुत्र मारे गए हैं। उनकी गणना अभी तक नहीं हो सकी है। सबसे अचरज की बात यह है कि उन सबको भीमसेन ने ही मारा है।"

मेरे मुख से एक आह निकली। पर यह आह मेरी नहीं, मेरे ममत्व की थी। क्योंकि विपत्ति की अंतिम परिधि पर व्यक्ति या तो टूट जाता है या परम निर्दय हो जाता है। यह निर्दयता उसकी अपने प्रति भी हो सकती है। फिर अब तो मैं इसमें विश्वास करने लगी थी कि जो होना है, वही हो रहा है। जहाँ तक भीम का संबंध है, मैंने कोई प्रतिक्रिया व्यक्त नहीं की। उसने तो मेरे सभी पुत्रों के वध का संकल्प लिया ही था। संकल्पभ्रष्ट से तो वह कहीं अच्छा है, जो संकल्प पूरा करने में लगा है।

अब मुझे यह अनुभव हो चला था कि मैं दोहरा व्यक्तित्व जी रही हूँ। एक माँ का, जिसे परिस्थितियों ने काफी तोड़ दिया है और दूसरा उस नारी का, जो अपने से दूर हटकर जो हो रहा है उसे 'साक्षीभाव' से देख रही है।

"आप क्या सोच रही हैं?"

"जो सोच रही हूँ, यदि तुझे बता दूँ तो तेरा दुःख दूना हो जाएगा।"

''पर मैं जो बताना चाहती हूँ, यदि बता दूँ, तो आपका दुःख आधा हो जाएगा!''

''तो बता।''

''कल युद्ध में कुछ चमत्कार होने वाला है।'' सुखदा बोली, ''उससे कौरवों की हार एकदम जीत में बदल जाएगी।''

''यह कैसे संभव है रे?'' अब मेरा मन अचानक दार्शनिकता के मायाजाल से छूटकर धरती पर आ गया था।

''यह तो मुझे नहीं मालूम।'' सुखदा बोली, ''कणिक बता रहा था कि आज संध्या युवराज बड़े आक्रोश में थे। युद्ध समाप्त होने के तुरंत बाद उसे लेकर वे आचार्य द्रोण के शिविर में पहुँचे और लगे उन्हें अंड-बंड कहने, 'आपका मन पांडवों की ओर शुरू से रहा है और आज भी है। आप किसी भी स्थिति में उनकी पराजय नहीं चाहते। मेरी ओर से युद्ध करना तो आपका एक दिखावा है। आप हमारे साथ छल कर रहे हैं। आपकी नैतिकता का पतन हो गया है। आपकी कर्तव्य-बुद्धि मारी गई है। आपको शायद यह नहीं मालूम कि आप हमारे सेनानायक हैं। और विजय चाहते हैं पांडवों की!' कणिक के कथनानुसार उनका क्रोध भभकता रहा। जाने क्या-क्या आचार्यजी को उन्होंने कह डाला!''

''तो क्या कहा आचार्यजी ने?''

''कणिक के कथनानुसार, आचार्य बहुत दुःखी हुए। उन्होंने कहा, 'दुर्योधन, यह तुम नहीं, तुम्हारे मुख से मेरा पाप बोल रहा है। उस आचार्य का पाप जिसने आश्रम त्यागकर अपनी शिक्षा कुछ स्वर्णखंडों पर सत्ता को बेच दी। मेरी कर्तव्य-बुद्धि इस समय नहीं वरन् उस समय मारी गई थी, जब मेरी अभावग्रस्तता ने मुझे गंगा से खींचकर कर्मनाशा में ढकेल दिया था।'

''कणिक बता रहा था कि इतना सुनते ही युवराज पर घड़ों पानी पड़ गया। क्रोधाग्नि बुझ गई। फिर आचार्य की भी मुद्रा बदली। वे बोले, 'मैं तुम्हारी व्यथा समझता हूँ। अच्छा, कल मेरा चमत्कार देखना।' इतना कहकर उन्होंने संकेत किया और तुरंत कणिक को वहाँ से हट जाना पड़ा।'' सुखदा ने बताया।

मैंने सोचा, एक रहस्य और पैदा हुआ। रात भर कौरव मन एक नई मरीचिका के पीछे कुलाँचें भरेगा। टूटते सपनों पर नए रंग चढ़ाए जाएँगे। पर मेरा मन इन सबसे अलग था। वह नितांत तटस्थ भाव से सोचता था—जो होना है, वही होगा।

''और क्या कहा कणिक ने?''

''और क्या कहता! जो था उसे उगलकर चला गया।''

"चला गया! बड़ा निष्ठुर है वह।" मैंने हँसते हुए कहा, "लगता है, वह तेरे मन के पंखों पर अभी तक हलदी नहीं लगा पाया!" मैं जोर से हँसी और वह निश्चित ही सांध्य कमलिनी की तरह सकुचा गई होगी।

आज सुखदा ही मेरे परिहास का आलंबन बनी। उसीसे मैं मन बहलाती रही। समय सरकता गया। अचानक सूचना मिली कि रानी भानुमती—दुर्योधन की पत्नी—पधार रही हैं।

'मेरी बहू आ रही है! भानुमती!' मुझे अचरज हुआ। युद्ध आरंभ होने के बाद से तो वह इधर कभी आई ही नहीं। आज क्या बात है? यह एक नया रहस्य है, या पिछले रहस्य का नया अध्याय?

मैं इसी उधेड़बुन में थी कि भानुमती आ गई। आते ही उसने अपने साथ आई परिचारिकाओं को हटा दिया। लगता है, कोई गोपनीय मंत्रणा होगी, यह समझकर सुखदा के साथ मेरी भी सारी परिचारिकाएँ चली गईं। अब उस कक्ष में मैं थी, भानुमती थी और थी दीपपात्रों में झिलमिलाती दीपों की लौ, जिन्हें मैं नहीं देख रही थी, पर जो मुझे देख रही थीं।

मैंने भानुमती को अपने पर्यंक पर बैठाते हुए कहा, "आज बहुत रात हो चुकी है, भानुमती।"

"क्या करूँ, जो कार्य मुझे सौंपा गया है उसकी जानकारी मुझे बहुत देर से मिली।" फिर वह मेरे और समीप आकर धीरे-धीरे खुलने लगी, "अभी कुछ ही देर पहले पतिदेव ने मुझे बताया है कि आज की रात आचार्यजी कोई विशेष पूजन करेंगे। उसी पूजन के बाद वे पाँच बाणों को अभिमंत्रित करेंगे। वे पाँच बाण निश्चित ही पाँचों पांडवों को वीरगति प्रदान करने में समर्थ होंगे।"

इतना सुनते ही मेरे सामने वह मुसकराता हुआ कृष्ण आ गया, जो अर्जुन को अग्नि समाधि लेने के लिए बनाई जा रही चिता के समक्ष भी मुसकरा रहा था।

"क्या सोचने लगीं, माताजी?"

"सोचती हूँ, ऐसा तो नहीं कि आचार्यजी के सारे किए-धरे पर उस कुचक्री की माया हाथ फेर दे।"

"लगता है, आपका मन बड़ा शंकाकुल हो गया है।" भानुमती बोली, "आप किसी परिणाम का श्वेत पक्ष न देखकर श्याम पक्ष ही देखती हैं।"

"मुझे बस श्याम ही दिखाई देता है, बेटी। और तुम्हारे श्वसुरजी ने तो जीवन भर श्याम ही देखा है। श्वेत हम लोगों के भाग्य में कहाँ! जहाँ तक शंकाकुल होने की बात है, पराजय झेलते-झेलते मन का शंकाकुल हो जाना स्वाभाविक है।" मैंने कहा।

अब मेरे मन में एक ओर आचार्य द्रोण के अभिमंत्रित बाण थे और दूसरी ओर उस कुचक्री कृष्ण की मायावी मुसकराहट। भानुमती बहुत कुछ कहती गई और मैं उसका आधा-तीहा ही सुन पाई।

''जब इसका पता कृष्ण को चलेगा तब इसे काटने की कोई-न-कोई युक्ति वह निकाल लेगा।''

''पर उन्हें पता कैसे चलेगा?'' भानुमती बोली।

''तुम क्या समझती हो कि तुम्हारे यहाँ होनेवाले यज्ञ की सुरभि बाहर नहीं जाती?'' मैंने कहा, ''अरे, यह बात तो धीरे-धीरे फैल ही गई है कि कल आचार्यजी कोई चमत्कार करने वाले हैं।''

''यह आप कैसे कह सकती हैं?''

''जब एकांत में बैठी, आँखों पर पट्टी बाँधे मुझ जैसे लोगों को यह बात तुम्हारे आने के पहले मालूम हो गई थी तब तुम कैसे कह सकती हो कि औरों को नहीं मालूम होगी?''

वह एकदम चुप हो गई।

मैं बोलती गई, ''इस चमत्कारवाली बात की डोर पकड़कर वह कुचक्री आगे बढ़ेगा। और यह भी हो सकता है कि वह आचार्य के अभिमंत्रित बाणों तक भी पहुँच जाए।''

भानुमती और भी गंभीर हो गई। फिर भी उसकी आशान्विता अब भी विचलित नहीं हुई थी। उसने कहा, ''मैं ऐसा नहीं समझती।''

''तुम्हें तो ऐसा ही सोचना चाहिए।'' उसके चलते समय मैंने आशीर्वाद भी दिया, ''भगवान् तुम्हारा कल्याण करें।''

ऐसी परिस्थितियों से मैं घिर गई थी कि अपने कर्मों के प्रति मेरी सजगता ढीली पड़ गई थी। इसीसे कर्म से अधिक उसकी छाया पर मेरा चिंतन ठहरता था। भानुमती के चले जाने के बाद मैं सोचने लगी कि मैंने उसे 'सौभाग्यवती भव' का आशीर्वाद क्यों नहीं दिया? 'तुम्हारा कल्याण' होने के स्थान पर क्यों नहीं ये शब्द मेरे मुख से निकले? क्या नियति की मंशा कुछ और है?

इसी सोच में रात बीत गई। ब्राह्म मुहूर्त आरंभ हुआ। यज्ञशाला की सुरभि मलयानिल के कंधों पर सवार होकर मेरे कक्ष में आने लगी। मंदिरों में मंगला की आरती आरंभ हुई। मैं सोचने लगी, अब तक तो भानुमती आचार्यजी के यहाँ अवश्य पहुँच गई होगी। उसका काम पूरा हुआ होगा। अवश्य कुछ-न-कुछ हो गया होगा।

जिज्ञासा धीरे-धीरे बढ़ती गई। समय सीढ़ियाँ चढ़ता गया। अब तो सूर्योदय भी हो गया।

“कोई समाचार नहीं आया।” सुखदा बोली।

मेरी भी चिंता बढ़ी। कोई अनुकूल बात हुई होती तो अब तक राजभवन में उत्साह की लहरें टकरातीं। पर वैसी ही वीरानी, वैसा ही सूनापन, वैसी ही जड़ता और वैसा ही सन्नाटा।

मैंने पता लगाने के लिए अब सुखदा को भेजा।

उसको गए भी काफी देर हो गई। अब एक-एक पल पहाड़ लगने लगा। व्यग्रता में मैं अपने कक्ष में ही टहलने लगी। तब तक कई आवाजें घबराई हुई एक साथ आईं, “राजमाताजी, जल्दी कीजिए! महारानीजी आत्महत्या करने जा रही हैं।”

ये नारी स्वर परिचित से थे; पर मैं उन लोगों को पहचान न पाई। संदर्भ से इतना तो समझ लिया कि ये परिचारिकाएँ भानुमती की हैं।

“क्या बात है? क्यों उसने ऐसा निर्णय लिया?”

“वे ब्राह्म मुहूर्त में कहीं गई तो थीं। लौटकर जब आईं तो एकदम हताश सी पर्यंक पर पड़ गईं और यह कहकर लगीं फूट-फूटकर रोने, ‘हाय रे, मैं तो लुट गई!’ लगता है, युवराज ने आक्रोश में उनपर हाथ छोड़ दिया है।”

“अरे, दुर्योधन ने अपनी पत्नी पर हाथ छोड़ा! यह तो हमारे परिवार में कभी नहीं हुआ।” इतना कहते हुए मैं उन्हीं परिचारिकाओं के सहारे चल पड़ी। मेरे भवन से दुर्योधन का आवास काफी दूर था। फिर भी मैं बड़ी तेजी से बढ़ी। व्यग्रता आगे ढकेल रही थी और पैर थे कि उठना चाहते ही नहीं थे। आज वे पता नहीं कितने भारी पड़ गए थे।

मार्ग में सुखदा भी मिल गई। उसकी व्यग्रता शीघ्र पहुँचने का आग्रह करने लगी।

“आखिर ऐसा क्या हो गया कि इतना बड़ा कांड हो गया?” मैंने पूछा।

“अब तो आप चल ही रही हैं, सबकुछ स्पष्ट हो जाएगा।” सुखदा बोली।

मैं दौड़ती-भागती-हाँफती किसी प्रकार दुर्योधन के भवन में पहुँची। वहाँ विचित्र कुहराम मचा था। नीचे से ही भानुमती के चीखने-चिल्लाने की आवाज आ रही थी। जब मैं उसके कक्ष में पहुँची, वह एकदम मुझसे लिपट गई और लगी रोने, “मैं लुट गई, माँ! मेरे सामने की थाली छिन गई। लोग क्या कहेंगे कि आपकी बहू इतनी अभागिन है कि उसे अपने भाग्य का द्वार खोलने की चाबी दी जा रही थी और दूसरी उसे बीच से ही झपटकर भाग गई! अब मैं जीकर क्या करूँगी, माँ!”

मैं समझ गई कि उसकी योजना सफल न हो सकी। आशा का दर्पण जब

अचानक हाथ से छूटता है तब आहत मन की ऐसी ही स्थिति होती है। सफलता का उल्लास और विफलता का विषाद : दोनों मन पर भारी पड़ते हैं।

मैं उसे छाती से चिपकाकर पीठ सहलाती हुई ढाढ़स देने लगी, ''बेटी, मैं तुम्हारी पीड़ा समझती हूँ। मैं उसके समीप उसी समय पहुँच गई थी, जब कल रात तुम्हारी प्रफुल्लता देखी थी। मुझे अनायास उस छलिया का वचन याद आया था, जिसे उसने युद्ध में विषादग्रस्त अर्जुन से कहा था—कर्मफल के प्रति आसक्ति ही दुःख का कारण है।''' इसीलिए तू इतना दुःखी है। तुमने यह निश्चय कर लिया था कि यह तो होगा ही।''' तुमने यह नहीं सोचा था कि कभी-कभी हमारा सोचा नहीं भी होता।

''...तुमने अपना भरसक प्रयत्न किया। अब फल नहीं मिला, न सही। फिर प्रयत्न करना।''

''अब कुछ नहीं हो सकता, माँ।'' वह फिर बिलखने लगी।

मैंने उसे शांत करते हुए पर्यंक पर लिटा दिया। वहाँ जितने सेवक-सेविकाएँ थीं, सबको हटा दिया। द्वार बंद कराए; क्योंकि एकांत का रोना केवल अपने तक सीमित रहता है, वह औरों के लिए समाचार नहीं बनता। इस समय अपनी विफलता और हताशा का समाचार युद्ध में घातक स्थिति उत्पन्न कर सकता था।

अब मैंने उसे धीरे-धीरे खोलना आरंभ किया और वह सारी स्थिति जानी, जिससे वह घायल मृगी की तरह छटपटा रही थी। उसने जो कुछ बताया उसका सारांश था, ''कल की अपरिमित खुशी में मैं रात बहुत देर तक जागती रही। उस जागरण में आपके पुत्र ने भी भरपूर साथ दिया। वे रह-रहकर यही कहते रहे कि कल युद्ध का मानचित्र ही बदल जाएगा।''' इसी प्रसन्नता में लिपटी जब मैं सोई तब शायद रात का तीसरा प्रहर चल रहा था। किंतु नींद ने ऐसा दबोचा कि फिर ब्राह्म मुहूर्त में ही मेरी आँखें खुलीं। लगा कि विलंब हो रहा है। मैं यथाशीघ्र नित्यकर्मों से निवृत्त हुई और आचार्यजी के शिविर की ओर भागती चल पड़ी। मैंने दूर से ही देखा कि आचार्यजी के शिविर से निकलकर एक नारी यष्टि अपने अंगों को वस्त्रों से अच्छी तरह छिपाए निकली और उसके पीछे वह पीतांबरधारी भी था।'''अब मुझे काटो तो खून नहीं।

''ज्यों ही मैं आचार्यजी के शिविर में पहुँची, वे चीख पड़े, 'तुम्हें अब समय मिला है, जब लूटनेवाले तुम्हें लूट ले गए! रात भर की साधना का अमृत, जो तुम्हारे लिए था, वह दूसरी पीकर चली गई।' इतना कहकर वे क्रोध से काँपने लगे। उनके धधके आक्रोश के समक्ष मेरी जिह्वा नहीं खुली। मैं घबराकर उनके चरणों पर गिर पड़ी। फिर अचानक उनकी मुद्रा बदली। वे काँपते स्वर में बोले, 'जब नियति ही

तुमपर रुष्ट है तब मैं क्या कर सकता हूँ!' इतना कहकर उन्होंने मुझे उठाया और वहीं तोड़कर बिखेरे गए पाँचों बाणों को दिखाया तथा कहा, 'इन्हें देखती हो? ये अभिमंत्रित किए गए थे—और अब इनकी यह गति है। यह सब तुम्हारे दुर्भाग्य से हुआ है।'

''मैंने उनकी आँखों में देखा, वे डबडबा आई थीं। उनका क्रोध इस विफलता पर रो रहा था। उन्होंने बताया, 'लगता है, मेरी योजना की भनक द्वारकाधीश को लग गई थी। उन्होंने इसको विफल करने की एक दूसरी योजना बनाई। उन्होंने द्रौपदी को तैयार किया और उसे लेकर ऐसे आए कि जरा भी आहट न लगे।''' हमारे शिविर के बाहर दोनों खड़े हो गए। ज्यों ही मेरी पूजा समाप्त हुई और ब्राह्म मुहूर्त आरंभ हुआ, उन्होंने द्रौपदी को खूब सजा-धजाकर भीतर भेजा। वह पंख कटे पक्षी की तरह अरबराकर मेरे पाँवों पर गिर पड़ी। उसने स्वयं को वस्त्रों में ऐसा छिपा लिया था कि मैं उसे पहचान ही नहीं सका। मेरे मस्तिष्क में तो तू थी। मैंने सोचा, यह भानुमती है। मेरे मुख से निकल पड़ा, 'सौभाग्यवती भव।' फिर वह मुसकराते हुए उठी। बोली—मैं धन्य हुई, आचार्य!''' मैं तो अवाक् रह गया। यह क्या हो गया? काठ मारे व्यक्ति की तरह उसे एकटक देखता रहा। वह अपनी सफलता पर मुसकराती रही।' आचार्य कहते गए, 'मैं सोचने लगा, मुझे धोखा देने का साहस यह अकेले नहीं कर सकती। अवश्य इसके साथ कोई होगा। मैंने पूछा—तुम अकेले आई हो? उसने कहा—नहीं, मेरे साथ भैया हैं।

'' 'कौन, धृष्टद्युम्न? वह मुसकराई। मैंने कहा—बुलाओ उसे।''' जब वह बुलाकर लाई तब मैंने देखा, वह धृष्टद्युम्न नहीं, कृष्ण हैं। तुरंत उन्होंने मेरे पाँव छुए। और उसी समय उनके उत्तरीय में छिपाए द्रौपदी के पदत्राण गिर पड़े।' आचार्यजी का कहना था, 'तब मैंने कृष्ण से कहा—पांडवों की विजय के लिए जब तुम द्रौपदी के पदत्राण उठा सकते हो, इतना नीचे तक जा सकते हो तब हमारी पराजय निश्चित है।' ''

इस विचित्र घटना को सुनने के बाद एक बार मुझे भी रोमांच हो आया। मेरे मन ने कहा, 'जब ताऊजी ने दुर्योधन से कहा था कि तुम द्वारका के राजभवन में अपनी लड़ाई हार आए तब लोगों ने उन्हें बड़ा भला-बुरा कहा था। अब तो मेरे बेटों की आँखें खुल जानी चाहिए।'

फिर मैंने अपनी बहू को समझाया, ''देख बेटी, इसमें तेरा क्या दोष! तू तो ब्राह्म मुहूर्त में ही पहुँच गई थी। दोष तो उसका है जिसने कृष्ण को छोड़कर द्वारका

की संपूर्ण सैन्य शक्ति अपने लिए माँगी थी।...और तू नहीं लुटी, ठगे तो गए आचार्यजी! तब तू क्या कर सकती है!''

''पर दोष तो लोग मेरी निश्‍चिंतता और लापरवाही को दे रहे हैं। आज मैं अपने ही दल की पराजय का कारण बन गई हूँ। इससे तो अच्छा है, इस अपयश को सुनने के पहले मैं स्वयं इस संसार से विदा ले लेती।'' भानुमती फिर रोने लगी।

''आत्महत्या क्षत्राणियों को शोभा नहीं देता। इससे कोई समस्या हल भी नहीं होती।'' मैंने कहा, ''यह जीवन से पलायन है, बहू! यह तो कर्मफल का सामना न करके उससे भागना है। और तू भागकर जाएगी कहाँ? तू जहाँ-जहाँ जाएगी, यह कर्मफल तेरा पीछा करेगा।''

मैं उसका सिर थपथपाती रही। धीरे-धीरे उसका रुदन भी सिसकियों में बदल चुका था। मैं उसे पुनः समझाने लगी, ''तू अनुभव नहीं करती, बहू, कि नियति की भृकुटि कितनी हमपर तनी है! जयद्रथ के वध के दिन नियति ने कैसे-कैसे खेल खेले थे! क्या यह संभव नहीं कि उसी नियति ने ब्राह्म मुहूर्त के पहले तेरी पलकों को बोझिल कर दिया हो और तू सोती रह गई हो?''

''आप यह बात अपने पुत्र से क्यों नहीं कहतीं, जो इस समय मुझपर अत्यधिक क्रोधित हैं और अपनी संभावित पराजय का सारा ठीकरा मेरे सिर फोड़ रहे हैं!''

''मैं क्या-क्या कहूँ? उससे यही एक बात नहीं, कई बातें कहनी हैं। देखो, उससे कहने का अवसर मिलता है या नहीं।''

□

: अठारह :

युद्ध समाप्त हो गया।

हमारे सारे स्वप्न रेत पर बने महल की तरह एक आँधी भी न सह पाए और टूटकर बिखर गए। हमारी आशाएँ पराजय की धूल में मिल गईं। हमारे सारे बेटे वीरगति पा गए। कितनी अभागिन हूँ मैं कि सौ-सौ बेटों की माँ, देखते-देखते निपूती हो गई; जिसने अपनी आँखों पर अँधेरा बाँध लिया था और प्रकाश से दूर हो गई थी! आज प्रकाश ही हमसे दूर, कहीं दूर—बहुत दूर हो गया है।...अब चारों ओर अँधेरा-ही-अँधेरा है—भीतर अँधेरा, बाहर अँधेरा।

अब कुछ दिखाई नहीं देता है। केवल वह अँधेरा दिखाई दे रहा है, जो इस महायुद्ध में हुआ। किंतु हारे हुए व्यक्ति को अपने विरुद्ध किए गए अँधेरे की चर्चा करना भी अरण्यरोदन है, पराजित का प्रलाप है। कौन सुनेगा मुझे और कौन रह गया है अब सुननेवाला? बूढ़े, अपंगों, रोगियों और बच्चों को छोड़कर अब कौन रह गया है हस्तिनापुर में? यदि है तो विधवाओं का कलेजा फाड़ देनेवाला आर्तनाद, आँसुओं से भीगे उनके आँचल और स्वयं पर आठ-आठ आँसू रोता इस नगर का भविष्य।

सेमल के कपास-सी मुलायम पौष की धूप कुरुक्षेत्र में काँपते पाँव प्रवेश करती है और भयग्रस्त सी अपना आँचल समेटती हुई बड़ी जल्दी भाग जाती है। शवों से पटे पूरे क्षेत्र में गिद्धों और चीलों तथा कुत्तों का मृत्युभोज जो सवेरे से शुरू होता है, वह शाम तक चलता ही रहता है। फिर साँय-साँय करता सन्नाटा अमा निशा के अंधकार की चादर उनपर चढ़ा देता है। तब उसे ओस के आँसुओं से भिगोती सिसकती एक लंबी रात गुजर जाती है।

सुना है, आज पांडवों को लेकर कृष्ण आने वाला है। सत्ता हस्तांतरण के अतिरिक्त और क्या उसका प्रयोजन हो सकता है। पर कौन करेगा उन्हें सत्ता हस्तांतरित? सत्ता के अधिकारी तो सिधार गए। उनके पुत्रों तक ने वीरगति पाई। अपने कर्मों का फल भोगने के लिए मेरे पति अवश्य हैं; पर सत्ता कभी उनके पास नहीं रही। वे हस्तिनापुर के सिंहासन के मात्र अंधद्रष्टा थे। वे क्या हस्तांतरण करेंगे? जिसके पास कुछ है ही नहीं, वह क्या देगा?

इस स्थिति का स्वप्न पहले से मेरे मानस-पट पर उभरता रहा। जिस दिन

भानुमती का कांड हुआ उस दिन से यह सपना मेरा स्थिर भविष्य बन गया। इसीसे महाविनाश के इस शिखर पर भी मुझे उतनी पीड़ा नहीं है जितनी सुखदा को है। वह रात भर रोती और छटपटाती रही।

मैं उसे सांत्वना देती, "सुखदा, मुझे देखो। एक सौ पुत्रों की माँ तुम्हारे सामने निपूती होकर बैठी है। उसके कष्टों को समझो। वह तो आँसू पीकर इस विश्वास पर जीवित है कि मनुष्य को अपने कर्मों का फल तो भोगना ही होगा—चाहे वह हँसकर भोगे या रोकर। अच्छा हो, हम न हँसें और न रोएँ।"

"आप ऐसा समझ सकती हैं, स्वामिनी, क्योंकि आप ज्ञानी हैं। ये सारी बुद्धि की बातें हैं; पर हृदय नहीं मानता।" और सुखदा सिसकती ही रही।

मैंने अनुभव किया कि सुखदा ने अनजान में ही सही, एक ऐसी बात कही जिसका उत्तर मेरे पास नहीं है। ज्ञान तो बुद्धि का विषय है और सुख-दुःख, हर्ष-विषाद आदि हृदय का। बुद्धि कहती है कि जीव नहीं मरता, मरता तो केवल शरीर है। वही मरणधर्मा है। वह एक-न-एक दिन मरेगा ही। फिर उसके मरने पर शोक कैसा? यह सोचते हुए भी हृदय रोता है। यह उसकी दुर्बलता नहीं है, वरन् उसका स्वभाव है।

"तू उस दिन तो मेरे पास थी न?"

"किस दिन?"

"युद्ध के पहले दिन, जब संजय सुना रहा था कि कृष्ण अर्जुन को समझा रहे हैं—ऐसा कोई समय नहीं था जब तू नहीं था, मैं नहीं था और ये लोग नहीं थे; और ऐसा कोई समय नहीं होगा, जब हम सब नहीं रहेंगे। मरण तो एक प्रवेश द्वार है, जहाँ पहुँचने पर हम शरीर के पुराने कपड़े उतारकर तुरंत नया पहन लेते हैं।"

"तब तो हमारे लिए भी यही अच्छा होगा कि हम भी इस शरीर के कपड़े को उतार दें।"

"अभी ये पुराने नहीं हुए हैं।" एक कृत्रिम मुसकराहट अपने अधरों पर चिपकाकर मैं बोलती गई, "समय आने दो; जब ये पुराने हो जाएँगे तो स्वयं उतर जाएँगे, तुम्हें प्रयत्न नहीं करना होगा।"

आप विश्वास करें, इसके बाद वह एकदम शांत हो गई। फिर भी वह रह-रहकर आह भरती रही। बुझती आग से धुआँ निकलता रहा। फिर कब वह सो गई, पता नहीं।

आज सवेरे जब वह उठी तो शांत ज्वालामुखी की तरह मुझे लगी। इसपर हरियाली बिखेरी जा सकती है और झरने भी झर सकते हैं।

मैंने मुसकराते हुए उससे पूछा, "कल उससे भेंट हुई थी?"

"किससे?"

"अरे, उसीसे।" मेरा तात्पर्य कणिक से था।

वह समझ गई। बोली, "मैंने उसे बहुत खोजा, पर वह कहीं दिखाई नहीं दिया। हो सकता है, वह भी इस महायुद्ध के काम आ गया हो।"

"जो तेरे काम आने वाला है, वह इस युद्ध में क्या काम आया होगा!" मैंने कहा और उसकी तपन पर एक बार फिर हरियाली छिड़कने की चेष्टा की।

इसी बीच विदुरजी अचानक पधारे। उन्होंने सूचना दी, "महाराज आपको याद कर रहे हैं।"

मैंने अनुभव किया कि अब तक मुझे उनके पास होना चाहिए। विपत्ति में मैं भी उनसे अलग हूँ। वे क्या सोचते होंगे।

"बुलाने के लिए उन्होंने आपको भेजा। वे किसी और को नहीं भेज सकते थे?"

विदुर ने कोई प्रतिक्रिया नहीं व्यक्त की। वे अत्यंत गंभीर रह गए। मैं सुखदा को लेकर तुरंत उनके साथ चल पड़ी। मन में आया, क्या पांडवों को लेकर कृष्ण आ गया? मैंने जिज्ञासा भी की।

उनका संक्षिप्त सा उत्तर था, "नहीं।"

"कितना सत्य है कि अँधेरे में छाया भी व्यक्ति से अलग हो जाती है।" कक्ष में प्रवेश करते ही महाराज बोल पड़े।

मैं बहुत लज्जित हुई। पर क्या उत्तर देती? मन ने तो कहा, 'उस अँधेरे ने आपको ही नहीं, मुझे भी घेर रखा है।' पर मैं कुछ बोली नहीं।

उनकी बगल में बैठती हुई मैंने बड़ी शालीनता से बस इतना ही कहा, "रात भर सुखदा रोती व छटपटाती रही और मैं उसे सांत्वना देती रही।"

वे कुछ नहीं बोले।

थोड़ी देर बाद उन्होंने बड़ी गंभीरता से कहा, "सुना है, आज पांडवों को लेकर कृष्ण आने वाले हैं?"

"सुना तो मैंने भी है।"

"तो मुझे क्या करना चाहिए?"

"जो एक पराजित करता है।"

इतना सुनना था कि वे एकदम भभक पड़े, "पर मैं पराजित नहीं हुआ हूँ, गांधारी। मेरे पुत्रों ने भले ही वीरगति पाई है, पर अभी मैं जीवित हूँ। मेरी धमनियों

में जो खौल रहा है, वह पानी नहीं, रक्त है। अभी तक लोगों ने मेरी शक्ति देखी कहाँ! कौरव सामर्थ्य अपराजेय है। पांडव अपने को समझते क्या हैं! मैं उन सबके लिए अकेला ही काफी हूँ। हस्तिनापुर का सिंहासन इस अंधे के लिए भले ही न हो, पर यह अंधा उस सिंहासन के लिए तो है ही।''' मैं एक साथ दबाकर उन्हें चूर कर सकता हूँ।'' मैंने अनुभव किया कि आक्रोश का ऐसा ज्वार इनमें तो कभी नहीं आया था। मैंने उन्हें अब तक केवल राग-रस-रंग में आकंठ मग्न देखा था। वे अपने पुत्रों की राजनीति से परिचित होते हुए उससे निर्लिप्त रहते थे। जीवन को बड़े आनंद के साथ जीते थे। पर इस युद्ध से उनके स्वभाव में बहुत कुछ बदलाव आया था।'''इधर वे दु:खी भी होते थे, पुत्रों की मृत्यु पर पीड़ा से कराहते भी थे; पर उनकी क्रोधाग्नि को इस प्रकार भभकते मैंने पहले कभी नहीं देखा था।

पराजय और हताशा का पानी जब सिर के ऊपर से उतर जाता है तब व्यक्ति परम निर्भय हो जाता है। फिर वह स्वयं को आर-पार की लड़ाई के लिए तैयार करता है। आज ऐसी ही स्थिति महाराज की थी।

विदुरजी ने कई नीति कथाएँ सुनाकर उन्हें शांत किया। फिर मधु-मिश्रित सुगंधित शीतल दूध उन्हें पिलाया गया। धीरे-धीरे वे सामान्य स्थिति पर आए। अपने अन्य पुत्रों की मृत्यु की अपेक्षा वे दुर्योधन और दु:शासन की मृत्यु से अधिक विचलित ज्ञात हुए। रह-रहकर वे भभक पड़ते थे।

''देखिए, आप जो भी चाहें, करें। इसके लिए आपको कोई रोकता नहीं है। पर इतनी मेरी सलाह है कि आप चुप रहें; क्योंकि अब तक का यही अनुभव है कि शत्रुओं को पराजित करने की हमारी सारी योजनाओं की गंध उन्हें पहले से लग जाती रही है और उसकी काट वे पहले से निकाल लेते रहे हैं।'' विदुरजी कहते गए, ''लगता है, हवा में उनके कान उड़ते रहते हैं।''

''उनमें से एक कान तो तुम्हीं हो।'' महाराज के मुख से विदुरजी के लिए इतनी खरी और तीखी बात मैंने कभी सुनी नहीं थी। स्वयं विदुरजी को भी काठ मार गया होगा।

विदुरजी बहुत देर तक मौन बैठे रहे। फिर बड़ी व्यथा से बोले, ''आपने कभी पहले ऐसा अविश्वास मुझपर नहीं किया। आपने जीवन में पहली बार ऐसा प्रत्यक्ष आरोप मुझपर किया है।''' सत्ता जब अपने महामात्य पर इतना अविश्वास करेगी तब उसका दुर्भाग्य ही जानिए।''

''तो क्या ये मेरे सौभाग्य के दिन हैं?'' महाराज ने कहा।

विदुर चुपचाप उठकर चल पड़े। मुझे लगा कि महाराज ने व्यर्थ में ही उन्हें

नाराज कर लिया। मैं हड़बड़ाकर उठी और सुखदा का सहारा ले उन्हें मनाने चल पड़ी।

वे बड़ी द्रुत गति से काफी आगे निकल गए थे। मैं भी तेज चली। पर जब उन्हें पकड़ न सकी तब दूर से ही कुछ ऊँची आवाज में बोली, "अरे देवरजी, अपने भाई से यदि आप नाराज हैं तो इस भाभी ने आपका क्या बिगाड़ा है, जो आप उसे भी छोड़कर चले जा रहे हैं ? क्या आप मुझे अपने कक्ष से इसीलिए बुलाकर लाए थे कि मैं आपको मनाने के काम आऊँ ?"

इतना सुनते ही वे रुक गए।

जब मैं उनके पास पहुँची तब वह बड़े सहजभाव से बोले, "मनाया तो उसे जाता है जो नाराज हो। मैं नाराज नहीं; क्योंकि मैं जानता हूँ कि जो कुछ कहा गया उसे मेरे बड़े भाई ने नहीं वरन् उनके क्रोध ने कहा है। क्रोध में बुद्धि पहले मारी जाती है। ऐसी स्थिति में उनकी बात पर ध्यान देने का प्रश्न ही नहीं।"

"यदि ऐसा है तो आप उठकर जा क्यों रहे हैं ?"

"ऐसा इसलिए कि मेरे हटते ही उनका विवेक कुछ सोचने के लिए विवश होगा।" उन्होंने मुझे समझाते हुए कहा, "चिंतन और क्रोध में प्रकाश और अंधकार का संबंध है। जहाँ प्रकाश हुआ वहाँ अंधकार लुप्त।" इतना कहकर वह चले गए।

जब मैं लौटकर आई तो महाराज ने पूछा, "वह आया नहीं ? लगता है, वह नाराज हो गया। सचमुच मैंने कभी उसपर ऐसा आक्षेप लगाया नहीं था। अनेक बार मेरे पुत्र उसके बारे में उलटी-सीधी बातें करते रहे; सबकुछ सुनता हुआ भी मैं चुप रह जाता रहा। आज ऐसी कड़वी बातें मैंने कैसे कह दीं ? आज यह क्या हो गया मुझे ?" उनका स्वर भर्रा आया। क्रोध के झंझावात के निकल जाने के बाद उनके मन के आकाश पर पश्चात्ताप के मेघ छाने लगे थे।

स्पष्ट लग रहा था कि आज मेरे पति का मानसिक संतुलन ठीक नहीं है। क्षण-क्षण में उनकी मुद्रा बदलती रही। कभी कहते, "यदि कृष्ण का संधि प्रस्ताव मान लिया गया होता तो आज दूसरी ही स्थिति होती। पांडव पाँच गाँवों में सिमटकर रह जाते और सारे हस्तिनापुर पर मेरे पुत्र राज्य करते। पर ऐसा होता कैसे ? महर्षि व्यास की भविष्यवाणी झूठी हो जाती ! फिर हम महाविनाश की इस पंचाग्नि में कैसे तपते ? तब तो युद्धस्थल में मोहग्रस्त अर्जुन से कृष्ण ने ठीक ही कहा था, 'ये सब मरे हुए हैं, तू निमित्त मात्र बन।' तो क्या मेरे पुत्र पहले से मरे हुए थे ? नहीं-नहीं, ऐसा नहीं हो सकता। बड़ी चेतना थी उनमें। बड़ी सामर्थ्य थी उनमें। उन्होंने हारने के लिए युद्ध का आमंत्रण नहीं किया था। वे मेरे सौ जाज्वल्यमान नक्षत्र थे।''' पर

एक के बाद एक तारे टूटते चले गए। अब आखिरी तारा भी टूट गया। सौ-सौ बेटों का बाप निपूता हो गया।''

वे ऐसी ही बातें करते रहे। मैं बैठी 'हाँ-हूँ' करती रही। मैं सोचती रही, मन का घड़ा फूट गया है। उससे जितना बह रहा है उसे बिना प्रतिवाद बह जाने देना चाहिए।

अंत में उनका क्रोध फिर भड़का, ''वह भीमसेन मेरे सभी पुत्रों का वध करके बड़ा शक्तिशाली बनता है। आज देखता हूँ, उसमें कितनी शक्ति है! यदि उसे दबाकर मैं चूर न कर दूँ तो मेरा भी नाम धृतराष्ट्र नहीं!''

मुझे महाराज के मस्तिष्क का इतना असंतुलन कुछ घातक सा लगा। अब मैं क्या करूँ? जो शांत करा सकता था, वह नाराज होकर चला गया। लोगों ने बताया कि आज रात भर वे इसी तरह बड़बड़ाते रहे। क्षण भर को भी उनकी आँखें नहीं लगीं। मैंने सोचा, क्यों नहीं इन्हें थोड़ी मैरेय पिलाकर सुला दिया जाए। और फिर मैंने वैसा ही किया।

थोड़ी देर बाद उनकी नाक बजने लगी।

□

अपराह्ण में ही पांडवों के आने की सूचना मिल गई थी। कहनेवाले ने तो बस इतना कहा था कि पांडव अपने ताऊजी से आशीर्वाद लेने आ रहे हैं; पर पराजित और असंतुलित मन अपने शत्रु को क्या आशीर्वाद देगा, इसका आभास मुझे लग गया था।

महाराज तो अभी भी सो रहे थे। मैंने विदुरजी को बुलवाया और उनसे कहा, ''देखिए, उनके स्वागत-सत्कार में कोई कमी नहीं होनी चाहिए। उनका सम्मान विजयी योद्धा की तरह किया जाना चाहिए। आप तो जानते हैं कि महाराज का मानसिक संतुलन ठीक नहीं है। पता नहीं वे क्या कह और कर बैठें। आपको ही सब सँभालना है।''

''आप निश्िंचत रहें। उनके साथ श्रीकृष्ण भी हैं। उनके रहते कुछ भी अप्रिय नहीं होगा।'' विदुर ने कहा।

संजय ने भी इसका समर्थन किया।

विदुर ने तुरंत बहिरंग की सफाई का निर्देश दिया। पिछले कितने दिनों से वह खोला नहीं गया था। जब वह बंद किया गया था, तभी बड़ा अस्त-व्यस्त था। अब तो धूल की कई परतें जम गई होंगी।

मैं इस पक्ष में नहीं थी कि बहिरंग कक्ष खोलने का झमेला उठाया जाय। उसकी व्यवस्था और सफाई में काफी समय लग सकता है। सिंहासन और मंचकों

को झाड़-पोंछकर ठीक से लगाना और मानव ऊँचाइयों की मूर्तियों को चमकाकर फिर से सजाना समयसाध्य काम था।

मैंने सलाह दी, ''आप अंतरंग कक्ष की ही व्यवस्था करें।''

''आप कहती तो ठीक हैं, भाभीजी, पर हमारे शिष्टाचार की एक परंपरा रही है। भले ही वे पाँच-सात ही हों, पर हैं तो अब हमारे शासक ही न! और शासक की ही दृष्टि से उनका प्रथम आगमन है। कार्यक्रम बहिरंग कक्ष में ही संपन्न होना चाहिए। आकाश मेघों से चाहे जितना आच्छादित हो, पर सूर्य तो पूर्व में ही उदित होगा।''

''हाँ, कभी सूर्य को पूर्व में उदित होते देखा था, अब तो मुझे पता ही नहीं कि वह किधर उदित होता है।'' मेरे मुख से अनायास ही निकल गया था। इस कथन में मेरे जीवन की गहरी प्रच्छन्न पीड़ा थी।

संजय और विदुर एकदम चुप हो गए। मेरा भी मन इतने अतीत में बहुत दूर निकल गया। मैं वर्तमान से उसकी तुलना करने लगी।

मौन का यह अंतराल बहुत लंबा नहीं था कि मुझे सूचना मिली, वे लोग नगर द्वार में प्रवेश कर गए हैं। वहीं हस्तिनापुर की विधवाओं की बरसती आँखें उनका अभिषेक कर रही हैं। बतानेवाले ने तो यह भी बताया कि आगे बढ़ने का उनका साहस नहीं हो रहा है।

मैं तुरंत अपने पति के कक्ष की ओर बढ़ी। यदि वे न जगे हों तो उन्हें जगा दिया जाय और यथाशीघ्र उन्हें प्रकृतिस्थ कर बहिरंग कक्ष में लाया जाय।

किंतु वे जग चुके थे। कक्ष में प्रवेश करते ही मेरी उपस्थिति का उन्हें भान हो गया। उन्होंने पूछा, ''क्यों गांधारी, वे सब आ गए हैं?''

''हाँ, वे नगर द्वार तक आ गए हैं; पर वहीं आँसुओं की बाढ़ ने उनका रास्ता रोक लिया है।''

''आँसू उनके मार्ग में बाधित हो सकते हैं? तुम कैसी बात करती हो, गांधारी!'' महाराज ने कहा, ''विजय का उन्माद अग्निबाण की तरह उन आँसुओं को सोख लेगा।''

''आप कैसे सोच सकते हैं कि वे विजयोन्माद से ही भरे होंगे?'' मैंने प्रतिवाद किया, ''क्या आज की स्थिति में यह संभव नहीं कि उनका मन भी आँसुओं से भरा हो? आखिर वे भी मानव हैं।''

''वे मानव हैं और तुम अति मानव!'' उन्होंने बड़ी वितृष्णा से कहा, ''और मैं क्षुद्र मानव : ममता, मोह, व्यथा, पीड़ा और प्रतिशोध से भरा क्षुद्र मानव; जिससे

दिवंगत पुत्रों की छटपटाती आत्मा पूछती है—पिताश्री, आपके जीवित रहते हम वीरगति पा गए और आप किंकर्तव्यविमूढ़ होकर हमारे मृत्युपर्व का केवल आख्यान सुनते रहे। अपरिमित शक्ति के पुंज होकर आप निरपेक्ष द्रष्टा की तरह तमाशा देखते रहे। शस्त्र न उठाने की प्रतिज्ञा करके भी एक व्यक्ति धर्म के नाम पर कैसे-कैसे अनर्थ और अधर्म कर गया, केवल अपने पक्ष को जिताने के ही लिए और आप चुपचाप बैठे रह गए। अरे, चुल्लू पर पानी में डूब तो सकते थे।'' इतना कहते-कहते उनका गला भर आया। आँखें नम हो गईं।

उन्होंने फिर मुझे संबोधित करते हुए कहा, ''वे हमारा आशीर्वाद लेने आ रहे हैं।··· गांधारी, एक प्रश्न मैं तुझसे नहीं, तेरे मातृत्व से पूछता हूँ कि तेरे सौ-सौ बेटों का जिन्होंने वध किया है, उन वधिकों को आशीर्वाद देने के लिए क्या तेरा मन तैयार होगा?··· जरा सोचो तो, एक माँ कुंती भी है। उसने अपने बेटों के लिए क्या नहीं किया! अपने ही एक बेटे कर्ण को कवच और कुंडलविहीन कर दिया।··· तूने अपने बेटों के लिए क्या किया? उन्हें 'विजयी भव' का आशीर्वाद भी न दे सकी। झूठी ज्ञान-गरिमा ओढ़े रही। अति मानव बनने के अहंकार ने तेरा मातृत्व कुंठित कर दिया।··· हम लोगों के रहते हुए हमारे पुत्र युद्धस्थल में ऐसे मारे गए मानो बिना माँ-बाप के हों।''

सचमुच मेरे पति की ओजस्वी वाणी ने मेरी चिंतन सरणी बदल दी। मेरे सोच में जैसे क्रांति हो गई। मेरे भीतर की आग, जो परिस्थिति और भवितव्यता की राख से बिलकुल दब गई थी, वह अचानक भभक उठी। पति वचनों की एक फूँक में वह राख उड़ गई।

मेरी मानसिकता का ऐसा परिवर्तन आपको अविश्वसनीय लग रहा होगा; पर आप विश्वास करें, हुआ ऐसा ही। अब मेरे मन को मेरे बेटों ने बेतरह घेर लिया था। संजय से सुनी उनके वध की एक-एक बात याद आने लगी। अंजुलि भरकर दुःशासन की छाती का रक्त पीता भीम मुझे दिखाई दिया। और फिर घृणा से मेरा मन भर आया।··· अपने भाई की छाती का रक्तपान कदाचित् राक्षस भी नहीं कर सकते। पर उसने किया। और वही हमारा आशीर्वाद लेने आ रहा है।

मेरा शांत मन अब अशांत हो चुका था। मैं क्रोध से पूरी तरह भर गई थी।

सूर्य डूबने के कुछ पहले ही वे राजभवन द्वार पर आ गए थे। उसके पहले ही हम लोग बहिरंग कक्ष में अपने-अपने आसन पर थे।

विदुर और संजय ही उनकी अगवानी के लिए गए। अब कौन रह गया था, जो और जाता। सैनिकों में से शायद ही कोई जीवित बचा हो। यदि बचा भी होगा तो

बिस्तर पर घायल पड़ा कराह रहा होगा। नियति ने बड़ी निर्दयता से गज और अश्वशालाओं के गले दबा दिए थे। न उनमें एक भी चिंघाड़ बची थी और न एक हिनहिनाहट।

प्रवेश करते ही अपनी उपस्थिति का अनुभव कराने के लिए कृष्ण ने दूर से ही प्रणाम किया। महाराज ने बड़े शांतभाव से उत्तर दिया और बोले, "आओ, द्वारकाधीश! हमारे पुत्रों को तो ले आए हो न? अब तो हमें उन्हींका भरोसा है।" वे बड़े सामान्य भाव से बोले।

मुझे उनके व्यवहार के इस असहज परिवर्तन पर आश्चर्य था। जो व्यक्ति अभी कुछ समय पहले जिसका नाम सुनकर खौलने लगता था, वह इस समय इतना ठंडा पड़ गया। आज मैंने उन्हें अपने दहकते हृदय को कृत्रिम आत्मीयता के आस्तरण से ढकते पहली बार देखा था।

"बुआजी, मैंने आपको भी प्रणाम किया था, पर वह मौन ही था।"

"वत्स, उसी समय मैंने तुम्हें आशीर्वाद भी दिया था, पर वह मौन ही था।" मैंने कहा।

कृष्ण जोर से हँस पड़ा। उसकी ध्वनि-प्रतिध्वनि उस विशाल कक्ष के सन्नाटे में बड़ी देर तक खिलखिलाती रही। मैं डरी कि कहीं कृष्ण की इस उन्मुक्त हँसी को मेरे पतिदेव विजयोन्माद का परिणाम न समझें। उन्हें कहीं ऐसा न लगे कि यह मेरी पराजय पर अट्टहास कर रहा है। तब यह सामान्य सा लगनेवाला व्यक्ति पुनः फुफकारने न लगे; क्योंकि इधर कई दिनों से उनकी मुद्रा बराबर रंग बदल रही थी।

"मैं युधिष्ठिर हूँ।" अपना परिचय देते हुए युधिष्ठिर ने उनके चरण छुए।

"अरे, तुम युधिष्ठिर!" महाराज बोले, "मेरे मन पर तो इस समय केवल भीमसेन चढ़ा है।… कुंती ने भी कितना पराक्रमी पुत्र पैदा किया है, जिसने मेरे सौ-सौ पुत्रों को यमलोक पहुँचा दिया! कितना अद्भुत है वह! आज मैं उसे अपनी छाती से लगाना चाहता हूँ।" फिर उन्होंने युधिष्ठिर को अपने वक्ष से लगाया।

बाद में संजय ने बताया कि अपनी प्रशंसा सुनकर भीमसेन की बाँछें खिल गई थीं; पर कृष्ण बड़े गंभीर हो गए थे। उन्होंने तुरंत उसका हाथ पकड़कर उस सिंहासन के दाहिनी ओर से उसे पीछे ले गए थे, जिसपर महाराज विराजमान थे। वहीं पर मानव ऊँचाई की एक चमचमाती लौह प्रतिमा रखी थी। वह आर्यावर्त के किसी महान् कलाकार की अद्भुत कृति थी। मैंने पहले कई बार उसे स्पर्श करके देखा था। पौरुष की दृढ़ मांसपेशियों के उभार और खालेपन को बड़ी सफलता से तराशा गया था। वह दरबार की एक जीवंत शोभा थी।

युधिष्ठिर ने महाराज के वक्ष से छूटने के बाद फिर मेरे पाँव छुए। मेरे मन में

आक्रोश तो बहुत था। बहुत सी बातें आज उससे कहने को थीं; पर पता नहीं क्यों, उसे वक्ष से लगाते ही मैं सब भूल गई। मुझे उसके हृदय की वही धड़कन सुनाई पड़ी, जो बचपन में जब दूर से दौड़कर आता था और मुझसे लिपट जाता था, तब सुनाई पड़ती थी। मेरा सारा क्रोध अतीत की उस आत्मीयता में बदल गया।

"मैं आपका पुत्र अर्जुन हूँ।" इतना कहकर अर्जुन ने महाराज का चरणस्पर्श किया।

"अरे, तुम अर्जुन हो!" मेरे पति ने कहा, "युधिष्ठिर के बाद तो भीम को आना चाहिए था। तुम कैसे चले आए?"

"भीम भी आ रहे हैं।" कृष्ण ने कहा।

उसी समय महाराज ने अर्जुन को छोड़ दिया।

भीम का नाम सुनते ही महाराज की मुद्रा बदली, 'आ नीच, मैं तेरा पराक्रम देखता हूँ।' संजय के कथनानुसार महाराज ने एक लंबी साँस भरी और दोनों भुजाएँ खोल दीं। कृष्ण ने तुरंत भीम को पीछे खींचकर उस लौह प्रतिमा को उनके भुज-पाश में डाल दिया।

"देखता हूँ, आज तेरी छाती में कितनी शक्ति है!" इतना कहकर उन्होंने एक हुंकार के साथ अपना पूरा जोर लगाया। वह लौह प्रतिमा तो चूर-चूर हो गई, किंतु अति दबाव के कारण महाराज के मुँह से रक्त निकलने लगा। वे शिथिल होकर सिंहासन पर ही गिर गए। कृष्ण ने तुरंत उन्हें सँभाला और संजय की ही सहायता से उन्हें उठाकर विश्रामकक्ष में ले जाकर लिटा दिया तथा उन्हें ठंडा जल पिलाया। तब तक मैं भी उनके पास पहुँच गई थी।

यथाशीघ्र राजवैद्य को बुलाया गया। नाड़ी परीक्षण के बाद वैद्यराज ने बताया कि अत्यधिक दबाव के कारण फेफड़ों में घाव हो गया है। फिर केशर, तांबूल के रस एवं मधु के साथ खाने के लिए ओषधि दी और कहा कि इन्हें विश्राम की आवश्यकता है।

धीरे-धीरे महाराज की मुद्रा बदली। क्रोध का ज्वार थमा। पश्चात्ताप की लहरें मानस तट से टकराने लगीं। वे मंद और टूटी आवाज में बोले, "द्वारकाधीश, मैं बड़ा अभागा हूँ। मेरे जीवित रहते ही मेरे पुत्रों को सद्गति मिली। अब पांडुपुत्रों का ही सहारा रहा।··· पर क्या कहूँ? मेरा अपरिमित क्रोध उनमें से सबसे बली और शक्तिशाली पुत्र को भी चबा गया।" फिर उनका स्वर भर्रा आया।

"क्या कीजिएगा, फूफाजी, क्रोध अंधा होता है।"

"···और एक अंधे का क्रोध और भी अंधा हो गया। अपने कुल के चमकते दीप को स्वयं फूँककर बुझा दिया।"

“किंतु वह दीप बुझा नहीं है।” कृष्ण ने बड़े नाटकीय ढंग से कहा।

हम सभी चकित थे कि यह कौन सा नाटक है।

“क्या कहते हो, द्वारकाधीश, भीमसेन इतने पर भी मरा नहीं है?”

“नहीं।” कृष्ण ने रहस्य का उद्घाटन किया, “आपके अंधे क्रोध के समक्ष वस्तुतः भीम को जाने ही नहीं दिया गया। आपने जिसे अपनी छाती से दबाकर चूर-चूर किया, वह भीम नहीं वरन् वह मानव ऊँचाई की लौह प्रतिमा थी, जो आपके सिंहासन के दक्षिण पार्श्व में खड़ी उस कक्ष की शोभा बढ़ा रही थी।”

“धन्य हो, द्वारकाधीश! तुम्हारी माया अपरंपार है!” इतना कहकर वे पता नहीं किस चिंतन में डूब गए।

थोड़ी देर बाद बोले, “फिर भीम कहाँ है? उसे बुलाओ। मैं तो उसे छाती से लगा नहीं पाया। अच्छा हुआ। अब तो वह मेरी छाती से लग जाय।”

अब कृष्ण ने भीम को बुलाया। वह कहीं और नहीं वरन् वहीं खड़ा था। उसने तुरंत उनके पाँव छुए और फिर मेरा भी। फिर उनकी छाती पर धीरे से ढुलक गया। वे बड़ी देर तक उसकी पीठ सहलाते और कभी-कभी थपथपाते रहे।

एक बात मेरे मन में बार-बार खौलती रही और इस समय वह बाहर आ ही गई। मैंने भीम को संबोधित करते हुए कहा, “जिस समय तुम्हारे ताऊजी पर क्रोध सवार था उस समय मैं भी क्रोध में जल रही थी। उसकी चिनगारी अब भी मेरे मन में सुलग रही है।” फिर क्षण भर रुककर अपनी बात मैंने सीधे-सीधे कही, “तुमने और जो कुछ किया वह तो किया ही, किंतु अपने भाई का रक्त युद्धस्थल में अंजुलि भरकर पीया, यह अच्छा नहीं किया, बेटे। राक्षस भी अपने भाई का रक्तपान नहीं करते।”

“मैं पीने वाला था, क्योंकि उस समय मैं भी क्रोध में अंधा हो गया था; पर पीया नहीं।” भीम ने कहा।

मैं फिर उबल पड़ी, “तुम झूठ बोलते हो! संजय ने तुम्हें रक्त पीते देखा था।”

संजय ने भी मेरी बात का समर्थन किया, “हाँ, भीमसेन, तुम्हारी अंजुलि रक्त से भरी थी और तुम्हारे ओठों पर भी रक्त लगा था।”

“संजय भैया बात ठीक कह रहे हैं।” भीम ने स्वीकार किया। पर रक्त पीने की बात उसने स्वीकार नहीं की। उसका कहना था, “अंजुलि भरकर रक्त पीने मैं झुका अवश्य था; पर ज्यों ही उस गरम-गरम रक्त से अधरों का स्पर्श हुआ, मेरे भीतर एक आवाज उठी—यह क्या कर रहे हो, भीम? तुम अपने भाई का रक्त पीने

जा रहे हो! मैंने तुरंत मुँह हटा लिया। मेरी अंतरात्मा की आवाज ने एक पाप करने से मुझे बचा लिया।''

भीम ने जिस सफाई और सहजता से बात कही थी, उसमें अविश्वास की संभावना न थी। उसके कथन का किसीने प्रतिवाद भी नहीं किया। मेरे पति भी मौन रहे।

उसने पुनः जोर देकर कहा, ''आप विश्वास करें, ताईजी, भाई के रक्त की एक बूँद भी मेरे कंठ के नीचे नहीं गई थी।''

''मेघों में तड़पती हुई बिजली देखी गई थी; पर जब मेघ ही कहता है कि वह तड़पी अवश्य थी पर चमकी नहीं थी, तब तो विश्वास ही करना पड़ेगा।'' मैंने कहा और बात समाप्त हुई।

□

आज युधिष्ठिर का राज्याभिषेक है। औपचारिकता का निर्वाह तो होगा ही, भले ही वह मृत्यु के सन्नाटे पर ही शासन करे; भले ही हस्तिनापुर के वृद्धों, अपाहिजों, बालकों, पुत्रहीन माताओं और सदा के लिए सूनी हुई माँगों का संतप्त जीवन ही उसे सत्ता में मिले, पर वह हस्तिनापुर का अधिपति तो होगा ही।

हुआ सबकुछ विधिवत् ही, पर मरे-मरे मन से; क्योंकि हारे तो हारे ही थे, जीते भी हारे थे। हारा सोचता था, मेरा वर्तमान लुट गया, हमारा सर्वनाश हो गया। और विजयी सोचता था कि विजय के एक झूठे अहंकार के सिवा हमें मिला क्या? रुदन से भरा हाहाकार, श्मशान की धधकती ज्वाला, आँसुओं से भीगा-भीगा मौसम और सिसकती हुई निस्तब्धता।

फिर भी इस समारोह में भाग लेने कुछ नगर निवासी आए ही थे। कुछ अपने अबोध पौत्रों के कंधों का सहारा लेते हुए, कुछ बैसाखियों के सहारे पैर घिसते हुए और कुछ इस आशा की लकुटी टेकते हुए आए थे कि अब अधर्म का राज्य समाप्त हुआ, धर्म का शासन आरंभ होगा।

युधिष्ठिर ने प्रजा के अभिनंदन का उत्तर देते हुए बड़ी मार्मिक बात कही थी—

''मेरे प्रिय प्रजाजनो! जो कुछ हुआ, उसके आप प्रत्यक्ष साक्षी हैं। महाविनाश के जिस खंडहर पर मुझे सिंहासन सौंपा गया, उसके आप मर्माहत अश्रुपूरित द्रष्टा हैं।...आपके आशीर्वाद के अतिरिक्त इस समय मेरे पास कुछ नहीं है। युद्ध में राजकीय कोष खाली हो चुका है। उसकी एक-एक मुद्रा रणक्षेत्र में रक्त से सने कुछ टूटे और कुछ बिलकुल नष्ट हुए शस्त्रों में बदल चुकी है। संपत्ति के नाम पर हमारे

पास रथों के टूटे हुए हिस्से तथा मृत हाथियों और अश्वों की सड़ती हुई लाशें ही रह गई हैं। ऐसे में आपका आशीर्वाद ही हमारा संबल है।''

इतना सुनते ही प्रजा ने 'साधु-साधु' कहकर युधिष्ठिर का पुनः अभिवादन किया।

युधिष्ठिर बोलता गया, ''हमारे परिवार में एकमात्र वयोवृद्ध बचे हैं, वे हैं हमारे ताऊजी (मेरे पति की ओर उसका स्पष्ट संकेत था)। यह राज्य उन्हींका है। यदि नियति ने उनके साथ क्रूर परिहास न किया होता तो आज इस सिंहासन पर वे ही विराजमान होते और तब हस्तिनापुर को यह दुर्दिन भी देखना न पड़ता।''' वे ही अब हमारे पिता हैं और हमारे तथा आप सबके अभिभावक हैं। हम इस अवसर पर उनकी हर आज्ञा के पालन का संकल्प लेते हैं और आपसे प्रार्थना करते हैं कि आप भी ऐसा ही रुझान उन्हें दें। ऐसा कुछ न करें, जिससे उन्हें किसी प्रकार की पीड़ा पहुँचे।''' हम भगवान् को साक्षी मानकर इस सभा में प्रतिज्ञा करते हैं कि प्रजा की भलाई के लिए हम कुछ भी उठा नहीं रखेंगे।''

यद्यपि युधिष्ठिर का भाषण संक्षिप्त था, पर उसकी भूरि-भूरि प्रशंसा हुई। दुःखी प्रजा के आँसू पोंछने और उसके ताजे खुले घाव पर पट्टी बाँधने के लिए इससे अधिक कुछ भी नहीं कहा जा सकता था।

इस अवसर पर युधिष्ठिर ने प्रजा का कोई भी उपहार ग्रहण नहीं किया, वरन् उपहार देनेवालों से भीगे स्वर में कहा, ''जिस मनुष्य की महत्त्वाकांक्षा आपके परिवार के किसी-न-किसी व्यक्ति के शव पर चढ़कर इस सिंहासन पर पहुँची हो, आप उसे शापित न करें, यही बहुत है। हम तो केवल आपके आशीर्वाद के आकांक्षी हैं।''

युधिष्ठिर ने अपने प्रथम दर्शन में ही प्रजा का हृदय जीत लिया। उसी दिन उसने विदुर को अपना महामात्य बनाया और भीम के युवराज होने की घोषणा की।

मैं सोचती हूँ कि इस सबके पीछे कृष्ण की ही बुद्धि कार्य कर रही थी। सभा में व्यक्त किए विचार भी युधिष्ठिर के नहीं वरन् कृष्ण के ही हैं; क्योंकि कृष्ण के अभाव में पांडव कुछ कर ही नहीं सकते थे। कृष्ण के देवत्व से अधिक उसका कूटनीतिज्ञ व्यक्तित्व मुझपर प्रभावी था। उसके संबंध में मेरे मन में महानता की वह प्रतिभा बहुत कुछ अब कुंठित हो गई थी, जो पहले बनी थी।

सोचती हूँ कि पांडवों को जिताने के लिए उसने कौन-कौन सा खोवा नहीं कूटा! कितना झूठ, कितना अधर्म, छल और प्रपंच का सहारा लिया! मेरे विचार से चार ही स्थितियाँ ऐसी थीं, जब कृष्ण पांडवों के साथ नहीं रहे और वे बुरी तरह मार

खा गए। एक तो द्यूत के समय, दूसरे लाक्षागृह कांड के समय, तीसरे अभिमन्यु वध के समय और चौथे उस समय जब पांडव वंश का सर्वनाश करने के लिए अश्वत्थामा उद्यत हुआ। चारों स्थितियाँ पांडवों के विरुद्ध गईं।

और अंत में हमारी अंधता का लाभ उठाकर उसने जिस तरह भीम की रक्षा की और मेरे पति को घायल किया, उससे वह बिलकुल कुचक्री सा लगने लगा था। अब मैं सोचती हूँ कि ताऊजी के इस विश्वास का आधार कितना दृढ़ था कि जिधर कृष्ण होंगे उधर ही विजय होगी।

मेरे मन की उसकी वह पुरानी प्रतिमा भले ही खंडित हो गई थी, पर उसका अब भी अस्तित्व था। अब भी मेरा मन स्वीकार करता था कि उसके समान योगी और दार्शनिक इस समय आर्यावर्त में कोई नहीं है। उसके प्रति मेरे मन की विचित्र स्थिति थी। एक ओर वह मुझे छल-प्रपंच में आकंठ मग्न दिखाई देता था तो दूसरी ओर चंदनांकित सुरभियुक्त योगनिष्ठ उसकी काया दर्शित होती थी। जब उसकी पहली स्थिति दिखाई देती थी तो मैं क्रोध के आवेग में आ जाती थी और जब दूसरी आकृति की ओर दृष्टि पड़ती थी तो आवेग स्वयं थम जाता था।

सुखदा का कहना था कि वह बराबर कहता है कि जो मुझे जिस रूप में देखता है, उसे मैं उसी रूप में दिखाई देता हूँ। यह इस बात का प्रमाण है कि उसका रूप बहुआयामी है।...मुझे तो उसके दो ही आयाम दिखाई देते थे।

हस्तिनापुर में पांडवों को अच्छी तरह स्थापित कर आज वह द्वारका जाने वाला था। लगभग एक घड़ी दिन चढ़े पूजन आदि से निवृत्त हो वह मेरे यहाँ आया और मेरे पाँव छूकर बोला, "आशीर्वाद दीजिए, आज मैं द्वारका जा रहा हूँ।"

"तुम जा रहे हो! तब पांडवों को सँभालेगा कौन?" मैंने परिहास किया।

"इसके लिए आप लोग तो हैं ही।"

"हम लोग तो उस समय भी थे, जब उनपर तुम्हारी छाया नहीं थी।"

"उस समय उन्हें मेरी आवश्यकता नहीं थी। जब आवश्यकता हुई, मैं उपस्थित हुआ।"

"उनकी हर आवश्यकता पर तुम आ जाते हो?"

"जब व्यक्ति हृदय से पुकारता है तब मैं अवश्य उपस्थित होता हूँ।"

"तो मैं भी जब तुम्हें पुकारूँगी, तुम आ जाओगे?"

"अवश्य आ जाऊँगा।"

"मैं तो इसी समय तुम्हारी सेवा लेना चाहती हूँ।"

"आज्ञा दीजिए।"

''तुझे लोग योगी और मायावी भी कहते हैं।'' मैंने कहा।

इसके बाद वह धीरे से हँसा। निश्चित रूप से वह अपने ढंग से मुसकराया होगा। फिर कई बार की कही हुई बात उसने दोहराई, ''जो मुझे जिस रूप में स्मरण करता है उसे मैं उसी रूप में दिखाई देता हूँ।''

''इसका तात्पर्य है कि तू स्वयं में क्या है, इसे लोग जान नहीं पाते। लोग अपनी-अपनी दृष्टि से तुझे समझते हैं।''

''आप जो समझें।''

''जो भी हो, मैं इस झमेले में पड़ना नहीं चाहती। मैं तो चाहती हूँ कि रणक्षेत्र में मृत पड़े मेरे पुत्रों को एक बार तू मुझसे मिला दे।''

''जैसी आपकी आज्ञा, बुआजी।'' वह जोर से हँसा। उस दिन उसने द्वारका जाने का कार्यक्रम भी स्थगित कर दिया।

पौष के दिन सुख के दिनों की तरह बहुत जल्दी बीत जाते हैं। इसलिए अपराह्न के पूर्व ही रणक्षेत्र में चलने का निश्चय हुआ। कृष्ण स्वयं रथ लेकर आएगा और यहाँ से मुझे ले जाएगा।

उसके चले जाने के बाद मैं सोचने लगी, क्या ऐसा हो सकता है कि मरे व्यक्ति को जीवित कर दिया जाय? यदि ऐसा होता तो इस संसार में कोई मरता ही नहीं। इसे मृत्युलोक क्यों कहा जाता?··· पर उसने तो वचन दिया है कि मैं आपसे आपके प्रिय पुत्रों की भेंट कराऊँगा।

सुखदा कहती है, वह कुछ भी कर सकते हैं। फिर मेरी सोच अँगुली पकड़कर बाँह पकड़ने की चेष्टा करने लगी, 'तब तो वह यह भी कर सकता है कि मेरे पुत्रों को जीवित कर मुझे वापस कर दे।··· पर वह ऐसा करेगा क्यों? जिनका वध कराने में उसने हर युक्ति लगाई, धर्म-अधर्म सबका सहारा लिया उन्हें वह जीवित क्यों करेगा?··· देखो, क्या करता है!'

मध्याह्न बीतते-बीतते रथ की घरघराहट सुनाई दी। सुखदा ने वातायन से झाँका और वहीं से चिल्लाई, ''अरे, वे आ गए!'' उसकी खुशी का कारण यह भी था कि वह सोचती थी कि राजकुमारों को जीवित होते मैं भी देखूँगी।

''अरे, यह तो सफेद घोड़ोंवाला अर्जुन का रथ है। इसकी ध्वजा पर कपि भी अंकित है। यह तो वही रथ है जिसके ये सारथि रहे हैं।''

मैं कुछ नहीं बोली।

आते ही कृष्ण ने मेरे पाँव छुए और सूचित किया, ''बुआजी, मैं आ गया।''

थोड़ी देर बाद जब मैं चली तो सुखदा भी मेरे साथ थी। कृष्ण ने उसका विरोध करते हुए कहा, "इस कार्य के लिए तो आपको मेरे साथ अकेले ही चलना पड़ेगा।"

"अरे, यह तो मेरी छाया है।"

"छाया भी हमेशा साथ नहीं रहती। कभी-कभी तो उसे अलग होना ही पड़ता है।" उसने फिर हँसते हुए कहा।

सुखदा स्वयं पीछे हट गई।

पलक झपकते ही हम रणक्षेत्र में आ गए। आज मुझे प्रत्यक्ष अनुभव हुआ कि वह उच्च कोटि का सारथि है।

युद्धक्षेत्र में आते ही मुझे बड़ा विचित्र अनुभव हुआ। गिद्ध और चीलों के पंखों की फड़फड़ाहट, शवों को नोचते झुंड-के-झुंड कुत्तों और शृगालों की भयावनी ध्वनि, शवों की सड़न की दुर्गंध तथा एक छोर पर इकट्ठी बैठी विधवाओं का क्रंदन। ऐसा लग रहा था कि मैं नरक में आ गई हूँ। मुझे वहाँ अनुभव हुआ कि केवल मैं ही दुःखी नहीं हूँ, ये सब मुझसे अधिक दुःखी हैं। मेरे पुत्र चले गए तो क्या हुआ, मेरे भतीजे तो हैं; पर इनके परिवार में भी कोई नहीं बचा है। मुझे बड़ी वितृष्णा हुई।

मैंने कृष्ण से कहा, "यह क्रंदन सुन रहे हो? इन सबके मूल में तुम्हीं हो। यदि तुम हृदय से चाहते तो यह युद्ध न होता।"

"मैंने तो हर प्रकार की चेष्टा की कि युद्ध न हो, भाई-भाई की टकराहट से हस्तिनापुर बच जाय। मैंने पांडवों के लिए मात्र पाँच गाँवों के लिए प्रस्ताव किया था; किंतु वह भी स्वीकार नहीं किया गया।"

"मानती हूँ कि यह मेरे पुत्रों की भूल थी।" मैंने कहा, "पर इसके बाद भी ऐसे अवसर आए जब तुम युद्ध को टाल सकते थे।"

वह चुप हो गया। मुझे लगा, वह मुझसे पूछ रहा है कि आप किस अवसर की ओर संकेत कर रही हैं?

मैंने बताया, "जिस समय अर्जुन पहले ही दिन विषादग्रस्त हो गया था। वह सारे अस्त्र-शस्त्र एक ओर रखकर युद्ध न करने की मुद्रा में था। तब तुमने उसे वह जीवन-दर्शन सुनाया कि उसका विषाद नष्ट हो गया। एक तरह से तुमने उसे युद्ध करने के लिए उकसाया। यदि वह युद्ध न करता तो उसके कोई भाई युद्ध न करते।"

"यह आप कैसे सोचती हैं, बुआजी, कि एक ओर से मेरी संपूर्ण सेना खड़ी हो, मारने-मरने को तैयार हो, दूसरी ओर से निहत्था मैं स्वीकार किया गया था। और

वही पक्ष युद्ध न करने की मुद्रा में आ गया था। ऐसी स्थिति में मैं उसे युद्ध करने के लिए उत्साहित भी न करूँ? उसके क्षात्र धर्म को ललकारूँ भी नहीं? उस समय मेरा क्या कर्तव्य था?''

''तुम्हारा कर्तव्य था कि तुम किसी भी स्थिति में युद्ध को रोकते।'' मैंने कहा, ''तुम क्या समझते हो, यदि पांडव न लड़ते तो वे पराजित मान लिये जाते? भले ही हमारे पुत्र उन्हें पराजित कहते, पर सारी प्रजा उनकी ओर होती। लोग कहते कि ये कितने भले लोग हैं, जिन्होंने अपनों पर शस्त्र नहीं उठाया, भले ही पराजय स्वीकार कर ली।''

''इसका तात्पर्य है कि मेरे रहते मेरा पक्ष पराजित हो जाता!''

''पराजित होता नहीं, मेरे पुत्र उन्हें पराजित मानते। पराजित होने और युद्ध का विरोध करते हुए पराजित माने जाने में बड़ा अंतर है। तब पांडव जनता के हृदय पर राज्य करते। प्रजा का ऐसा दबाव मेरे पुत्रों पर पड़ता कि उन्हें राज्य का आधा भाग देना ही होता।''' जानते हो, कृष्ण, सत्ता उसीके हाथ में फलती-फूलती है, जो जनता के हृदय पर राज करता है।'' मैं कहती गई, ''आज पांडवों को हस्तिनापुर का सिंहासन तो मिल गया, पर वे किस पर राज करेंगे? श्मशान पर, विधवाओं की आँखों में लहराते हुए सागर पर, या इस संतप्त भूखंड की आहों पर?''

संदर्भ भंग करते हुए कृष्ण अचानक बोला, ''बुआजी, अब हम लोग रणक्षेत्र में आ गए हैं। सामने जयद्रथ का शव दिखाई पड़ रहा है।''

''हा, मेरा जयद्रथ!'' यह कहते हुए मैंने आँखों से पट्टी खोलनी चाही।

''अरे रे, यह आप क्या कर रही हैं?''

''पट्टी हटा रही हूँ।'' मैंने कहा, ''यदि नहीं हटाऊँगी तो देखूँगी कैसे?''

''आज तक आपने जिन्हें बंद आँखों से ही देखा, खुली आँखों से उन्हें क्या आप देख पाएँगी? यदि मान लीजिए, किसी प्रकार यदि आप देख भी पाएँ, तो क्या पहचान पाएँगी?'' कृष्ण की आवाज काफी गंभीर हो गई, ''इसलिए आप इन्हें बंद आँखों से ही देखिए। हँसते, रोते-गाते आप जैसे भी देखना चाहेंगी, ये दिखाई देंगे।''

मुझे भी संदेह हो गया। जो आँखें युगों से बंद पड़ी हैं, लगभग अर्द्ध-शताब्दी तक जिन्होंने एक किरण भी नहीं देखी, उनमें क्या अब देखने की शक्ति शेष रह गई होगी? प्रयोग में लाए बिना दस-पाँच वर्षों के बाद शस्त्र भी कुंठित हो जाते हैं, तब इन आँखों की तो बात ही क्या! फिर यह बड़ी पुरानी मान्यता है कि शरीर के जिन अंगों से अधिक दिनों तक काम नहीं लिया जाता, वे काम लायक नहीं रह जाते हैं।

कृष्ण ने बड़ी चतुराई से इस तथ्य को सत्यापित होने से बचा लिया कि उसमें सबकुछ करने की शक्ति है।

''अब आप अपनी अंतर्दृष्टि से देखिए, दिखाता हूँ।'' कृष्ण ने पुनः कहा, ''आप जयद्रथ के शव के पास ही खड़ी हैं।''

''बेटा जयद्रथ, तेरे पराक्रम का पूरा आर्यावर्त लोहा मानता था; पर आज तेरी यह गति है। जानता है, क्यों? काम के वशीभूत होकर तेरे अहंकार ने काम्यक वन के एकांत में बैठी द्रौपदी को हरने की कुचेष्टा की थी। उसी समय उस पतिव्रता की आह तुझे लगी थी। तेरी यह दुर्गति उसी आह का परिणाम है। तू पतिव्रत की शक्ति को पहचान नहीं पाया। उसीका फल था कि अवसर पाते ही नियति ने प्रकृति की मानसिकता को ऐसा परिवर्तित कर दिया कि अर्जुन तेरा वध करने में सफल हो गया, अन्यथा उसकी अग्नि समाधि निश्चित थी।''

तब तक कृष्ण की आवाज सुनाई पड़ी, ''वह देखिए, कुछ दूरी पर आचार्य द्रोण का शव पड़ा है। लेकिन इसके लिए आपको कई शवों को रौंदते हुए जाना पड़ेगा।''

''शवों को रौंदते हुए जानेवाला रास्ता तो सत्ता की ओर जाता है।'' मैंने बड़ी वितृष्णा से कहा और वहीं खड़ी रह गई।

मेरी सारी इच्छाएँ अब मर चुकी थीं। आज मैं लोभ-मोह और प्रकार के 'तेरे-मेरे' से मुक्त थी। रणक्षेत्र में निर्जीव होकर जो पड़े थे, वे सभी मेरे स्वजन थे। सब एक ही रास्ते चले गए। दूसरी दृष्टि से अब वे मेरे कोई नहीं हैं; यदि हैं तो वे केवल मनुष्य हैं। अब मैं उन निर्जीव मनुष्यों में केवल एक मनुष्य थी। मेरे पास यदि रह गई थी तो केवल मानवीय संवेदना। अब न मेरे मन पर कोई बंधन था और न वाणी पर। वह बेहिचक मुखरित हो रही थी, ''आचार्यजी, इस स्थिति में पहुँचने के लिए आपकी स्खलित तपस्या का बहुत कुछ हाथ है। शासन तो बहुत गिर ही चुका था, जो आप जैसे आचार्य के पुत्र के लिए दूध की भी व्यवस्था नहीं कर सका। पर इतना ही अभाव आपकी जीवन भर की तपस्या को भ्रष्ट कर दे, यह बड़ा आश्चर्य है। आप आश्रम की शिक्षा समाप्त कर उस शिक्षा को स्वर्णखंडों के मोल राजभवन के हाथों बेच दें, आपका सारा ज्ञान राजकुमारों के लिए सुरक्षित हो जाय, यह कितना बड़ा अन्याय था! आपने अपनी तपस्या तो भ्रष्ट की ही, समाज के प्रति अपने कर्तव्यों का भी निर्वाह नहीं किया। केवल राजकुमारों के लिए कितने एकलव्यों को दुत्कारा, कितने कर्णों को अपमानित किया! इन्हीं सबका परिणाम था यह महायुद्ध। जिस देश का आचार्य इतना गिर जाता है उस देश की यही दशा होती है।''

इसके बाद मैं चुप हो गई। भीतर से बहुत कुछ निकल चुका था, पर बहुत

कुछ बाकी था। तब तक कृष्ण की आवाज सुनाई दी, "आपके दाहिने पैर के पास ही जो क्षत-विक्षत शव पड़ा है वह शायद लक्ष्मण का ही है।"

इतना सुनते मैं विचलित हो उठी, "लक्ष्मण! हा, लक्ष्मण! तुमने सचमुच वीरगति पाई। तुमने अपनी माँ की दूध की लाज रखी है। ऐसे पुत्रों को जन्म देकर ही क्षत्राणियाँ स्वयं को धन्य समझती हैं।"

"...और आपके पीछे थोड़ी दूरी पर टूटे रथ के पहिए के नीचे दबा अभिमन्यु भी है।"

"अरे, अभिमन्यु! मैं छाती पीटकर कह सकती हूँ कि तू हमारे कुल का गौरव है। तूने वह कर दिखाया, जो तेरे पिता के अतिरिक्त कोई नहीं कर सकता था। तू अर्जुन के रण-कौशल और पौरुष का प्रतीक है, सुभद्रा की तपस्या का फल है। तूने आचार्य का सारा स्वप्न चूर कर दिखाया। और मारा भी गया, तो छह-छह महारथियों द्वारा घेरकर। तेरे वध के लिए युद्ध का हर नियम तोड़ा गया।

"और कब इस युद्ध में किसी नियम का पालन हुआ! पूरा युद्ध नियम-विहीन और धर्मविहीन था।" मैं बोलती रही। कृष्ण ने मेरा हाथ पकड़कर आगे की ओर खींचा। मुझे लगा कि उसे मेरा बड़बड़ाना अच्छा नहीं लग रहा है।

मैंने पूछा, "किधर ले जा रहे हो?"

"सूर्य पश्चिम की ओर ढुलक गया है।" उसने कहा, "सूर्यास्त होने के पहले हम यहाँ से निकल चलना चाहते हैं। अब मैं उधर चल रहा हूँ जिसके लिए आप विशेष आतुर हैं।" मैंने सोचा, वह दुर्योधन की ओर चल रहा है। थोड़ी देर तक वह लगभग मुझे दौड़ाता चला, फिर बोला, "अब आगे मत आइए, वहीं से देखिए, दूर पर रक्त से लथपथ, पहचान से परे दुःशासन का शव है।"

इतना सुनते ही मैं बोल पड़ी, "हा, दुःशासन! तुमने मेरी एक बात भी नहीं मानी। तू अपने बड़े भाई का अंधभक्त था। तेरे अहंकार पर जब उसका भी अहंकार आरोपित हो जाता था तब तू पागलों-सा कार्य करने लगता था। तेरे सिर पर पाप सवार हो जाता था। तेरी यह स्थिति उन्हीं पापों का परिणाम है। तुमने भरी सभा में एक पतिव्रता को निर्वस्त्र करना चाहा था। तुम्हें और तुम्हारे भाइयों को काम और अहंकार ने अंधा कर दिया था। तुम्हारे आतंक ने पूरी सभा का मुँह बंद कर दिया था। तुम तो पाप कर ही रहे थे, उस सभा का हर व्यक्ति तुम्हारे पाप का मूक साक्षी और भागीदार था।

"तुमने देखा नहीं, उस समय तुम्हारी सामर्थ्य, तुम्हारी शक्ति, तुम्हारा

अहंकार कितना असमर्थ और पराजित दिखा उस पतिव्रता की तेजस्विता के समक्ष! वस्तुतः वह केवल द्रौपदी ही नहीं थी, वह आर्यावर्त के पातिव्रत्य की प्रतीक थी। उस समय संपूर्ण नारी जाति की अस्मिता का प्रश्न था। उसे तो उसी समय तुझे शापित करना चाहिए था; पर पता नहीं क्या समझकर वह ऐसा न कर सकी।

"उस समय मैंने तुम्हें बहुत समझाया था; पर तुमने एक नहीं सुनी। अब तुम तो उसका फल भोगकर चले गए और हमें रोने के लिए छोड़ गए।"

कृष्ण ने फिर मुझे आगे की ओर खींचा और तेजी से आगे बढ़ा। कुछ दूर जाने के बाद हमने अनुभव किया कि हम युद्धक्षेत्र से बाहर आ गए हैं। इधर से तो राजभवन की ओर लौटा नहीं जा सकता। दिशा एकदम विपरीत है।

मैंने पूछा, "किधर ले चल रहे हो?"

"उस सरोवर की ओर, जहाँ दुर्योधन का शरीर दुहरा हुआ पड़ा है।"

अब तो मेरी मुद्रा एकदम बदल चुकी थी। मेरा क्रोध भभक उठा। मैंने जानबूझकर प्रश्न किया, "क्यों कृष्ण, मेरे पुत्र का शरीर दुहरा क्यों हुआ?"

"क्योंकि भीम ने उसकी जाँघ तोड़कर उसे लुंज-पुंज कर दिया था।"

"वहाँ तो मेरे पुत्र के साथ भीम का गदायुद्ध हुआ था। क्या गदायुद्ध में कटि के नीचे प्रहार किया जा सकता है? यह नियम विरुद्ध नहीं है?"

कृष्ण कुछ नहीं बोला। पर मैं बोलती गई, "मैंने सुना है कि यह प्रहार भी तुम्हारे संकेत पर हुआ! भीम स्वयं प्रहार नहीं कर रहा था।... तुम तो कहते हो कि मेरा जन्म धर्म की स्थापना के लिए हुआ है! क्या यही तुम्हारा धर्म है?"

कृष्ण चुप था और मेरा आवेश बढ़ता गया, "तुमने सहारा लिया धर्म की रक्षा का और पूरे युद्ध को अधर्म युद्ध बना दिया। युद्ध में शस्त्र न उठाने की प्रतिज्ञा करके भी तुमने शस्त्र उठाया। शिखंडी को आगे करके पितामह को पराजित करना क्या धर्म था? युधिष्ठिर के मुख से अश्वत्थामा के मारे जाने की झूठी घोषणा करवाकर आचार्य द्रोण का वध कर देना क्या धर्म था? कर्ण ने जिस 'अमोघ शक्ति' को अर्जुन के लिए सुरक्षित रखा था, उसे विवश कर घटोत्कच पर खर्च करवा देना क्या धर्म था? हाथ कट जाने पर जब भूरिश्रवा युद्धस्थल में बैठ गया था, युद्ध के नियम के अनुसार उसपर प्रहार नहीं करना चाहिए था। तुम्हें याद होगा, इसके लिए भूरिश्रवा ने प्रार्थना भी की थी। फिर भी उसपर प्रहार नहीं रुका। तब इस अन्याय के विरुद्ध वह युद्धस्थल में ही बैठ गया और अनशन व्रत की घोषणा कर दी। तब तुमने ललकारकर उसका वध कराया। यह कहाँ का धर्म था?" मैं कहती गई, "कर्ण के रथ का पहिया जब धरती में धँस गया था। वह पहिया निकाल रहा था। उसने कहा

भी कि मुझे पहिया निकाल लेने दो, तब आक्रमण करो। अर्जुन पर उसके कथन का प्रभाव भी पड़ा; पर तुमने ललकारकर उसका वध करा ही दिया। यह कहाँ का धर्म था ?''

कृष्ण चुप था, पर हँसता रहा।

''तुम चुप क्यों हो ? बोलते क्यों नहीं ?''' धर्म की स्थापना का ढोंग रचनेवाले, कृष्ण, तुमने इस युद्ध में कौन सा अधर्म नहीं किया ?''

वह अब भी हँस रहा था और उसी हँसी के मध्य उसने कहा, ''उस युद्ध में मेरा एक ही धर्म था—युद्ध जीतना; क्योंकि मैं जानता था, जब तक यह युद्ध जीता नहीं जाएगा तब तक धर्म की स्थापना हो नहीं सकती।''

''अधर्म से धर्म की स्थापना करनेवाले, कृष्ण! तुम कितने महान् हो, जो मैल से मैल को धोकर स्वच्छता लाना चाहते हो! कीचड़ से कीचड़ नहीं साफ किया जा सकता, वसुदेव के पुत्र!''

कृष्ण अब भी हँसता रहा। मेरा क्रोध बढ़ता गया। मैं आवेश में बोलती गई, ''मेरा तो सबकुछ नष्ट हो गया, महाविनाश की प्रलयाग्नि में सबकुछ भस्म हो गया और तू कहता है, धर्म की स्थापना हो रही है।'' उसी आक्रोश में मैं उसे शाप देते हुए बोली, ''कृष्ण, आज जिस तरह रणचंडी मेरे सारे परिवार और बंधु-बांधवों को निगल गई और हम पति-पत्नी उस संताप को झेलने के लिए अकेले बचे हैं, वैसे ही एक दिन तेरे भी वंश का विनाश अवश्य होगा और तू भी उस संताप को झेलने के लिए अकेला रह जाएगा!''

वह अब भी हँसता हुआ कुछ कह रहा था; किंतु मैं उसे सुन नहीं पाई, क्योंकि मैं बड़े आवेश में थी।

□□□